MESOPOTAMIEN

Aus dem Englischen
übertragen von
Gertraude Wilhelm

Genehmigte Lizenzausgabe für
Weltbild Verlag GmbH,
Augsburg 1998

Landkarten: Olive Pearson,
Sarah Rhodes
Umschlagmotiv:
Mauritius Bildagentur
Kleine Bildmotive:
Mauritius Bildagentur,
AKG, Berlin
Umschlaggestaltung: Studio
Höpfner-Thoma, München
Gesamtherstellung: Fournier A.
Gráficas, S. A., Vitoria
Printed in Spain
ISBN 3-86047-796-X

Seite 2 – 6:
Delegation unterworfener
Völker auf dem Weg zu Xerxes;
Apadana-Treppe, Persepolis.

BILDATLAS DER WELTKULTUREN

MESOPOTAMIEN

Michael Roaf

BECHTERMÜNZ VERLAG

INHALT

Erster Teil: Dörfer

Zweiter Teil: Städte

Dritter Teil: Reiche

CHRONOLOGISCHE ÜBERSICHT

alle Daten sind angenähert

	v. Chr. 12000			7000	4000	3000
ARCHÄOLOGISCHE PERIODE	**EPIPALÄOLITHIKUM**	**PROTONEOLITHIKUM / ERSTE BAUERN**	**NEOLITHIKUM**			**FRÜHE BRONZEZEIT**
NORDMESOPOTAMIEN			Akeramisches Neolithikum	Hassuna, Samarra, Halaf, Ubaid	Gaura, Uruk	Ninive 5
SÜDMESOPOTAMIEN				Ubaid	Uruk	frühdynastisch, Königsfriedh von Ur
LEVANTE/PALÄSTINA	Natufian		Vorkeramisches Neolithikum B	Halaf, Ubaid	Nahal-Mischmar-Fund, Uruk-Kolonien	Ägyptischer Einfluß
IRAN/GOLFREGION	Anstieg des Meeresspiegels			Mesopotamischer Einfluß, Ubaid-Keramik	Susa A, Einfluß von Uruk	Proto-Elamitisch
ANATOLIEN				Chatal Hüyük		Frühtranskaukasisch
KULTURELLE UND TECHNISCHE ENTWICKLUNG	Jagen und Sammeln; Kleine Gruppen		Domestikation des Hundes; Landwirtschaft; Lehmziegel; Weben; Frühes Kupfer; Dörfer	Pflug; Bewässerung; Boote; Gebrannte Ziegel; Tempel; Töpferei; Fayence; Kupferguß; Stempelsiegel	Esel; Schlitten; Rad; Monumentalbauten; Stadtmauern; Wachsausschmelzverfahren; Metallgefäße; Gold, Silber, Blei, Arsenik-Kupferlegierung; Rollsiegel; Schreiben; Städte	Kamele (im Iran); »Sintflut«; Paläste; Metalläxte und Dolche; Zinn; Entwickelte Keilschrift; Stadtstaaten

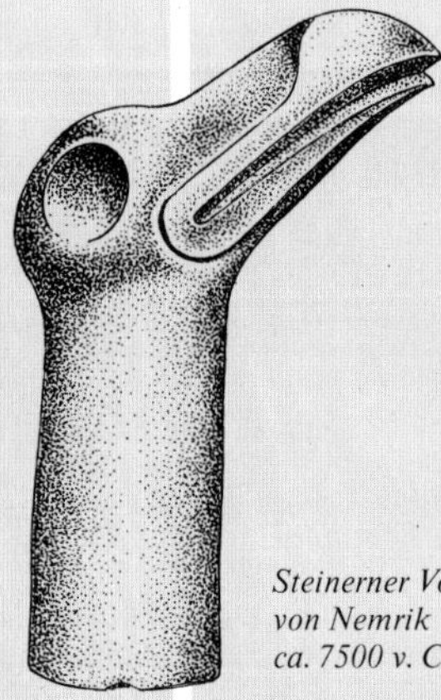

Steinerner Vogelkopf von Nemrik ca. 7500 v. Chr.

Schale aus Susa ca. 4000 v. Chr.

Steinstatue von Chafadje ca. 2500 v. Chr.

2500	2000	1500	1000	750	600 – 300
	MITTLERE BRONZEZEIT	SPÄTE BRONZEZEIT	EISENZEIT		
Akkadisch Dritte Dynastie von Ur	Altassyrisch Schamschi-Adad Mari-Briefe	Mitanni Mittelassyrisch	Spätassyrisch		Herrschaft der Perser
Akkadisch Dritte Dynastie von Ur	Isin-Larsa Altbabylonisch	Kassiten Mittelbabylonisch	Spätbabylonisch	Assyrische Hegemonie	Neubabylonisch Persische Herrschaft
 *Bronze- und Silberhirsch von Alaca Hüyük, ca. 2300 v. Chr.*	 *Fayence-Maske von Tell-a-Rima ca. 1350 v. Chr.*	 *Pferdekopf auf einem Relief aus Dur-Scharrukin ca. 710 v. Chr.*	 *Stele aus Neira, nahe Aleppo ca. 600 v. Chr.*	 *Kopf aus blauem Gips aus Persepolis, ca. 450 v. Chr.*	
Ebla Invasion der Amurriter	Ägyptischer Einfluß Hyksos	Ägyptische Herrschaft Seevölker Amarna-Briefe Israeliten Mitanni Hethitische Eroberungen	Israel Judäa Phönikische, aramäische und neohethitische Staaten	Assyrische Eroberungen	Babylonische und persische Herrschaft Exil und Rückkehr der Juden
Altelamitisch Godin III Dilmun	Altelamitisch Godin III Dilmun	Mittelelamitisch Auftreten iranischer Stämme	Meder Urartäische und assyrische Invasionen	Meder Assyrische Einfälle	Meder Achämeniden Perser
Alaca-Hüyük-Gräber	Altassyrischer Handel Althethitisch	Hethiter Auftreten der Phrygier	Urartäer Phrygier	Lydier	Eroberungen der Meder und Perser
Pferde Zikkurrats Staatenbildung	Pferdezaumzeug Wagen Speichenräder Kühlhäuser Frühes Alphabet	Kamele Hühner Glas Glasierte Keramik Eisenschmelze	Berittene Krieger	Baumwolle Münzen Messing Aramäisch	

ALEXANDER DER GROSSE

VORWORT

Gegenüber: Die Abdrücke der Keilschrift, eingeschnitten auf der Reliefskulptur aus einem Palast in Kalchu (9. Jahrhundert v. Chr.).

Vom Ende der letzten Eiszeit bis zum Anfang der griechischen und römischen Zivilisation existierten die hochentwickelten Gesellschaftsformen im Nahen Osten. Hier erfolgte der entscheidende Übergang vom Jäger und Sammler zum Bauern. Hier entstanden auch die ersten Tempel und Städte, hier wurde zuerst Metall verarbeitet und die Schrift erfunden. Hier bildeten sich die ersten Staaten und Großreiche. Das Kernland des alten Nahen Ostens war Mesopotamien, die fruchtbaren Ebenen, die von Euphrat und Tigris bewässert wurden. Im Laufe der Geschichte dehnten sich die einzelnen mesopotamischen Reiche weit über die Tiefebene hinaus und trafen auf die Nachbarregionen, die ihrerseits einen wichtigen Beitrag zur Kultur des alten Nahen Ostens leisteten. Das Ziel dieses Buches ist es, die Höhepunkte der Menschheitsentwicklung in Mesopotamien und im alten Nahen Osten vor dem geographischen Hintergrund dieser Region zu beschreiben.

Die behandelte Epoche umfaßt mehr als 10 000 Jahre und endet mit den Eroberungen Alexanders des Großen. In diesem Zeitraum erlebten die Menschen gewaltige soziale Umwälzungen. Zu Beginn dieser Periode lebten sie in kleinen Gruppen von der Jagd und vom Fischfang, auch sammelten sie Aas und pflanzliche Nahrung. Gegen Ende dieses Zeitabschnitts existierten Reiche, die fast die gesamte zivilisierte Menschheit beherrschten. Um die entscheidenden historischen Entwicklungen herauszuarbeiten, orientiert sich der Text an einem chronologischen Rahmen. Nahezu das gesamte heutige Wissen vom alten Nahen Osten wurde in den letzten 150 Jahren von Archäologen erarbeitet (mit Ausnahme der Berichte der Bibel und der griechischen Historiker, die die Spätzeit behandeln). Die ersten Kapitel des Buchs befassen sich mit den Perioden vor dem Aufkommen der Schrift und stützen sich auf archäologische Zeugnisse. Für die späte Zeit konnten ergiebigere schriftliche Quellen herangezogen werden, hier erstreckt sich die Untersuchung auf historische Ereignisse und Persönlichkeiten.

Es ist erstaunlich, was Archäologen und Althistoriker rekonstruieren konnten, wenn man bedenkt, vor wie langer Zeit sich die Ereignisse abspielten, und wie fragmentarisch die Quellen sind, auf denen unser Verständnis der Vergangenheit beruht. Natürlich gibt es viele weiße Flecken in der Geschichte Mesopotamiens, zahlreiche Fragen bleiben unbeantwortet. Die große Linie läßt sich jedoch klar erkennen, und es ist offensichtlich, was die moderne Zivilisation dem alten Nahen Osten verdankt. Vieles, was heute selbstverständlich ist, hat seinen Ursprung im alten Nahen Osten: Nahrungsmittel, Bauziegel, Wagen mit Rädern sowie der Gebrauch einer Schriftsprache gehen auf Entwicklungen zurück, die auf den Seiten dieses Buches geschildert werden.

In diesem Band werden bestimmte Themen gesondert behandelt. Am Anfang steht ein Aufsatz über die modernen Methoden der Archäologie. Andere Kurzessays befassen sich mit so verschiedenen Phänomenen wie dem Ursprung der Schrift oder der Kunst des Jagens. Auch die bedeutendsten archäologischen Fundstätten des alten Nahen Ostens werden im einzelnen vorgestellt.

Ziel des Buches ist es, das historische Material jedem Leser zugänglich zu machen. Deshalb wurden Fachausdrücke nach Möglichkeit vermieden.

Außerdem wurden die Experten nicht zitiert, selbst wenn sie völlig gegensätzliche Auffassungen vertreten. Die kurze Bibliographie am Ende des Bandes soll zu weiterer Lektüre anregen, nicht die Forschung detailliert dokumentieren. Das Verzeichnis der Fachbegriffe enthält auch zusätzliche Informationen über Probleme der Terminologie und Chronologie.

Die Erforschung des alten Nahen Ostens befindet sich noch im Anfangsstadium. Erst vor 150 Jahren legte man die Skulpturen der assyrischen Paläste frei und versuchte die erste Entzifferung der babylonischen Keilschrift. Jedes Jahr bringt neue Entdeckungen, die den Kenntnisstand erweitern und bestehende Hypothesen korrigieren. Noch ist viel Grundlagenforschung zu betreiben.

Die Lokalisierung vieler alter Orte ist unsicher, die Grenzen der Reiche beruhen häufig auf Vermutungen. Da es nicht möglich war, auf den Karten alle in Frage kommenden Alternativen anzugeben, wurde in der Regel die wahrscheinlichste ausgewählt. Darüber hinaus sind Elemente der damaligen Topographie wie der Verlauf von Flüssen und der Küstenlinie des Persischen Golfs noch sehr umstritten. Der Leser sollte sich daher bewußt sein, daß die Aussagen dieses Buches lediglich den derzeitigen Wissensstand repräsentieren.

Herzlichen Dank schulden wir dem wissenschaftlichen Berater Nicholas Postgate für viele wertvolle Anregungen und St. John Jimpson für Textverbesserungen und Mithilfe bei den Bildunterschriften und der Bibliographie. Besonders danken wir auch Dominique Collon und Georgina Herrmann, die eigene Beiträge über Themen verfaßten, in deren Bereich sie zu den führenden Fachleuten zählen: über Rollsiegel und antikes Elfenbein. Sehr zu danken ist auch John Curtis, David Hawkins, Jane und Robert Killick, Roger Moorey, Trevor Watkins und anderen Archäologen des Nahen Ostens, die uns in Fachfragen berieten. Die Lektoren von Equinox (Oxford) Ltd. haben sehr zum Gelingen dieser Veröffentlichung beigetragen, ich bin ihnen für ihre sachkundige Arbeit außerordentlich dankbar. Ganz besonders verbunden fühle ich mich meiner Familie – Susan, Christopher und Richard –, sie brachten meiner Arbeit stets Sympathie und Unterstützung entgegen.

Michael Roaf

BULGARIEN
GRIECHENLAND
26°
30°
34°
38°
42°
46°
SCHWARZES MEER
KAUKASUS
Istanbul
MARMARAMEER
Tbilisi
Trabzon
Kizilirmak
PONTISCHES GEBIRGE
ÄGÄISCHES MEER
Ankara
Sewansee
TÜRKEI
Jerewan
Erzurum
Ararat
Izmir
ANATOLIEN
Araxes
Murat
Vansee
Täbris
Diyarbakir
Urmiasee
TAURUSGEBIRGE
Adana
Kreta
Rhodos
Iskenderun
Aleppo
Mosul
Großer Sab
ZYPERN
Nikosia
Dair-as-Sur
Kleiner Sab
Kirkuk
SYRIEN
Homs
Tigris
Dijala
MITTELMEER
Euphrat
LIBANON
Beirut
Kermanschah
Damaskus
MESOPOTAMIEN
Bagdad
Syrische Wüste
ISRAEL
IRAK
Tel Aviv
Jordan
Amman
Karbala
Alexandria
Jerusalem
Port Said
TOTES MEER
JORDANIEN
Suezkanal
Kattarasenke
Kairo
Suez
Wadi-Al-Araba
Sinai
Akaba
Al Dschauf
Nil
Golf von Suez
KUW
Golf von Akaba
Libysche Wüste
ÄGYPTEN
Nefud
SAUDI ARABIEN
Hedschas
Nil
Assuan
Medina
Riad
ROTES
MEER
Nedschd
Assuanstausee
Wendekreis des Krebses
SUDAN
Maßstab 1 : 9 000 000
0
300 km
0
200 Meilen
Dschidda
Mekka
ASIR
Port Sudan

KASACHSTAN
KASPISCHES MEER
Kara-Bogas-Gol
Baku
Krasnowodsk
USBEKISTAN
Karakum
TURKMENISTAN
Aschchabad
Atrak
KOPET DAG
Mashhad
Amu Darya
Syr Darja
Taschkent
Naryn
Samarkand
Duschanbe
Pik Kommunismus 7495
Demawend
ELBURS GEBIRGE
Teheran
Ghom
Dascht-e-Kawir
Herat
Hari Rud
Kabul
AFGHANISTAN
Birjand
IRAN
Isfahan
SAGROS GEBIRGE
Sard Kuh 4548
Jasd
Dascht-e-Lut
Kandahar
Helmand
Quetta
Kerman
Sahedan
Schiras
Buschir
Mand
Kuh-e Taftan 4042
PAKISTAN
Indus
Bandar Abbas
Persischer Golf
Straße von Hormuz
Dammam
Manama
BAHRAIN
KATAR
Al Daura
Hufuf
Dubai
Abu Dhabi
Gwadar
Karatschi
Golf von Oman
Maskat
VEREINIGTE ARABISCHE EMIRATE
OMAN
ARABISCHES MEER
Rub al Khali
Hauptstadt
andere bedeutende Stadt
Staatsgrenzen
Berggipfel (Höhe in Metern)
Meter
5000
4000
3000
2000
1000
500
200
Meeresspiegel
200

ARCHÄOLOGIE IM NAHEN OSTEN

Unsere Kenntnisse über den Nahen Osten beruhen zum größten Teil auf der archäologischen Feldforschung der letzten 150 Jahre. Im 19. Jahrhundert waren die Archäologen hauptsächlich darauf bedacht, Kunstwerke zu entdecken und sie in den Museen Europas auszustellen. Seither wurde die Archäologie zu einer wissenschaftlichen Disziplin, die eine jahrelange akademische und praktische Ausbildung erfordert. Ausgrabungstechniken und Dokumentation wurden methodisch so verfeinert, daß ein Maximum an Informationen vermittelt werden kann. Aber auch Phantasie und Glück spielen eine Rolle.

Die Ausgrabung einer archäologischen Fundstätte ist ein kompliziertes Unternehmen, das das Zusammenwirken vieler Experten erfordert. Neben einem Leiter des Gesamtprojekts braucht man Archäologen, die die Grabungstätigkeit überwachen und dokumentieren. Feldmesser, die Baupläne der entdeckten Gebäude anlegen, Fotografen, Zeichner, Archivare, die die Fundobjekte registrieren und Konservatoren, die für die Bewahrung und Ausbesserung brüchiger oder zerbrochener Fundstücke verantwortlich sind. Bei einer normalen Ausgrabung müssen buchstäblich Hunderttausende von Tonscherben, Feuersteinfragmenten, weggeworfenen Tierknochen et cetera geprüft und dokumentiert werden. Mehr und mehr kommen Spezialisten der Bodenkunde, Metallurgen, Chemiker, Geologen, Computerfachleute und Statistiker den Archäologen zu Hilfe.

Neben der eigentlichen Ausgrabung versuchen die Archäologen auch, die alte Umgebung zu rekonstruieren. Die Erforschung des ganzen Raums, in dem die sichtbaren Spuren einer alten Kultur gefunden wurden, ist eine wertvolle Methode, um die Siedlungsgeschichte einer Region zu erhellen und einen später auszugrabenden Fundort auszuwählen.

Eine der dringlichsten Aufgaben des Archäologen ist die Datierung der Funde. Durch eine sorgfältige Untersuchung der verschiedenen Objekte kann man die Reihenfolge erkennen, in der sie entstanden sind. Die Form der Artefakte einer bestimmten Region veränderte sich mit der Zeit. Wenn man sie nun chronologisch anordnet, können sie zur Datierung des Umfelds dienen, in dem sie gefunden wurden. Im Nahen Osten bietet die verzierte Töpferware den chronologischen Rahmen bei der Erforschung der alten Kulturen. Mitunter lassen sich Daten aus historischen Quellen ableiten, die mit Bezug auf astronomische Ereignisse wie Sonnen- oder Mondfinsternisse zeitlich fixiert werden können. In anderen Fällen erlauben naturwissenschaftliche Methoden wie die Baumring- oder die Radiokarbondatierung, das Alter eines Objekts zu schätzen.

Eine der auffälligsten Besonderheiten der Archäologie Mesopotamiens ist die große Fülle von Texten, die meist auf ungebrannte Tontäfelchen geschrieben wurden. Eine halbe Million solcher Keilschrifttäfelchen wurde in Fundstätten des Nahen Ostens entdeckt, von denen viele noch unveröffentlicht sind. Eine noch größere Anzahl liegt weiterhin unentdeckt in der Erde. Ihre Bedeutung als Quelle für die Kulturgeschichte ist kaum zu überschätzen.

Archäologische Forschungsarbeit ist kostspielig, und es gibt nur wenige Projekte, die finanziell so abgesichert sind, daß sie höchstem Standard entsprechen. Die Entwicklungsvorhaben im landwirtschaftlichen und industriellen Sektor, die derzeit im Nahen Osten ausgeführt werden, stellen ein weiteres Problem dar, denn sie vernichten alljährlich Hunderte von archäologischen Stätten. Zwar sind sich einige Regierungen dieser Länder des Problems bewußt und haben vor dem Bau von Staudämmen an Flüssen Rettungsprojekte in großem Umfang finanziert, doch werden jedes Jahr mehr Fundstätten zerstört, und ihre Zeugnisse sind für immer verloren.

Rechts: Ausgrabungsarbeiten in Tell Mardich. In der Bildmitte befindet sich eine Lehmziegelmauer auf Steinfundamenten. Der rechte Teil dieser Mauer wurde entfernt beim Ausheben einer großen Grube, die dicke schwarze Linien kennzeichnen. Das sicherste und aufschlußreichste Vorgehen bei einer Ausgrabung wäre, Schicht für Schicht freizulegen. Allerdings gestaltet sich dieses Verfahren aufwendiger als einfach bis unten durchzugraben, und die Untersuchung der Funde nach der Schichtenfolge vorzunehmen.

Links: Tell Chuera in Nordsyrien. Ausgrabungen erfordern sorgfältige Planung, um die Hilfsmittel bestmöglich nutzen zu können. Moderne Archäologen verfolgen sehr präzise Ziele und versuchen, spezifische Probleme zu lösen. Nachdem die Teammitglieder ihre Einschätzungen austauschten, wird die Ausgrabungsstelle bestimmt. Da nicht vorherzusehen ist, was der Fundort birgt, sind vorab keine Ergebnisse zu erwarten.

Oben: Ein syrischer Ausgräber in Tell Mardich, dem alten Ebla, arbeitet mit einer kleinen Spitzhacke und einem Pinsel. Er sammelt Tonscherben in einem schwarzen Gummikorb. Die Töpferware wird dann gewaschen, untersucht und registriert. Der Fundort jeder Keramik wird festgehalten; so ergibt sich ein detailliertes Bild der Entwicklung verschiedener Stile.

Unten: Um karbonisierte Pflanzenüberreste am einfachsten freizulegen, wird die ausgegrabene Erde in einen großen Behälter mit Wasser gegeben und umgerührt, bis die verkohlten Samenkörner an der Oberfläche schwimmen. Mit unterschiedlich dicken Sieben werden sie abgeschöpft und getrocknet, bevor man sie sortiert und identifiziert.

Unten: Um eine repräsentative Probe der Artefakte zu gewährleisten, ist das Sieben für quantitative Untersuchungen wichtig. Bei sandigem Boden wird die Trockensiebung durchgeführt, klumpige Erde wird bei der Naßsiebung in Wasser aufgelöst. Nur ausgewählte Proben kommen in das Sieb.

Oben: Bei einer Fundstelle in der jordanischen Wüste sammeln Archäologen Artefakte und planen ihre Grabungen. Auf dem Land sind viele archäologische Stätten nur schwer auszumachen, so etwa die Lager nomadischer Schafhirten, Plätze, an denen Feuerstein gebrochen wurde, und Orte, an denen der Wind die dort begrabenen Steinartefakte freilegte und von der ursprünglichen Stelle entfernte.

Unten: Die Säuberung und Restauration einer Gruppe von Statuetten aus Ain Ghasal in Jordanien, die dem akeramischen Neolithikum (etwa 7000 v. Chr.) angehören. Sie bestehen aus Lehm mit einem Schilfrohrkern. Diese zerbrechlichen Funde wurden in einem Labor sorgfältig gereinigt und mit einem chemischen Konservierungsmittel behandelt.

Unten: Jahresringdatierung oder Dendrochronologie. Die Stärke des jährlichen Wachstums der Baumringe hängt vom Wetter ab. Eine Abfolge von Jahren bildet ein besonderes Muster von dicken und dünnen Ringen. Bei lebenden Bäumen berechnet man Abfolgen, die mehr als 9000 Jahre zurückgehen. Die Muster der Ringe bei altem Holz werden mit der Abfolge verglichen, um das Alter des Holzes festzustellen. Jede Landschaft entwickelt ein anderes Muster. Wenn das Schema für den Nahen Osten erarbeitet sein wird, verfügt die Wissenschaft über eine sehr wertvolle Datierungsmethode. Die Dendrochronologie diente der Kalibrierung von Radiokarbonbestimmungen.

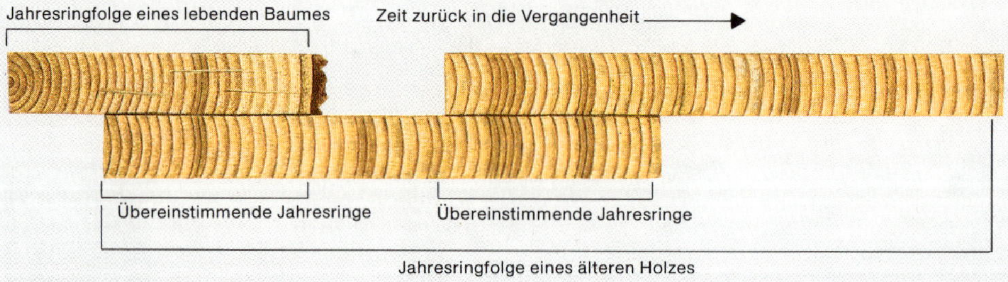

Rechts: Teil der Kalibrierungskurve (Eichkurve) für die Auswertung der Radiokarbonbestimmungen und Bestimmung der Kalenderjahre. Mit Hilfe der Radiokarbondatierung läßt sich das Alter von Fundgegenständen objektiv messen. Lebende Pflanzen und Tiere nehmen Karbondioxid aus der Atmosphäre auf, die radioaktive C^{14}-Isotope enthält. Sie zerfallen konstant bei einer Halbwertszeit von 5750 Jahren, was bedeutet, daß ein toter Gegenstand alle 5750 Jahre die Hälfte seiner C^{14}-Atome verliert. Der Wert des C^{14}, der im Gegenstand verbleibt, läßt sich zur Radiokarbonbestimmung seines Alters messen. Diese Bestimmung gibt man in der Form 4500 ± 100 an, das heißt, der Durchschnittswert ist 4500 Radiokarbonjahre vor 1950 n. Chr. mit einer Unsicherheit von 100 Jahren wegen statistischer Abweichungen bei den Messungen. Da der C^{14}-Wert in der Atmosphäre über diesen Zeitraum nicht konstant geblieben ist, muß die Radiokarbonbestimmung kalibriert werden, um das Alter in Kalenderjahren angeben zu können. Die Kalibrierungskurve entstand bei der Untersuchung der Jahresringe von Bäumen und zeigt, daß Radiokarbonbestimmungen bis zu etwa 1000 Jahren zu rezent sind. Zum Beispiel entspricht eine Radiokarbonbestimmung von 4500 ± 100 einem Kalenderdatum zwischen 3360 und 2930 v. Chr. Der Einfachheit halber wurden alle Daten in diesem Buch in Kalenderjahre umgerechnet und sind als Durchschnittswert der verflossenen Zeitspanne angegeben.

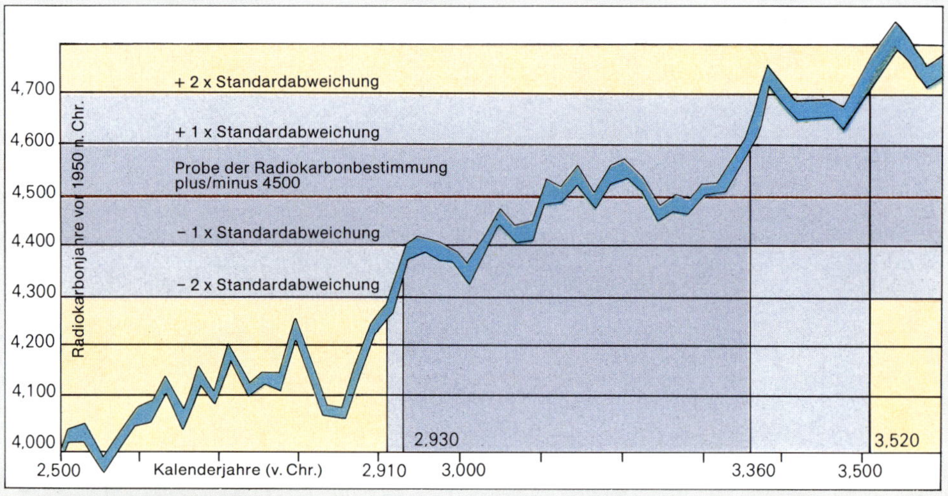

Unten: Bei Ausgrabungen wird die Erde mit der Spitzhacke gelockert, mit dem Spaten geteilt und in Körben abtransportiert. Zunehmend erleichtern mechanische Vorrichtungen wie Schubkarren, Förderbänder und Kipplaster die körperliche Arbeit. Feinere Ausgrabungen wie das Freilegen der Oberfläche von Lehmziegelwänden oder -böden bedürfen einer kleinen Spitzhacke und Kelle. Bei der vorsichtigen Säuberung sehr zerbrechlicher Gegenstände oder Skelette verwendet man Messer, Skalpelle, Cocktailspieße, Zahnstocher und Pinsel. Jeder Archäologe verfügt über seine eigene Auswahl an Werkzeugen.

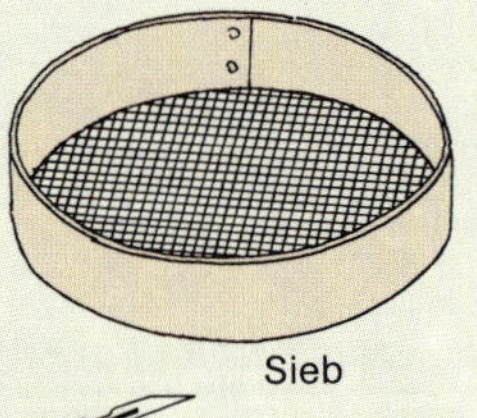

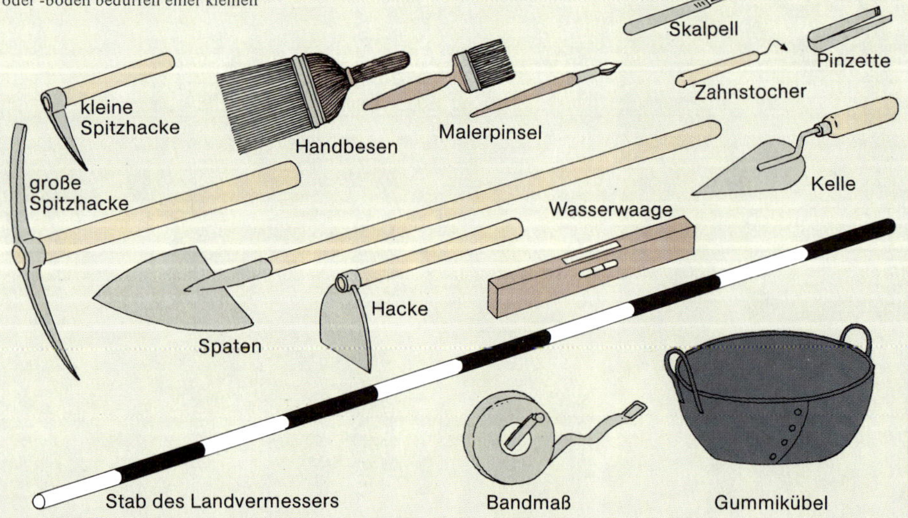

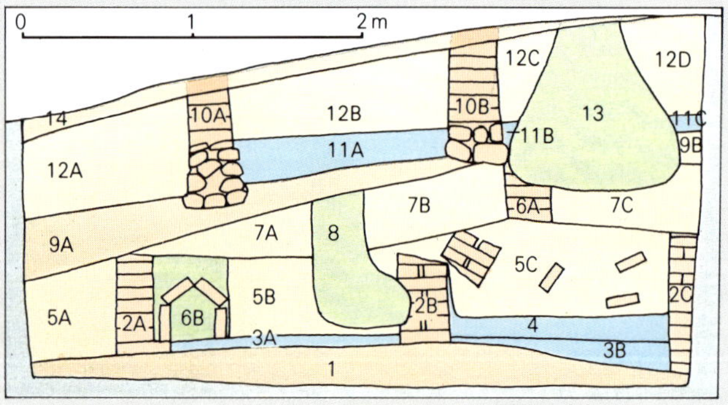

Oben: Die Ausgrabung eines Tell ist oftmals ein kompliziertes Unterfangen, das vom Ausgräber großes Geschick verlangt, da er verschiedene Ablagerungen unterscheiden muß. Frühe archäologische Schichten liegen unter späteren oder überschneiden sich mit diesen. Durch eine sorgfältige stratigraphische Untersuchung kann die richtige Chronologie der Funde ermittelt werden. Wenn eine spätere Grube verschwand, ohne dokumentiert worden zu sein, oder die natürlichen Schichten nicht korrekt bestimmt wurden, ist eine genauere Datierung der Fundstücke nicht mehr möglich.

Numerierte Schichten: von den ältesten bis zu den jüngsten Ablagerungen
1 Natürlicher Erdboden; 2 A B C Lehmziegelmauern; 3 A B Fußböden im Zusammenhang mit 2 ABC; 4 jüngerer Fußboden im Zusammenhang mit 2B und 2C; 5 A B C durch den Schutt eingestürzter Mauern aufgefüllte Räume, einschließlich der Mauer- und Lehmziegelreste; 6 A Lehmziegelmauer; 6 B unterhalb des Fußbodens angelegtes Lehmziegelgrab; 7 A B C mit Schutt aufgefüllte Räume; 8 Grab, das von einer inzwischen abgetragenen Ebene aus angelegt worden ist; 9 A B Ablagerungen, die von der Oberfläche der Fundstätte abgewaschen wurden; 10 A B Lehmziegelmauern auf Steinfundamenten; 11 A B C Fußböden im Zusammenhang mit 10A und 10B; 12 A B C D mit Schutt aufgefüllte Räume; 13 Vorratsgrube für Getreide, die von einer jetzt abgetragenen Ebene aus angelegt worden ist; 14 Schwemmsandablagerung von der Oberfläche der Fundstätte; Schicht I: 2 – 5; Schicht II: 6 – 7; Schicht III: 8; Schicht IV: 10 – 12; Schicht V: 13; Schichten, die sich ablagerten, als die Fundstätte nicht besiedelt war: 1, 9, 14.

ERSTER TEIL
DÖRFER

FRÜHE BAUERN

(12 000 – 7000 v. CHR.)

Die ferne Vergangenheit

Der Name »Mesopotamien« stammt aus der Zeit des Hellenismus, als die griechischen Geographen des Altertums den Siedlungsraum an den Flüssen Euphrat und Tigris als das »Land zwischen den Strömen« bezeichneten. Die griechischen Übersetzer des Alten Testaments hielten Mesopotamien für die Heimat des Stammvaters Abraham. Der Begriff »Mesopotamien« wurde ebenso von dem antiken Schriftsteller Strabo gebraucht, der damit allerdings nur den nördlichen Teil der Tiefebene zwischen den Flüssen meinte, während er den südlichen »Babylonia« nannte. Der römische Gelehrte Plinius sah die Grenzen Mesopotamiens bis an den Persischen Golf reichen, so daß die geographische Gestalt des Zweistromlandes in etwa mit dem heutigen Irak übereinstimmte.

Dementsprechend beschränkte sich jener Schauplatz der Kulturgeschichte der Sumerer, Babylonier und Assyrer keineswegs auf die Tiefebene zwischen den beiden großen Strömen. Die Siedlungsgebiete der Sumerer reichten über den Euphrat hinaus nach Westen, während die Assyrer den Tigris in östlicher Richtung überschritten. In gleicher Weise nahmen die Nachbarvölker Mesopotamiens Einfluß auf die zivilisatorische Entwicklung des gesamten Kulturraums. Zu nennen sind in diesem Zusammenhang die Kassiten und Hurriter, die Mitanni und Meder, die Perser und Griechen, die Urartäer und Kaukasier, um nur einige der Völkerschaften im näheren und weiteren Umkreis Mesopotamiens aufzuzählen. Ihnen allen gemeinsam ist die Zugehörigkeit zu einem Kulturraum, in dem sich vor etwa 12 000 Jahren eine tiefgreifende Revolution in der Geschichte der Menschheit ereignete. Nach über zwei Millionen Jahren menschlicher Existenz als Jäger und Sammler vollzog sich hier der Übergang zur Ackerbaugesellschaft.

Die Zeugnisse der Vergangenheit sind bruchstückhaft.

Die Ausbreitung der Landwirtschaft in der Alten Welt
Etwa 9000 v. Chr. wurden zunächst Gerste und Weizen kultiviert. Zu Anfang beschränkte sich der Anbau auf die Hügel um Mesopotamien. Während der nächsten 2000 Jahre breitete er sich bis zu den Regionen südöstlich des Kaspischen Meeres und westlich des Indus aus. Um 5000 v. Chr. wurde Landwirtschaft in Europa, Ägypten und dem gesamten Indusgebiet betrieben. Vermutlich benutzte man Pflüge, die von Tieren gezogen wurden, und kannte bereits Bewässerungssysteme. In Nordchina und Südostasien kultivierten die Bauern neue Hirse- und Reissorten. Während der nächsten 2000 Jahre entwickelte sich der Ackerbau in der Alten Welt zu einer üblichen Produktionsform, obwohl Hirten mit ihren Herden noch den Siedlungsraum Rußlands und Afrikas nutzten.

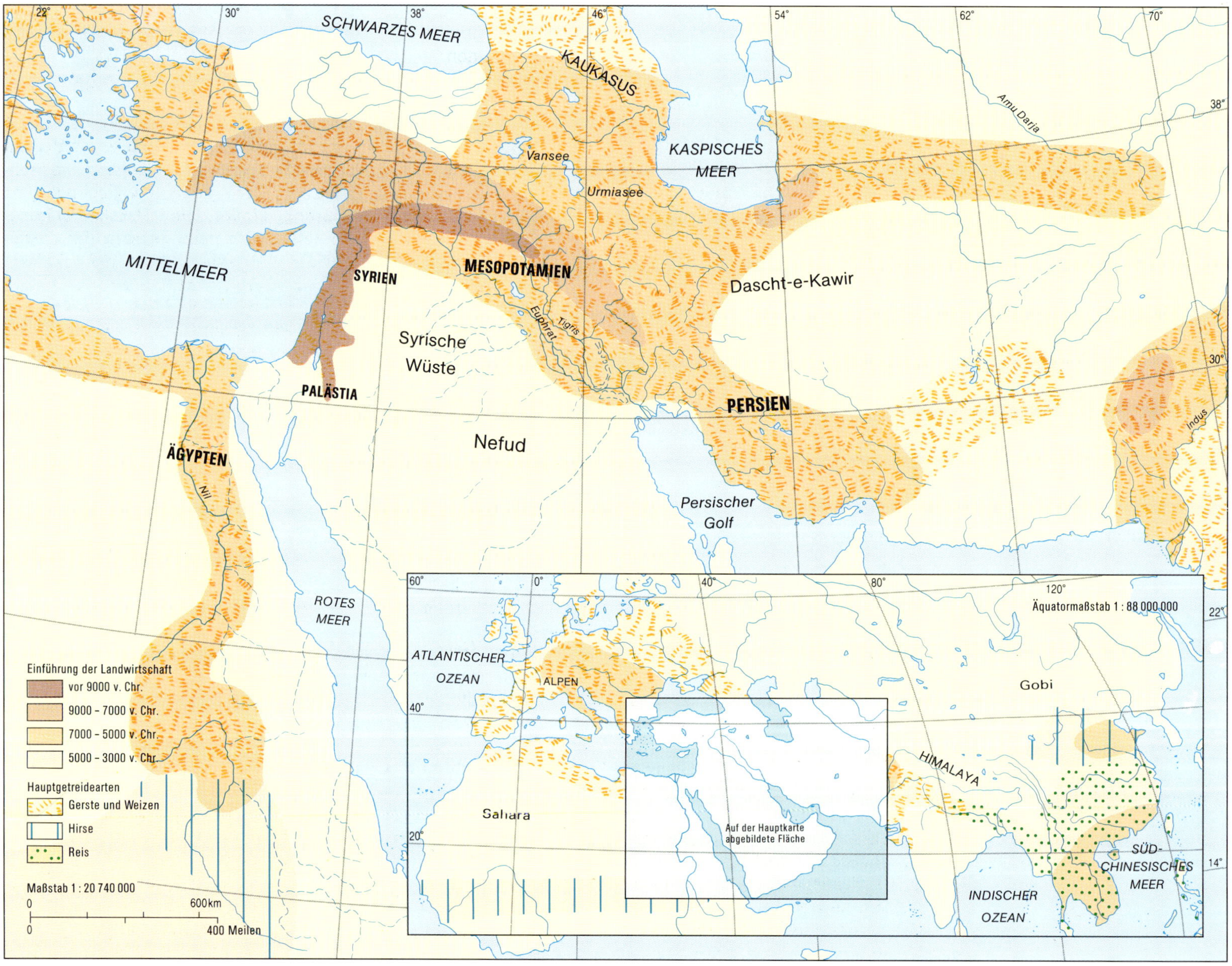

Oben: Das Nebeneinander der zerklüfteten Berge und fruchtbaren Ebene, die die Frühjahrsfluten mit Sedimenten bedeckten, ist typisch für die Gebiete, in denen Weizen und Gerste zuerst kultiviert wurden. Hier erhebt sich das im späten Frühjahr noch schneebedeckte Taurusgebirge über einem Hochtal Kilikiens im Süden der Türkei. Die Berghänge bieten Schafen und Ziegen Weideland, während auf den ebenen Feldern Getreide und Gemüse angebaut werden. Diese Region liegt in einer Zone, deren ausreichende Niederschlagsmengen einen Trockenanbau ermöglichen. Künstliche Bewässerung steigert die Erträge und verlängert die Wachstumssaison; so kann mehr als eine Ernte pro Jahr eingebracht werden.

Nur wenige Merkmale menschlicher Aktivitäten lassen sich archäologisch dokumentieren. Weite Gebiete bleiben unbekannt und nicht faßbar. Doch die aufgefundenen Spuren legen nahe, daß sich die Menschen in gewisser Weise über Jahrtausende gleichgeblieben sind. Beispielsweise schreiben wir den prähistorischen Menschen die gleichen Emotionen und Motivationen zu, die wir heutigen haben. Diese Kriterien, die uns von unseren Vettern, den Tieren, unterscheiden, entwickelten sich an einem Punkt der langen Evolutionsleiter. In der Tat haben viele typisch menschliche Attribute Parallelen im Tierreich. So halten sich Ameisen Raupen und Blattläuse, sie leben in Städten, und wie bei den Menschen wandelt sich ihr sozialer Status entsprechend den Gegebenheiten. Doch verfügt keine andere Spezies über eine solche Vielfalt an Fähigkeiten wie der Mensch. Während Tiere ein Kommunikationssystem besitzen, das eine begrenzte Menge wesentlicher Informationen mitteilen kann, vermag die menschliche Sprache einen weiten Bereich von eher trivialem wie unbedingt notwendigem Wissen abzudecken. Einige Tiere können einfache Werkzeuge herstellen und benützen, wir aber sind so auf Werkzeuge angewiesen, daß wir ohne sie nicht überleben könnten. Sowohl die Sprache wie auch die Anfertigung von Werkzeugen wurden durch die Kultur übermittelt, das heißt, sie wurden von einer Generation an die nächste weitergereicht.

Daß dieser kulturelle Fortschritt das Überleben sicherte, zeigt sich an der weitverstreuten Verteilung menschlicher Siedlungen zu Beginn des Jungpaläolithikums vor mehr als 35 000 Jahren. Die gängige Vorstellung von Steinzeitmenschen, die in Felle gekleidet in Höhlen wohnten und Keulen schwangen, ist einseitig. Tatsächlich lebten sie meist in kleinen Gruppen und bestritten ihren Lebensunterhalt mit dem Sammeln von Wurzeln, Blättern und Raupen. Durch die Jagd auf größere Tiere konnten sie ihre Nahrung ergänzen. Diese Lebensweise war auf der ganzen Welt verbreitet. Sie erwies sich über Tausende von Jahren als effektiv und ist noch heute in vielen Regionen anzutreffen. Vor rund 12000 Jahren jedoch, als der Meeresspiegel gegen Ende der letzten Eiszeit stieg, entdeckten die Menschen im Nahen Osten eine neue Möglichkeit, zu Nahrung zu kommen. Die Kultivierung und anschließende Domestizierung von Pflanzen und Tieren ist heute so selbstverständlich, daß man sich kaum noch eine andere Basis der menschlichen Existenz vorstellen kann. Der Entwicklung der Landwirtschaft im Nahen Osten folgte ihre rasche Ausbreitung in Europa, Asien und Afrika. Innerhalb weniger Jahrtausende wurden aus den Gruppen der Jäger und Sammler, deren Lebensweise über Jahrmillionen dieselbe geblieben war, seßhafte Dorfbewohner.

Die Einführung des Ackerbaus brachte weitere entscheidende Veränderungen mit sich. Häuser wurden zu einem festen Bestandteil des dörflichen Lebens; die Siedler entdeckten neue Materialien und neue Technologien wie Metallverarbeitung, Töpferei und Steinbearbeitung. Allmählich entwickelten sich neue Formen der gesellschaftlichen Organisation. Sie führten vor mehr als 5000 Jahren zur Entstehung von Städten, herrschenden Klassen, anerkannten Religionen und der Schrift, den Komponenten der modernen Zivilisation. Vom Nahen Osten gelangten die agrarischen und städtischen Lebensformen nach Europa, wo sie durch die Griechen und Römer unsere Kultur mitformten. In anderen Regionen der Alten Welt, in denen sich der Ackerbau entwickelte, ist die Verbindung zum Nahen Osten weniger deutlich, obgleich das Agrarkonzept wohl letztlich von da kam. Landwirtschaft und komplexe Formen der gesellschaftlichen Organisation entstanden unabhängig davon einige tausend Jahre später auch auf dem amerikanischen Kontinent. Doch kommt den Entwicklungen im Nahen Osten eine Schlüsselrolle zu, waren sie doch die frühesten und damit die Grundlagen der modernen Zivilisation.

Geographie der Region

Die Versorgung mit Nahrungsmitteln, Voraussetzung für die Seßhaftwerdung der Menschen, hängt von der Umwelt und der regionalen Geographie ab. Der Nahe Osten wurde das Land der fünf Meere genannt, ist er doch umschlossen vom Mittelmeer, dem Schwarzen Meer, dem Kaspischen Meer, dem Persischen Golf und dem Roten Meer. Doch hatten die Meere geringeren Einfluß auf die Besiedlung der Region als das Land. Die Landschaften im Nahen Osten sind überaus vielfältig, von den Marschen im Süden des Iraks über die Basaltwüste Jordaniens und Syriens bis zu den schneebedeckten Bergen des Irans. Jede Umgebung begünstigt eine unterschiedliche Vegetation und fordert ihren Bewohnern entsprechende Exi-

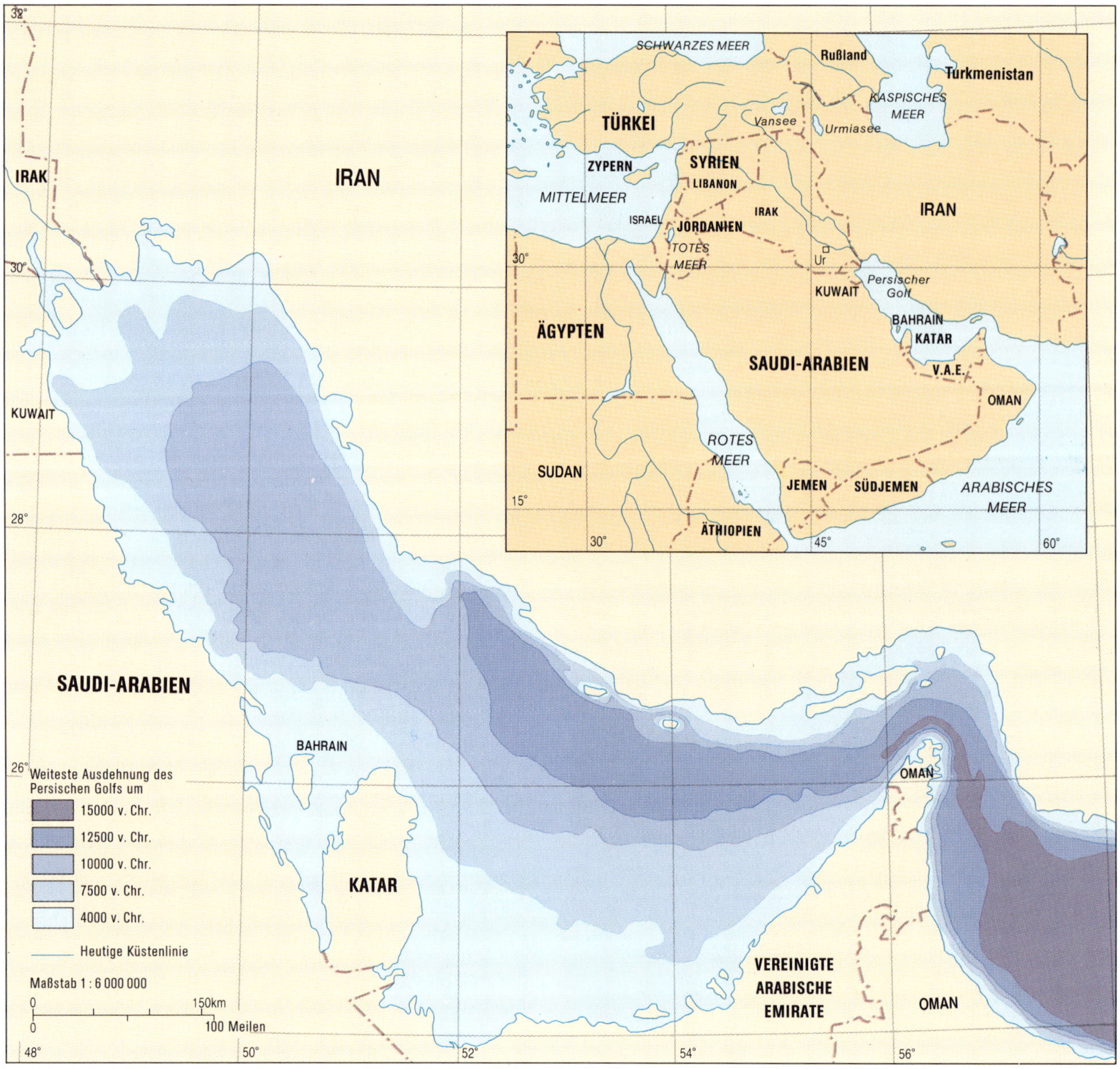

Der Anstieg der Meere nach der letzten Eiszeit
Um 15 000 v. Chr. lagen die Meeresspiegel ungefähr 100 Meter tiefer als heute. Etwa 4000 v. Chr. hatten sie den gegenwärtigen Stand erreicht. Die meisten Gebiete des Nahen Ostens verloren nur einen schmalen Küstenstreifen, doch am Persischen Golf wurde alles überflutet. Tigris und Euphrat durchzogen mit den anderen Flüssen, die von den Bergen des Irans kamen, das Golfgebiet. Die Ufer boten den Jägern und Sammlern günstigen Lebensraum. Leider wurden alle Spuren der Landnahme von den Wassern des Golfs überschwemmt und liegen unter Sedimentschichten, die die Flüsse herantrugen.
Die Seen und Binnenmeere (Kaspisches Meer, Urmiasee, Vansee, Totes Meer) hatten im Vergleich zu heute einen höheren Wasserspiegel. Die Inlandbecken der Türkei, des Irans und Arabiens trugen ausgedehnte Marschen und Seen. Seit 4000 v. Chr. variierte die Meereshöhe nur um ein bis zwei Meter, doch selbst diese geringen Schwankungen veränderten in Verbindung mit lokalen Bodensenkungen und Schlammablagerungen der Flüsse die Küstenlinien beträchtlich. Einige Wissenschaftler vermuten, daß der obere Teil des Golfs viel weiter in das Land reichte, um 2000 v. Chr. sogar bis zur Stadt Ur.

stenzformen ab. Unter den wenigen gemeinsamen geographischen Merkmalen der Region ist nur das Fehlen von Niederschlägen in den Sommermonaten von Bedeutung. Ein abwechslungsreicher Lebensraum in engster Nachbarschaft machte es möglich, daß viele verschiedene Lebensweisen in engem Kontakt miteinander existierten, ein Faktor, der zur gegenseitigen Befruchtung an Ideen und zu den bemerkenswerten technologischen, naturwissenschaftlichen und sozialen Fortschritten des antiken Nahen Ostens beitrug.

Geologie

Vor 200 Millionen Jahren begannen die zwei uralten kontinentalen Landmassen, Gondwanaland und Laurasien, die zusammen mit den Ozeanbecken die Erdkruste ausmachten, zu zerbrechen und aufeinander zu zu driften. Zwischen ihnen lag die Tethys, die Meerzone, mit dicken Lagern von marinen Sedimenten. Als die Kontinente zusammenstießen, zersplitterten sie in mehrere kleinere Küsten-»Platten«, deren relative Drift zueinander die geographischen Hauptmerkmale des modernen Nahen Ostens ausmachen. Als die arabische Platte sich unter die iranische Platte schob, wurde sie heruntergedrückt und bildete den Persischen Golf und das mesopotamische Tiefland, das von Tigris und Euphrat durchflossen wird. Dieselbe Bewegung preßte die steilen parallelen Gebirgsketten des Sagrosgebirges im Norden Mesopotamiens herauf. In ähnlicher Weise entstand das Taurusgebirge in der südlichen Türkei, als die afrikanische Platte sich unter die türkische schob. Das Rote Meer bildete sich durch die Ausdehnung der arabischen und afrikanischen Platten, die das arabisch-nubische Massiv zerbrachen, das Teil des alten Kontinents von Gondwana gewesen war. Diese Bewegung der arabischen Platte nach Norden formte den Grabenbruch vom Golf von Akaba nordwärts durch den Wadi Al Araba, das Tote Meer und das Jordantal.

Über die genauen Grenzen der Platten wissen wir noch nichts, aber ihre komplexe gegenseitige Wirkung schuf zahlreiche strukturelle Schwachpunkte, an denen Erdbeben und Vulkane auftreten. In bestimmten Gegenden bedecken Gesteine vulkanischen Ursprungs, wie Basalt und Obsidian (vulkanisches Glas), weite Flächen. Das Oberflächengestein im Nahen Osten ist vorwiegend sedimentär. Es hat sich entweder unter dem Meer als Kalkstein gebildet oder besteht aus abgelagerten Erosionsgesteinen wie Sand- und Tonstein. Dieser Prozeß hat sich bis zum heutigen Tag fortgesetzt. Die arabische Halbinsel ist weithin von Sand und Dünen bedeckt, und viele der Flußtäler und Becken im Landesinneren sind mit angeschwemmten Sedimenten gefüllt, die von den Bergen abgetragen und von den Flüssen abgelagert wurden. Nur entlang der westlichen Ecke der arabischen Halbinsel auf dem Sinai sowie in einigen ausgesetzten Lagen der Gebirge des Irans und der Türkei sind frühere Eruptivgesteine leicht zugänglich.

Oben rechts: Die Ufer des Euphrat in Syrien. Euphrat und Tigris verlassen die Berge Ostanatoliens und fließen durch die engen Täler Nordmesopotamiens. Südlich der Trockenanbauzone wächst in den Flußtälern Getreide, Schaf- und Ziegenherden grasen in dem riesigen Steppengebiet. Im Frühjahr, zur Zeit der Schneeschmelze in den türkischen Bergen, steigen Tigris und Euphrat um mehrere Meter und erwachsen zu reißenden Strömen, die viel Schlamm mit sich führen. Sonst ziehen sie eher ruhig dahin, und ihre Wasser sind klar.

Rechts: Schafe und Ziege weiden im Lartal des Elbursgebirges im Nordiran. Der Frühling erreicht die schneebedeckten Bergtäler des Irans und der Türkei später als das Tiefland. Im Sommer führen nomadische Hirtenstämme ihre Herden in die Berge, wo das Gras noch üppig ist, während in den heißeren und trockeneren Regionen die Vegetation austrocknet. Diese Lebensweise geht bis in prähistorische Zeiten zurück, hat jedoch für die Archäologen kaum Spuren hinterlassen.

Die Landschaft

Als Ergebnis dieses Prozesses und der jüngeren Einwirkung von Wasser, Wind und Eis ist die Landschaft des Nahen Ostens sehr vielseitig. Nach Norden zu, in der Türkei und im Iran, liegen von Bergketten umschlossene Plateaus etwa 2000 Meter über dem Meer. In der Türkei verlaufen zwei Hauptketten von Ost nach West, das Pontinische Gebirge am Saum der Schwarzmeerküste und der Taurus an der Mittelmeerküste. Zwischen diesen Gebirgszügen steigt das mehr als 500 Meter über dem Meer liegende türkische Hochland von West nach Ost an. Im Osten der Türkei vereinigen sich die Gebirge und verbinden sich mit den beiden Hauptbergketten des Irans: im Norden das Elbursgebirge am Südufer des Kaspischen Meers und das Sagrosgebirge, das von Nordwest nach Südost verläuft und die mesopotamische Tiefebene vom iranischen Hochland trennt. Dieses erreicht Höhen um die 4000 Meter, und die höchsten Gipfel, bei denen es sich tatsächlich um erloschene Vulkane handelt, sind sogar noch höher. Dazu gehören der Ararat (5165 Meter), wo heute die Türkei, der Iran und die Sowjetunion zusammenstoßen; der Sawalan-Dag (4810 Meter), der Kuh-e-Taftan an der pakistanischen Grenze (4040 Meter) und als höchster von allen der Demawend im Elbursgebirge im Nordiran (5605 Meter). Im Zentrum des iranischen Hochlands erstrecken sich zwei ausgedehnte Wüsten: Dascht-e-Kawir und Dascht-e-Lut.

Südlich der türkischen und iranischen Gebirgsregionen ist die Landschaft weniger wild, weil die Berge vor den Ebenen Mesopotamiens zurücktreten. Vom Persischen Golf im Südosten steigt das Land allmählich nach Nordwesten hin an, folgt dem Euphrat flußaufwärts, bis er sich nach Norden wendet und ins Taurusgebirge eintritt, wo-

Die Vegetation im Nahen Osten
Diese Karte zeigt die natürliche Vegetation des Nahen Ostens. Der Pflanzenwuchs hängt stark von der Verteilung der Niederschläge ab. In weiten Gebieten des Nahen Ostens fällt so wenig Regen, daß das Land unfruchtbar und zur Besiedlung ungeeignet ist. Von den Rändern der Wüste bis zu den Ausläufern des Gebirges dominiert die Steppenvegetation mit Gräsern und niedrigen Büschen. Die Berghänge bedecken Wälder. Die Besiedlung der Gebiete heute gleicht der vor Jahrtausenden. Deshalb vermuten Wissenschaftler, daß Klima und Pflanzenwelt in den letzten 10 000 Jahren keine großen Veränderungen erfuhren, außer denen, die durch die Eingriffe der Menschen wie Überweidung, Abholzung und Landwirtschaft hervorgerufen wurden.

Klimaverhältnisse im Nahen Osten
Westwinde versprechen Niederschläge. Der Regen geht dort nieder, wo die Wolken auf Hügel und Berge treffen. Zahlreiche Gebiete im Landesinneren liegen in einem »Regenschatten«, vor allem die Gebiete östlich des Kaspischen Meeres und die Arabische Wüste. Die wenigen Niederschläge fallen vorwiegend in den Wintermonaten. Außer an den Küsten der Türkei und den Ufern des Kaspischen Meeres bleibt es zwischen Juni und September trocken. Die Temperaturen nehmen nach Süden hin zu und gehen mit steigender Höhe zurück. Zwischen Sommer- und Wintertemperaturen bestehen beträchtliche Schwankungen. In Küstennähe beträgt der Unterschied etwa 15°, in den Bergen bis zu 25°. Die oberen Regionen des Irans und der Türkei sind im Winter schneebedeckt.

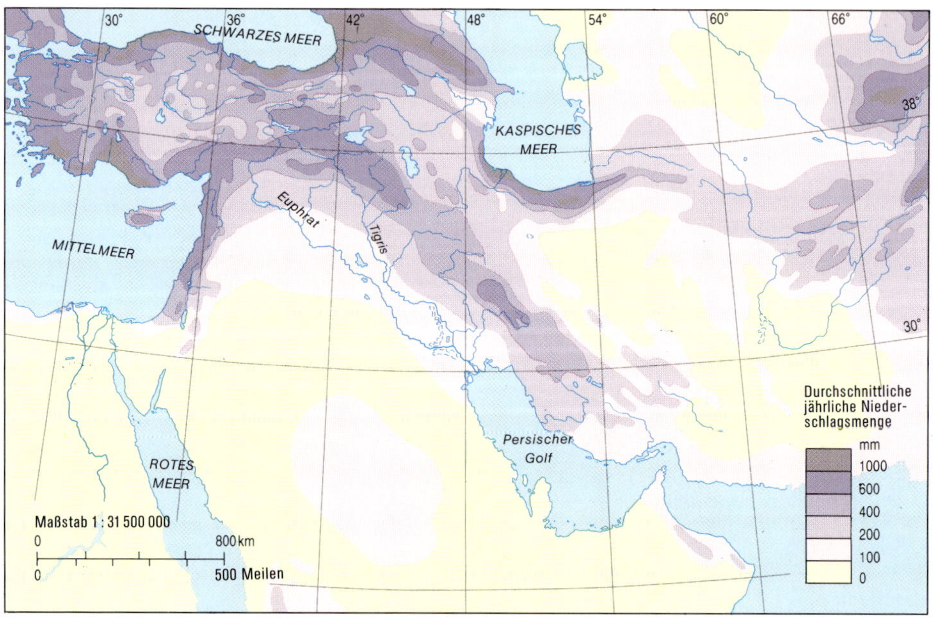

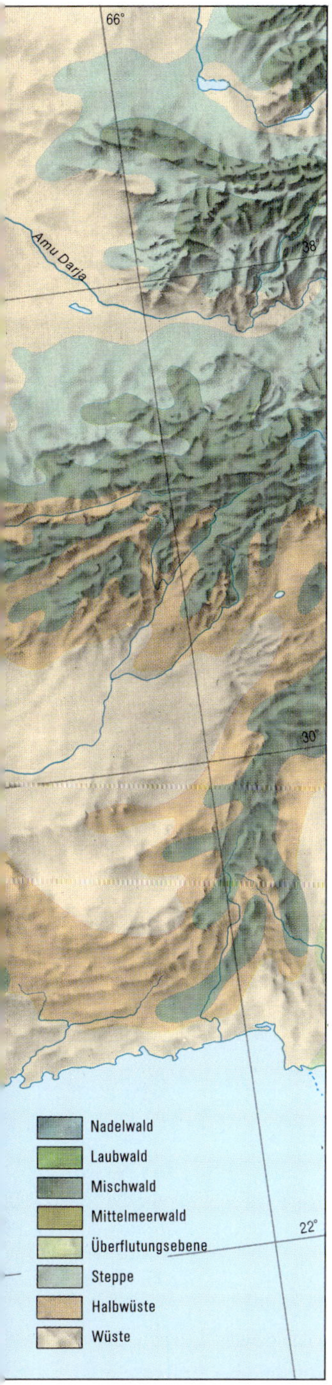

bei es auf einer Strecke von 1200 Kilometern nur 400 Meter ansteigt. Der untere Teil des mesopotamischen Tieflands ist fast eben. Die Sedimente, die Euphrat, Tigris und andere Flüsse von den Bergen im Norden anschwemmten, formten diese Fläche. Die Landschaft im oberen Teil Mesopotamiens erscheint als leicht wellige Ebene.

Entlang der Mittelmeerküste Syriens, des Libanons und Palästinas erheben sich neue Bergketten. Die höchsten Gipfel finden sich im Libanon, wo sie stellenweise mehr als 3000 Meter über dem Meer aufragen. Hier ist die Topographie vielfältiger: mit der Oberland-Zone, die durch die Nord-Süd-Verwerfung zerschnitten wird, die heute den Jordangraben, das Tote Meer (300 Meter unter dem Meeresspiegel) und das Tal des Wadi Al Araba bildet.

Weitere Gebirge verlaufen parallel zum Roten Meer auf der arabischen Halbinsel. Hedschas am Nordrand des Roten Meeres ist 2000 Meter hoch, während der Asir im Jemen am Südausgang des Roten Meers auf 3500 Meter ansteigt. Von dort fällt das Land allmählich zur Küste ab. An der Mündung des Persischen Golfs erheben sich die hohen Berge Omans, die über 3000 Meter hinausgehen.

Veränderungen des Meeresspiegels

Die Gestaltung der Erdoberfläche dauerte Hunderttausende von Jahren, doch am Ende der letzten Eiszeit fand eine tiefgreifende Veränderung statt. Während der Eiszeit bedeckten riesige Eisfelder die Polarregionen und schlossen Wassermassen ein, was dazu führte, daß sich der Meeresspiegel um mehr als 100 Meter senkte. Dann, etwa 16 000 Jahre später, begann der Wasserspiegel zu steigen. Die meisten Meere, die den Nahen Osten umgeben, sind tief in die Erdoberfläche eingeschnitten. Der Persische Golf jedoch ist flacher, und die Ströme, die von den Bächen des Taurus und des Sagrosgebirges gespeist wurden, erreichten das Meer viel früher als zuvor. Die flachen, alluvialen Ebenen von Südmesopotamien und das ägyptische Delta entstanden, nachdem das Meer annähernd seine heutige Gestalt erreicht hatte. Der Meeresspiegel stieg rasch an, zuweilen über einen Meter pro Jahrhundert. Um 4000 v. Chr. erreichte er seinen gegenwärtigen Stand, den er seitdem in etwa behielt. Der enorme Anstieg bewirkte unter anderem, daß die Zeugnisse einer früheren Besiedlung in der Golfregion und in Südmesopotamien unter dickem Sediment begraben liegen. Für die Untersuchung früherer Perioden sind daher besonders die Gebiete von Interesse, deren Landschaft sich weniger verändert hat und deren Siedlungen leichter zugänglich sind.

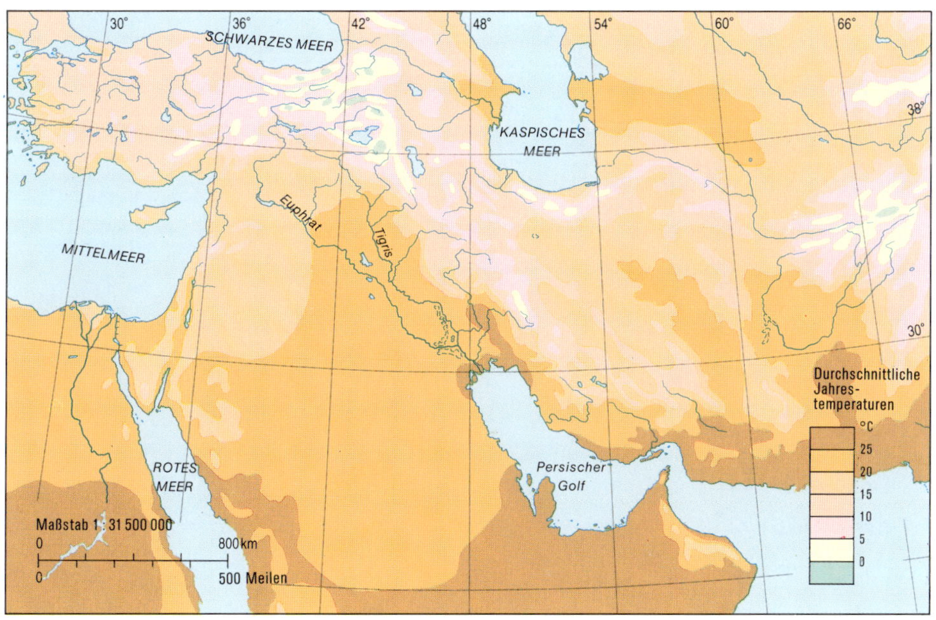

Klima und Umwelt

Über das Klima der alten Zeit geben viele und verschiedenartige Quellen Auskunft. Zum Beispiel sind die relativen Verhältnisse der zwei Sauerstoffisotope O^{16} und O^{18} im Meer eine Indikation für die Wassermenge, die die polaren Eiskappen banden und damit für die globalen Temperaturen. Auch verraten dicke Sedimentschichten verstärkte Flußbewegungen, das Ergebnis größerer Niederschläge. Eine der brauchbarsten Techniken ist die Pollenanalyse blühender Pflanzen, die sich in den Sedimenten alter Teiche erhalten haben. Auf diese Weise sind Veränderungen der Vegetation festzustellen. Zwar besteht noch keine allgemeine Übereinstimmung, wie diese von Region zu Region variierenden Ergebnisse zu deuten sind, doch entwickelte sich eine grobe Vorstellung.

Als die Eisflächen zurückwichen und die Meere anstiegen, nahm die Temperatur rasch zu. Zwischen 12 000 und 8000 v. Chr. erhöhte sie sich um fast 10 Grad Celsius, bevor sie ihr Maximum von ein oder zwei Grad über dem heutigen Durchschnitt erreichte. Während der Eiszeit wies die nördliche Gebirgszone überwiegend Steppenvegetation und ein kaltes, trockenes Klima auf. Als es danach wärmer und feuchter wurde, wuchsen dichte Wälder, so daß vor etwa 6000 Jahren Eichen und andere Bäume die Hänge des Sagrosgebirges und des Taurus bedeckten – wie heute noch. Auch weiter südlich wichen die trockenen und kalten Wetterverhältnisse der Eiszeit einem wärmeren, feuchteren Klima, das vermehrt Wachstum von Bäumen erlaubte. Doch um 11 000 v. Chr. ging die Niederschlagsmenge zurück, und weite Steppen oder Wüsten entstanden.

Während der letzten 10 000 Jahre entsprachen Klima und Vegetation des Nahen Ostens weitgehend den heutigen Bedingungen. Vier ausgeprägte Zonen bestimmen die Landschaft. Die Bergzone, wo Laub- und Nadelhölzer mit unterschiedlichen Anteilen an Eichen, Pinien, Zedern und Wacholder wuchsen, erlebte kalte, nasse Winter und trockene Sommer. In der Zone der Vorberge, die sich entlang der Mittelmeerküste und der Ausläufer des Taurus und des Sagrosgebirges erstreckte, waren die Winter mild und feucht und die Sommer warm und trocken. Die Vegetation bestand aus mediterranen Waldgebieten mit Eichen, Pinien und Therebinthen sowie aus Gräsern, zu denen die Wildformen von so alten Nutzpflanzen wie Gerste und Weizen gehörten. Die Steppenzone entlang des östlichen und südlichen Rands der Vorberge und im iranischen und türkischen Hochland hatte milde, trockene Winter und heiße, trockene Sommer, die offenes, nahezu baumloses Grasland begünstigten. Schließlich wechselten in der Wüstenzone im Inneren Arabiens und des Irans milde, trockene Winter und heiße Sommer ab: es wuchs hier praktisch nichts. Die Grenzen dieser Regionen haben sich durch geringe Klimaveränderungen verschoben, aber das Grundmuster blieb erhalten, auch wenn Veränderungen der Wasserläufe, das Austrocknen von Seen und Quellen und die Wanderung von Sanddünen wahrscheinlich diese lokalen Verschiebungen verursachten. Überdies haben während der letzten 10 000 Jahre Aktionen des Menschen, wie etwa Überweidung, Abholzung und Eingriffe in die natürlichen Wasserläufe, die Umwelt zunehmend verändert.

Der stets mögliche Zugriff auf Wasser schuf besonders günstige Lebensräume, die für die Menschen sehr wichtig waren. Dazu gehörten die Meeres- und Seeufer mit ihren reichen Vorkommen an Tieren und Pflanzen, die Flußtäler und Oasen mit Quellen, wo Dickichte aus Tamarisken und anderen Bäumen und Büschen gediehen, und Sümpfe, in denen am oberen Ende des Persischen Golfs die Vorfahren der Dattelpalme blühten.

Links: Eine Oase im Westen Syriens. Wasser verwandelt die öde Wüste des Nahen Ostens in fruchtbares Land mit Obstplantagen und Gärten. Flüsse oder Quellen liefern das Wasser. Trocknen sie aus, verödet das Land.

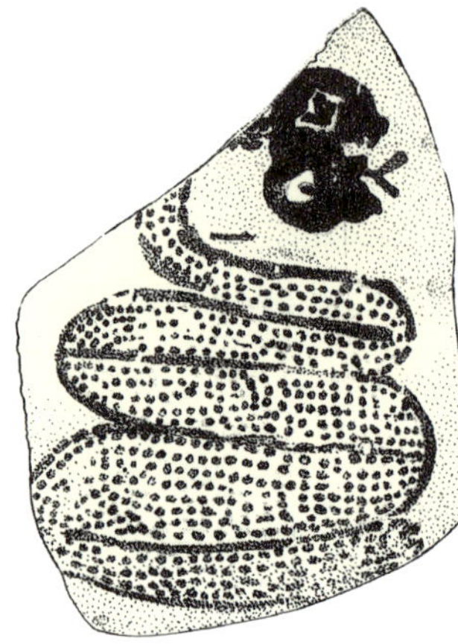

Frühe Siedlungen im Nahen Osten
Nach dem Ende der letzten Eiszeit besiedelten die Menschen Gebiete mit natürlichem Vorkommen der Wildformen von Weizen, Gerste und anderen Pflanzen; begehrt waren auch Regionen, wo Tiere zu jagen waren. Die meisten dieser Niederlassungen lagen in Gebieten, in denen Gerste und Weizen heute noch wild vorkommen. Die besten Voraussetzungen bot der Süden mit der höchsten Niederschlagsrate. Die zahlreichen Fundstätten Palästinas und die Ergebnisse archäologischer Forschung liefern den Beweis für die hohe Entwicklungsstufe dieser Region in der epipaläolithischen Periode (ca. 18 000 – 9300 v. Chr.). Im Proto-Neolithikum (9300 – 8500 v. Chr.) waren Weizen und Gerste vermutlich schon kultiviert.

Oben und oben rechts: Prähistorische Keramik wurde meist mit Tieren und Vögeln bemalt; dabei handelte es sich um Wild-, weniger um Haustiere, wegen ihrer dekorativen Wirkung. Wildschafe und Steinböcke waren sehr beliebt. Auf den stilisierten Zeichnungen ist die jeweilige Art oft nur schwer zu erkennen. Die Schlange (*oben*) aus dem sechsten Jahrtausend v. Chr. in der typischen Darstellung mit dem Körper im Profil und dem Kopf von oben. Der Leopard (*oben rechts*) aus dem Luristan im Westiran stammt aus dem vierten Jahrtausend v. Chr.

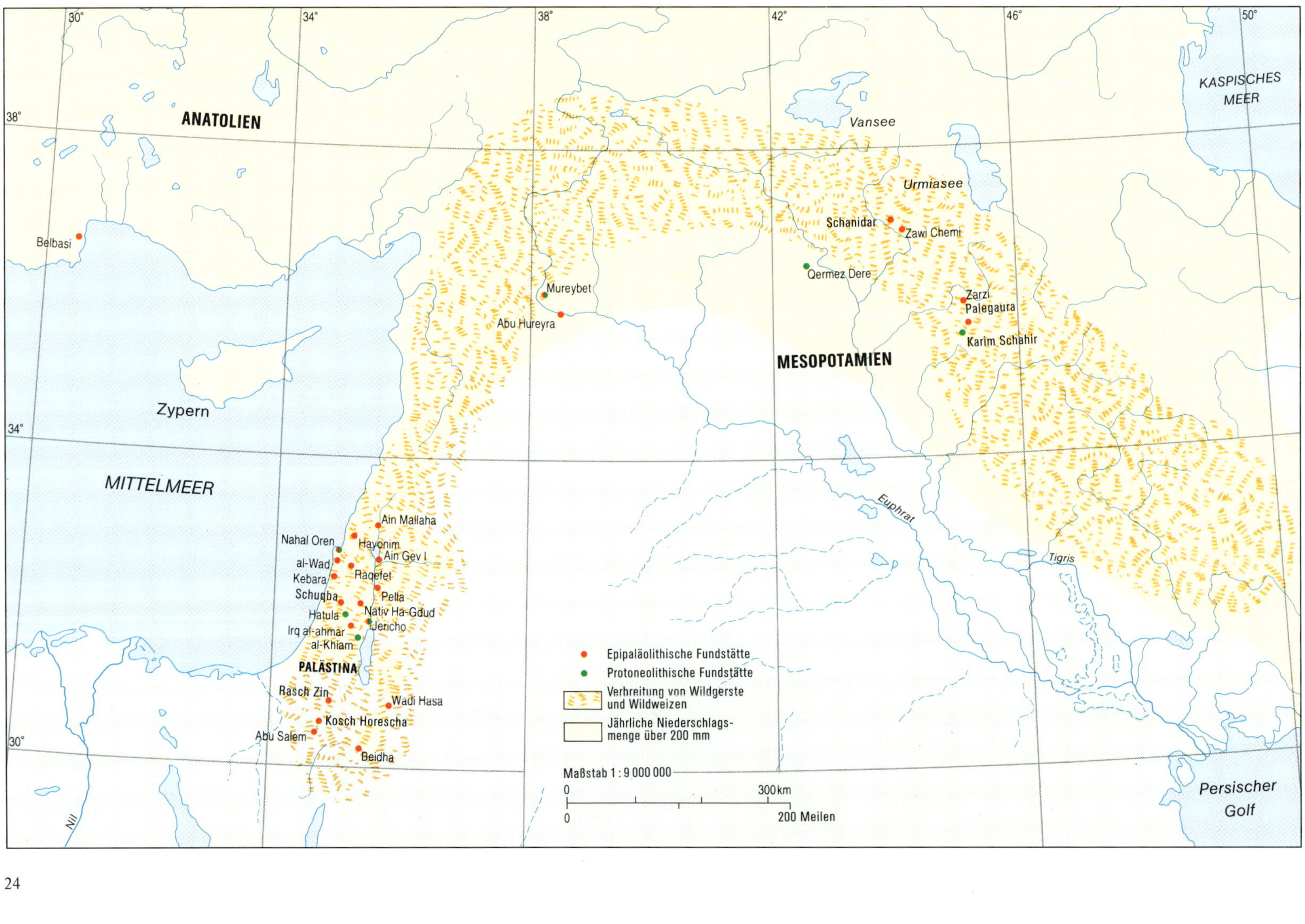

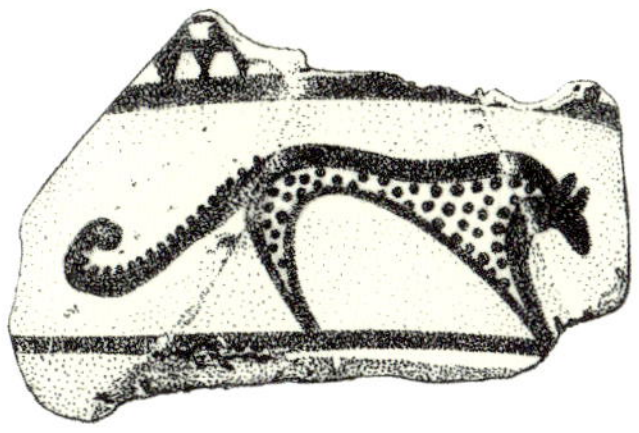

Im Nahen Osten existierten zahlreiche Tierarten. Herden von Damwild, Gazellen, Wildeseln und Wildrindern zogen über die Steppen. Wilde Schafe und Ziegen, Hirsche und Rehe lebten in den Bergen, während Wildschweine die feuchteren Regionen bevorzugten. Schakale, Wölfe, Bären, Luchse, Hyänen, Geparden, Leoparden, Tiger und Löwen machten hier ihre Beute. Zu den kleineren Säugetieren gehörten Füchse, Hasen, Wildkatzen, Igel und verschiedene Nagetierarten. Überraschenderweise fehlten Kamel und Pferd, die während der Eiszeit ausgestorben waren und nicht vor dem dritten Jahrtausend v. Chr. wieder auftraten. Amphibien und Reptile waren allgemein verbreitet, zu nennen sind unter anderem Schildkröten, Schlangen, Eidechsen und Frösche, während in den Flüssen, Seen und Meeren viele Arten von Fischen und Schalentieren lebten. Es gab in der Region eine reichhaltige Vogelwelt, darunter viele Zugvögel, da die Mittelmeerküste und das obere Ende des Persischen Golfs an den Hauptrouten der Zugvögel von Rußland nach Afrika liegen. Die größeren Vögel wie Strauße, Trappen, Rebhühner, Enten und Gänse stellten eine wichtige Nahrungsquelle dar.

Die Ursprünge der Landwirtschaft

Während der Jahrmillionen, in denen die Menschen als Jäger und Sammler überlebten, hatten sie weiterführende technologische Entdeckungen gemacht. Mit der Entwicklung des anatomisch modernen Menschen *(Homo sapiens)* beschleunigte sich das Tempo des Fortschritts und führte gegen 20 000 v. Chr. zur Besiedlung sämtlicher Kontinente. Die Fähigkeit der Menschen, ihre Umwelt zu kontrollieren, nahm zu. Sie zeigte sich in den verbesserten Techniken beim Umgang mit dem Feuerstein, in expandierender Landnahme und in komplexerem Sozialverhalten wie zeremoniellen Begräbnisriten und Höhlenmalereien ab etwa 30 000 v. Chr. Diese Fähigkeiten bildeten die ersten Voraussetzungen, um die Landwirtschaft als Lebensweise einzuführen.

Als Jäger und Sammler hatten die Menschen Pflanzen und Tiere verwertet, aber kaum Versuche gemacht, sie zu hegen und zu pflegen. Offensichtlich geriet, wer seine Hauptnahrungsquellen über die Maßen ausbeutete, selbst in die Gefahr auszusterben. Allerdings hatten die Menschen schon in früher Zeit begrenzt Formen der Züchtung unternommen, indem sie junge Tiere leben ließen und ausgewählte Arten schützten. Wirkliche Domestikation bedeutet jedoch, daß die Pflanzen oder Tiere von der Pflege des Menschen direkt abhängig sind. Auf den frühen Stufen der Landwirtschaft kultivierten die Menschen die wilden Formen der Pflanzen und Tiere. Über Generationen hinweg fanden durch strenge Auswahl beim Säen und Ernten Veränderungen statt, und es entstanden neue Arten. Einige dieser Modifizierungen, die in pflanzlichen Überresten und Tierknochen entdeckt wurden, dienen dazu, wilde von gezüchteten Arten zu unterscheiden. Doch ist die Identifizierung und Deutung von tierischen und pflanzlichen Überresten eine Angelegenheit für Experten, die über ihre Funde nicht immer gleicher Meinung sind.

Das Sammeln von Samen und Knochen ist erst in den letzten Jahren regelmäßiger Teil archäologischer Ausgrabungen. Davor stützten sich die Archäologen auf sichtbare Veränderungen, etwa in der Methode der Herstellung von Steinwerkzeugen, um zwischen den einzelnen Perioden zu unterscheiden. In der Altsteinzeit wurden Werkzeuge durch Abschlagen und Abspalten gefertigt, im Neo-

Die Ausbreitung von Landwirtschaft und Viehzucht
Im akeramischen Neolithikum (ca. 8500 – 7000 v. Chr.) wurden bereits Pflanzen und Tiere domestiziert, große Siedlungen mit Hunderten von Einwohnern entstanden, Metall- und Gipsmörtelverarbeitung gewannen immer mehr an Bedeutung. Die Dörfer lagen zunächst noch in kultivierten Gebieten, die ausreichend Regen erhielten, breiteten sich aber bald auch in den bewaldeten Bergen und im türkischen und iranischen Hochland aus. Die meisten Siedlungen lebten vom Getreideanbau. Nur noch in wenigen Gemeinschaften sorgten Jäger und Sammler für den Lebensunterhalt der Menschen. Während dieser Periode war die kulturelle Bedeutung Palästinas kaum spürbar.

lithikum dagegen (Jungsteinzeit) wurden sie geschliffen und poliert. Zur gleichen Zeit traten auch andere Veränderungen ein. Dazu gehörten Siedlungen mit Häusern, der Gebrauch von Tongefäßen und die Bestattung der Toten in Friedhöfen. (Ähnliche Entwicklungen gab es später in Indien, China, Afrika und Amerika.)

Es ist interessant, darüber zu spekulieren, warum die Landwirtschaft gerade um diese Zeit entstand. Der Ackerbau wäre schon vor dem Ende der kalten und warmen Perioden der letzten Eiszeit möglich gewesen. Doch erst nach der Eiszeit besaßen die menschlichen Gemeinschaften eine genügend entwickelte soziale und technische Infrastruktur, um die Gelegenheit zu nutzen, die ihnen das Klima und die geographische Lage boten. Vor allem wurde der Gebrauch der Sprache, die sich in vielen Jahrtausenden entwickelt hatte, für den Austausch von Informationen und für deren Weitervermittlung von Generation zu Generation wichtiger.

Doch die Gründe, die die Steinzeitmenschen zunächst veranlaßten, Pflanzen zu züchten und Vieh zu halten, waren andere als die, die dafür sprachen, diese Lebensweise beizubehalten. Neuere Studien ergaben, daß Bauern härter arbeiteten als Jäger und Sammler, um genug Nahrung für den lebensnotwendigen Bedarf zu gewinnen, und daß sich mit der Landwirtschaft Versorgungsgüter weder leichter noch in größeren Mengen erzeugen ließen. Dagegen bot ein Leben in festen Siedlungen und in größeren sozialen Gemeinschaften gewisse Vorteile: einmal die verminderte Kindersterblichkeit, da die Mütter nicht mehr mit dem Stamm mitziehen mußten, zum zweiten die direkte Kontrolle der Nahrungsmittelversorgung durch die Landwirtschaft. Es waren auch die bisher unbekannten Nebeneffekte der agrarischen Lebensweise, die dazu führten, daß sie selbst in den abgelegensten und ungastlichsten Gegenden der Welt übernommen wurde. So wurden Schafe, die wohl zunächst nur wegen des Fleisches, der Häute und der Knochen gehalten wurden, durch Zuchtauswahl wichtige Lieferanten von Milch und Wolle.

Frühe Siedlungen im Nahen Osten

Im Nahen Osten ist der Übergang zur Seßhaftigkeit in der Levante und in Palästina am deutlichsten sichtbar. Während der letzten 40 Jahre haben Archäologen durch intensive Feldforschung zahlreiche frühe Fundstätten in Israel ausgegraben, im Vergleich dazu aber nur wenige in anderen Nahost-Staaten. Obgleich die Forschungen nicht gezielt unternommen wurden, hat es den Anschein, daß diese Region für die Entwicklung der Landwirtschaft von Bedeutung war.

Die ersten Wohnstätten im Nahen Osten waren entweder Höhlen oder zeitweilige Lager im Freien. Im Anschluß an die letzte Eiszeit wurden feste Siedlungen immer häufiger, wie Zeugnisse der Kebaran-Periode in Palästina (18 000 – 11 000 v. Chr.) belegen. In Ain Gev I, einer auf etwa 15 000 v. Chr. datierten Fundstätte am Ostufer des Sees von Genezareth, enthielten die Fundamente eines Baus, bei dem es sich wahrscheinlich um eine runde Wohnhütte handelt, behauene Steinplatten und einen Steinmörser zum Mahlen von Getreide, dazu Sichelklingen, die den charakteristischen Glanz aufwiesen, der beim Mähen von Getreide oder Ried entsteht. Die Kebaran-Leute jagten auch wilde Tiere, bevorzugten oft sogar bestimmte Arten. So stammen nahezu drei Viertel der Knochenfunde von Nahal Oren auf dem Berg Karmel von Gazellen, während im Wadi Madamagh in der Nähe von Petra mehr als 80 Prozent der Funde Knochen von wilden Ziegen sind.

Die Existenz der Mahlsteine zeigt jedoch, daß Pflanzen und Getreide einen festen Bestandteil der Nahrung ausmachten. Die Getreidekörner sind jedoch von unverdaulichen Spelzen umhüllt. Um sie genießbar zu machen, mußte die Hülse entfernt werden. Dies geschah zunächst durch Rösten, bevor man das Getreide bei niedriger Temperatur mit Wasser zu einem Brei kochte. Die Körner wurden auch zu Mehl vermahlen, das man mit Wasser vermischt bei hoher Temperatur backte. Die Sicheln bestanden aus Feuersteinklingen, die in einen Holz- oder Knochengriff eingesetzt wurden. Damit mähte man wilde Getreidearten, wobei aber die Gefahr bestand, daß die Körner ausfielen und verlorengingen, so daß es wahrscheinlich vorteilhafter war, das reife Getreide mit der Hand zu pflücken. Ähnliche Typen der Feuersteinverarbeitung wurden in zeitgenössischen Kulturen der Türkei und des Sagrosgebirges gefunden, doch gibt es dort keine vergleichbaren Spuren der Zubereitung pflanzlicher Nahrung.

Links: Früher vermutete man, daß das ungestüme Wildrind aus religiösen Gründen oder des Fleisches, der Häute, Knochen und Hörner wegen domestiziert wurde. Doch in der frühen neolithischen Periode diente es als Milchlieferant und Zugtier. Ochsen werden noch heute weithin zum Pflügen, Eggen, Dreschen und als Zugtiere eingesetzt.

Oben: Der Anbau von Getreide verlangte neue Techniken wie das Mähen und Mahlen. Dazu wurden Sichelblätter aus Feuerstein und Reibesteine benutzt, wie archäologische Funde beweisen. Andere Arbeiten wie das Reinigen des Getreides, das hölzerner Werkzeuge bedurfte und abseits der Siedlungen betrieben wurde, hinterließen nur wenig archäologische Spuren.

Die Natufian-Periode

Die Natufian-Kultur zwischen 11000 und 9300 v. Chr. war geographisch viel weiter verbreitet als die Kebaran-Kultur. Sie umfaßte ganz Palästina und die Levante; ähnliche Fundstätten liegen am Euphrat in Syrien und weiter östlich. In der Natufian-Periode sind Zeugnisse für die Nutzung von Getreide als Hauptbestandteil der Nahrung viel eindeutiger. Es wurden Mahlsteine, Herde und Vorratsgruben mit karbonisiertem Samen von wilder zweireihiger Gerste, wildem Einkorn-Weizen sowie mit anderen wildwachsenden Nahrungsmitteln wie Eicheln, Linsen, Kichererbsen und Erbsen gefunden.

Neben den harten Spelzen, die dicht am Samenkorn

Das neolithische Dorf

Offensichtlich hat das Dorfleben im Nahen Osten zwischen dem Neolithikum und dem späten 19. Jahrhundert wenige Veränderungen erlebt. Allerdings beruht unsere Kenntnis der Frühgeschichte hauptsächlich auf den Überresten von Stein- oder Knochenwerkzeugen und den Ruinen der Gebäude, denn organische Stoffe haben sich nur selten erhalten. Unter den extrem trockenen Bedingungen der Höhle von Nahal Hemar in der Nähe des Toten Meers konservierte sich eine größere Anzahl von Materialien, darunter Fragmente von Textilien und Flechtwaren sowie Holzwerkzeuge und Perlen. Besonders die Textilien deuten auf einen überraschend hohen Grad an technischer Fertigkeit. Einige Funde vermitteln eine Ahnung von dem religiösen Leben der Zeit.

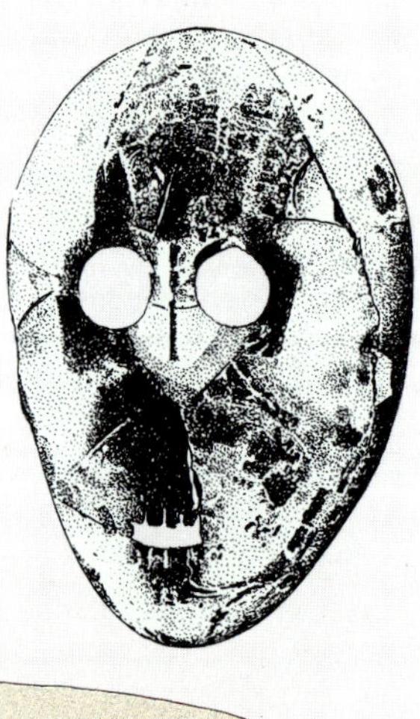

Links: Diese bemalte Steinmaske aus Nahal Hemar erfüllte kultische Zwecke. Historiker nehmen an, daß die Funde von Nahal Hemar einem Tempel entstammten.

Unten: Als erste Behausungen dienten während dem Proto-Neolithikum runde Hütten, die in den Boden hinein gebaut wurden, wie diese hier aus Qermez Dere im Norden des Iraks. Sie boten mehr als nur Schutz, und spielten im spirituellen Leben der Gemeinschaft eine zentrale Rolle. Die Säule aus Stein und Mörtel sowie menschliche Schädel auf dem Boden des Gebäudes verweisen auf rituelle Handlungen.

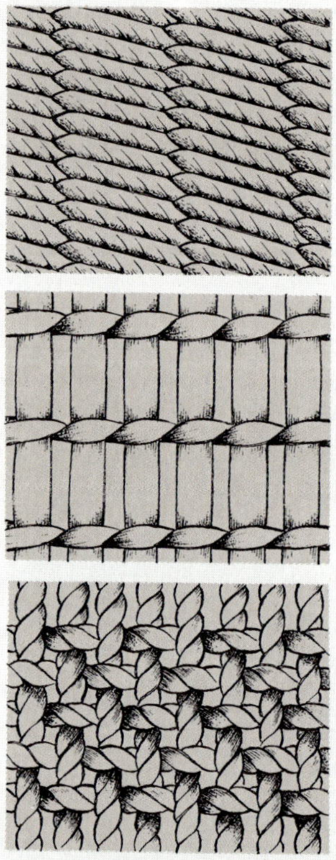

Das früheste Zeugnis für Textilverarbeitung stammt aus der akeramischen neolithischen Periode. In der Höhle von Nahal Hemar wurde Stoff hergestellt, indem man paarweise Flachs-(Leinen-)Schußfäden um die Kettfäden flocht. Verschiedene Muster entstanden durch offene (*oben Mitte*) und geschlossene Verflechtung (*ganz oben*). Abdrücke in Ton aus Djarmo zeigen, daß auch das übliche Grobgewebe (*oben*) in dieser Zeit entstand.

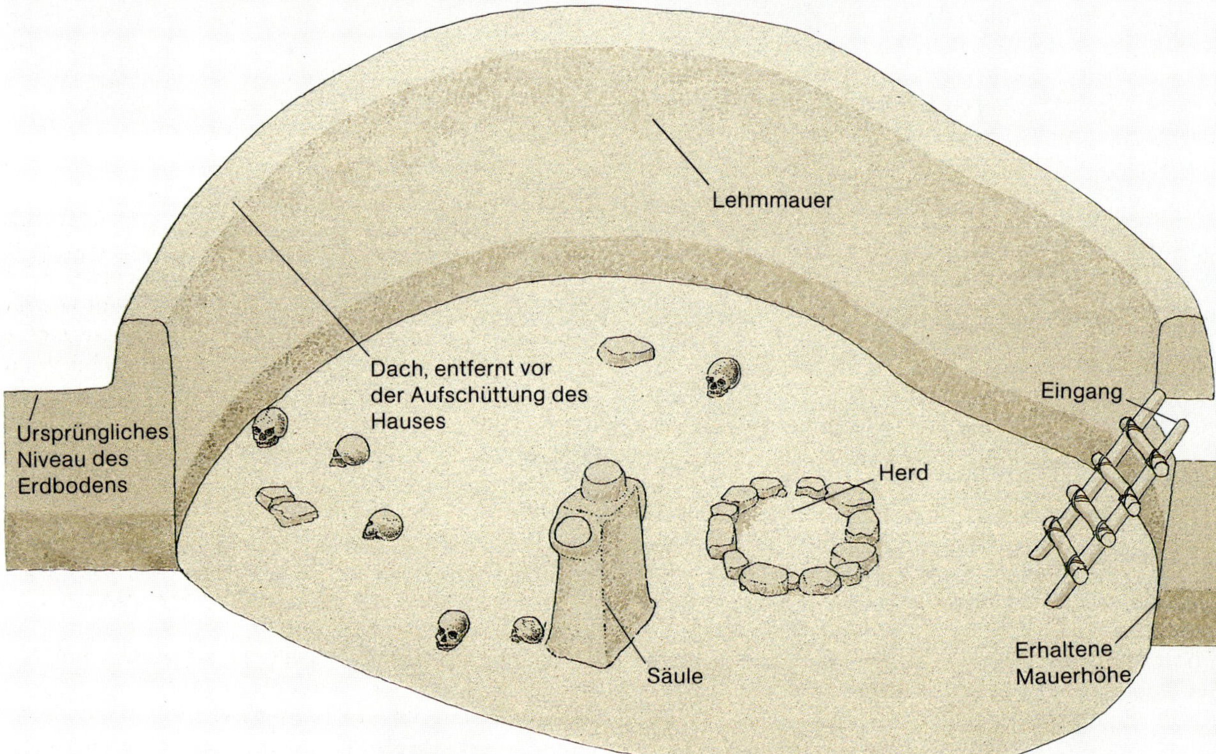

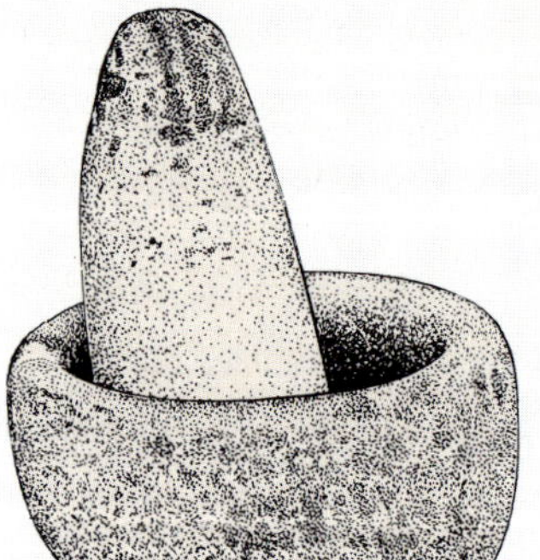

Rechts: Steinerner Mörser und Stößel aus Jericho. Dieses Werkzeug bot zahlreiche Verwendungsmöglichkeiten, von der Nahrungszubereitung bis zum Zerstoßen von Farben. Mit ähnlichen Steingefäßen wurde in der Natufian- bis zur islamischen Periode gearbeitet.

Rechts: Knöcherner Haken und Holzwerkzeuge aus Nahal Hemar. Unter den steinernen oder hölzernen Geräten befanden sich Stifte, Nadeln, Ahlen, Pfeilspitzen bzw. Spitzen für Speere oder Harpunen und ähnliches.

Unten: Eine Sichel aus Nahal Hemar mit Feuersteinklinge, deren Holzgriff mit Bitumen befestigt wurde, eignete sich zum Schneiden von Ried.

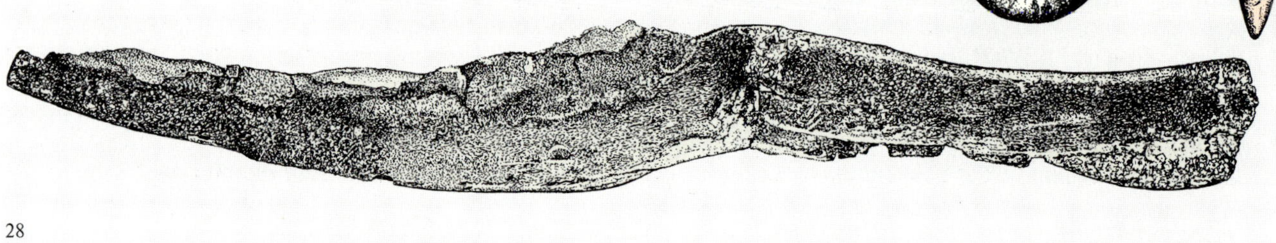

sitzen und nur durch Rösten oder Zerstoßen entfernt werden können, haben wilde Getreidearten auch eine spröde Ährenspindel (Mittelachse), die sehr leicht bricht. Dadurch werden die Körner verstreut, was das Ernten sehr schwierig macht. Nachdem die Menschen gelernt hatten, Getreide zu säen und zu ernten, züchteten sie Sorten mit einer festeren Ährenspindel. Dies ist eines der Kriterien zur Unterscheidung von gezüchteten und wilden Getreidearten.

Zwei Sorten von wildem Weizen wurden im Nahen Osten gefunden: Einkorn und Emmer, der wahrscheinlich als natürliche Kreuzung von Einkorn mit einer anderen wilden Grasart anzusehen ist. Durch selektives Ernten und Anpflanzen entstanden aus Einkorn und Emmer Zuchtvarianten. Die modernen hexaploiden Weizenarten stammen wahrscheinlich von kultiviertem Emmer, gekreuzt mit einem anderen wilden Gras. Die Arten werden danach unterschieden, ob die Spelzen die Körner fest umschließen (Spelzweizen) oder leicht entfernt werden können (Nacktweizen). Auch Gerste läßt sich in Nackt- und Spelzgruppen einteilen, darüber hinaus in Varianten, die entweder zwei oder sechs Körnerreihen in jeder Ähre haben. Verständlicherweise wurden im allgemeinen die Nacktvarianten gegenüber den Spelzsorten bevorzugt.

Von der Form der Weizen- oder Gerstenkörner ist meist darauf zu schließen, ob es sich um eine wilde oder eine gezüchtete Spezies handelt. Bei anderen eßbaren Pflanzen läßt sich das nicht so leicht bestimmen. Die wilden Arten der Hülsenfrüchte, wie Linsen, Platterbsen und Erbsen, der Früchte, wie Feigen, Äpfel und Birnen oder der Nüsse, wie Eicheln, Mandeln und Pistazien, sind meist mit den Zuchtformen identisch, obgleich diese über die Jahre größer geworden sind. Viele Nahrungspflanzen hinterlassen in archäologischen Zeugnissen nur gelegentlich Spuren.

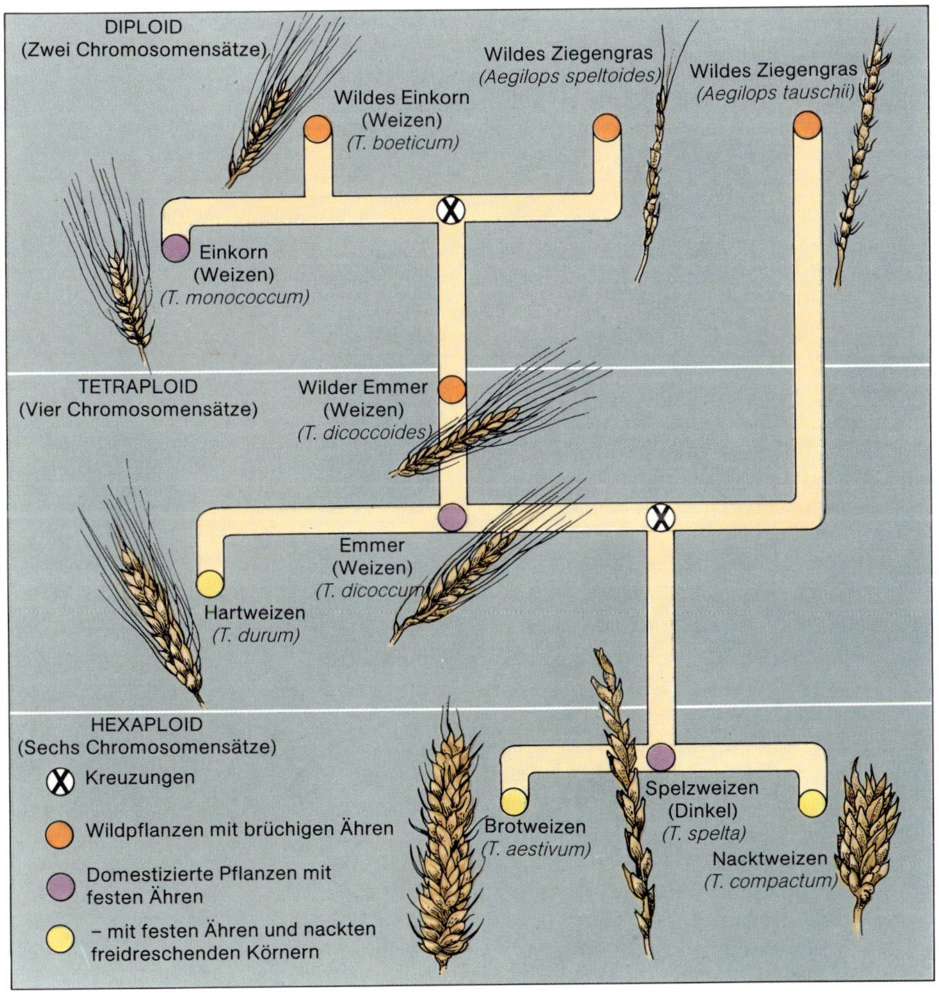

Unten: Zwei Arten von Wildweizen verbreiteten sich im Nahen Osten: Einkorn und Emmer; letzterer entstand vermutlich aus einer natürlichen Kreuzung von Einkorn mit einem Wildgras. Durch selektives Ernten und Pflanzen brachten Einkorn- und Emmerweizen Zuchtsorten hervor. Aus dem kultivierten Emmerweizen entwickelten sich durch Kreuzung die heutigen hexaploiden Weizenarten. Die Sorten lassen sich auch dadurch unterscheiden, ob die Spelzen oder Brakteen mit den Körnern fest verbunden sind (Spelzweizen) oder sich leicht entfernen lassen (Nacktweizen). Nur Hart-, Brot- und Kolbenweizen bezeichnet man als Nacktweizen. Wildpflanzen trugen brüchige Ähren, die vor oder während der Ernte abfielen, während beim Zuchtweizen die Ähren fest mit der Pflanze verbunden sind, was die Ernte erleichtert. Auf den frühesten Entwicklungsstufen der Landwirtschaft war das Saatgut nicht modifiziert und ließ sich deshalb nicht von Wildarten unterscheiden.

Blattpflanzen, wie Kohl, Salat, Spinat, Zwiebeln, Knoblauch, und Gewächse wie Melonen, Gurken und Pilze werden bei archäologischen Ausgrabungen nur selten gefunden; die Geschichte ihrer Kultivierung läßt sich lediglich vermuten. Deshalb ist für die Archäologen das Getreide von besonderer Bedeutung. Nach gegenwärtigem Wissensstand gehört es zu den frühesten gezüchteten Pflanzen, doch wahrscheinlich wurden Hülsenfrüchte zur selben Zeit angepflanzt und geerntet.

Getreide hat den Vorzug, daß es lange gelagert werden kann, vorausgesetzt, es wird trocken und geschützt vor Schädlingen aufbewahrt. Durch Erhitzen oder Rösten läßt sich das Keimen der Körner verhindern. Dieser Aufwand machte das Getreide so wertvoll, daß es als eine Art Zahlungsmittel verwendet wurde. Es besaß einen festen Wert und war ein anerkanntes Tauschmittel. Lagerung und späterer Anbau ermöglichten die Entstehung von Reichtum und förderten die Entwicklung einer Gesellschaft, in der das Ansehen auf Wohlstand basierte.

Die Natufian-Menschen sammelten wildwachsendes Getreide und andere Pflanzen, »kultivierten« sie vielleicht auch, um sie vor Räubern zu schützen. Möglicherweise pflanzten sie auch einige wilde Arten an. Die abgenutzten Zähne dieser Menschen sind auf den Steingrieß in ihrem Essen zurückzuführen, der durch die intensive Nutzung der Mahlsteine bei der Zubereitung der pflanzlichen Kost entstand. Das Verhältnis von Strontium zu Kalzium in ihren Knochen weist eher Parallelen zu pflanzenfressenden Tieren auf als zu Fleischfressern und läßt vermuten, daß sie sich überwiegend vegetarisch ernährten.

Die Bewohner vieler Natufian-Fundstätten jagten ganz bestimmte Arten wilder Tiere. In Al Wad und Nahal Oren stammen 80 Prozent der entdeckten Tierknochen von Gazellen. In Abu Hureyra am Euphrat (dem wahrscheinlichen Endpunkt der natürlichen Wanderungsroute der Gazellen) waren es noch 65 Prozent. In Beidha bei Petra im Süden Jordaniens wurden hauptsächlich Ziegen gejagt; die in Ain Mallaha im Jordantal gefundenen Knochen stammen dagegen von Gazellen (44 Prozent), Rehen, Damwild und Wildschweinen, dazu kamen noch einige Überreste von Wildrindern, Ziegen, Füchsen, Hyänen und Hasen. Auch von Vögeln, Fischen, Schnecken, Muscheln, Schlangen, Schildkröten und Nagetieren wurden Spuren gefunden, allerdings ist unwahrscheinlich, daß sie alle als Nahrung dienten.

Wie bei den Pflanzen wirkte sich die Domestikation auch bei den Tieren aus, so daß Zoo-Archäologen anhand der Knochen wilde von domestizierten Tieren über Generationen unterscheiden können. Weitere Hinweise auf Tierhaltung geben das Vorkommen von Tieren außerhalb ihres natürlichen Lebensraums, Größenunterschiede, Veränderungen in der Zusammensetzung der Herden und in den Anteilen der verschiedenen Spezies. Einige dieser Unterschiede haben ihre Ursache jedoch nicht in der Domestikation, sondern dürften auch auf Klimaveränderungen zurückzuführen sein. Nach der letzten Eiszeit wurden viele Tiere kleiner, vielleicht um sich dem wärmeren Klima anzupassen, obgleich auch die Tierhaltung offensichtlich kleinere Tiere hervorgebracht hat.

Die an Natufian-Fundstätten entdeckten Tierknochen stammen vorwiegend von wilden Arten. In Ain Mallaha und der Terrasse Hayonim im Südwesten vermaßen Archäologen einen Satz Knochen, die kleiner waren als die des modernen Wolfs und wahrscheinlich vom »besten Freund des Menschen«, der damit auch der älteste zu sein scheint, dem Haushund, stammen. Aus derselben Periode, um 10 000 v. Chr., wurden in Ain Mallaha die Überreste einer alten Frau gefunden, die mit einem drei bis fünf Monate alten Hündchen begraben war. Zwar konnte nicht festgestellt werden, ob es sich bei dem Skelett um einen Wolf oder einen Hund handelte, deutlich war aber, daß das Tier in einer engen Beziehung zu der Frau stand. Viele Tierknochen von Natufian-Fundstätten weisen – anders als die Überreste früherer Perioden – Beißspuren auf, ein weiterer Hinweis auf die Existenz von Hunden. Da Hundeknochen jedoch relativ selten gefunden werden, ist anzunehmen, daß Hunde wahrscheinlich als Helfer bei der Jagd und nicht zu Nahrungszwecken gehalten wurden. Der Kieferknochen eines Hundes wurde auch in der Höhle von Palegaura im Nordosten des Irak entdeckt. Diese Fundstätte wurde der zeitlich etwas älteren Sarsian-Kultur, um 11 000 v. Chr., zugerechnet, doch ist wahrscheinlich, daß sie einer späteren Periode angehört. Unter den Fachleuten gehen die Meinungen auseinander, ob die Natufian-Menschen Tiere in Herden hielten und Pflanzen anbauten; ausreichende Beweise dafür sind nicht vorhanden.

Links: Erst in der Natufian-Periode bestatteten die Menschen ihre Toten außerhalb des Hauses oder in Höhlen. In die Gräber wurden keine Opfergaben oder Geräte beigelegt, was auf einen Glauben an ein Jenseits hinweisen würde. Eine Anzahl von Skeletten trug jedoch persönlichen Schmuck, z. B. Halsketten, wie in diesem Grab von Al-Wad (Mugharet el Wad) auf dem Berg Karmel. Den Kopf des Toten, der in gekrümmter Haltung begraben wurde, schmückten aufgereihte Muscheln aus dem Mittelmeer.

Strukturen der Natufian-Siedlungen

Im Nahen Osten wachsen noch immer wilde Getreidearten; wenn die Körner reif sind, können Familien ihren Jahresbedarf sammeln. Die Schwierigkeit, Kornvorräte zu transportieren und die Tatsache, daß so schwere Geräte wie Mahlsteine benötigt wurden, führten in der Natufian-Zeit zur Anlage fester Siedlungen. Man bewohnte sie entweder ganzjährig oder nur zu gewissen Zeiten. Dörfer oder Lager wurden in Gegenden errichtet, in denen wilde Getreidearten wuchsen. Andere, mehr temporäre Niederlassungen entstanden an zu Jagdzwecken geeigneten Punkten. Die Siedlungen lagen teils im freien Gelände, teils auf Terrassen vor Höhlen und Felsüberhängen. Bei den Bauten auf freiem Feld handelte es sich um einfache, runde Hütten, deren Dächer von hölzernen Pfosten getragen wurden. Oft waren die Hütten über einen Meter tief »unterkellert«, so ließen sie sich leichter aufbauen und besser isolieren. Im allgemeinen besaßen sie einen Herd und mit Steinen ausgelegte Böden. In Ain Mallaha betrug ihr Durchmesser 3,50 bis 5 Meter. Sie wurden häufig neugebaut und waren vermutlich das ganze Jahr über bewohnt. Man fand die Überreste von neun Hütten, wahrscheinlich waren es ursprünglich 50 oder mehr, bewohnt von einer Gemeinschaft von 200 oder 300 Menschen; bedeutend mehr als die Verbände der Jäger oder Sammler, die im Durchschnitt etwa 30 Personen umfaßten.

In den Hütten entdeckte man unter den Fußböden einige menschliche Skelette. Aber es fanden Bestattungen auch abseits der Wohnungen statt. Es gab einige Einzelgräber und andere mit mehreren Skeletten. Grabbeigaben waren selten, doch persönliche Schmuckstücke scheinen üblich gewesen zu sein: man fand unter anderem Muschel- und Knochenperlen für Kopfschmuck, Halsbänder, Armbänder und Fußringe.

Zeitgenossen des Natufian-Menschen

Die Kulturen im Sagrosgebirge und in den Vorbergen sind weniger bekannt als das Natufian; nur einige wenige Fundstätten wurden erforscht. Die Feuersteinwerkzeuge, die in den Sagrosbergen entdeckt wurden, ähneln den Funden in der Levante und gehörten den Jäger- und Sammler-Gemeinschaften, die eine große Vielfalt an Pflanzen und Tieren verwerteten. Die Verwendung von Mahlsteinen und der Schritt zu offenen Siedlungen erfolgte möglicherweise etwas später als im Westen.

Zeugnisse in Sawi Chemi, einer Siedlungsstätte auf freiem Gelände im nordöstlichen Irak, die etwa um 10 000 v. Chr. datiert, lassen vermuten, daß die Bewohner Mahlsteine benutzten und in runden Hütten lebten. Wie im Natufian in der Levante enthielten die Grabstätten persönliche Schmucksachen. Ein Friedhof, der zu dieser Periode gehört und in der Schanidar-Höhle entdeckt wurde, die durch ihre viel älteren Neandertaler-Skelette berühmt ist, umfaßte 26 Gräber. Darunter befand sich das eines Kindes mit 1500 kleinen Perlen um seinen Kopf sowie ein Frauengrab. Es enthielt ein Messer mit Knochenschaft und einer Feuersteinklinge, die in Bitumen eingelassen war. Die in der Schanidar-Höhle Begrabenen waren häufig von Skeletten kleiner Kinder umgeben. Man vermutet, daß es sich dabei um eine Form von Menschenopfer handelte.

Faszinierend ist ein Fund aus Sawi Chemi: eine aus Schädeln von 15 Ziegen und Knochen von etwa 17 großen Raubvögeln, meist weißschwänzigen Seeadlern, aufgetürmte Pyramide. Der größte Teil der Vogelknochen stammte von den Flügeln, einige hingen noch aneinander. Schnittstellen an den Knochen zeigten, daß die Flügel gestutzt worden waren. Das weist auf ein magisches Ritual hin, bei dem man sich Vogelschwingen anheftete und Ziegenköpfe aufsetzte. Ähnliche Szenen zeigen die Höhlenmalereien der viel jüngeren Fundstätte Chatal Hüyük.

Die proto-neolithische Periode

Die in der Levante auf das Natufian folgende Zeit ist das Proto-Neolithikum oder präkeramische Neolithikum A. Fundstätten dieses Zeitraums sind nicht so zahlreich wie die des Natufians oder des darauffolgendem akeramischen Neolithikums (vorkeramisches Neolithikum B). Vielleicht lag dies daran, daß die Ausbeutung des Landes und eine geringere Niederschlagsmenge die natürlichen Nahrungsquellen reduzierten und so die Population verringerten. Der Nahrungsmittelversorgung der Menschen dienten später hauptsächlich Pflanzenanbau und Tierhaltung.

Die eindrucksvollsten Überreste aus dieser Periode wurden in Jericho im Jordantal gefunden. Etwa um 9000 v. Chr. entstand hier neben einer ergiebigen Quelle eine Siedlung. Die Bewohner lebten in runden Hütten mit ei-

Unten: Lehmziegel. Aus dem vielseitigen Baumaterial Lehm entstanden Mauern und Ziegel, die vor der Verwendung in der Sonne getrocknet wurden. Die frühesten Ziegel aus der proto-neolithischen Periode waren von Hand geformt, sie besaßen eine flache Grundform und waren oben gewölbt. Die Ziegelmacher der akeramischen neolithischen Periode in Jericho gestalteten längliche Ziegel und preßten ihre Daumen in die Oberfläche. So entstand ein Fischgrätenmuster, das den Untergrund für den Lehmmörtel ergab. Andernorts wurden Ziegel um diese Zeit in Formen gepreßt.

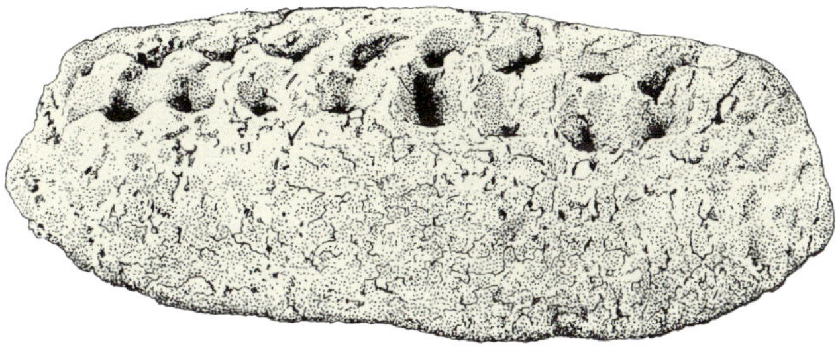

Rechts: Dorf im nordwestlichen Iran. Heute wie in der Vergangenheit bestehen im Nahen Osten die meisten Häuser aus Lehmziegeln mit flachen Dächern. Wände und Dächer werden mit einer Mischung aus Lehm und Stroh verputzt. Wenn die Gebäude einstürzen oder verlassen werden, entfernt man die hölzernen Dachsparren, übrig bleibt ein kleiner, flacher Lehmhügel. Da jahrhundertelang immer wieder dieselben Stellen bebaut wurden, bildeten sich hohe Hügel. Die meisten archäologischen Fundstätten im Nahen Osten bestehen aus den Trümmern vieler Schichten solcher Gebäude. Hügel, die die Überreste bedeutender Städte enthalten, erreichen manchmal Höhen von mehr als fünfzig Meter, andere, unter denen sich nur die Ablagerungen von Dörfern verbergen, ragen nur einige Meter aus den umliegenden Feldern heraus.

Links und unten: Zur Herstellung der Ziegel wurden Lehm, Strohhäcksel sowie Wasser vermengt und einige Tage eingeweicht. Das Stroh verhindert, daß die Ziegel nach dem Trocknen brechen. Manchmal wird anstelle von Stroh Kies oder anderes Material verwendet. Der Ziegelmacher preßt einen Klumpen der Lehmmasse in eine vier- oder rechteckige Form, danach trocknen die Ziegel mehrere Wochen in der Sonne. Aus diesem Grund entstanden die Lehmziegel meist im Sommer nach der Ernte, wenn Stroh vorhanden war und wenig Niederschlagsgefahr bestand. Form und Größe der Lehmziegel variieren von Periode zu Periode; daher trägt der Ziegeltyp eines Gebäudes zur Datierung bei.

nem Durchmesser von etwa 5 Meter. Wie frühe Natufian-Hütten waren sie zum Teil etwas in die Erde versenkt, und der Zugang erfolgte über einen kurzen Weg mit abfallenden Stufen. Die Wände waren aus handgefertigten, konvex geformten Ziegeln; sonnengetrockneter Lehm lieferte den Rohstoff. Es ist dies das erste bekannte Beispiel für die Verwendung von Lehmziegeln, die im Nahen Osten noch heute als Baumaterial dienen. Lehmziegel haben viele Vorteile. Sie sind leicht verfügbar und einfach zu handhaben, sind sichere Bauträger und isolieren gut. Allerdings werden sie durch Wasser leicht ausgewaschen und bedürfen häufig sorgfältiger Instandsetzung. Aus diesen Gründen wurden Lehmziegel nicht wiederverwendet, wenn ein Gebäude zusammenbrach. Man ebnete den Platz ein und errichtete darüber einen Neubau. Auf diese Weise entstand ein Hügel (*mound*), wie er für die archäologischen Fundstätten im Nahen Osten typisch ist. Im Arabischen heißt er *tell*, im Persischen *tepe* und im Türkischen *hüyük*. In Jericho wurden etwa 25 Bauebenen aus dem Proto-Neolithikum identifiziert, sie bildeten einen zehn Meter hohen Hügel.

In diesem Zeitraum wurden auf den Überresten einiger Hütten eine dicke Steinmauer und innen an die Mauer ein Steinturm gebaut. Der Turm stand an der Westseite der Fundstätte. Teile der Mauer wurden nördlich und südlich davon gefunden. Wenn die Mauer die gesamte Siedlung mit Ausnahme der Quelle im Osten einschloß, bedeckte Jericho etwa drei bis vier Hektar. Bevölkerungsschätzungen schwanken zwischen 400 und 3000, höchstwahrscheinlich lebten hier 1500 Menschen. Der Bau der Mauer, die aus über 10 000 Tonnen Stein bestand, machte nicht nur ein riesiges Heer von Arbeitern erforderlich, sondern

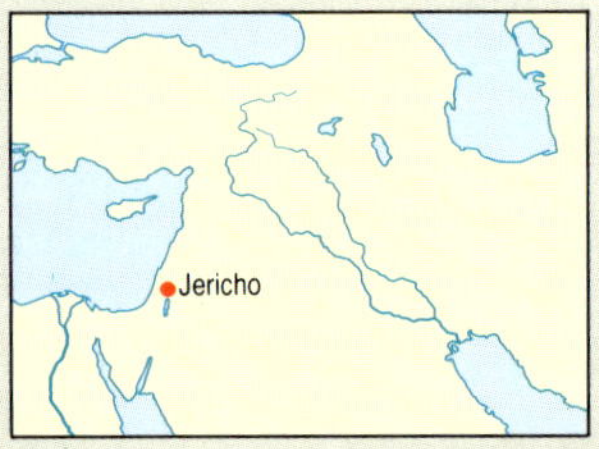

Jericho

Die Fundstätte des alten Jericho (Tell-al-Sultan) liegt im Jordantal etwa 200 Meter unter Meereshöhe. Jericho ist allgemein bekannt als die Stadt, vor der Josua die Trompete blies und die Mauern zum Einstürzen brachte. Doch schon lange vor und noch lange nach den israelitischen Einfällen im späten zweiten Jahrtausend war es eine bedeutende Stadt. Der Wohlstand Jerichos beruhte auf der reichen Quelle auf der Ostseite der Fundstätte. Die früheste Siedlungsschicht liegt tief unter späteren Überresten begraben und ist nur an wenigen Stellen untersucht worden. Diese Grabungen ergaben, daß der Ort nach der Besiedlung in der Natufian-Zeit während der proto-neolithischen (vorkeramischen neolithischen A) und der akeramischen neolithischen (vorkeramischen neolithischen B) Perioden sowie in der gesamten Bronzezeit ein bedeutendes Zentrum war.

Unten: In der proto-neolithischen Epoche war Jericho von einer steinernen Stadtmauer und einem in den Felsen gehauenen Graben umgeben. Die aus runden Hütten bestehende Siedlung mit einer Fläche von drei Hektar bot vermutlich 1500 Menschen Raum. Jericho erfuhr eine frühe hochstehende Entwicklung; keine entdeckte Siedlung dieser Zeit besaß diese Größe. Erst in der folgenden akeramischen neolithischen Periode entstanden Orte von solcher Ausdehnung und Komplexität.

Links: In der akeramischen neolithischen Epoche wurden in Jericho die Toten unter dem Fußboden der Häuser begraben, nachdem man ihre Schädel abgetrennt hatte. Die Entfernung der Hirnschale wurde vermutlich vorgenommen, nachdem Fleisch und Sehnen verwest waren, da der Unterkiefer am Skelett belassen wurde. Bei einigen der Schädel, die unter den Böden gefunden wurden, waren die Formen in Gips modelliert und die Augenhöhlen mit Muschelschalen ausgefüllt. Meist handelt es sich um zweischalige Muscheln (Bivalvia), einmal wurden Kaurimuscheln verwendet.

Rechts und unten: Eines der bemerkenswertesten Kennzeichen des proto-neolithischen Jericho bildet der an der Innenseite der Stadtmauer angebaute Steinturm mit einem Durchmesser von zehn Metern und über acht Metern Höhe. Ein 1,70 Meter hohes Tor an seiner Ostseite führt zu einer Treppe mit 22 Stufen, jede ist aus einem einzigen Steinblock gehauen. Die Stadtmauer wurde mehrere Male wiederaufgebaut. Außerhalb der Mauer schlug man einen acht Meter breiten und über zwei Meter tiefen Graben aus dem Felsen. Noch immer rätseln die Archäologen über den Zweck des Turmes.

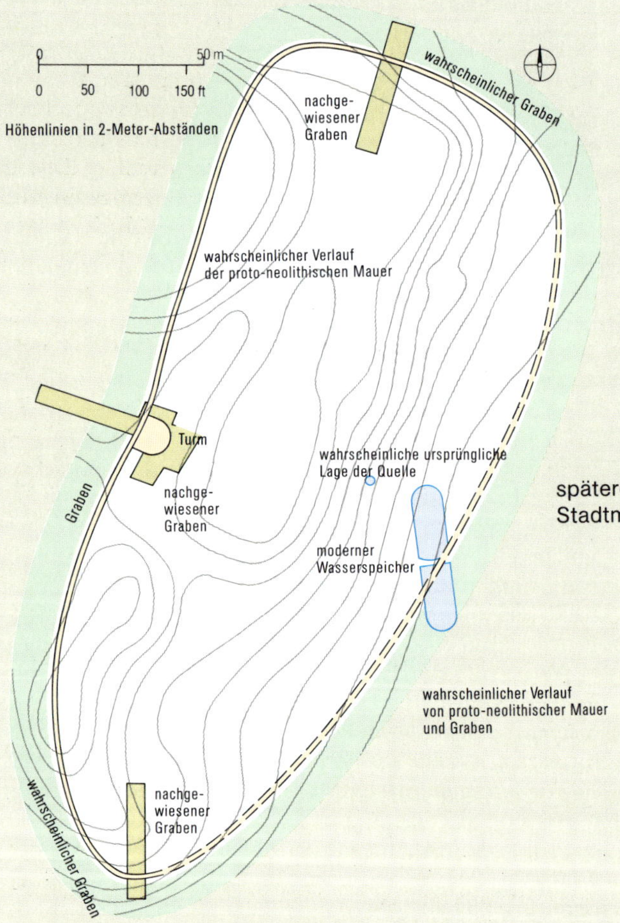

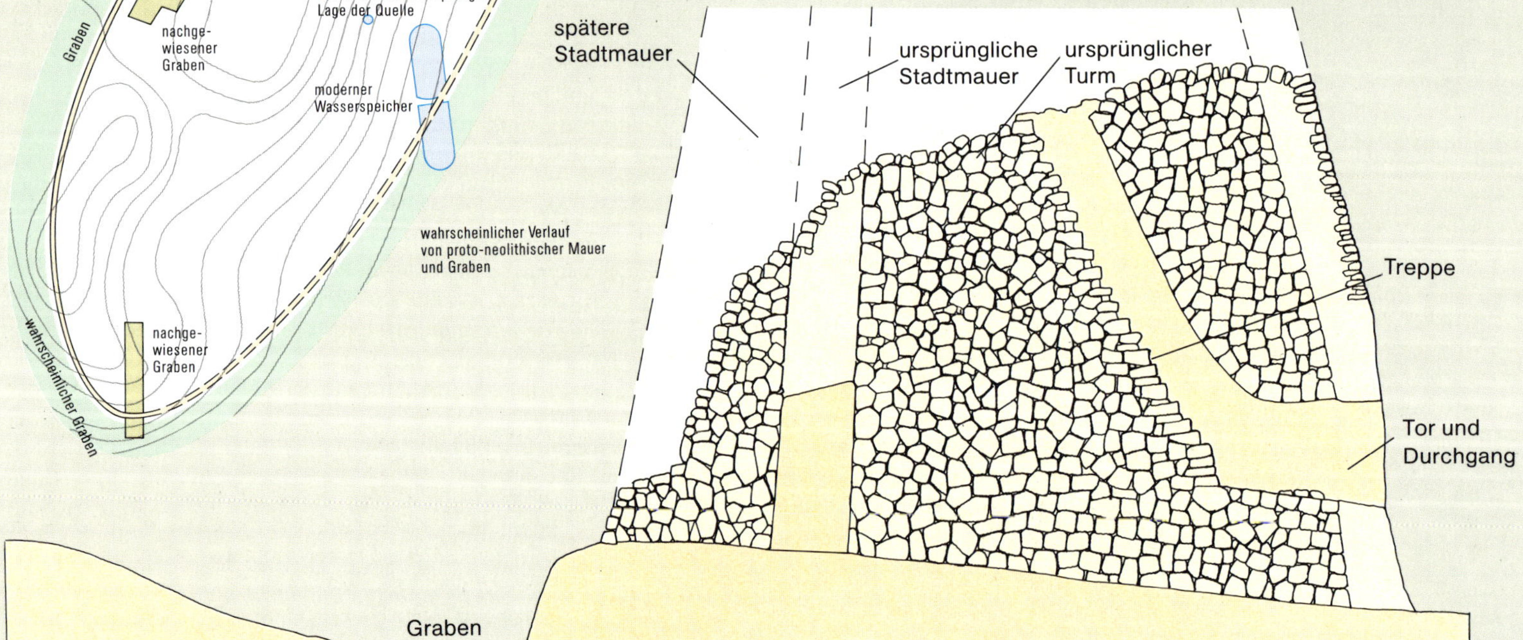

auch beachtliche Energie und Planung. Ihr Zweck ist, wie der des Turms, unklar. Ursprünglich nahm man an, sie dienten zu Verteidigungszwecken gegen mögliche Angreifer; genauso plausibel ist die Theorie, daß Mauern und Graben vor Überflutungen schützen sollten.

Nachweisbar ist im präkeramischen Jericho auch der Anbau von Pflanzen. Zu den Funden gehören sechs Körner von zweireihiger Spelzgerste und zwei Körner Emmer, ebenso Hülsenfrüchte und Feigenkerne. Die Radiokarbonmethode und weitere Funde werden ergeben, ob sie vielleicht aus späterer Zeit stammen oder gar durch Mäuse und Ameisen hierher gelangten, was unwahrscheinlich ist. Die Tierknochen von Jericho gehören eher zu wilden als zu domestizierten Arten. Überdies entsprechen der relativ hohe Anteil an Gazellen und die niedrige Zahl von Schafen und Ziegen den Verhältnissen in der früheren Periode, der Zeit der Jäger, und ähneln durchaus nicht den Werten der folgenden neolithischen Periode, als Schafe und Ziegen in Herden gehalten wurden. Unklar ist, wie Jericho solchen Reichtum erlangte. Zahlreiche Quellen ermöglichten einen einträglichen Getreideanbau. Aber auch der Handel mit Salz und Bitumen aus dem Toten Meer verschaffte Jericho wahrscheinlich diesen Wohlstand und die Position eines regionalen Handelszentrums.

Der Hügel von Mureybet am Euphrat in Syrien liefert Zeugnisse aus der Natufian- und der akeramischen neolithischen Periode. Er enthält Überreste von runden oder ovalen Hütten aus der frühproto-neolithischen Zeit sowie spätproto-neolithische Gebäude, darunter einige Hütten, die nicht mehr nur einen Raum aufweisen, sondern rechteckige, mehrräumige Bauten waren. Dieser Fortschritt deutet auf zunehmend komplexere Gesellschaftsstrukturen. Die Überreste von Tierknochen aus der proto-neolithischen Periode weisen darauf hin, daß die Menschen Wildesel, Gazellen und Wildrind jagten. Als wildwachsende Nahrungspflanzen kannte man Einkorn und Gerste, Linsen und Platterbsen. Allerdings ist heutzutage in dieser Region das wilde Einkorn nicht mehr anzutreffen. Es könnte in Tell Mureybet angebaut worden sein.

Die akeramische neolithische Periode

In der akeramischen neolithischen Zeit, dem sogenannten vorkeramischen Neolithikum B und C in der Levante, das etwa um 8500 v. Chr. einsetzte, nahmen die Siedlungen an Zahl und Größe zu. Am Ende der Periode, um 7000 v. Chr., umfaßten Ortschaften wie Tell Abu Hureyra, Ain Ghasal, Jericho, Beisamoun und Basta je etwa zehn Hektar. Sie wurden von tausend oder mehr Menschen bewohnt. Höherentwickelte Gesellschaftsstrukturen entstanden. Doch waren nicht alle akeramischen neolithischen Fundstätten so groß. Viele nahmen nicht einmal einen Hektar ein. Ackerbaudörfer mit seßhafter Bevölkerung, die Anbau von Getreide und Tierhaltung betrieb, existierten auf den anatolischen und iranischen Hochebenen und im gesamten Nahen Osten. Die Bewohner pflanzten Zuchtformen von Gerste, Einkorn und Emmerweizen an, gegen Ende der Periode auch Flachs sowie Spelz-, Hart- und Brotweizen. Sie hielten Ziegen, Schafe, Schweine und später wahrscheinlich auch Rinder. Jagen und Sammeln spielten jedoch weiterhin eine wichtige Rolle für den Lebensunterhalt. Manche Siedlungen, wie im Sinai oder in der jordanischen Wüste, liefern keine Hinweise auf landwirtschaftliche Tätigkeit.

In den unteren, frühen Schichten der Fundstätten und in den Jagdlagern waren noch runde Hütten üblich. Doch an der kleinen Fundstelle Beidha bei Petra wird die Entwicklung hin zu komplexeren, rechteckigen Bauten deutlich. Während die frühen Schichten runde, halb unter der Oberfläche liegende Hütten aufwiesen, beinhalten die jüngeren rechteckige oder polygonale Gebäude. Einige der Häuser hatten rechteckige Räume, die 5 – 7 mal 6 – 9 Meter maßen, mit braun oder rot bemalten, gepflasterten Fußböden. Andere verfügten wohl über Sockel oder Fundamente für obere Stockwerke. Ein Raum enthielt Perlen aus Stein, Knochen und Muscheln, ein anderer Horn zum Bearbeiten, und ein dritter wurde wahrscheinlich von einem Fleischer bewohnt.

Während an den meisten vom Ackerbau geprägten Fundstätten die Gebäude mehrere rechteckige Räume aufwiesen, variierte die Bauweise. Die Wände waren aus Stein, Lehm oder Lehmziegeln, einige handgefertigt mit Daumeneindrücken an der Oberseite für den Lehmmörtel, andere in Formen gepreßt. Die Böden bestanden entweder aus Lehm oder aus einer dicken Kalkputzschicht, die glatt poliert und mit roter oder brauner Farbe verziert war. Manche hatten einen Unterbau, vielleicht um Feuchtigkeit abzuleiten oder zu Isolationszwecken.

In Basta in Südjordanien wurden unter den Fußböden schmale, mit Steinen überdeckte Kanäle entdeckt. Ähnliche Anlagen, sogenannte Gitterrost-Fundamente, fand man in Chayonu in der Südtürkei und in Djarmo im Ostirak. Die Beläge auf den Fundamenten wurden von Stein oder Schilfrohr getragen. Chayonu besaß auch eine Art Fußbodenmosaik, das aus kleinen Kieselsteinen zusammengefaßt war. Einige der späteren Gebäude in Chayonu hatten Unterbauten aus sich überschneidenden, kreuzweise gesetzten Mauern (sogenannte Zellenplanfundamente) sowie größere Räume, die innerhalb der Gemeinschaft rituellen Zwecken gedient haben können.

In Bouqras am Euphrat nahe dem Zufluß des Chabur befindet sich die Fundstelle eines Dorfes aus der Endzeit des akeramischen Neolithikums. Einige der Gebäude wurden ausgegraben, andere, dicht unter der Oberfläche gelegene, traten nach einem ungewöhnlich nassen Winter zutage. Die Häuser waren rechteckig und maßen im Durchschnitt 7 mal 5 Meter. Jedes Haus besaß neun große und kleinere, rechteckige Räume. Die Gebäude standen dicht beisammen und waren auf die zwischen ihnen liegenden Straßen ausgerichtet.

In Tell Maghsalije entdeckte man ein kleines Dorf, das wahrscheinlich weniger als einen Hektar umfaßte. Es wurde ebenfalls in der späteren akeramischen neolithischen Periode errichtet. Das Dorf war von einer etwa zwei Meter hohen Steinmauer umgeben, die heute noch besteht. Die Siedlung lag auf einem Hügel über dem Fluß und benötigte daher keinen Schutz vor Überflutungen wie Jericho. Die Mauer war vermutlich für Verteidigungszwecke errichtet worden, obwohl keine Belege für kriegerische Handlungen in dieser Zeit existieren.

Begräbnis und Ritual

Mit den Toten verfuhr man im akeramischen Neolithikum von Region zu Region unterschiedlich. Meist wurden die Leichen ohne Köpfe unter den Fußböden der Häuser begraben. Die Schädel lagerte man andernorts in Gruppen. Es fand aber auch die separate Bestattung von Schädeln statt. Im akeramischen Neolithikum war diese Methode üblich, wie zahlreiche Fundstellen in Palästina und der Levante beweisen. Sogar in so weit entfernten Orten wie Hacilar auf der anatolischen Hochebene oder Chayonu in der Nähe der Tigrisquelle wurden derartige Gräber entdeckt. Gelegentlich sind die Schädel verziert worden. Einige zeigten Schabspuren einer scharfen Klinge, andere waren mit rotem Ocker oder Bitumen bemalt, und einzelnen Exemplaren wurden Muscheln mit Gipsfiguren in die Augenhöhlen eingesetzt. So sorgfältig bearbeitete Schädel wurden in Jericho, Tell Ramad, Beisamoun und Ain Ghasal gefunden. Dieser Kult war eine Form von Anbetung und Verehrung der toten Ahnen, die dem Glauben nach einen mächtigen Einfluß auf ihre Nachkommen ausübten und deren Gunst durch Gebete und Opfer erlangt werden sollte.

In Chayonu entdeckte man drei ähnliche Kultstätten. In einem dieser drei Gebäude wurden wohl den Ahnen die Opfer dargebracht, ein anderes enthielt zahllose menschliche Schädel sowie mehrere Stierköpfe. Tierschädel wurden auch in Ganj Dareh im Sagrosgebirge und in Nemrik im Norden des Iraks gefunden, an den Wänden von Gebäuden befestigt. Ein ähnlicher Brauch wurde in Mureybet in der protoneolithischen Periode gepflegt sowie in den späteren Schreinen von Chatal Hüyük. In den Bergen des Irans wird dieser Kult noch heute betrieben.

In Ain Ghasal in Jordanien entdeckte man bei Ausgrabungen große männliche und weibliche Statuen aus Ton, deren Inneres aus Schilfrohr bestand. Ähnliche Figuren, die offenbar religiösen Ritualen dienten, wurden auch in Jericho und in Nahal Hemar gefunden, einer Höhle in der Judäischen Wüste südwestlich vom Toten Meer. In der Höhle befand sich auch eine Steinmaske mit menschlichem Gesicht, Köpfe aus Holz und Ton, viele kleine, aus Knochen geschnitzte menschliche Köpfe und mehrere Schädel erwachsener Männer, die mit einem Netzmuster aus Bitumen verziert waren, das wahrscheinlich zu Zöpfen geflochtenes Haar darstellen sollte. Werke gegenständlicher Kunst aus der Natufian-Periode existieren, waren aber im akeramischen Neolithikum häufiger. Die Fundstätte in Nemrik enthielt 15 stilisierte Steinskulpturen von Vögeln, Tieren und Menschen. Auch Tonfiguren, besonders in Frauengestalt, waren weit verbreitet. In Bouqras hat sich ein Wandgemälde erhalten, das eine Anzahl von Vögeln zeigt.

Handelsverbindungen

Handel, beziehungsweise die Einfuhr von Gütern, wurde schon lange vor der neolithischen Periode betrieben. Eine Fundstelle im Wadi Hasa, die auf etwa 15 000 v. Chr. datiert wird, enthält Muscheln, die vom mehr als 100 Kilometer entfernten Roten Meer und vom Mittelmeer stammen. Während des akeramischen Neolithikums wurde Obsidian, eine Art vulkanisches Glas, aus dem man Schneidewerkzeuge herstellte, in ferne Regionen geliefert. Obsidian ergänzte die üblichen Fertigungsmaterialien für Werkzeuge, wie Kieselschiefer und Feuerstein.

Untersuchungen über die Transportwege des Obsidian brachten ein weitläufiges Handelsnetz zum Vorschein. Im frühen Nahen Osten am häufigsten benutzt, stammte der Obsidian aus dem anatolischen Hochland in der Ost- oder Zentraltürkei. In der akeramischen neolithischen Periode wurde Obsidian, mehr als 800 Kilometer vom Herkunftsort entfernt, verwendet. Bisher ist unklar, ob er von Händlern transportiert oder von Dorf zu Dorf weitergegeben wurde. Möglich ist auch, daß von den Zentren des Obsidian-Abbaus aus Handelsexpeditionen unterwegs waren.

Ebenfalls weit vom Herkunftsort entfernt, wurden Mu-

Oben: Diese auffälligen Tonfiguren aus der akeramischen neolithischen Periode wurden in Ain Ghasal gefunden, einer Ausgrabungsstätte in den Vororten von Amman (Jordanien). Anders als bei dem Schädelkult, den Zeugnisse in Ain Ghasal und anderen Fundorten dieser Zeit als eine Form des Ahnenkults belegen, sind diese Motive unbekannt; doch besaßen sie sicher eine kultische Bedeutung.

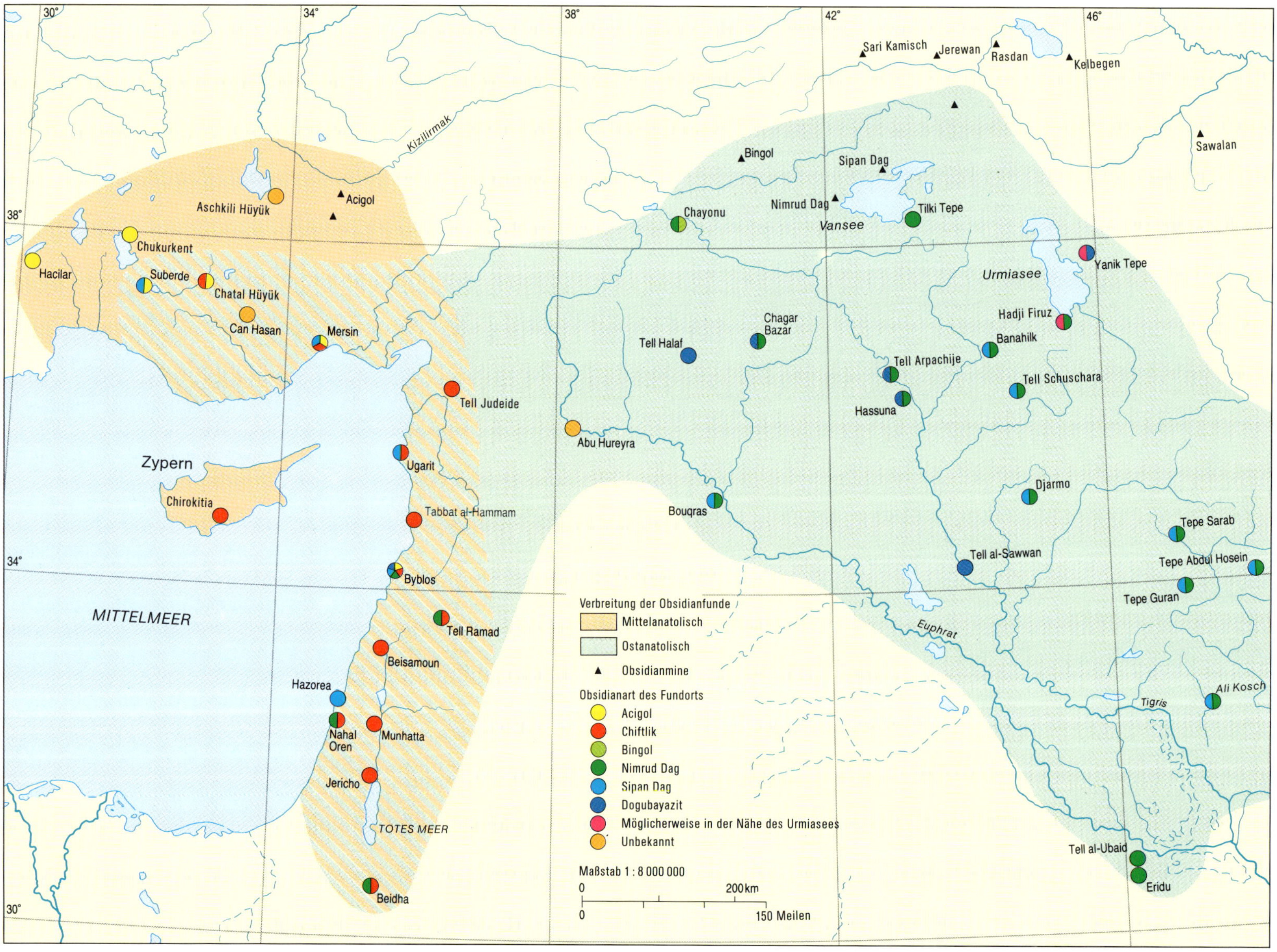

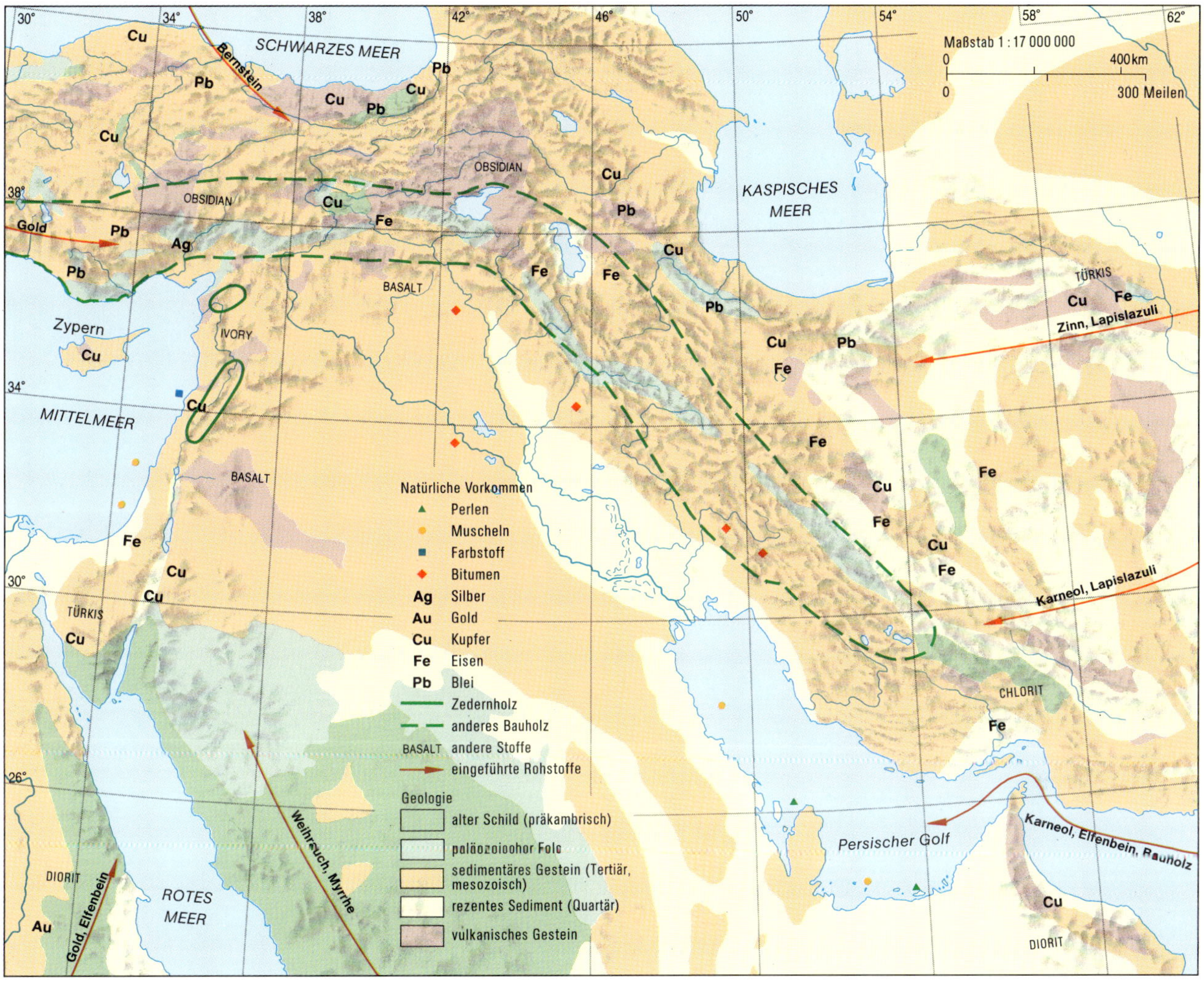

Rohstoffe des Nahen Ostens
Die Tieflandebenen Mesopotamiens verfügten ausschließlich über fruchtbare Böden und Wasser. Bauholz, Metalle und Steine lieferten die benachbarten Gebiete an Mesopotamien. Nur wenige, schwer zu überschreitende Pässe verbanden die Hochtäler der Gebirge mit den Tieflandebenen. Trotzdem bezwangen die Menschen damals diese Höhen. Aber vermutlich wurde der Seehandel als weniger aufwendig vorgezogen. Die Karte zeigt die Standorte der wichtigsten Rohstoffgebiete, die im alten Mesopotamien von Bedeutung waren.

Unten: In der akeramischen neolithischen Epoche, bevor Tonwaren allgemein verwendet wurden, stellte man Gefäße aus einer Art Kalksteingips her, der sogenannten weißen Ware, wie dieses Gefäß aus Abu Hureyra. Auch Fußböden aus Kalksteingips entstanden in dieser Zeit. Ein Gebäude in Chayonu enthielt ungefähr 1,6 Tonnen, ein anderes in Jiftahel sogar sechs Tonnen.

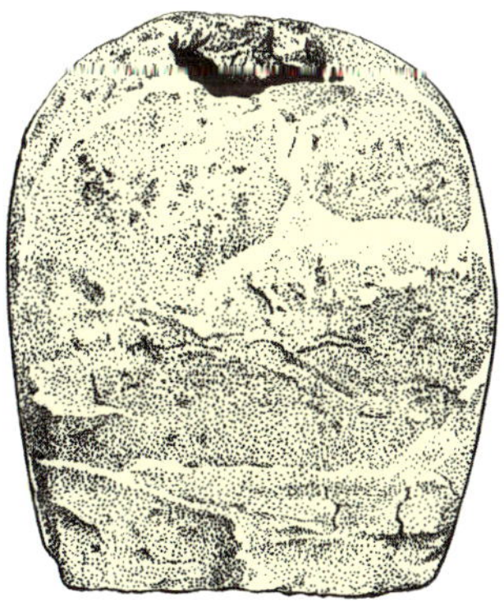

Obsidian-Handel im Neolithikum
Obsidian, eine natürliche Form von vulkanischem Glas, kann zur Herstellung sehr scharfer Schneidewerkzeuge verwendet werden. Da Obsidianfragmente verschiedener Herkunftsorte eine unterschiedliche chemische Zusammensetzung (manchmal von sehr ausgeprägter Art) aufweisen, läßt sich die Herkunft der entdeckten Obsidianwerkzeuge gelegentlich klären. Im akeramischen Neolithikum stammte der im Nahen Osten verwendete Obsidian aus Zentral- und Ostanatolien. Die Identifikation einiger Obsidianarten ist jedoch umstritten. Seine Verbreitung gibt eine Vorstellung von den weiträumigen Handelsbeziehungen. Der Umfang des Handels war nicht groß, doch er zeigt, daß die Kulturen im Nahen Osten nicht isoliert, sondern in vielerlei Weise miteinander verbunden waren. Im vierten Jahrtausend wurden die Schneidewerkzeuge aus Obsidian durch entsprechende Geräte aus Kupferverbindungen ersetzt.

scheln, Halbedelsteine, Kupfer und Bitumen gefunden. Wahrscheinlich trieb man auch Handel mit anderen Gütern, wie Salz, Textilien, Häuten und weiteren pflanzlichen oder tierischen Produkten; allerdings existieren dafür keine Beweise.

Technologische Fortschritte

Vor der Entdeckung und Ausgrabung der Höhle von Nahal Hemar im Jahr 1983 waren einige wenige Abdrücke von Rohrmatten und Textilien, die in Bitumen oder Ton eingelagert waren, oder Spuren in der Erde, die verschwanden, wenn sie ausgegraben wurden, alles, was die archäologischen Auswertungen an Erkenntnissen über Korbflechterei, Textilien und Holzgegenstände jener Zeit ergaben.

In der Höhle von Nahal Hemar befanden sich Sicheln mit Holzgriffen sowie Fragmente dicker Matten aus Binsen oder Grasbündeln, die mit Schnüren zusammengebunden waren, Körbe aus spiralenförmig aufgerollten Schnüren, die mit Bitumen bestrichen wurden und Hunderte von Schnurstücken, von feinen Fäden bis zu zehn Millimeter dicken Seilen. Bitumenüberzogene Behälter und gemeißelte Steingefäße waren weit verbreitet – allein in Djarmo stieß man auf mehr als 2000 Bruchstücke. In der gesamten Region wurden an den akeramischen neolithischen Fundstätten zahlreiche gemeißelte Steinarmbänder entdeckt. Einige Behälter waren aus »weißer Ware« gefertigt, einer in der Levante üblichen Mischung aus Kalkstein und Asche. In Mesopotamien wurden Gefäße häufiger aus Gips hergestellt. Auch aus Ton entstanden Gebrauchsgegenstände, öfter jedoch Figurinen. In Ganj Dareh fand man in einer Brandschicht Töpfereiwaren aus Ton. Die Gefäße waren aller Wahrscheinlichkeit nach aus ungebranntem Ton, der bei der Vernichtung des Dorfs gebrannt wurde.

Die Herstellung von Ton aus Kalkstein, wie er in der »weißen Ware« und den schönen Fußböden der akeramischen neolithischen Häuser verwendet wurde, erforderte große technische Fertigkeiten. Die Produktion war sehr arbeitsintensiv, man brauchte Brennmaterial und Brennöfen, mit denen sich hohe Temperaturen erzielen ließen. Zerstoßener Kalkstein ($CaCO_3$) wurde mehrere Tage auf 850 °C erhitzt und dann langsam abgekühlt, so daß gebrannter Kalk (CaO) entstand, der beim Kontakt mit Kohlendioxid hart wird. Er wurde in großen Mengen produziert, ein Gebäude in Chayonu benötigte schätzungsweise 1,6 Tonnen.

In Chayonu, das nur 20 Kilometer von den reichen Kupferminen von Ergani Maden entfernt liegt, haben Archäologen mehr als 100 Kupferperlen, -nadeln und -werkzeuge in frühen Schichten der Fundstelle entdeckt. Andere Stätten der akeramischen neolithischen Zeit enthielten jedoch nur wenige Kupferobjekte, darunter eine Ahle aus Tell Maghsalije (dessen Kupfer angeblich aus dem Zentraliran stammt, mehr als 1000 Kilometer weit entfernt) sowie Perlen aus Tell Ramad in der Levante und aus Ali Kosch im Südwesten des Irans. Man nimmt an, daß diese Gegenstände aus natürlich vorkommendem Kupfermetall gefertigt wurden, nicht aus geschmolzenem Kupfererz.

Die frühzeitige Verwendung von Metallen, die öffentlichen Arbeiten, die handwerkliche Spezialisierung, der Fernhandel und die zunehmende Bedeutung der Religion zeigen, daß die Gemeinschaften der akeramischen neolithischen Periode einen bedeutsamen Schritt in Richtung Zivilisation getan hatten.

Tiere

Nur bestimmte wilde Tierarten lassen sich erfolgreich domestizieren. Zu ihnen zählen Wölfe, Bezoarziegen, asiatische Mufflons, Wildschweine, Auerochsen, Wildkatzen und Wildesel. Sie alle waren im Nahen Osten heimisch und sind aller Wahrscheinlichkeit nach die Vorfahren von Hund, Ziege, Schaf, Schwein, Kuh, Katze und Esel. Diese Tierarten, einschließlich des Haushuhns, sind heutzutage nach wie vor die am weitesten verbreiteten Zucht- und Haustiere der Welt.

Über die Tiere in Mesopotamien unterrichten uns drei Quellen: Knochenfunde von Ausgrabungsstätten, Textbezüge und bildliche Darstellungen. Das Studium der Tierknochen gibt nicht nur Auskunft über die Spezies, sondern auch über Geschlecht und Alter des Tieres, manchmal sogar über die Krankheiten, an denen es gelitten hatte. Die antiken Texte überliefern standardisierte Listen von Tiernamen, Informationen über Tempelherden und die Beobachtung von Tieren zur Zukunftsdeutung sowie Listen von Tieren, die gejagt oder von den Königen in besonderen Gehegen gehalten wurden. Viele Tiere – zahme oder wilde Arten, aber auch Phantasieformen – wurden auf den Monumenten und Rollsiegeln des antiken Nahen Ostens abgebildet. Elefanten und Fliegen erscheinen dort, Geier und Krabben, Schlangen, Schildkröten und Fische; die bei weitem am häufigsten dargestellten Tiere waren jedoch jene, die in der alten mesopotamischen Kultur eine bedeutende Rolle spielten, wie beispielsweise Löwen und Stiere.

Domestizierte Wildtiere

Tier	*Vorfahre*	*Region*	*Zeit (v. Chr.)*
Hund	Wolf	Naher Osten	11000
Ziege	Bezoarziege	Naher Osten	8500
Schaf	Asiatisches Mufflon	Naher Osten	8000
Schwein	Wildschwein	Naher Osten	7500
Rind	Auerochse	Naher Osten	7000
Katze	Wildkatze	Naher Osten	7000
Huhn	Rotes Dschungelhuhn	China	6000
Lama	Guanako	Anden	5000
Esel	Wildesel	Naher Osten	4000
Pferd	Tarpan	Südrußland	4000
Kamel	Wildkamel	Südarabien oder Südzentralasien	3000
Meerschweinchen	Cavia	Peru	2000
Kaninchen	Wildkaninchen	Spanien	1000
Truthahn	Wildtruthahn	Mexiko	300

Oben: Ein Relief aus dem Nordpalast Assurbanipals (668 – 627 v. Chr.) in Ninive zeigt eine Mastiffdogge, die die Assyrer für die Jagd hielten. Hunde waren die am frühesten domestizierten Tiere. In Ubaidgräbern aus Eridu (ca. 5000 v. Chr.) entdeckte Hundeskelette konnten als Überreste von Windhunden identifiziert werden.

Unten: Gazellen durchstreiften die Steppen des alten Nahen Ostens. Diese Herde, dargestellt auf einem Relief (Ausschnitt) des Nordpalastes in Ninive, wurde von einem Treiber aufgescheucht und flieht nun in Richtung des assyrischen Königs, der sich schußbereit in einer Grube verbirgt.

Oben: Ein Relief aus Assurnasirpals (883 – 859 v. Chr.) Nordwestpalast in Kalchu zeigt Pferde, die von einem Stallburschen versorgt und gefüttert werden. Pferde traten gegen Ende des 3. Jahrtausends v. Chr. in Mesopotamien auf. Sie stammten aus Südrußland, wo sie fast 2000 Jahre zuvor domestiziert worden waren, und zogen im Krieg die Streitwagen. Im 1. Jahrtausend v. Chr. gewannen berittene Truppen an Bedeutung, besonders für Feldzüge im Bergland. Der Erwerb von Pferden war für die assyrische Armee äußerst wichtig. Die wertvollsten Züchtungen stammten aus den Bergen des nordwestlichen Irans und aus Nubien. Maultiere wurden zum Transport von Lasten eingesetzt.

Unten: Kopf eines Schafes aus gebranntem Ton. Ein ähnlicher Kopf aus Sandstein wurde in Uruk gefunden und auf etwa 3000 v. Chr. datiert. Schafe waren in Mesopotamien stets die wichtigsten Haustiere. Wollstoffe gehörten zu den Hauptexportartikeln Mesopotamiens, Länge: 13,6 cm.

Unten Mitte: Elfenbeindose aus dem Palast des Niqmepa in Alalach (14. Jahrhundert v. Chr.). Die fehlenden Teile des Halses und des Deckels bestanden aus Holz. Enten und Gänse wurden in Mesopotamien seit mindestens 2500 v. Chr. gehalten. Vermutlich sogar schon lange Zeit vorher. Länge: 13,5 cm.

Links: In der Darstellung dieses Reliefs aus dem Nordpalast Assurbanipals in Ninive fliehen Araber auf ihren Kamelen vor den heranstürmenden Assyrern. Kamele wurden in der zweiten Hälfte des 2. Jahrtausends v. Chr. in Mesopotamien eingeführt. Das zweihöckerige oder baktrische Kamel stammte aus Zentralasien und wurde in den iranischen Bergen heimisch, das einhöckerige Kamel oder Dromedar kam wahrscheinlich von der Arabischen Halbinsel und trat im südlicher gelegenen Wüstenland auf. Kamele wurden zum Waren- und Personentransport verwendet, galten jedoch als untauglich für den Einsatz in der Schlacht.

Oben: Diese seltsamen Tiere, die auf dem Schwarzen Obelisken Salmanassars III. (858–825 v. Chr.) in Kalchu abgebildet sind, gehörten zum Tribut von Musri (vermutlich Ägypten). Das erste (*links*) wurde als Fluß-Ochse bezeichnet (vielleicht ein Wasserbüffel), beim zweiten dürfte es sich um ein Nashorn handeln, während das dritte an eine Art Ziege erinnert. Aus Musri stammten auch andere Tiere: zweihöckerige Kamele, Elefanten und verschiedene Affen.

Keramik

Die älteste bekannte Keramik stammt aus Japan und ist in das 11. Jahrtausend v. Chr. zu datieren. Im Nahen Osten erschien die Keramik etwa 3000 Jahre später; es handelt sich dabei mit Sicherheit um eine unabhängige Erfindung. In der ganzen Welt ist die Herstellung von Tonwaren mit einem seßhaften Dorfleben verbunden, denn aufgrund ihrer Unhandlichkeit und Zerbrechlichkeit eignete sich die Keramik in der Regel nicht für die nomadische Lebensweise der Jäger und Sammler.

Für die Archäologie des Nahen Ostens zählt die Keramik zu den brauchbarsten Artefakten; Keramikbruchstücke wurden in großen Mengen an den Fundstätten der gesamten Region entdeckt. Tongefäße waren billig und zerbrachen leicht. Die Scherben ließen sich nicht wiederverwenden und wurden weggeworfen. Sie warteten geradezu auf ihre Entdeckung. Gebrannter Ton ist fast unzerstörbar und erhält sich unter nahezu allen Umweltbedingungen. Viele Fundstätten waren mit einer dicken Schicht von Tonscherben bedeckt, die übrigblieben, nachdem Wind und Regen die Erde abgetragen hatten.

Aus den keramischen Funden lassen sich viele Schlußfolgerungen ableiten. Da die chemische Zusammensetzung des für die Herstellung der Gefäße verwendeten Tons unterschiedlich ist, kann seine Herkunft häufig durch genaue Analysen ermittelt werden. Selbst ohne wissenschaftliche Hilfsmittel ist es einfach, zwischen den verschiedenen Keramiktypen zu unterscheiden. Das dem Ton zur Härtung beigemischte Material - Sand, Häcksel, Haar und anderes - kann unterschiedlichster Natur sein; jedes hinterläßt im Gefäßmaterial seine eigenen charakteristischen Spuren. Das Brennen der Artefakte variierte je nach den Bedingungen, unter denen es stattfand. Vor allem veränderte die Existenz oder das Fehlen von Sauerstoff in der Brennkammer des Ofens die Farben des Tons von rot (mit Sauerstoff) in grau oder schwarz (reduzierter Sauerstoff). Keramikgefäße gibt es in einer breiten Auswahl von Formen und Größen, von flachen Tellern bis hin zu riesigen Vorratsbehältern. Manche wurden mit den Händen gestaltet, indem man Ton in Form von Kügelchen, Platten oder Rollen hinzugab. Andere Gefäße wurden in einer Form gepreßt. In einer weiteren Herstellungstechnik wurde der Ton auf einer langsamen Scheibe geformt (etwa ab 4500 v. Chr.) oder auf eine sich schnell drehende Scheibe geworfen (etwa nach 2000 v. Chr.). Auch die Behandlung der Oberfläche war äußerst vielseitig. Man konnte sie glätten, indem man sie mit dünnflüssigem Ton überstrich, mit farbigem Ton bemalen, brennen, einkratzen, gravieren, prägen oder einlegen und nach 1500 v. Chr. auch glasieren.

Die unterschiedlichen Techniken der Herstellung und der Verzierung waren charakteristisch für verschiedene Regionen und Zeitabschnitte, so daß mit Hilfe der Keramik eine Epoche datiert werden kann. Dies ist besonders wertvoll für die Erforschung vorgeschichtlicher Zeiten, für die es kaum schriftliche Quellen gibt. Weiterhin können Scherben, die von der Oberfläche einer Fundstätte stammen, für die Datierung der Besiedlung dieses Standorts verwendet werden und somit Änderungen im Siedlungsmuster einer Region im Laufe der Zeit dokumentieren. Auch Handelsaktivitäten und kulturelle Prägungen lassen sich über die Keramik nachweisen.

Unten: Die älteste Keramik wurde nur leicht gebrannt und war demnach sehr porös. Erst nach dem Bau effizienter Brennöfen, in denen höhere Temperaturen erreicht wurden, konnten die Töpfer der Hassuna-Zeit Gefäße herstellen, die zur Aufbewahrung von Flüssigkeiten geeignet waren. Dieser Krug aus der Fundstätte Tell Hassuna stammt aus der frühen Hassuna-Zeit, etwa aus der Mitte des 7. Jahrtausends v. Chr. Er ist mit einem Fischgrätenmuster verziert, dessen Linien mit einem scharfen Instrument gezogen wurden. Etwas jüngere Keramik mit ähnlichen Verzierungen unterscheidet sich in der Qualität des verwendeten Tons.

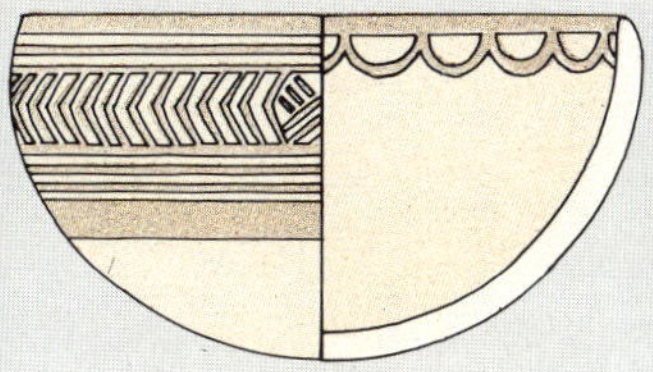

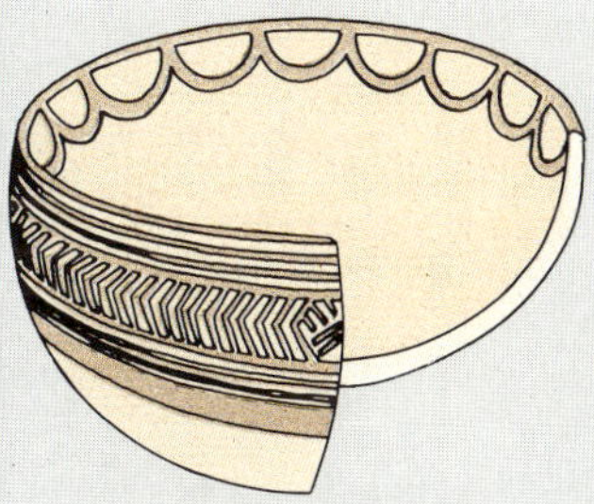

Oben: Bei Ausgrabungen gefundene maßstabgerechte Zeichnungen von Tongefäßen ermöglichen es den Archäologen, die Gefäße untereinander zu vergleichen. Die übliche Methode, ein Gefäß darzustellen, bestand darin, eine Seitenansicht zu geben, bei der ein Viertel weggelassen wurde. Auf diese Weise konnte eine einzige Zeichnung sowohl eine Außen- wie eine Innenansicht und darüber hinaus auch einen Querschnitt durch die Gefäßwand zeigen.

Links oben: In der Ubaid-Zeit (ca. 5900 – 4300 v. Chr.) wurde helle Keramik mit dunklen Farben verziert. Die Muster wechselten im Laufe der Zeit. Abgebildet ist ein Beispiel der jüngsten Stilart, es stammt aus einem Grab in Ur. Durchmesser: 23 cm.

Links unten: Frühe Ubaid-Keramik wurde nur in Südmesopotamien gefunden, während der Stil der späten Ubaid-Zeit vom iranischen Hochland bis zum Mittelmeerraum verbreitet war. Dieser Krug etwa stammt aus einem Grab in Tell Arpadjije bei Ninive.

Rechts: Eine Schale im Samarra-Stil aus Tell Hassuna. Samarra-Keramik wurde im Zentralirak gefunden, doch fand sie im nördlichen Irak an Standorten Verwendung, wo die Hassuna-Ware zahlreicher auftrat. Die Schale war bereits im Altertum zerbrochen und wurde repariert, worauf die Bohrlöcher auf beiden Seiten der Bruchstelle hinweisen. Durchmesser: 25 cm.

Außen rechts: Die Keramik der Halaf-Zeit (ca. 6000 – 5400 v. Chr.) gehört zu den schönsten Erzeugnissen des Nahen Ostens. Eine hervorragende Serie mehrfarbiger Schalen wurde in der jüngsten Halaf-Schicht in Tell Arpadjije gefunden. Das geometrische Muster erscheint in den Farben Rot, Schwarz und Weiß. Durchmesser: 33 cm.

DER WEG ZUR ZIVILISATION
(7000 - 4000 v. CHR.)

Frühe Agrarsiedlungen

Nach der Einführung und weitverbreiteten Übernahme des Ackerbaus und der Viehzucht entstanden im Nahen Osten verschiedene Formen der Seßhaftigkeit. Zum einen gab es kleine landwirtschaftliche Siedlungen, die sich von ihren Vorläufern durch den zunehmenden Gebrauch von Töpferwaren unterschieden, während der Alltag sonst fast unverändert blieb. Andere Niederlassungen waren anspruchsvoller in bezug auf die Gegenstände, die sie herstellten und benutzten, wie auch in ihrer Sozialstruktur. Diese Entwicklung fand ihren Höhepunkt in den bedeutenden Stadtanlagen, die im südlichen Mesopotamien im 4. Jahrtausend v. Chr. entstanden und die Grundlage der modernen Gesellschaften bildeten.

Die frühen Agrarsiedlungen des Nahen Ostens lagen in Bergregionen und Oasen, wobei sie Fluß- oder Seeufer bevorzugten. Die niedriger gelegenen Ebenen, die für den Getreideanbau zu wenig Niederschläge verzeichneten, wurden von nomadischen Stämmen bewohnt. Getreide, von dem in einem guten Erntejahr ein Vorrat angelegt wurde, ermöglichte einer Dorfgemeinschaft das Überleben, auch bei einer Mißernte. Aber dort Landwirtschaft zu betreiben, wo der Niedergang von Regen unsicher war, war nicht notwendig, denn es gab genügend ertragreiches Land. Die frühen Ackerbausiedlungen waren ähnlich verteilt wie die der heutigen Bauern, die in der Trockenfarmzone (ohne künstliche Bewässerung) arbeiten. Ihre Lage entspricht der Region, in der mehr als 250 mm Regen im Jahr fällt, was beweist, daß sich das Klima in den letzten 8000 Jahren nur wenig geändert hat.

Anders als der Nil in Ägypten, der in der Wachstumsphase des Korns anstieg und das Getreide ohne zusätzlichen Regen gedeihen ließ, führten die übrigen Flüsse des Nahen Ostens im Frühling, also genau zur falschen Jahreszeit, Hochwasser. Der Getreideanbau hing hier von den Regenfällen ab. Erst der Aufbau einer Bewässerung mit Hilfe von Kanälen veränderte die Siedlungsstruktur. Die Urbarmachung der fruchtbaren, aber von Trockenheit heimgesuchten Schwemmlandebene erbrachte größere Erträge, bot mehr Menschen Lebensunterhalt und führte schließlich zur Gründung der ersten Städte.

Die Entwicklung, die der akeramischen neolithischen Periode bis zu den Anfängen der Urbanisierung folgt, umfaßt das keramische (oder jüngere Neolithikum und das frühe und mittlere Chalkolithikum. Das Neolithikum und das Chalkolithikum unterscheidet, daß die Menschen der späteren Zeit Kupfer- und Bronzewerkzeuge benutzten, daneben aber auch noch Werkzeuge aus behauenem und poliertem Stein, wie die Menschen des Neolithikums sie verwendeten. Doch waren einige Kupferwerkzeuge bereits im akeramischen Neolithikum in Gebrauch, und in den Fundstellen, die vor dem späten Chalkolithikum zu datieren sind, wurde nur wenig Metall entdeckt.

Die kleinen Bauerngemeinden unterschieden sich im Lauf der Zeiten in ihrem Alltagsleben weniger voneinander als die ersten Dorfgemeinschaften von ihren Vorläufern, die Jäger und Sammler gewesen waren. Viele Wesenszüge der modernen Gesellschaft fehlten bei den Gruppen der Jäger und Sammler und mußten erst später angenommen werden. Einige Eigentümlichkeiten bestanden bereits in der frühen, formativen Phase des akeramischen Neolithikums; sie wurden in der von Keramik bestimmten neolithischen und der chalkolithischen Periode weiter entwickelt und fester verankert. Sie boten die vitale Grundlage, auf der sich städtisches Lebens entfalten konnte.

Das keramische Neolithikum

Leicht oder zufällig gebrannte Töpferwaren finden sich gelegentlich sogar in Fundstätten der akeramischen neolithischen Periode. In der darauffolgenden keramischen neolithischen Phase waren sie jedoch so verbreitet, daß die Archäologen die lokalen Kulturen eher nach dem Typ der Tonware definieren als nach der Art der benutzten Steinwerkzeuge, die frühere Perioden bestimmte. Verzierte Keramik ist Änderungen in Form und Muster viel stärker unterworfen als behauener Stein und damit ein zuverlässiger Indikator des kulturellen Zusammenwachsens und der Chronologie.

Die Umwandlung des formbaren, weichen Tons durch den Brennvorgang in harte und feste Keramik ist ein fast magischer Prozeß. Er war den Bewohnern von Chayonu und Ganj Dareh bekannt, die bereits im 8. Jahrtausend v. Chr. Tongefäße und kleine Figuren herstellten. In der akeramischen neolithischen Zeit waren die Gefäße gewöhnlich aus Stein oder Holz, auch aus Korbgeflecht, manchmal mit Putz oder Bitumen überzogen oder aus Gips wie die »weiße Ware« des präkeramischen Neolithikums. Seit etwa 7000 v. Chr. jedoch war Keramik im gesamten Nahen Osten verbreitet.

Während jeder Periode fertigten die Bewohner einer Region Gefäße nur in einer begrenzten Anzahl an Arten und Formen an, so daß selbst kleine Tonscherben identifiziert werden können. Die Archäologen verglichen die Änderungen des Stils der Töpferwaren aus unterschiedlichen Gebieten. So konnten anhand von Tonscherben die Fundstätten, von denen sie stammten, datiert werden. Diese Vorgehensweise ist oft aufschlußreicher als die Radiokarbonbestimmung und ermöglicht relativ genaue Chronologien.

Die ähnliche Zusammensetzung der Keramik verrät enge Beziehungen verschiedener Gruppen. Töpferwaren, die offensichtlich aus einer anderen Region eingeführt worden waren, deuten auf Handel oder Tausch mit Gefäßen oder deren Inhalt hin. Die Untersuchung der Tonwaren und ihrer Verzierungen gibt dem Archäologen Aufschluß über frühe, schriftlose Gesellschaften.

Vergleichbar den Siedlungen in den Vorbergen der fruchtbaren Regionen des Nahen Ostens, hatten während des akeramischen Neolithikums einige Gemeinschaften damit begonnen, die Rohstoffquellen der türkischen und iranischen Hochebene auszubeuten, und längs der Flußtäler Mesopotamiens waren Niederlassungen entstanden. Seit jener Zeit gewannen die Ebenen Mesopotamiens an Bedeutung, während die Levante und Palästina, die in früheren Perioden der Schauplatz wichtiger Entwicklungen gewesen waren, nicht mehr im Mittelpunkt des Geschehens standen.

Die Fundstätte in Chatal Hüyük

Einige Fundorte der anatolischen Hochebene wie in Hacilar, Suberde und Can Hasan III datieren in die Zeit des

Vorhergehende Doppelseite: Ein typisches Bild aus der südirakischen Marschlandschaft. Aufgrund von Veränderungen der Flußläufe stehen große Flächen der südlichen Schwemmlandebene unter Wasser. Die Lage der Seen variierte im Laufe der Jahre, sodaß die Marschen auf den assyrischen Reliefs des 8. Jahrhunderts v. Chr. nicht lokalisiert werden konnten. Die ruhigen, fischreichen Gewässer boten den Menschen eine Alternative zum weitverbreiteten Ackerbau.

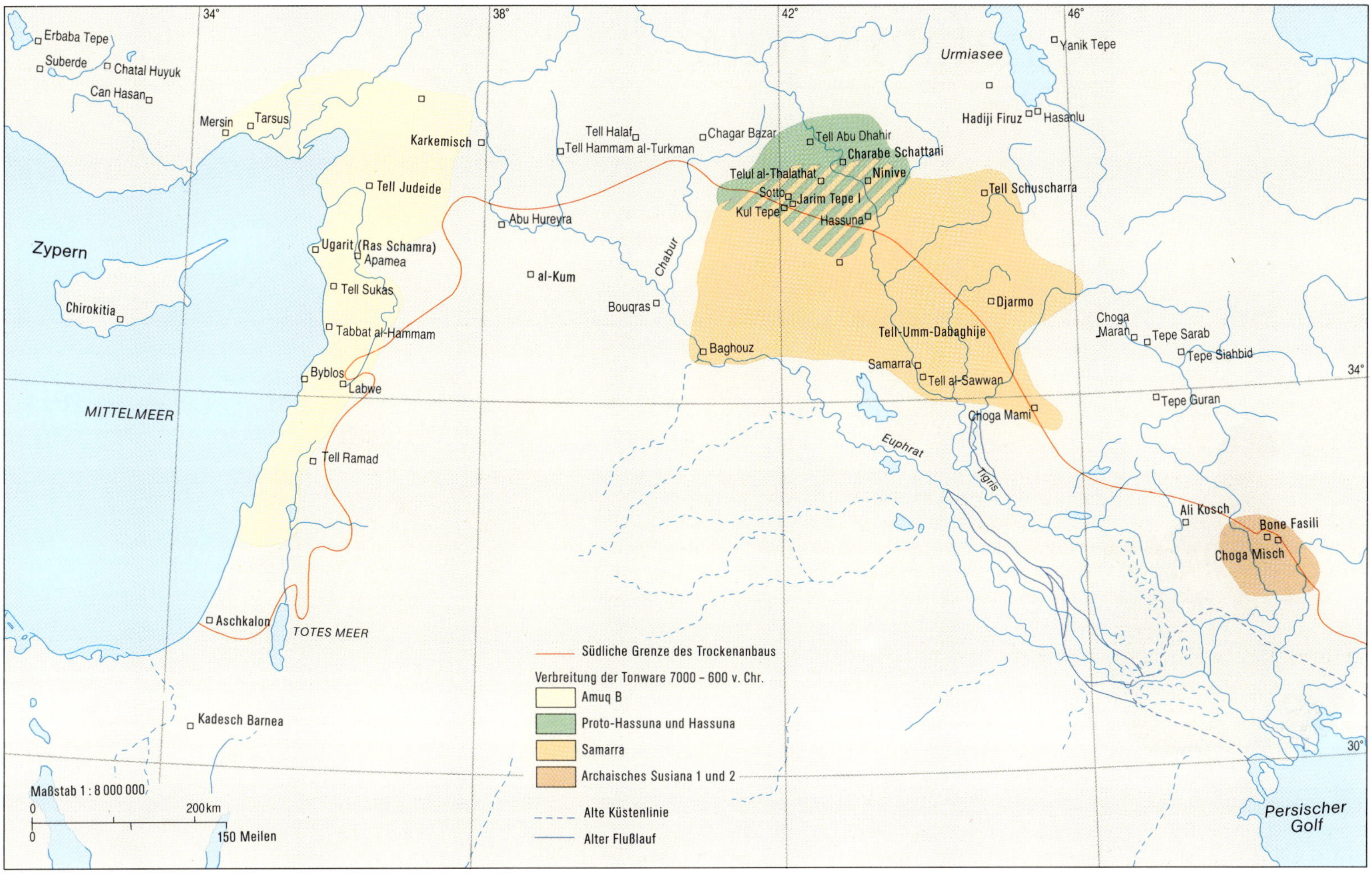

Frühe Keramik-Kulturen
Im 7. Jahrtausend v. Chr. war verzierte Töpferware weit verbreitet. Dadurch ließen sich verschiedene Kulturgruppen nach ihren keramischen Stilformen unterscheiden. In der Hassuna-Periode und den zeitgleichen Susiana- und Amuq-B-Perioden verwendete man vermutlich bereits den Pflug, was die Bestellung großer Flächen mit weniger fruchtbarem Land ermöglichte. In der Samarra-Zeit, die sich zum Teil mit der Hassuna-Periode deckte, sorgten Bewässerungskanäle für bessere Erträge und schufen die Voraussetzung für die Entstehung von Agrarsiedlungen außerhalb der Trockenfarmzone.

akeramischen Neolithikums der Levante und weisen einen ähnlichen Ausstattungsgrad auf, doch keine läßt sich mit der Fundstätte in Chatal Hüyük vergleichen, die viel größer und besser erhalten ist. Sie erstreckt sich über zwölf Hektar, die neolithischen Schichten sind jeweils 15 Meter hoch. Die frühesten Ablagerungen sind noch nicht untersucht worden, aber die 14 bisher erforschten gehören nach den Radiokarbonbestimmungen in die Zeit von etwa 6850 – 6300 und sind in die letzte Periode des präkeramischen Neolithikums B der Levante einzuordnen. Leider waren die spätesten Schichten in Chatal Hüyük – wie an anderen archäologischen Fundorten – stark erodiert. Chatal Hüyük kann bereits als eine Art »städtische« Siedlung angesehen werden, in der die Häuser aus Lehmziegeln errichtet worden waren. Man hatte sie, ähnlich den Waben in einem Bienenstock, unmittelbar aneinandergrenzend angelegt, so daß sie nur mit Hilfe von Leitern über das Dach zugänglich waren.

Wandmalereien

Einige Räume der Fundstätte schmücken interessante Wandmalereien, Relieffiguren an den Wänden sowie Bänke und Säulen mit modellierten Stierköpfen und Hörnern. Es handelt sich hier wohl um Schreine, denn solcher Zierat in einem gewöhnlichen Haus wäre seltsam und unbequem. Diese zahlreichen »Schreine« (etwa ein Drittel aller ausgegrabenen Häuser in der 6. und 7. Schicht) hatten entweder eine ausschließlich religiöse Funktion – in diesem Fall war das ausgegrabene Areal vermutlich ein Kultzentrum – oder es handelte sich um einen besonderen Typ von Wohnhaus.

Wände und Böden der Häuser bedeckten Lagen feinen weißen Putzes, in einem Gebäude 120 übereinander. Den Putz trug man wahrscheinlich jedes Jahr neu auf, da die Häuser annähernd die gleiche Anzahl von Lagen aufwiesen.

So ließ sich das Alter der Häuser leicht ermitteln. Die bemalten Flächen waren durch mehrere Lagen aus einfachem Putz getrennt, so daß die Malereien vermutlich nur kurze Zeit sichtbar waren, bevor sie überdeckt wurden. Warum die Bewohner die Wände bemalten, ist nicht bekannt. Die Tatsache jedoch, daß die Wandmalereien erhalten blieben, ist im wesentlichen darauf zurückzuführen, daß sie verputzt wurden und deshalb nicht verlorengingen. Bei den mit einem feinen Haarpinsel aufgetragenen Farben handelte es sich meist um Mineralien natürlicher Vorkommen Anatoliens, wie Ocker, Azurit, Malachit, Zinnober, Mangan und Bleiglanz. Abgesehen von dem weißen oder cremefarbigen Hintergrund war rot oder rotbraun die dominierende Farbe, doch auch gelb, schwarz, grau, violett und blau wurden verwendet.

Die meisten der gemalten Szenen befanden sich in einem von den Wandpfeilern eingerahmten Paneel, einige der eindrucksvollsten Bilder waren jedoch größer. Manche Paneele waren durchgehend rot bemalt, einige wiesen geometrische Muster auf und wieder andere stellten Menschen und Tiere dar. Einige Forscher verglichen die Muster mit den in der Türkei seit alter Zeit hergestellten Webteppichen. Es gibt aber keine Anzeichen für eine Methode mit verschiedenfarbigen Garnen zu jener Zeit.

Die interessantesten Malereien waren gegenständlich und zum Teil ganz naturalistisch, doch gab es auch stilisierte Werke. Ganze Reihen von Menschenhänden, manchmal umgekehrt dargestellt, erinnern an die Kunst des oberen Paläolithikums, doch wird dieses Motiv auch heute noch auf die Wände von Dorfhäusern gemalt. Eindrucksvolle Jagdszenen verzieren zwei der »Schreine« aus verschiedenen Schichten. In beiden wird die Nordwand

Chatal Hüyük

Die Fundstätte Chatal Hüyük (Çatal Hüyük) wurde zwischen 1961 und 1963 von James Mellaart ausgegraben. Die Arbeiten hatten aufsehenerregende und unvermutete Ergebnisse. Mellaart legte einen großen Teil einer Stadt aus dem 7. Jahrtausend v. Chr. frei, deren Häuser außergewöhnlich gut erhalten waren. Einige vom Ausgräber als »Schreine« bezeichnete Gebäude enthielten kunstvolle Wandmalereien und Reliefs mit an Wänden und Bänken befestigten Tierschädeln. Die ungewöhnliche Ausschmückung der »Schreine« löste viele Spekulationen über den Kult der Bewohner aus: Mutter- und Geburtsgottheiten wollte man in den Statuen, den Leoparden und den modellierten Brüsten, die an den Wänden befestigt waren, erkennen, während die zahlreichen Schädel und Stierhörner als männliche Gottheiten interpretiert wurden. Religion war die treibende Kraft innerhalb dieser Gesellschaft. Chatal Hüyük unterscheidet sich deutlich von den einfachen Bauerndörfern, die bisher als charakteristisch für diese Epoche galten. Als prähistorische Fundstätte ist es einzigartig, während neuere Ausgrabungen in akeramisch-neolithischen Siedlungen wie etwa Ain Ghasal, Abu Hureyra und Bouqras die Vorläufer der Entwicklungsstufe von Chatal Hüyük freilegten.

Oben: Gebrannte Tonfigur einer schwangeren Frau, die eben ihr Kind zur Welt bringt. Sie wurde als eine Art »Göttin der Geburt« interpretiert. Zwei katzenähnliche Tiere stützen die Figur, die in einem der jüngsten Schreine von Chatal Hüyük entdeckt wurde. Der Kopf wurde restauriert.

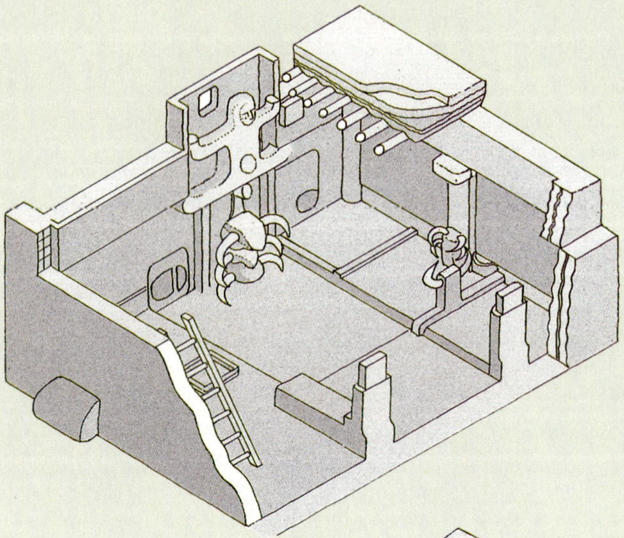

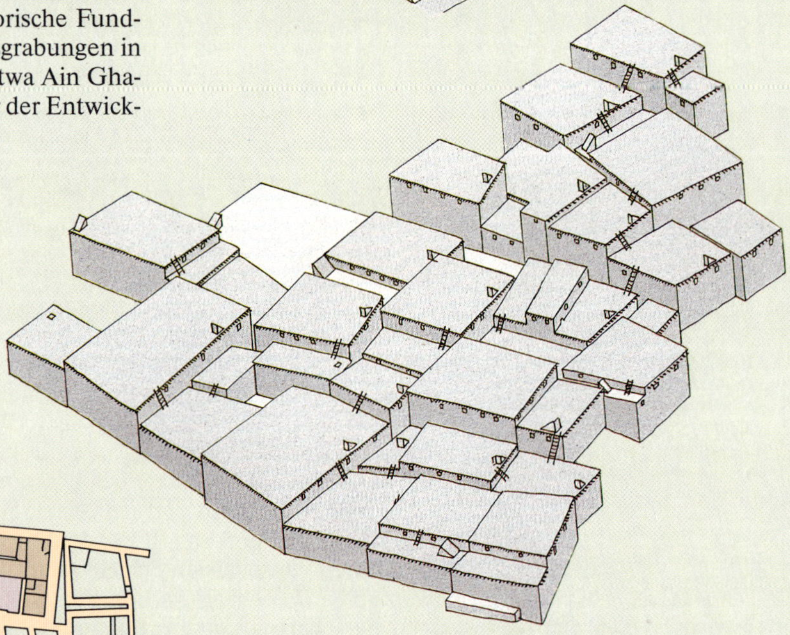

Rechts: Rekonstruktion eines Teils der Siedlung aus der Schicht VI_B. Der Zugang zu den einstöckigen Häusern erfolgte über das Dach. Die Dächer stiegen zur Mitte der Siedlung hin terrassenförmig an.

Oben rechts: Rekonstruktion eines Schreins in Schicht VI_A. Die Mauern errichtete man aus Lehmziegeln um einen Holzrahmen herum. Männer wurden unter der nordöstlichen Plattform begraben. Frauen und Kinder unter den übrigen.

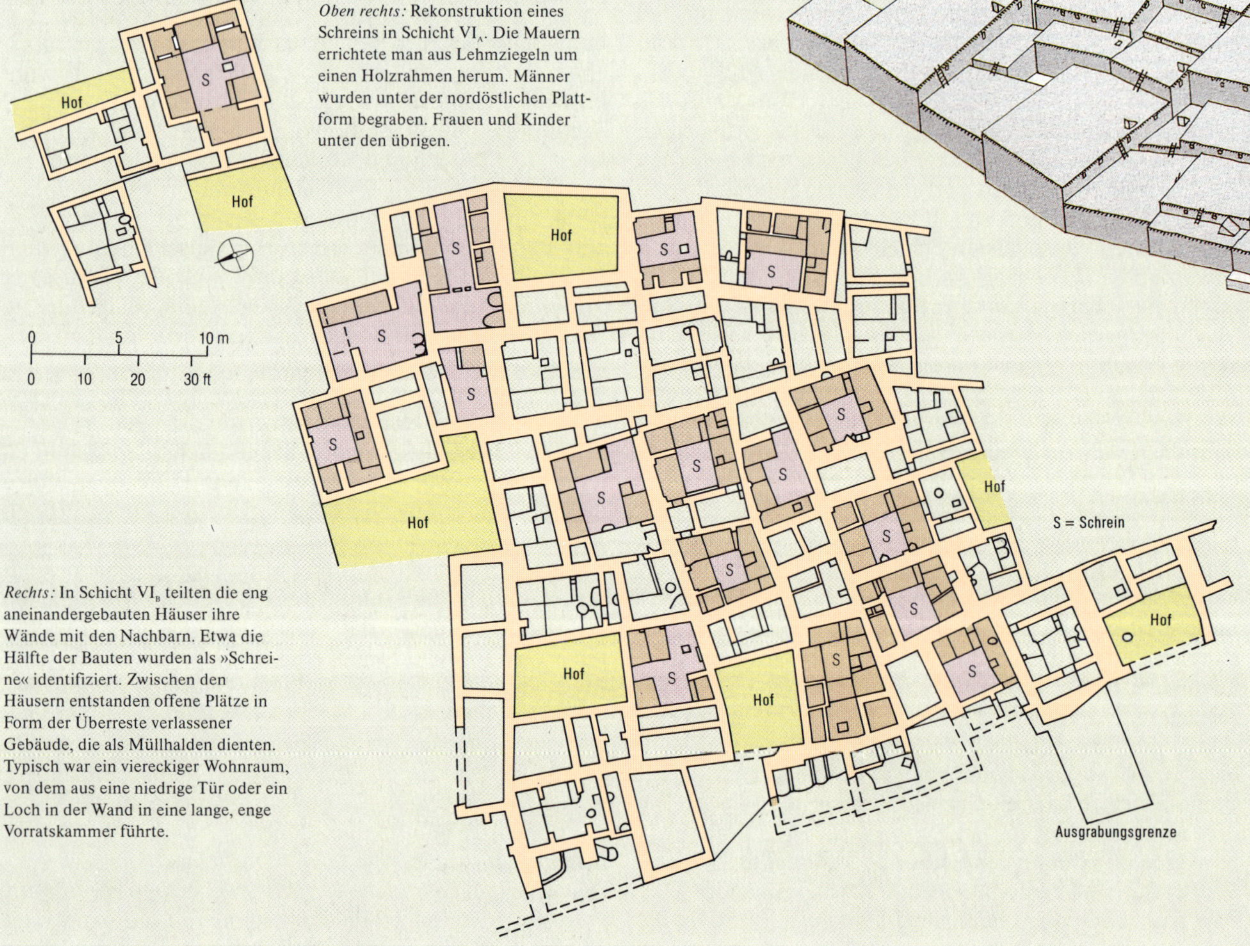

Rechts: In Schicht VI_B teilten die eng aneinandergebauten Häuser ihre Wände mit den Nachbarn. Etwa die Hälfte der Bauten wurden als »Schreine« identifiziert. Zwischen den Häusern entstanden offene Plätze in Form der Überreste verlassener Gebäude, die als Müllhalden dienten. Typisch war ein viereckiger Wohnraum, von dem aus eine niedrige Tür oder ein Loch in der Wand in eine lange, enge Vorratskammer führte.

Oben rechts: Rekonstruktion der Nord- und Ostwände eines Schreins in Schicht VII. Die Beine der Geier wirken seltsam menschlich; es wurde behauptet, daß die Szene als Vögel verkleidete Priester zeigt, zwischen ihnen eine kopflose Leiche.

Rechts: Einer von zwei bemalten Leoparden aus einem Schrein in Schicht VII. Die Tiere wurden oftmals renoviert und mindestens siebenmal neu bemalt.

Unten: Blick über die ausgegrabenen Häuser von Chatal Hüyük. Im Durchschnitt bedeckten die Gebäude eine Fläche von je 25 m². Es ist daher anzunehmen, daß in jedem von ihnen eine Kleinfamilie wohnte. Man schätzt, daß es in dieser Siedlung rund 1000 Haushalte mit etwa 5000 Bewohnern gab. Die Randgebiete wurden nicht erforscht, so daß nicht bekannt ist, ob eine Mauer den Ort umschloß. Schon die Hauswände selbst waren für jeden Eindringling ein Hindernis.

Oben: Einige Männergräber der jüngeren Schichten enthielten Stempelsiegel aus gebranntem Ton. Unterschiedlich in der Form, weisen sie tiefeingeschnittene Linien, Spiralen und Dreiecke auf. Da sich keine Tonabdrücke fanden, wird die Ansicht vertreten, daß weniger dauerhafte Materialien wie Textilien oder Häute mit ihnen »gesiegelt« wurden, oder daß man mit ihren Mustern den menschlichen Körper verzierte.

von einem großen, zwei Meter langen, roten Stier beherrscht; um ihn tanzen kleinere Figuren, die Lendenschurze aus Leopardenfell tragen. Die meisten der Gestalten stellen rot bemalte Männer dar. Die Malerei aus Schicht V, der früheren der beiden Schichten, setzte sich an allen vier Wänden fort. Es finden sich auch andere Tiere wie Rehe, Wildschweine, Wildesel, Bären, Wölfe und Löwen. Die Szenen geben nicht exakt eine Jagd wieder, sondern haben wahrscheinlich eine symbolische Funktion. Vielleicht bilden sie ein Fest ab, zu dem Tanz und Tierhatz gehörten, wie das minoische Stierspringen oder der spanische Stierkampf. Eine fragmentarische Szene aus dem Schrein in Schicht III zeigt dagegen einen Jäger, der, wohl von einem Hund begleitet, mit Pfeil und Bogen auf einen Hirsch schießt.

Eine andere, bizarre Szene, die dreimal dargestellt wurde, zeigt große Vögel und kleine, kopflose Menschen. Obwohl stilisiert gezeichnet, wurden die Vögel als Lämmergeier identifiziert, die das Fleisch von den entblößten Körpern der Toten hacken. Eine weitere Darstellung, die man mit dem Totenkult in Verbindung brachte, wurde in einer unteren Schicht gefunden. Es handelt sich bei ihr vermutlich um ein Beinhaus aus Schilfrohr und Matten, mit gewebten Decken verziert, unter denen sich Schädel mit leeren Augenhöhlen befanden.

Menschen- und Tierdarstellungen

Einige Wände waren mit Reliefs geschmückt, die mit Lehmstuck über einen Rahmen aus Schilfrohr modelliert wurden, ähnlich wie die Statuetten des vorkeramischen Neolithikums B aus Ain Ghasal, Jericho und Nahal Hemar. Diese zum Teil bemalten Reliefs zeigen Menschen- und Tierfiguren, Tierköpfe und weibliche Brüste. Die sieben menschlichen Relieffiguren sind jeweils etwa einen Meter hoch, frontal dargestellt, mit Armen und Beinen, die auf beiden Seiten horizontal vorstehen. Eine dieser Figuren überzieht ein Netz von orangefarbenen, roten und schwarzen Linien. Die Gesichter, Hände und Füße aller Figuren waren beschädigt. Vielleicht zierte sie wertvolles Material, das wiederverwendet werden konnte, oder die Verstümmelung des Reliefs gehörte zum Ritual, das in dem Schrein stattfand. Die Figuren waren häufig neben modellierten Stierköpfen plaziert, was manche Forscher annehmen ließ, es handle sich jeweils um eine gebärende Göttin, und die Stierköpfe repräsentierten männliche Gottheiten.

An anderer Stelle war ein Hirsch in das Relief gearbeitet, und drei aufeinanderfolgende Schichten zeigten Leopardenpaare. Jedes Paar war heraldisch angeordnet, die Köpfe eng beisammen und die Leiber in entgegengesetzter Richtung. Einige waren oftmals neu modelliert und mit einem anderen Muster auf dem Tierleib bemalt worden.

Auch Tierköpfe, die entweder ganz aus Stuck geformt waren oder echte Tierschädel mit Horn im Innern, wurden in den frühen Fundstätten in Ganj Dareh und in Nemrik entdeckt. Am häufigsten waren Stiere, aber auch Widder und Hirsche wurden gefunden. Die Köpfe waren an den Wänden oder auf flachen Bänken in Gruppen zu drei, fünf oder sieben angebracht, doch man fand sie auch in Lehmsäulen eingelassen, die den hornförmigen Altären der späteren Perioden ähnlich waren. Die weiblichen Brüste wurden gewöhnlich zu mehreren an der Wand fixiert, oft über den Unterkiefern von Ebern oder den Schädeln von Wieseln, Füchsen oder Geiern.

Bestattungsbräuche

Die Toten wurden unter dem Wohnraum begraben, nicht jedoch unter Vorratsräumen oder offenen Plätzen. Oft lagen sie etwa 60 Zentimeter unterhalb des Fußbodens, zusammengekrümmt auf der linken Körperseite, die Köpfe zur Raummitte hin ausgerichtet. Die Bestattung erfolgte in zwei Abschnitten. Nach dem Tod wurden die Körper zunächst entfernt und erst später unter den Häusern beerdigt; das ergibt sich aus Spuren von rotem Ocker auf einigen Schädeln und Knochen sowie der ungenauen Anordnung der Knochen bei manchen Skeletten. Die Wandgemälde von Leichen ohne Schädel, die von Geiern gefressen werden, verraten, wie mit den Toten verfahren wurde. In einem Raum waren vier abgetrennte Menschenschädel auf eine flache Bank gelegt worden, andernorts hatte ein weiblicher Schädel Kaurimuscheln in den Augenhöhlen, wie ein früher Gipsschädel aus Jericho.

Normalerweise wurden die Menschen ohne ihren persönlichen Besitz begraben, doch manchmal wurden Beigaben, wie gewebte Textilien und andere Gegenstände, entdeckt. Grabstätten von Männern enthielten Waffen, steinerne Keulenköpfe, Dolche mit Knochen- oder Holzgriffen, gebrannte Tonsiegel, kupferne Fingerringe und S-förmige Gürtelschnallen aus Knochen (wie in Nahal Hemar und in Griechenland). In Frauengräbern fand man Schmuck, Steinpaletten, auf denen Kosmetika zerrieben wurden, und gelegentlich polierte Obsidianspiegel. Holzgefäße, Körbe und Speiseopfer entdeckte man in Gräbern beider Geschlechter, doch fehlen Tongefäße oder Figurinen. Nach den Knochen zu urteilen, waren die Menschen leidlich gesund, wenn auch anämisch, möglicherweise als Folge von Malaria. Andere litten an Arthritis oder Knochenbrüchen. Im Durchschnitt lebten die Männer 34, die Frauen 30 Jahre. Die Männer waren etwa 1,70 Meter, die Frauen 1,58 Meter groß.

Artefakte in Chatal Hüyük

Die Keramik aus Chatal Hüyük erscheint ziemlich plump, sie besteht aus zwiebel- oder beutelförmigen Gefäßen. Für die hier gefundenen Holzgefäße – Schalen, Tassen, Dosen – wurden Fichte und andere Weichhölzer bearbeitet. Die meisten der behauenen Steingegenstände waren aus Obsidian, der wahrscheinlich aus Acigol, 150 Kilometer weiter nordöstlich, stammte. Obsidian wurde auch poliert und zu Perlen und Spiegeln verarbeitet. Einige der schönsten Werkzeuge und Waffen, besonders Dolche und Messerklingen, wurden aus syrischem Feuerstein hergestellt. Aus Kupfer und Blei entstanden Perlen, Anhänger und Ringe der neunten ausgegrabenen Schicht. Natürliche Vorkommen an Blei sind viel seltener als Kupfer, hier wurde das Blei vermutlich aus Erz geschmolzen. Die Entdeckung eines Brockens Kupferschlacke läßt vermuten, daß Kupfer auch geschmolzen wurde. Die meisten der kupfernen Gegenstände aus Chatal Hüyük sind jedoch aus gehämmertem, gediegenem Kupfer gefertigt.

Unter den Ton- und Steinfigurinen befinden sich oftmals weibliche Gestalten. Eine stellt eine gebärende Frau dar, die sich entweder auf zwei Katzen stützt oder in einem Stuhl sitzt, dessen Arme die Form von Katzen haben. Die Tierfigurinen repräsentieren meist Beutetiere: Leoparden, Rinder, Wildschweine, wilde Schafe und Ziegen. Einige wiesen Stiche auf, Hinweise auf ein Jagdritual, ähnlich zwei tönerne Rinderfiguren aus Ain Ghasal.

Pflanzen und Tiere

Anhand der in Chatal Hüyük gefundenen Tierknochen läßt sich erkennen, daß neun Zehntel des Fleisches, das die dortigen Bewohner konsumierten, von domestizierten Rindern stammten. Ebenso zähmte man zu jener Zeit Hunde. Wilde Tiere wurden wegen ihrer Felle und ihres Fleisches gejagt. Zu ihnen gehörten wilde Schafe, Wildschweine, Onager (Wildesel), Bären und Großkatzen, möglicherweise Löwen oder Leoparden. Von den veredelten Pflanzen sind zu nennen Einkorn- und Emmer-Weizen, sechsreihige Nacktgerste und vielleicht hexaploider Brotweizen. Die Menschen jener Zeit nutzten auch andere in der Region heimische Pflanzen. Einige Arten gediehen üppig, wenn sie bewässert wurden, doch die Meinungen gehen darüber auseinander, in welchem Umfang Bewässerung durchgeführt wurde. Im allgemeinen unterscheiden sich die naturwissenschaftlichen Zeugnisse, die Auskunft über das Leben der Menschen geben, von dem Bild, das ihre Wandmalereien vermitteln und zeigen die Divergenz zwischen der Realität und ihrer Vorstellungswelt.

Nachdem Chatal Hüyük gegen Ende des siebten Jahrtausends verlassen worden war, waren die nachfolgenden Kulturen in Anatolien durch schön bemalte Keramik aus Fundstätten wie Hacilar und Can Hasan II charakterisiert. Doch ungefähr um 5700 v. Chr. waren auch diese beiden Standorte aufgegeben worden. In Can Hasan wurde in einer Brandschicht der Körper eines 45jährigen Mannes mit einem Kupferarmband und einem kupfernen Keulenkopf im Schutt eines der eingestürzten Häuser gefunden. Diese Keule, die ein Loch für einen Holzschaft besaß, war in einer Form gegossen worden. Sie ist der erste Beweis für die Anwendung dieser Technik.

Etwa um 6000 v. Chr. waren im gesamten Nahen Osten Dörfer entstanden. Die wesentlichen Kulturpflanzen und Haustiere waren bekannt, und bis heute sind sie die wichtigste Ernährungsgrundlage in dieser Region. Nicht die Suche der Menschen nach neuen Überlebensstrategien kennzeichnete die folgende Entwicklung, wie dies beim

Oben: Ein heutiges Dorf im iranischen Kurdistan hat vieles mit den frühen Dörfern des Nahen Ostens gemeinsam. Die Häuser sind aus Lehmziegeln erbaut und mit Lehmputz überzogen. Die flachen Dächer bestehen aus Holzbalken, die mit Schichten von Zweigen und Flechtwerk bedeckt sind. Eine Erdschicht dient der Isolierung. Zum Schutz gegen Witterungseinflüsse ist das Dach verputzt. Im Winter müssen die Dächer vom Schnee geräumt werden, und nach jedem Regen werden sie mit Steinwalzen getrocknet, die für diesen Zweck auf dem Dach aufbewahrt werden. Die Dächer sind ein zusätzlicher Raum und lassen sich zum Schlafen oder als Vorratslager verwenden.

Oben: Ein Wandgemälde aus einem Haus in Umm Dabaghije in der Wüstensteppe westlich des Tigris zeigt vermutlich die Jagd auf Wildesel. Die Verarbeitung der Eselshäute war wohl das wichtigste Gewerbe der Siedlung. Es ist nicht bekannt, wie die Tiere gefangen wurden. Man nimmt an, daß sie in eine durch Netze verstärkte Einfriedung getrieben wurden. Die Linien über den Wildeseln auf dem Bild stellen vielleicht die Pfosten dar, von denen die Netze herabhingen. Die Tiere sind jeweils etwa 15 cm groß und mit roter Farbe auf weißen Grund gemalt. Diese einfachen Bilder stammen aus der gleichen Zeit wie die von Chatal Hüyük, also aus der ersten Hälfte des 7. Jahrtausends v. Chr.

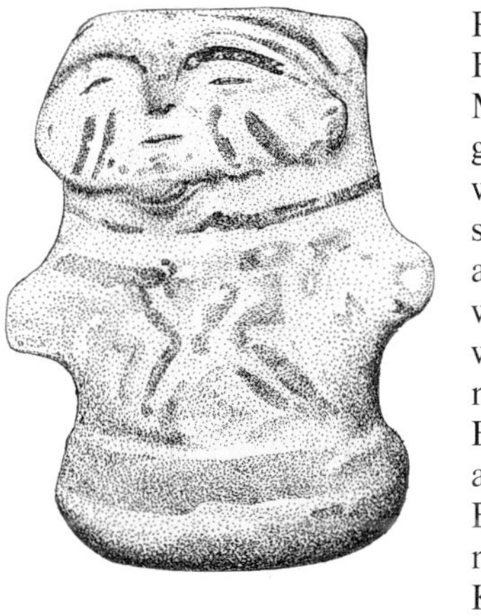

Oben: Ein bemaltes Tongefäß, ca. 6000 v. Chr. Der Stil entspricht der Keramik der jüngsten Schicht von Hacilar im Südwesten der Türkei. Die Töpfer aus Hacilar waren sehr kreativ und vielseitig. Sie schufen unter anderem Gefäße in Tier- oder Menschenform, denen sie Augen aus Obsidian einlegten. Viele derartige Gefäße befinden sich in europäischen und amerikanischen Museen. Einige der schönsten stammen von Friedhöfen, wo sie von modernen Grabräubern gestohlen und illegal ausgeführt wurden. Es gibt jedoch heutzutage auch so kunstvoll gearbeitete Fälschungen, daß sie nur mit Hilfe wissenschaftlicher Analysen als solche entlarvt werden können.

Übergang vom Jäger und Sammler zum Bauern der Fall gewesen war, sondern die Veränderung der Gesellschaftsstruktur und die wachsenden technologischen Fähigkeiten. Diese Entwicklung trat allmählich ein und verlief lokal unterschiedlich, zunächst mit Mesopotamien als Zentrum.

Frühe mesopotamische Siedlungen

Im akeramischen Neolithikum säumten die Niederlassungen die Randzone des mesopotamischen Tieflands. In einigen Gegenden konnten die Menschen die wirtschaftlichen Möglichkeiten außerhalb der Region nutzen, vor allem wo Ackerbau aufgrund ausreichender Niederschlagsmengen möglich war. Im keramischen Neolithikum entstanden die Siedlungen in der gesamten regenreichen Agrarzone. Die ältesten dieser Orte im heutigen Irak datieren in die erste Hälfte des siebten Jahrtausends v. Chr. und sind zeitgleich mit Chatal Hüyük. Obwohl sie oft weniger als einen Hektar umfassen und auf den ersten Blick nicht die Entwicklungsstufen von Chatal Hüyük aufweisen, existierte vermutlich eine komplexere Gesellschaft mit einer größeren Vielfalt an Berufen.

Diese frühen keramischen Kulturen erhalten manchmal die Bezeichnung Proto-Hassuna, als Vorstufe der nachfolgenden Hassuna-Kultur. Die Keramik ist meist grobe, mit Häcksel vermischte Tonware von schlichter Formgebung: flache oder tiefe Schalen, kugelförmige Krüge mit zylindrischem Hals sowie flache runde oder ovale Schüsseln. Manche dieser Schüsseln sind innen rauh oder gerieft, sie wurden vermutlich für die Getreidezubereitung benutzt. Die Oberfläche der Schalen ist häufig mit applizierten Mustern verziert, einige sind geometrisch, andere zeigen Tiere. Etwa ein Sechstel der feineren Tonwaren ist mit einfachen roten Mustern bemalt. Andere Stücke der besser gebrannten dunkelgrauen Keramik dieser Fundstätte könnten aus den höher entwickelten westlichen Gebieten importiert worden sein.

Die Menschen dieser Periode lebten in rechteckigen Gebäuden aus Stampflehm (arabisch *tauf*, auch *pisé* genannt). Die Häuser verfügten meist über zwei oder drei Räume, vermutlich wohnte jeweils eine Familie darin. Die Fundamente einiger Gebäude bestehen aus parallelen Mauern, die man als Darren bezeichnet. Räume von weniger als zwei Quadratmetern mit Gitterbehältern dienten wohl als Vorratskammern. In Jarim Tepe I wurden in besonderen, runden oder rechteckigen Anlagen die Toten aufbewahrt, die offensichtlich zuvor zerstückelt worden waren. Mit einem in Tell Sotto beigesetzten Jugendlichen war man auf diese Weise verfahren. Der Kopf, die Arme mit den Schulterblättern und die Beine, jeweils mit der Beckenhälfte, waren vor der Beisetzung abgetrennt und auf den Rumpf gelegt worden. Ob dies die übliche Art der Erwachsenenbestattung war oder ob diese Behandlung nur besonderen Personen zuteil wurde, ist nicht bekannt. Kinder wurden meist in den Wänden oder unter den Fußböden der Häuser beigesetzt, manchmal in einem Tongefäß.

Die meisten Fundorte dieser Zeit liegen in der fruchtbaren Landwirtschaftszone. Pflanzen- und Tierfunde zeigen, daß typische Agrarwirtschaft betrieben wurde. Einkorn, Emmer, Brotweizen, Kolbenweizen, Spelzweizen, sechszeilige Nacktgerste, Linsen und Erbsen wurden zu jener Zeit angebaut. Man hielt Rinder, Schafe, Ziegen, Schweine und Hunde; wilde Tierarten machen dagegen weniger als ein Fünftel der Knochenfunde aus. Die Rinderzucht erbrachte Milchprodukte, Fleisch, Häute, und die Tiere dienten zugleich als Transportmittel. Auch spannte man sie vor die Pflüge, mit denen man die weiten Ebenen Nordmesopotamiens kultivierte.

Umm Dabaghije

Der kleine Fundort Umm Dabaghije liegt jenseits der heutigen Trockenfarmregion. Seine vier Besiedlungsschichten gehören zum frühkeramischen Neolithikum. Die beiden unteren Schichten sind gut erhalten und nach einem ähnlichen Plan angelegt. Auffällig in dieser Fundstätte waren drei Blöcke mit kleinen Räumen von etwa 1,5 mal 1,75 Metern, die an drei Seiten eines offenen Platzes angeordnet waren. Viele der Räume besaßen keine Türen, sie wurden wahrscheinlich als Vorratskammern genutzt. Eher planlos verstreut lagen die Wohnhäuser mit ein oder zwei Räumen. Man betrat diese Häuser offenbar über das Dach, denn in einer Ecke befinden sich Stufen und über ihnen dienten in die Wand eingemeißelte Zehenlöcher als Leiter. Die Wohnräume waren mit Feuerstätten und Rauchabzug ausgestattet.

Die Steinwerkzeuge dieser Fundstätte weisen eher auf Gemeinschaften von Jägern als von Ackerbauern hin. Die Bewohner ernährten sich zwar von Zuchtpflanzen, aber diese könnten aus dem Norden eingeführt worden sein. Der größte Teil des verzehrten Fleisches stammte von gejagten Wildtieren. Zwei Drittel der hier gefundenen Knochen gehen auf Onager, eine Wildeselart, zurück, etwa 15 Prozent auf Gazellen. Nur etwa zehn Prozent der Knochen stammen von Haustieren, vor allem von Schafen. Die zahlreichen Vorratsräume belegen, daß die Bewohner besonders der Felle wegen Jagd auf Onager und Gazellen machten.

Doch auch eine andere Deutung der Funktion Umm Dabaghijes ist vorstellbar. Die Existenz von insgesamt über 70 dieser Vorratsräume läßt die Schlußfolgerung zu, daß die Fundstätte als eine Art Depot für eine halbnomadische Bevölkerung gedient haben könnte, die nur zur Jagd und vielleicht zur Gerstenernte an diesen Platz kam und dann wieder weiterzog. Bei dem trockenen Klima dieser Region mußten besonders die Gerstenvorräte über Jahre hinaus ausreichen. Umm Dabaghije kann also durchaus die Funktion einer Speicherburg gehabt haben, wie man sie noch heute in Nordafrika findet. Die wenigen Wohnhäuser werden in diesem Fall von den Bewachern der Vorratsspeicher belegt gewesen sein. Dafür spricht auch der Fund von über 2400 Schleudergeschossen aus gebranntem Ton, der Munition für die Hauptwaffe jener Zeit, in einem der Vorratsräume. Höchstwahrscheinlich waren andere Gemeinschaften auf andere Naturgüter spezialisiert, beispielsweise Salz, Bitumen oder Obsidian. Die Tatsache, daß sie einen Markt für ihre Erzeugnisse fanden, läßt vermuten, daß Nahrungsüberschüsse gelagert und gegen andere Güter getauscht wurden. Auf diese Weise entstandener Wohlstand war die Grundlage der künftigen Stadtgesellschaft Mesopotamiens.

Die Kulturen von Hassuna und Samarra

In der Mitte des siebten Jahrtausends v. Chr. entwickelten sich neue keramische Stilformen, und kunstvoller bemalte und ziselierte Tonware ersetzte die einfacheren Muster. Die Hassuna-Kultur entfaltete sich in der Region zwischen dem Urmiasee und den Sindscharbergen. Ihre Siedlungen wiesen hauptsächlich vielräumige Rechteckhäuser auf. In Jarim Tepe I entdeckte man außerhalb der Siedlung einen Speicherbau, der an die Fundstätte von Umm Dabaghije erinnert. In diesem Zusammenhang ist die Vermutung geäußert worden, daß in dem langgestreckten Vorratsbau, der wohl unter dem Schutz des gesamten Dorfes stand, jede Familie einen eigenen Speicherraum besaß. Die Kultur von Hassuna, die auf der Proto-Hassuna-Kultur basierte, stimmte mit dieser in vielen gemeinsamen Merkmalen überein. So fanden sich in Proto-Hassuna wie in Hassuna Schleuderkugeln aus Ton, behauene Steinhacken, bikonische tönerne Spinnwirteln, um den Faden aus Flachs oder Wolle zu spinnen, und mehrere ziselierte Steinperlen oder Anhänger, die als Siegelstempel verwendet wurden. Wie in Chatal Hüyük liegt kein Indiz vor, daß mit den Siegelstempeln Abdrücke in Ton gemacht wurden. Kupfererz und Kupfer wurden zu Werkzeugen und Schmuck verarbeitet. Das Blei eines Armbands der untersten Schicht in Jarim Tepe I war aus Erz geschmolzen. Deshalb verarbeiteten die Menschen der späteren Hassuna-Kultur vermutlich geschmolzenes und natürlich vorkommendes Kupfer. Doch wurden ihre großen, kuppelförmigen Brennöfen, die zwei Meter Durchmesser hatten, wohl eher für Tonwaren als für Metall verwendet. Türkis, Bergkristall, Obsidian und Meeresmuscheln dieser Periode wurden im nördlichen Irak gefunden, was beweist, daß der Handel sich über den gesamten geographischen Raum des Nahen Ostens erstreckte.

Gegen Ende des siebten Jahrtausends v.Chr. erscheint in den späteren Hassuna-Schichten ein neuer Typ von Keramik. Gut gebrannt und braun bemalt, mit raffinierten Mustern, gehört sie der Samarra-Kultur im Süden an. Die Samarra-Fundstätten ziehen sich wie ein Band durch den Mittelirak. Die bedeutendste Fundstätte von Tell-al-Sawwan oberhalb des Tigris weist frühe Schichten auf, die nach der Radiokarbondatierung etwa in die Zeit von 6300 v. Chr. gehören. Unter den ältesten Häusern wurden in flachen, ovalen Gruben mehr als 100 Gräber entdeckt. Auch Erwachsene und Jugendliche waren darin bestattet, überwiegend aber Kinder. Ihnen waren schön gearbeitete Alabastergefäße beigegeben, die in derselben Tradition standen wie die Exemplare der Hassuna-Periode und früherer Fundstätten, außerdem aus Alabaster gemeißelte Frauenstatuetten und Perlen.

Mehrere große, sorgfältig angelegte Gebäude desselben Zeitraums waren aus rechteckig geformten Lehmziegeln errichtet, die eine genauere Konstruktion ermöglichten als der normalerweise benutzte Stampflehm. Die Ziegel waren jeweils etwa 60 Zentimeter lang und damit länger als die Dicke der Wände. An den Ecken stützten Strebepfeiler das Gebäude von außen. Diese für die Samarra-Bauweise typischen Strebepfeiler wurden später charakteristisch für die religiöse Architektur Mesopotamiens. Die Gebäude der beiden frühesten Schichten umfaßten jeweils 150 Quadratmeter und enthielten mehr als 15 Räume. Ihre Anordnung deutet darauf hin, daß die beiden Seiten des Gebäudes von zwei Gruppen benutzt wurden, vielleicht von Männern und Frauen. Die Räume waren knapp drei Meter breit; wahrscheinlich war dies die äußerste Spannweite, die mit dem verfügbaren Bauholz sicher gedeckt werden konnte.

Von der Siedlung der nächsten Schicht, etwa auf 6100 v. Chr. zu datieren, wurde ein großer Teil ausgegraben. Hier waren die Häuser kleiner, etwa 70 Quadratmeter groß, mit zwei je drei Quadratmeter großen Räumen, die wiederum von kleineren umgeben waren. Etwa zehn dieser Gebäude liegen eher planlos auf einem Gelände von 45 mal 50 Metern, das von einer dicken Mauer und einem Graben umschlossen ist.

Die jüngeren Schichten in Tell-al-Sawwan fielen sämtlich der Erosion zum Opfer. An der Fundstätte Choga Mami indessen, weiter im Osten am Rand der mesopotamischen Ebene, haben die Ausgrabungen sowohl klassische Samarra-Besiedlung als auch eine Samarra-Spätphase, die sogenannte Choga Mami Transitional, ans Licht gebracht. Hier sind die Räume der Häuser nach einem regelmäßigen Rechteckschema angelegt. Diesen Typ fand man auch in Songor A bei den Rettungsgrabungen wegen des Hamrin-Damms.

Die Pflanzenüberreste aus den Samarra-Fundstätten umfassen die bekannten Arten: Einkorn, Emmer, Brotweizen, zweizeilige und sechszeilige Spelzgerste sowie sechszeilige Nacktgerste. Das Vorhandensein von Flachs (oder Leinsamen) und die Größe der Saatkörner deuten auf künstliche Bewässerung hin. Tatsächlich konnte man Kanäle in Choga Mami dieser Periode zuweisen. Es ist vorstellbar, daß die Bewohner von Jericho und Chatal Hüyük Bewässerung im kleinen Rahmen betrieben, seit der Samarra-Periode aber besaßen die Menschen die Kenntnisse, Kanäle von erheblicher Länge zu bauen und instand zu halten. Die Bewässerung brachte den Trockenfarmregionen bessere Erträge, so daß eine größere Zahl von Menschen ernährt werden konnte, und ermöglichte Landwirtschaft in Gebieten, wo nur unzureichend Regen fiel. Vielleicht ist es dieser technischen Überlegenheit zuzuschreiben, daß der Übergangsstil von Choga Mami die lokalen Keramiktraditionen im Südosten, in der Deh-Luran-Ebene und in Susiana beeinflußte.

Oben: Der bemalte, gebrannte Tonkopf einer weiblichen Figur aus der Samarra-Zeit stammt aus Choga Mami. Die Haartracht besteht wohl aus einem langen Zopf, der über den Kopf geschlungen wurde, wie es 3000 Jahre jüngere sumerische Statuen zeigen. Die kaffeebohnenförmigen Augen sind für diese Zeit typisch. Höhe: 4,8 cm.

Links: Unter den ältesten Gebäuden in Tell-al-Sawwan im heutigen Zentralirak wurden über 100 Gräber aus der Samarra-Zeit ausgegraben. Es handelte sich zumeist um Kindergräber, die als Beigaben Steinperlen, Alabasterstatuen und Gefäße enthielten. Die Figuren sind weiblich; man glaubt, daß sie eher menschliche als göttliche Wesen darstellen. Einige der Statuen haben eingelegte Augen und mit Bitumen betonte Körpermerkmale (*oben links*). Die geäderten Alabastergefäße (*unten links*) wurden in vielen Formen angefertigt; Krüge, Schalen und Schöpfgefäße waren am häufigsten. Keramikgefäße wurden in den Gräbern von Tell-al-Sawwan nicht gefunden.

Halaf und andere Kulturen

Im 6. Jahrtausend v. Chr. zog sich die Halaf-Kultur wie ein Band durch das nördliche und östliche Mesopotamien. Vom Halaf-Stil beeinflußte Keramik entdeckte man in Richtung auf das Mittelmeer (innerhalb der Amuq-C-Kultur) sowie im Norden und Osten des Sagrosgebirges. Die Verbreitung der Halaf-Keramik deckt sich ziemlich genau mit der Region, in der heute Landwirtschaft ohne den Einsatz von künstlicher Bewässerung betrieben wird. Zweifellos entspricht die moderne Arbeitsweise der landwirtschaftlichen Anbaumethode der Halaf-Zeit. In Südmesopotamien, wo die Niederschlagsmenge zu gering war, basierte die dortige frühe Ubaid-Kultur auf der künstlichen Bewässerung. Die Gegend im Osten von Susa zeigte in der mittelsusianischen Kultur eine ähnliche Entwicklung, die Parallelen zu den frühen Keramikstilen der Ubaid-Zeit aufweist.

Unten: Das typische Halaf-Haus war eine runde Hütte, manchmal erweitert um eine rechteckige Eingangshalle oder einen Vorratsraum. Die Hütten können mit einer Kuppel oder mit Holzbalken gedeckt gewesen sein; häufig unterteilten Wände den runden Raum in kleinere Einheiten.

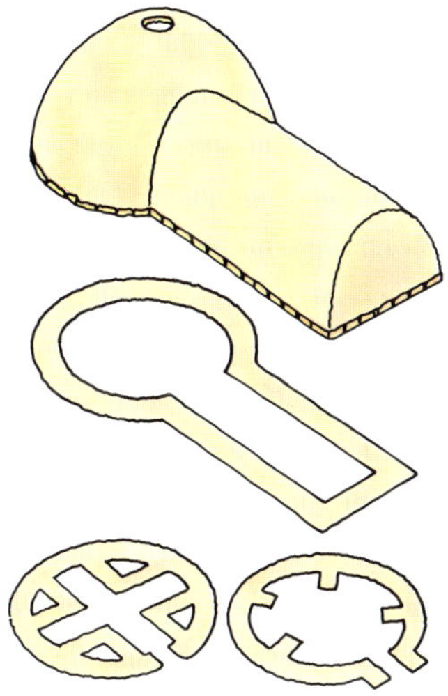

Halaf-Kultur

Etwa um 6000 v. Chr. wurde die Hassuna-Periode in Nordmesopotamien von der Halaf-Kultur abgelöst. Ihre Ursprünge sind unsicher, doch scheint es, als habe sie sich in derselben Region entwickelt wie die Hassuna-Kultur. Die Halaf-Periode überdauerte rund 600 Jahre, breitete sich im heutigen Nordirak und in Syrien aus und machte ihren Einfluß bis an die Mittelmeerküste und die Hochebenen des zentralen Sagros geltend. In gewisser Weise stand sie außerhalb des Hauptstroms der Entwicklung.

Man baute die gleichen Pflanzen an wie in den vorhergehenden Kulturen von Hassuna und Samarra: Einkorn-, Emmer- und hexaploiden Weizen, zweizeilige Spelzgerste, sechszeilige Nackt- und Spelzgerste, Linsen, Platterbsen, Kichererbsen und Flachs. Die Halaf-Siedlungen verteilten sich über die Trockenfarmzone, so daß der größte Teil der Landwirtschaft wahrscheinlich ohne großräumige Bewässerung betrieben wurde. Zu den Haustieren gehörten die fünf typischen Arten: Schafe, Ziegen, Rinder, Schweine und Hunde. Aber auch wilde Tiere wurden gejagt.

Während der Halaf-Periode gaben die Menschen die rechteckigen Häuser mit den vielen Räumen auf und kehrten wieder zu den runden Hütten *(tholoi)* zurück. Von unterschiedlicher Größe, besaßen sie einen Durchmesser zwischen drei und sieben Metern, und wurden wohl von einer Familie (Eltern mit Kindern) bewohnt. Eine Lücke im Rundbau bildete den Eingang, die Form variierte. Häufig wurde die runde Hütte durch einen rechteckigen Anbau ergänzt. In Arpadjije gab es runde Gebäude mit langen Anbauten in Form eines Schlüssellochs, fast 20 Meter lang, mit über 1,50 Meter dicken Mauern. Ursprünglich hielt man die Gebäude von Arpadjije für besondere Bauwerke, die einem religiösen Ritual dienten. Ausgrabungen in Jarim Tepe II ließen jedoch vermuten, daß die meisten der *tholoi* als Wohngebäude Verwendung fanden, da die rechteckigen Kammern vom runden Raum aus betreten wurden und deshalb nicht als Eingangspassage wie bei einem Iglu betrachtet werden können. Die *tholoi* waren aus Lehm, Lehmziegeln oder Stein und hatten möglicherweise ein gewölbtes Dach. Die Wände der Häuser in Jarim Tepe II waren jedoch nur 25 Zentimeter dick, ihre Dächer dürften aus Holzbalken bestanden haben.

Tholoi fand man im gesamten Gebiet der Halaf-Kultur, vom oberen Euphrat nahe Karkemisch bis ins Hamrin-Becken an der irakisch-iranischen Grenze. Neben runden Wohnhäusern gab es jedoch in den frühesten und spätesten Halaf-Schichten in Arpadjije auch rechteckige Architektur. Ein solches Gebäude der jüngsten Schicht war verbrannt, aber seine Einrichtungsgegenstände blieben in *situ* erhalten. Auf dem Boden fanden sich zahlreiche Tongefäße, viele davon schön verziert. Es gab auch Steingefäße, Schmuck, Statuetten und Amulette sowie Tausende von Werkzeugen aus Feuerstein und Obsidian. Ein großer Teil der Keramik und des Schmucks lag neben den Wänden auf verkohltem Holz, wahrscheinlich den ursprünglichen Regalen. Man hielt das Gebäude zunächst für eine Töpferwerkstatt, aber das erklärte nicht das Vorhandensein der kostbaren Materialien. Vielleicht war es der Lagerraum für den wertvollen Besitz der Gemeinde oder der Schatzraum eines regionalen Großen. Auf jeden Fall handelt es sich um eine beachtliche Anhäufung von kostbaren Gegenständen in diesem einen Gebäude. Auch Jarim Tepe besaß einige rechteckige Bauwerke. Manche waren Vorrats- oder Wohnhäuser, andere dagegen, die nicht die typische Raumeinteilung hatten und keine Überreste eines Haushalts aufwiesen, vielleicht öffentliche Gebäude.

Nur wenig wissen wir über Bestattungsbräuche in der

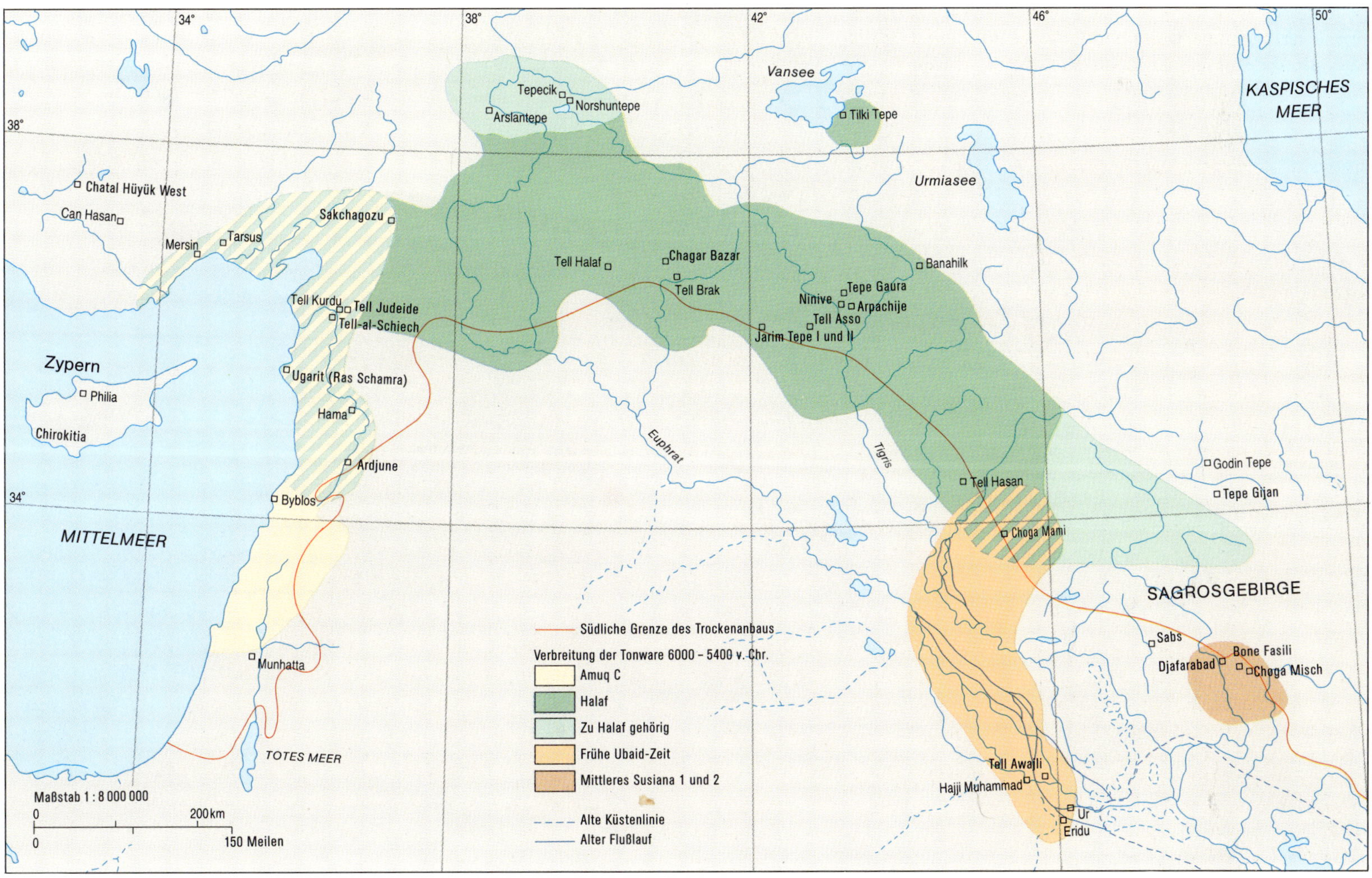

Links und unten: In den See- und Marschgebieten des südlichen Irak lebten die Madan oder Marscharaber. Ihren Lebensunterhalt erarbeiteten sie sich nicht mit dem Anbau von Getreide, sondern mit Fischfang, der Haltung von Wasserbüffelherden und dem Sammeln von Schilf, aus dem sie Matten herstellten. Obgleich sich die Lage der Seen im Laufe der Zeit verändert hat, und sich diese in der frühislamischen Epoche (7. Jahrhundert n. Chr.) bis hinauf nach Nippur erstreckten, gab es wohl immer Marschbewohner, die vom Fischfang lebten. (Die Wasserbüffel wurden vermutlich im 3. Jahrtausend v. Chr. aus dem Osten eingeführt.) Die heute verwendeten Boote sind nahezu identisch mit den Modellen, die im Königsfriedhof von Ur gefunden wurden; Schilfboote, wie sie auf den assyrischen Reliefs (ca. 700 v. Chr.) dargestellt sind, werden in den Marschen noch immer gebaut. Schilfmatten werden für die Dächer der traditionellen Lehmziegelhäuser verwendet, doch ist Schilf auch das typische Baumaterial der Marschen. Dicke Säulen aus Riedbündeln stützen die völlig aus Schilf errichteten Häuser, wie sie in ähnlicher Weise auf den Rollsiegeln und Steinreliefs der Uruk-Zeit vor mehr als 5000 Jahren abgebildet sind.

Halaf-Kultur. Bei Grabstätten in Jarim Tepe I lag die Begräbniskammer neben einem vertikalen Einstiegsschacht. Zu den Bestattungsformen in der Siedlung gehörten die einfache Beerdigung wie die Verbrennung. Es gibt einige Beispiele in Jarim Tepe und in Arpadjije, daß man die Schädel getrennt bestattete, eine Eigentümlichkeit, die wie die Rundhäuser an frühere Perioden erinnert.

Das herausragende Charakteristikum der Halaf-Kultur war ihre erlesen bemalte Keramik, die in Öfen mit zwei Kammern gebrannt wurde. Der benutzte Ton war sehr fein und häufig lachsfarben. Die älteren Gefäße hatten einfache Muster und waren außen rot oder schwarz bemalt. Die späteren Entwürfe zeigen kunstvolle geometrische Muster in Rot und Schwarz, mit Weiß übermalt, die das Innere großer, flacher Schalen ausfüllten. Einige bemalte Gefäße hatten die Form von Menschen oder Tieren. Eine Untersuchung des Tons bei einigen Töpferwaren der Halaf-Fundorte ließ erkennen, daß die Keramik weiträumig gehandelt wurde. Vermutlich in Arpadjije produzierte Gefäße tauchten in Tell Brak und Tell Halaf am Chabur auf, während andere aus der Chabur-Region im Westen, am Euphrat, gefunden wurden.

Trotz Stilveränderungen im Laufe der Zeit und auch örtlicher Stilunterschiede der Halaf-Keramik, ist diese Kultur ziemlich einheitlich. Es ist allerdings unklar, ob die Halaf-Menschen eine separate ethnische Gruppe bildeten, die die Ebenen der Trockenfarmzone besiedelten. Ungesichert sind auch die Grenzen der Halaf-Region. Die Standorte waren bis in die Nähe der Obsidian-Fundstätten in Ostanatolien und der Kupferminen im Südosten der Türkei verstreut. Doch die Archäologen fanden an den Schauplätzen der Halaf-Kultur nur ganz wenig Metall. Es ist also unwahrscheinlich, daß Kupfer in der Wirtschaft der Halaf-Leute eine wichtige Rolle spielte. Somit ist die Auffassung, daß der Handel die Hauptquelle der Macht und des Einflusses der Halaf-Kultur war, wohl falsch.

Um die Mitte des sechsten Jahrtausends hatte sie sich nach Südosten ausgeweitet, wo sie mit der Ubaid-Kultur in Berührung kam. Nach einer Übergangsphase, die beider Elemente vereinigte, wurde die Ubaid-Kultur dominierend.

Die Ubaid-Periode

In Südmesopotamien stieß Leonard Woolley in den zwanziger Jahren bei dem kleinen Ort El Ubaid, 6 Kilometer nordwestlich von Ur, auf die ersten Spuren vorgeschichtlicher Besiedlung. Während seiner Grabungen entdeckte Woolley immer wieder große Mengen charakteristisch bemalter Keramik, die offenbar über einen langen Zeitraum hinweg in Gebrauch gewesen war. In den fruchtbaren Ebenen, die der Schlamm des Tigris und des Euphrat geschaffen hatte, datieren die frühesten bekannten Ubaid-Siedlungen in die Zeit um 5900 v. Chr. Doch wurden bisher nur einige wenige lokalisiert. Die Fundstätte Hajji Muhammad war unter einer drei Meter dicken Schicht alluvialen Gerölls begraben. Sie wurde nur deshalb entdeckt, weil sie, von einem Arm des Euphrat durchschnitten, bei Niedrigwasser im Herbst sichtbar wurde. Einige andere frühe Fundorte fand man unter den Resten der späteren.

Einer der Ausgrabungsorte, die zur ältesten Besiedlung Südmesopotamiens zählen, ist Tell Awajli (von den französischen Archäologen Tell el-Oueili geschrieben), der Gemeinsamkeiten mit der Samarra-Kultur des mittleren Mesopotamien aufweist. Ein großes Gebäude von mehr als 200 Quadratmetern hatte Räume von ähnlicher Größe und Gestalt wie diejenigen in den frühen Schichten von Tell-al-Sawwan. Außerdem war es aus länglich geformten Lehmziegeln erbaut, die Fingerabdrücke wie an den Samarra-Fundstätten zeigten. Ein anderes Bauwerk in Awajli bestand aus einem Fundament von Mauern, die im rechten Winkel aufeinanderstießen und kleine, nur 60 Quadratzentimeter große Hohlräume bildeten, über die Schilfrohrmatten gelegt worden waren. Bei diesem Bau handelte es sich aller Wahrscheinlichkeit nach um einen Lagerraum für Getreide, das man vor dem feuchten Boden bewahren wollte.

Awajli ist der früheste unter den in Mesopotamien ausgegrabenen Orten, doch unter dem Schwemmsand gibt es zweifellos noch ältere. Die feuchten Flußtäler boten trotz unvorhersehbaren Überschwemmungen die Voraussetzungen für eine reiche Tier- und Pflanzenwelt. Nahe den Flußmündungen bewässert das Auf und Ab der Gezeiten auf natürliche Weise die heutigen Palmenhaine, deren

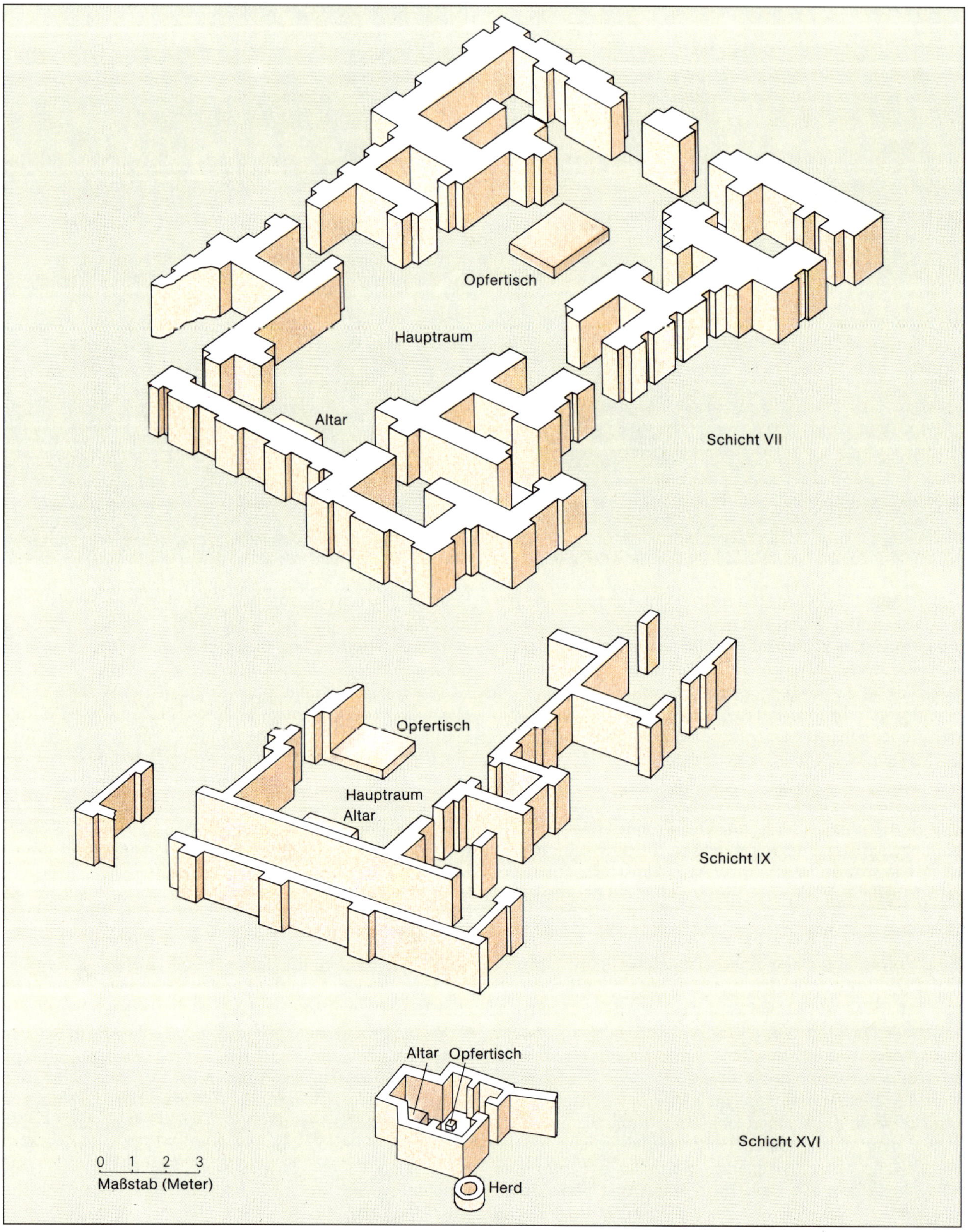

Links: Ausgrabungen neben der Zikkurrat von Ur-Nammu in Eridu haben eine Folge von übereinandergelagerten Bauten ans Licht gebracht, die in die Ubaid-Zeit zu datieren sind. Das älteste Gebäude gehört in die Ubaid-I-Phase. Es handelt sich um eine kleine Einraumkonstruktion. In Schicht XVI wurde sie geändert und erhielt eine Nische und zwei Plattformen. Die jüngeren Schichten (XI – VI) aus den Phasen III und IV der Ubaid-Zeit geben Bauwerke frei, die mit ihren ausgearbeiteten Nischen und Stützpfeilern eindeutig als Tempel anzusehen sind. Die Anlage bestand aus einem langen Zentralraum, von dem auf jeder Seite Räume abzweigten. Innen befanden sich Opfertische und Podeste für die Statue oder das Emblem des Gottes, beides Standardeinrichtungen mesopotamischer Tempel.

Die Verbreitung der Ubaid-Kultur Ungefähr um 5400 v. Chr. wurde die Halaf-Kultur, die in Nordmesopotamien dominierte, von der späten Ubaid-Kultur abgelöst. Sie war eine Weiterentwicklung der frühen Ubaid-Kultur Südmesopotamiens. Die späte Ubaid-Zeit dauerte länger als 1000 Jahre. Wie in der Halaf-Kultur weisen die Randgebiete zwar den Einfluß, aber nicht alle Charakteristika der Ubaid-Zeit auf. Es lassen sich jedoch reine Ubaid-Kulturen von solchen, die lediglich unter Ubaid-Einfluß standen, nicht scharf abgrenzen. Ubaid-Keramik entdeckte man entlang des Persischen Golfs im Süden bis hinab zum heutigen Saudi-Arabien, Bahrain und Qatar, im Osten bis zu den Vereinigten Arabischen Emiraten. Untersuchungen ergaben, daß diese Tonwaren aus der Gegend von Ur stammten, also vom oberen Ende des Golfs, doch lassen sich sonst keine Spuren der Ubaid-Kultur nachweisen.

wilde Vorläufer einst hier gediehen. An den Stellen, wo die Flüsse über die Ufer traten und Marschen und Seen bildeten, gab es Fische im Überfluß. Wie die heutigen Marschlandaraber exportierten die alten Bewohner wahrscheinlich Dörrfisch und aus Schilfrohr geflochtene Matten. Der südliche Irak konnte stets Jäger und Sammler sowie Fischer ernähren, ebenso Schafhirten, die ihre Herden im Frühling in der Steppe weideten und sie in der heißen Jahreszeit näher zu den Flüssen führten. Der Bau von Kanälen beziehungsweise die Einführung der künstlichen Bewässerung änderte jedoch die Siedlungsstrukturen im Süden Mesopotamiens völlig.

Die Keramik der ältesten Schichten in Tell Awajli hat ebenfalls Beziehungen zur Töpferware des späteren Ubaid. Daher nannten französische Archäologen die frühen Awajli-Schichten Ubaid 0. Die für die Ubaid-Periode typische dunkelbemalte helle Keramik wurde in ganz Mesopotamien gefunden. Sie hatte ihren Ursprung im Süden des Zweistromlandes wo später das Land Sumer entstand, und breitete sich weiter nach Norden und Westen aus. Zeugnisse der gesamten Ubaid-Periode wurden in Eridu ausgegraben.

Eridu

Eridu liegt heute in der Wüste südlich des Euphrat, doch in alter Zeit floß ein Arm des Stroms an diesem Ort vorbei. Es wurde ein bedeutendes Kultzentrum für die Verehrung des Wassergottes Enki; nach dem babylonischen Epos war Eridu die erste Stadt, die erschaffen wurde.

Ein Schilfrohr war nicht hervorgekommen,
Ein Baum war nicht geschaffen,
Ein Haus war nicht gebaut,
Eine Stadt war nicht gebaut,
Alle Länder waren Meer,
Dann wurde Eridu gebaut.

Der babylonische Glaube an das Alter von Eridu war berechtigt. Die Aushebung eines tiefen Grabens neben der Zikkurrat in Eridu machte rund 14 Meter Besiedlung aus der Ubaid-Periode sichtbar. Die jüngste Ubaid-Schicht (6) wurde als Tempel identifiziert, weil der Grundriß jenem der späteren mesopotamischen Tempel entsprach. Die darunterliegenden Überreste älterer Gebäude wurden in vier Phasen unterteilt, Ubaid 1 bis Ubaid 4. Jede Phase unterscheidet sich durch eine andersartige Keramik.

Der früheste in Eridu entdeckte Bau gehört zu Ubaid 1 und ist ein kleiner Raum von 2,8 Quadratmetern. In der nächsten Schicht fand man ein Bauwerk, das in einer tiefen Nische ein Podest enthielt sowie ein weiteres mit Brandspuren in der Mitte des Raums. Dieses Gebäude konnte als Tempel eingeordnet werden, da Altäre und Opfertische für die späteren mesopotamischen Tempel charakteristisch sind. Die hier entdeckte dunkelbemalte Keramik, die sogenannte Eridu-Ware, wurde nur an zehn Fundstätten angetroffen, alle in der Region um Eridu, Ur und Uruk. Das bedeutet jedoch nicht unbedingt, daß sie auf diesen Raum begrenzt war, denn man muß die starken

Tell Madchur

Die Fundstelle von Tell Madchur wurde im Rahmen des Hamrin-Staudamm-Projekts entdeckt und veranlaßte eine der zahlreichen Untersuchungen vorgeschichtlicher Siedlungen, die durch moderne Entwicklungen bedroht werden, in diesem Fall durch den Bau eines Staudamms am Dijala. Der Ort war in den frühdynastischen und islamischen Perioden besiedelt, die meisten Relikte stammen jedoch aus der späten Ubaid-Zeit. Auf dem Scheitelpunkt des Hügels stand ein großes Haus mit Mauern, die noch heute zwei Meter hoch aufragen. Es war einem Brand zum Opfer gefallen; die wertvolleren Stücke hatte man in Sicherheit gebracht, doch gewöhnliche Haushaltsgegenstände wie Töpferwaren wurden in den Ruinen zurückgelassen. Das Gebäude wies einen von kleineren Räumen umgebenen großen Hauptraum auf, der Grundriß hat Ähnlichkeit mit den Tempeln in Eridu und Tepe Gaura. Die Funde im Inneren des Bauwerks ergaben jedoch eindeutig, daß es sich um ein Wohnhaus handelte. Nach dem Brand war es mit Bauschutt aufgefüllt worden, was den außergewöhnlich guten Erhaltungszustand erklärt.

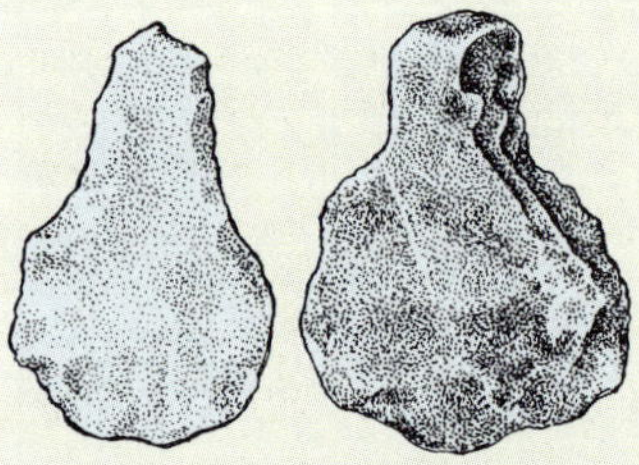

Oben: Zu den Funden im Haus gehören Werkzeuge aus Feuersteinabschlägen, von den Archäologen Steinhacken genannt. Sie sind mit Bitumen und Schnüren an einem Handgriff befestigt und wurden wahrscheinlich dazu benutzt, um die Erde vor dem Pflanzen aufzulockern.

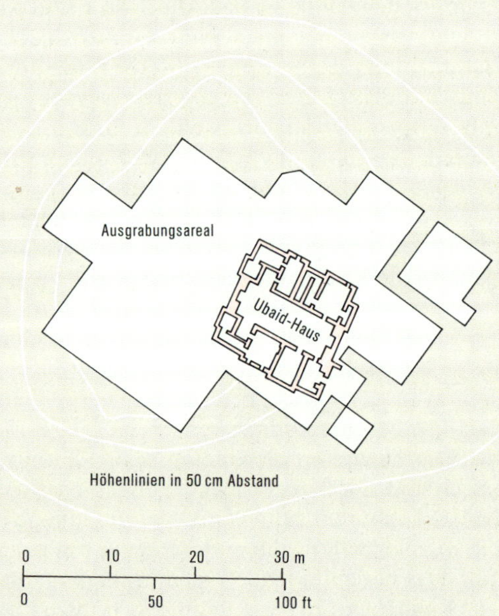

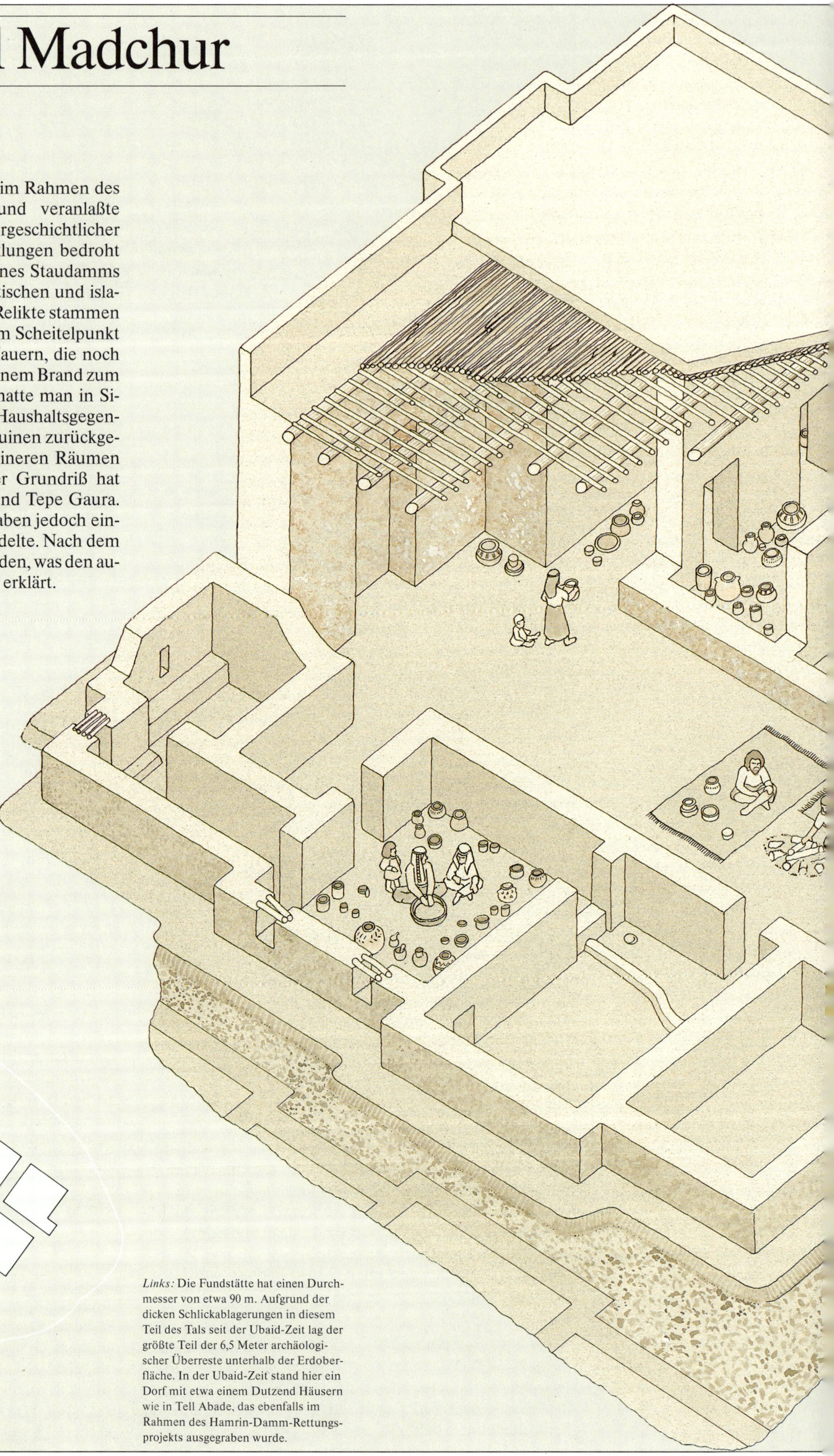

Links: Die Fundstätte hat einen Durchmesser von etwa 90 m. Aufgrund der dicken Schlickablagerungen in diesem Teil des Tals seit der Ubaid-Zeit lag der größte Teil der 6,5 Meter archäologischer Überreste unterhalb der Erdoberfläche. In der Ubaid-Zeit stand hier ein Dorf mit etwa einem Dutzend Häusern wie in Tell Abade, das ebenfalls im Rahmen des Hamrin-Damm-Rettungsprojekts ausgegraben wurde.

Rechts: Eine kleine bemalte Tasse oder ein Becher. Durchmesser: ungefähr 10 cm. Insgesamt wurden in dem Haus 78 Keramikgefäße gefunden, von kleinen Tassen bis zu riesigen Vorratskrügen mit einem Fassungsvermögen von 100 Liter.

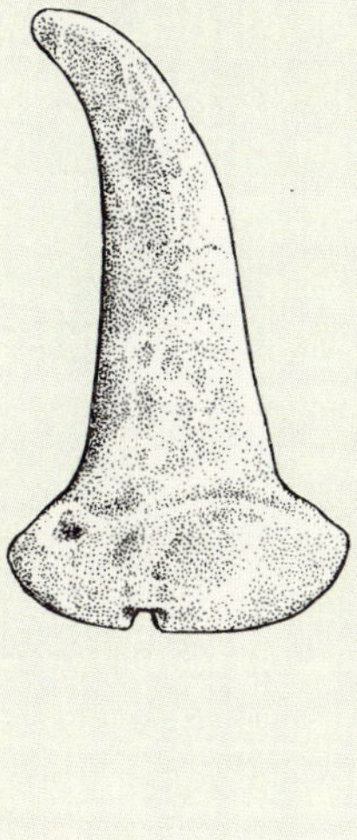

Rechts unten: Ein Stößel aus gebranntem Ton. »Gebogene Nagelreibsteine« sind für die späte Ubaid-Zeit typisch, in der viele Werkzeuge anstatt aus Stein aus gebranntem Ton angefertigt wurden.

Oben: Die Höhe der Mauern für diese Rekonstruktion des Hauses von Tell Madchur wurde nach dem Volumen des Schuttes hochgerechnet, der die Räume füllte. Hinweise auf ein zweites Stockwerk gibt es nicht. In der Rekonstruktion wurden die Fundstücke in den Räumen eingezeichnet, in denen sie entdeckt worden waren. Der Raum hinter der auf das Dach führenden Rampe war wohl ein Vorratsraum, der dem kreuzförmigen Hauptraum gegenüberliegende eine Küche. Die Wohnfläche läßt vermuten, daß eine Großfamilie in dem Haus lebte.

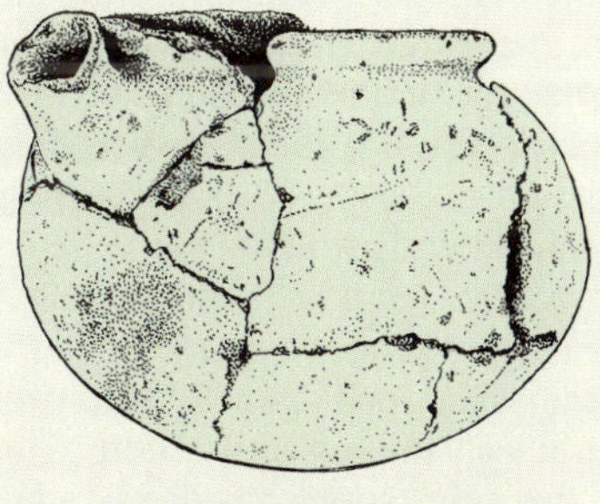

Oben: Ein etwa 16 cm hoher Krug mit Tülle wurde in der Küche von Tell Madchur gefunden. Ungefähr die Hälfte der im Haus entdeckten Töpfe sind mit gemalten oder eingeritzten Mustern verziert, der Rest war schmucklos. Die Gefäße sind zumeist mit der Hand gearbeitet, doch deutet einiges darauf hin, daß sie den letzten Schliff auf einem Rad erhielten.

Schlickablagerungen im südlichen Irak in Betracht ziehen.

Die Ubaid-2-Phase ist durch die Einführung der Hajji-Muhammad-Keramik gekennzeichnet, bei der die Oberfläche des Gefäßes weitgehend mit Farbe bedeckt war und das Muster negativ blieb. Fundstätten dieser Keramik reichten im Norden mindestens bis in die Gegend von Nippur und in südlicher Richtung möglicherweise bis zum Hamrin-Becken. Tonware im Hajji-Muhammad-Stil fand sich noch in der Ubaid-3-Phase, so daß ihr Auftreten einen Ubaid-2-Fundort nicht garantiert. Zeitgenössische Fundstätten nach Osten zu, im iranischen Tiefland, enthielten Keramik, die dem Hajji-Muhammad-Stil ähnelt. Vielleicht lag dies an dem Einfluß, den die weiterentwickelten Kulturen des Westens seit dem Ende der Samarra-Periode auf die Dörfer des Ostens ausübten.

Die Phasen Ubaid 3 und 4 weisen Keramik auf, die in einem neuen, einfachen Malstil verziert war. Im nördlichen Mesopotamien ersetzte sie die Halaf-Ware. In den Bergen Richtung Osten ähnelte die Keramik dem Ubaid-Stil, und in Chusistan gehörte die Töpferware des Mittleren Susiana zur gleichen Tradition. Weiter im Süden wurde Ubaid-Keramik (von Ubaid 3 und später) in rund 40 Orten des östlichen Saudi-Arabien, zwei auf Bahrain, fünf in Qatar und sogar in den weitentfernten Vereinigten Arabischen Emiraten gefunden. Es handelt sich hier um kleine Siedlungen, deren Bewohner hauptsächlich vom Fischen und Sammeln lebten. Eine Analyse der verwendeten Tonsorten zeigte, daß sie denen von Ur und Eridu ähnlich waren, so daß die gefundene Keramik wahrscheinlich von dort importiert wurde.

Die Ubaid-Tempel

Die Tempel in Eridu aus der Ubaid-4-Phase standen auf Sockeln von etwa einem Meter Höhe. Über die Jahrhunderte wuchsen diese Plattformen und verwandelten sich in Zikkurrats, gestufte Tempeltürme, deren berühmtestes Exemplar der Turm von Babel ist.

Am südwestlichen Ende des zentralen Tempelraumes stand ein Altar, während sich am nordöstlichen Ende ein freistehendes Podest befand, auf dem in den beiden jüngsten Tempeln Eridus Asche und Fischgräten gefunden wurden. Es dürften Reste eines Opfers sein, denn Eridu war die Heimat des Wassergottes Enki. Wie diese Zeremonien genau verliefen, ist unbekannt. Wahrscheinlich wurden Gebete gesprochen, begleitet von Gesang und Instrumentalmusik. Man hat vermutet, daß die Ubaid-Tempel von den Ältesten der Gemeinde für zeremonielle Festmähler verwendet wurden, aber dafür gibt es kaum Belege. Eridu ist nicht die einzige Fundstätte, an der sich Kultbauten nachweisen lassen. Uruk hatte in der späten Ubaid-Periode einen ähnlichen Tempel; in Tepe Gaura, im Norden des Iraks, bauten die Bewohner einen Komplex von drei Tempeln.

Tepe Gaura war seit der Halaf-Zeit bewohnt. Sechs Schichten, die zur Ubaid-Periode gehören, wurden ausgegraben. Jede enthält Gebäude, die man zuerst als Tempel interpretierte, wahrscheinlich waren es aber gewöhnliche Dorfhäuser. Doch in Schicht XIII änderte sich die Bestimmung der Anlage. Hier wurde ein sorgfältig geplanter Tempelkomplex errichtet. Drei Gebäude stehen eng um einen Hof gruppiert. Sie wurden alle zur gleichen Zeit benutzt, was nahelegt, daß die Bewohner ein Pantheon von Göttern verehrten. Ein Brunnen im Nordtempel enthielt eine Vielzahl von Siegelstempelabdrücken auf Tonurkunden. Sie dokumentieren vermutlich Besitzverhältnisse oder Handelsverträge und belegen ganz allgemein die Zunahme der Bürokratie. In der Schicht darüber kehrte Tepe Gaura zur Wohnanlage zurück, was die Theorie entstehen ließ, daß der Tempelkomplex von einer fremden Macht stammte, die den Bewohnern ihren Glauben aufzwang. Doch vielleicht wird hier die Spekulation zu weit getrieben.

Ubaid-Häuser

Die Tempel in Eridu, Uruk und Tepe Gaura sind alle nach einem ähnlichen Grundriß gebaut. Die Anlage bestand aus einer langen, zentralen Halle mit Nebenräumen und hatte Fassaden mit Stützpfeilern und Nischen. Als »dreiteiligen Grundriß« bezeichnete man einen zentralen Raum, den zwei Reihen von Nebenräumen flankierten; dieser Bauplan war charakteristisch für Tempel der späteren Perioden. Häuser einer Reihe von Fundstätten in Nordmesopotamien der Periode Ubaid 3 und 4 hatten ebenfalls einen dreiteiligen Grundriß. Der Bauplan der Häuser aus früheren Ubaid-Perioden ist nicht bekannt.

Ein guterhaltenes, dreiteiliges Gebäude der Ubaid-4-Periode fand man in Tell Madchur im östlichen Irak während des Rettungsprojekts wegen des Hamrin-Damms. Es war in Brand geraten, die Ruinen hatte man aufgefüllt. Dadurch blieben die Wände stehen, an einigen Stellen bis zu einer Höhe von zwei Metern. Auch einige Türen und Fenster waren noch unversehrt. Die Räume enthielten Mahlsteine, Reibsteine aus gebranntem Ton, Steinhacken, Spindelwirtel und zahlreiche unterschiedliche Tongefäße - also praktisch alle Gebrauchsgegenstände des täglichen Lebens.

Aufwendiger gebaute, dreiteilige Häuser der Ubaid-3-Periode grub man in Tell Abade und Cheit Qasim aus. Wie beim Haus in Madchur waren die zentralen Räume kreuzförmig und nicht rechteckig angelegt, es existierten jedoch außerdem zwei kleinere kreuzförmige Räume links und rechts vom Zentralraum. In Abadeh waren acht oder neun dreiteilige Häuser ziemlich planlos über die Siedlung verstreut. Eines war größer als die übrigen und könnte der Sitz des Dorfältesten gewesen sein. Es bestand aus drei parallelen, dreiteiligen Einheiten sowie einer Fassade mit Stützpfeilern und war zum Teil durch eine Mauer geschützt. Ein anderes Bauwerk, das als Vorratshaus der Gemeinde diente, hatte einen anderen Grundriß. Dreiteilige Ubaid-Gebäude kennt man auch aus Tepe Gaura und Telul al-Thalathat im Nordirak. Erst unlängst entdeckte man sie in Degirmentepe, einem Ausgrabungsort im Süden der Türkei, dessen Keramik mit Ubaid verwandt ist.

Die Ubaid-Häuser waren ziemlich geräumig, umfaßten etwa 200 Quadratmeter und beherbergten wahrscheinlich eine Großfamilie mit bis zu 20 Mitgliedern. Der dreiteilige Grundriß (beziehungsweise der dreifach dreiteilige Bauplan von Tell Abadeh und Cheit Quasim) muß in irgendeiner Form die Gesellschaftsordnung der Zeit widergespiegelt haben. Man hat angenommen, daß eine Seite des Hauses den Männern und die andere den Frauen vorbehalten war, und sie sich im zentralen Raum trafen, aber dies bleibt bloße Vermutung.

Gräber und Statuetten

In Eridu fand man einen Friedhof aus der Zeit der ältesten Tempel. Die fast 200 Gräber waren mit Lehmziegeln eingefaßt und abgedeckt. Die Toten wurden mit dem Kopf nach Nordwesten auf den Rücken gelegt. In manchen Fällen enthielt ein Grab zwei Skelette, vermutlich von Mann und Frau. In zwei Gräbern fand man auch Hundeskelette. Neben persönlichem Schmuck wurden häufig Krug, Tasse und Teller am Fußende des Grabes niedergelegt, manchmal fand man auch Fischgräten und Tierknochen. Dies deutet auf Vorstellungen von einem Leben nach dem Tod.

An der Schulter eines weiblichen Skeletts lag eine männliche Terrakotta-Statuette mit einem eidechsenähnlichen Kopf. Figürchen dieser Art, allerdings meist weibliche, entdeckte man in Eridu und Ur. Es handelt sich um Weiterentwicklungen des Samarra-Typs aus Fundstätten wie Choga Mami und Songor A. Die Anzahl und Qualität der Grabbeigaben differierte in den einzelnen Gräbern nicht wesentlich, was darauf hinweist, daß es im gesellschaftlichen Status der Bestatteten kaum einen Unterschied gab. Es ist allerdings denkbar, daß die herrschende Schicht an einem anderen Ort begraben wurde, wie dies bei den Kindern der Fall war, die in Tongefäßen unter den Böden der Häuser beigesetzt wurden.

Links: Weibliche Tonfigurine aus Ur gegen Ende der Ubaid-Zeit. Die Köpfe der Ubaid-Figurinen waren stilisiert wie die von Choga Mami und haben ein reptilienartiges Aussehen. Deshalb werden sie häufig als eidechsenköpfig bezeichnet; allerdings sollte wohl ein menschliches Wesen dargestellt werden und nicht eine Zusammensetzung aus Menschenkörper und Tierkopf wie bei den späteren ägyptischen Göttern. Auf die Schultern der etwa 15 cm hohen Figur sind Kugeln gesteckt, sie könnten als Verzierungen gedachte Narben darstellen. Andere Figuren weisen Bemalungen auf, die vielleicht Tätowierungen andeuten sollen.

Das Ende der Ubaid-Periode

Die bemalte Ubaid-Keramik verschwand allmählich und wurde durch graue und rote gebrannte Tonware ersetzt. Dies entspricht dem Ende der Ubaid- und dem Anfang der Uruk-Periode, doch läßt sich dieser Übergang nicht exakt datieren. Nach Radiokarbon-Untersuchungen fand er wahrscheinlich um 4300 v. Chr. statt. Die Ubaid-Kultur hatte sich rund 1500 Jahre gehalten und ihr Einfluß reichte vom Mittelmeer bis zum Persischen Golf und sogar bis ins iranische Hochland. Eine Kultur, die so lange dominierte und sich so weit ausbreitete, konnte natürlich nicht uniform sein, sondern entwickelte verschiedene regionale Stilarten und war im Laufe der Zeit Veränderungen unterworfen. Obgleich es schwierig ist, einen keramischen Stil einer homogenen ethnischen Gruppe zuzuweisen, deuten weitere Eigenheiten der materiellen Kultur wie der Gebrauch von Werkzeugen aus gebranntem Ton oder die dreigeteilte Architektur der Ubaid-Periode darauf hin, daß eine gemeinsame Kulturtradition bestanden hat.

ZWEITER TEIL
STÄDTE

DIE URBANE EXPLOSION

(4000 – 3000 v. CHR.)

Der Ursprung der Städte

Im vierten Jahrtausend v.Chr. kam es in Südmesopotamien zu bemerkenswerten Veränderungen. Sie übertrafen alle Erwartungen, die möglicherweise durch die Entwicklungen in der Ubaid-Periode geweckt worden waren. Diese Neuerungen, die sich in der Uruk- und der Djemdet-Nasr-Periode ereigneten, sind unter dem Namen urbane Revolution bekannt geworden. Wie die Entstehung der Landwirtschaft bedeutete die Urbanisierung in der Entwicklung der Menschheit einen wesentlichen Schritt nach vorn. Ganz offensichtlich trugen zu diesem Prozeß die Entstehung der Städte und der Übergang zu einer Gesellschaft bei, in der eine große Anzahl von Menschen auf engem Raum lebte, wobei viele ihren Lebensunterhalt nicht mit der Landwirtschaft verdienten.

Nach Ansicht des Archäologen Gordon Childe (1892 bis 1957) war dies jedoch nur eines der charakteristischen Merkmale, die die urbane Revolution ausmachten. Dazu gehörte auch die Ablösung einer Gesellschaft, die politisch nach territorialen Prinzipien organisiert war, durch eine, die auf verwandtschaftlichen Bindungen beruhte. Darüber hinaus wurde diese Gesellschaft in Klassen aufgeteilt und von einer religiösen, militärischen und politischen Elite regiert, die durch die Erhebung von Tributen und Steuern Reichtum ansammelte und monumentale öffentliche Gebäude errichtete. Ein weiteres Kennzeichen der Stadtentwicklung war die Herausbildung von professionellen Handwerkern, die ihrerseits das Wachstum des Fernhandels förderten. Die Erfindung des Schreibens, die Entstehung der exakten und theoretischen Naturwissenschaften und die Entwicklung einer gegenständlichen Kunst stellten ebenfalls einen wesentlichen Teil der urbanen Revolution dar. In der Tat waren alle diese Charakteristika in den Städten des späten vierten Jahrtausends in Südmesopotamien graduell unterschiedlich gegeben.

Selbstverständlich konnten sich einige dieser Veränderungen bereits auf andere stützen. Beispielsweise belegte die Errichtung von öffentlichen Gebäuden die Existenz einer Gesellschaft, in der es eine zentrale Autorität gab, die über genügend Ressourcen verfügte, um die Arbeit ausführen zu lassen. Die Grundlage der urbanen Revolution war nicht so sehr die Bildung von Städten, sondern eine Veränderung gesellschaftlicher Natur, die zur Bildung größerer politischer und ökonomischer Gruppen innerhalb der Bevölkerung führte. Aus diesem Grund sprechen einige Archäologen mehr von »Staatenbildung« als vom »Wachsen der Städte«. Dieser Standpunkt unterstreicht die wechselseitige Abhängigkeit zwischen Städten und Dörfern, die die ökonomische Basis für das Überleben der Städte schufen.

Siedlungen in Südmesopotamien

Die Bedeutung von Südmesopotamien für die Entwicklung des städtischen Lebens ist allgemein anerkannt, obgleich einige ältere Siedlungen außerhalb Mesopotamiens, wie Jericho und Chatal Hüyük, ebenfalls gewisse städtische Merkmale aufzuweisen hatten. Der endgültige Übergang vom Dorf zur Stadt fand in der frühen und der mittleren Uruk-Periode statt. Radiokarbondatierungen lassen den Schluß zu, daß diese Zeitspanne wahrscheinlich 700 bis 1000 Jahre dauerte, etwa von 4300 – 3450 v. Chr. Leider liegen aus dieser Epoche nur wenige archäologische Zeugnisse vor. Einige Informationen geben archäologische Untersuchungen, in deren Verlauf Fundstätten, die während einer bestimmten Periode besiedelt waren, anhand von Keramikbruchstücken identifiziert und Siedlungsmuster rekonstruiert wurden. Bei der Deutung der Untersuchungsergebnisse haben sich jedoch Probleme ergeben. So liegen Fundstellen wie Hajji Muhammad unter Schwemmsand begraben, und an Orten mit langer Siedlungskontinuität sind die älteren Zeiträume durch Tonscherben, die an der Oberfläche gefunden wurden, häufig weniger gut dokumentiert.

An anderen Fundstätten fehlen die jüngeren Schichten. In Choga Mami war das einzige Zeugnis für eine Besiedlung in der Halaf-Periode ein Brunnenschacht, der Halaf-Keramiken enthielt. Darüber hinaus können viele an der Oberfläche einer Fundstelle entdeckte Scherben nicht zuverlässig datiert werden, da die zeitliche Abfolge der einzelnen Keramikarten noch nicht zweifelsfrei feststeht. Auch sind einige Perioden durch ihre Tonscherben besser einzuordnen als andere. Die späten Uruk-Fundstätten mit ihren zahlreichen Schrägrandschalen können leicht identifiziert werden. Fundstellen der unmittelbar anschließenden Djemdet-Nasr-Periode dagegen sind schwerer zu erkennen. Orte, die einer einzigen Periode zuzurechnen

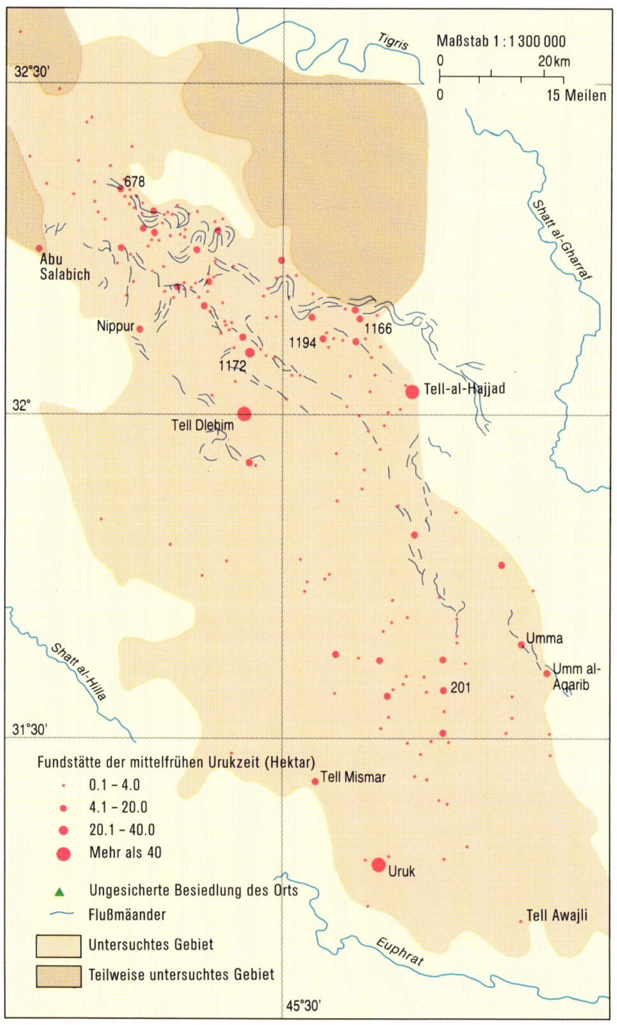

Frühe städtische Siedlungsmuster in Südmesopotamien
Die Gebiete nördlich und östlich von Nippur, wo die Flüsse, die durch die Schwemmlandebene strömten, ihre Mäanderspuren hinterlassen haben, waren von der frühen bis zur mittleren Uruk-Periode zu Beginn des 4. Jahrtausends v. Chr. dicht besiedelt. In der späten Uruk-Zeit wurden viele dieser nördlich gelegenen Orte aufgegeben und neue Siedlungen weiter südlich in der Nachbarschaft von Uruk gegründet. Die Fläche der Stadt Uruk hatte sich mehr als verdoppelt. Diese Bevölkerungsverschiebung von Nord nach Süd setzte sich in der Djemdet-Nasr-Epoche am Ende des 4. Jahrtausends v. Chr. fort.
Diese Karten entstanden mit Hilfe der Zeugnisse von archäologischen Oberflächenuntersuchungen des Amerikaners Robert Adams. Er suchte alle archäologischen Fundstätten der Region auf und sammelte Bruchstücke von Töpferwaren, an Hand derer er die Besiedlungszeiten bestimmen konnte. Die Lage der Keramikscherben bezeichnet den Oberflächenbereich einer bestimmten Periode. So zeichnete Adams Größe und Streuung der Standorte von der Ubaid-Zeit bis heute auf und lieferte damit das Siedlungsmuster von Jahrtausenden.

sind, werden auf Landkarten häufig so eingetragen, als ob sie zur gleichen Zeit besiedelt gewesen wären, was keineswegs immer der Fall sein muß. Dies hat Probleme bei der Identifizierung kleinerer Siedlungen aufgeworfen, die ihren Standort öfter gewechselt haben könnten als größere Ortschaften und Städte. Trotz dieser Schwierigkeiten ist es möglich, sich ein allgemeines Bild von den Änderungen der Siedlungsstrukturen im Laufe der Zeit zu verschaffen. Während der späten Ubaid-Periode waren die untersuchten Fundstätten klein (nur wenige Niederlassungen umfaßten mehr als 10 Hektar) und sie waren relativ gleichmäßig verteilt. Große Gebiete der Überschwemmungsebene kannten offenbar keine ständige Besiedlung, wenngleich nomadische Hirten oder Jäger sie möglicherweise genutzt haben. Vermutlich dienten einige der größeren Ubaid-Standorte als lokale Zentren für die umliegenden Gebiete und fungierten dabei als Marktplätze, Pilgerziele und dergleichen mehr.

Die Uruk-Periode

In der frühen und mittleren Uruk-Periode nahmen Anzahl und Größe der Siedlungen rasch zu. Der nördliche Teil der Region nahe Nippur, wo noch die Mäander eines alten Flußlaufs zu sehen sind, war besonders dicht bevölkert. Dieser alte Flußlauf hatte etwa dieselben Ausmaße wie der moderne Euphrat. Es scheint, daß sich in den frühen und mittleren Uruk-Phasen Tigris und Euphrat weiter stromaufwärts vereinigt haben und dann in etlichen Stromarmen durch die Schwemmlandebene geflossen sind. Die Fundstätte von Uruk bedeckt ein Gebiet von etwa 70 Hektar, während der Norden zwei Standorte mit je 50 Hektar sowie zwei weitere mit je 30 Hektar besaß. Es ist unklar, ob dieses Siedlungsmuster die Zuwanderung von Menschen oder das natürliche Wachstum der lokalen Bevölkerung während dieser Periode ausdrückt.

Im späten Uruk-Zeitraum änderte sich die Struktur. Im Norden nahmen die Siedlungen ab, während ihre Zahl im Süden anwuchs. Die Entwicklung mag auf eine Änderung der Flußverläufe zwischen der mittleren und der späten Uruk-Periode zurückzuführen sein. Das gesamte, in der späten Uruk-Phase besiedelte Territorium war nur geringfügig größer als das der älteren Zeit. In der früheren Periode lagen 60 Prozent des Siedlungsgebiets in der Region von Nippur, in der späten Uruk-Phase dagegen 60 Prozent in der Gegend um Uruk. Uruk wuchs und wurde mit einer Größe von etwa 100 Hektar fast doppelt so groß wie alle anderen Orte.

In den anschließenden Perioden Djemdet Nasr und Frühdynastisch I setzte sich diese Entwicklung fort. Während des Zeitraums Frühdynastisch I hatte sich die Region Uruk über 850 Hektar ausgebreitet – mehr als das Doppelte der Fläche, die in der späten Uruk-Zeit besiedelt gewesen war. Davon nahm Uruk selbst fast die Hälfte ein. Gleichzeitig entwickelten sich andere große Zentren und die Anzahl der kleinen Dörfer ging rapide zurück. In der frühdynastischen Periode waren die Siedlungen in Reihen angelegt worden wie Perlen auf einer Schnur. Sie verdrängten damit die frühere, eher planlose Anordnung. Die Reihensiedlungen werden zum Teil auf die zunehmende Benutzung von Überlandkanälen zurückzuführen sein.

Aufgrund von Schätzungen der Bevölkerungszahl und der Landerträge wurde errechnet, daß das Agrarland, das während der Uruk-Periode nötig war, um die Einwohner von Uruk zu ernähren, etwa sechs Kilometer im Umkreis umfaßte. Die Bauern, die dieses Land bebauten, werden

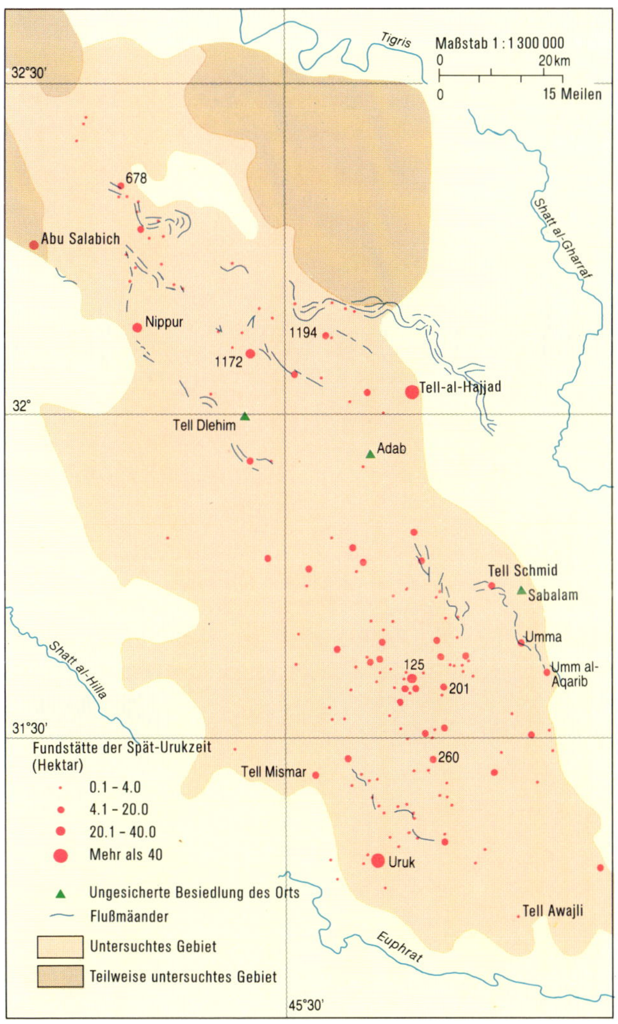

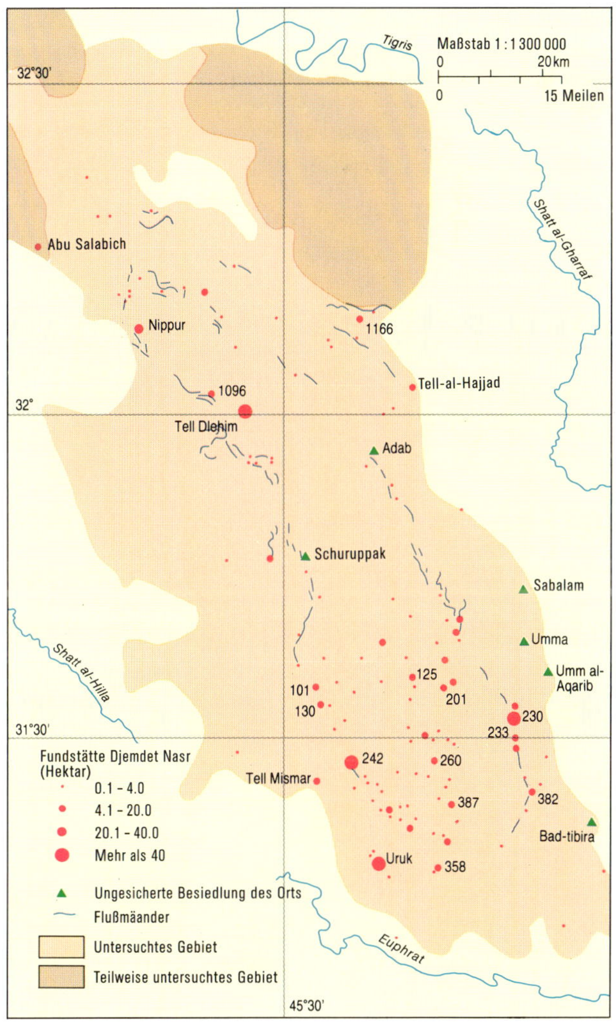

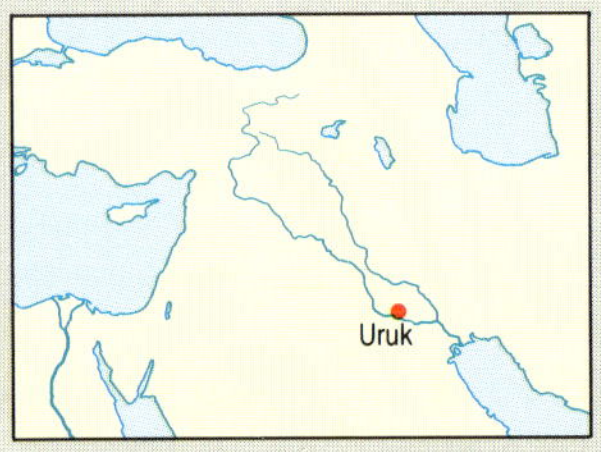

Uruk

Unten: Die Zikkurrat des Tempels von Inanna ließ Ur-Nammu (2112–2095 v. Chr.) erbauen. Sie besaß ursprünglich eine dreiteilige Treppenrampe und war etwa 55 Meter breit. Die erhaltenen Überreste bestehen aus Lehmziegeln. Die Lagen aus Schilf und Matten zwischen den Ziegelschichten sind noch zu erkennen.

Das antike Uruk (heute Warka) war 5000 Jahre lang, von der frühen Ubaid-Zeit bis ins dritte Jahrhundert n. Chr., besiedelt. Im vierten Jahrtausend v. Chr. war Uruk die wichtigste Stadt Mesopotamiens, zu der zwei große Kultzentren gehörten: Kullaba mit dem Tempel von Anu, dem Himmelsgott, und Eanna, wo die Göttin Inanna, später als Ischtar bekannt, verehrt wurde. In Eanna fand man auch die ältesten Zeugnisse der Schrift. In der frühdynastischen Zeit I bedeckte die Stadt Uruk eine Fläche von 400 Hektar. Sie war umgeben von einer Stadtmauer, die nach späteren Quellen Gilgamesch, Uruks legendärer König, errichtet hatte. Uruk blieb ein bedeutendes Kultzentrum, dessen Sakralbauten von zahlreichen späteren Herrschern Mesopotamiens instand gehalten und mit großem Aufwand prachtvoll ausgeschmückt worden sind.

Uruks Stadtmauer hatte eine Länge von etwa 9,5 Kilometern. Das Gilgamesch-Epos berichtet, daß ein Drittel der Stadt aus Tempeln bestand, ein Drittel aus Häusern und ein Drittel aus Gärten. Die Ausgrabungen konzentrierten sich auf den Tempelbereich, der das Stadtzentrum einnahm. Die Tempel wurden in den seleukidischen und parthischen Perioden (312 v. Chr. bis 224 n. Chr.) umfassend erneuert, so auch die Anlage eines *akitu*-Tempels zur Feier des Neujahrsfestes im Nordosten der Stadt.

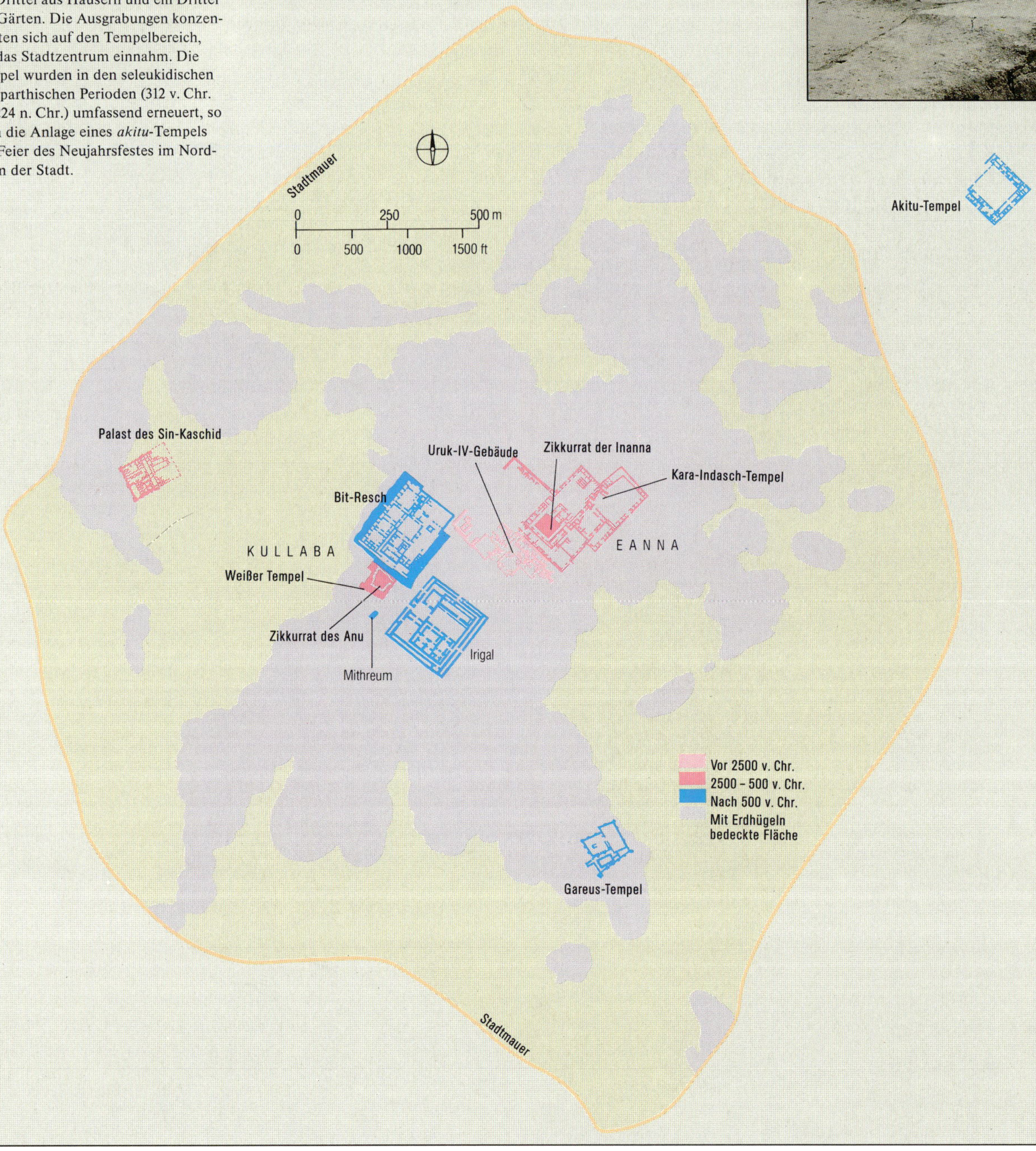

Oben: Die lebensgroße Kalksteinmaske (3000 v. Chr.) aus einer Grube bildet das Gesicht einer Frau mit Perücke sowie eingelegten Augen und Augenbrauen ab. Zusammengewachsene Augenbrauen gelten heute noch im Nahen Osten als Schönheitsideal. Die Maske gehörte vermutlich zur Statue der Göttin Inanna.

Mitte rechts: Diese Statuette eines Herrschers aus dem späten vierten Jahrtausend v. Chr. wurde mit verblüffendem handwerklichen Geschick geformt. Obgleich sie idealisiert ist, stellt sie eine besondere Person dar. Spätere Statuen von Anbetenden in den Tempeln strecken ihre Hände vor. Die geballte Faust könnte eine frühe Form dieser Geste sein.

Rechts und oben: Die Warka-Vase gehört zu einem Paar, das mit dem Tempelschatz der Schicht III von Uruk (3000 v. Chr.) gefunden wurde, doch dürfte sie schon früher entstanden sein. Die Vase schmücken Szenen, bei denen der Göttin Inanna Opfergaben dargebracht werden. Der Herrscher und die Göttin sind in der obersten Reihe abgebildet.

in Uruk selbst gelebt haben. Sie brauchten dann etwa eine Stunde, um auf ihre Felder zu gelangen, so wie die Bauern im heutigen Nahen Osten. In der Djemdet-Nasr-Periode dehnte sich das benötigte Land auf etwa 16 Kilometer im Umkreis aus. Damals und sicherlich schon vorher kamen viele der in Uruk konsumierten Produkte von außerhalb, wurden vielleicht als Steuern oder Tribute erhoben oder gegen in der Stadt hergestellte Ware eingetauscht.

Der moderne Name von Uruk lautet Warka, in der Bibel wird es als Erech geführt. In der sumerischen Zeit hieß es Unu, wir werden es durchgehend als Uruk bezeichnen. Den außergewöhnlichen Charakter der Fundstätte von Uruk, der durch Vermessungen erkennbar wurde, haben Ausgrabungen bestätigt. Zwei verschiedene Flächen, die zu älteren Perioden gehören, wurden erforscht; eine nahe dem Eanna-Tempel von Inanna, dem sumerischen Pendant der Göttin Ischtar, der Göttin der Liebe und des Kriegs, und die andere über 400 Meter weiter westlich, beim Tempel von An (oder Anu), dem Gott des Himmels.

Uruk: Der Eanna-Tempelkomplex

Im Bezirk des Eanna-Tempels wurden Überreste von Gebäuden der späten Uruk-Periode ausgegraben. Doch haben sich nur die Fundamente der ursprünglichen Bauwerke erhalten, denn sie wurden abgerissen und eingeebnet. Das Hauptgebäude aus der ältesten Phase (Schicht V) war ein Kalksteintempel, der die nächsten beiden Schichten überdauerte. Die Steinfundamente liegen auf gestampfter Erde und hatten ursprünglich eine Länge von 76 Metern bei einer Breite von 30 Metern. Ob es sich tatsächlich um einen Tempel handelt, ist nicht sicher, doch die Gliederung durch Nischen und Pfeiler, der regelmäßige dreiteilige Grundriß und die Lage in einem heiligen Bezirk machen die Vermutung plausibel.

Die anschließende Periode (Schicht IVb) zeigt zwei von Mauern umschlossene separate Komplexe, den größeren im Südosten, einen kleineren im Nordwesten. Im südöstlichen Bezirk erreichte man die Gebäude über eine Doppeltreppe. Sie war etwa 1,70 Meter hoch und trug oben zwei Säulenreihen (jede 2,60 Meter dick). Die Mauern und Säulen waren aus kleinen, viergeteilten Ziegeln (sogenannten *Riemchen*-Ziegeln, wie die deutschen Archäologen, die die Ausgrabung vornahmen, sie bezeichneten) erbaut. Sie sind charakteristisch für die späte Uruk-Architektur. Sie wurden mit einer dicken Lage von Lehmputz überzogen, in die Tausende von kleinen gebrannten Tonstiften mit roten, weißen und gelben Köpfen in vielfältigen Mustern – Zickzack, Rauten, Dreiecke und Diagonalbänder – eingesetzt waren, wie man sie auf gewebten Matten findet. Dieses Bauwerk wurde Mosaikhof oder Säulentempel genannt; es handelt sich dabei aber wahrscheinlich nicht um einen Tempel, sondern um einen monumentalen Eingang zu dem übrigen Sakralbezirk. Dahinter lagen mehrere rechteckige, dreiteilige Gebäude, stellenweise mit zentralen Räumen in Kreuzform und durch Nischen und Pfeiler gegliedert. Sie wurden als Tempel identifiziert. Die drei Bauwerke im Nordwesten haben große Ähnlichkeit mit Häusern der gleichen Periode, die in Syrien gefunden wurden; möglicherweise sind sie keine Residenzen der Götter, sondern Sitze ihrer Beamten.

Im Südwesten lag ein viereckiges Gebäude, dessen vier große, rechteckigen Hallen sich um einen Hof gruppierten. Die Hofmauern und die Außenfassade wiesen kunstreich mit Nischen versehenes Ziegelwerk auf. Ein viereckiger Raum mit einem großen, tiefer gelegenen Becken befand sich in der Nordecke. Wir haben keinen typisch mesopotamischen Tempel vor uns, seine Funktion ist unklar. Doch handelt es sich mit Sicherheit um ein bedeutendes öffentliches Zeremonialgebäude.

Am Westende des Eanna-Komplexes lag eine separate Fläche, auf der der Stiftmosaik-Tempel gestanden hatte. Er war von einer Mauer mit Pfeilern auf beiden Seiten umgeben und mit Stiftmosaiken dekoriert, die aus roten, schwarzen und weißen in Gips gesteckten Steinen bestanden. Nur die Kalksteinfundamente des Tempels, der offensichtlich dem Plan der anderen Tempel entsprach, haben sich erhalten, doch fanden die Archäologen Spuren von weiteren fünf Gebäuden, die sie als frühere Versionen dieses Tempels interpretieren.

In der nächsten Phase des Eanna-Komplexes (Schicht IVa) änderte sich der Flächenplan. Die älteren Fundamente wurden von neueren Gebäuden überbaut oder in diese integriert. Dieser Wandel vollzog sich in einem längeren Zeitraum, so daß Bauwerke der früheren Zeit gleichzeitig neben denen der späteren Phase standen. In beiden Schichten sind die Überreste nur bruchstückhaft erhalten, doch eine Rekonstruktion des Bauplans zeigt, daß der Bereich wieder einmal zweigeteilt war. Das größte Gebäude, der Tempel D, wurde auf eine Terrasse gesetzt, indem man den Hof und den Säuleneingang der früheren Phase auffüllte. Der Tempel maß etwa 80 mal 50 Meter. Wenn die kreuzförmige Halle überdacht war (was wahrscheinlich ist, denn sie ist nach demselben Plan errichtet wie andere Tempel), dann mußten die Balken länger als zehn Meter gewesen sein. Man hat sie wahrscheinlich vom Amanusgebirge über Land zum Euphrat gebracht und dann flußabwärts geflößt. In den späteren sumerischen Legenden gibt es Geschichten über Gilgamesch und andere, die Expeditionen zum Zedern-Berg unternahmen; dies könnte schon in der Uruk-Periode eingesetzt haben.

Nordwestlich dieses Tempels stand der besser erhaltene Tempel C. (Seine eindeutig dreiteilige Anlage mit kreuzförmiger Halle diente als Grundlage für die Rekonstruktion der Baupläne anderer Tempel.) Er maß 54 mal 22 Meter. Ein zweiter, kleinerer dreiteiliger Komplex an der Nordwestecke hatte die gleichen Ausmaße wie die umfangreichsten Ubaid-Tempel in Eridu und viele der späten Uruk-Tempel. In die gleiche Zeit wie diese beiden Tempel ist die Säulenhalle zu datieren. Auch sie verfügt über Mosaikverzierungen aus Steinstiften und ein annähernd rechteckiges Areal von beinahe 50 Quadratmetern mit Bänken ringsum. Man nimmt an, daß es sich um eine abgesunkene Plaza handelt.

Im separaten Nordwest-Komplex ersetzte das *Riemchengebäude* (Bauten aus *Riemchen*-Ziegeln) den älteren Tempel mit den aus Steinstiften zusammengesetzten Mosaiken. Das *Riemchengebäude* bestand aus einem inneren, von einem Gang umgebenen Raum und einem zweiten Raum an der Nordostseite. Der den Zentralraum umfassende Korridor war mit aufgestapelten Keramikflaschen angefüllt, der nordöstliche Gang enthielt die Fragmente einer Statue. Sie war lebensgroß und stellte eine Gottheit dar. Im mittleren Raum fanden sich große Mengen von angesengten Tierknochen. Im gesamten Bereich wurden Brandspuren festgestellt. Die Überreste deuten darauf hin, daß hier irgendein Ritual stattgefunden hat. Es kann zum Beispiel der Bestattungsplatz des Herrschers oder Hohenpriesters gewesen sein; Sicheres läßt sich jedoch nicht darüber aussagen.

Umfangreiche Brandspuren aus der letzten Phase des Eanna-Komplexes weisen auf das Verbrennen von Opfergaben hin. Die Überreste der Schicht III, die zur Djemdet-Nasr-Periode gehören, sind nur fragmentarisch erhalten. Das Kernstück ist eine erhöhte Terrasse, etwa 2 Meter hoch, die in der folgenden frühdynastischen Epoche weiterhin Verwendung fand. Ein Raum barg einen Schatz wertvoller Gegenstände; einige davon werden wir später beschreiben.

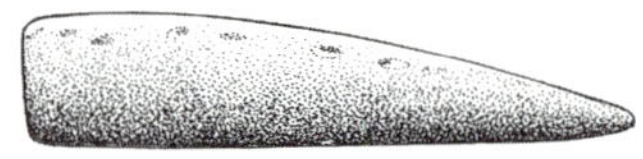

Links und oben: Gemälde einer rekonstruierten Säule vom Eingang zur Schicht IVb im Eanna-Bezirk von Uruk. Die Köpfe hunderter gebrannter, etwa 10 cm langer Tonstifte wurden zu der geometrischen Mosaikverzierung zusammengesetzt. Diese Art der Dekoration, bei der entweder Ton- oder farbige Steinstifte in Mörtel gesteckt wurden, ist typisch für die späte Uruk-Zeit.

Uruk: Der Anu-Tempel

Knapp 500 Meter westlich des Eanna-Heiligtums befand sich der Bezirk des Anu-Tempels. Hier wurden einige Tempel auf Terrassen ausgegraben, die große Ähnlichkeit mit denen von Eridu haben. Die frühesten gehen auf die Ubaid-Periode zurück, die spätesten gehören wahrscheinlich der Djemdet-Nasr-Zeit an. Von diesen war der Weiße Tempel am besten erhalten. Er bekam diesen Namen, weil seine Mauern mit einer dünnen Gipsschicht geweißt waren. Sein Umfang betrug 17,5 mal 22,3 Meter (beinahe dieselben Ausmaße wie der Vorderteil des nordwestlichen Tempels im Eanna-Komplex), auch er war als dreiteilige Anlage errichtet. Nischen gliederten die Wände, und das Innere der Pfeiler, in denen ursprünglich Stangen gesteckt hatten, war ausgehöhlt. In der Ostecke hatte man im untersten Abschnitt der Wand Platz ausgespart und einen Leoparden und vermutlich einen jungen Löwen eingemauert. Es mag dies ein frühes Beispiel eines Fundamentdepots sein, das in späteren Perioden üblicherweise Aufzeichnungen enthielt, die den Tempel und seinen Baumeister nannten.

Der Weiße Tempel besaß einen Opfertisch und einen Altar, die typische Ausstattung eines mesopotamischen Tempels. Allerdings erfüllte der Altar in diesem Fall wohl nur eine Nebenfunktion, denn er blockierte einen Eingang der rückwärtigen Wand. Der Tempel wurde auf einem hohen Sockel mit steil abfallender Front errichtet. Mit 13 Metern lag diese Hochterrasse erheblich höher als die der Ubaid-Tempel in Eridu. Der Weiße Tempel war ein früher Vorläufer der Zikkurrats, die in den folgenden drei Jahrtausenden die Silhouette der mesopotamischen Städte prägten.

Andere südliche Uruk-Fundstätten

Auch sonst gibt es im südlichen Mesopotamien umfangreiche Spuren der späten Uruk-Periode, doch waren sie meist tief unter den Überresten späterer Zeitalter begraben. An den wenigen Fundstätten, an denen Gebäude entdeckt wurden, traf man, wie in Uruk, meist auf religiöse Architektur. In Eridu wurde die Tempel-Plattform, auf der die lange Tempelreihe der Ubaid-Periode stand, vergrö-

Oben rechts: Die Innenwände des Tempels von Tell Uqair aus der späten Uruk-Periode zieren Malereien mit geometrischen Mustern, ähnlich denen der Stiftmosaike, andere zeigen Tiere. Die Art des abgebildeten Leoparden lebt heute noch in den iranischen Bergen. Höhe etwa 90 cm.

Rechts: Plan der früheren (IVb) und späteren (IVa) Schichten des Eanna-Bereichs in Uruk aus der späten Uruk-Zeit. Die Größe, Vielfalt und Komplexität der Architektur zeigt, daß die Gebäude sorgfältig entworfen wurden. Sie dienten gleichermaßen religiösen Zeremonien und der Demonstration von Reichtum und Macht der Bauherren.

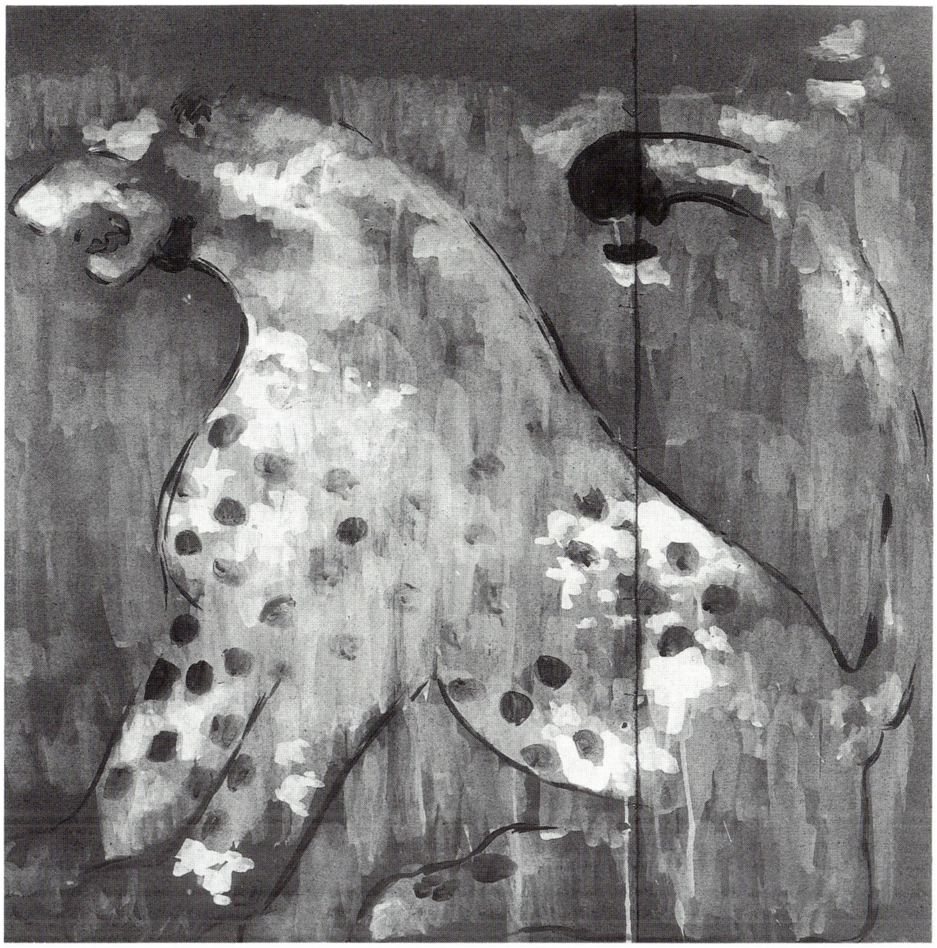

ßert und mit Säulen geschmückt. Weiter im Norden, in Tell Uqair, war ein Tempel der späten Uruk-Zeit auf einer hohen Plattform errichtet worden, der über Stufen zugänglich war. Den Rand des zweistufigen Unterbaus verzierten Mosaikstifte. Die oberste Stufe war mit Bitumen gedeckt, man hatte die Tempelmauern direkt darauf gebaut. Nur die Hälfte der Tempelgebäude hatte sich erhalten, diese aber ließen erkennen, daß sie, wie der Weiße Tempel in Uruk, als dreiteilige Anlage mit einem Altar und einem Opfertisch errichtet worden waren. Die Wände bedeckten Malereien, die - ausnahmsweise - erhalten waren, weil man das Gebäude mit Lehmziegeln auffüllte, um es als Plattform für einen späteren Bau zu verwenden. Die Gemälde bestanden aus geometrischen und bildhaften Darstellungen. Zur Altardekoration gehörten die Figuren eines Leoparden, eines Stiers und vermutlich eines Löwen - was an die Bestattung eines Leoparden und eines Löwen im Weißen Tempel von Uruk erinnert.

Kolonien und Handel

In der späten Uruk-Periode reichte der Einfluß Südmesopotamiens bis zum Mittelmeer und dem iranischen Hochland. Keramiken und andere Gegenstände südmesopotamischer Stilarten wurden in weit entfernten Regionen gefunden, was Anlaß zu Spekulationen gab, wie sie dahin gekommen waren. Einige Siedlungen im Südwesten des Irans und in Mesopotamien an den Ufern von Euphrat und Tigris weisen so viele gemeinsame Merkmale auf, daß sie vermutlich in direktem Kontakt mit dem mesopotamischen Tiefland gestanden hatten und sogar Kolonien gewesen sein dürften. In anderen Fällen könnten durch den Handel Verbindungen geknüpft worden sein oder über

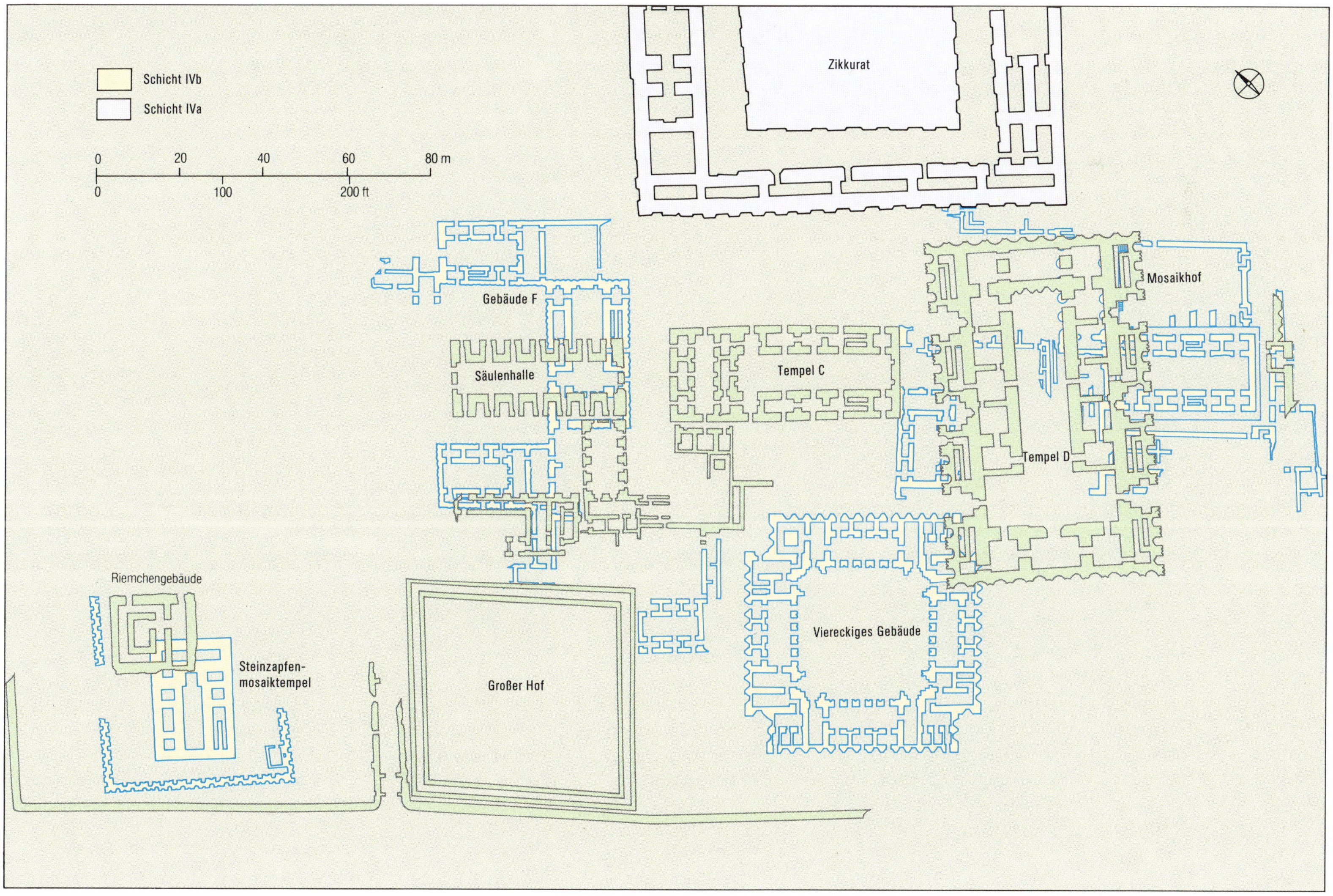

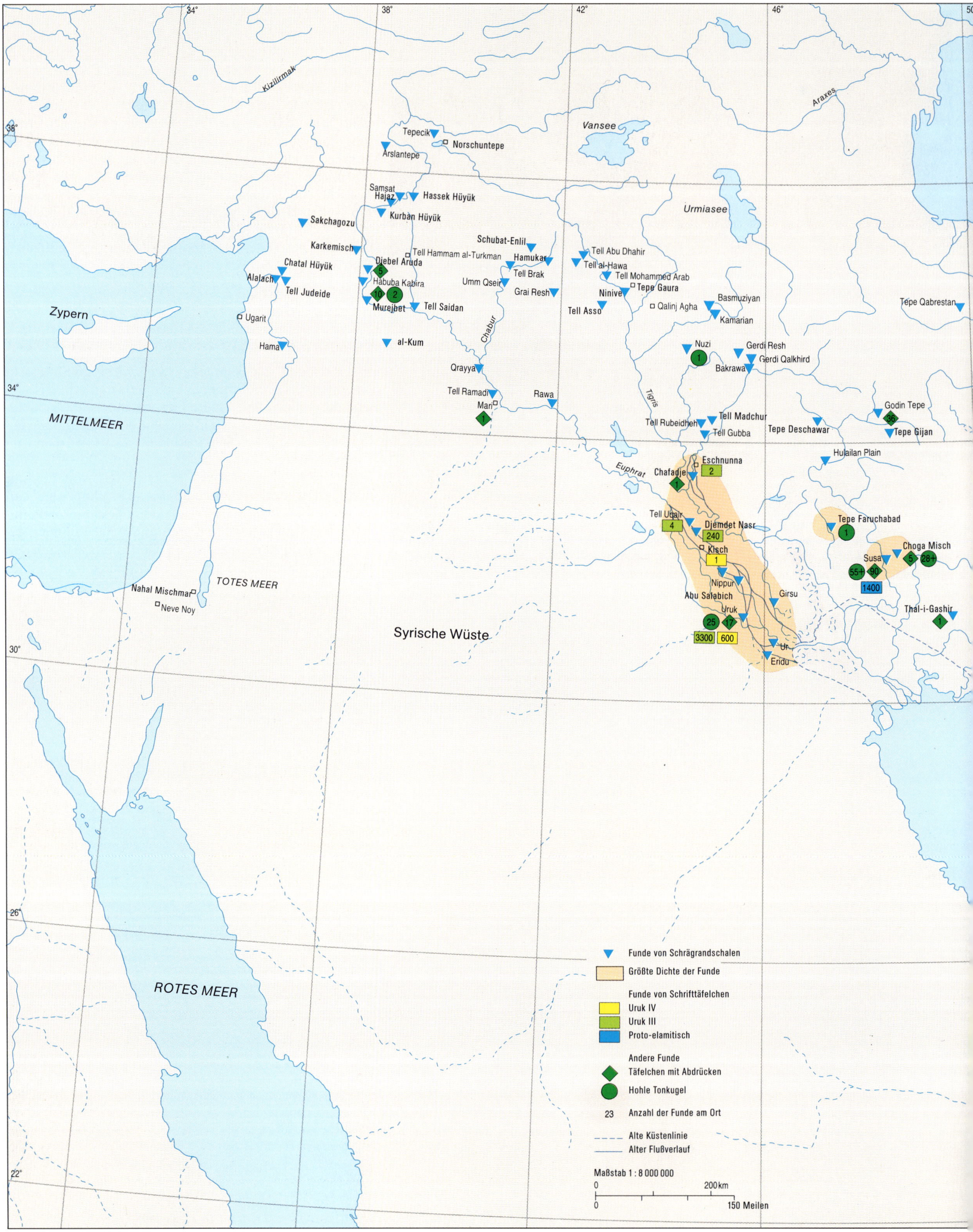
34°
38°
42°
46°
50°
38°
34°
30°
26°
22°
Kizilirmak
Araxes
Vansee
Urmiasee
Tepecik
Norschuntepe
Arslantepe
Samsat
Hajaz
Hassek Hüyük
Kurban Hüyük
Sakchagozu
Karkemisch
Schubat-Enlil
Tell Hammam al-Turkman
Djebel Aruda
Hamukar
Tell Abu Dhahir
Tell al-Hawa
Chatal Hüyük
Alalach
Tell Judeide
Habuba Kabira
Umm Qseir
Tell Brak
Tell Mohammed Arab
Tepe Gaura
Ninive
Grai Resh
Murejbet
Tell Saidan
Tell Asso
Qalinj Agha
Basmuziyan
Kamarian
Zypern
Ugarit
Hama
al-Kum
Chabur
Qrayya
Nuzi
Gerdi Resh
Gerdi Qalkhird
Bakrawa
Tepe Qabrestan
Tell Ramadi
Mari
Rawa
Tigris
Tell Madchur
Tell Rubeidheh
Tell Gubba
Tepe Deschawar
Godin Tepe
Tepe Gijan
MITTELMEER
Euphrat
Eschnunna
Chafadje
Hulailan Plain
Tell Uqair
Djemdet Nasr
Tepe Faruchabad
Choga Misch
Kisch
Susa
Nippur
Abu Salabich
Girsu
Thal-i-Gashir
Uruk
Ur
Eridu
Nahal Mischmar
Neve Noy
TOTES MEER
Syrische Wüste
ROTES MEER
Funde von Schrägrandschalen
Größte Dichte der Funde
Funde von Schrifttäfelchen
Uruk IV
Uruk III
Proto-elamitisch
Andere Funde
Täfelchen mit Abdrücken
Hohle Tonkugel
23 Anzahl der Funde am Ort
Alte Küstenlinie
Alter Flußverlauf
Maßstab 1 : 8 000 000
0
200 km
0
150 Meilen

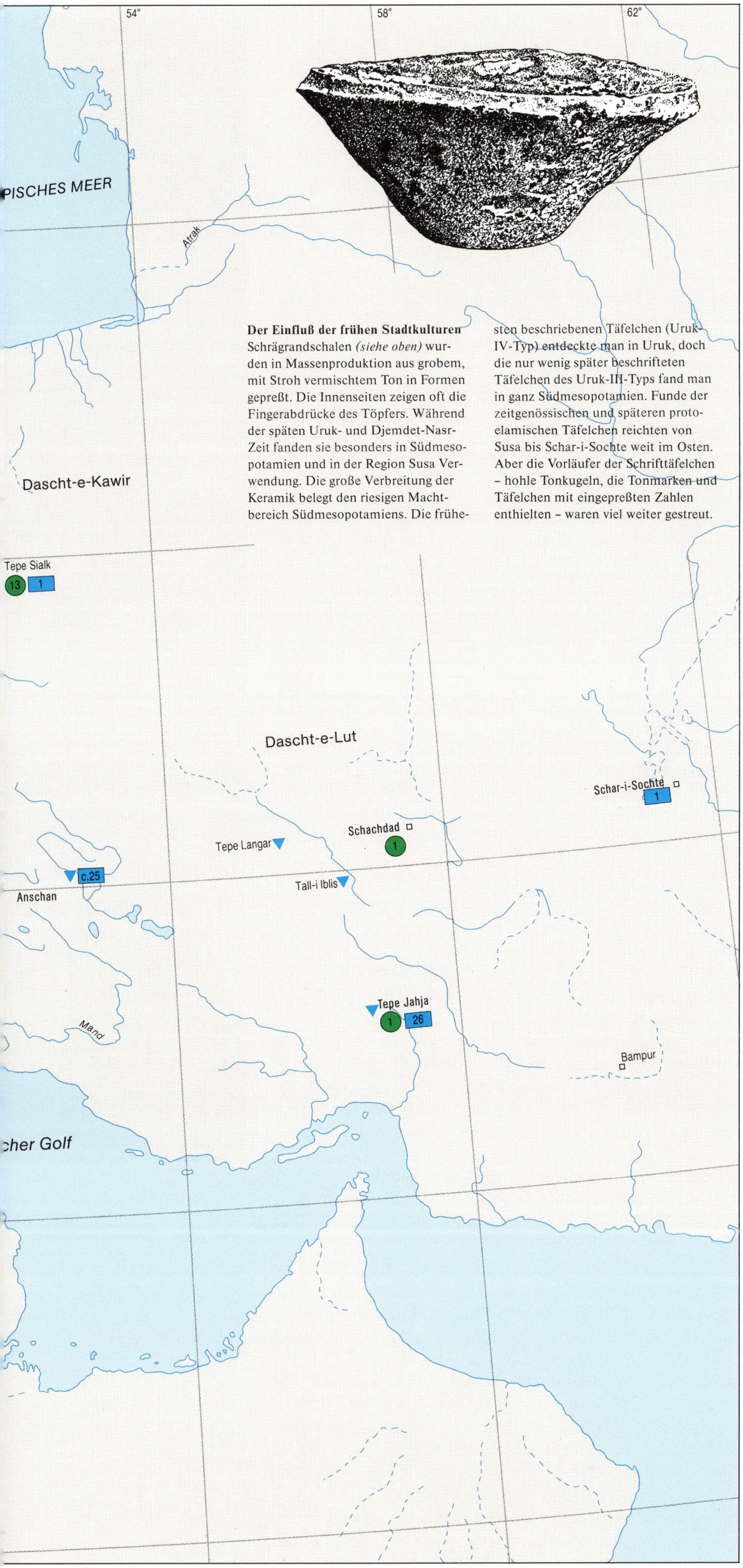

Der Einfluß der frühen Stadtkulturen Schrägrandschalen *(siehe oben)* wurden in Massenproduktion aus grobem, mit Stroh vermischtem Ton in Formen gepreßt. Die Innenseiten zeigen oft die Fingerabdrücke des Töpfers. Während der späten Uruk- und Djemdet-Nasr-Zeit fanden sie besonders in Südmesopotamien und in der Region Susa Verwendung. Die große Verbreitung der Keramik belegt den riesigen Machtbereich Südmesopotamiens. Die frühesten beschriebenen Täfelchen (Uruk-IV-Typ) entdeckte man in Uruk, doch die nur wenig später beschrifteten Täfelchen des Uruk-III-Typs fand man in ganz Südmesopotamien. Funde der zeitgenössischen und späteren proto-elamischen Täfelchen reichten von Susa bis Schar-i-Sochte weit im Osten. Aber die Vorläufer der Schrifttäfelchen – hohle Tonkugeln, die Tonmarken und Täfelchen mit eingepreßten Zahlen enthielten – waren viel weiter gestreut.

die lokale Bevölkerung, die die Stilrichtungen ihrer wohlhabenden Nachbarn imitierten. Wir wissen nicht, in welchem Umfang die Herrscher von Uruk politische Macht ausübten, doch ihre Gründe, weit entfernte Außenposten der Uruk-Kultur zu errichten, dürften im Bestreben nach der Kontrolle über Ressourcen wie Bauholz, Metall und Edelsteine zu suchen sein.

Susa und Iran

Die Schwemmlandebene im Südwesten Irans wurde nach der Stadt Susa Susiana genannt. Gegen Ende der Ubaid-Periode gegründet, wurde Susa die Hauptstadt mehrerer aufeinander folgender Königreiche und war im 4. Jahrhundert v. Chr., zur Zeit Alexanders des Großen, die Verwaltungszentrale Persiens. Susianas Geschichte hatte einen ähnlichen Verlauf wie die mesopotamische; in vielerlei Hinsicht war Susiana eine Erweiterung des mesopotamischen Tieflands. In der späten Ubaid-Zeit wurde die Fundstätte Choga Mish zu einem regionalen Zentrum, das sich über etwa 15 Hektar ausbreitete. Später, in der Susa-I (beziehungsweise Susa A)-Periode, erreichte Susa dieselbe Größe.

Ausgrabungen in Susa brachten die Überreste einer großen Plattform aus Lehmziegeln zum Vorschein. Sie maß mindestens 80 mal 65 Meter bei einer Höhe von mehr als zehn Metern und war mit zylinderförmigen Keramikstiften geschmückt, die in die Fassade gesteckt waren. Die Oberfläche der Plattform war sehr ausgewaschen, doch blieben einige Vorratsräume erhalten, die Krüge und verkohlte Getreidekörner enthielten, desgleichen Gebäudeteile, die zu einem Tempelkomplex gehört haben dürften. Am Fuß der Plattform befand sich ein großer Friedhof mit mehr als 1000 Gräbern. Einige Menschen waren unmittelbar nach ihrem Tod begraben worden, andere hatte man vor der Bestattung unter freiem Himmel aufgebahrt; die übriggebliebenen Knochen wurden in bemalten Keramikgefäßen verwahrt. Die meisten Gräber enthielten Tonwaren, darunter einige keramische Spitzenprodukte von großer Schönheit. In anderen Grabstätten lagen Kupfergegenstände, flache Äxte, große und kleine Meißel, Nadeln und durchbohrte Scheiben, die vermutlich als Spiegel dienten.

Höchstwahrscheinlich wurde Susa als Kultzentrum gegründet. Die große Plattform wird einen eindrucksvollen Tempel getragen haben sowie Lagerhäuser für den Zehnten. Sie war in der ebenen Landschaft weithin sichtbar. Wie an anderen Pilgerorten, hatten die Menschen den Wunsch, an heiliger Stätte begraben zu werden. Die Kupfergegenstände in den Gräbern gehörten vermutlich den Priestern, die das Heiligtum leiteten. Ähnliche Religionszentren lagen über die ganze Tiefebene verstreut. Sie wurden zum kultischen Mittelpunkt der umliegenden Regionen. In ihnen konzentrierten sich Reichtum und Macht durch Geschenke an die Tempel oder Steuerabgaben. Dieser Aspekt der Urbanisierung, der im fünften Jahrtausend v. Chr. in Choga Mish, Eridu, Uruk, Nippur und Tell Uqair sichtbar wurde, gewann im vierten Jahrtausend zunehmend an Bedeutung.

Die in Susa anschließende Periode (Susa II) ist vom deutlichen Einfluß der späten Uruk-Kultur auf Sumer geprägt. Die Keramik wies typische Spät-Uruk-Erzeugnisse wie Krüge mit hängender Tülle, vierhenkelige Gefäße und Schrägrandschalen auf. Die kleinen, grob geformten, konischen Schrägrandschalen waren außerordentlich häufig und wurden zu Tausenden an Fundstätten in Südmesopotamien ausgegraben. Wofür diese Schalen im einzelnen verwendet wurden, ob die vom Staat beschäftigten Arbeitskräfte darin ihre Verpflegung erhielten, ob in ihnen Opfergaben für die Tempel dargebracht wurden, ob man sie bei offiziellen Festessen oder beim Brotbacken benutzte oder ob mit ihnen Nahrungsmittel wie Joghurt ausgegeben wurden, ist noch ungeklärt. Auf jeden Fall entstammen sie keinem früheren lokalen Stil Susas, sondern wurden aus demWesten eingeführt. Außerdem fand man in den jüngsten Schichten der Susa-II-Zeit versiegelte, hohle Lehmkugeln und geprägte Täfelchen (die älteste Art, Rechnungen niederzuschreiben).

In Godin Tepe, einer Siedlung an der Hauptroute von Mesopotamien in den Iran, existierte eine kleine Enklave, die eine Kaufmannskolonie Susianas oder Sumers gewesen sein dürfte. Sie besaß öffentliche Gebäude und war von einer Mauer umgeben. Auch sie gehörte zum Kulturkreis des mesopotamischen Tieflands mit Keramik, Abdrücken von Siegelstempeln und geprägten Täfelchen, wie sie für Susa und Uruk typisch waren. Der Einfluß Uruks zeigte sich auch im iranischen Hochland in Tepe Qabrestan, Tepe Yahya und Tepe Sialk am Rand der Dascht-e-Kawir-Wüste durch das Auftreten der Schrägrandschalen.

Tepe Gaura und Nordmesopotamien

Nordmesopotamien entwickelte gegen Ende der Ubaid-Periode eine eigene lokale Kultur (die sogenannte Gaura-Kultur). Tepe Gaura, im Norden des heutigen Irak, wiederum wurde der Fundort eines Dorfes aus den Schichten über den bemerkenswerten Ubaid-Tempeln der Schicht XIII. Oberhalb der nächsten Siedlungsebene, der Schicht XII, die durch ein gewaltiges Feuer zerstört worden war, beherrschte ein großes Rundhaus die wiederaufgebaute Ortschaft. Man nimmt an, daß es sich um die befestigte Wohnstätte eines Großen gehandelt hat. Man fand Getreidevorräte und birnenförmige Keulenköpfe, die vermutlich einige der ältesten Waffen sind, die im Kampf benutzt wurden.

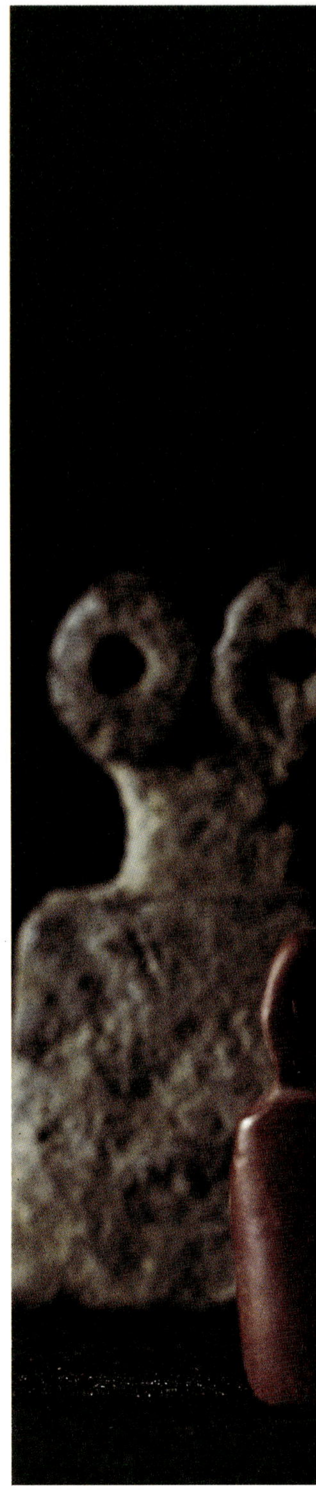

In den darüberliegenden Schichten entdeckte man einen neuen Tempelbaustil mit einer dreiteiligen Anlage und einem überhängenden Vordach. Im Umkreis der Tempel und darunter befanden sich zahllose Grabstätten, darunter 80 Lehmziegelgräber aus der Gaura-Zeit. Einige enthielten Perlen – den gängigsten Schmuck. Man trug sie an Kopf, Hals, Händen, Handgelenken, um die Taille, an den Knien oder Fußgelenken. In mehreren Gräbern wurden Tausende von Perlen, in einem sogar 25 000 Stück gefunden. Sie waren aus unterschiedlichen Materialien gefertigt, darunter Türkis, Jade, Karneol, Lapislazuli, Diorit, weiße Fayence, Gold, Elektrum, Muscheln und Elfenbein. Die Lapislazuliperlen sind die frühesten Exemplare dieses dunkelblauen Halbedelsteins, die in Mesopotamien entdeckt wurden. Als nächstgelegener Herkunftsort für Lapislazuli kommt die mehr als 2000 Kilometer entfernte Provinz Badachschan im Norden Afghanistans in Frage. Die Tatsache, daß dieses Grab 500 Lapislazuliperlen aufwies, bezeugt die ausgedehnten Handelsverbindungen. Auch Goldrosetten und Elfenbeinkämme, hergestellt aus den Stoßzähnen von Wildschweinen, wurden in den Gräbern entdeckt. Das vielleicht interessanteste Fundobjekt ist der winzige Kopf eines Wolfs aus Elektrum, einer natürlich vorkommenden Legierung aus Gold und Silber. Er war aus einem einzigen Stück Metall angefertigt worden, mit Ausnahme der Ohren, die mit Kupfernadeln befestigt waren, des Unterkiefers, der mit einer Nadel aus Elektrum gehalten wurde, und der Zähne, die aus Elektrumdraht bestanden. Die Augenhöhlen enthielten Bitumen und waren vielleicht mit farbigen Steinen ausgelegt gewesen.

Nach der Gaura-Periode geriet Nordmesopotamien – wie Susiana – zunehmend unter den Einfluß der südlichen Spät-Uruk-Kultur. Ninive etwa, das Keramik produzierte, wie sie für das südliche Spät-Uruk typisch war, könnte eine Uruk-Kolonie gewesen sein, denn es lag in der Nähe eines wichtigen Übergangs über den Tigris.

Tell Brak in der Chabur-Ebene hatte ebenfalls enge Verbindungen zum Süden. Der Augentempel war ein Tempel südlicher Herkunft im Norden. Zu ihm gehörte eine kreuzförmige zentrale Halle, die Mauern waren mit Steinrosetten und Mosaiken aus Terrakottastiften geschmückt. Den Altar verzierten Goldbänder zwischen Bändern aus farbigem Stein. Silbernägel mit Goldköpfen hielten sie fest. Der Tempel erhielt seinen Namen, nachdem man in den Ruinen Tausende kleiner Steinbilder entdeckt hatte, die als Hüttensymbole oder auch Augenidole bezeichnet werden. In der späten Uruk-Zeit umfaßte Tell Brak 110 Hektar, hatte also die gleiche Ausdehnung wie Uruk selbst.

Links: Ein bemalter Keramikbecher (etwa 4000 v. Chr.) vom Friedhof in Susa. Oben erscheint eine Reihe von langhalsigen Vögeln, darunter Hunde mit langgezogenen Körpern, vermutlich Windhunde. Das untere Paneel zeigt eine bärtige Ziege mit einem unbekannten Symbol zwischen den Hörnern. Höhe etwa 25 cm.

Der obere Euphrat

Ausgrabungen im Gebiet des Tabqa-Damms am Euphrat in Syrien förderten Orte der späten Uruk-Zeit zutage, die offenbar Kolonien Südmesopotamiens waren. Die Fundstelle von Habuba Kabira mit der religiösen Akropolis Tell Qannas zieht sich über einen Kilometer am Westufer des Euphrat entlang und wurde von einer Festungsmauer geschützt. Bei den Mauer- wie bei den Gebäudeziegeln handelt es sich um die *Riemchen*-Ziegel, die für die Uruk- und Djemdet-Nasr-Perioden im Süden charakteristisch sind.

Auch in Tell Qannas entsprechen die Anlagen von Tempeln und Häusern denen von Uruk und Tell Uqair. Ebenso weisen die Tonwaren Schrägrandschalen auf, die aus Uruk

Oben: Mehr als 300 »Augenidole« (und Tausende von Bruchstücken) aus Stein oder gebranntem Ton entdeckte man im Tempel von Tell Brak aus dem vierten Jahrtausend v. Chr. Es wird geschätzt, daß dort ungefähr 20 000 dieser Votivsymbole, die zwischen zwei und elf cm groß sind, hinterlegt wurden. Einige ähnliche Gegenstände wurden an anderen Ausgrabungsstätten dieser Zeit gefunden.

bekannt sind. Auch andere Keramiktypen, die für den Süden Mesopotamiens typisch sind, waren häufig. Täfelchen mit eingekratzten Zeichen, die mit Rollsiegeln versehen waren, wurden ebenso gefunden wie hohle Lehmkugeln, die Zeichen enthielten. Höchstwahrscheinlich waren diese Ansiedlungen Kolonien von Kaufleuten.

Der Einfluß der späten Uruk-Zeit erstreckte sich den Euphrat hin bis in die Türkei. Stiftmosaiken wurden in Samsat entdeckt, während in Hassek Hüyük, einem kleinen, kaum einen Hektar umfassenden, befestigten Platz, verschiedene Gebäude standen, die den charakteristischen Spät-Urukstil mit Lehmmosaiken aufwiesen. Weiter im Norden, in Arslantepe, fand man viele für die späte Uruk-Periode typische Abdrucke von Siegelstempeln, die vermutlich für die örtliche Verwaltung von Bedeutung waren. Auch in Tepejik, im Gebirge nahe der Quelle des Tigris, stieß man auf Schrägrandschalen.

Ägypten

In der Naqada-II (oder Gerzean)-Periode, die zeitgleich ist mit der späten Uruk- und Djemdet-Nasr-Epoche, reichte der Einfluß Uruks sogar bis nach Ägypten im Westen. Einige der dort gefundenen Keramiktypen, etwa Gefäße mit abstehendem Henkel, stammen aus dem palästinensischen Chalkolithikum, andere Formen jedoch, wie Gefäße mit einem Henkelöhr oder einer Tülle, deuten auf die Spät-Uruk-Keramik. Zu dieser Zeit erschienen auch erstmalig Zylinder für Rollsiegel in Ägypten. Manche wurden aus dem Osten eingeführt, bei anderen aber handelt es sich um einheimische Erzeugnisse, die mesopotamische oder iranische Motive verwendeten. Auch Lapislazuli aus dem viele hundert Kilometer entfernten Afghanistan wurde in ägyptischen Gräbern gefunden, wie wir es von Mesopotamien her kennen.

Die späte prädynastische Kunst Ägyptens (vor 2920

v. Chr.) zeigt ebenfalls einige mesopotamische Züge, besonders am Beispiel von geschnitzten, elfenbeinernen Messergriffen und Schieferspachteln mit mesopotamischen Motiven, obwohl die Gegenstände selbst typisch ägyptisch waren. So ähnelt »der Herr der Tiere« auf dem Messergriff von Gebel el Arak ganz deutlich der Darstellung auf der Löwenjagdstele aus Uruk. Dementsprechend werden die kunstvolle Lehmziegel-Nischenarchitektur im frühen Ägypten und das Auftreten der Schrift dem Einfluß aus dem Osten zugeschrieben. Naqada-II-Keramik wurde in Habuba Kabira gefunden, und erst kürzlich entdeckte man gebrannte Lehmstifte, wie sie für die Wandmosaiken im Spät-Uruk benutzt wurden, in Tell el-Fara'n im ägyptischen Delta.

Palästina

Während der Uruk-Zeit blieben Palästina und Anatolien von den Entwicklungen in Mesopotamien weitgehend unberührt. Lokale Dorfkulturen blühten überall, wo günstige Bedingungen herrschten; nomadische Hirten sowie Jäger und Sammler nutzten das Land dort, wo Ackerbau nicht möglich war. Obgleich es keine städtischen Kulturen waren, standen die Menschen doch auf einer relativ hohen technischen Entwicklungsstufe. Die Entdeckung von mehr als 400 Kupfergegenständen in der Höhle von Mahal Mischmar in den Bergen Judäas erweiterte unser Wissen über die frühe Metallherstellung. Insgesamt wurden dort 240 Keulenköpfe, 138 Standarten und zehn »Kronen« gefunden, dazu acht Kupferkrüge und anderes Werkzeug. Ähnliche Fundstücke wurden in der spätchalkolithischen Siedlung Neve Noy entdeckt, die ein industrielles Zentrum war und in die erste Hälfte des 4. Jahrtausends v. Chr. datiert wird. Es ist vermutet worden, daß der Fund von Nahal Mischmar zu einem Tempelschatz gehörte und vielleicht aus dem kleinen chalkolithischen Heiligtum bei En-Gedi am Westufer des Toten Meers stammt.

Die Djemdet-Nasr-Zeit

In Südmesopotamien folgte auf die späte Uruk-Periode die Djemdet-Nasr-Zeit (etwa 3100 - 2900 v. Chr.). Uruk verlor nicht an Bedeutung, doch von seinen Bauwerken blieb nur wenig erhalten. An der Fundstätte Djemdet Nasr in Babylonien entdeckte man ein großes Gebäude, das wohl ein Verwaltungsbau war, beschriebene Täfelchen des Uruk-Typs sowie kunstvoll bemalte Keramik. Aus *Riemchen*-Ziegeln errichtet, nahm es einen beinahe 90 Meter langen Abschnitt der Kasemattenmauer ein, die in strategischen Abständen mit Verteidigungstürmen bestückt war. Ein dort auf einem Täfelchen gefundenes Siegel trug die Symbole verschiedener Stadtgötter, darunter die von Ur, Larsa, Uruk, Zabalam und Umma oder Akschak, so daß die Vorstellung naheliegt, es habe einen Bund von Stadtstaaten gegeben. Die archaischen Siegel von Ur, die der nur wenig jüngeren frühdynastischen Periode I angehören, zeigen ähnliche Gruppen von Stadtnamen; allerdings ist unklar, ob es sich hier um politische oder wirtschaftliche Bündnisse handelte.

Auf die bemalte Djemdet-Nasr-Keramik stößt man hauptsächlich im Norden Babyloniens, im Süden gibt es nur gelegentliche Funde. Jedoch wurde nahezu identische Keramik in Gräbern der zeitgleichen Hafit-Kultur in Oman am anderen Ende des Persischen Golfs entdeckt. Die Überprüfung des Tons ergab, daß er wahrscheinlich aus Mesopotamien stammt. Einige Fachleute vertreten die Ansicht, daß die Gefäße von Sumerern, die die reichen omanischen Kupferminen ausbeuteten, mitgeführt wurden.

Anderswo im Nahen Osten brachen in der Djemdet-Nasr-Zeit die festen Beziehungen zu Sumer ab. In Susiana

wurde die Spät-Uruk-Kultur durch die proto-elamische ersetzt, die engere Verbindungen zum iranischen Hochland hatte. Zur gleichen Zeit dehnte sich die Stadt Anschan (heute Tell Malyan) bei Persepolis in Fars sehr schnell auf eine Größe von 45 Hektar aus. Der Bund zwischen den Städten Anschan und Susa bildete die Grundlage für den späteren elamischen Staat. Der Aufstieg der proto-elamischen Kultur veränderte in hohem Maße die Machtverhältnisse im Nahen Osten. Ihr Einfluß, der besonders an den umfangreichen Siegelvorkommen deutlich wird, erstreckte sich von den Ostgrenzen des Irans über das Sagrosgebirge bis in den Norden des Iraks und hielt während der frühdynastischen Periode an.

Im Norden Mesopotamiens wurden einige der vom Süden beeinflußten Siedlungen aufgegeben, andere entwickelten ihre eigenen, unabhängigen Kulturen, die viel-

Oben rechts und oben: Das Rollsiegel hinterläßt den Abdruck mit einer Viehherde am oberen Rand, darunter Kälber und Töpfe in Schilfhütten. Die Hütten gleichen denen der heutigen Marschbewohner im südlichen Irak. Das Siegel ist aus weißem Magnesit geschnitten. Als Griff dient die oben angebrachte Figur eines Bocks, die im Wachsausschmelzverfahren aus Silber gegossen wurde. Die Herkunft des Siegels ist nicht bekannt, doch gehört es vermutlich der späten Uruk-Periode an. Höhe des Siegels 5,3 cm.

Links: Dieser schlichte steinerne Kopf lag unter dem Augentempel in Tell Brak begraben. Er entstand um 3100 v. Chr. Die Löcher oben im Kopfschmuck und an der Rückseite des Halses zeigen, daß er ursprünglich auf einer hölzernen Unterlage befestigt war. Der Kopf war vermutlich Teil einer zusammengesetzten Statue, vielleicht des Kultbilds einer Gottheit, die in dem Tempel verehrt wurde. Höhe 17 cm.

leicht Elemente der Spät-Uruk-Kultur übernommen hatten. Archäologische Untersuchungen ergaben, daß im Norden das städtische Leben nach und nach abbrach; die Städte gewannen erst in der Mitte des dritten Jahrtausends wieder an Bedeutung, wahrscheinlich wiederum als Folge südmesopotamischen Einflusses.

Anfänge einer Schriftsprache

In der späten Uruk-Zeit war Uruk eine große Stadt. In ihr konzentrierte sich der Reichtum, sie besaß monumentale öffentliche Gebäude. Hier wurden die ältesten bekannten Schriftstücke entdeckt. Die Sprache dieser Texte ist unbekannt; die Zeichen können nicht entziffert werden. Da die Schrift jedoch weitgehend aus Piktogrammen besteht, kann man sie zumindest teilweise »lesen«.

Die frühe Entwicklung der Schrift erfolgte in drei Stufen. In der ersten Phase, dem sogenannten Uruk IV, wurden Zeichen mit einem spitzen Griffel in Lehm-Gipstäfelchen gekratzt. Die Tafeln hatten ungefähr fünf Zentimeter Durchmesser und waren etwa halb so dick. Die Schrift war überwiegend ideographisch oder logographisch, ein Zeichen stand also für einen Begriff oder ein Wort, nicht für einen Buchstaben oder eine Silbe. Die Zahlen sind leicht verständlich. Einige der Zeichen konnten identifiziert werden, weil sie entweder dem Objekt, für das sie stehen, ähneln oder weil sie aus jüngeren Zeichen, deren Bedeutung bekannt ist, abgeleitet wurden. Mehrere Zeichengruppen wurden zusammen in umrandete Felder geschrieben, es gab jedoch keine erkennbare Wortfolge. Etwa 600 Täfelchen, die dieser Entwicklungsstufe zuzurechnen sind, wurden in Uruk gefunden, andere in Kisch, das etwa 150 Kilometer weiter westlich liegt.

In der zweiten Phase (Uruk III) sind die Zeichen weiter entwickelt, abstrakter, geradliniger und weisen weniger Kurven auf. Auch ist die Anordnung der Zeichen auf den Täfelchen komplexer, die Täfelchen selbst sind größer. Wiederum handelt es sich bei den meisten Texten um Wirtschaftsdaten. Einige Listen halten die Zuteilungen von Waren an verschiedene Leute fest, andere notieren die Haustierhaltung sowie die Verteilung von Opfertieren an Tempel oder bei festlichen Anlässen. Weitere Täfelchen enthalten Listen mit Ortsnamen, Berufs- und Tierbezeichnungen. Dies waren frühe Versionen der Listen, mit deren Hilfe man während der Verwendung der Keilschrift die Schreiber ausbildete.

Aufgrund der Textvarianten in diesen Listen sind Fachleute zu dem Schluß gekommen, daß die Sprache der Uruk-III-Texte wahrscheinlich das Sumerische gewesen war, die Sprache, die im dritten Jahrtausend v. Chr. in Uruk gesprochen wurde. Über 3000 Täfelchen fand man in Uruk, 240 stammen aus Djemdet Nasr, vier aus Tell Uqair und zwei aus Eschnunna. Man nimmt an, daß sie in die Djemdet-Nasr-Periode zu datieren sind, zeitgleich mit den ältesten proto-elamischen Täfelchen aus dem Iran. Diese waren zwar in einer anderen Schrift geschrieben, doch eines hatte dasselbe System der Zahlzeichen und wies ein ähnliches Entwicklungsniveau auf.

In der frühdynastischen Zeit (2900 – 2334 v. Chr.) wurde die Schrift linearer. Die Linien entstanden, indem ein kantiger Gegenstand in den noch weichen Ton gedrückt wurde, wodurch sich die keilförmigen Zeichen der Schrift bildeten. Aus der Frühzeit der frühdynastischen Periode fand man nur wenige Texte, doch um die Mitte des dritten Jahrtausends v. Chr. war die Keilschrift weit verbreitet. Sie wurde verwendet, um die unterschiedlichsten Texte aufzuzeichnen – Wirtschafts- und Verwaltungsdokumente, Briefe, Geschichten, Gebete, Gebäudeinschriften und ähnliches.

Unbekannt ist, ob das komplizierte System der frühen Uruktexte mit seiner großen Anzahl von Zeichen das Ergebnis einer langen Entwicklung oder eines plötzlichen Durchbruchs war, vielleicht initiiert durch eine einzelne Person. Schon in früheren Zeiträumen gab es Hinweise, daß die Schriftlichkeit gewissermaßen in der Luft lag. Tatsächlich hatte die Urukschrift verschiedene Vorläufer. Da gab es etwa Täfelchen mit Zeichen, die mehr eingedrückt als mit einem Griffel geschrieben waren. Diese Zeichen entsprachen den Maßangaben auf den Uruktäfelchen.

Die Verwendung von Stempeln und Rollsiegeln zur Kennzeichnung von Eigentum sowie von Zeichen zur Registrierung von Waren kann eine andere Quelle der Schriftlichkeit gewesen sein. Dies wird mit den ausgehöhlten Tonkugeln in Zusammenhang stehen, die Zeichen enthielten und mit Siegeln bedeckt waren. Der nächste Schritt, die Zeichen auf die Außenseite zu schreiben, mag nach und nach zu der Vorstellung geführt haben, daß eine Tafel, in die Zeichen eingedrückt waren und die Siegel aufwies, ein genauso zuverlässiges Dokument war wie eine Tonkugel. Das spätere Hinzufügen von Zeichen, die anstatt der Zahlen Gegenstände symbolisierten, konnte die Urukschrift hervorgebracht haben. Dieser Verlauf der Entwicklung erscheint einleuchtend, doch Zweifel bleiben, inwieweit Zeichen verwendet wurden, um Waren aufzulisten. Zudem wurden die Täfelchen mit den Abdrücken und die hohlen Tonkugeln in einem größeren Verbreitungsgebiet und über einen längeren Zeitraum hinweg gefunden, als dies der Fall gewesen wäre, wenn man in ihnen nur Vorstufen zu Texten zu sehen hätte. In der Tat dienten sowohl die Täfelchen mit den Abdrücken wie auch die Tonkugeln zur gleichen Zeit als Aufzeichnungsmittel wie die fortgeschritteneren Texte. Zwei Tontäfelchen, die in Tell Brak im Nordosten Syriens gefunden wurden, enthalten offensichtlich frühe Piktogramme. Sie zeigen das ganze Tier anstelle nur des Kopfes, wie er auf den Uruktäfelchen zu sehen ist, was deutlich macht, daß die Erfindung der Schrift ein überaus komplexer Vorgang

Die Ursprünge der Schrift

Die ältesten bisher bekannten Belege für die Schrift finden sich auf Tontäfelchen aus Uruk. Sie sind etwa um 3300 v. Chr. entstanden und basieren bereits auf einem kompletten System mit mehr als 700 verschiedenen Zeichen. Es muß also Entwicklungsstufen gegeben haben, die noch unbekannt sind. Die ersten Täfelchen dokumentieren den Tausch von Waren wie Getreide, Bier und Vieh oder dienten als Wortlisten, die künftige Schreiber zum Erlernen der Schrift gebrauchten.

Zur gleichen Zeit wurde noch ein weiteres Aufzeichnungssystem benutzt. Dabei handelte es sich um kleine Tonmarken verschiedener Formen und Größen: Kegel, Scheiben, Kugeln, Zylinder und ähnliches. Sie entsprachen wahrscheinlich unterschiedlichen Mengen der verschiedensten Bedarfsgüter, wie etwa Getreide oder Schafe. Eine bestimmte Anzahl solcher Marken wurde jeweils in eine hohle Tonkugel eingeschlossen, die von außen mit Rollsiegeln versehen war. Diese Informationen waren nur durch Zerschlagen der Kugel zugänglich. Man rollte auch Siegelzeichen auf der Oberfläche von Tonkugeln oder Tontäfelchen ab. Die Markierungen, die in Schriftdokumenten zum Zählen dienten, ähneln den Tonmarken; man wird also bei der schriftlichen Aufzeichnung das System der Marken zugrunde gelegt und es um Piktogramme erweitert haben. Diese Bildzeichen sind häufig einfache Darstellungen, deren Bedeutung einleuchtet: ein Stierkopf steht für Rind, eine Getreideähre für Gerste. Manchmal wird der Inhalt der Zeichen durch Symbole ausgedrückt: eine Schüssel bezeichnet Essen oder Brot, ein Bein bedeutet Stehen oder Gehen. Zeichenkombinationen konnten komplexere Vorstellungen in die Schriftform übertragen, so daß etwa ein Kopf und eine Schüssel die Tätigkeit Essen repräsentierten. Mit der Zeit wurden die Zeichen den rechtwinklig geschnittenen Griffeln aus Schilfrohr angepaßt, so daß alle Striche keilförmig aussahen, was der Keilschrift ihren Namen gab. In der frühdynastischen Periode wurde die Schreibrichtung um 90 Grad gedreht, die Zeichen standen jetzt nicht mehr senkrecht untereinander, sondern verliefen waagrecht.

In einem fortgeschritteneren Stadium der Keilschrift konnten Wortzeichen für ihren Lautwert stehen. Als man die Wortzeichen schließlich mit Silbenzeichen ergänzte, konnten die Schreiber die menschliche Sprache in angemessener Form schriftlich umsetzen.

Oben: Giebelförmiges Stempelsiegel und sein Abdruck. Es mißt 4,6 mal 3,9 cm und ist 0,9 cm dick. Siegel dieses Typs wurden im 4. Jahrtausend v. Chr. in Nordmesopotamien und im Süden der Türkei gefunden. Seit dem 6. Jahrhundert v. Chr. benutzte man Stempelsiegel, um Ton zu markieren. Ihre Muster verrieten vermutlich den Besitzer.

Oben: Eine hohle Tonkugel und Marken aus Susa. Mehr als 100 Kugeln, die solche Tonmarken enthalten, wurden in Elam und Sumer freigelegt; einige wenige fand man in Syrien und auf dem iranischen Hochland. Bei einer dieser Tonkugeln steckten die Tonmarken in der Oberfläche, sechzehn andere trugen die Abdrücke von Marken oder eingekratzte Zeichen, die die Zahl der Marken in der Kugel angeben.

Links: Dieses Tontäfelchen zeigt eine Frühform der Schrift, die wegen ihrer naturalistischen Einfachheit vermutlich schon vor jener auf den Uruk-IV-Täfelchen entstand. Es wurde nicht bei archäologischen Ausgrabungen gefunden; daher ist eine Datierung nicht möglich. Die Zeichen der unteren Reihe können als »en«, »nun« und »gal« gelesen werden, was Priester, Prinz und groß bedeutet.

Oben: Pyramidenförmiges Stempelsiegel und sein Abdruck (2,9 mal 2,1 cm, Höhe 3 cm). Stempelsiegel fanden schon in der frühkeramischen neolithischen Periode in Anatolien und Mesopotamien Anwendung; das übliche Muster bildeten Kreuzschraffierungen.

Links: Abdruck eines Rollsiegels der späteren Uruk-Zeit (Höhe 4 cm). Zylindersiegel entdeckte man noch vor den frühesten Schrifttäfelchen. Vermutlich dienten beide den Verwaltungsarbeiten der späten Uruk-Periode. Die Maße der Siegel gestatteten es, große Flächen mit Abdrücken zu überziehen. Wahrscheinlich verwendeten die verschiedenen Ämter nur Siegel mit ihren eigenen Zeichen.

PIKTOGRAPHISCHE ZEICHEN etwa 3100 v. Chr.									
INTERPRETATION	Stern	?Sonne über dem Horizont	?Fluß	Gerstenähre	Stierkopf	Schüssel	Kopf und Schüssel	Unterschenkel	?in Leichentuch gehüllter Körper
KEILSCHRIFT ca. 2400 v. Chr.									
KEILSCHRIFT ca. 700 v. Chr. (um 90° gedreht)									
LAUTWERT*	dingir, an	u_4, ud	a	še	gu_4	nig_2, ninda	ku_2	du, gin, gub	lu_2
BEDEUTUNG	Gott, Himmel	Tag, Sonne	Wasser, Samen, Sohn	Gerste	Ochse	Nahrung, Brot	essen	gehen, stehen	Mann

*Einige Zeichen haben mehr als einen Lautwert, einige Laute werden durch mehr als ein Zeichen wiedergegeben. U_4 bedeutet das vierte Zeichen mit dem Lautwert u.

Links: Diese Tafel demonstriert die Entwicklung der Keilschrift. Die späteren Formen der Zeichen erscheinen abstrakt, fast willkürlich, als Kombinationen aus vertikalen, horizontalen und diagonalen Keilen. Die Untersuchung früherer Abdrücke ergibt, daß die meisten der späteren Zeichen von Bildern realer Gegenstände abgeleitet wurden. Über die Jahrhunderte veränderten sich einige der Worte und Lautwerte, die durch die Zeichen repräsentiert wurden.

war. Der Gebrauch von Zeichen zur Darstellung eines Gegenstandes war ein wichtiger Abschnitt, die spätere Verwendung von Zeichen zur Darstellung von Lauten war mindestens ebenso bedeutend.

Kunst und Propaganda

Vor der Uruk-Zeit hatte es, nach dem heutigen Wissensstand der Historiker, nur wenige Beispiele einer naturalistischen oder gegenständlichen Kunst gegeben, etwa die spätpaläolithische Höhlenkunst im Südwesten Frankreichs, die Wandmalereien von Chatal Hüyük oder, in ihrer bescheidenen Art, die Darstellungen von Onagern in Umm Dabaghije. Dies waren allerdings Ausnahmen; während der vorangegangenen Jahrtausende hatte sich die Kunst des Nahen Ostens auf sehr schlicht stilisierte Figuren von Menschen und Tieren beschränkt. Im Norden waren in der Ubaid-Periode Szenen mit Menschen oder Tieren auf Stempelsiegeln geschnitzt worden. Jetzt aber gab es mit den aufkommenden Rollsiegeln - einer neuen Erfindung mesopotamischer Herkunft - die Möglichkeit, diffizilere Darstellungen zu realisieren.

In den Schichten IV und III in Uruk waren Siegel sowohl auf Tonplombierungen von Gefäßen als auch auf Täfelchen häufig. Auf einigen der abgebildeten Szenen wird ein bärtiger Mann mit Stirnband und Rock gezeigt, der Herden füttert, auf einem Boot fährt, nackte Gefangene mit einem Speer bedroht oder Opfergaben darbringt. Neben ihm befindet sich ein Emblem, das ein Schilfbündel darstellte und später die Göttin Inanna symbolisierte, die Hauptgöttin der Stadt Uruk. Es besteht kein Zweifel, daß der Mann ihren Hohenpriester, den Herrscher von Uruk repräsentierte. Ähnliche Figuren wurden auf den Siegeln von Susa gefunden. Sie stellten wohl den Herrscher von Susa oder möglicherweise den von Uruk dar, falls Susa, wie zahlreiche Historiker vermuten, zu dieser Zeit unter der Herrschaft von Uruk stand.

Unter den ältesten Exemplaren monumentaler Steinskulpturen, die in Uruk gefunden wurden, erwecken einige nicht nur wegen ihres hohen Alters Interesse, sondern auch wegen ihrer Wirkung auf den modernen Betrachter. Eines davon ist das maskenhafte Gesicht einer Frau, das man in einer Abfallgrube im nordwestlichen Bereich von Eanna fand. Wahrscheinlich hatte der Frauenkopf einst eingesetzte Augen und eine Perücke. Er ist annähernd lebensgroß; die Nase, die ursprünglich relativ groß gewesen sein muß, ist zerbrochen. Eine weitere eindrucksvolle Skulptur ist eine Stele mit der Darstellung einer Löwenjagd. Die Ränder sind abgebrochen und die Rückseite ist unbearbeitet, doch es scheint eine freistehende Stele gewesen zu sein, eine Kunstform, die bis ins erste Jahrtausend v. Chr. gebräuchlich war. Die heute 78 Zentimeter große Stele zeigt zwei Szenen: die obere stellt einen bärtigen Mann dar, der einen knielangen Rock trägt und mit dem Speer einen Löwen angreift, der sich auf seinen Hintertatzen aufrichtet; auf der unteren ist ein Mann zu sehen - vermutlich derselbe wie oben -, der mit Pfeil und Bogen auf einen sich aufrichtenden Löwen zielt.

Der faszinierendste Fund aus dem Uruk dieses Zeitraums ist die Warka-Vase. Das über einen Meter hohe Alabastergefäß ist mit vier Reliefbändern verziert, die 92 Zentimeter hoch sind. Der Durchmesser der Vase betrug am Rand 36 Zentimeter. Sie war schon in alter Zeit zerschlagen und wieder repariert worden. Auf den beiden unteren Bändern sind Pflanzen und Tiere abgebildet. Das dritte Reliefband zeigt nackte Diener, möglicherweise auch Priester, die gefüllte Behälter tragen, vermutlich Abgaben oder Opfergegenstände.

Das oberste Band ist das interessanteste. Auf ihm finden wir denselben Mann wie auf der Löwenjagdstele, der der Göttin Inanna Opfer bringt. Die Quasten seines Rocks werden von einem anderen Mann in kurzem Rock gehalten. Vor diesem bietet ein nackter Mann einer weiblichen Gestalt Opfergaben. Sie steht vor den Schilfbündeln, die das Symbol der Göttin darstellen. Ihr Kopfschmuck ist bei der ersten Reparatur der Vase beschädigt worden, so daß sich sein ursprüngliches Aussehen nicht sicher rekonstruieren läßt. Nur kurze Zeit später wurden mesopotamische Götter und Göttinnen häufig mit Kuh- oder Stierhörnern als Kopfschmuck dargestellt. Die Figur könnte demnach die Göttin selbst oder eine Priesterin verkörpern. Hinter den Schilfbündeln sieht man zwei Schafe mit Gestellen auf dem Rücken, auf denen Figuren oder Statuen standen. Die linke Figur trug das Zeichen *en*, das sumerische Wort für den obersten Priester. Hinter den Schafen türmen sich einige Gegenstände, vermutlich Abgaben, auf, darunter zwei Vasen von ähnlichem Aussehen wie die Warka-Vase und zwei Gefäße in Tierform.

Andere beachtliche Funde aus der Zeit der Warka-Vase sind ein Gefäß mit eingravierten Löwen und Stieren, die Löwen zu beiden Seiten der Tülle, sowie ein Krug mit kunstvoller Einlegearbeit aus Muscheln und Steinen. Die Steinstatuette eines bärtigen Mannes wurde in einem Gefäß der Spät-Uruk- oder Djemdet-Nasr-Periode unter einer Mauer aus der späten Seleukidenzeit gefunden. Sie war schon zerbrochen, bevor sie in die Erde kam; die untere Hälfte fehlt. Die 18 Zentimeter hohe Statuette aus grauem Alabaster stellt denselben Mann dar, den wir von der Warka-Vase her kennen. Die Augen aus Perlmutt waren in Bitumen eingebettet, die Pupillen bestanden möglicherweise aus Lapislazuli.

In Uruk wurde zum ersten Mal Kunst bewußt eingesetzt, um die Rolle des Herrschers ins rechte Licht zu rükken und seine Position zu stärken. Die Verbindung von Kunst und Architektur sollte Macht und Reichtum verkörpern, die Bevölkerung beeindrucken und die dynastische Stabilität erhöhen. Politische und religiöse Propaganda, die sich in Kunstwerken zeigt, hat sich für die Untersuchungen der Archäologen über den alten Nahen Osten als ergiebige Informationsquelle erwiesen, da sie viel über die Persönlichkeit der Herrscher und die von ihnen betriebene Politik verrät.

Links: Metallgegenstände aus der Höhle von Nahal Mischmar im Osten des Toten Meeres. Der beachtliche Fund stammt aus der ersten Hälfte des 4. Jahrtausends v. Chr. Die Kollektion enthielt mehr als 400 Objekte aus Kupfer, das mit Arsenik legiert war. Links oben abgebildet ist eine der zehn »Kronen« mit Tierfiguren, die im Wachsausschmelzverfahren gegossen wurden. Vermutlich verwendete man sie zum Trommeln. Gezeigt werden auch Standarten oder Szepter und Keulenköpfe, die auf einem hölzernen Schaft befestigt waren, sowie ein hohles, hornförmiges Objekt.

Technologie und Transportwesen

Während des vierten Jahrtausends gab es auf dem Gebiet der Metallverarbeitung bedeutsame Entwicklungen. Einige der Gegenstände aus dem Schatz von Nahal Mischmar waren aus geschmolzenem Kupfer gefertigt worden, das vermutlich aus den Minen im Timnatal stammt, etwa 150 Kilometer weiter südlich. Vielfach handelt es sich um eine Legierung aus Kupfer und Arsenik, die leichter zu gießen und härter ist als reines Kupfer. Sie wurde häufig verwendet, bevor sich im zweiten Jahrtausend v. Chr. die Zinnbronze (eine Legierung aus Kupfer und Zinn) verbreitete. Einige dieser Gegenstände wogen mehr als ein Kilogramm. Sie waren nach dem Wachsausschmelzverfahren hergestellt. Dabei wurde die gewünschte Form zuerst in Wachs modelliert, dann mit Lehm umhüllt und erhitzt, um den Lehm zu härten und das Wachs zu schmelzen. Daraufhin goß man Metall in die Form, die nach dem Erkalten zerbrochen wurde, damit man den Metallguß entnehmen konnte. Kleine, nach dieser Methode gefertigte Gußwaren stammen von einem erheblich jüngeren Tempelschatz, der in Uruk gefunden wurde, und einige bemerkenswerte Statuetten aus Westsyrien gehören ebenfalls in diesen Zeitraum.

Die damaligen Menschen bearbeiteten neben Kupfer und seinen Legierungen auch andere Metalle. Man entdeckte Gold- und Silberschmuck; aus Silber und Blei wurden Gefäße gefertigt. Eisenpartikel aus der Spät-Uruk-Zeit fand man in Djebel Aruda und Uruk, auf Täfelchen aus Uruk III wurden eiserne Gegenstände aufgelistet. (Dieses Eisen könnte jedoch auch von Meteoriten stammen oder bei der Kupferschmelze als zufälliges Nebenprodukt entstanden sein.) Auch das Verlangen der herrschenden Gruppen nach seltenen und kostbaren Materialien als Statussymbole dürfte Fortschritte in der Metallverarbeitung hervorgerufen haben.

Die erstmalige Verwendung des Pflugs im Nahen Osten fällt ebenfalls in die Uruk-Zeit. Die ältesten Pflugspuren der Erde datieren in die Susa-I-Periode, auf Spät-Uruk-Siegeln sowie unter den Zeichen auf Uruk-IV Täfelchen tauchen Pflüge auf. Auf diesen Täfelchen findet man auch Zeichen für Schlitten und die ersten Radfahrzeuge des Nahen Ostens (dargestellt als Schlitten mit Rädern). Vermutlich waren diese Fahrzeuge schwere, rumpelnde Karren, die von Ochsen gezogen wurden.

In Südmesopotamien, das im Winter feucht und schlammig war und das viele Kanäle kreuz und quer durchzogen, waren Boote allerdings die weitaus praktischeren Transportmittel. Das schlichte Modell eines Bootes aus gebranntem Ton, das in die Ubaid-Periode gehört, wurde bei Ausgrabungen auf dem Friedhof von Eridu gefunden. In der Uruk- und der Djemdet-Nasr-Zeit gehörten Boote zu den Zeichen, die auf Täfelchen und Rollsiegeln erschienen. Der Transport über Land erfolgte mit Tierkarawanen, die bis in unser Jahrhundert hinein das übliche Beförderungsmittel in großen Teilen des Nahen Ostens blieben. Esel waren die nützlichsten Tragtiere; bis heute finden sie weithin Verwendung. In den Urukschichten von Tell Rubeidheh wurden zahlreiche Knochen domestizierter Esel gefunden.

Es ist mit ziemlicher Sicherheit anzunehmen, daß Pflüge, Räder, Boote und Esel schon vor der Uruk-Zeit in Gebrauch waren. In Nordeuropa gefundene Pflugspuren weisen auf 3500 v. Chr. In Polen entdeckte man Modelle von Karren mit Rädern; echte Karren, die in Gräbern im Süden der Sowjetunion als Grabbeigaben zum Vorschein kamen, gehören wohl in denselben Zeitraum. Ungewiß bleiben jedoch die Ursprünge von Pflug (der nach Expertenmeinung in der Zeit vor 6000 v. Chr. in Nordmesopotamien erfunden wurde) und Rad.

Rollsiegel

Wie ihr Name bereits andeutet, handelt es sich hier um zylinderförmige Rollen zumeist aus Stein; doch auch aus Fayence, Glas, gebranntem Ton, Holz, Knochen, Muscheln, Elfenbein oder Metall wurden Rollsiegel angefertigt. Sie waren mit einem eingeschnittenen Muster versehen, das beim Abrollen auf Ton fortlaufend reliefartig hervortrat. In der Regel waren sie durchschnittlich 2,5 cm hoch, mit einem Durchmesser von 1,5 cm, und wiesen im allgemeinen in der Mitte eine Bohrung auf, damit man sie auf eine Schnur ziehen oder einen Drehzapfen anbringen konnte. Rollsiegel traten zuerst in der zweiten Hälfte des vierten Jahrtausends v. Chr. in Südmesopotamien (Uruk) und im südwestlichen Iran (Susa) auf. Mit ihrer Hilfe ließen sich problemlos große Flächen aus Ton markieren, um damit Schlösser von Vorratsräumen oder Krüge, Taschen, Kisten und Körbe mit wertvollen Waren zu versiegeln. Am häufigsten aber rollte man sie auf den Tontäfelchen ab, die für etwa 3000 Jahre als hauptsächliche Schriftträger der Keilschrift verwendet wurden. Als die Sprache der Nachbarvölker Mesopotamiens durch ein fortgeschritteneres Keilschriftsystem wiedergegeben werden konnte, trat das Rollsiegel an die Stelle des Stempelsiegels. Im Verlauf des 1. Jahrtausends v. Chr. verdrängte das Alphabet die Keilschrift, und das Stempelsiegel ersetzte wiederum das Rollsiegel. Die Muster der Rollsiegel sind eine wertvolle Quelle: Sie dokumentieren die Entwicklung in der Ikonographie der Götter, der Mythologie und des Alltagslebens und überliefern kulturgeschichtliche Ereignisse wie die ersten gewölbten Hausdächer, die erste Laute oder die Einführung des indischen Wasserbüffels in Mesopotamien. Häufig tragen sie einen Namen und verraten die Herkunft des Eigentümers.

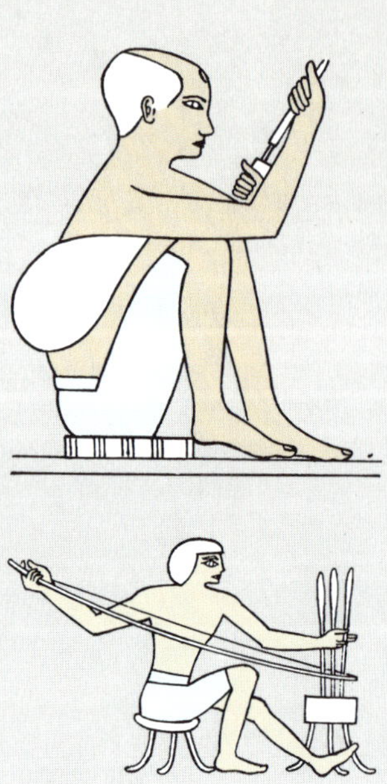

Rollsiegel wurden meist aus hartem Gestein hergestellt. Waren sie geschliffen, konnten sie mit Feuerstein- oder Kupferwerkzeugen geschnitten werden. *(Oben)* Ägyptische Grabsteine aus Sakkara (ca. 2450 v. Chr.) und Theben (ca. 1420 v. Chr.) zeigen Hand- und Bogenbohrer. Der Bogenbohrer ermöglichte schnelleres Arbeiten und in horizontaler Lage eine bessere Kontrolle.

Die für Rollsiegel verwendeten Materialien wurden der Mode angepaßt. *(Ganz oben)* Rollsiegel aus Tell Sleimeh im Hamrin-Becken. Es besteht aus königsblauem Lapislazuli aus Afghanistan; zuerst 2250 v. Chr. geschnitten, wechselte es mit den zwei späteren Besitzern die Inschriften. *(Oben)* Assyrisches Chalzedonsiegel des 8. Jahrhunderts v. Chr.

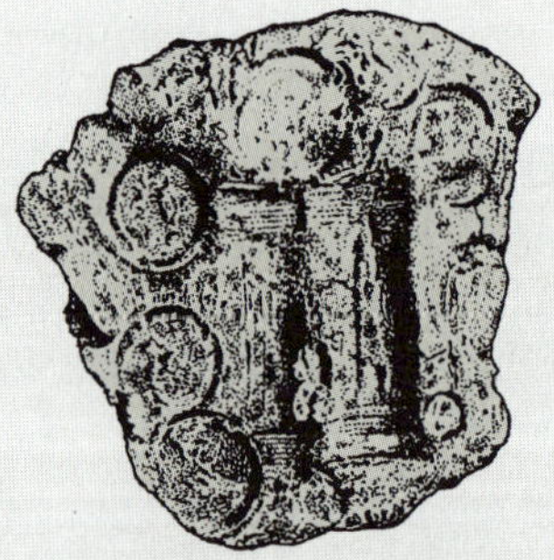

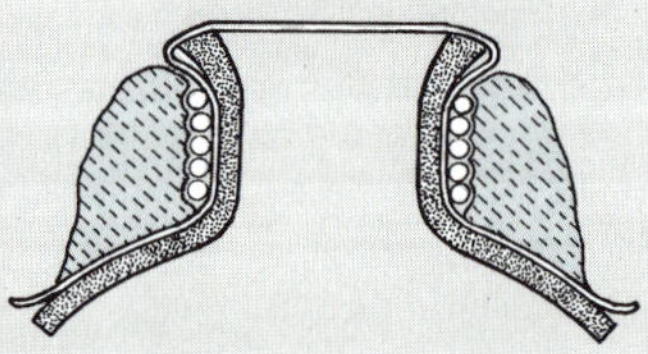

Die häufige Anwendung von Stempelsiegeln im 1. Jahrtausend v. Chr. führte dazu, daß bald das weniger bekannte Rollsiegel des assyrischen Königs Asarhaddon (680–669 v. Chr.) bevorzugt wurde. *(Ganz oben)* Das Siegel war mit goldenen Kappen versehen, wovon eine ein Muster trägt; sowohl Zylinder wie Stempel zeigen den König im Kampf mit einem Löwen. *(Oben)* Ein Stück Leder oder Tuch wurde über die Öffnung eines Vorratskrugs gespannt, mit Schnüren verschlossen, mit Ton überzogen und versiegelt.

Unten: Rollsiegel verwendete man bei Rechtsdokumenten wie Aufträgen, Verkäufen, Rationenlisten, Verträgen, Darlehen und ähnlichem. Die Täfelchen wurden entweder selbst versiegelt oder in einer versiegelten Tonhülle verschlossen. Das Siegel der abgebildeten Hülle zeigt den sitzenden Wassergott, dem die Wasserströme von den Schultern herabfließen. Vor ihm steht ein nackter, bärtiger Held und ein Stier im Kampf mit einem Löwen. Die Fundstelle befindet sich in Kanesch in der Zentraltürkei, wo assyrische Kaufleute eine Handelskolonie gegründet hatten.

Unten: Rollsiegel schützten das Eigentum und sicherten legale Transaktionen; diese Funktion verlieh dem Rollsiegel so hohes Ansehen, daß es sogar bei Ritualen gegen Krankheit, Mißerfolge, schwarze Magie oder Verleumdung verwendet wurde. Auch die Steine, aus denen sie geschnitten waren, wiesen besondere Eigenschaften auf, zum Beispiel Lapislazuli bedeutete Macht und Wohlwollen der Götter. Der Abdruck dieses kassitischen Siegels aus dem 14. Jahrhundert v. Chr. bildet ein langes Gebet an den Schutzgott des Eigentümers:
O, Marduk, erhabener Herr, Fürst, in dessen Händen die Kraft der Entscheidung im Himmel und auf Erden liegt, der Diener, der Dich verehrt, möge durch Deinen Blick glücklich sein.
Die Bilder zeigen einen von Symbolen umgebenen Gott, vermutlich Marduk. Das Siegel besteht aus Chalzedon und mißt 3,6 cm.

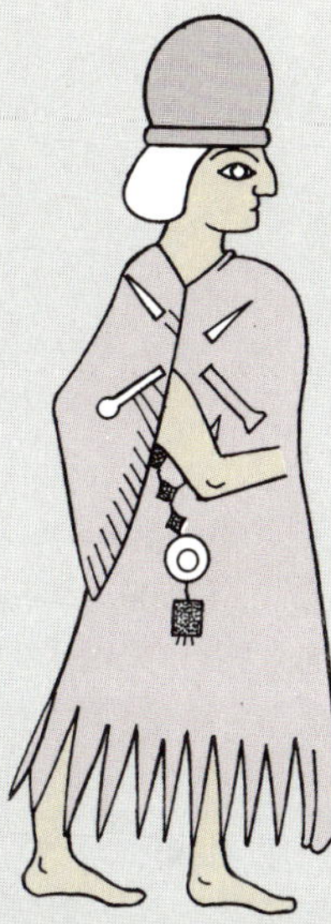

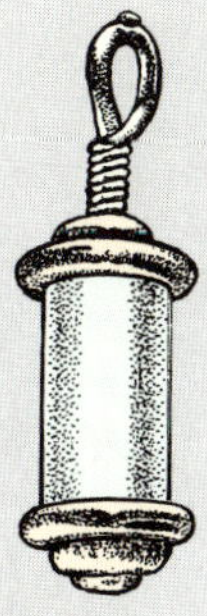

Oben, von links nach rechts: Oft waren Siegel auch Schmuckgegenstände. Eine Muscheleinlegearbeit aus Mari, ca. 2500 v. Chr., zeigt ein Siegel, das an einer Nadel hängt; ein syrisches Hämatitsiegel (ca. 1720 v. Chr.) mit Goldkappen und einer Drahtöse. *(Unten)* Ein grünes Jaspissiegel aus Syrien (ca. 1800 v. Chr.) mit Goldkappen in einem Gelenk (aus einem Grab des 7. oder 6. Jahrhunderts v. Chr. in Karthago, Tunesien).

Rollsiegel und ihre Abdrücke. *(Ganz oben)* Siegelabdruck der Uruk-Periode (ca. 3300 v. Chr.); die Fundstelle des Siegels befindet sich in der Nähe von Uruk. Marmor mit Bronzegriff, geformt wie ein liegendes Schaf; 5,4 x 4,5 cm. *(Oben, zweite Reihe)* Frühdynastische III-Periode (ca. 2600 v. Chr.). Grüner Kalzit, 5,0 x 2,6 cm. *(Oben)* Akkadisch (ca. 2250 v. Chr.). Bergkristall, 3,2 x 2,2 cm. *(Ganz oben rechts)* Altbabylonisch (ca. 1750 v. Chr.). Hämatit; 2,5 x 1,3 cm. *(Darunter rechts)* Mittelassyrisch (ca. 1300 v. Chr.). Chalzedon; 2,8 x 1,2 cm. *(Darunter rechts)* Neuassyrisch (ca. 700 v. Chr.). Karneol; 3,65 x 1,7 cm. *(Rechts)* Achämenidisch (ca. 450 v. Chr.) aus Borsippa, Irak, Ausschnitt. Chalzedon; 4,75 x 2,2 cm.

Der Gebrauch von Rollsiegelkarten
Die ausgegrabenen Rollsiegel entstammen meist den Gebieten, in denen die Tontäfelchen mit Keilschrift beschrieben wurden.

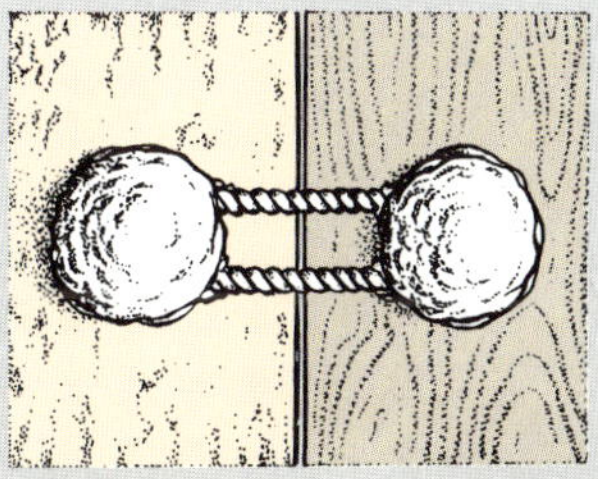

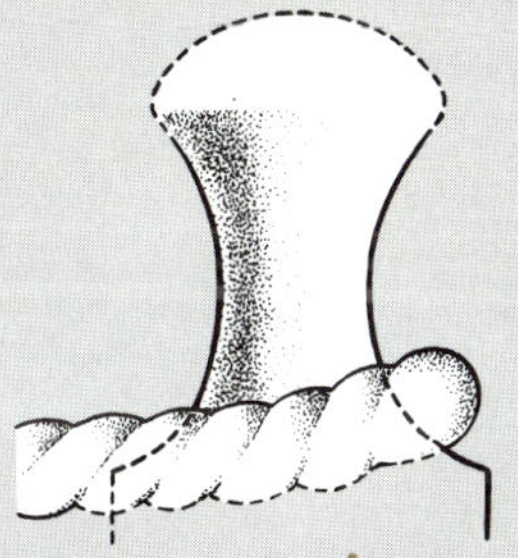

Die Unterseiten der Tonsiegel tragen die Abdrücke der entsprechenden Gegenstände, zum Beispiel Krüge oder Körbe. Manche Siegel wurden verwendet, um Holztore zu sichern, die mit einem Pflock und einem Seil verschlossen waren *(ganz oben)*. Einige Siegel trugen die glatte Oberfläche und Maserung des Holzes sowie die Form von Pflock und Seil *(oben)*. Während versiegelte Krüge importiert sein könnten, wurden Tore am Ort versiegelt. Die verschiedenen Siegel geben Auskunft über Stilentwicklungen und Handelsstrukturen.

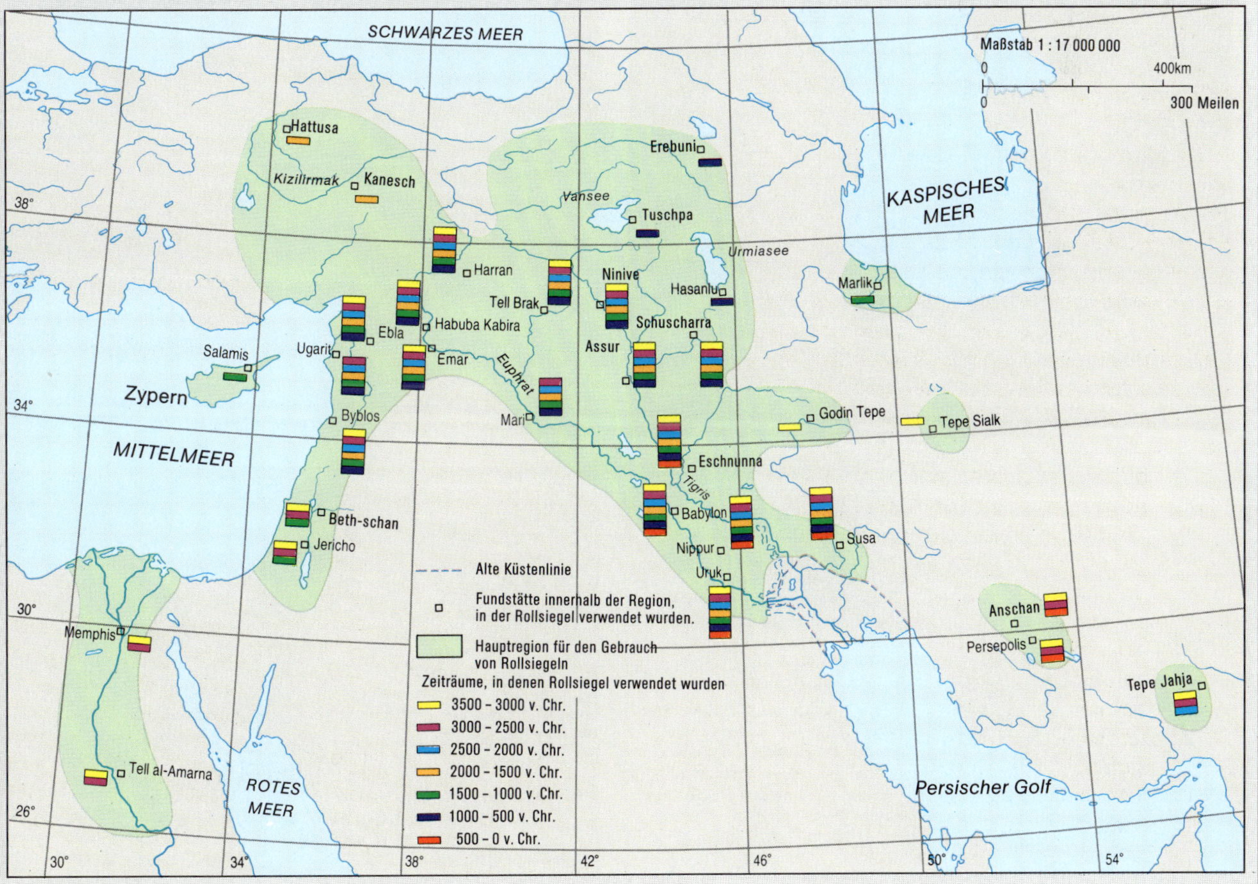

Religion und Ritual

Unten: Dieses Podest, das im Tempel der Göttin Ischtar in Assur gefunden wurde, trägt die Widmungsinschrift des assyrischen Königs Tukulti-Ninurta I. an den Gott Nusku. Der König ist zweimal dargestellt, wie er die Tafel und den Griffel des Gottes Nabu verehrt, die auf einem ähnlichen Podest ruhen. Höhe 57,5 cm.

Wie bereits an der kultischen Ausstattung der neolithischen Häuser von Qermez Dere und Chatal Hüyük zu sehen war, spielten Religion und Ritual schon seit frühester Zeit eine grundlegende Rolle im Leben der Bewohner des alten Nahen Ostens. Manche Gelehrte vertreten dementsprechend die Ansicht, daß die Religion letztlich der auslösende Faktor für den Übergang von der Dorf- zur Stadtgesellschaft gewesen ist. Alle Herrscher der Region betrachteten sich als Vertreter der Götter, und ein großer Teil ihrer Pflichten bestand in der Ausübung sakraler Zeremonien, die das Böse abwehren und die Gunst der Götter herbeiführen sollten. Die Zentren der Kultausübung waren in der Regel die Tempel, obwohl religiöse Feiern auch in heiligen Grotten oder auf geweihten Anhöhen stattfanden. Die Götter lebten als Statuen in den Tempeln, die Priester waren für ihre Pflege und ihre Versorgung verantwortlich. Es gab die verschiedensten Priester mit unterschiedlichen Funktionen wie Verwaltung, Beschwörungen, Exorzismus, Vorzeichendeutung, Opferungen und so fort. Die meisten Informationen stammen aus Texten, die sich mit dem Palast oder dem Tempel befassen; über den Glauben und die religiösen Pflichten der gewöhnlichen Bürger ist allerdings kaum etwas bekannt.

Unten: Zeichnungen zweier Siegelabdrücke auf einem Täfelchen der Regierung von Tukulti-Ninurta I. (1243 – 1207 v. Chr.), entdeckt in Assur. Der Ziegenfisch gilt als Abbild des Gottes Ea, Göttin Gula wird als Hund dargestellt.

Oben: Kalksteinrelief aus Susa mit einer Inschrift in der elamitischen Linearschrift von Puzur-Inschuschinak (ca. 2200 v. Chr.). Ein Gott hält einen Pflock, um die Gründung eines Tempels zu sichern, während eine vermittelnde Göttin dahinter steht. Ähnliche Figuren dienten als Stiftungsfiguren, um der Errichtung weiterer Tempel zu gedenken, die unter dem König von Akkad, Naram-Sin, und dem Herrscher von Lagasch, Gudea, erbaut wurden.

Um den Platz, an dem ein Tempel erbaut wurde, zu reinigen, bedurfte es einer großen Zeremonie, in deren Verlauf ein Pflock in den Boden getrieben wurde. Höhe 52 cm.

Oben rechts: Bronzeskulptur, geschaffen zur Zeit des mittelelamitischen Königs Schilhak-Inschuschinak (ca. 1150 v. Chr.). Entdeckt wurde sie in Susa, in Gips eingeschlossen; sie zeigt die einzige dreidimensionale Szene aus dem alten Nahen Osten, die erhalten geblieben ist. Dargestellt werden zwei nackte Priester bei einer Zeremonie, vermutlich in der Morgendämmerung, denn in der Inschrift trägt die Skulptur die Bezeichnung »Sonnenaufgang«. Bäume, ein großes Gefäß und eine Reihe von Plattformen und Altären bilden den Hintergrund. Vermutlich handelt es sich bei den größeren Objekten mit Treppen um Zikkurrats oder hohe Altäre. Maße 60 x 40 cm.

Links: In Eschnunna gefundene sumerische Statuen. Einige stammen aus einem geheimen Versteck, das im Viereck-Tempel in Eschnunna vergraben war. Die Statuen stellen Adoranten dar; sie sollten in den Tempeln ständig für das Leben des Spenders beten. Die aufeinandergelegten Hände sind als Geste der Verehrung und des Gebetes zu verstehen.

Unten: Ausschnitt aus der Stele von König Ur-Nammu (2112 – 2095 v. Chr.), deren Fragmente in Ur freigelegt wurden. Die Szene zeigt den König bei einem Trankopfer, das er dem Mondgott Nanna (akkad.: Sin), dem Hauptgott der Stadt, darbringt. Der Gott trägt Stab und Ring. Vermutlich handelt es sich um einen Maßstock und eine Meßschnur. Der andere Gegenstand gleicht einem Halsband. Als Trankopfer dienten Wasser, Bier, Wein, Öl oder das Blut eines Opfertieres.

Links: Abdruck eines Rollsiegels aus Lapislazuli, der in einem Tempelschatz des 4. Jahrtausends v. Chr. in Uruk gefunden wurde. Der Herrscher, dargestellt in einem Boot mit hohem Bug, transportiert einen Stier, der auf seinem Rücken eine stufige Plattform mit dem Emblem der Göttin Inanna trägt (wie auf der Warka-Vase aus demselben Schatz). In späterer Zeit wurden die Statuen der Götter an Festtagen in Prozessionen von Tempel zu Tempel geführt; zum babylonischen Neujahrsfest brachte man Statuen aus anderen Städten nach Babylon. Höhe 4,3 cm.

Oben: Die Mosaikeinlegearbeit aus dem frühdynastischen Schamasch-Tempel in Mari stellt vermutlich die Opferung eines Bocks dar. Sie gehörte zu den regelmäßigen Tempelzeremonien; zu bestimmten Tagen fanden besondere Opfer statt. Man tötete Tiere auch, um aus der Eingeweideschau zukünftige Ereignisse vorhersagen zu können.

Rechts: Assyrische Soldaten transportieren Götterstatuen ab (ca. 730 v. Chr.). Bei der linken Statue handelt es sich um Adad, den Sturmgott. Er trägt einen Blitzstrahl. Die Mitnahme der Götter einer eroberten Stadt war in Mesopotamien üblich.

Götter und Dämonen

Im alten Nahen Osten wurden Hunderte von Göttern verehrt. Jede ethnische Gruppe, selbst jede Stadt besaß ihre eigenen Götter. Im allgemeinen herrschte in Religionsfragen eine erstaunliche Toleranz; die Gottheiten der einen Region wurden häufig mit denen einer anderen gleichgesetzt. Das sumerische und das akkadische Pantheon verschmolzen schon in sehr früher Zeit, so daß sich ihre Götter nicht mehr unterscheiden lassen. Oft war das Ansehen der Götter vom Schicksal ihrer Heimatstadt abhängig: so stiegen Marduk und Assur zu herausragender Stellung auf, als Babylonien und Assyrien ihre Blüte erlebten.

In der Regel nahmen die Götter menschliche Gestalt an; man glaubte auch, daß sie sich wie Menschen verhielten und die gleichen Gefühle und Bedürfnisse an den Tag legten, obwohl sie übernatürliche Kräfte besaßen. Neben den Gottheiten existierten zahlreiche weitere überirdische Wesen guter und böser Art – Dämonen, die Seelen Verstorbener, Geister und so weiter. Sie erschienen in verschiedenster Gestalt, häufig versehen mit menschlichen und tierischen Zügen. Einigen Dämonen gab man die Schuld an Krankheiten und anderem Mißgeschick; komplizierte Rituale sollten vor ihren bösen Kräften schützen.

Links: Dieses elfenbeinerne Pferdegeschirr in phönikischem Stil ziert eine nackte Frauengestalt mit Löwen und Lotosblumen in den Händen. Nackte Göttinnen stellen meist die Göttin der Liebe und des Krieges vor, die bei den Sumerern Inanna, bei den Akkadern Ischtar und in der Levante Astarte genannt wurde. Höhe 16,1 cm.

Rechts: Ein *kudurru* (Grenzstein) von Nebukadnezar I. (1124 – 1103 v. Chr.) mit den Symbolen der Götter. In der obersten Reihe befindet sich der Stern der Ischtar, der Halbmond von Sin und die Sonnenscheibe von Schamasch. Die drei gehörnten Kronen auf den Podesten darunter repräsentieren vermutlich Anu, Enlil und Ea. Höhe ca. 60 cm.

Links: Die bekannteste Methode, um in die Zukunft zu sehen, war die Untersuchung der inneren Organe eines Opfertieres. Diese babylonische Plakette aus Sippar wurde ungefähr um 700 v. Chr. aus gebranntem Ton hergestellt. Sie zeigt eine Beschau; auf der anderen Seite ist die Deutung des Omens aufgezeichnet. Das Gesicht gehört dem Dämon Humbaba, der von Gilgamesch, dem Helden des gleichnamigen Epos, erschlagen wurde. Höhe 8 cm.

Rechts: Auf der Rückseite dieser Bronzereliefplakette (ca. 700 v. Chr.) ist der Dämon Pazuzu abgebildet, dessen Kopf und Hände oben angebracht wurden. Die Plakette war ein Schutz gegen die Dämonin Lamaschtu, die schwangeren Frauen und neugeborenen Kindern schadete. Die Plakette zeigt die Symbole der Götter, eine Reihe von Dämonen, eine kranke Person, die von zwei in Fischschuppen gekleideten Priestern geführt wird, sowie darunter die Dämonen Pazuzu und die löwenköpfige Lamaschtu.
Höhe 13,3 cm; Breite 8,4 cm.

Links: Geflügelte Figur aus dem Nordwestpalast von Assurnasirpal II. (883 – 859 v. Chr.) in Kalchu. Sie trägt die gehörnte Krone, die seit der frühdynastischen Zeit des antiken Mesopotamiens das Zeichen der Göttlichkeit darstellt. Viele solcher Figuren schmücken als Reliefs die Wände des Palasts. Einige haben vier Flügel, andere Adlerköpfe oder Fischschuppen. Sie tragen verschiedene Gegenstände, u. a. Pflanzen, Tiere, Eimer und Kegel. Diese übernatürlichen Wesen gehören den *apkallu* oder sieben Weisen an, deren Figurinen unter den Fußböden der Paläste vergraben wurden, um den Palast und seine Bewohner vor Unglück zu schützen.

Unten: Bronzefigur des Winddämons Pazuzu, oft dargestellt mit einer Fratze, vier Flügeln, Vogelbeinen, den Vorderpfoten eines Tieres und dem Schwanz eines Skorpions. Die Figur trägt die Inschrift: »Ich bin Pazuzu, Sohn von Hanbi, König der bösen Winddämonen«. Obgleich er König der bösen Geister war, galt Pazuzu als wohlmeinender Gott. In der spätassyrischen und der neubabylonischen Zeit trugen Frauen während der Geburt Bronzeamulette mit Pazuzus Kopf als Schutz vor den Angriffen der Dämonin Lamaschtu.

Rechts: Bronzefigur eines unbekannten Gottes mit vier Gesichtern. Dieses Stück wurde nicht bei Ausgrabungen gefunden, stammt aber vermutlich aus Neribtum (Tell Ischtchali) und entstand im frühen 2. Jahrtausend v. Chr. Höhe 17 cm.

Unten: Der Abdruck eines Grünstein-Rollsiegels der akkadischen Periode (ca. 2200 v. Chr.) zeigt den Wassergott Ea mit seinem zweigesichtigen Wesir Usmu. Vor ihm erscheint zwischen den Bergen der Sonnengott Schamasch mit Ischtar an seiner linken Seite. Höhe 3,9 cm.

Rechts: Diese Plakette aus gebranntem Ton, gefunden in Tubub (Tell Chafadje), zeigt einen Kriegsgott, der auf eine einäugige Sonnengottheit einsticht. Die unbekannten Figuren entlehnte man vermutlich einem Mythos, der nicht überliefert ist. In Formen gebrannte Plaketten mit den Darstellungen von Göttern erfreuten sich in altbabylonischer Zeit (2000 – 1600 v. Chr.) großer Beliebtheit und wurden sowohl in Tempeln wie in Häusern gewöhnlicher Bürger als Votivgaben oder Devotionalien aufbewahrt. Höhe 11 cm.

STAATEN IM KONFLIKT
(3000 - 2350 v. CHR.)

Dokumentierung der frühen Geschichte

Das Aufkommen der Schrift in der späten Uruk-Zeit führte die Bevölkerung Mesopotamiens an die Schwelle der Geschichte. Es sollte jedoch noch fast ein Jahrtausend dauern, bis Texte entstanden, mit denen man die historischen Ereignisse dieser Region verfolgen konnte. Die zu deren Lebzeiten entstandenen Inschriften der Herrscher der Stadtstaaten aus der Endzeit der frühdynastischen Periode übermitteln meist nur wenige Informationen. Sie enthalten lediglich den Namen des Herrschers und die Widmung an einen Gott, während die späteren Texte Reflexionen über vergangene Zeiten sind und keine unmittelbaren Schilderungen historischer Ereignisse. Auch die Chronologie ist ziemlich unsicher. Die älteste einigermaßen verläßliche Datierung ist die der Thronbesteigung des Sargon von Akkad 2334 v. Chr. Sie markiert das Ende der frühdynastischen Zeit in Mesopotamien. Dieses Datum wurde allerdings errechnet, indem man die Regierungszeiten der Herrscher zwischen Sargon und Ammisaduqa von Babylon addierte, was eine Summe von etwa 700 Jahren ergab. Eine Abweichung von 200 Jahren ist jedoch leicht möglich.

Der Niedergang des Handelsreichs der späten Uruk-Zeit führte zu einem kulturellen Vakuum, in dem Regionalkulturen entstanden: im Osten die proto-elamische, in Südmesopotamien die Djemdet-Nasr-Kultur und Frühdynastisch I sowie im Dijala- und Hamrin-Gebiet Frühdynastisch I und die Spätproto-literarische Kultur. In Nordmesopotamien entwickelte sich zuerst eine von der späten Uruk-Zeit abgeleitete Kultur und dann Ninive 5, in anderen Regionen traten die frühen Bronzekulturen auf. Südmesopotamien blieb der Mittelpunkt der Zivilisation, mit vielen Städten, die um die Vorherrschaft wetteiferten. Nur die wenig bekannte proto-elamische Kultur mit zumindest einer bedeutenden Stadt konnte, was ihre weitreichenden Kontakte angeht, mit Mesopotamien konkurrieren. Anderswo überlebten die großen Städte, die während der späten Uruk-Zeit entstanden waren, nicht. Gegen Ende der frühdynastischen Periode jedoch war der sumerische Einfluß noch einmal in ganz Mesopotamien spürbar und prägte die Kulturen des gesamten Nahen Ostens.

Die proto-elamische Kultur

In Susa wandelte sich die materielle Kultur von Susa II, das in etwa der späten Uruk-Kultur von Sumer entsprach, zu Susa III, das engere Verbindungen zu den Hochlandregionen des Irans im Osten unterhielt. Weite Teile Susianas, darunter Susa selbst, waren um diese Zeit verlassen. Die Bewohner werden entweder nach Südmesopotamien oder auf das iranische Hochplateau gezogen sein, denn beide Regionen registrierten einen Bevölkerungszuwachs.

Die auffälligsten Fundobjekte der Susa-III-Periode in Susa sind Tontafeln mit der proto-elamischen Schrift A. Diese Schrift ähnelt grundsätzlich derjenigen aus Mesopotamien, die benutzten Gewichts- und Maßsysteme sind die gleichen. Die nichtnumerischen Zeichen jedoch differieren und wurden vermutlich zur Aufzeichnung anderer Sprachen verwendet. Bei den Uruk-III- und wohl auch den Uruk-IV-Texten ist dies die sumerische Sprache. Die proto-elamischen Texte sind höchstwahrscheinlich eine frühe Form des Elamischen, der vom dritten bis zum ersten Jahrtausend v. Chr. in Susiana und im östlichen Bergland gesprochenen Sprache. Doch da die Texte bisher nicht entziffert werden konnten, läßt sich dies nicht beweisen.

In Susa wurden 1400 proto-elamische Täfelchen entdeckt, kleinere Mengen in Tepe Sialk, Tepe Yahya und Tell Malyan. Ein einziges Exemplar wurde in Schar-i Sochte, weit im Osten des Irans nahe der afghanischen Grenze, ausgegraben. Zusammen mit diesen Tafeln fand man Siegelstempel und Siegel, die mit den Djemdet-Nasr- und Frühdynastisch-I-Exemplaren Mesopotamiens in Beziehung standen. Ein Siegelstempel hat die Form eines langen, dünnen Zylinders, der aus Chlorit (oder Steatit) geschnitten war. Nach Einschneiden des Musters hatte man ihn erhitzt, um die Oberfläche zu härten. Verziert sind diese Siegelstempel häufig mit Rosetten, geometrischen Figuren, darunter Dreiecken und Kreisen, sowie Bogen, Arkaden und anderen Motiven, alle vergleichbar mit den Zeichen auf den proto-elamischen Täfelchen. Diese »glasierten Steatit«-Siegelstempel wurden im gesamten proto-elamischen Kulturraum und entlang des Westrandes des Sagrosgebirges bis zur Ninive-5-Kultur Nordmesopotamiens gefunden. In Südmesopotamien waren sie jedoch sehr selten, was vermuten läßt, daß die Handels- und die politischen Beziehungen parallel zum Bergland verliefen anstatt vom Tiefland strahlenförmig auszugehen (wie es in der Frühzeit der späten Uruk-Periode der Fall war).

Die größte bekannte proto-elamische Fundstätte ist Tall-i Malyan, 450 Kilometer südöstlich von Susa in der Region Fars. In späteren Zeiten hieß sie Anschan und lag ebenso wie Susa innerhalb der Grenzen des Königreichs Elam. In der Banesch-Periode, um 3400 - 2600 v. Chr., dehnte sich Malyan auf einer Fläche von über 50 Hektar aus. Zu Anfang des dritten Jahrtausends v. Chr. umspannte eine Verteidigungsmauer der Stadt etwa 200 Hektar; ungefähr ein Viertel davon war dauerhaft besiedelt.

Ausgrabungen haben ein schön angelegtes großes Gebäude mit 17 oder mehr Räumen zum Vorschein gebracht. Es weist Wandmalereien auf unter Verwendung der Farben Rot, Weiß, Gelb, Grau und Schwarz. Proto-elamische Tafeln und Tonsiegel entdeckte man in einigen anderen Gebäuden, die Vorratsräume und Werkstätten hatten, wo einheimische Werkstoffe wie Feuerstein, Kupfererz und Bitumen, aber auch importierte Materialien, darunter Obsidian, Perlmutt und Muscheln vom Persischen Golf, Karneol und Lapislazuli aus Badachschan im Norden Afghanistans lagerten. Lapislazuli konnte über zwei Hauptrouten in den Nahen Osten gelangt sein: ein südlicher Weg führte durch Schar-i Sochte, dann südlich von Dascht-e Kawir und Dascht-e Lut nach Kerman, Fars und durch Chusistan. Eine nördliche Route, der später die Seidenstraße folgte, verlief durch Chorasan, zwischen dem Elburs und Dascht-e Kawir und dann südwestlich über Hamadan und Kermanscha nach Zentralmesopotamien. Neben diesen beiden Handelswegen entdeckte man Fundorte, die den Import und die Bearbeitung von Halbedelsteinen, darunter Lapislazuli, belegen. In der Nähe von Tepe Yahya gab es reiche Vorkommen von Chlorit, der in der frühdynastischen Epoche für die Herstellung

Der Handel mit Chloritgefäßen des interkulturellen Stils

Gefäße aus Chlorit mit Steinschnittverzierungen befanden sich an vielen Fundstätten des 3. Jahrtausends v. Chr. im Nahen Osten. Eine der ergiebigsten Quellen des Chlorits war das Gebiet um Tepe Yahya, einem bedeutenden Produktionszentrum. In Mesopotamien entdeckte man diese Gefäße in Tempeln, Palästen und Gräbern. Die von der Insel Tarut im Golf stammenden Vasen waren vermutlich Grabbeigaben; sie wurden allerdings nicht bei wissenschaftlichen Ausgrabungen freigelegt. Die häufigsten Motive des interkulturellen Stils waren Tiere und ein Gebäudetyp, der nicht mit einem üblichen Architekturstil dieser Zeit und Region vergleichbar wäre. Am häufigsten dargestellt wird eine kämpfende Schlange. Eines dieser im Inanna-Tempel von Nippur gefundenen Gefäße trug in Keilschrift die Bezeichnung: »Inanna und die Schlange«; doch die Beschriftung könnte auch erst nach Ankunft des Gefäßes in Mesopotamien angebracht worden sein.

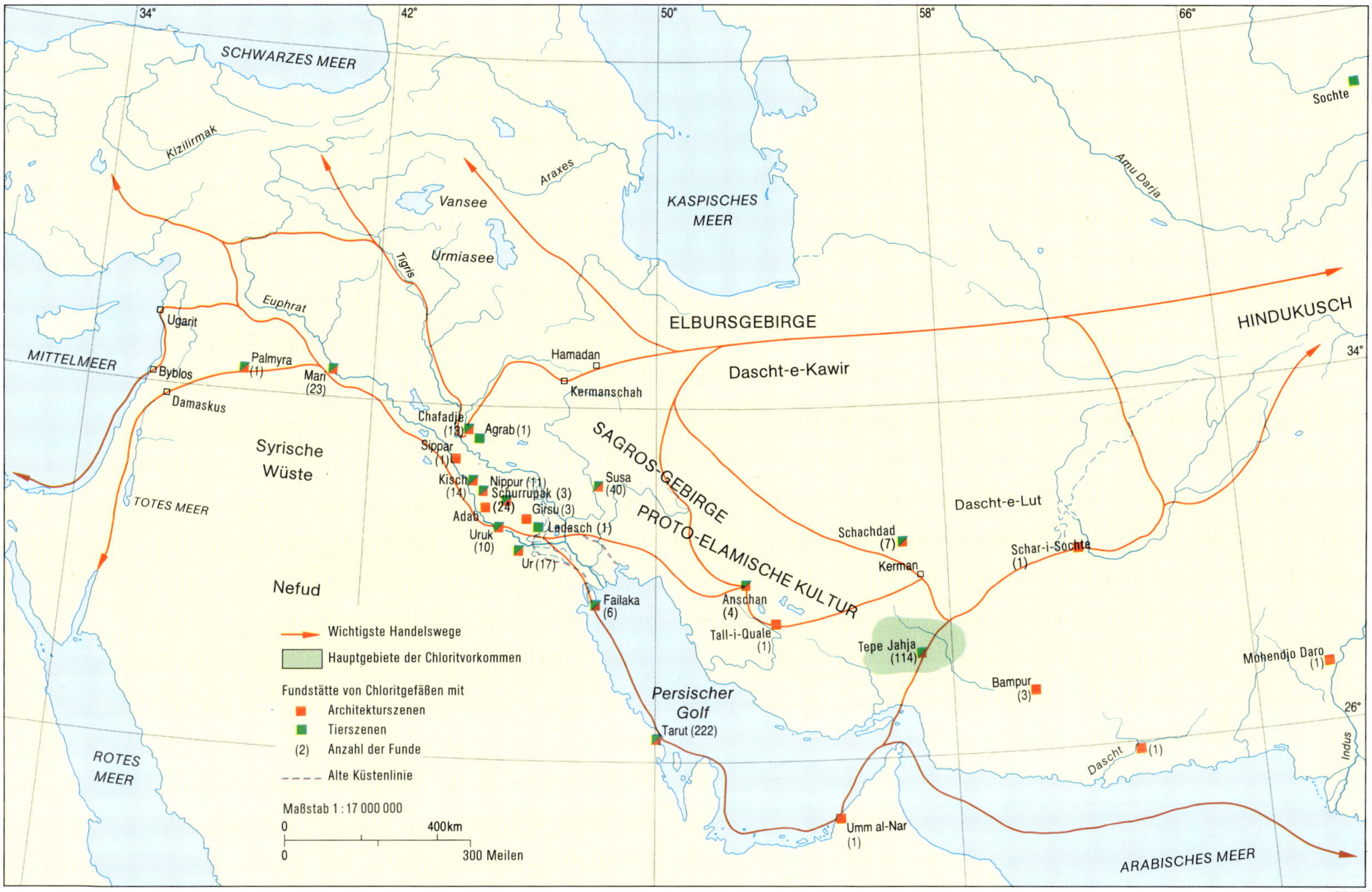

von Siegelstempeln und Schalen verwendet wurde. 26 beschriebene proto-elamische Täfelchen wurden dort zusammen mit weiteren 84 leeren Tafeln gefunden. Die beschriebenen Tafeln listeten nur kleine Mengen von Waren wie Getreide, Bier und auch Tiere auf, was zeigt, daß die Aufzeichnungen in erster Linie für Zwecke der Lokalverwaltung benutzt wurden, nicht für den Fernhandel.

Frühdynastisch I

In der frühdynastischen Zeit war Mesopotamien in kleine Stadtstaaten aufgeteilt. Die meisten bestanden aus einer einzigen großen Siedlung und dem umliegenden Land. Die Zeugnisse in Eridu belegen, daß von der Ubaid-Periode an bis Uruk Siedlungskontinuität herrschte. In ähnlicher Weise gab es auch zwischen der Uruk- und der Djemdet-Nasr- sowie der frühdynastischen Zeit keinen größeren Bruch. Vor allem die Standorte der Tempel blieben unverändert; die Freilegung aufeinanderfolgender Schichten hat die architektonische Entwicklung von Jahrtausenden aufgedeckt.

Ausgrabungen in der Dijala-Region östlich von Bagdad sorgten für das archäologische Grundgerüst. Die frühdynastische Zeit läßt sich unterteilen in eine frühe Phase, die im wesentlichen prähistorisch ist, und eine spätere Zeit, in der historische Persönlichkeiten und Ereignisse identifiziert werden können. Diese Phasen entsprechen in der Dijala-Region Frühdynastisch I und Frühdynastisch III, wobei Frühdynastisch II eine Übergangsperiode darstellt. Frühdynastisch I ist in der Dijala-Region am besten dokumentiert; typisch dafür ist eine bemalte Keramikart, die sogenannte Scharlachware, die auch in Hamrin gefunden wurde.

Wiederum erweisen sich die Tempel als nützliche Informationsquellen. Ein typischer Tempel besaß einen Schrein. Er bestand aus einem langen Raum, der ziemlich am Ende einer der Längsseiten von einem Hof aus betreten wurde. Der Altar befand sich an der gegenüberliegenden Schmalseite. Diese Tempelform, zu der ein Zugang in »geknickter Achse« gehörte, dürfte sich entwickelt haben, indem den dreiteiligen Ubaid- und Uruk-Tempeln der Djemdet-Nasr-Zeit ein äußerer Hof angefügt wurde. In ähnlicher Weise entstand aus dem dreigegliederten (Wohn-)Haus der Ubaid-Periode ein Haus mit Innenhof und einem Empfangsraum nach der Hofseite (ein archi-

Rechts: Bemalter Keramikkrug aus Tell Chafadje (früher: Tutub) im Dijala-Gebiet. Der Stil dieser Schwarz-Rot-Malerei trägt die Bezeichnung Scharlach-Ware und erscheint typisch für die frühdynastische I-Periode. Es wurden sowohl geometrische wie naturalistische Motive verwendet, aber Darstellungen von Menschen, wie auf diesem Gefäß, waren selten. Höhe ca. 30 cm.

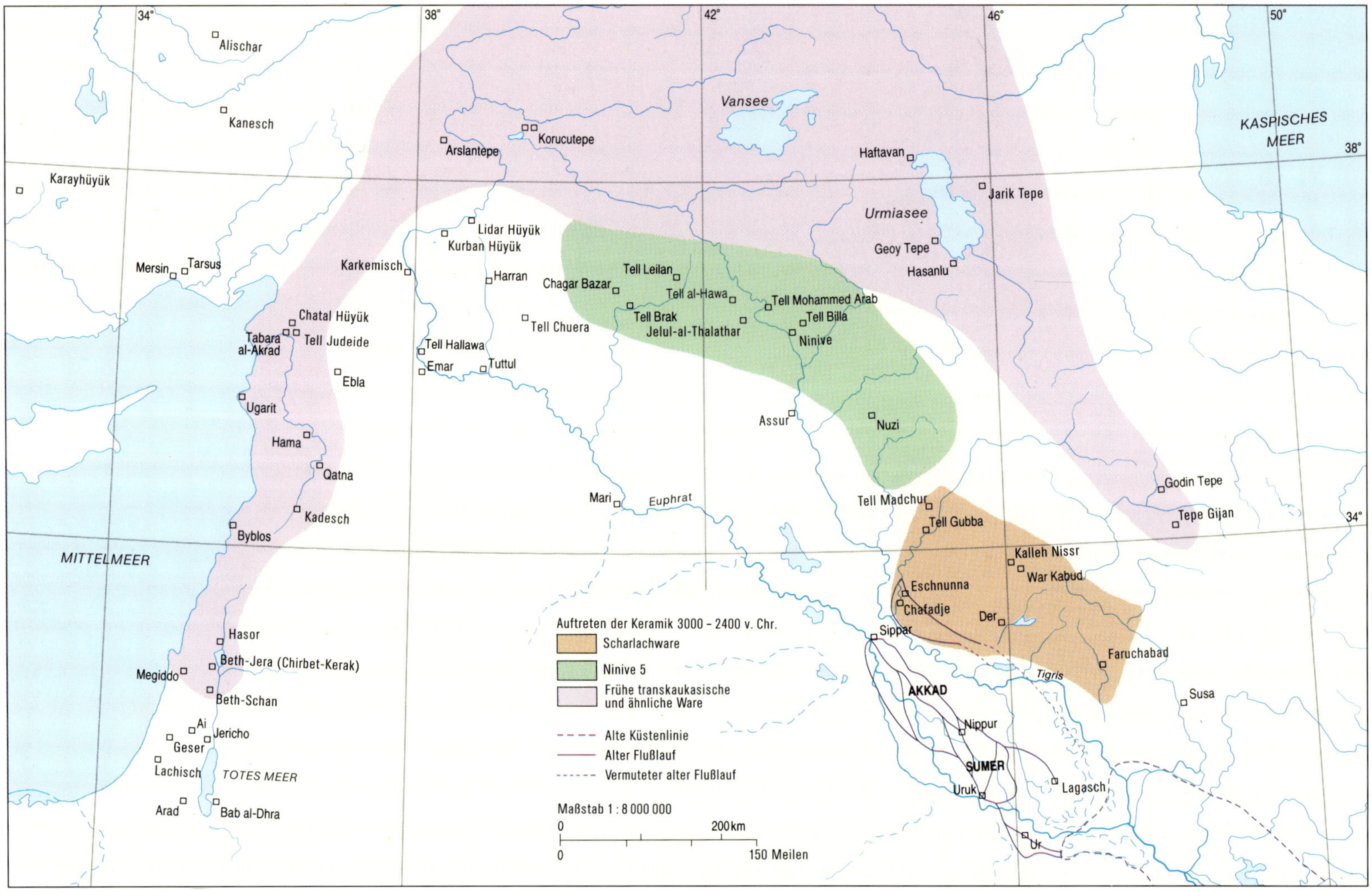

Die Verbreitung der Keramikstile im 3. Jahrtausend v. Chr.
Obgleich die Schrift im 4. Jahrtausend v. Chr. in Gebrauch war, ist eine Rekonstruktion der Geschichte des 3. Jahrtausends v. Chr. an Hand von schriftlichen Dokumenten nicht möglich. Wie bei der Erforschung der prähistorischen Zeit, stützen die Archäologen ihre wissenschaftlichen Untersuchungen auf die Verbreitung verzierter Keramiken zur Bestimmung der verschiedenen regionalen Kulturen. Drei Hauptrichtungen sind zu erkennen. Im Nordosten von Sumer und Akkad wurde die rot und schwarz bemalte Scharlachware gefunden. Nordwestlich davon entdeckte man die Ninive-5-Keramik. Die frühere Ninive-5-Keramik war bemalt, sie wurde später ersetzt durch eine Grauware mit Mustern, die man in die Oberfläche der Gefäße einkratzte. Rund um Mesopotamien gab es Stilrichtungen mit schwarz oder rot gebrannter Keramik, die manchmal mit weiß ausgefüllten Mustern oder mit erhabenen Reliefverzierungen versehen waren. Dieser Stil entwickelte sich aus der frühen transkaukasischen Keramik, die sich während des 3. Jahrtausends v. Chr. nach Süden ausbreitete.

tektonischer Grundriß, der heute noch im Irak verwendet wird). Eine andere Besonderheit der Tempel aus der frühdynastischen Zeit I, die später weite Verbreitung fand, sind Steinstatuen, die stellvertretend für die Gläubigen agieren sollten. Eine Sammlung von zwölf Statuen wurde neben dem Altar eines der drei Schreine in der rechteckigen Tempelanlage von Eschnunna (heute Tell Asmar) gefunden. Ursprünglich hatte man sie für Götterstatuen gehalten, tatsächlich sollen sie jedoch betende Menschen darstellen.

Fundstätten aus der frühdynastischen Zeit I in der Region Hamrin lieferten nur wenige Zeugnisse für das Vorhandensein großer Städte. Tell Gubba, der älteste und eindrucksvollste archäologische Ausgrabungsort, der ins Endstadium der Djemdet-Nasr- oder in die beginnende frühdynastische Zeit I zu datieren ist, war einst ein Gebäudekomplex, der acht konzentrische Mauern aufwies. Der Durchmesser betrug insgesamt 70 Meter. Die Wälle hatten Kragsteinvorsprünge, so daß zwischen ihnen von spitzen Dächern überwölbte Passagen entstanden waren. In die dicken Mauern waren Treppenstufen geschlagen. Die Funktion dieses Bauwerks, das auch außerhalb des Hamrinbeckens ohne Parallele ist, blieb bisher unbekannt. Eine Grube innerhalb der Anlage enthielt 16 Skelette, die nacheinander hineingeworfen worden waren. In den Gängen befanden sich große Behälter mit Getreidekörnern, so daß das Gebäude wohl als Vorratslager für Nahrungsmittel und als Schatzkammer genutzt wurde.

Ein anderes, nur wenig jüngeres Bauwerk, der Rundbau von Tell Razuk, hat ebenfalls konzentrische Wälle und in der Mitte einen weiten offenen Platz mit einem Durchmesser von zehn Metern. Die fünf gerundeten Räume, die ihn umgeben, waren mit Kragsteinen überdeckt wie die in Tell Gubba, doch hier überspannten die Gewölbe eine Breite von mehr als vier Metern. Es könnte sich bei dem Gebäude um einen militärischen Außenposten handeln, den einer der Stadtstaaten im Südwesten angelegt hatte. Von einem in Cheit Qasim entdeckten Friedhof glaubt man, daß er zu einer in der Nähe liegenden ummauerten Siedlung gehörte. Rechteckige Ziegelböden umgaben die aus Ziegeln errichteten Gräber; die größeren unter ihnen besaßen lange, schmale Wände, die an der Südseite vorsprangen. Ein enger Weg führt zwischen ihnen hindurch. Die Gräber enthielten hauptsächlich Keramik, in manchen befanden sich jedoch auch Dolche, Äxte und Meißel aus Kupfer, das aus Minen im iranischen Hochland stammt.

In Nordmesopotamien entwickelte sich die Spät-Uruk-Stufe zur Ninive-5-Kultur, benannt nach der Schicht 5 der prähistorischen Grube von Ninive. Dort wurde bemalte Keramik freigelegt sowie die jüngere schöne Grauware, die mit kunstvoll eingeritzten Mustern verziert ist. Keine der Fundstätten aus dieser Zeit, die bisher untersucht wurden, gaben irgendwelche Hinweise auf städtische Siedlungsformen. Die Bauten gingen allesamt nicht über das Format von Dorfgebäuden hinaus. Die Gräber, obwohl sie sich hinsichtlich ihrer Größe und ihrer Beigaben unterschieden, erscheinen ärmlich angesichts der Schätze, die den Toten im Süden mitgegeben wurden. Bei den kunstvollsten Metallarbeiten, die aus der Ninive-5-Zeit bekannt sind, handelt es sich um einfache Kupfernadeln mit gegossenen Köpfen. Das Fragment einer eisernen Messerklinge aus einem Grab in Chagar Bazar soll aus geschmolzenem Eisenerz angefertigt worden sein, das vielleicht zufällig entstanden ist, als man Eisenerz zur Gewinnung von Kupfer verwendete.

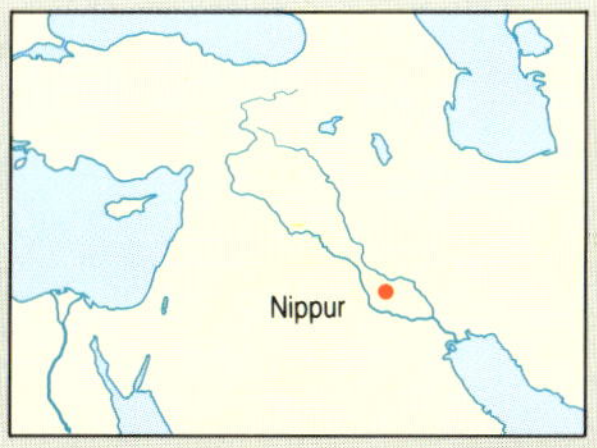

Nippur

Unten: Die Zikkurrat, etwa 2100 v. Chr. für Ur-Nammu errichtet, bildete im 2. Jahrhundert n. Chr. den Mittelpunkt einer starken Festung. Amerikanische Ausgräber erbauten sich um 1900 darauf ein Haus als Zuflucht vor den Bewohnern der Umgebung.

Unten: Dieses Fragment eines bemalten und eingelegten Chloritgefäßes wurde im Südiran hergestellt und in den Ruinen des frühdynastischen Inanna-Tempels von Nippur gefunden. Dargestellt wird eine Großkatze im Kampf mit einer Schlange. Die Szene trägt die keilschriftliche Bezeichnung »Inanna und die Schlange«.

Nippur war das wichtigste Kultzentrum der Sumerer und Sitz des Haupttempels des Gottes Enlil, der im dritten Jahrtausend v. Chr. Anu, den Gott des Himmels, von der Spitze des Pantheons verdrängte. Obwohl die Stadt keine eigene bedeutende Dynastie hervorbrachte, war der Besitz Nippurs für die Herrscher anderer Städte von großer Wichtigkeit, denn er bestätigte ihren Anspruch, ganz Sumer und Akkad zu regieren.

Nippur war von der Ubaid-Zeit bis ungefähr 800 n. Chr. bewohnt; der Schutt, der sich während der 5000jährigen Besiedlung angesammelt hatte, ließ auf einer Fläche von mehr als 3 km² ein großes Hügelfeld entstehen, das sich bis zu 20 m über die umliegende Ebene erhebt. In Nippur existierte eine bedeutende Schreiberschule, viele tausend Täfelchen konnten dort geborgen werden.

Ein einzigartiges, etwa um 1300 v. Chr. entstandenes Täfelchen überliefert eine nahezu maßstabsgerechte Darstellung der Stadt: Man erkennt den Tempel des Enlil, die Stadtmauern und -tore sowie die wichtigen Wasserläufe. Die abrupten Knicke der Stadtmauern, die auf dem Täfelchen zu sehen sind, wurden erst vor kurzem im Zuge von Ausgrabungen am südlichen Ende der Fundstätte von Nippur freigelegt.

Rechts: Der Umrißplan der Fundstätte von Nippur zeigt die wesentlichen, seit 1948 ausgegrabenen Flächen. Den Plan ergänzt eine Karte von Nippur des Jahres 1300 v. Chr., die an dieser Ausgrabungsstätte gefunden wurde und die wichtigsten Standorte enthält.

Rechts: Diese Kupferstatuette stellt vermutlich König Ur-Nammu (2112–2095 v. Chr.) oder Schulgi (2094–2047 v. Chr.) dar. Man entdeckte sie in den Fundamenten des Inanna-Tempels von Nippur. Die Figur trug einen Korb auf dem Kopf; der untere Teil ist in Form eines Pflocks modelliert. Höhe ca. 30 cm.

Frühtranskaukasische Kultur

Weiter nördlich, im Osten der Türkei, entwickelte sich die frühtranskaukasische Kultur. Sie hatte wahrscheinlich in Armenien entlang des Araxestals ihren Anfang genommen, verbreitete sich jedoch gegen Ende des vierten Jahrtausends weiter. Man nimmt an, daß diese Ausdehnung mit einer Wanderung der Menschen nach Westen und Süden verbunden war, so daß in der Osttürkei, im oberen Euphrattal und im Norden des Irans neue Siedlungen angelegt wurden. Die charakteristisch schwarz, braun oder rot gebrannte Keramik wurde reliefartig verziert, manchmal auch mit eingeritzten Mustern, die mit einem weißen Farbstoff ausgefüllt wurden. Man fand sie in der Schicht IV (die um 2700 v. Chr. zu datieren ist) in Godin, jenseits der Hauptroute von Mesopotamien in den Iran. Ähnliche Keramik aus der gleichen oder nur wenig späteren Zeit, die sogenannte Khirbet-Keramik-Ware, wurde im Südwestens Syriens auf der Höhe des Sees Genezareth entdeckt.

Die Menschen, die diese Fundorte bewohnt hatten, lebten in Rundhäusern mit hufeisenförmigen Herden, die mit gegossenen Reliefs verziert waren. Sie können Vorfahren der Hurriter sein, die im späten dritten und im zweiten Jahrtausend v. Chr. die nördlichen Randgebiete Mesopotamiens beherrschten. Inwieweit der Keramikstil politische oder kommerzielle Verbindungen widerspiegelt, ist unbekannt, doch der Ring um Mesopotamien könnte das Tiefland von den reichen Ressourcen der Berge isoliert und in der frühdynastischen Zeit den Seehandel entlang des Persischen Golfs gefördert haben.

Die Levante

In der Levante repräsentierte die Khirbet-Kerak-Keramik nur eine von vielen Regionalkulturen, die in der frühen Bronzezeit weit verbreitet waren. Diese Vielfalt ist nicht unbedingt auf Invasionen zurückzuführen, sondern wird auch das Resultat lokaler Entwicklungen und friedlicher Beeinflussungen von außen über einen langen Zeitraum hinweg sein.

Die frühe Bronzezeit in der Levante wird in vier Phasen eingeteilt, die in etwa der späten Uruk-, der Djemdet-Nasr-, der frühdynastischen Zeit I und der frühdynastischen Zeit III beziehungsweise dem Ende des dritten Jahrtausends entsprochen haben. In der ersten Phase waren die Fundorte im allgemeinen klein bis auf einige, die sich über zehn Hektar oder mehr ausdehnten. Einer der bemerkenswertesten ist Jawa in der steinigen Basaltwüste im Nordosten Jordaniens. Als befestigte Stadt von etwa zwölf Hektar war sie gegen Ende des vierten Jahrtausends in einem Gebiet angelegt worden, in dem die jährliche Niederschlagsmenge unter 150 Millimeter lag. Durch die Speicherung des Winterregens konnten die Menschen jedoch genug Wasser sammeln, um die heißen trockenen Sommermonate zu überstehen.

Die zweite Phase ist durch engeren Kontakt mit dem Königreich Ägypten gekennzeichnet. Palästinensische Tongefäße, die wohl dem Export von Olivenöl dienten, wurden in Gräbern der Ersten Dynastie in Abydos in Ägypten gefunden. Auch konnten im Süden Palästinas und im nördlichen Sinai einige Fundstätten mit Hilfe der Rollsiegel und der Lehmziegelbauweise identifiziert werden; möglicherweise handelte es sich um ägyptische Kolonien oder Handelsniederlassungen.

Auch die Befestigung der Städte durch einen Mauerring mit Toren und Türmen ist für diesen Zeitraum bezeugt. Religiöse Bauten konnten ebenfalls nachgewiesen werden, doch es ist unbekannt, ob die Priester eine bedeutende Rolle in der Regierung spielten. Die meisten Fachleute sind der Ansicht, daß diese Zeit von Stadtstaaten geprägt wurde, wobei jedes befestigte Zentrum das umliegende Land beherrschte. Am Ende dieser Phase wurden viele Siedlungen aufgegeben, die Befestigungen derer, die weiterhin bestanden, wurden massiver. In Syrien blühten Städte wie Mari, Ebla, Hama, Ugarit und Byblos; das mächtige Alte Reich in Ägypten übte während der frühen Bronzezeit III starken Einfluß aus auf Palästina und die Küstenstädte der Levante.

Sumer und Akkad

Südmesopotamien setzte sich aus zwei Landschaften zusammen: Sumer im Süden reichte von Eridu bis Nippur, Akkad im Norden von Abu Salabich bis zum nördlichen Rand der Schwemmlandebene. Die Namen Sumer und Akkad begegnen zum ersten Mal gegen Ende der frühdynastischen Zeit. In Sumer sprach die Mehrzahl der Bevölkerung Sumerisch – eine Sprache, die sich nicht näher einordnen läßt –, im Norden dagegen überwiegend Akkadisch, die Vorläuferin des Babylonischen und Assyrischen. Es ist verwandt mit dem Hebräischen und Arabischen.

Sumer und Akkad waren keine Länder im modernen Sinn, sondern bestanden jeweils aus mehreren Stadtstaaten. Jeder dieser Stadtstaaten bildete eine politische Einheit und hatte einen eigenen Herrscher. Zu einigen Stadtstaaten gehörten mehrere Städte. Der Staat Lagasch etwa umfaßte Girsu (die Heimat von Ningirsu, dem Hauptgott des Staates), Lagasch, das dem Staat seinen Namen gab, und Nina, eine kleinere Stadt im Südosten. Sumer und Akkad waren in rund ein Dutzend Stadtstaaten unterteilt. Die meisten lagen an den Armen des Euphrat und waren von Brach- und Weideland umgeben (auf Sumerisch *edin* genannt). Die Weidegründe dienten auch als Puffer zwischen den städtischen Siedlungen. Die Städte lagen nahe beieinander. So war Umma nur 30 Kilometer von Girsu im Staat Lagasch entfernt; die Herrscherinschriften von Lagasch beschreiben die unaufhörlichen Kämpfe um das Land zwischen ihnen. Ummauerte Siedlungen wurden bereits für die akeramische neolithische Zeit in Jericho und Maghsalije nachgewiesen und waren in der frühen Bronzezeit I in Palästina die Regel. Wahrscheinlich waren zu Beginn der frühdynastischen Epoche die meisten sumerischen Städte befestigt. Das älteste Zeugnis für Stadtmauern in Südmesopotamien (Abu Salabich) datiert allerdings aus der Mitte der frühdynastischen Zeit. Aufgrund der ständig wechselnden Bündnisse und der militärischen Eroberungen ist es kaum möglich, eine politische Karte Sumers zu zeichnen. Zuweilen hatte der König von Kisch die Macht auch über einen so weit entfernten Staat wie Lagasch, dann wiederum lag die Regierung von zwei oder mehr Stadtstaaten in den Händen eines einzigen Mannes.

Herrscher und Götter

Die Herrscher der Stadtstaaten führten drei verschiedene Titel – *en, ensi und lugal* –, was der Reihenfolge nach in etwa »Herr«, »Stadtfürst« und »König« heißt, doch die genauere Bedeutung der einzelnen Bezeichnungen ist unklar. In verschiedenen Städten wurden unterschiedliche Titel verwendet. Dem *en* oblagen religiöse Pflichten; er war wohl ursprünglich ein Priester. Der *Lugal*, wörtlich »großer Mann«, übernahm eine eher säkulare Rolle. Der Titel wird entstanden sein, als ein Ältestenrat einen Feldherrn wählte, dem babylonischen Schöpfungsepos entsprechend, als die Versammlung der Götter Marduk dazu bestimmte, gegen die bösen Dämonen Krieg zu führen. In einigen Fällen unterstanden einem *lugal* ein oder mehrere *ensi*. Gegen Ende der frühdynastischen Zeit waren in einigen Städten die weltlichen und religiösen Ämter deutlich voneinander getrennt; bis zum Ende der mesopotamischen Kultur jedoch übten die weltlichen Herrscher ihre

Unten: Die am besten erhaltene Kopie der Sumerischen Königsliste in Keilschrift auf dem Weld-Blundell-Prisma zählt die Herrschernamen von Sumer aus der Zeit vor der Sintflut bis zu Sin-Magir, dem König von Isin (1827 – 1817 v. Chr.) auf. Bekannt sind mehr als ein Dutzend Kopien aus Babylonien, Susa und der assyrischen königlichen Bibliothek des 7. Jahrhunderts v. Chr. in Ninive. Diese Kopien stammen von einem Original, das vermutlich um 2100 v. Chr. in der Frühzeit der Dritten Dynastie von Ur zusammengestellt wurde. Die sumerische Königsliste berichtet von einer Zeit, »als das Königtum vom Himmel herabgesandt« wurde und eine besondere Stadt auserwählt war, die Herrschaft über alle anderen Städte auszuüben. Höhe 20 cm.

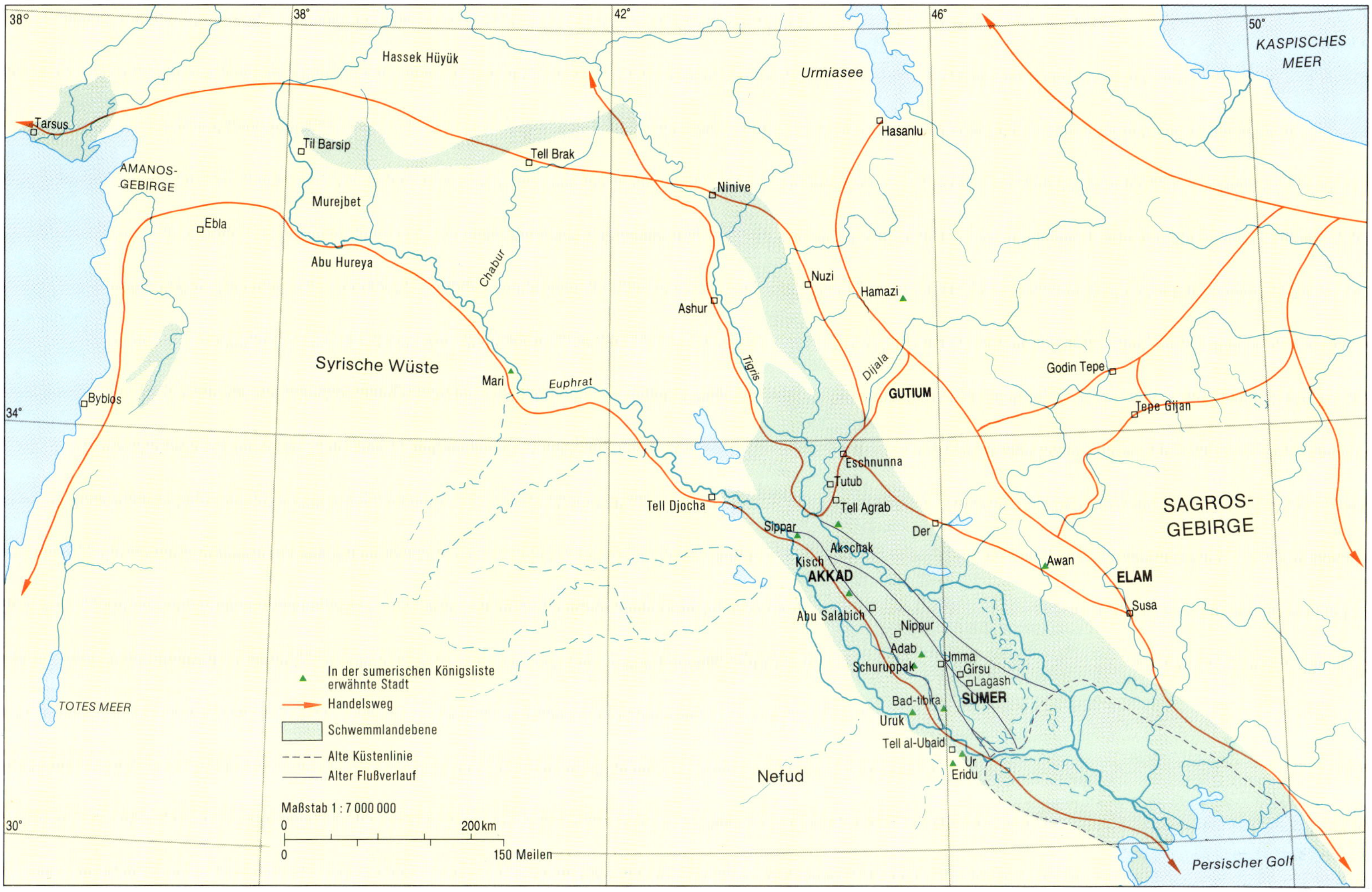

Die Städte in der Sumerischen Königsliste
In der frühdynastischen III-Periode standen sich Sumer und Akkad als zwei rivalisierende Stadtstaaten gegenüber. Nach der sumerischen Königsliste genoß eine Stadt gegenüber dem Stadtstaat immer den Vorrang. Diese Regelung früherer Zeiten wurde angenommen, um die Herrschaft der späteren Dynastien zu legitimieren. Wie in der Bibel wurden für die frühen Herrscher besonders lange Regierungszeiten von Tausenden von Jahren angegeben. Die sumerische Königsliste verzeichnet die herrschenden Städte und die Regierungszeiten der Dynastien, die ihren Königen zugeschrieben werden.

Macht allein als Statthalter der Götter aus. Der einzelne Herrscher fungierte als Vertreter des Stadtgottes und kontrollierte mehr oder weniger das Vermögen des Haupttempels der Stadt. Dieser Tempel war der größte Grundbesitzer der Stadt und seine reichste Institution. Es existierte auch eine blühende Privatwirtschaft, was sich allerdings weniger an dem Vorkommen der Täfelchen zeigt, da die meisten von ihnen aus Tempelarchiven stammen. Auch der Besitz von Sklaven, die sich zum Teil aus Kriegsgefangenen rekrutierten, war in den Stadtstaaten die Regel.

Jede Stadt besaß ihren eigenen Gott, dem der Tempel geweiht war. Einige Stadtgötter hatten nur lokale Bedeutung. Der Gott Sud residierte in Schuruppak, Bau und ihr Gemahl Ningirsu waren die Hauptgötter von Girsu, Zababa wurde in Kisch verehrt. Andere Götter verfügten über einen größeren Einflußbereich, was häufig mit der Machtposition ihrer Heimatstadt zusammenhing. So stiegen Marduk von Babylon und Assur aus der gleichnamigen Stadt Assur in späteren Jahrhunderten zu Hauptgöttern des Pantheons auf. Jede Stadt hatte auch Tempel, die anderen Göttern als dem Stadtgott geweiht waren, vor allem Enlil oder der Göttin Inanna.

Die sumerischen Götter traten – wie die Götter Griechenlands – in menschlicher Gestalt auf und verhielten sich auch häufig wie Menschen. Sie waren denselben Emotionen und Eifersüchteleien unterworfen, und die Mythen und Legenden zeigen, daß sie sich unumschränkt und launenhaft in menschliche Angelegenheiten einmischten. Es gab Götter des Himmels und des Mondes, sie verkörperten die Kräfte anderer Naturphänomene sowie menschliche Institutionen und Gebrauchsgegenstände. Man kennt eine Göttin des Schreibens, einen Gott des Pflugs, und sogar der Ziegelstein besaß seinen eigenen Gott. Die sumerischen Schreiber listeten Hunderte von Göttern sorgfältig auf.

Als Gott des Himmels und oberste Gottheit des Pantheons hatte Anu seinen Haupttempel in Uruk. Doch die Stadtgottheit von Uruk war nicht er, sondern die Göttin Inanna. Vermutlich war An während der Uruk-Zeit die Hauptgottheit, doch um die Mitte des dritten Jahrtausends löste ihn Enlil, der Herr der Luft, in dieser Funktion ab. Er hatte eine Gemahlin namens Ninlil. Enlil war der Hauptgott von Nippur, der nördlichsten Stadt von Sumer, die eine wichtige Rolle spielte. Jeder Herrscher, der Sumer in Besitz nehmen wollte, war verpflichtet, die Tempel von Nippur zu renovieren.

Die dritte der Hauptgottheiten war Enki (auf Akkadisch Ea), dessen Name im Sumerischen Herr der Erde bedeutet. Tatsächlich war er jedoch der Gott des Wassers, Stadtgott von Eridu sowie der Gott der Weisheit und der Beschwörungen. Als bedeutendste Göttin gilt Inanna (oder Ischtar), mit der die meisten Göttinnen in späterer Zeit gleichgesetzt wurden. Als Göttin der Liebe und des Kriegs (vergleichbar einer Personalunion der griechischen Göttinnen Aphrodite und Athene) sowie als Stadtgöttin von Uruk und Agade (Akkad) war sie wohl ursprünglich mit An vermählt; in späteren Mythen ist sie jedoch die Gattin von Dumuzi, der anstelle von Inanna in die Unterwelt ging. Er begegnete später als Tammuz oder Adonis und wurde zu einem Vegetationsgott, der jedes Jahr starb und wiedergeboren wurde. Andere wichtige Götter waren Utu (Schamasch), der Sonnengott, der zugleich Gott der Gerechtigkeit und Stadtgott von Sippar und Larsa war, sowie Nanna (Sin), der Mondgott, den man gleichzeitig in der Stadt Ur als Schutzgottheit verehrte.

Geschichte und Legende

Die frühdynastische Zeit bot erstmals die Gelegenheit, archäologischen Funden schriftliche Quellen in Form von Keilschrifttafeln gegenüberzustellen. Die bedeutendste dieser Quellen ist die Sumerische Königsliste, in der die Dynastien aufgezeichnet sind, die von frühester Zeit an über Sumer geherrscht haben. Das älteste erhaltene Exemplar dieses Textes stammt vom Beginn des zweiten Jahrtausends v. Chr., obgleich eine Fassung davon noch zur Zeit des Berossos, eines babylonischen Schreibers des vierten Jahrhunderts v. Chr., verwendet wurde. Er beginnt mit den Worten: »Nachdem das Königtum vom Himmel herabgekommen war, wurde Eridu (der Sitz) einer Königsdynastie«; der Text zählt vier Dynastien der Städte Bad-tibira, Larak, Sippar und Schuruppak auf, dessen Herrscher Ubar-tutu war. Schließlich werden diese Eintragungen folgendermaßen zusammengefaßt: »5 Städte, 8 Könige regierten 241 200 Jahre. Dann kam die Flut (über das Land).«

Eine spätere Überlieferung machte Ubar-tutu zum Vater des Ziusudra (oder Utnapischtim), des babylonischen Noah. Das Gilgamesch-Epos berichtet, daß Utnapischtim auf den Rat des Gottes Enki hin ein Schiff baute und dadurch die Sintflut überlebte, die von den Göttern gesandt worden war, um die Menschheit zu vernichten. Einige der ersten Archäologen glaubten, daß diese große Flut den Schlick herangeführt hatte, der in den ältesten Schichten von Fundstätten wie Ur, Kisch und Schuruppak gefunden wurde, doch ist dieser wahrscheinlich auf einzelne Überschwemmungen zu verschiedenen Zeiten zurückzuführen. Der vorsintflutliche Teil der Königsliste ist häufig in die frühdynastische Zeit I datiert worden, doch da die Sumerische Königsliste bis jetzt die einzige Informationsquelle ist, kann dies nicht verifiziert werden. Für die Zeit nach der großen Flut enthält die Königsliste Namen, die durch archäologische Zeugnisse eine gewisse Bestätigung finden. »Nachdem die Flut (über das Land) gekommen und das Königtum vom Himmel gestiegen war, wurde Kisch (der Sitz) einer Königsdynastie.« Die Liste enthält die Namen von 23 Königen Kischs. Der 22. König hieß Enmebaragesi, »der die Waffen des Landes Elam als Beute davontrug, König wurde und 900 Jahre regierte«. Der Schreiber hatte den Titel *en* als Namensbestandteil aufgefaßt. Zwei Inschriften Mebaragesis entdeckte man, eine auf einer Vase, die sich jetzt im Irakischen Museum befindet, und eine zweite im Ovaltempel von Chafadje, östlich von Bagdad, in einer Schicht aus der Anfangszeit von Frühdynastisch III.

Auf Mebaragesi folgte nach den Angaben der Chronik sein Sohn Aka; das Königtum ging von Kisch auf Uruk über. Unter den erwähnten Königen von Uruk befanden sich mehrere, die auch in sumerischen Mythen und Legenden genannt werden – Enmerkar, Lugalbanda, Dumuzi und Gilgamesch. Ein späteres sumerisches Epos berichtet von einem Konflikt zwischen Gilgamesch von Uruk und Aka von Kisch, dem Sohn Mebaragesis. Dem Epos zufolge existierten die Dynastien von Uruk und Kisch also zeitlich nebeneinander und nicht nacheinander, wie es sich aus der Königsliste ergibt.

Die Heldentaten der halblegendären Könige der ersten Dynastie von Uruk werden von späteren sumerischen und babylonischen Schreibern überliefert. In einer dieser Legenden war Enmerkar in eine Auseinandersetzung mit dem Stadtstaat Aratta verwickelt, der durch sieben Berge von Sumer getrennt war und demnach irgendwo im iranischen Hochland zu suchen ist. Enmerkar brauchte Gold, Silber, Lapislazuli und Karneol, um die Tempel von Sumer auszuschmücken. Schließlich gelang es ihm, sich die kostbaren Materialien vom *en* von Aratta zu sichern, indem er im Gegenzug Getreide lieferte, durch Boten mit Hilfe von Schrifttäfelchen Verhandlungen führte (hier wird Enmerkar die Erfindung der Schrift zugeschrieben) und indem er auch vor bewaffneten Zusammenstößen nicht zurückschreckte.

Wie die Legende von Enmerkar wurden auch die Geschichten über Gilgamesch in späteren Zeiten überarbeitet, doch enthalten sie wahrscheinlich ein Körnchen Wahrheit. Die umfangreichste Version des Gilgamesch-Epos entstand im frühen zweiten Jahrtausend v. Chr. Es verband ältere Legenden zu einem Mythos, dessen Grundthema das Streben der Menschen nach Unsterblichkeit ist. Die Geschichte erzählt, daß Gilgamesch, der Herrscher von Uruk, sich auf eine Expedition begab, um die zum Bau von Tempeln benötigten Zedern aus dem »Land der Lebenden«, womit vermutlich das Amanusgebirge gemeint ist, zu beschaffen. Dort tötete er das Ungeheuer Humbaba und kehrte nach Uruk zurück, wo er die Zuneigung der Göttin Inanna verschmähte. Als Folge dieses Verhaltens wurde sein Freund Enkidu getötet. Voller Angst vor dem Tod suchte Gilgamesch Utnapischtim auf, der die Flut überlebt und das ewige Leben gewonnen hatte. Er lebte in Dilmun (das als die Insel Bahrain im Persischen Golf identifiziert worden ist). Utnapischtim enthüllte ihm, daß das Geheimnis des ewigen Lebens darin bestünde, die »Pflanze des Lebens« zu erlangen. Sie sollte auf dem Meeresgrund zu finden sein, und wird wohl mit Perlen im Zusammenhang stehen, denn Gilgamesch tauchte danach, indem er sich Steine an die Füße band; die traditionelle Methode der Perlenfischer am Golf. Auf seinem Rückweg nach Uruk stahl ihm jedoch eine Schlange (ein Tier, von dem es hieß, daß es sein Leben erneuere, indem es seine Haut abstreife) die »Pflanze des Lebens« und Gilgamesch mußte sich mit ewigem Ruhm zufriedengeben. Obgleich sie keine historische Grundlage haben, spiegeln solche Legenden die Lebensumstände der frühdynastischen Zeit wider. Zu ihnen gehörten die Rivalitäten zwischen den Städten, die Verehrung und Verherrlichung der Götter und ihrer Vertreter durch den Bau von Tempeln und die Darbringung reicher Opfergaben sowie der Erwerb von kostbaren und exotischen Gegenständen durch Handel oder Eroberung.

Oben: Der Abdruck eines Rollsiegels aus Lapislazuli mit der Inschrift »Puabi, Königin« war ihrem Grab im Königsfriedhof von Ur beigelegt. In der frühdynastischen Zeit Mesopotamiens zeigten Rollsiegel von Männern meist Kampfszenen mit Tieren, während Siegel von Frauen oft Bankettszenen wie hier abbildeten. Festgelage spielten in der mesopotamischen Gesellschaft eine wichtige Rolle, denn rituelle Bankette stärkten die Macht der Herrschenden. Vermutlich besaßen Frauen Siegel mit Szenen von Festmahlen, da diese zu einer kultischen Hochzeitszeremonie gehörten. Höhe 4,9 cm.

Die Erste Dynastie von Ur

Die nächste Dynastie in der Sumerischen Königsliste war diejenige von Ur unter dem König Mes-Anepada, der auf Inschriften in Ur und Tell Ubaid und auf einer beschrifteten Lapislazuli-Perle, die in Mari gefunden wurde, erscheint. Diese Perle nennt Meskalamdug, den König von Kisch, als Mes-Anepadas Vater. Inschriften, in denen Meskalamdug begegnet, wurden in zwei Gräbern im Königsfriedhof von Ur entdeckt, den der berühmte Archäologe Sir Leonard Woolley (1880 – 1960) freigelegt hatte.

Der Königsfriedhof stellt bis heute eine der spektakulärsten archäologischen Fundstätten dar. In den meisten Gräbern war der Leichnam am Boden eines vertikalen Schachts auf der Seite liegend in eine Matte gewickelt oder in einem Sarg beigesetzt worden. Neben jeden Toten hatte man dessen persönlichen Besitz gelegt – Schmuck, einen Dolch und vielleicht ein Rollsiegel. Das Grab enthielt auch Keramik-, Stein- oder Metallgefäße, in denen sich wohl Speisen und Getränke befunden hatten. Zudem entdeckte man Waffen sowie Schminkfarben in Muschelschalen zusammen mit den entsprechenden Utensilien. Ähnliche Gräber wurden auch in Abu Salabich, Kisch und Chafadje gefunden. 17 Gräber fielen jedoch aus dem Rahmen, sowohl von ihrer Anlage her als auch angesichts des Reichtums an Beigaben. Einige waren aus Stein oder Lehmziegeln errichtet, andere besaßen verschiedene

Oben: Muscheleinlegearbeit mit der Darstellung eines Kriegers aus dem Tempel der Ischtar in Mari. Sie entstand am Ende der frühdynastischen Zeit und ist Teil einer größeren Szene mit Kriegern und gefesselten, entkleideten Gefangenen. Der Mann ist mit einer Axt bewaffnet, den Kopf schmückt eine flache Kappe, wie sie oft von Königen getragen wurden. Höhe 11 cm.

Rechts: Dieser Adler mit dem Löwenkopf aus Mari gehört zum sogenannten Schatz von Ur. Darunter befand sich auch eine Perle, die den Namen von Mes-Anepada, dem König von Ur, trug. Ob es sich um ein Geschenk des Königs oder ein Beutestück handelt, ist nicht bekannt. Der Anhänger ist aus Lapislazuli (Afghanistan), Kopf und Schwanz aus Gold sind mit Bitumen und Kupfernadeln befestigt. Höhe 12,8 cm.

Kammern, wieder andere wiesen Gewölbe auf. Die meisten dieser Gräber waren schon in antiker Zeit ausgeraubt worden, doch schon das, was übriggeblieben war, ist außergewöhnlich, besonders natürlich der Inhalt der Gräber, die unversehrt geblieben waren. In manchen der königlichen Gräber wurde der Verstorbene offensichtlich von zahlreichen Dienern in die Unterwelt begleitet, die man während der Begräbnisriten getötet haben wird.

Zwei königliche Gräber waren nahezu exakt übereinander angelegt. Im unteren, das Woolley das Königsgrab nannte, führte ein Gang schräg nach unten. Am Ende dieses Ganges lagen die Skelette von sechs Soldaten. Sie trugen Kupferhelme und waren mit kupfernen Speeren bewaffnet. Es folgten die Überreste von zwei vierrädrigen Wagen, jeder von drei Ochsen gezogen. Die Zügel bestanden aus Lapislazuliperlen und liefen durch silberne Ringe, die mit Ochsenstatuetten verziert waren. Hinter den Wagen entdeckte man 50 männliche und weibliche Skelette. Neben einer Gruppe von Frauen lagen die Überreste von zwei Lyren. Eine Lyra war mit einem Stierkopf aus Gold und Lapislazuli sowie mit Muschelintarsien geschmückt, die auf Musikinstrumenten spielende Tiere darstellten, vergleichbar einer frühen Illustration zu einer von Äsops Fabeln.

Die Grabkammer war aus Stein und hatte ein Ziegelgewölbe. Dort lagen die Überreste mehrerer Toter sowie das Modell eines Bootes aus Kupfer und Silber vom gleichen Typ, wie er noch heute von den Marschland-Arabern im Süden des Iraks benutzt wird. Der Inhalt dieser Grabkammer ist jedoch weitgehend Beute von Räubern geworden, die von dem zweiten, direkt darüber liegenden königlichen Grab durch ein Loch in der Decke eingestiegen waren. Das obere Grab ist ähnlich angelegt wie das Königsgrab, doch waren die Grabkammer und der Raum davor nicht geplündert worden. Fünf Skelette lagen vor einem hölzernen Schlitten. Goldene und silberne Löwen- und

Stierköpfe mit Mosaiken aus Lapislazuli und Muscheln verzierten ihn. An den Schlitten waren zwei Ochsen geschirrt, deren Zügel durch einen silbernen Ring liefen, den ein fein modellierter Esel aus Elektrum schmückte. Neben dem Schlitten lagen ein Spielbrett und Gefäße aus Gold, Silber, Kupfer, Obsidian, Lapislazuli, Alabaster und Marmor. Eine große, hölzerne, mit Mosaiken verzierte Kiste stand inmitten dieser Gegenstände über dem Loch in der Decke des darunterliegenden Königsgrabs. Vermutlich hatten die Erbauer der jüngeren Grabstätte die ältere Grabkammer entdeckt und sie ausgeraubt.

Die Kammer des späteren Grabs barg den Leichnam einer Frau, die zusammen mit ihren beiden Dienerinnen auf einer hölzernen Bahre lag. Ein Rollsiegelstempel aus Lapislazuli neben der rechten Schulter der Frau zeigte ein Festmahl und trug die Inschrift »Puabi, Königin«. Sie war in all ihrem Glanz, unter anderem mit einem goldenen Kopfschmuck, begraben worden. Ein zweiter Kopfputz wurde neben ihr gefunden. Dessen rückwärtiges Band war mit Tausenden winziger Lapislazuli-Perlen bestickt; darüber waren kleine goldene Hirsche, Gazellen, Stiere und Ziegen appliziert, durch Pflanzenmotive voneinander getrennt.

Eine andere Grabkammer war geplündert worden, doch der Vorraum, von Woolley die Große Todesgrube genannt, blieb unversehrt. Auf einer Fläche von etwa 70 Quadratmetern hatte man nicht weniger als 74 Menschen geopfert. Man fand sechs Soldaten und vier Musikantinnen neben ihren Lyren, von denen eine mit einem goldbärtigen Stierkopf, eine weitere mit einem silbernen Kuhkopf und eine dritte mit einem silbernen Hirschkopf geschmückt waren. Weitere 64 Frauen lagen in Reih und Glied nebeneinander. Sie trugen enge Halsketten aus Lapislazuli und Gold, dazu anderen Schmuck, große, halbmondförmige Goldohrringe sowie eine einfachere Form des Kopfschmucks der Königin. 28 der Frauen waren mit goldenen Haarbändern ausgestattet, die übrigen mit silbernen. Eine dieser unglücklichen Frauen hatte ihr Haarband noch zusammengerollt. Offensichtlich war sie so spät zu ihrem eigenen Begräbnis gekommen, daß sie keine Zeit mehr gehabt hatte, es umzubinden.

Zwei Gräber im Königsfriedhof von Ur enthielten Inschriften mit dem Namen Meskalamdug. In einer Grabstätte, die die Überreste einer Frau barg, lag ein Muschelrollsiegelstempel mit der Inschrift »Meskalamdug, der König«. Vielleicht handelt es sich um eine Opfergabe in seinem Namen während der Bestattung. In einem anderen Grab, das nicht als Königsgrab gilt, denn es hat weder eine Grabkammer noch gibt es Spuren von Menschenopfern, fanden sich zwei goldene Schalen und eine muschelförmige goldene Lampe, alle drei mit der Aufschrift Meskalamdug. Auf einer Kupferschale erscheint die Inschrift »Ninbanda, die Königin«. Auf einem in Ur entdeckten Rollsiegel ist derselbe Name und Titel für die Gemahlin von Mes-Anepada aufgezeichnet, der aufgrund der Perle von Mari als Sohn des Meskalamdug gilt. Das bedeutendste Fundstück in diesem Grab war jedoch ein Goldhelm in Form einer Perücke, in den jede Haarsträhne sorgfältig eingraviert war. Außerdem enthielt es Hunderte von Perlen, viele Goldgefäße, einen silbernen Gürtel, einen goldenen Dolch und Äste aus Elektrum.

Nicht alle stimmten mit Woolley darin überein, daß es sich bei den von ihm als Königsgräber bezeichneten Grabstätten um die der Herrscher von Ur und seiner engeren Familie handelt. Manche nahmen an, daß hier die rituell getöteten Opfer einer religiösen Zeremonie beigesetzt worden sind. Der Brauch, die Mitglieder königlicher Familien unter Menschenopfern zu begraben, ist in verschiedenen Teilen der Welt bezeugt, etwa im frühdynastischen Ägypten, später im Sudan, im China der Shang-Zeit und im Melanesien des 13. Jahrhunderts n. Chr. Allerdings gibt es in Mesopotamien außer dem Königsfriedhof kaum Belege für diese Begräbnispraxis.

Paläste und Tempel

Der Königsfriedhof gehört ebenso wie die ältesten in Mesopotamien gefundenen Paläste in die erste Phase der frühdynastischen Zeit III. Zwei dieser Paläste standen in Kisch, ein weiterer in Eridu. Obwohl die Gebäude keine Inschriften tragen, die sie als Paläste ausweisen, deuten verschiedene Merkmale darauf hin. Es handelt sich fast durchweg um große, monumentale Gebäude, in ihrer Anlage den frühdynastischen Tempeln vergleichbar, doch wurden sie in späteren Zeiten nicht mehr von neuem überbaut.

Das plankonvexe Gebäude in Kisch wurde aus rechteckigen Ziegeln mit abgerundeter Oberfläche errichtet, wie sie für die frühdynastische Zeit typisch waren. Es war von einer dicken, mit Strebepfeilern abgestützten Mauer umgeben. Seine 50 oder mehr Räume – bei einigen handelt es sich um Vorratsräume, andere dürften Brennöfen und mit Bitumen ausgekleidete Becken enthalten haben – waren in Einheiten angeordnet, die durch enge Gänge voneinander getrennt waren. Ein anderer Palast in Kisch, südlich des Haupttempelbereichs, bestand aus drei Einheiten, die früheste hatte die Ausmaße 70 mal 40 Meter.

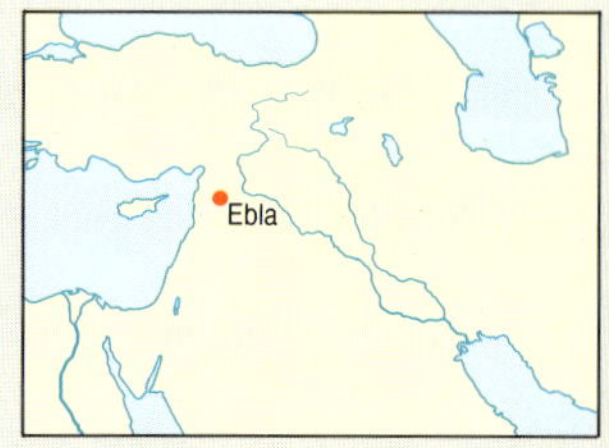

Oben: Eine goldene Halskette aus dem Grab des Herrn der Ziegen, unter dem Westpalast gelegen. Sie entstand etwa 1750 v. Chr. Durch Aufwickeln bildete sich das dreiteilige Band. Die Scheiben tragen sechseckige Sterne mit Granulierungen, eine in frühdynastischer Zeit entwickelte Technik.

Rechts: Einige von den Tausenden Schrifttäfelchen, die im Archivraum des Palastes G freigelegt wurden. Die Texte wurden in Sumerisch und der Lokalsprache in derselben Keilschrift verfaßt.

Links: Ein rekonstruiertes Relief vom Tempel der Ninhursag, der Göttin des Gebärens, in Tell Ubaid bei Ur. Den Tempel ließ A-Anepada, ein König der ersten Dynastie von Ur, etwa um 2500 v. Chr. errichten. Seine Bauplastik hatte man abmontiert und neben der Treppe zur Plattform mit dem Schrein aufgestapelt. Dieses große Paneel aus geschlagenem Kupfer mit einer hölzernen Verstärkung war vermutlich einst über einer Tür angebracht. Zwei Säulen mit farbigem Mosaik stützten es. Dargestellt werden ein löwenköpfiger Adler und zwei Hirsche.
Höhe 1,07 m. Breite 2,38 m.

Ebla

Ausgrabungen im syrischen Tell Mardich, durchgeführt 1968 von italienischen Archäologen, ergaben, daß man auf die alte Stadt Ebla gestoßen war. Der Fundort war vom 4. Jahrtausend v. Chr. bis zum 7. Jahrhundert n. Chr. besiedelt; die Blütezeit dauerte von der Mitte des 3. bis zur Mitte des 2. Jahrtausends v. Chr. Der frühbronzezeitliche Palast G, dessen Zerstörung einem der Könige von Akkad zugeschrieben wird, enthielt ein Archiv von Keilschrifttexten sowie zahlreiche schöne Gegenstände, die bei der Erstürmung des Palastes zurückgelassen wurden. Die Funde aus der Mittleren Bronzezeit (2000 - 1600 v. Chr.) sind ebenso bemerkenswert. Ebla wurde um 1600 v. Chr. verwüstet, vielleicht durch den Hethiterkönig Murschili I., der nach der Eroberung und Plünderung der Stadt weiterzog, um Babylon einzunehmen.

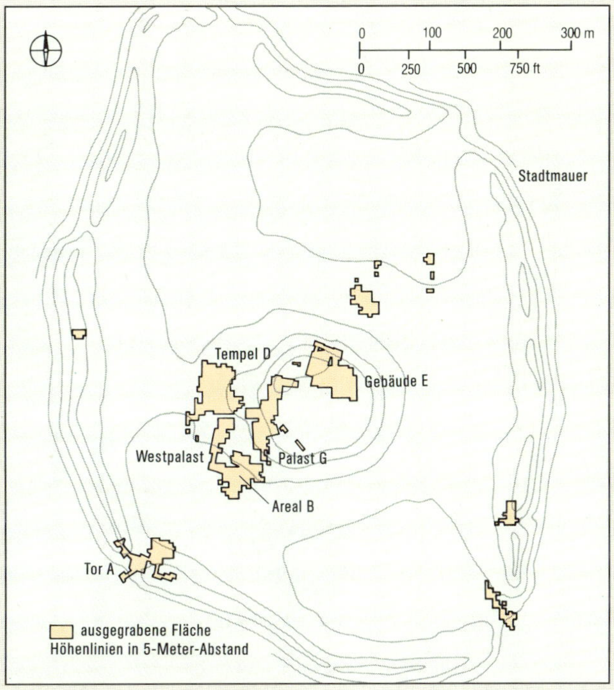

Links: Aufriß der Fundstätte mit den wichtigsten Ausgrabungsstellen. Der Bereich erstreckt sich über etwa 55 Hektar und ist umgeben von einer äußeren Stadtmauer mit einem zentralen, über 15 m hohen Festungshügel. Nur der geringste Teil der Stadt wurde freigelegt. Abgesehen vom Palast G stammten die meisten der Funde aus der mittleren Bronzezeit.

Oben links: Archivraum im Palast G. Die Täfelchen liegen noch vor den Regalen, von denen sie herabfielen, als der Palast geplündert wurde. Vor dieser Entdeckung ahnte man nichts von einer Schriftkultur in diesem Gebiet am Ende der frühdynastischen Zeit.

Links: Rekonstruktion der Regale des Archivraums im Palast G anhand der Überreste des Feuers. Die Täfelchen, die auf den Regalen aneinandergereiht standen, beinhalteten vor allem Wirtschaftsdaten.

Oben: Goldfigur eines Stiers mit einem Menschengesicht (Länge 5 cm) aus dem Palast G. Der Bart aus Stein, vermutlich Chlorit, wirkt typisch sumerisch; vielleicht wurde er aus Sumer eingeführt oder in Syrien in sumerischem Stil gefertigt. Die Figur stellt ein göttliches Wesen dar, das der Anbetung des Sonnengottes Schamasch diente. Sie gleicht den Tierplastiken, die in späteren assyrischen Palästen als Wachen aufgestellt wurden.

Sie enthielt einen zentralen viereckigen Hof, der von Räumen eingefaßt war. Eine dicke Mauer umschloß das Ganze, die über einen monumentalen, über eine Treppenflucht zugänglichen Eingang verfügte. Südlich dieses Gebäudes hatte ein zweites gestanden, das einen säulengetragenen Vorbau und eine 25 Meter lange Säulenhalle aufweist. Mit Schiefer, Kalkstein und Perlmutt eingelegte Paneele zeigen Szenen ähnlich denen auf der Standarte von Ur; vergleichbare Intarsien wurden in Mari und Ebla gefunden. Der Palast von Eridu umfaßte zwei nahezu identische, nebeneinanderstehende Komplexe. In beiden waren die Räume um einen Hof herum angelegt, wie in späteren mesopotamischen Palästen, und von engen Gängen umgeben.

Viel zahlreicher als die Paläste waren die Tempel der frühdynastischen Zeit. Die traditionsbewußte Haltung der Menschen ließ sie ihre Tempel über Jahrtausende hinweg immer wieder an der Stelle errichten, die seit jeher als geheiligter Bezirk galt; viele dieser immer wieder überbauten Tempel sind freigelegt worden. In zahlreichen Fällen wurde die ältere, dreiteilige Anlage der Ubaid- und Uruk-Tempel durch einen Hof und einen Schrein in geknickter Achse ersetzt. Ein anderes charakteristisches Äußeres hatte ein Tempel auf einem hohen Fundament wie der in Ubaid, vier Kilometer westlich von Ur. Er war mit Mosaiksäulen verziert, eingelegte Friese zeigten Kühe, die gemolken wurden, und ein kunstvolles Hochrelief aus gehämmerten Kupferplatten stellt einen löwenköpfigen Adler und zwei Hirsche dar. Den von einer ovalen Mauer umschlossenen Tempel hatte A-Anepada, der Sohn von Mes-Anepada, für die Göttin Ninhursag erbaut.

In Chafadje wurde ein Tempel auf einer hohen Platt-

Links: Die steinerne Wandplatte aus Girsu zeigt Ur-Nansche, den Herrscher von Lagasch (ca. 2480 v. Chr.) in Begleitung seiner Familie. In der oberen Reihe trägt er als Baumeister einen Korb mit Ziegeln auf dem Kopf. Daneben befindet sich seine Frau mit den Söhnen. Die untere Reihe stellt Ur-Nansche auf dem Thron dar. Höhe 40 cm.

form gefunden, der von einer Doppelmauer umgeben war. Vor Baubeginn war die Fläche, die der Tempel einnehmen sollte, bis in eine Tiefe von 4,60 Meter ausgeschachtet und danach mit mehr als 60 000 Kubikmetern reinem Sand aufgefüllt worden. Einen dritten ovalen Tempel entdeckte man in Lagasch. Der sogenannte Ibgal der Inanna wurde von Eanatum I. (ca. 2410 v. Chr.), dem Herrscher von Lagasch, erbaut, er könnte jedoch bereits früher gestiftet worden sein.

Späte frühdynastische Zeit III

Inschriften aus der jüngeren frühdynastischen Periode haben gezeigt, daß die Sumerische Königsliste unvollständig ist. Die Herrscher verschiedener Stadtstaaten wurden übergangen, darunter diejenigen von Lagasch, die über mehr als fünf Generationen bekannt sind. Inschriften aus Adab und Girsu belegen, daß Mesalim, der König von Kisch, auch über Adab und Lagasch herrschte; in der Königsliste erscheint Mesalim jedoch nicht.

Mesalim hatte die Grenze zwischen Umma und Lagasch gezogen, doch unter der Regierung von Ur-Nansche, dem Herrscher von Lagasch, entstanden Grenzstreitigkeiten. Nach dem Zeugnis seiner Inschriften siegte Ur-Nansche über Ur wie über Umma. Während dieser Zeit erbaute er in Lagasch die Stadtmauer und mehrere Tempel.

Ur-Nansches Enkel Eanatum führte den Konflikt mit Umma zum endgültigen Sieg. Um ihn zu feiern, errichtete er ein Monument, das die Inschrift trug: »Ningirsu, der Herr, Krone von Luma, ist das Leben des Pirigedena-Kanals.« Es ist heute unter dem Namen Geierstele bekannt, denn es zeigt die Vögel, die sich auf die Leichname der Gefallenen stürzen. Eanatum rühmt sich, Uruk, Ur, Akschak, Mari, Susa, Elam sowie verschiedene Gebiete, die offensichtlich im iranischen Sagrosgebirge liegen, und sogar Subartu, das wohl in Nordmesopotamien zu suchen ist, erobert zu haben. Er behauptet darüber hinaus, daß Inanna ihm das Königtum von Kisch übertragen habe. Diese Ansprüche sind jedoch übertrieben; es gibt keine Zeugnisse dafür, daß Eanatum solch weitreichende Eroberungen gemacht hat. Vielleicht besteht die Wahrheit darin, daß er, wie die Herrscher in altbabylonischer Zeit, Truppen in entfernte Gegenden schickte, die an der Seite von Verbündeten an deren lokalen Streitigkeiten teilnahmen. Doch der Einfluß Sumers vergrößerte sich. Die Fernkontakte, die in der späten Uruk-Zeit unübersehbar waren, wurden wieder aufgenommen.

Sumerischer Einfluß außerhalb des Landes

Die Sumerische Königsliste besagt, daß Sumer von nichtsumerischen Dynastien – Awan und Hamasi im Osten und Mari im Westen – regiert wurde. Aus anderen Quellen gibt es allerdings kaum Zeugnisse dafür. Doch bestanden mit Sicherheit Kontakte zwischen Sumer und dem iranischen Hochland. In Schar-i-Sochte wuchs das besiedelte Gebiet in frühdynastischer Zeit auf über 45 Hektar an und hatte sich bis zum Ende des Jahrtausends fast verdoppelt.

In Schahdad, östlich von Kerman, fand man in einem reich ausgestattetem Friedhof aus dieser Zeit Metallgefäße, Skulpturen, Kupferbronze-Werkzeuge und Waffen sowie Stempel und Rollzylinder. Schmelzöfen zur Metallverarbeitung wurden ebenfalls entdeckt, auch Bereiche, in

Oben: Teil der Stele des Eanatum, des Herrschers von Lagasch (ca. 2440 v. Chr.) zur Erinnerung an seinen Sieg über den Stadtstaat Umma. Die Bruchstücke der Stele wurden in Girsu freigelegt. Auf der abgebildeten Seite schwingt Ningirsu, der Stadtgott, seine Keule, um seine Feinde, die er mit einem Netz gefangen hat, zu erschlagen. Die andere Seite zeigt die Soldaten in der Schlacht. Vögel machen sich über die Körper der Toten her; daher wird das Monument als Geierstele bezeichnet. Die lange Inschrift schildert den Grenzkonflikt der beiden Stadtstaaten Lagasch und Umma. Breite etwa 80 cm.

denen Gegenstände aus Karneol, Achat, Kalzedon, Kalzit, Lapislazuli und Chlorit angefertigt wurden. In Tepe Yahya, weiter im Süden, sind Archäologen auf zahlreiche Artefakte aus Chlorit gestoßen, einige sogar noch in unfertigem Zustand. Im sogenannten »interkulturellen« Stil verzierte Chloritgefäße, vergleichbar mit denen von Tepe Yahya, wurden im Persischen Golf sowie in Susa, Sumer und Mari in Schichten aus der frühdynastischen Zeit III gefunden. Es gibt kaum Zeugnisse für eine Besiedlung von Fars um diese Zeit; Anscham war offenbar verlassen.

Nach dem Ende der Funde frühtranskaukasischer Waren in Godin Tepe IV erschien in der Sagros-Region ein neuer Stil bemalter Keramik. Unter der Bezeichnung Godin III läßt er sich über 1000 Jahre hinweg verfolgen. In Susa wurde die proto-elamische Kultur Susa III von einer Kultur abgelöst, die von Godin III inspirierte Keramik verwendete, doch machte sich auch ein zunehmender Einfluß Südmesopotamiens bemerkbar.

In Nordmesopotamien ersetzte hartes Metall die gravierte Keramik der Ninive-5-Zeit. Gleichzeitig entstanden große, von Mauern umgebene Städte. Statuen in sumerischem Stil wurden in Assur und in Tell Chuera gefunden, in Tell Brak und in Tell Leilan auf der Chabur-Ebene ist der südliche Einfluß am Stil der Siegel erkennbar. Mari hatte lange Zeit in enger Verbindung mit den Stadtstaaten im Süden gestanden. Wie die Inschriftenperle des Mes-Anepada von Ur, die in Mari entdeckt wurde, belegt, können zwei Inschriften aus Ur einem König von Mari gewidmet sein. Die Tempel von Mari standen in der Tradition Mesopotamiens, und viele in den Tempeln gefundene Skulpturen sind auch weiter im Süden vorstellbar.

Interessanterweise gab es in Westsyrien eine verwandte Schriftkultur. Auf halbem Weg zwischen Sumer und Ägypten, in Ebla (dem modernen Tell Mardich), südlich von Aleppo, wurden in einem Königspalast rund 8000 Täfelchen entdeckt. Diese Tafeln, die auf Regalen in einem Archivraum gelagert waren, sind zwar in sumerischer Keilschrift, aber fast ausnahmslos in der Sprache des Ortes geschrieben. Zunächst nahm man an, daß die eblaitische Sprache ein früher Dialekt des Hebräischen sein könnte, doch hat sich inzwischen gezeigt, daß die Sprache näher mit dem Akkadischen verwandt ist. Mehr als drei Viertel der Texte beziehen sich auf die Verwaltung; der Rest gehört zum traditionellen Bereich der Schreibübungen und umfaßt lexikalische sowie etwa 20 literarische Texte in sumerischer und eblaitischer Sprache.

Die Texte stammen aus der Zeit von drei Herrschern Eblas, die den Titel *malikum* trugen und denen *lugals* unterstanden. Es handelt sich um Ar-Ennum, Ibrium und Ibbi-zikir, die wohl gegen Ende der frühdynastischen Zeit lebten. Ibbi-zikirs Regierung wurde vielleicht von Sargon von Akkad beendet, der behauptete, er habe über Ebla geherrscht, oder durch seinen Enkel Naram-Sin, der sich rühmte, Ebla zerstört zu haben. Es ist ungewiß, wo die Grenzen des eblaitischen Königreichs verliefen. Vielleicht erstreckte es sich im Süden hinab bis nach Damaskus, sicher hatte es engen Kontakt mit Mari im Osten. Zu den in den Texten erwähnten Göttern gehören einige sumerisch-akkadische, doch viele – darunter Baal, Lim, Rasap und El – trifft man später weiter im Westen an.

Die meisten der Ebla-Texte betreffen Textilien, meist aus Wolle – dem König gehörten 80 000 Schafe – und Flachs. Unter den erwähnten Feldfrüchten befinden sich Gerste, Oliven und Trauben. Ein weiterer Text belegt mit einer Angabe, wie reich Ebla gewesen ist: Ibbi-zikir bekam jedes Jahr den Gegenwert von fünf Kilogramm Gold und 500 Kilogramm Silber. Der Deckel eines Alabasterkrugs, der im Palast gefunden wurde, erwies sich für die Datierung der Ebla-Kultur als wichtig. Er trägt eine Kartusche des ägyptischen Pharao Pepi I., dessen Regierungszeit von 2289 bis 2255 v. Chr. angesetzt wird, ungefähr zeitgleich mit den mesopotamischen Königen Sargon (2334 – 2279 v. Chr.) und Naram-Sin (2254 – 2218 v. Chr.). Ein anderer bedeutender Fund aus dem Palast ist das Stück einer Einlegearbeit aus Kalkstein, wie man sie von Kisch her kennt. Reihen von löwenköpfigen Adlern zwischen zwei Stieren mit Menschenköpfen wechseln mit Reihen von Soldaten, die entweder Waffen tragen, Gefangene begleiten, Gefangene töten oder die Köpfe der Erschlagenen mit sich führen. Solche Szenen sind für die sumerische Welt typisch und setzen sich in spätassyrischen Zeiten fort. Mehr als 20 Kilogramm Lapislazuli fanden sich im Palast, ein Beweis mehr für den Fernhandel, der damals betrieben wurde.

Rechts: Eine Silbervase mit kupfernen Stützfüßen von Entemena, dem Herrscher von Lagasch (ca. 2400 v. Chr.) dem Gott Ningirsu geweiht. Der Stadtgott Ningirsu war später mit dem Kriegsgott Ninurta identisch, dem Sohn Enlils. Ursprünglich war er vermutlich ein Sturmgott. Der sehr fein in diese Vase eingravierte löwenköpfige Adler war im dritten Jahrtausend ein beliebtes Motiv und wurde oft für Anzu (sumerisch: Imdugud), einen legendären Vogel, gehalten. Der Donnervogel (mit dem Hinterteil eines Löwen) könnte Ningirsu dargestellt haben. Später, als die Götter in menschlicher Gestalt abgebildet wurden, erklärte man die Verbindung von Ninurta oder Ningirsu mit dem löwenköpfigen Adler in einem Mythos, in dem Ninurta den sagenhaften Vogel Anzu vernichtete.

Das Ende der frühdynastischen Zeit

In den letzten Jahren der frühdynastischen Periode gärte es in Sumer. Uruk und Ur wurden unter Lugalkiginedudu vereinigt, der den Titel eines Königs von Kisch annahm und mit dem Herrscher von Lagasch ein Bündnis schloß. Lagasch und Umma kämpften weiter um das zwischen ihnen liegende Land. Nachdem in Umma mehrfach die Herrscher gewechselt hatten – vielleicht aufgrund der Erfolge von Lagasch – trat Lugalzagesi die Nachfolge seines Vaters als König von Umma an und verwüstete Lagasch. Lugalzagesi regierte als König auch über Uruk, bis er 2334 v. Chr. von Sargon von Akkad gestürzt wurde. Lugalzagesis Herrschaft dokumentieren die Inschriften auf mehr als 50 Gefäßfragmenten, die in Nippur, der Stadt des Gottes Enlil, gefunden wurden.

> »Enlil verlieh an Lugalzagesi die Königswürde der Nation … legte ihm alle Länder zu Füßen, und von Ost bis West machte er sie ihm untertan; dann ebnete er ihm die Wege vom Unteren Meer [dem Persischen Golf], den Tigris und Euphrat [entlang] zum Oberen Meer [dem Mittelmeer]. Von Ost bis West gestattete Enlil keinem, sein [Lugalzagesis] Rivale zu sein; unter ihm blieben die Länder zufrieden.«

Sumerische Statuen

Im frühdynastischen Mesopotamien (ca. 2900 – 2334 v. Chr.) war es üblich, daß Herrscher und auch Bürger für sich in Tempeln Statuen aufstellten. Diese Figuren vertraten sie vor den Göttern in ständigem Gebet. In Tell Chuera, Mari, Assur, Susa und vielen anderen Städten Sumers und Akkads wurden solche Statuen gefunden. Diese Art von Skulpturen war im sumerischen und im akkadischen Sprachraum gleichermaßen verbreitet.

Kunsthistoriker haben den Wandel von den stilisierten Skulpturen der frühdynastischen Sumerer zur naturalistischen Kunst der Dynastie von Akkad (2334 – 2154 v. Chr.) hervorgehoben. Allerdings ist die sumerische Kunst von beachtlicher Vielfalt: Manches wirkt fast abstrakt, anderes recht realistisch, in der Plastik schließlich existiert eine kontinuierliche Tradition von der frühdynastischen bis zur altbabylonischen Zeit.

Die großen abgerundeten Formen, die für viele der Steinstatuen charakteristisch sind, gehen wahrscheinlich auf die Art der verfügbaren Steine, nämlich meist große Felsblöcke aus den Flüssen, zurück.

Links: Von Ebih-il, einem Beamten des Ischtar-Tempels in Mari gestiftete Statue (ca. 2400 v. Chr.), wo sie auch freigelegt wurde. Sie besteht aus weißem Stein, die Augen sind mit Bitumen, Muscheln und Lapislazuli eingelegt. Der Betende sitzt auf einem Hocker aus geflochtenem Schilfrohr. Obgleich Mari 450 km von Sumer entfernt, stromauf am Euphrat lag, verband es viele gemeinsame Ausdrucksformen mit der sumerischen Kultur. Höhe 52,5 cm.

Oben: Kleine Gipsstatue eines Paares. Sie befand sich unter dem Boden des Schreins im Inanna-Tempel von Nippur. Die Augen sind in Bitumen mit Muscheln und Lapislazuli eingelegt. Eine ähnliche Gruppe entdeckte man im Ischtar-Tempel von Mari.

Links: Steinfigur eines menschenköpfigen Stieres. Er trägt einen Kopfschmuck, der göttlichen Wesen vorbehalten war. Ähnliche Steinarbeiten entstanden unter Gudea, dem Herrscher von Lagasch (ca. 2100 v. Chr.). Höhe 12 cm.

Rechts: Diese männliche Figur, die eine Kiste auf dem Kopf trägt, ist aus einer Arsenik-Kupfer-Mischung gefertigt, der gebräuchlichsten Legierung im 3. Jahrtausend v. Chr. Die Herkunft der Statue ist zwar unbekannt, sie ähnelt jedoch einem Abguß nach dem Wachsausschmelzverfahren, der einen nackten Priester darstellt und im frühdynastischen Ovalen Tempel von Tell Chafadje (dem alten Tutub) gefunden wurde. Diese Objekte fanden wahrscheinlich bei Tempelzeremonien Verwendung. Höhe 38 cm.

Unten: Kalksteinstatue einer Frau. Fundort: Girsu. Höhe 30 cm.

Unten: Gipskopf einer Frau, der unmittelbar vor dem Ischtar-Tempel in Mari gefunden wurde. Der Kopfschmuck ist typisch für den Stil, den die Frauen dieser Stadt trugen. Da mehrere sumerische Statuen Frauen darstellen, nimmt man an, daß die Frauen in der frühsumerischen Gesellschaft besser gestellt waren als in späteren Zeiten. Höhe 15 cm.

Rechts außen: Diese sitzende Figur aus dem Ischtar-Tempel in Mari trägt die Inschrift »Ur-Nansche der Sänger«. Obwohl es sich um einen männlichen Namen handelt, trägt die Figur weibliche Züge. Möglicherweise war Ur-Nansche ein Eunuch im Dienst des Tempels.

Der Königsfriedhof von Ur

Sir Leonhard Woolley legte im Königsfriedhof von Ur mehr als 1000 Gräber frei, von denen die meisten aus der späten frühdynastischen Zeit (2600 – 2500 v. Chr.) stammen. 17 Gräber waren besonders reich ausgestattet, man nannte sie daher die Königsgräber. Drei davon konnten identifiziert werden: das der Königin Puabi sowie die Gräber von Akalamdug und Meskalamdug. Den anderen Gräbern wurden entweder Namen wie Königsgrab oder Große Totengrube gegeben oder sie wurden von den Archäologen mit einer Nummer versehen. Einige der Königsgräber enthielten Zeugnisse für Menschenopfer, so etwa die Große Totengrube, in der nicht weniger als 74 Diener betäubt und getötet worden waren. Diese Praxis hat in Mesopotamien nach dem jetzigen Wissensstand keine Parallele. Die prächtige Ausstattung der Gräber im Königsfriedhof und die handwerkliche Qualität der dort gefundenen Gegenstände ist bemerkenswert. Besonders die Metallarbeiten zeigen eine vollendete Meisterschaft. Die Handwerker stellten häufig Gegenstände her, bei denen verschiedene Materialien auf einer Holzplatte verarbeitet wurden. Weit verbreitet waren Einlegearbeiten aus Muscheln und bunten Steinen, die zu geometrischen Mustern angeordnet wurden oder Szenen mit Menschen und Tieren darstellten.

Unten: Dieser Kuhkopf aus Gold und Lapislazuli am Resonanzkörper einer Lyra wurde im Grab der Puabi gefunden. Die Lyra war aus Holz mit eingelegter Einfassung. Woolley verwendete gebrannten Gips und geschmolzenes Paraffin, um diese kostbaren Objekte zu konservieren und zu bergen.

Oben rechts: Die »Friedensseite« der sogenannten Standarte von Ur, bei der es sich vermutlich um den Resonanzkörper eines Musikinstruments handelte. Die in Bitumen eingelegten Muscheln auf einem Hintergrund aus Lapislazuli zeigen ein Festmahl mit Tieren und Menschen, die Lasten tragen – vielleicht die Siegesfeiern nach dem erfolgreichen Feldzug, den die »Kriegsseite« abbildet.
Länge 47 cm, Höhe 20 cm.

Oben: Ein Spielbrett aus einem Mosaik aus Muscheln, Knochen, Lapislazuli, roter Erde und rotem Kalkstein. Gespielt wurde mit zwei Garnituren von je sieben Spielsteinen; die Regeln sind nicht bekannt. Weitere Exemplare solcher Spielbretter wurden in den Königsgräbern gefunden, dieses hier stammt jedoch aus einem bescheideneren Grab. Länge 27 cm, Breite 12 cm.

Links: Eine goldene Schnabeltasse aus dem Grab der Königin Puabi. Im Königsfriedhof wurden zahlreiche goldkannelierte und rein goldene Gefäße entdeckt. Höhe 12,4 cm.

Rechts: Ein Dolch mit goldener Klinge und einem Griff aus Lapislazuli, geschmückt mit goldenen Ziernägeln. Die Außenseite der Scheide besteht aus feinstem Goldfiligran mit Goldgranulierung. Länge des Dolchs 37 cm.

Unten: Königin Puabi wurde mit einem prächtigen goldenen Kopfschmuck begraben. Er war mit Lapislazuli, Karneol und drei Reihen Goldblättern verziert. Den Kopfschmuck krönte ein großer goldener Kamm, der mit sieben Rosetten bestückt war.

Links: In einer Ecke der Großen Totengrube wurden zwei kleine Statuen unterschiedlicher Größe gefunden. Woolley nannte sie »die Böcke, die im Dickicht gefangen sind«. Gesichter und Beine sind aus Gold, Hörner, Augen und das Vlies über der Schulter aus Lapislazuli, der Bauch aus Silber; der untere Teil des Vlieses besteht aus weißen Muscheln. Höhe 47 cm.

Unten: Dieser Helm im Grab des Meskalamdug ist aus gehämmertem Elektrum, einer 15karätigen Legierung aus Gold und Silber. Er besaß eine Tuchfütterung, die an den Löchern am unteren Helmrand befestigt wurde. Höhe 23 cm.

Folgende Doppelseite: Ausschnitt der »Kriegsseite« der Standarte von Ur. Sie zeigt die siegreichen Truppen des Herrschers von Ur, der größer als die anderen Figuren im obersten Streifen dargestellt wird. Die Soldaten waren entweder zu Fuß oder in Schlachtwagen, die von je vier Wildeseln gezogen wurden, unterwegs. Die Reproduktion bietet etwa die doppelte Größe des Originals.

CHARISMATISCHE KÖNIGE
(2350 - 2000 v. CHR.)

Chronologie-Probleme

Die Völker im antiken Mesopotamien wendeten drei Methoden für die Zeitrechnung an. Bei der einfachsten Methode wurden Regierungsjahre gezählt, das heißt, es wurde festgehalten, wie lange ein König jeweils regierte. Dieses System übernahmen das frühdynastische Lagasch und Babylon von der Mitte des zweiten Jahrtausends v. Chr. bis zur seleukidischen Zeit (ca. 300 bis 150 v. Chr.). Ein anderes System war die Benennung des Jahres nach einem Beamten, der während dieser Zeit ein bestimmtes Amt innehatte. Danach verfuhr man im frühdynastischen Schuruppak und in Assyrien, wo man Beamte als *limmu* bezeichnete und Listen mit *limmu*-Namen führte, um die Reihenfolge der Jahre festzuhalten. Die dritte Möglichkeit der Zeiteinteilung sah vor, ein Jahr nach einem Ereignis des vorhergehenden Jahres zu benennen, etwa nach einem militärischen Sieg, nach dem Bau eines Tempels oder der Ernennung eines Priesters. Die ältesten Beispiele gehen auf Enschak-uschana und Lugalzagesi zurück; unter den Königen von Akkad war dieses System weit verbreitet.

Diese Jahresnamen enthalten meist wertvolle historische Informationen. Aber unentdeckt blieben bisher die kompletten Listen der Jahresnamen aus den frühen Zeiten. Die absoluten Daten der Herrscher des dritten Jahrtausends konnten mit Hilfe der Königslisten erschlossen werden, indem man von der altbabylonischen Zeit rückwärts zählte. Als Ausgangspunkt gilt die Regierungszeit Hammurabis, des bedeutendsten der altbabylonischen Könige, die sicher von 1792 bis 1750 v. Chr. angesetzt werden kann. Unter Berücksichtigung der Regierungszeiten, wie sie die Königslisten angeben, ergibt sich, daß die Dritte Dynastie von Ur von der Thronbesteigung Ur-Nammus im Jahr 2112 v. Chr. bis zur Einnahme Urs durch die Elamiten 2004 v. Chr. Bestand hatte. Die Sumerische Königsliste überliefert, daß zwischen Ur-Nammu und dem letzten König von Akkad »die Königswürde der Horde von Gutium übertragen« wurde. Die Vernichtung eines dieser Gutäerkönige wird durch einen Jahresnamen von Scharkali-scharri, dem fünften König von Akkad dokumentiert; allerdings konnte nicht festgestellt werden, um welches seiner 25 Regierungsjahre es sich handelt. Die Aufrechnung der Regierungszeiten ergibt, daß Sargon, der erste König von Akkad, zwischen 2340 und 2310 v. Chr. König wurde. Der Zeitraum von 2334 bis 2279 v. Chr., der gewöhnlich für seine Regierungszeit angegeben wird, könnte sich demnach um bis zu ein Vierteljahrhundert verschieben. Nimmt man dagegen an, daß die Regentschaft Hammurabis zeitlich nicht so spät liegt, wie es auch viele Fachleute heute glauben, dann hätte auch Sargons Herrschaft früher begonnen.

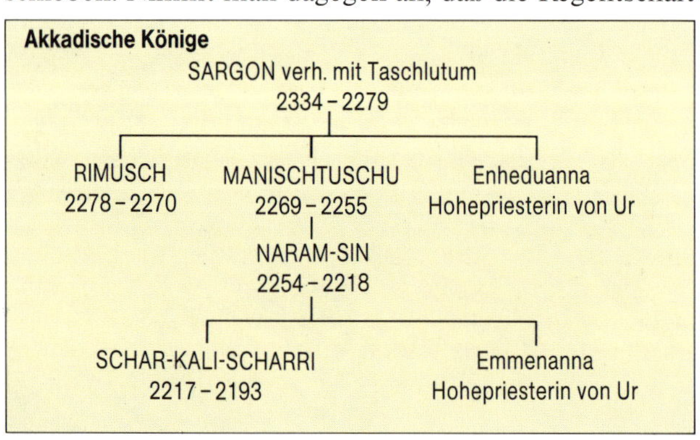

Sumerer und Akkader

In der spätmesopotamischen Tradition markieren die Eroberungen der akkadischen Könige einen radikalen Bruch mit der vorhergehenden sumerisch-frühdynastischen Zeit. Zum ersten Mal in der Geschichte wurde ganz Mesopotamien unter einem König vereinigt; das akkadische Reich erlangte Modellcharakter, dem spätere Könige nacheiferten. Die Macht ging jetzt von sumerisch an semitisch sprechende Völker über. Bis vor kurzem wurde dieser Wechsel unter rassischen Gesichtspunkten gesehen; ein Wandel des Königtums, der politischen Organisation und selbst der Kunst wurden der ethnischen Herkunft der Herrscher zugeschrieben. Inzwischen aber gehen die Historiker davon aus, daß die Kontinuität zwischen den akkadischen Herrschern und ihren sumerischen Vorgängern größer ist als früher angenommen wurde.

Unterschiede von Sumerern und Akkadern der frühdynastischen Zeit sind heute nur schwer auszumachen. Über Jahrhunderte bestand ein enger Kontakt zwischen ihnen. Aus dem Akkadischen entlehnte Wörter ließen sich in frühen sumerischen Texten erkennen. Die Akkader im Norden übernahmen die sumerischen Buchstaben für ihre Inschriften. Doch da Logogramme (Zeichen, die Worte darstellen) sich gleichermaßen sumerisch und akkadisch lesen lassen, konnte in kurzen Inschriften nicht immer nachgewiesen werden, um welche Sprache es sich handelt. Einige wenige akkadische Suffixe in den Inschriften von Mari lassen vermuten, daß man sie akkadisch gelesen hat.

Im allgemeinen treten sumerische Namen stärker im Süden und akkadische vermehrt im Norden auf. Doch Königin Puabi, die im Königsfriedhof von Ur begraben wurde, trug wahrscheinlich einen akkadischen Namen, während die einheimischen Könige von Kisch sowohl sumerische wie akkadische Namen führten; so ist etwa Mebaragesi sumerisch, Enbi-Ischtar aber akkadisch. Wie heute werden auch damals viele Menschen des Nahen Ostens zweisprachig gelebt haben. Ein Beispiel dafür ist der frühdynastische Schreiber Abu Salabich mit akkadischem Namen, der jedoch sumerisch schrieb. Die ethnische Zugehörigkeit von Menschen mit Hilfe ihrer Namen zu identifizieren, erscheint daher in gewissen Fällen fragwürdig. Jedoch konnte nur auf diese Weise der Einfluß von Amurritern, Hurritern, Kassiten und Aramäern auf die Völker des Nahen Ostens in späteren Jahrhunderten festgestellt werden.

Sargon von Akkad

Der erste Herrscher der Dynastie von Akkad war Scharrum-kin, der später als Scharken und in der Bibel als Sargon bezeichnet wurde. In der akkadischen Sprache bedeutet Scharrum-kin der wahre oder legitimierte König. Deshalb ist anzunehmen, daß es sich bei ihm um einen Usurpator handelte. Viele Legenden ranken sich um seine Herkunft. Eine spätere Geschichte erzählt, daß er in ein mit Bitumen versiegeltes Schilfkörbchen gelegt wurde und wie Moses den Euphrat hinabtrieb. Gerettet und zum

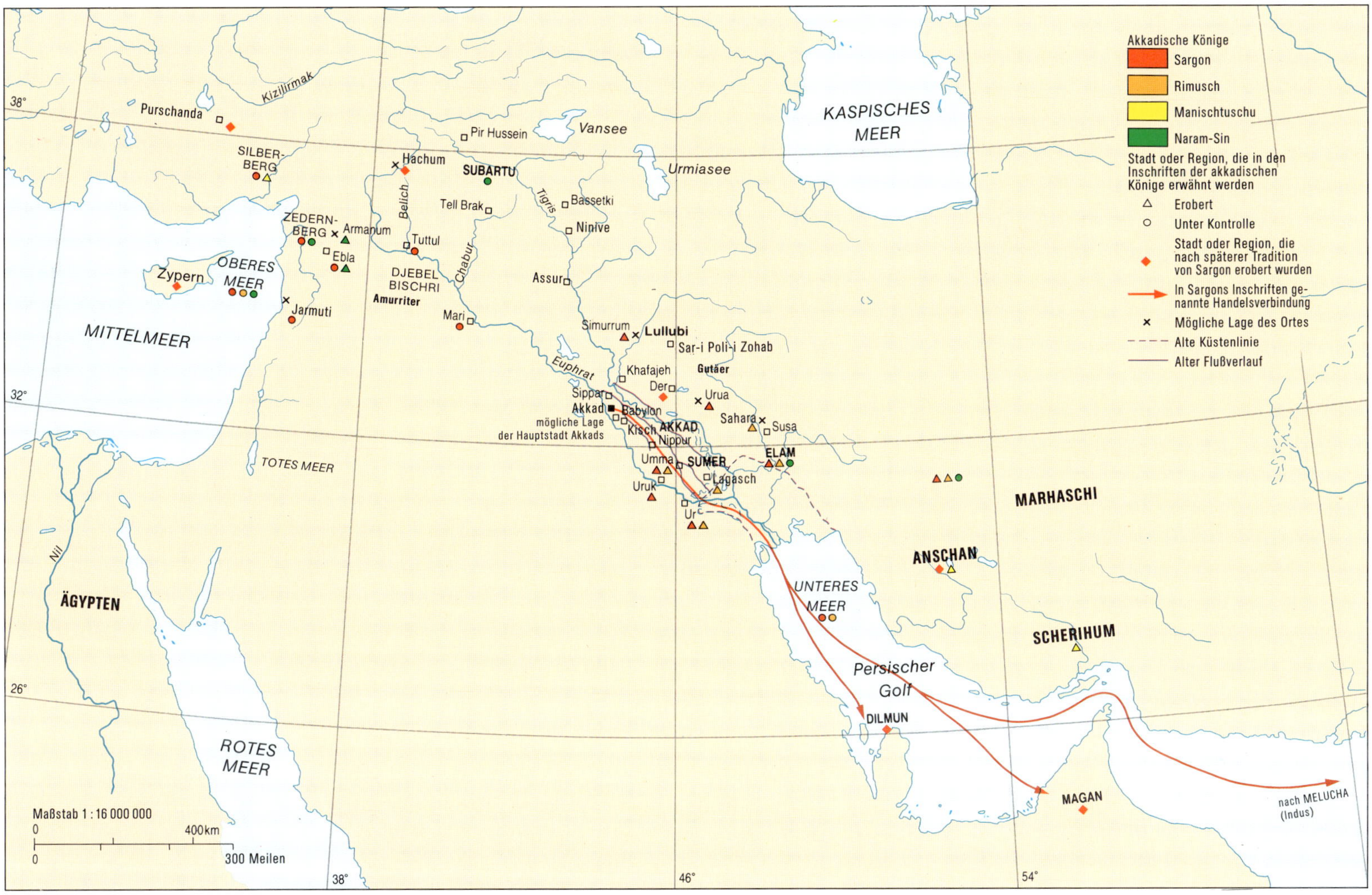

Die Eroberungen der Könige von Akkad
Die Könige von Akkad herrschten nicht nur über die Städte in Sumer und Akkad, sondern unternahmen auch Feldzüge, die sie weit nach Osten und Westen führten. Laut eigenen Inschriften eroberten Sargon, Rimusch, Manischtuschu und Naram-Sin Städte von der Mittelmeerküste bis hin in die Golfregion. Sargon, dessen Inschriften und Monumente auf ältere sumerische Stilformen zurückgehen, wird manchmal als frühdynastischer König bezeichnet. Doch die Bandbreite seiner Eroberungen und seine Anschauung vom Königtum heben sich deutlich ab von den beschränkten Interessen der meisten frühdynastischen Herrscher. Spätere Traditionen und Legenden sprachen von Sargons Weltherrschaft »vom Sonnenaufgang bis zum Sonnenuntergang«. Einige dieser Geschichten dienten wohl eher der Propaganda Sargons II. von Assyrien (721–705 v. Chr.), der den Namen seines berühmten Vorgängers angenommen hatte.

Gärtner ausgebildet, gewann er die Liebe Ischtars und wurde König. Die Sumerische Königsliste berichtet nüchtern: »Scharrum-kin, sein [Vater] war ein Dattelanbauer, Mundschenk von Ur-Zababa, König von Akkad, derjenige, der Akkad erbaute, König wurde und 56 Jahre regierte.«

Eine altbabylonische Kopie der Inschrift entdeckte man auf einem Monument im Enlil-Tempel in Nippur. Sargons Vorfahren werden nicht erwähnt, aber die Inschrift bezieht sich auf ihn als König von Akkad, König von Kisch und König des Landes und berichtet, wie er Uruk im Kampf besiegte und dessen König, Lugalzagesi, gefangennahm. Sargon eroberte Ur, Umma und Lagasch. Er drang vor bis ans Meer. Ein Fragment von diesem oder einem ähnlichen Monument wurde in Susa gefunden. Es gelangte durch die Elamiten dahin, die im 12. Jahrhundert Babylon eroberten, und zeigt Sargon an der Spitze seiner Truppen. Ein zweites Fragment, das zu demselben Monument gehört haben mag, stellt einen Gott dar, der geschlagene Feinde in einem Netz gefangenhält, wie auf der in Girsu gefundenen Geierstele.

Eine zweite Inschrift, die ebenfalls einer altbabylonischen Kopie entstammt, verzeichnet Sargons Verbindungen zu fernen Ländern. Die Schiffe von Melucha, Magan und Dilmun (Indus, Oman und Bahrain) legten am Kai von Akkad an. In Tuttul (vermutlich Tell Bi'a an der Mündung des Balich in den Euphrat) verehrte Sargon den Gott Dagan, der ihm die Gewalt über das Obere Land (Westsyrien), Mari, Ebla und Jarmuti (wahrscheinlich an der Mittelmeerküste) bis zum Zedernwald und dem Silberberg übertragen hatte.

Offensichtlich konnte Sargon als Ergebnis seiner zahlreichen Kriegszüge ein großflächiges Territorialreich errichten und dadurch die Ressourcen anderer, bis zu diesem Zeitpunkt kaum bekannter Länder ausbeuten. Auch die Handelsbeziehungen weiteten sich beträchtlich aus. Dies gilt in besonderem Maße für den Seehandel im Persischen Golf. Schenkt man der zuletzt erwähnten Inschrift Glauben, so reichten Verbindungen Akkads bis zu den Kulturen des Industals. Zumindest auf dem Wege des Fernhandels stießen die Akkader unter Sargon bis an die Grenzen der zum damaligen Zeitpunkt bekannten Welt vor. Spätere Geschichten, die sich um den Namen Sargon ranken, erscheinen wenig glaubwürdig, da sie in der spätassyrischen Zeit überarbeitet wurden, um Sargon II. von Assyrien zu glorifizieren. Es wird berichtet, er habe Puruschanda auf dem anatolischen Hochland erobert, Elam und Marhaschi in den iranischen Bergen sowie Dilmun angegriffen und eingenommen. Nach späteren Überlieferungen gründete Sargon Akkad, eine neue Hauptstadt, wo er einen Palast und Tempel für Ischtar und Zababa, den Kriegsgott von Kisch, erbaute. Der genaue Standort von Akkad ist nicht bekannt, doch wird er in der Region von Babylon, Kisch und Sippar vermutet. Akkad, auch Agade geschrieben, bezeichnete Dynastie und Sprache.

Sargon ernannte seine Tochter Enheduanna zur Hohenpriesterin von Nanna, des Mondgottes von Ur. Tatsächlich wurde dort eine runde Kalksteinplatte gefunden, auf der Enheduanna abgebildet ist, wie sie am Altar ein Opfer darbringt. Bis in die Zeit von Nabonidos im 6. Jahrhundert v. Chr. hielten die Herrscher an dem Brauch fest, ihre Töchter zu Hohepriesterinnen von Ur zu ernennen. Enheduanna verfaßte zwei Hymnen zu Ehren von Inanna, der Göttin der Liebe. Damit gehört sie zu den frühesten Autoren der mesopotamischen Literatur, deren Namen überliefert sind.

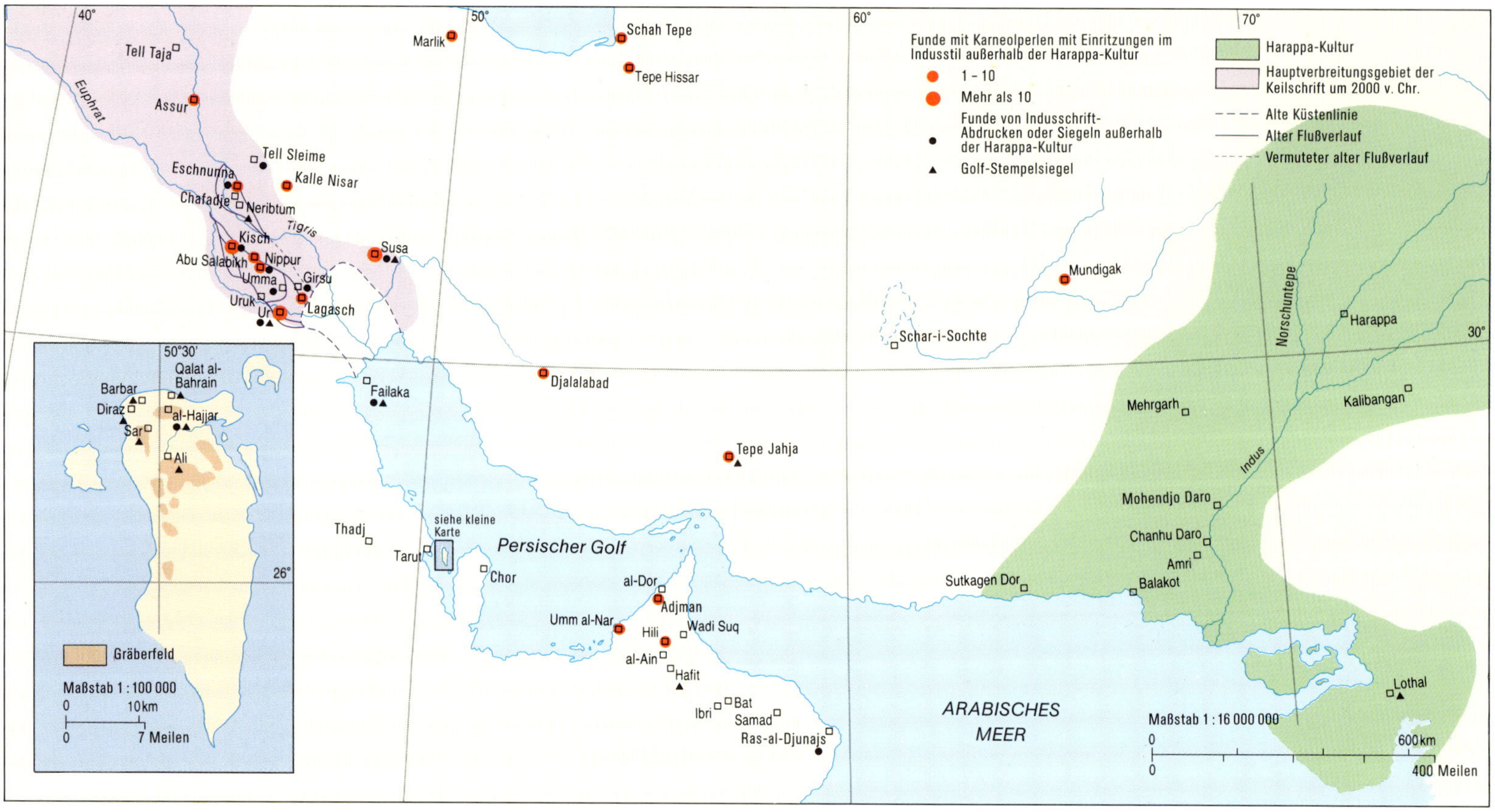

Sargons Söhne

Sargons Nachfolger wurde sein Sohn Rimusch, der die militärischen Unternehmungen seines Vaters fortsetzte. Nach Kopien von Inschriften schlug er Aufstände in Sumer und Akkad nieder und eroberte Elam und Marhaschi (auch als Barahschi bekannt). Beutestücke dieses Feldzugs wurden in Nippur, in Chafadje und sogar im weit entfernten Tell Brak gefunden, wohin sie allerdings später gelangt sein könnten. Rimusch erhob Anspruch auf die Herrschaft über das Obere Meer, das Untere Meer und alle Gebirge. Ein späteres Schriftstück berichtet von der Ermordung Rimuschs bei einer Palastverschwörung durch seine Diener.

Rimuschs Bruder Manischtuschu trat die Nachfolge an. Sein Name bedeutet »der mit ihm ist«, was heißen kann, daß er Rimuschs Zwillingsbruder war. Nach der Sumerischen Königsliste war Manischtuschu jedoch der ältere Bruder. Eine seiner Inschriften verkündet, daß er eine Expedition über den Golf bis zu den Silberminen geführt und Steine für die Herstellung von Statuen importiert habe. Bei diesem Stein handelt es sich wahrscheinlich um Diorit, der in Oman abgebaut wird. Die akkadischen Könige verwendeten Diorit für ihre Skulpturen. Manischtuschu rühmte sich mit der Eroberung von Anschan und Scherihum und beschwor, daß »dies keine Lügen sind. Es ist absolut wahr!« Eine andere Statue von Manischtuschu wurde in Susa gefunden. Sie war ihm von Eschpum, dem Stadtgouverneur, gewidmet und zeigt, daß sich die akkadische Herrschaft bis nach Susa erstreckte. Im Norden beherrschte Manischtuschu Assur und Ninive, wo er den Ischtar-Tempel erneuern ließ. Das bestätigte der spätere assyrische König Schamschi-Adad I., in dessen Tempeln bei Restaurationsarbeiten Statuen und Inschriften von Manischtuschu entdeckt wurden.

Naram-Sin, der Gottkönig

Die 37jährige Regierungszeit von Naram-Sin, Manischtuschus Sohn, bildet den Höhepunkt des akkadischen Reichs. Wie seine Vorgänger führte Naram-Sin kriegerische Auseinandersetzungen, um seine Herrschaft zu bewahren und auszudehnen. Er regierte als Gottkönig und nicht wie seine Vorfahren als Vertreter der Götter. Naram-Sin bezeichnete sich als »König der Vier Weltgegenden, König des Universums« und stellte seinem Namen das Götterzeichen voran. Seine Beamten nannten ihn »Gott von Akkad«. Einige frühe Könige von Uruk wie Lugalbanda und Gilgamesch trugen in den frühdynastischen Texten von Schuruppak Götternamen, doch Naram-Sin war vermutlich der erste lebende König, der Anspruch auf eine göttliche Stellung erhob.

Er regierte über ein riesiges Reich. In seinen Inschriften verkündet er, die Stadt Ebla zerstört zu haben; beschriebene Ziegel, die in Susa gefunden wurden, belegen seine dortige Herrschaft. Ein großes Gebäude in Tell Brak, das etwa 90 mal 85 Meter maß und über zehn Meter dicke Mauern hatte, war aus Ziegeln erbaut worden, die seinen Namen trugen. Es handelte sich dabei um ein Lagerhaus, einen militärischen Außenposten oder ein Verwaltungszentrum, von dem aus die wichtigen Handelsrouten über den Chabur kontrolliert wurden. Sogar nördlich von Diyarbakir am Tigris in der südöstlichen Türkei wurde ein Steinrelief von Naram-Sin gefunden.

Im Distrikt Bassetki, etwa 50 Kilometer nördlich von Ninive, wurden der Sockel und der untere Teil einer Kupferstatue mit Inschriften Naram-Sins entdeckt. Sie enthielten die Botschaft, daß er in einem einzigen Jahr neun Schlachten gewonnen habe. Außerdem wird über Bauarbeiten in der Stadt Akkad berichtet. Die Statue stellt eine männliche Figur dar; sie trägt einen Gürtel und hält einen Pflock, der für Grundsteinlegungen verwendet und in sumerischen Fundamentsockeln gefunden wurde. Das erhaltene Stück wiegt 160 Kilogramm. Es besteht aus nahezu reinem Kupfer und wurde als Hohlfigur im Wachsausschmelzverfahren hergestellt.

Ein anderes bedeutendes, aus Kupfer gegossenes Objekt der akkadischen Zeit, ein lebensgroßer Kopf, wurde in der spätassyrischen Trümmerschicht in Ninive gefunden, wo es wahrscheinlich von medischen Invasoren rituell

Handel mit dem Golf und dem Industal
Von der frühdynastischen bis in die altbabylonische Zeit blühte am Persischen Golf ein bedeutender Seehandel. Am nordwestlichen Ende lagen die Städte Südmesopotamiens, von wo aus die Güter nach Westen und Norden weitergeleitet wurden: im Osten breitete sich Meluchcha aus, das eindeutig mit der Harappa-Kultur des Industals identifiziert wurde. In den Quellen werden zwei weitere wichtige Regionen erwähnt: Dilmun (das wahrscheinlich die heutigen Inseln Bahrain und Failaka umfaßte) und Magan (vielleicht Oman). Königliche Inschriften und Aufzeichnungen der Kaufleute, die zu Schiff aus Ur kamen, überliefern Einzelheiten des Handels. Ausgrabungen am Golf lieferten weitere Zeugnisse für diese Handelsbeziehungen. Auf Bahrain und Failaka existierte eine blühende Kultur, die ihre Toten in Hügelgräbern bestattete. Die Zahl dieser Grabhügel auf der Insel Bahrain wird auf 150 000 geschätzt. Stempelsiegel im Golfstil, wie man sie vermutlich in Dilmun herstellte, wurden sowohl in Mesopotamien als auch in Indien gefunden. Harappa-Gewichte waren auf Bahrein in Gebrauch, und Indus-Inschriften, -siegel, -perlen (darunter mit Ätzmustern versehene Karneolperlen) sowie Indus-Keramik wurde in Oman, Bahrain, Failaka und Mesopotamien entdeckt. Das Ende des Golfhandels deckte sich mit dem Zusammenbruch der altbabylonischen Herrschaft über Südmesopotamien und dem Ende der Harappa-Kultur.

Oben: Dieser gegossene Kopf aus Kupfer wurde im Areal des Ischtar-Tempels von Ninive gefunden. Er wurde mit der Wachsausschmelztechnik hergestellt und gehörte zu einer Herrscherdarstellung. Anfangs schrieb man ihn Sargon, dem Gründer der Dynastie von Akkad, zu, dem Stil nach verkörpert er jedoch wohl eher dessen Enkel Naram-Sin. Höhe 36,6 cm.

verstümmelt worden war. Die detaillierte Gestaltung des Haares erinnert an den Goldhelm von Meskalamdug in Ur. Doch die naturalistische und ästhetische Ausarbeitung verweist auf die akkadische Zeit. Der Kopf konnte nicht identifiziert werden; Fachleute sehen eine Ähnlichkeit mit Naram-Sin.

Naram-Sins berühmtestes Baudenkmal ist seine Siegesstele, die man in Susa entdeckte. Wie die Sargon-Stele und der Codex Hammurabi wurde sie von den Elamiten als Beute nach Susa gebracht. Sie verkündet den Sieg Naram-Sins über Satuni, den König des Stamms der Lullubäer, der im mittleren Teil des Westirans ansässig war. Die Inschriften der Stele wollten auf eine ganz neue Art über historische Ereignisse berichten. Zugunsten einer kohärenten Darstellung verzichtete man auf das alte Schema der Listen, das sich auf den frühdynastischen Wandtafeln und den Stelen von Eanatum und Sargon findet. Der Stein wurde am Sockel und an der Spitze beschädigt, die ursprünglich sieben Sterne trug. Diese sollten vermutlich Götter darstellen. Den Mittelpunkt des Reliefs bildet jedoch die Figur des Naram-Sin mit Bogen und Axt. Er trägt einen Kopfschmuck mit Hörnern, ein Ornat der Götter Mesopotamiens. Die Szene – der älteste Beleg der mesopotamischen Kunst für eine Landschaftsdarstellung im Hintergrund – zeigt hügeliges, bewaldetes Terrain. Siegreiche akkadische Bannerträger sowie besiegte und sterbende Krieger der Lullubäer mit Zöpfen ziehen den Blick des Betrachters nach oben. Wie bei der Bassetki-Statue und dem Ninive-Kopf wurde die menschliche Gestalt im Gegensatz zu früheren Arbeiten naturalistisch dargestellt. Dieses Relief beeindruckte offensichtlich spätere Herrscher; denn ähnliche Arbeiten finden sich in Form von Felsreliefs im westlichen Sagros, in Derbend-i-Gaur, in Schaichan und in Sar-i Pol-i Zohab. Doch erreicht keine dieser Darstellungen die Qualität des Originals.

Wie Sargon wurde Naram-Sin zum Helden vieler Sagen. Er wurde zur tragischen Gestalt und das Opfer seines eigenen Stolzes. Man gab ihm die Schuld an einer Rebellion, die die Invasion von Stämmen aus dem Osten und die Zerstörung der Stadt Akkad heraufbeschworen hätte. Doch liegt kein Indiz vor, das solche Ereignisse während Naram-Sins Regierungszeit belegt. Die Jahresbezeichnungen seines Sohns und Nachfolgers Schar-kali-scharri lassen vermuten, daß seine Herrschaft sowohl von den Amurritern im Westen wie den Gutäern der östlichen Berge bedroht wurde. In der Sumerischen Königsliste folgte auf Schar-kali-scharri die Beschreibung anarchischer Zustände: »Wer war König? Wer war nicht König? War Igigi König? War Nanum König? War Imi König? War Elulu König? Diese vier waren Könige und regierten drei Jahre.« Die beiden letzten Könige von Akkad waren Dudu und Schu-durul, die nur noch über das Gebiet um die Stadt Akkad und die Dijala-Ebene im Norden herrschten, während andere Stadtstaaten im Süden, darunter Lagasch, die Unabhängigkeit gewonnen hatten.

Die neo-sumerische Renaissance

Nach dem Zusammenbruch des akkadischen Reichs war Gudea der berühmteste Vertreter der Dynastie, die Lagasch regierte. Er ließ fünfzehn Tempel in Girsu, dem Regierungszentrum des Staates Lagasch, neu errichten. Der mächtigste Tempel wurde dem Stadtgott Ningirsu geweiht. Auf zwei langen Inschriften, die in große Tonzylinder graviert worden sind, schilderte Gudea den Bau: Der Gott Ningirsu erschien ihm in einem Traum, ordnete an, daß der Tempel wiederaufgebaut werden sollte und legte ihm den Bauplan vor. Gudea ließ den Baugrund reinigen und mit Feuerstellen eingrenzen. Den Inschriften nach beschaffte er Handwerker und Baumaterialien aus fernen Ländern, um den Tempel zu errichten.

»Aus Elam kamen die Elamiten, aus Susa die Susaer, Magan und Melucha sammelten Bauholz von ihren Bergen ... Gudea brachte sie in seiner Stadt Girsu zusammen ... Gudea, der große *en*-Priester von Ningirsu, baute einen Weg in die Zedernberge, die zuvor niemand betreten hatte. Er fällte ihre Zedern mit großen Äxten ... Wie große Schlangen schwammen die Zedern das Wasser [des Flusses] vom Zedernberg hinunter, Pinienflöße vom Pinienberg ... in den Steinbrüchen, die keiner zuvor betrat, machte Gudea, der große *en*-Priester von Ningirsu, einen Pfad, und dann wurden die Steine in großen Blöcken geliefert ... Viele andere Edelmetalle wurden zum Gouverneur, dem Erbauer des Ninnu-Tempels, getragen. Vom Kupferberg Kimasch ... Goldstaub wurde von seinem Berg gebracht ... Für Gudea schürften sie Silber aus seinen Bergen, lieferten rote Steine aus Melucha in großen Mengen.«

Links: Der Inschrift zufolge wurde diese Statue von Gudea, dem Herrscher von Lagasch (ca. 2100 v. Chr.) für den Tempel der Göttin Geschtinanna angefertigt. Gudea erneuerte die Tempel von Girsu, bei Ausgrabungen an diesen Fundstellen entdeckte man elf Statuen von ihm. Neun davon, unter ihnen die hier abgebildete, wurden auf dem Kunstmarkt verkauft. Die Echtheit der Statue wurde angezweifelt. Anders als die freigelegten Dioritstatuen besteht sie aus weichem Kalzit und zeigt einen Herrscher mit überfließender Vase, einem Symbol, das in der mesopotamischen Kunst üblicherweise den Göttern vorbehalten ist. Auch stilistisch unterscheidet sie sich von den übrigen Statuen, doch scheint die sumerische Inschrift echt zu sein.
Statuen Gudeas stellen ihn stehend oder sitzend dar. Einmal hält er den Bauplan eines Tempels auf seinen Knien. Manche zeigen Gudea mit kahlgeschorenem Kopf, dann wiederum trägt er einen Kopfschmuck mit Spiralen, wohl aus Pelzbestandteilen.
Höhe 61 cm.

Die ausgegrabenen Überreste des Tempels in Girsu konnten nicht identifiziert werden. Doch die erhaltenen Dioritstatuen Gudeas und anderer Herrscher von Lagasch bezeugen den Reichtum des Staates und die künstlerische Leistung seiner Handwerker.

Wie weit sich Gudeas Königreich ausbreitete, ist nicht bekannt. Sein einziger militärischer Erfolg war vermutlich ein Sieg über Anschan und Elam. Aber auch auf Ur hatte Gudea wohl einen gewissen Einfluß. Seine Regierungszeit ist unsicher; wahrscheinlich war er ein Zeitgenosse von Utuhegal und Ur-Nammu. Utuhegal (2019 – 2013 v. Chr.) war der König von Uruk, der die Herrschaft der Gutäer beendete. Er ernannte Ur-Nammu, den manche Forscher für seinen Sohn halten, zum Militärgouverneur (*shagin*) von Ur. Ur-Nammu trat Utuhegals Nachfolge an. Er begründete die Dritte Dynastie von Ur und nannte sich selbst Mächtiger Mann, Herr von Uruk, Herr von Ur, König von Sumer und Akkad. Später legte er den Titel Herr von Uruk wieder ab.

Die Dritte Dynastie von Ur

Das mesopotamische Großreich Sargons von Akkad war nach wenigen Generationen an den Problemen gescheitert, die ein weiträumiger Territorialstaat mit sich brachte. Zu nennen sind in diesem Zusammenhang in erster Linie die Einigung eines Herrschaftsraumes, der vom Partikularismus und vom Wechselspiel einigender und zentrifugaler Kräfte geprägt war, die Regierung eines Monarchen über unterschiedliche Bevölkerungsgruppen wie Sumerer und Akkader, aber auch Seßhafte und Nomaden mit ihren widerstreitenden Interessen und Traditionen, und schließlich die Verteidigung eines Territoriums vom Umfang des heutigen Irak gegen Bedrohung von innen und außen. Der zentralistische Verwaltungsapparat, der den absolutistisch herrschenden Königen der Dritten Dynastie von Ur zur Verfügung stand und dessen Grundlagen vielleicht schon im Reich von Akkad zu suchen sind, konnte diese strukturellen Probleme zunächst erfolgreicher lösen.

Ur-Nammu herrschte über Ur, Eridu sowie Uruk und errichtete Bauten in Nippur, Larsa, Kisch, Adab und Umma. In Nippur gefundene Inschriften besagen, daß er bei Auseinandersetzungen zwischen den Stadtstaaten Girtab, Abiak, Marad und Akschak im Norden Akkads vermittelte. In Ur ernannte er seine Tochter Ennirgalanna zur *entu*-Priesterin von Nanna; einer seiner Söhne wurde *en*-Priester der Inanna in Uruk. Ein anderer Sohn (vermutlich sein Nachfolger Schulgi) vermählte sich auf Wunsch der Väter mit einer Tochter des Königs von Mari. Mit Hilfe diplomatischer Bündnisse und religiösem Einfluß gewann Ur-Nammu die Freundschaft und Anerkennung seiner Nachbarn.

Das eindrucksvollste Bauwerk seiner Regierung ist die Zikkurrat in Ur. Seit der Ubaid-Zeit wurden die Tempel im unteren Mesopotamien auf Plattformen errichtet, die im Laufe der Jahrhunderte immer höher emporwuchsen, bis der Schrein auf der Oberfläche im Verhältnis zu seinem Unterbau an Bedeutung verlor. Die von Ur-Nammu in Ur, Eridu, Uruk und Nippur erbauten Zikkurrats waren die ersten ihrer Art, von deren Existenz wir wissen.

Ur-Nammu veranlaßte auch den Bau anderer Tempel in Ur sowie einer Residenz für die *entu*-Priesterin und eines Palastes. Er ließ die Stadtmauern wiederaufbauen und Kanäle anlegen. Die Fragmente einer etwa drei Meter hohen Stele mit runder Spitze stellen einige von Ur-Nammus Bauprojekten dar. Der Fries an der Spitze zeigt den König zweimal, rechts vor dem Mondgott Nanna, dem Stadtgott von Ur, und links vor einer Göttin, vermutlich Ningal, der Gemahlin Nannas. Auf dem darunterliegenden länglichen Fries gießt der von einer zweiten Göttin begleitete König einen Opfertrank aus. Diese Darstellung ähnelt dem häufigsten Rollsiegel jener Zeit. Der untere Teil der

Die Dritte Dynastie von Ur

UR-NAMMU
2112 – 2095

- SCHULGI 2094 – 2047
  - AMAR-SIN 2046 – 2038
  - SCHU-SIN 2037 – 2029
    - IBBI-SIN 2028 – 2004
  - Ennirzianna, Hohepriesterin von Ur
- Ennirganna, Hohepriesterin von Ur

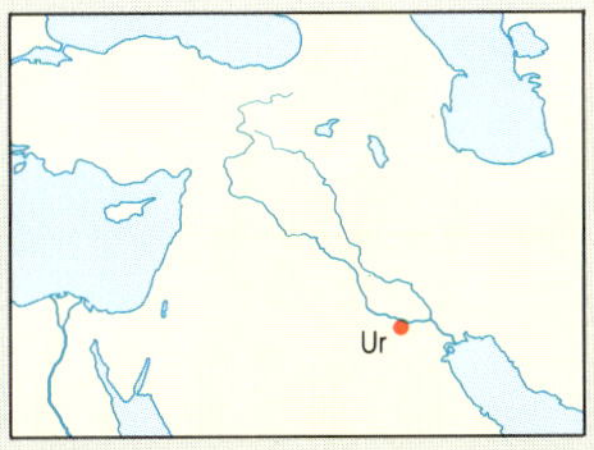

Ur

Die alte Stadt Ur (heute Tell-el-Muqajjar) wurde in der frühen Ubaid-Zeit gegründet. Die prähistorischen Schichten sind tief unter den späteren Ablagerungen begraben, wurden jedoch mit Hilfe mehrerer Gräben sichtbar. Unter ihnen befand sich die sogenannte Große Flutgrube, die Archäologen für ein Zeugnis der Sintflut hielten. Inzwischen hat sich herausgestellt, daß es sich hier um die Spuren einer lokalen Flutkatastrophe handelt. Den außergewöhnlichen Reichtum der Stadt in der frühdynastischen Zeit machte die prachtvolle Ausstattung des Königsfriedhofs deutlich, in dem die Herrscher von Ur mit ihren Angehörigen beigesetzt wurden.

Als Sitz der Dritten Dynastie von Ur (2112 - 2004 v. Chr.) wurde sie von den Herrschern Ur-Nammu, Schulgi und Amar-Sin vollständig umgebaut. Ur war die mesopotamische Hafenstadt für den Warenaustausch mit den Ländern am Golf und für den Fernhandel bis ins 18. Jahrhundert v. Chr. hinein, als es unter die Herrschaft der Meerland-Dynastie geriet. Im 2. und 1. Jahrtausend blieb Ur ein bedeutendes Kultzentrum für den Mondgott Nanna (Sin); viele babylonische Könige pflegten die Tempel von Ur. Im 4. Jahrhundert v. Chr. wurde die Stadt wahrscheinlich verlassen, vielleicht als Folge einer Änderung des Flußlaufs.

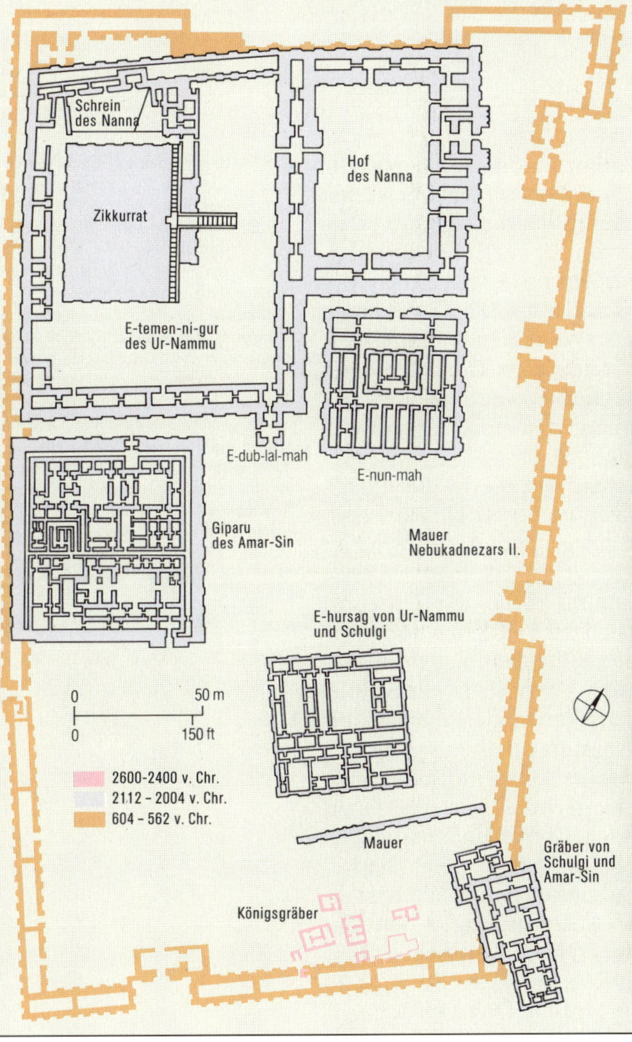

Links: Die Stadt Ur war beherrscht vom heiligen Bezirk, in dem die Zikkurat und der Tempel des Mondgottes Nanna lagen. Die Gebäude wurden von den Königen der Dritten Dynastie von Ur errichtet und von vielen späteren Herrschern restauriert. Der *giparu* enthielt die Residenz der *entu*-Priesterin und einen Tempel Ningals, der Gemahlin von Nanna. E-Nun-Mah wird ein Tempel und Schatzhaus gewesen sein, E-hursaq ein Palast. Im 6. Jahrhundert v. Chr. wurde eine neue Mauer um den heiligen Bereich gebaut.

Oben: Die restaurierten Überreste der Zikkurat beherrschen die Stadtsilhouette von Ur. An der Stelle eines älteren Tempels wurde der Bau von Ur-Nammu begonnen und von seinem Sohn Schulgi vollendet. Sie hatte wahrscheinlich drei Terrassen, auf der obersten stand der Schrein. Nabonid, der den Mondgott besonders verehrte, restaurierte sie 1500 Jahre später. Seine Zikkurat dürfte sogar sieben Terrassen besessen haben.

Unten: Diese verzierte Steinschale wurde in den Ruinen eines achämenidischen Hauses (5. Jahrhundert v. Chr.) in Ur entdeckt, gehört aber ins 4. Jahrtausend v. Chr. Die Motive des Stiers und der Gerstenähre wurden auch auf anderen Produkten dieser Zeit gefunden, sie könnten den Reichtum des Landes symbolisieren. Höhe 5,5 cm.

Das Reich der Dritten Dynastie von Ur
23 Stadtstaaten in Sumer und Akkad bildeten den Mittelpunkt des Reichs der Dritten Dynastie von Ur. Diese Staaten wurden von Zivil- und Militärstatthaltern regiert, die der König ernannt hatte. Sie entrichteten die monatliche *bala* oder Steuer. Die mindestens 90 Siedlungen im Norden und Osten unterstanden der Kontrolle von Militärbefehlshabern, die eine jährliche Steuer in Form von Vieh zu zahlen hatten (die *gun-mada*-Steuer). Viele dieser Siedlungen lassen sich noch nicht identifizieren. Außerhalb des unmittelbaren Einflußbereichs der Könige von Ur waren die Nachbarstaaten oftmals durch dynastische Heiraten oder Verträge mit Ur verbündet.

Stele ist schlecht erhalten; die Fragmente zeigen den König mit Werkzeugen für den Wiederaufbau von Tempeln und darunter die Überreste einer hohen Mauer mit Leitern und Körbe tragenden Arbeitern. Auf der anderen Seite werden wohl religiöse Zeremonien dargestellt. Die ausgewogene statische Komposition besitzt nicht die Dynamik der Siegesstele des Naram-Sin; sie illustriert den Gegensatz zwischen den beiden Dynastien – der nüchternen und pedantischen neosumerischen und der pulsierenden und wagemutigen akkadischen.

Schulgi, der Reformer

Ur-Nammus Nachfolger war sein Sohn Schulgi. Die meisten Jahresnamen der ersten Hälfte seiner 47jährigen Herrschaft bezeichnen ihn ebenso wie seinen Vater als sanften Regenten. Etwa nach zwanzig Jahren reformierte Schulgi den Staat Ur III und vergrößerte das Reich. Wie Naram-Sin beanspruchte er göttlichen Rang; viele Hymnen rühmten ihn. Mit geschicktem Einsatz von Militär und Diplomatie dehnte er die Grenzen nach Norden und Osten aus, um sich die Region zwischen Susa und Assur einzuverleiben. Er schuf eine zentrale Verwaltung für Sumer und Akkad – das Herz seines Reichs – mit *ensi* (Gouverneuren), meist Einheimischen, und *shagin* (Militärkommandeuren), die dem König direkt unterstanden. Das Gebiet jenseits von Sumer und Akkad wurde von Militärs verwaltet. Er übernahm auch die unmittelbare Kontrolle über die Tempelländereien und führte ein neues Steuersystem ein. *Bala*, eine Steuer, entrichteten die Provinzen des Kernstaats von Ur III; *gun mada* dagegen wurde vom Militärpersonal jenseits der Grenzen mit Vieh beglichen.

Um die Staatseinnahmen zu verwalten, schuf er Verteilungszentren wie zum Beispiel in Puzrisch-Dagan (Drehem, zehn Kilometer südlich von Nippur), ein Umschlagplatz für Vieh. Allein in einem Jahr passierten 28 000 Rinder und 350 000 Schafe Puzrisch-Dagan. Die Tiere kamen aus den Provinzen, die auf diese Weise ihre Steuern beglichen, und wurden dann an die größeren Tempel, die Beamten und den königlichen Haushalt weitergeleitet. Dusabara, ein anderes Zentrum, war zuständig für landwirtschaftliche Produkte.

Die Verwaltung dieser Steuern erforderte die Ausbildung von mehr Schriftkundigen und bewirkte Verbesserungen der Schreibtechniken sowie die Einführung neuer Aufzeichnungsmethoden. Schulgi war einer der wenigen Herrscher, von dem man annimmt, daß er die Keilschrift beherrschte. Er reformierte auch das Gewichts- und Maßsystem und führte einen neuen Kalender ein, der im ganzen Staat Ur III benutzt wurde. Vermutlich war Schulgi auch der Autor des ältesten erhaltenen Gesetzbuchs, für dessen Verfasser früher Ur-Nammu gehalten wurde.

Die Rechtsprechung galt als eine der wichtigsten Pflichten aller mesopotamischen Herrscher. Hinweise darauf wurden in den Reformen des letzten frühdynastischen Herrschers von Lagasch, Uruinimgina, gesehen. Die Reform sollte Mißbräuche im traditionellen Rechtssystem korrigieren. Es wurden zwar Aufzeichnungen von Gerichtsverfahren aus der Zeit der Dynastie von Akkad überliefert, doch während Schulgis Regierungszeit wurden Gerichtsverfahren häufiger dokumentiert. Obgleich Schulgis

Gesetzbuch nur sehr unvollständig ist, ähnelt es in der Form den späteren, besser erhaltenen Gesetzbüchern von Lipit-Ischtar und Hammurabi. Zum ersten Mal werden feste Strafen für bestimmte Verbrechen vorgeschrieben.

Schulgi setzte die von seinem Vater begonnenen Bauprojekte fort und vollendete sie. Neben dem religiösen Bezirk von Ur entstand ein Gebäude aus Ziegeln, die seinen Namen tragen. Unmittelbar daran schlossen sich zwei kleinere Bauten an, deren Ziegel mit dem Namen seines Sohnes, Amar-Sin, versehen sind. Vermutlich handelt es sich um den Begräbnisplatz der Könige von Ur. Sie wurden wohl in den darunterliegenden Gewölben beigesetzt, wo Skelettreste entdeckt wurden. Die Gebäude wurden bereits in der Antike geplündert, doch erhaltene Fragmente zeigen, daß die Türen mit Blattgold verkleidet waren. Die mit Goldplatten dekorierten Wände wiesen wertvolle Einlegearbeiten aus Achat und Lapislazuli auf. Von den Decken leuchteten winzige Sterne und Sonnenstrahlen aus Gold und Lapislazuli. In einem Raum befanden sich Bänke und Kanäle, die mit Blattgold und Bitumen versehen waren. Sie dienten wohl für Trankopfer-Rituale. Wahrscheinlich wurde in den oberen Räumen des Tempels der Totenkult für die verstorbenen Könige gepflegt.

Schulgi hatte mindestens zwölf Söhne und acht Töchter, eine von ihnen wurde *entu*-Priesterin von Ur. Drei andere Töchter verheiratete er mit den Herrschern der iranischen Fürstentümer Marhaschi, Anschan und Baschime. Als seine Nachfolger bestimmte er zwei seiner Söhne, zunächst Amar-Sin, dann Schu-Sin. Unter Schu-Sins Herrschaft zeichnete sich der Untergang des Reiches ab. In seinem vierten Regierungsjahr ließ er zwischen dem Tigris und dem Euphrat eine Mauer errichten, um die marodierenden Amurriter fernzuhalten, einen semitischen Stamm oder eine Gruppe von Stämmen, die im Südwesten Mesopotamiens vordrangen. Unter Schu-Sins Sohn, Ibbi-Sin, brach das Reich auseinander. In seinem zweiten Regierungsjahr erhob sich in Eschnunna ein Aufstand; im dritten Jahr verlor Ibbi-Sin die Kontrolle über Susa. Der Zusammenbruch des Reichs kann anhand der Jahresnamen verfolgt werden, die zur Datierung der Dokumente in verschiedenen Städten dienten. Die Zeitrechnung mit Ibbi-Sins Jahresnamen endete nach seinem dritten Regierungsjahr in Puzrisch-Dagan, nach dem fünften in Umma, nach dem sechsten in Girsu und nach dem achten Jahr in Nippur. In seinem zehnten Regierungsjahr riß Ischbi-Erra, einer von Ibbi-Sins Militärbefehlshabern, die Herrschaft über Nippur und Nordbabylonien an sich und gründete eine neue Dynastie mit Isin als Hauptstadt. Nur in Ur selbst konnte Ibbi-Sin während der gesamten 24 Jahre seiner Herrschaft die Macht behalten, bis im Jahr 2004 v. Chr. die Elamiten in Ur eindrangen, die Stadt plünderten und Ibbi-Sin als Gefangenen nach Anschan mitführten.

Unten: Schwarzes Steingewicht in Form einer Ente aus Ur. Die Inschrift besagt, daß Schulgi dieses Gewicht auf »5 minas für Nanna«, den Mondgott, festsetzte. Nannas Mondsichel ist auf der anderen Seite zu sehen. Länge 14 cm.

Ganz unten: Mit Gold eingelegte Silbergußfigur eines Stieres. Ähnliche Figuren wurden in den reichen Gräbern von Alaca Hüyük in Zentralanatolien gefunden. Diese Gräber gehören wahrscheinlich ins späte 2. Jahrtausend v. Chr., obwohl manche Forscher eine frühere Datierung vorgeschlagen haben. Die Metallverarbeitung von Alaca stand auf einem hohen Niveau. Allerdings fand man in den Gräbern von Alaca Hüyük nicht die Granulations- und Filigrantechniken, mit denen die kunstvollen Grabbeigaben des Königsfriedhofs von Ur angefertigt wurden. Höhe 24 cm.

Der Aufstieg der Elamiten

Als Susa den Königen von Akkad unterstellt war, bewahrte das Königreich Awan seine Unabhängigkeit. Eine genaue Lokalisierung von Awan ist nicht möglich, doch lag es vermutlich nördlich von Susa. Etwa um 2200 v. Chr. übernahm Puzur-Inschuschinak, der König von Awan, die Herrschaft über Susa. Inschriften aus Susa berichten von seinen bedeutenden Eroberungen. Einige dieser Inschriften wurden in elamischer Linearschrift, einer einfachen Silbenschrift, verfaßt. Nur sehr wenige solcher Inschriften wurden entdeckt. Davon stammen 17 aus Susa, eine vom Friedhof von Schachdad und eine vermutlich aus Fars.

Schulgi von Ur hatte Susa und das Tiefland annektiert, doch die Hochlandregionen blieben trotz der dynastischen Eheschließungen unabhängig. Unter Ibbi-Sin riß der Herrscher von Schimaschki, der bereits Anschan regierte, die Macht in Susa an sich. Im Jahr 2004 v. Chr. fiel Kindattu, der König von Schimaschki, Susa und Anschan in Ur ein und zerstörte es. Die Elamiten wurden um 1995 aus Ur vertrieben. In Susa aber regierte die Schimaschki-Dynastie weitere 100 Jahre.

Anatolien und der Westen

Zu den Bodenschätzen, die die Könige von Akkad begehrten, gehörte Silber aus den anatolischen Minen. Zwei Bruchstücke eines Alabasterreliefs aus Nasirije zeigen vermutlich einen derartigen Beutezug. Auf dem einen Fragment sind nackte Gefangene abgebildet, das andere zeigt Soldaten, die Beute schleppen, darunter ein Metallgefäß der anatolischen Frühbronzezeit 2.

In Alaca Hüyük in Zentralanatolien entdeckte man 13 herrschaftliche Gräber. Obgleich sie als königliche Gräber gelten, konnte, wie beim Königsfriedhof von Ur, ein Beweis dafür nicht erbracht werden. Es handelt sich um große, rechteckige Gruben, bis zu acht Meter lang und 3,50 Meter breit. Sie enthielten die Gebeine von Männern wie von Frauen. Der Leichnam wurde jeweils in der nordwestlichen Ecke zusammen mit hölzernen Geräten begraben. Die kunstvollsten Artefakte bestanden aus Metall, Gold, Elektrum, Silber und Kupfer, aus denen Gefäße, Nadeln und Waffen angefertigt worden waren. Zwei eiserne Dolche mit goldplattierten Griffen beweisen die Geschicklichkeit der anatolischen Metallhandwerker. Die eindrucksvollsten Gegenstände waren die sogenannten Standarten, die an ihrer Spitze gegossene Stiere oder geometrische Formen trugen. Sie bestanden aus Kupfer und waren teilweise oder ganz mit Elektrum überzogen. Ihre Funktion ist nicht bekannt. Sie hatten massive Dübel, die sie mit einer Art Holzrahmen verbanden, vermutlich einem Baldachin über jedem Grab. Die Gräber stammen wahrscheinlich aus der Zeit der akkadischen Könige. Weiter westlich belegen die Trümmerschichten an Frühbronzezeit-2-Fundstätten Anatoliens das Auftreten der Luwier und Hethiter, die Anatolien im zweiten Jahrtausend v. Chr. beherrschten.

Im Norden Mesopotamiens gehörte die Stadt Mari vermutlich dem Reich der frühen akkadischen Könige an. Doch abgesehen von zwei Bronzen der Töchter von Naram-Sin, existieren kaum Zeugnisse, die Eingriffe der Könige von Akkad in die Geschicke der Stadt belegen. Während der Ur-III-Zeit trugen die Herrscher von Mari den Titel *schaknu*, die akkadische Entsprechung für *schagin*; doch hatte Mari an der Wirtschaftsstruktur des Ur-III-Reichs wohl keinen Anteil. Der Bau des berühmten Palastes der Herrscher von Mari dauerte jahrhundertelang. Einige prunkvolle Wandmalereien datierte man wegen ihrer Ähnlichkeit mit der Stele von Ur-Nammu in die Zeit der Dritten Dynastie von Ur.

Nach der Zerstörung von Ebla und einer rückläufigen Besiedlungsdichte in der Levante nahm weiter im Süden die Frühbronzezeit 4 (ca. 2350–2000 v. Chr.) ihren Anfang. Viele städtische Zentren wurden aufgegeben. Landwirtschaftliche und urbane Lebensweise wichen großen Hirtengemeinschaften. Diese Veränderungen veranlaßten wohl nomadische Gruppen, wie etwa die Amurriter, weiter nach Osten zu wandern. Gegen Ende des Alten Reichs in Ägypten wurden von dort aus Expeditionen nach Asien unternommen, die vermutlich bis zum Berg Karmel vordrangen. Das Hauptinteresse der Ägypter galt jedoch dem nördlichen Libanon und seiner Stadt Byblos als Haupthafen für den Handel mit Harz, Bauholz und anderen Gütern. Mit dem Ende des Alten Reichs etwa um 2150 v. Chr. brachen die Verbindungen zwischen der Levante und Ägypten ab. Die folgenden 150 Jahre waren von allgemeinem Niedergang gekennzeichnet.

Zikkurrats

Die Zikkurrats gelten als typische Baudenkmäler des alten Mesopotamien. In vielen Städten gehörte zum Tempel des Stadtgottes eine Zikkurrat. Sie bestand aus einer Reihe übereinander gebauter Plattformen, auf deren höchster sich ein Tempel erhob. Auf Plattformen stehende Tempel wurden schon in der Ubaid-Periode in Eridu um 5000 v. Chr. errichtet. Die ersten eigentlichen Zikkurrats ließ Ur-Nammu (2112 - 2095 v. Chr.), der erste König der Dritten Dynastie von Ur, in Ur, Eridu, Uruk und Nippur erbauen. Sie alle ähneln sich in ihrem Bauplan mit einem rechteckigen Fundament und drei Treppen, die rechtwinklig aufeinandertrafen und zu dem Tempel auf der Spitze führten. Derselbe Plan lag auch der berühmtesten aller Zikkurrats zugrunde, der des Gottes Marduk in Babylon. Von ihr ist die Rede in der Geschichte vom Turmbau zu Babel. Im 18. Jahrhundert v. Chr. begonnen, trug sie den Namen Etemenanki, das heißt: »Haus der Gründung des Himmels und der Erde«.

Es ist nicht bekannt, welche Zeremonien in dem hochgelegenen Heiligtum stattfanden. Der griechische Historiker Herodot, der eine detaillierte Beschreibung der Zikkurrat von Babylon überlieferte, behauptete, daß zwischen einer Priesterin und dem Gott, der vermutlich durch die Person des Königs vertreten war, eine kultische Hochzeit stattfand, um den künftigen Wohlstand des Landes zu sichern.

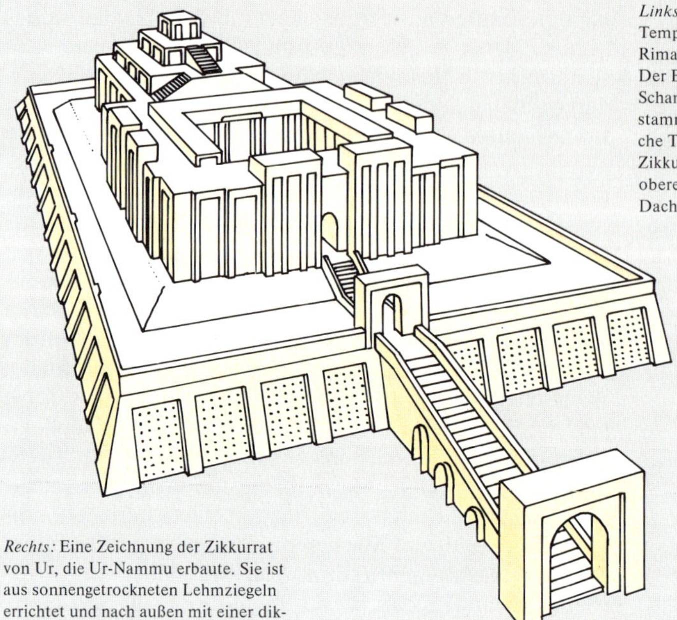

Links: Rekonstruktionszeichnung des Tempels und der Zikkurrat in Tell-al-Rimah, vermutlich dem antiken Qatara. Der Bau dürfte aus der Zeit von Schamschi-Adad I. (ca. 1800 v. Chr.) stammen. Anders als der ältere südliche Typ mit drei Terrassen war diese Zikkurrat Teil des Tempelbaus. Der obere Schrein war vermutlich vom Dach des Hoftempels aus zu erreichen.

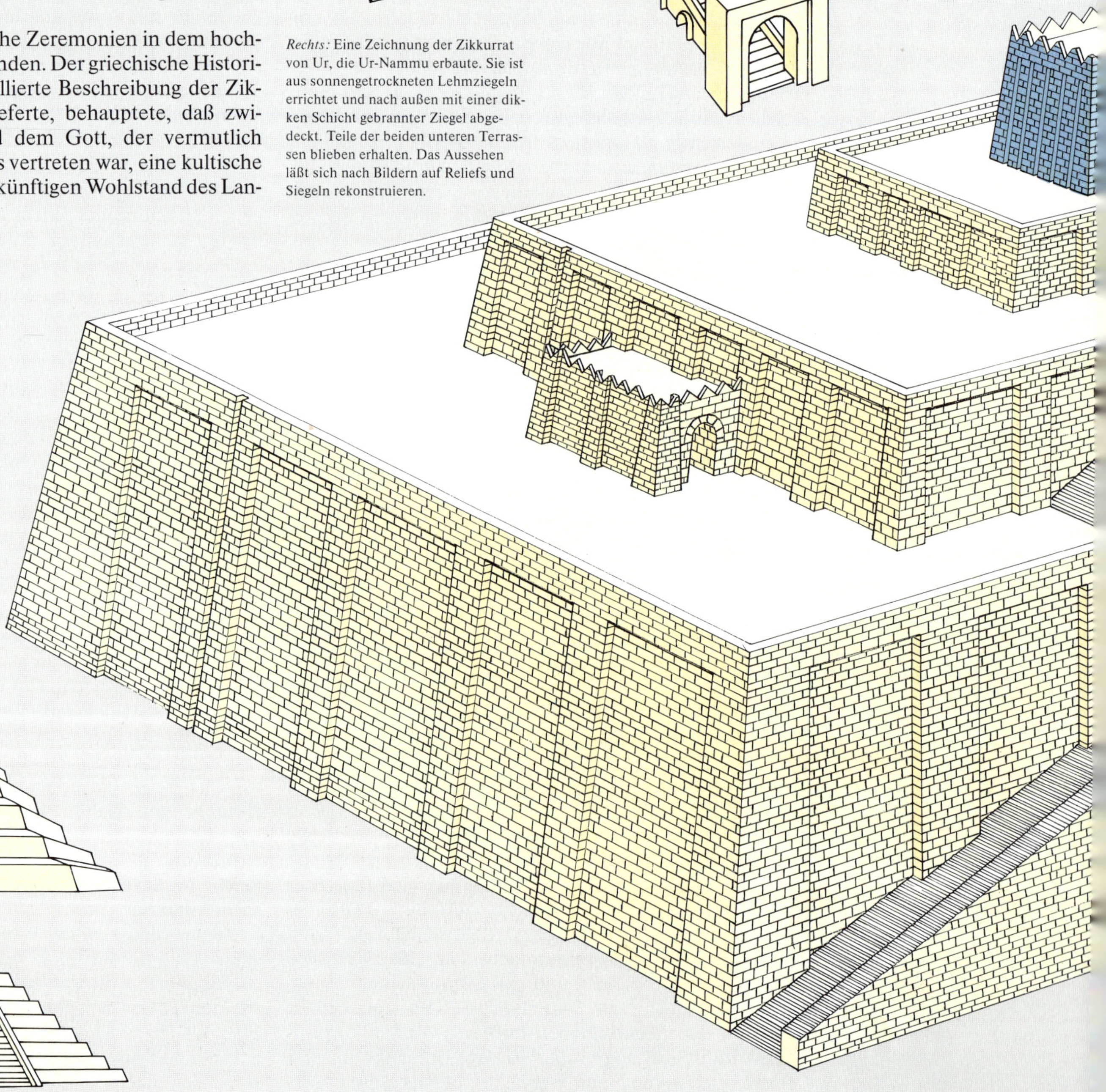

Rechts: Eine Zeichnung der Zikkurrat von Ur, die Ur-Nammu erbaute. Sie ist aus sonnengetrockneten Lehmziegeln errichtet und nach außen mit einer dicken Schicht gebrannter Ziegel abgedeckt. Teile der beiden unteren Terrassen blieben erhalten. Das Aussehen läßt sich nach Bildern auf Reliefs und Siegeln rekonstruieren.

Die Zikkurrats ähneln in ihrer Form zwar den ägyptischen Pyramiden wie etwa der Stufenpyramide von Sakkara *(unten, oberes Bild)*, doch hatten sie eine ganz andere Funktion. Die Pyramiden waren Grabbauten mit im Innern versteckten Grabkammern. Die obersten Ebenen trugen keine Aufbauten. Die Zikkurrats dagegen sind solide Ziegelbauten mit einem Tempel auf der höchsten Plattform. Sie gleichen damit eher den Tempeln in Mittelamerika wie etwa dem von Chichen Itza *(unten)*. Demnach kam die Idee zum Bau einer massiven, pyramidenförmigen Konstruktion vermutlich aus Ägypten.

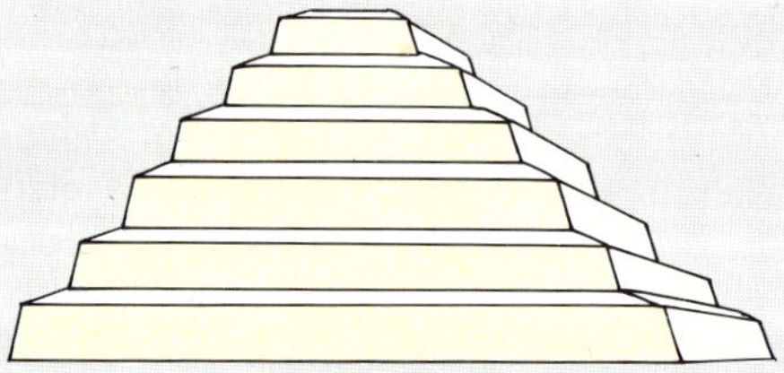

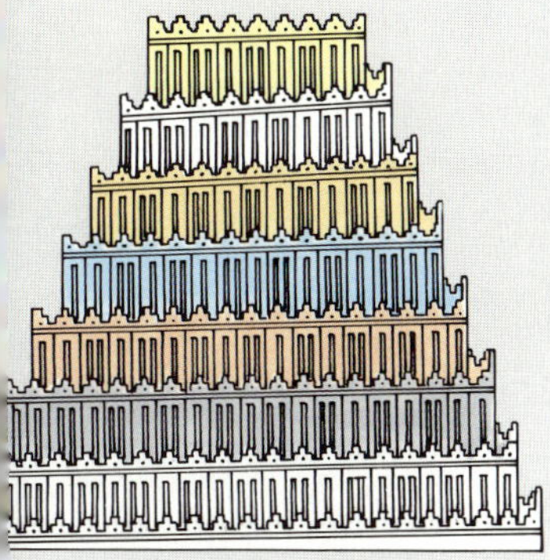

Oben: Als eine der ersten Zikkurrats wurde die der assyrischen Stadt Dur-Scharrukin freigelegt. Man nimmt an, daß ein spiralenförmiger Weg zur Spitze führte und die drei unteren Ebenen weiß, schwarz und rot bemalt waren. Die oberen Plattformen sind nicht erhalten, doch nach dem normalen Farbschema wären sie blau, orange, silber und gold gewesen.

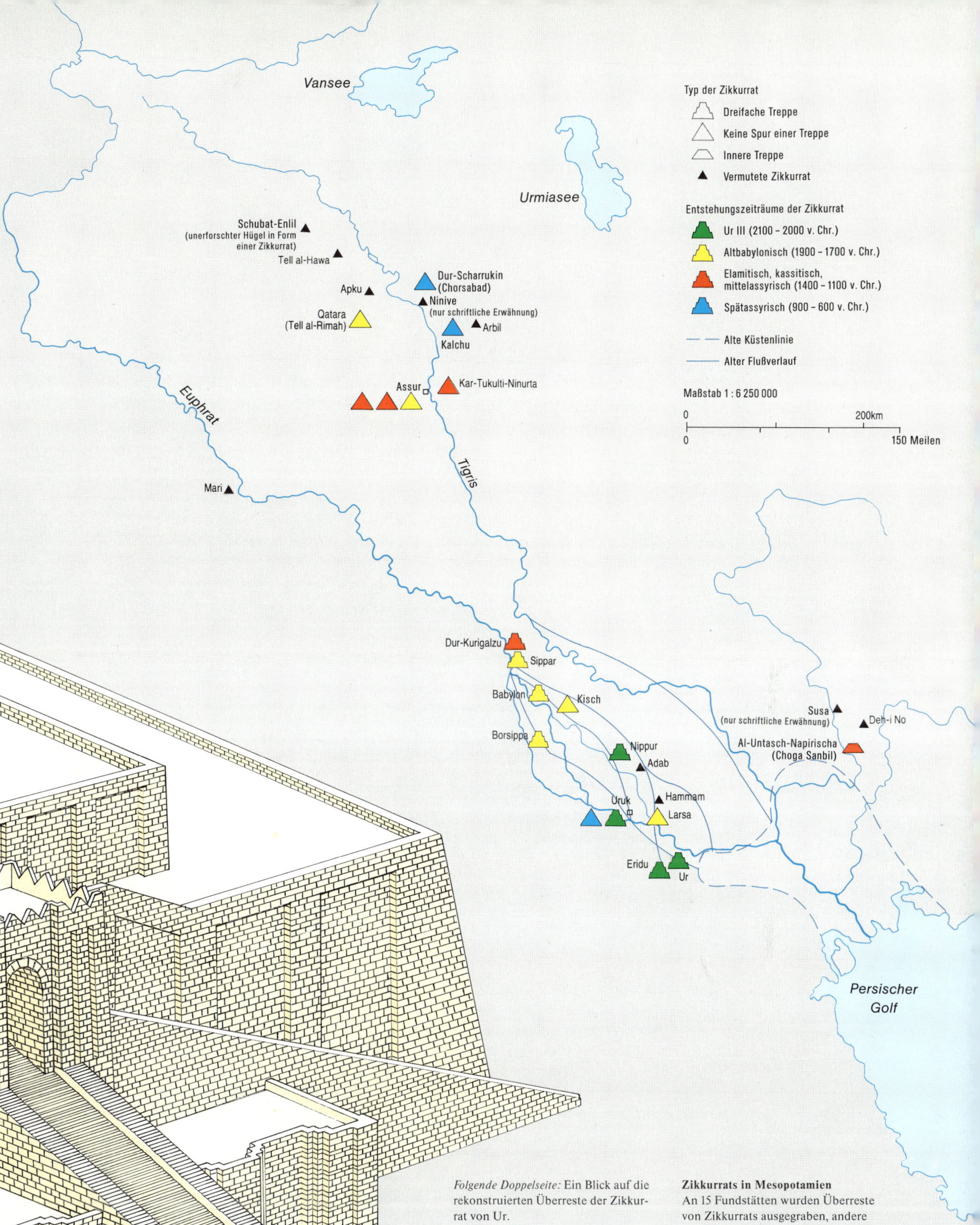

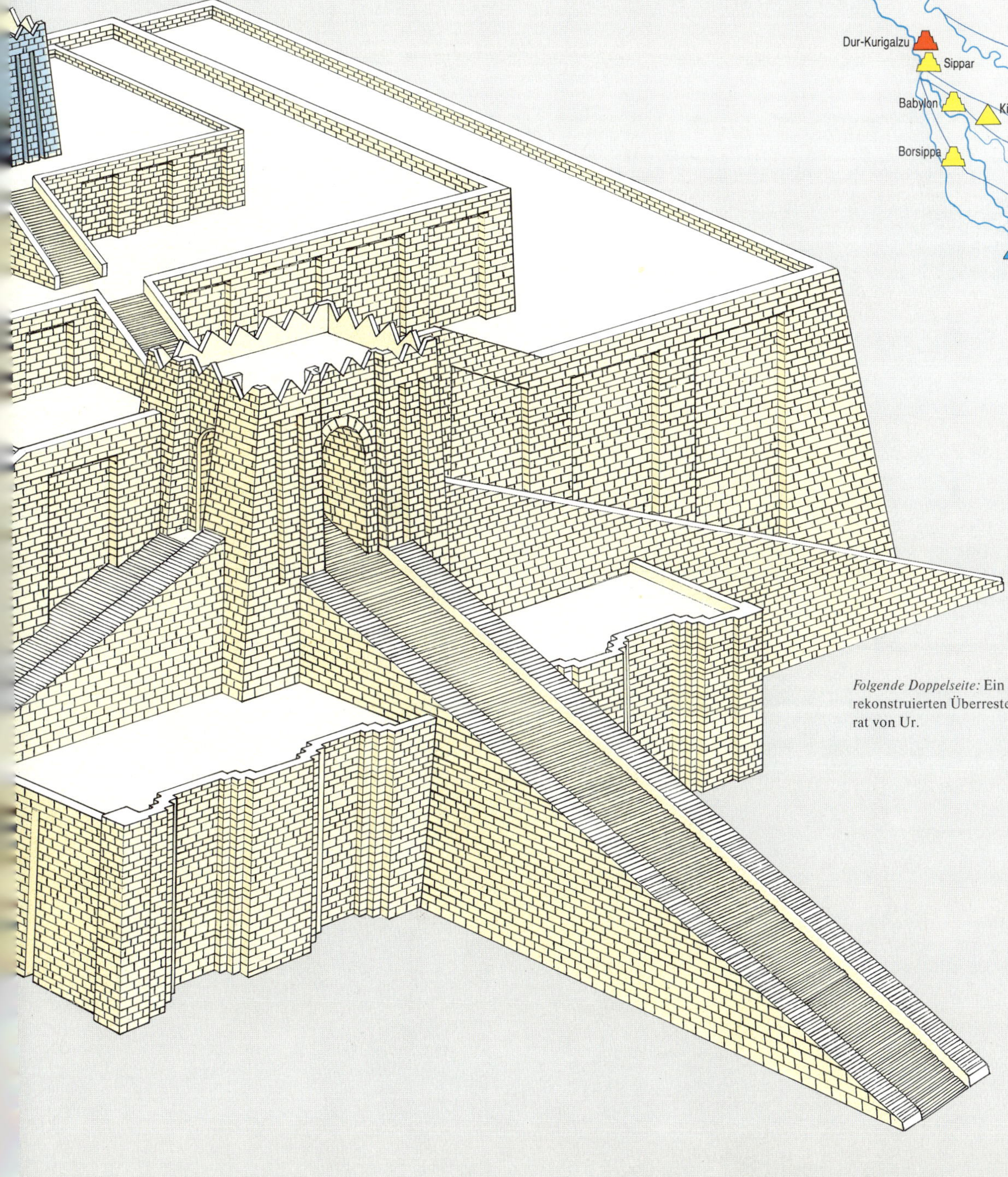

Folgende Doppelseite: Ein Blick auf die rekonstruierten Überreste der Zikkurrat von Ur.

Zikkurrats in Mesopotamien
An 15 Fundstätten wurden Überreste von Zikkurrats ausgegraben, andere sind uns aus den Quellen bekannt (wie die von Akkad, deren Lage unklar ist) oder aus den Umrissen der Ruinen. Es gab zwei Haupttypen der Zikkurrats, von denen der frühe südliche Typ eine rechteckige Plattform und drei Terrassen hatte. Der spätere, nördliche Typ besaß keine Ebenen, der Tempel war häufig Teil eines größeren Baukomplexes. Ungewöhnlich war die Bauweise der Zikkurrat an der elamitischen Fundstätte Al-Untasch-Napirischa (Mitte des 13. Jahrhunderts v. Chr.). Ein quadratischer Hof, um den herum Räume lagen, wurde aufgeschüttet und zu einer hohen Zikkurrat aufgebaut, wobei die Terrassen an den vier Seiten innerhalb des Bauwerks lagen.

HANDEL UND KRIEG

(2000 – 1600 v. CHR.)

Die Stadtstaaten der Isin-Larsa-Zeit
Nach dem Untergang der Dritten Dynastie von Ur rivalisierten die Städte Südmesopotamiens untereinander. Zunächst hatte Isin eine Vormachtstellung, dann Larsa, und schließlich Babylon. Die hier abgebildeten Karten basieren auf der Arbeit von Douglas Frayne, der aus den Jahresnamen, die in verschiedenen Städten benutzt wurden, die von den einzelnen Städten beherrschten Territorien ermittelte. Jene Städte, für die nicht genügend Belege vorliegen, um ihren Status festzustellen, sind nicht in die schraffierten Flächen einbezogen; insofern sind die Karten also unvollständig. Dennoch vermitteln sie eine lebendige Vorstellung von dem ständigen Kampf zwischen den Stadtstaaten jener Zeit.

Rivalisierende Stadtstaaten

Die Vereinigung von Sumer und Akkad, zuerst unter den akkadischen Königen, danach unter den Herrschern der Dritten Dynastie von Ur, war außergewöhnlich. Obwohl keine größeren geographischen Hindernisse existierten, wurde die Schwemmlandebene Mesopotamiens nur selten von einem einzigen Herrscher regiert. Auch die Länder vom Oberen bis zum Unteren Meer, also vom Mittelmeer bis zum Persischen Golf, bildeten kaum jemals ein einheitliches Reich. Viele spätere mesopotamische Machthaber bemühten sich jedoch darum, den Leistungen der akkadischen Könige nachzueifern. Am Ende des dritten Jahrtausends v. Chr., als Ur an Einfluß verlor, zerfiel sein Imperium in mehrere Königreiche; Assur, Eschnunna, Der und Susa wurden unabhängig.

Ischbi-Erra, ein früherer Offizier des Ibbi-Sin, gründete 2017 v. Chr. eine neue Dynastie, die ihren Mittelpunkt in Isin hatte. Er kontrollierte weitgehend das einstige Herzland des Königreichs Ur. Während der nächsten zwei Jahrhunderte versuchte die Herrscherfamilie von Isin, ihr Territorium gegen Übergriffe aus dem Norden und dem Süden zu halten. Isins Hauptrivale war der Staat Larsa; der entsprechende Zeitraum heißt demnach Isin-Larsa-Periode. Doch es gab noch andere, ebenso mächtige Staaten im Nahen Osten, beispielsweise Jamchad (mit seiner Hauptstadt Aleppo), Eschnunna, Susa und Babylon.

Die Dokumentierung dieser Epoche durch Texte ist besonders gut. Die Archive von Mari, die mehr als 20 000 Tafeln enthalten, decken alle Aspekte des Palastlebens ab. In Kanesch in Zentralanatolien grub man Aufzeichnungen von Kaufleuten aus, die mit Assyrien Handel trieben. Bereits über 4000 dieser Täfelchen sind veröffentlicht, doppelt so viele Texte aus jüngsten Ausgrabungen müssen noch untersucht werden. Kleinere Sammlungen wurden in Qatna, Alalach, Terqa, Haridum, Chagar Bazar, Kahat, Schubat-Enlil, Qatara, Ninive, Assur, Schuscharra, Susa, Anschan sowie in den Städten des Königreichs Eschnunna und an zahlreichen archäologischen Fundstätten in Sumer und Akkad gefunden. Diese Texte handeln von Politik, Verwaltung, Wirtschaft, Kultbräuchen, Theologie, Handel, Recht und Wissenschaft. Die Welt, die sie uns erschließen, reichte von Anatolien bis zum Golf. Kaufleute mit Eselskarawanen, die Güter aus entfernten Ländern tauschten, durchzogen und verbanden damit diese Gebiete. Im Süden und Westen bedrohten nomadische Hirten die ansässige Bevölkerung, während im Norden und Osten die wilden Bergstämme die wohlhabenden Städte in den Ebenen überfielen.

Amurriter und Hurriter

In den letzten Jahrhunderten des dritten Jahrtausends nahmen viele neue Völker mit den besiedelten Regionen des Nahen Ostens Verbindung auf, zum Beispiel die Amurriter aus Amurru in Akkad mit einem westsemitischen Dialekt und die Hurriter, deren Sprache mit keiner anderen zu dieser Zeit im Nahen Osten bekannten verwandt war. Die Amurriter ließen sich – wie die späteren Aramäer und die Araber – zunächst an den Ausläufern der Arabischen Wüste nieder. Sie wurden von Schar-kali-scharri (2217 – 2193 v. Chr.) in Basar (vermutlich handelt es sich hier um Djebel Bischri westlich von Mari) geschlagen. Aber die Amurriter ließen sich nicht auf Dauer vertreiben. In den letzten Jahren der Dritten Dynastie von Ur erhielt Schu-Sins viertes Regierungsjahr (2034 v. Chr.) die Bezeichnung »das Jahr, in dem die Mauer von Amurru gebaut wurde«. Diese Mauer bestand aus einem Schutzwall, der im nördlichen Teil der Schwemmlandebene des Euphrat und des Tigris errichtet worden war. Zunächst herrschte Feindschaft zwischen den Stadtbewohnern und den Nomaden. Die Amurriter wurden abgelehnt, weil sie kein Getreide kannten, ihre Toten nicht bestatteten und als unzivilisiert galten. Doch sie ließen sich nicht aufhalten; innerhalb weniger Jahre hatten sie sich in vielen Städten Mesopotamiens niedergelassen. Einige Herrscher im frühen zweiten Jahrtausend trugen sogar amurritische Namen.

Die Hurriter vertraten die frühtranskaukasische Kultur. Erwähnungen des Namens Subartu in der akkadischen Zeit beziehen sich wahrscheinlich auf einen hurritischen Staat im Norden Mesopotamiens. Ein Name auf einem Schrifttäfelchen von Nippur aus dieser Epoche bezeichnet ein hurritisches Geschlecht. Während der Dritten Dynastie von Ur tauchen Herrscher mit hurritischen Namen wie Atal-Sin, König von Urkisch und Nawar, und Tisch-atal, König von Karahar, in Nordmesopotamien und in den Regionen östlich des Tigris auf. Ein Tisch-atal, König von Urkisch, hinterließ eine Inschrift in hurritischer Sprache auf einer Steintafel, die an die Gründung eines Nergal-Tempels erinnert. Zu Anfang des zweiten Jahrtausends regierten Hurriter (oder zumindest Könige mit hurritischen Namen) die Staaten rund um die Nordgrenze Mesopotamiens von Simurrum, Tukrisch und Schuscharra im Sagrosgebirge bis nach Hassum und Urschum nordwestlich des Euphrat. Teile der Bevölkerung von Nuzi, Ekallatum (nahe bei Assur), Qatara (Tell-al-Rimah) und Chagar Bazar trugen hurritische Namen; in Alalach am Orontes in Westsyrien war nahezu die Hälfte der überlieferten Namen hurritisch. Zahlreiche Hurriter trieben neben assyrischen Kaufleuten Handel in Anatolien. Ihre Götter wurden von anderen Völkern übernommen. Der König von Jamchad rief die Göttin Hepa (Hebat) an; den Obersten des hurritischen Pantheons, den Wettergott Teschup, verehrte Eschnunna unter dem Namen Tischpak als höchsten Gott.

Der Kampf um die Macht in Mesopotamien

Die Bevölkerung des mesopotamischen Kernlandes blieb in der Mehrzahl sumerisch und akkadisch, selbst wenn viele Herrscher amurritische Namen trugen. Politische Instabilität kennzeichnete diese Epoche. Zahlreiche charismatische Führer lösten einander ab. Die Vasallenstaaten bestimmten ihre Herrscher selbst. Die verworrene Lage schildert ein Brief, der um 1770 v. Chr. von einer Rede berichtet, die nomadische Stämme zur Anerkennung von Zimri-Lim von Mari aufforderte.

> »Es gibt keinen König, der allein mächtig sein kann. Zehn oder 15 Könige folgen Hammurabi, dem Mann von Babylon; ebensoviele folgen Rim-Sin, dem Mann von Larsa, Ibal-pi-El, dem Mann von Eschnunna, und Amut-pi-El, dem Mann von Qatna, und 20 Könige folgen Jarim-Lin, dem Mann von Jamchad.«

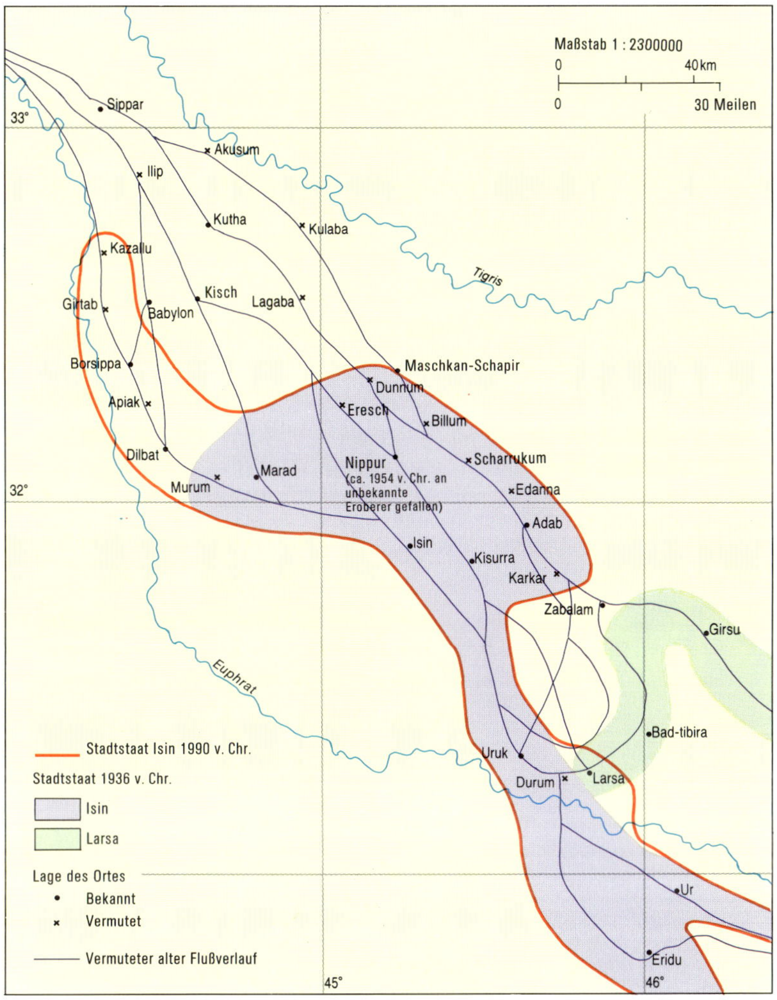
Maßstab 1 : 2300000
0 40 km
0 30 Meilen
Sippar
Akusum
Ilip
Kutha
Kulaba
Kazallu
Kisch
Lagaba
Girtab
Babylon
Tigris
Borsippa
Maschkan-Schapir
Dunnum
Apiak
Eresch
Billum
Dilbat
Nippur (ca. 1954 v. Chr. an unbekannte Eroberer gefallen)
Scharrukum
Murum
Marad
Edanna
Adab
Isin
Kisurra
Karkar
Zabalam
Girsu
Euphrat
Bad-tibira
Uruk
Durum
Larsa
Ur
Eridu
33°
32°
45°
46°
Stadtstaat Isin 1990 v. Chr.
Stadtstaat 1936 v. Chr.
Isin
Larsa
Lage des Ortes
Bekannt
Vermutet
Vermuteter alter Flußverlauf

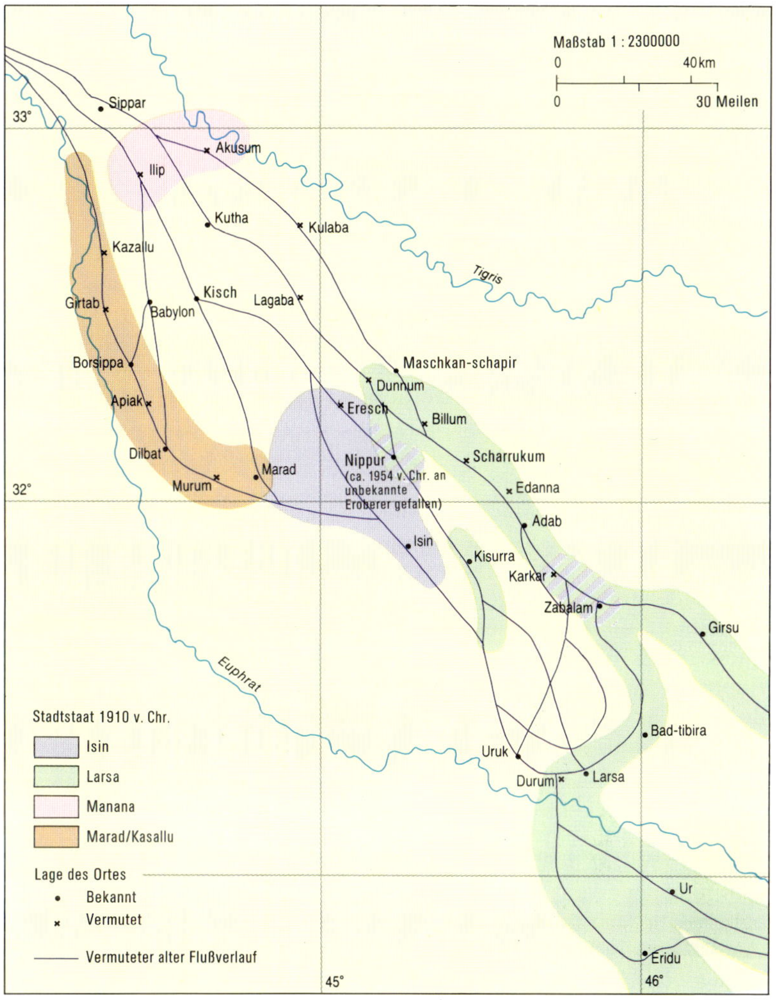
Maßstab 1 : 2300000
0 40 km
0 30 Meilen
Sippar
Akusum
Ilip
Kutha
Kulaba
Kazallu
Kisch
Lagaba
Girtab
Babylon
Tigris
Borsippa
Maschkan-schapir
Dunnum
Apiak
Eresch
Billum
Dilbat
Nippur (ca. 1954 v. Chr. an unbekannte Eroberer gefallen)
Scharrukum
Murum
Marad
Edanna
Adab
Isin
Kisurra
Karkar
Zabalam
Girsu
Euphrat
Bad-tibira
Uruk
Durum
Larsa
Ur
Eridu
33°
32°
45°
46°
Stadtstaat 1910 v. Chr.
Isin
Larsa
Manana
Marad/Kasallu
Lage des Ortes
Bekannt
Vermutet
Vermuteter alter Flußverlauf

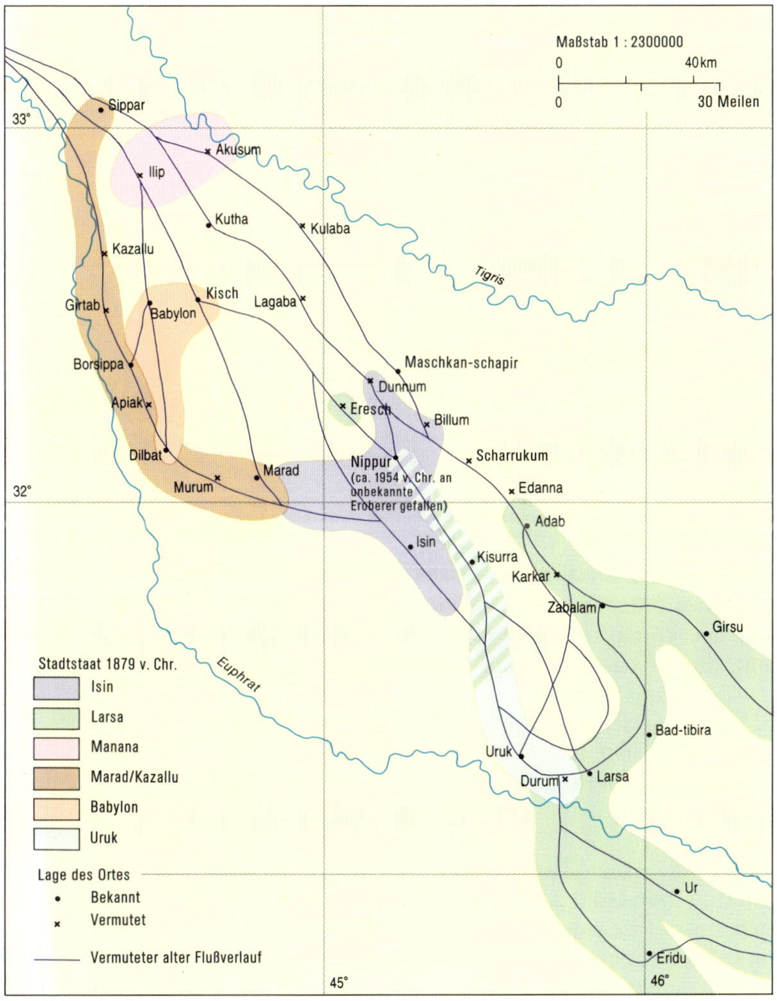
Maßstab 1 : 2300000
0 40 km
0 30 Meilen
Sippar
Akusum
Ilip
Kutha
Kulaba
Kazallu
Kisch
Lagaba
Girtab
Babylon
Tigris
Borsippa
Maschkan-schapir
Dunnum
Apiak
Eresch
Billum
Dilbat
Nippur (ca. 1954 v. Chr. an unbekannte Eroberer gefallen)
Scharrukum
Murum
Marad
Edanna
Adab
Isin
Kisurra
Karkar
Zabalam
Girsu
Euphrat
Bad-tibira
Uruk
Durum
Larsa
Ur
Eridu
33°
32°
45°
46°
Stadtstaat 1879 v. Chr.
Isin
Larsa
Manana
Marad/Kazallu
Babylon
Uruk
Lage des Ortes
Bekannt
Vermutet
Vermuteter alter Flußverlauf

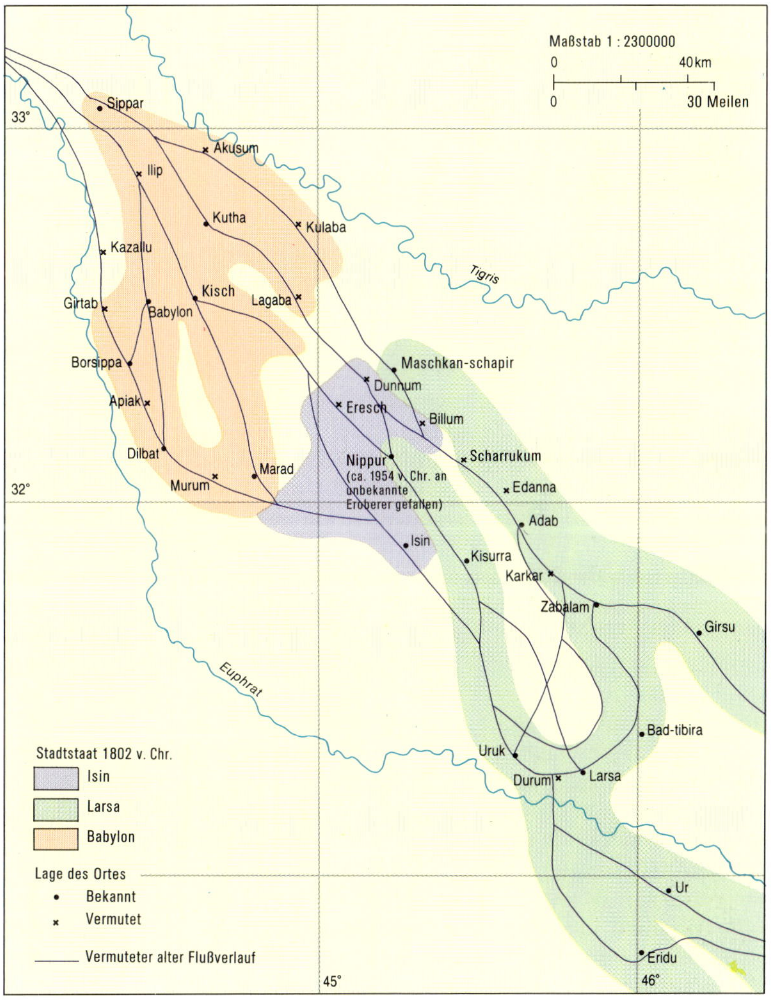
Maßstab 1 : 2300000
0 40 km
0 30 Meilen
Sippar
Akusum
Ilip
Kutha
Kulaba
Kazallu
Kisch
Lagaba
Girtab
Babylon
Tigris
Borsippa
Maschkan-schapir
Dunnum
Apiak
Eresch
Billum
Dilbat
Nippur (ca. 1954 v. Chr. an unbekannte Eroberer gefallen)
Scharrukum
Murum
Marad
Edanna
Adab
Isin
Kisurra
Karkar
Zabalam
Girsu
Euphrat
Bad-tibira
Uruk
Durum
Larsa
Ur
Eridu
33°
32°
45°
46°
Stadtstaat 1802 v. Chr.
Isin
Larsa
Babylon
Lage des Ortes
Bekannt
Vermutet
Vermuteter alter Flußverlauf

Den Machtkampf in Südmesopotamien zeigen die Jahresnamen dieser Zeit. Übernahm eine Stadt den Jahresnamen einer anderen, beweist das deren untergeordneten Rang. Ebenso demonstrierte ein König, der in einer anderen Stadt einen Tempel restaurieren ließ oder einen Priester beziehungsweise eine Priesterin ernannte, seine Hoheit über diese Stadt. Das gilt jedoch nur allgemein, die Zeugnisse sind oft unvollständig, und einige Städte lassen sich nicht mit Sicherheit lokalisieren. So glauben einige Historiker, daß die Fundstätte Abu Salabich zur Stadt Eresch gehöre, während andere Eresch etwa 90 Kilometer weiter südlich vermuten. Weiterhin können Schlachten, die als Siege aufgezeichnet wurden, in Wirklichkeit erfolglos verlaufen sein, an die Einnahme einer Stadt muß sich nicht auch eine Herrschaftsperiode angeschlossen haben, Souveränitätsansprüche in königlichen Inschriften können Propaganda gewesen sein.

Der Wohlstand der Städte im Süden hing nicht nur von den militärischen oder diplomatischen Leistungen ihrer Herrscher ab, sondern auch von ihrer ökonomischen Stärke. Handel und Gewerbe waren von Bedeutung, aber für eine Stadt weit weniger lebenswichtig als ein reichlicher und sicherer Wasservorrat. Das meiste Wasser kam vom Euphrat, das, wie noch heute, durch ein Netz von Kanälen floß. Im Laufe der Jahrhunderte hat sich der Flußverlauf stark verändert, doch können die alten Kanäle mit Hilfe von Texten und der Lokalisierung antiker Siedlungen teilweise nachgezeichnet werden.

Könige von Mesopotamien und Elam ca. 2000 - 1600 v. Chr.

	ISIN		LARSA		
	Ischbi-Erra	2017 - 1985	Naplanum	2025 - 2005	
2000			Emisum	2004 - 1977	
	Schu-ilischu	1984 - 1975			
	Iddin-Dagan	1974 - 1954	Samium	1967 - 1942	
	Ischme-Dagan	1953-1935	Zabaya	1941 - 1933	
	Lipit-Ischtar	1934 - 1924	Gungunum	1932 - 1906	
	Ur-Ninurta	1923 - 1896			
1900	Bur-Sin	1895 - 1874	Abisare	1905 - 1895	URUK
	Lipit-Enlil	1873 - 1869	Sumuel	1894 - 1866	
	Erra-Imitti	1868 - 1861	Nur-Adad	1865 - 1850	Sin-kaschid
	Enlil-bani	1860 - 1837	Sin-iddinam	1849 - 1843	Sin-eribam
	Zambija	1836 - 1834	Sin-eribam	1842 - 1841	Sin-gamil
	Iter-pischa	1833 - 1831	Silli-Adad	1835	Anam
	Urdukuga	1830 - 1828	Warad-Sin	1834 - 1823	Irdanene
	Sin-magir	1827 - 1817	1763		Rim-Anum
1800	Damiq-ilischu	1816-1794			Nabi-ilischu
	1794				1802
1700					
1600					

Der Aufstieg von Isin

Während der ersten 70 Jahre des 20. Jahrhunderts v. Chr. beherrschte Isin den Süden. Ischbi-Erra (2017 - 1985 v. Chr.) begründete die Dynastie auf den Trümmern des Königreichs Ur. In den späteren Jahren seiner Regierungszeit vertrieb er die Elamiten aus Ur; sein Sohn und Nachfolger Schu-ilischu (1984 - 1975 v. Chr.) eroberte die Statue von Nanna, dem höchsten Gott von Ur, zurück, die die Elamiten geraubt und nach Anschan gebracht hatten. Schu-ilischu nahm den Titel eines Königs von Ur an und erhob Anspruch auf göttliche Verehrung.

Als bedeutendes Kulturzentrum, das zwischen verschiedenen Königreichen lag, war Nippur immer umkämpft. In der Mitte des 19. Jahrhunderts verlor Isin Nippur einige Jahre lang an unbekannte Invasoren. Im Südosten baute Zabaya (1941 - 1933 v. Chr.), der sich selbst als ein Anführer der Amurriter bezeichnete, den Schamaschtempel in Larsa wieder auf. In den Königslisten geht die Dynastie von Larsa bis auf die Dritte Dynastie von Ur zurück, doch Zabaya (oder vielleicht sein Vater) war der erste dieses Geschlechts, der Zeugnisse seiner Herrschaft hinterließ. Zabayas Nachfolger wurde sein Bruder Gungunum (1932 - 1906 v. Chr.). Er vergrößerte das Königreich Larsa, führte einen Feldzug gegen Susa, wo eine Tafel gefunden wurde, die eine seiner Jahresbezeichnungen trägt, und regierte wahrscheinlich auch Nippur.

Handel im Persischen Golf

Im achten Jahr seiner Herrschaft nahm Gungunum Ur ein und verschaffte sich damit die Kontrolle über den lukrativen Handel mit der Golfregion, der in der frühdynastischen Zeit eingesetzt hatte. Entlang der Seehandelsroute durch den Golf lagen die Staaten Dilmun, Magan und Melucha. Zu Dilmun gehörten vermutlich die Failaka-Inseln (am nördlichen Ende des Golfs) und Bahrain (eine zweitägige Schiffsreise weiter südlich im Golf) sowie die Ostküste von Saudi-Arabien. Magan wurde aufgrund der Kupferwerkstätten aus dem dritten Jahrtausend als Oman identifiziert, während Melucha zur Harappa- oder Indus-Kultur zu zählen ist. In der frühdynastischen Zeit hatte Dilmun an Ur-Nansche von Lagasch Bauholz geliefert, spätere Texte aus Lagasch erwähnen den Import von Kupfererz und den Export von Wolle, Tuch, Silber, Fett und Harz. Sargon (2334 - 2279 v. Chr.) hatte sich gerühmt, daß Schiffe aus Dilmun, Magan und Melucha an den Docks von Akkad anlegten. Sein Sohn Manischtuschu (2269 bis 2255 v. Chr.) und sein Enkel Naram-Sin (2254 - 2218 v. Chr.) behaupteten von sich, Magan erobert und Edelsteine erbeutet zu haben. Die Diorit-Statuen von Manischtuschu und von Gudea, dem Fürsten von Lagasch, deuten auf Kontakte zwischen Mesopotamien und Oman. Gudeas Inschriften nennen auch Kupfer, Diorit und Holz aus Magan sowie Bauholz, Gold, Zinn, Lapislazuli und Rotstein (vermutlich Karneol) aus Melucha. Inschriften aus Ur belegen, daß der Handel mit der Golfregion in den Händen von Kaufleuten lag, für die der Nanna-Tempel in Ur die Finanzierung übernommen hatte, und daß die Geschäfte vor allem mit Magan geführt wurden, das auch als Stapelplatz für Waren aus Melucha fungierte.

Nach dem Zusammenbruch der Dritten Dynastie von Ur zeigen in Ur gefundene Täfelchen aus der Zeit von Gungunum und seiner beiden Nachfolger (1932 - 1866 v. Chr.), daß die früher unter zentraler staatlicher Kontrolle stehenden Transaktionen nun von reichen Bürgern betrieben wurden, die für das von ihnen bereitgestellte Kapital einen festen Zinssatz erhielten. Die Kaufleute wurden als *alik Dilmun* bezeichnet, nach dem Namen des wichtigsten Handelshafens, der auch Waren aus dem Fernen Osten weiterleitete. Am meisten waren die mesopotamischen Kaufleute an der Einfuhr von Kupfer interessiert. Einem schriftlichen Zeugnis zufolge erhielt Dilmun den Gegenwert von über 18 Tonnen Kupfer. Importiert wurden ferner Luxusartikel wie Gold, Lapislazuli, Perlen, Elfenbein und sogenannte »Fischaugen«, Perlen, für die der Golf berühmt ist. Im Gegenzug exportierten die Kaufleute Silber, Öl, Textilien und Gerste.

Unten: Keramikvase des frühen 2. Jahrtausends v. Chr. aus Larsa, verziert mit eingeritzten Figuren und kleineren Reliefs einer nackten Göttin, Inanna/Ischtar. Bei den Figuren handelt es sich vermutlich um Göttersymbole. Schildkröte und Fisch stellen den Wassergott Enki/Ea dar, der bärtige Stier den Wettergott Adad und die Vögel den Götterboten Papsukkal. Höhe 26,3 cm.

Nicht alle Herrscher sind genannt. Die Reihenfolge und die Datierung vieler von ihnen ist unsicher. Die Jahreszahl am Ende einer Herrscherliste markiert das Ende der jeweiligen Dynastie.

BAYLON

Sumu-abum	1894-1881
Sumu-la-El	1880-1845
Sabium	1844-1831
Apil-Sin	1830-1813
Sin-muballit	1812-1793
Hammurabi	1792-1750
Samsu-iluna	1749-1712
Abi-eschu	1711-1684
Ammiditana	1683-1647
Ammisaduka	1646-1626
Samsuditana	1625-1595
1595	

ESCHNUNNA

Ituriya
Ilschu-iliya
Nur-ahum
Kirikiri
Bilalama
Azuzum
Ipik-Adad I.

Schiklanum
Abdi-Erah
Belakum
Warassa
Ibal-pi-El I.
Ipik-Adad II.
Naram-Sin
Daduscha
Ibal-pi-El II.
1762

ELAM

Kindattu
Idaddu
Tan-Ruhuratir
Ebarti
Idattu

Ebarat
Schilhaha
Addahushu

Schiruktuh
Schimut-wartasch
Siwepalarhuhpak
Kuduzulusch

Kuk-naschur

ASSUR

Puzur-Assur I.
Schalimahu
Ilu-schumma
Erischum I.

Ikunum
Sargon I.
Puzur-Assur II.
Erischum II.
Schamschi-Adad I. ca. 1813-1781
Ischme-Dagan

MARI

Yaggid-Lim
Yahdun-Lim
Yasmah-Adad 1796-1780
Zimri-Lim 1779-1757
1757

2000
1900
1800
1700
1600

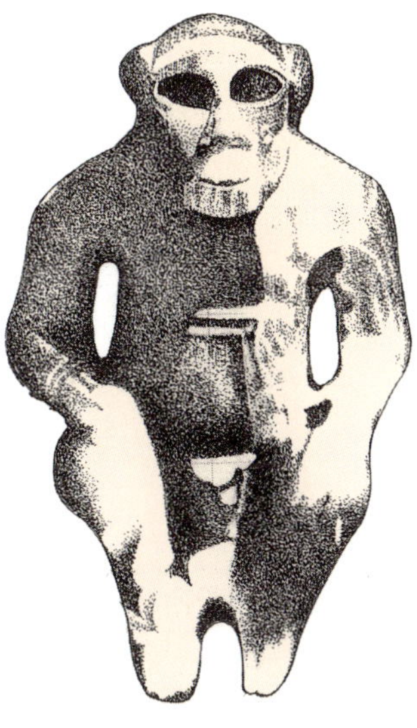

Oben: Diese Alabasterstatuette eines Affen stammt aus dem Tempel der Ischtar Kititum der Isin-Larsa-Zeit in Neribtum (Tell Ischtchali) östlich des Dijala. Affen waren zwar im Nahen Osten nicht heimisch, aber in Indien und Ägypten weit verbreitet. Die Figur zeigt Merkmale von Mensch und Tier; vermutlich hatte der Künstler selbst noch keinen Affen gesehen. Höhe 8 cm.

Oben rechts: Halskette aus einem Grab des spätfrühdynastischen Friedhofs von Kisch. Der Lapislazuli stammt aus Ägypten. Die langen, zylinderförmigen und mit weißen Streifen verzierten eckigen Karneolperlen waren typisch für die Harappa-Kultur.

Ausgrabungen auf Bahrain und den Failaka-Inseln haben Beweise für eine blühende Kultur während der ersten Jahrhunderte des zweiten Jahrtausends ans Licht gebracht. Rote-Barbar-Keramik, zahlreiche Grabhügel und charakteristische Siegelstempel kennzeichnen diese Kultur. Barbar-Keramik wurde auch im Osten von Saudi-Arabien und in Qatar gefunden und bezeichnet vielleicht die Ausdehnung des antiken Dilmun. Auf der Insel Bahrain gibt es mehr als 200 000 Grabhügel, weitere auf dem arabischen Festland. Einige davon hat man kürzlich ausgegraben, sie enthielten die lokale Barbar-Keramik, aber auch Tonware der Art, wie man sie in der Harappa-Kultur des Industals entdeckt hat. Andere Fundstätten mit Harappa-Importen liegen in Oman und in den Vereinigten Arabischen Emiraten. Die Siegelstempel, auf die man stieß, hatten eine runde oder konische Rückseite und waren in einem charakteristischen Stil geschnitten. Sie wurden als Golfsiegelstempel bezeichnet und waren typisch für die Barbar-Kultur, doch begegneten sie auch in Susa, auf dem iranischen Hochland und in Südmesopotamien. Einer fand sich sogar in Lothal, einer Stadt der Harappa-Kultur in Indien. Die Steinschneidetechnik stimmt auch mit einem Rollsiegelstempel aus Susa und mit Siegeln aus Acemhüyük in der Türkei am anderen Ende der Silberhandelsstraße überein. In Bahrain benutzte man Gewichte im Harappa-Stil, und auf Siegel, die für das Industal charakteristisch sind, stieß man auf Bahrain, auf den Failaka-Inseln, in Ur und Eschnunna. Auch die typischen Harappa-Perlen, die so alt sind wie die akkadische Zeit, wurden im Süden Mesopotamiens gefunden.

Die chronologische Beziehung zwischen Indien und Mesopotamien ist unsicher. Das Ende der Harappa-Kultur setzt man zwischen 2000 und 1700 v. Chr. an, doch bis jetzt ist unklar, ob die sich verändernden Verhältnisse im Golfhandel in Verbindung standen mit Ereignissen im etwa 2 500 Kilometer entfernten Industal.

Der Niedergang von Isin

So wie Gungunum vom Süden her nach Isin vordrang, übernahmen andere amurritische Herrscher die Kontrolle über Babylon, Kisch, Kazallu, Marad und Malgium im Süden Mesopotamiens. Sogar das nur 20 Kilometer von Larsa entfernte Uruk wurde Sitz einer amurritischen Dynastie. Vom Norden und Süden bedroht, mußte sich Isin auf die Zentralregion der Schwemmlandebene beschränken. Dennoch blieb es mehr als ein Jahrhundert lang unabhängig. Ein Usurpator verdrängte die Dynastie des Ischbi-Erra; 60 Jahre später wurde ein anderer König von Isin unter Umständen gestürzt, die in einer jüngeren babylonischen Chronik beschrieben sind.

»Erra-imitti, der König, führte Enlil-bani, den Gärtner, als Stellvertreter auf den Thron. Er setzte ihm die königliche Tiara auf den Kopf. Erra-imitti [starb] in seinem Palast, als er eine heiße Brühe trank. Enlil-bani, der den Thron einnahm, gab ihn nicht auf [und] wurde somit König.«

Aus der spätassyrischen Zeit wissen wir, daß, wenn eine Weissagung für den König Unglück vorhersagte, ein stellvertretender König ernannt und anschließend getötet wurde. Auf diese Weise erwies sich das Orakel als richtig, und der wahre König konnte weiterregieren. Doch in diesem Fall ging die Rechnung nicht so auf, wie es Erra-imitti geplant hatte, denn anstatt getötet zu werden, blieb Enlil-bani (1860 - 1837 v. Chr.) 24 Jahre lang auf dem Thron und beanspruchte sogar göttliche Verehrung.

Larsa, Isins großer Rivale

In Larsa bemächtigte sich 1865 Nur-Adad, der nicht dem Adel angehörte, des Throns. Seine Machtübernahme erfolgte vor dem Hintergrund wachsender Unruhen, die vielleicht durch Probleme mit der Wasserversorgung der Stadt verschärft wurden. Sin-kaschid, der König von Uruk, der die Tochter von Sumu-la-El, des Königs von Babylon, geheiratet hatte, war nach wie vor unabhängig von Larsa und blockierte den direkten Weg von Larsa nach Nippur auf dem Euphrat flußaufwärts. Die Herrschaft über Nippur lag wechselweise bei Isin oder bei Larsa, worauf die Jahresnamen hinweisen. Quellen aus Nippur waren 1838, 1835, 1832 und 1828 mit Jahresbezeichnungen aus Larsa datiert, 1836, 1833, 1830 und einige Jahre zwischen 1813 und 1802 trugen sie Jahresnamen aus Isin.

Während dieser Zeit ernannte Kudur-Mabuk, der Herrscher von Emutbal (der Region östlich des Tigris zwischen Eschnunna und Elam), seinen Sohn Warad-Sin (1834 bis 1823 v. Chr.) zum König von Larsa und seine Tochter zur *entu*-Priesterin des Gottes Nanna in Ur (üblicherweise das Privileg der Könige von Sumer und Akkad). Kudur-Mabuk und Warad-Sin setzten ein ehrgeiziges Programm zur Tempelrestaurierung in Ur, Larsa, Zabalam, Maschkan-schapir, Nippur und anderswo in Gang. Kudur-Mabuk selbst nannte sich »Vater von Emutbal und Vater von Amurru«, beides Namen von amurritischen Stammesgruppen (obgleich sein und seines Vaters Name elamisch waren). Seine beiden Söhne, Warad-Sin und Rim-Sin, trugen akkadische, seine Tochter führte jedoch einen sumerischen Namen. Diese Mischung entspricht der Bevölkerungsstruktur Mesopotamiens (ebenso zeigt diese Konstellation die Problematik, die ethnische Herkunft allein aus dem Namen abzuleiten).

Rim-Sin (1822 - 1763 v. Chr.), der die Nachfolge seines Bruders Warad-Sin antrat, erreichte eine der längsten Regierungszeiten in der mesopotamischen Geschichte. Im Jahr 1804 schlug er eine Koalitionsarmee, die aus Soldaten aus Uruk, Isin, Babylon und Rapiqum sowie aus Sutu-Nomaden bestand. Damit war die Unabhängigkeit Uruks zu Ende. Im Jahr 1794, dem 29. Jahr seiner Herrschaft, eroberte er Isin und beseitigte die dortige Erste Dynastie. Rim-Sin hielt diesen Sieg für so bedeutsam, daß er die restlichen Jahre seiner langen Regierung nach der Eroberung von Isin datierte vom »Jahr eins: Isin erobert« bis zum »Jahr 30: Isin erobert«. Schließlich unterlag Larsa Hammurabi, dem babylonischen König, dessen Ruhm selbst den von Rim-Sin in den Schatten stellte.

Das wechselnde Glück Assurs

Weiter nördlich liegt die Fundstätte von Assur auf einem felsigen Vorgebirge oberhalb eines wichtigen Übergangs über den Tigris am Rande der Trockenfarmzone. Aufgrund seiner Lage war es schon immer ungeschützt den Streifzügen der in der Steppe lebenden Hirtennomaden ausgesetzt gewesen. Assur lag an den bedeutenden Handelsrouten, die entlang des Tigris und der Hügel von Djebel Hamrin und Djebel Sindjar verliefen. Doch die Stadt bot sich nicht unbedingt als Hauptstadt eines Reiches an; es fehlte an genügend kultivierbarem Land und an Menschen. Als die Herrscher von Assur durch zahlreiche Kriegszüge ein größeres Reich unter ihre Gewalt gebracht hatten, verlegten sie den Sitz ihrer Macht in Gebiete, die größeren Wohlstand verhießen, in die Chabur-Ebene (unter Schamschi-Adad I.) oder in die Gegend von Ninive (in der spätassyrischen Zeit zwischen dem 9. und 7. Jahrhundert v. Chr.).

In den frühen Perioden war Assur ein Außenposten des südlichen Einflußbereichs gewesen, was die hier gefundenen frühdynastischen Statuen und die Inschriften der akkadischen Könige belegen. Eine der alten Schichten des Ischtartempels barg eine Inschrift von Zariqum, der unter Schulgi und Amar-Sin Gouverneur von Assur war, sowie eine weitere Inschrift von einem einheimischen Herrscher namens Ilu-schumma. Ilu-schumma erscheint auch in der Assyrischen Königsliste, die im ersten Jahrtausend v. Chr. zusammengestellt wurde. Auf 29 Namen, darunter solche von Königen, die angeblich in Zelten lebten, und die amurritischen Vorfahren von Schamschi-Adad folgen Herrscher mit akkadischen Namen: Puzur-Assur I., Schalimahu, Ilu-schumma, Erischum I., Ikunum, Scharrum-kin [d. i. Sargon I.] und Puzur-Assur II. Ihre Daten sind jedoch ungewiß. Eine spätere Chronik machte Ilu-schumma zum Zeitgenossen von Sumu-abum (ca. 1894 - 1881 v. Chr.), dem ersten König von Babylon; nach der Assyrischen Königsliste war Puzur-Assur II. vor Naram-Sin von Eschnunna König von Assur. Von Assur selbst gibt es kaum archäologische Zeugnisse aus dieser Zeit, denn es liegt tief unter den Ruinen späterer Bauwerke begraben. In Zentralanatolien, etwa 800 Kilometer weit entfernt, wurde die Kopie einer Gebäudeinschrift Erischums I. und ein Gerichtsentscheid mit dem Siegel Sargons I. entdeckt. Sie fanden sich unter den Tausenden von Täfelchen, die zu einer bei der Stadt Kanesch gegründeten Kaufmannskolonie gehörten.

Assyrischer Handel mit Anatolien

Ausgrabungen in der *karum*, der Kaufmannssiedlung außerhalb der Stadtmauern von Kanesch, förderten Zeugnisse für den Handel mit Assur zutage. Er läßt sich nachweisen für einen Zeitraum von drei Generationen (etwa 60 Jahre), von Erischum bis Puzur-Assur II. (ca. 1880 -1820 v. Chr.) und dann wieder zur Zeit von Schamschi-Adad

Links: Bemalte Keramikvase in Form eines Löwen aus der Handelsniederlassung Kanesch in der Türkei. Bemalte Gefäße dieser Art dienten für Trankopfer, die den Göttern dargebracht wurden. Man füllte das Gefäß durch die große Öffnung auf dem Rücken des Löwen; die Flüssigkeit trat durch die Nasenlöcher wieder aus. Die in Kanesch lebenden Kaufleute kamen aus Assur und anderen Städten, doch ihre Häuser, ihre Keramik und Ziergegenstände entsprachen dem lokalen Stil.

Unten: Die in Girsu gefundene Bronzefigur von Warad-Sin, dem König von Larsa, trägt einen Korb auf dem Kopf. Obgleich seine Vorfahren nicht aus dem Süden Mesopotamiens stammten, übernahm er, wie andere Herrscher dieser Zeit, die sumerischen und akkadischen Traditionen und ließ die antiken Tempel restaurieren. Diese Figur ist nahezu identisch mit jenen, die fast dreihundert Jahre früher von den Königen der Dritten Dynastie von Ur bei Grundsteinlegungen eingegraben wurden.

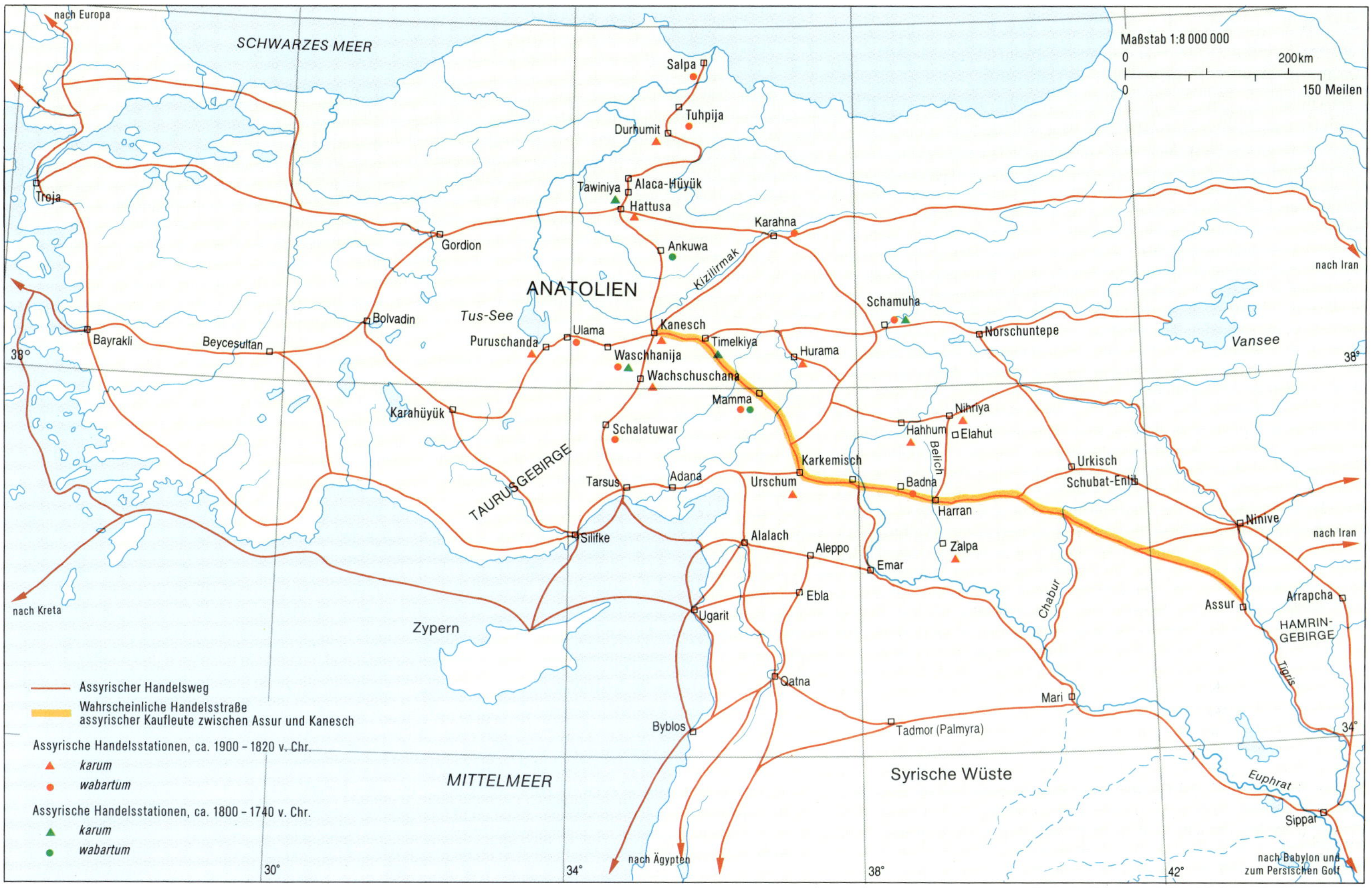

Anatolien und der altassyrische Handel Die in Kanesch, dem heutigen Kultepe, in Anatolien gefundenen Täfelchen beschreiben weite Handelswege, die von Assur durch das Taurusgebirge nach Kanesch führten, wo eine bedeutende Handelskolonie oder *karum* existierte. Auf dem anatolischen Hochland und in Nordmesopotamien bestanden zahlreiche *karums* und kleinere Niederlassungen, sogenannte *wabartums*. Die meisten Täfelchen sind zwischen 1880 und 1820 v. Chr. beschrieben worden, eine bedeutend kleinere Zahl etwa zwischen 1800 und 1740 v. Chr. Später erwähnte man einige neue *karums* und kaum *wabartums*. Kanesch und Hattusa sind die einzigen Handelsstationen der Standorte, die mit Sicherheit feststehen. Allerdings ist die Lokalität der anderen *karums* unhd *wabartums* auf der Karte zweifelhaft.

und Samsu-iluna (ca. 1800 – 1740 v. Chr.). Aus der früheren Epoche wurden im Verlauf dieser Ausgrabungen über 10 000 Täfelchen entdeckt, aus der späteren Zeit allerdings kaum noch 200.

Eselskarawanen transportierten wollene Textilien und ein *annakum* genanntes Metall von Assur über die weiten Ebenen Nordmesopotamiens und die steilen Pässe des Taurusgebirges nach Kanesch. Von dort wurden die Waren an andere Handelsstationen weitergeleitet. Bei *annakum* handelt es sich zweifelsfrei um Zinn, ein wichtiger Bestandteil der Bronze, die nun das in früheren Jahrhunderten benutzte arsenhaltige Kupfer ersetzte. In nur wenig jüngeren Texten aus Mari und Sippar erfahren wir, daß *annakum* von Elam nach Mari gebracht und dann nach Westen befördert wurde. Da sich in Elam keine Zeugnisse für Zinnabbau oder Zinnvorkommen gefunden haben, bezogen die Elamiter den Rohstoff wahrscheinlich aus weiter östlich gelegenen Ländern. Die Warenlisten des Golfhandels zwischen Dilmun und Ur führen *annakum* nicht auf. Jedoch lassen in Schuscharra in den Bergen östlich von Assyrien gefundene Texte vermuten, daß *annakum* aus dem iranischen Hochland oder vielleicht aus dem noch weiter entfernten Afghanistan stammte, wo man es wahrscheinlich seit dem dritten Jahrtausend v. Chr. gewann.

Jeder Esel trug eine Last von etwa 90 Kilogramm. Sie bestand entweder aus 30 Ballen Tuch oder 10 Tuchballen und 130 *minas* (65 Kilogramm) Zinn sowie 10 *minas* losem Zinn für anfallende Ausgaben und Steuern während der Reise. Beim Verlassen Assurs war eine Steuer von $^{1}/_{120}$ des Warenwerts an den *limmu*-Beamten zu entrichten (nach dem in Assyrien die Jahre benannt wurden). Die Einreisesteuer in Kanesch betrug $^{2}/_{65}$ und mußte an den lokalen Herrscher gezahlt werden. Eine ungewöhnlich umfangreiche Warenladung bestand aus 350 Stoffballen, die von 14 Eseln getragen wurden; normalerweise waren die aufgezeichneten Lieferungen jedoch viel kleiner. Die größeren Mengen resultierten vielleicht aus der Tatsache, daß sich die Kaufleute zu langen Karawanen zusammenschlossen.

Während Schmuggler erwiesenermaßen recht aktiv waren, scheinen Raubüberfälle auf den langen Reisen kein Problem gewesen zu sein. Nach den veröffentlichten Texten (etwa ein Drittel der Fundmenge) wurden rund 13,5 Tonnen Zinn und 17 500 Ballen Tuch, also grob gerechnet 800 Eselsladungen von Assur nach Kanesch transportiert – dies ist wahrscheinlich nicht mehr als ein Zehntel der tatsächlichen Gesamtmenge. Im Gegenzug gelangten Silber und Gold nach Assur, doch da für die Rückreise von Eseln als Packtieren nicht die Rede ist, wurden diese vielleicht bei der Ankunft in Anatolien verkauft. Der assyrische Handel lag in den Händen einiger Familien. Das Oberhaupt lebte in Assur, während ein jüngeres Familienmitglied als ansässiger Vertreter im *karum* von Kanesch die Geschäfte führte. Das Unternehmen wurde in der Regel von der Familie finanziert, doch manchmal schloß man sich zu Gesellschaften zusammen, um das notwendige Kapital aufzubringen.

Kanesch war das Zentrum des Handels, doch darüber hinaus gab es *karums* in neun anderen Städten, darunter in Hattusa (Bogazköy), Alischar (vermutlich Ankuwa) und Acemhüyük (Puruschanda?) sowie zehn oder mehr kleinere assyrische Handelsniederlassungen in Anatolien. Es waren dies Siedlungen mit Selbstverwaltung; sie unterstanden jeweils lokalen Fürsten, denen sie Steuern zu zahlen hatten.

Herrschaft und Handel in Anatolien

Unter der Bevölkerung Anatoliens waren die Assyrer nicht die einzigen Bewohner der *karums*. Sie lebten im Norden und in der Mitte des jetzt ausgegrabenen Gebiets, nach Süden zu durch handwerklich geprägte Bereiche von den einheimischen Anatoliern getrennt. Die assyrischen Kaufleute verlegten sich nicht nur auf den Import und Export von Waren, sondern trieben auch lokalen Handel. Kupfer war ein wichtiger Artikel: In einem der Texte aus Kanesch werden bestellte Mengen von 30 000 *minas* (15 Tonnen) erwähnt. Zu den Völkern, mit denen die Assyrer Geschäfte machten, gehörten die Hattier (die ursprünglichen Bewohner Anatoliens), die Hurriter sowie indogermanische Stämme, unter ihnen die Hethiter, die einen Dialekt sprachen, der später *neschili* genannt wurde (vielleicht abgeleitet von der Stadt Kanesch), und die Luwier, die ihre von den Hethitern als *luili* bezeichnete Sprache in Hieroglyphen schrieben.

Die anatolischen Städte wurden von Fürsten regiert, die im allgemeinen indogermanische Namen trugen. Wie in Mesopotamien bekriegten sie sich untereinander. Die frühe Stadt Kanesch (Schicht II) und ihr *karum* wurden um 1820 durch ein Feuer zerstört. Ein hethitischer Text, etwa 500 Jahre später verfaßt, beschreibt, wie Pitchana, König von Kussara, mit seinem Sohn Anitta die Stadt Nesa eroberte, die vielleicht mit Kanesch identisch ist, und sie zu seiner Hauptstadt machte. Er vernichtete auch Zalpuwa, Puruschanda, Schalatuwar und Hatti (vielleicht Hattusa, die spätere hethitische Hauptstadt). Pitchana und Anitta waren wohl verantwortlich für die Zerstörung des *karum* in der Schicht II von Kanesch, da beide auf Täfelchen aus späterer Zeit (Schicht Ib) erwähnt werden. Auch wurde ein Dolch mit der Inschrift »Palast von Anitta, dem Fürsten« in Kanesch gefunden.

Aus dem Zeitraum zwischen Anitta und den hethitischen Königen ist über die Entwicklung in Anatolien wenig bekannt. Die hethitischen Herrscher führten ihre Abstammung auf Labarnas I., den König von Kussara (ca. 1650 v. Chr.), zurück. Dessen Sohn, der ebenfalls Labarnas hieß, verlegte die Hauptstadt von Kussara nach Hattusa und nahm den Namen Hattuschili an. Sein Enkel und Nachfolger Murschili führte die hethitische Armee durch das Taurusgebirge entlang der Heerstraße, die 300 Jahre früher die Eselskarawanen der Assyrer zogen, um die Reste von Hammurabis großem Königreich Babylon endgültig zu zerstören.

Der Palast von Eschnunna

Eschnunna war unter seinem Statthalter Ituriya die erste Provinz, die die Herrschaft der Dritten Dynastie von Ur abschüttelte. Ituriyas Sohn Ilschu-iliya, der Schreiber bei Ibbi-Sin gewesen war, bezog den Tempel, der Schu-Sin, dem Gottkönig von Ur, gewidmet war, in einen neuen Palast für die Herrscher von Eschnunna ein. Der Palast ist ein klassisches Beispiel altbabylonischer Architektur. Er umschloß einen Tempel mit einem Hof, der in einen weiten Vorraum und in die *cella*, den Raum, in dem das Bildnis des Gottes aufgestellt war, mündete und damit die typische mesopotamische Palastanlage erkennen läßt. Auf der einen Seite des äußeren Hofs befand sich eine große Empfangshalle, dahinter ein Innenhof mit den Privaträumen des Herrschers. Dieser Bauplan lag noch 1000 Jahre später den Palästen der spätassyrischen Könige zugrunde.

Gegen Ende des 19. Jahrhunderts v. Chr. trat nach ungefähr 15 wenig bekannten Herrschern Naram-Sin, der Sohn von Ipiq-Adad II., die Regierung an, eroberte Assur und stieß nach Westen in die Chabur-Ebene vor. Naram-Sin wurde in die Assyrische Königsliste aufgenommen, als wäre er ein einheimischer assyrischer Herrscher gewesen.

Der Eroberer Schamschi-Adad

Die Assyrische Königsliste berichtet:

> »Schamschi-Adad, Sohn von Ila-kabkabi, ging in der Zeit von Naram-Sin nach Babylon. Im *limmu* von Ibni-Adad kam Schamschi-Adad von Babylon herauf und eroberte Ekallatum und residierte drei Jahre in Ekallatum. Im *limmu* von Atamar-Ischtar kam Schamschi-Adad von Ekallatum herauf. Er setzte Erischum, den Sohn von Naram-Sin ab, übernahm den Thron und regierte 33 Jahre.«

Schamschi-Adads Abstammung ist unbekannt, möglicherweise war er ein Amurriter vom mittleren Euphrat, denn Texte aus Mari erwähnen einen amurritischen Fürsten namens Ila-kabkabuhu in der Gegend von Terqa, westlich von Mari, zur Zeit von Jaggid-Lim und Jahdun-Lim. Wie Schamschi-Adad Assur genau eroberte, wissen wir nicht, doch er dürfte sich die Verwirrung, die die Invasion Naram-Sins hervorgerufen hatte, zunutze gemacht haben. Schamschi-Adad übernahm auch die Herrschaft über Mari, vielleicht von einem Usurpator, der Jahdun-Lim verdrängt hatte. Jahdun-Lims Sohn Zimri-Lim suchte bei seinem Schwiegervater Jarim-Lim, dem König von Jamchad, Zuflucht und kehrte nach dem Tod von Schamschi-Adad nach Mari zurück. Schamschi-Adad machte nicht Assur zu seiner Metropole, sondern residierte in einer Stadt, die er Schubat-Enlil nannte. Sie wurde als die Fundstätte Tell Leilan identifiziert. Er setzte seinen älteren Sohn Ischme-Dagan in Ekallatum und seinen jüngeren Sohn Jasmah-Addu in Mari als Herrscher ein.

Schamschi-Adads Inschriften verkünden, daß er das Land bis zum Mittelmeer hin eroberte:

> »Ich errichtete eine Stele mit meinem großen Namen im Land Laban [Libanon] an den Küsten des Großen Meers.«

Er scheint allerdings nicht direkt über den Westen geherrscht zu haben, wenn er auch seinen Sohn Jasmah-Addu mit der Tochter des Königs von Qatna vermählt hatte. Ein Keilschrifttext listet die Hochzeitsgeschenke auf, darunter vier oder fünf Talente Silber (ungefähr 200 Kilogramm).

Schamschi-Adads Herrschaft, die sich vom Euphrat bis zum Sagrosgebirge und über ein Netz von Bündnissen sogar noch weiter ausdehnte, wurde in der Tat auch von seinen beiden Söhnen ausgeübt, die er in Ekallatum und Mari eingesetzt hatte. Der ältere, Ischme-Dagan, erbte die Begabung seines Vaters, doch sein jüngerer Bruder, Jasmah-Addu, scheint ein schwacher und untauglicher Regent gewesen zu sein. In Mari fand man Briefe, die zwischen den dreien gewechselt worden waren, darunter diesen von Jasmah-Addu:

> Ich las den Brief, den [Du] mir geschickt hast, Papa, in dem Du sagst: *Wie lange noch müssen wir Dich am Zügel führen? Du bist ein Kind, Du bist kein erwachsener Mann, Du hast kein Haar an Deiner Wange. Wie lange willst Du Dich als unfähig erweisen, Deinen eigenen Haushalt ordentlich zu führen? Siehst Du nicht, daß Dein eigener Bruder ungeheure Armeen befiehlt? Leite Du erst einmal Deinen eigenen Palast und Haushalt ordentlich!* Das schrieb Papa an mich. Nun, wie kann ich wie ein Kind sein und unfähig, Geschäfte zu führen, wenn [Du] Papa mich gefördert hast? Wie kann es sein, daß, obwohl ich mit [Dir] Papa aufgewachsen bin, seit ich klein war, nun irgendein Diener oder jemand anderes so erfolgreich war, mich aus meines Papas Zuneigung zu verdrängen? So komme ich also jetzt, um mich mit [Dir] Papa über mein Elend auseinanderzusetzen.

Rechts: Die Kaufmannskolonie oder *karum* in Kanesch befand sich außerhalb der Stadtmauern. Hier lebten assyrische Kaufleute in Häusern, die in der Tradition des Ortes errichtet waren; sie benutzten auch die einheimischen Tonwaren. Nur die zahlreichen Tontäfelchen, die Einzelheiten ihrer Handelsgeschäfte aufzeichnen, beweisen ihre Existenz, so weit von ihrer Heimat entfernt. Neben Assyrern lebten auch Kaufleute aus anderen Städten Mesopotamiens und Anatoliens im *karum*. Die Steinfundamente der dortigen Häuser und die engen Gassen sind noch zu erkennen.

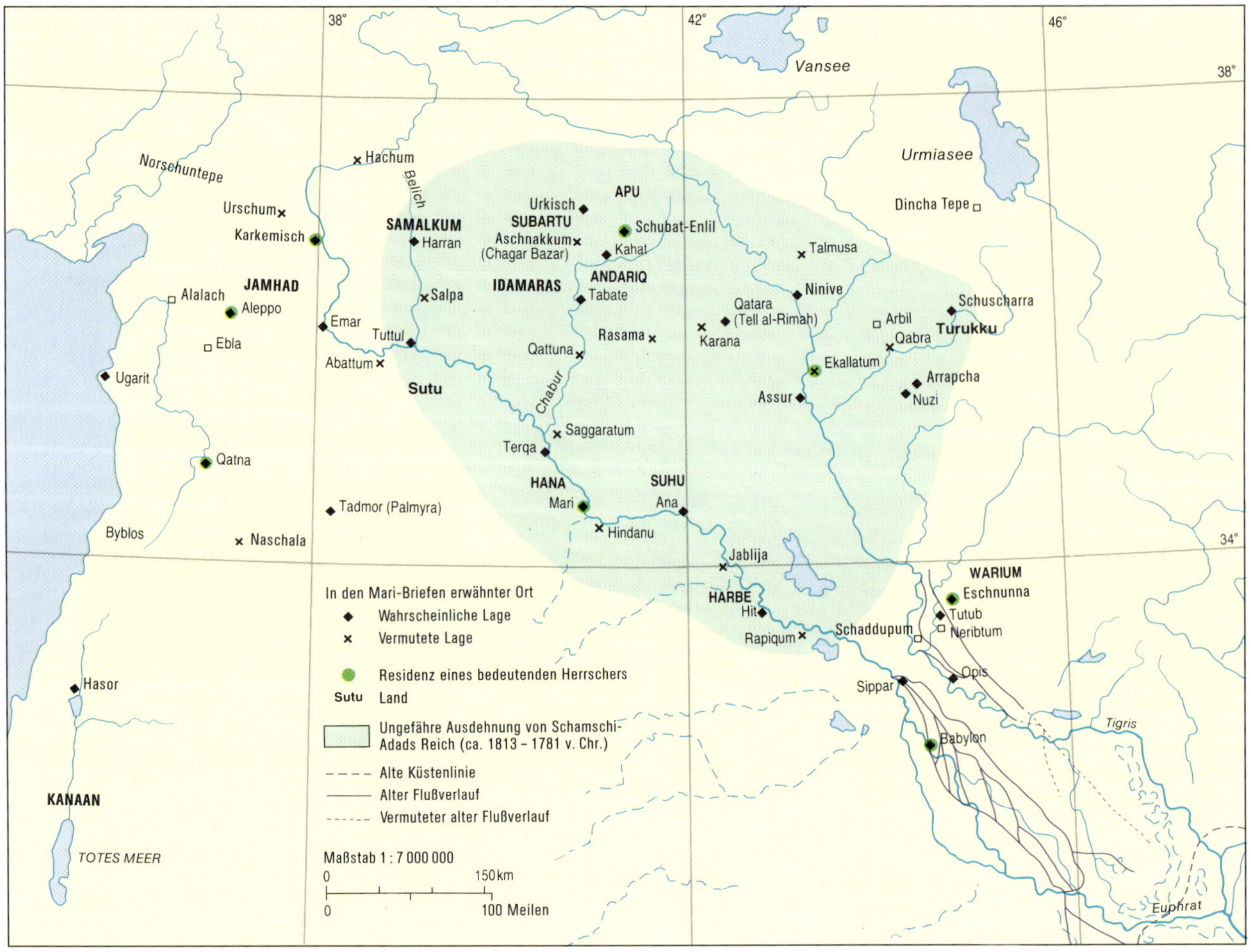

Die Welt der Mari-Briefe
Die in Mari gefundenen Tontäfelchen geben sehr detailliert Aufschluß über das Leben am Königshof und seine Verbindungen im 19. und 18. Jahrhundert v. Chr. In den veröffentlichten Texten sind mehr als 400 Ortsnamen verzeichnet, doch nur ein Bruchteil davon kann mit Sicherheit lokalisiert werden. Diese Dokumente stammen aus der Zeit des Herrschers Schamschi-Adad I. (ca. 1813 – 1781), der ein Königreich errichtete, das fast ganz Nordmesopotamien umfaßte. Von seiner Hauptstadt in Schubat-Enlil aus setzte er einen seiner Söhne in Ekallatum ein, der den Osten regierte, der andere herrschte von Mari aus über den Südwesten. Nach Schamschi-Adads Tod zerfiel das Königreich. Mari wurde 1757 v. Chr. von Hammurabis Truppen zerstört. Über die folgenden 300 Jahre wurde von Nordmesopotamien nichts mehr berichtet.

An Schamschi-Adads östlicher Flanke zeigten sich die Herrscher von Eschnunna und die Elamiten. Ein Brief an Schamschi-Adad, verfaßt von seinem Vasallen in Schuscharra, berichtet von der Anwesenheit einer 12 000 Mann starken Armee, die dem elamitischen Herrscher Schiruktuh unterstand. Daduscha, der seinem Bruder Naram-Sin als König von Eschnunna folgte, rühmte sich eines Sieges über Ischme-Dagan sowie der Eroberung von Arbil und anderen Städten in der Region. Nach dem Tod seines Vaters Schamschi-Adad wurde Ischme-Dagan besiegt, obwohl er seinem Bruder versichert hatte, daß er die Elamiten und ihren Alliierten Ibal-pi-El, den König von Eschnunna, »an der Leine halte«. Schubat-Enlil fiel an die Elamiter, und die Armeen Elams und Eschnunnas unternahmen einen Feldzug in das Land Idamaraz (Nordsyrien). Zu dieser Zeit erlangte Zimri-Lim den Thron von Mari zurück, den er behielt, bis Mari 1757 v. Chr. durch Hammurabi endgültig zerstört wurde.

Mari unter der Herrschaft von Zimri-Lim

Paradoxerweise war es die Zerstörung durch Hammurabi, durch die Mari für die Archäologen erhalten blieb. Die Stadt wurde verlassen. Die Ruinen des Palasts des Zimri-Lim waren durch den Einsturz des oberen Stockwerks zugeschüttet worden und blieben dadurch vor späteren Baumaßnahmen verschont. Der Eingang zum Palast von Mari lag auf der Nordseite. Ein breites Tor führte durch einen kleinen Hof in einen zweiten, erheblich größeren Hof mit einem Raum, der vielleicht einen Schrein oder einen Thron enthalten haben mag, und den man über eine halbkreisförmige Treppenflucht erreichte. Wandmalereien in diesem Raum belegen durch ihren Stil, daß dieser Teil des Palasts vor 2000 v. Chr. gebaut und über 250 Jahre lang benutzt worden war. Unter dem Palast des Zimri-Lim lagen ältere Paläste, die den frühdynastischen Herrschern

von Mari gehörten. Nach Westen hin erstreckte sich ein weiterer großer, ebenfalls mit Wandmalereien ausgeschmückter Hof. Das Mittelstück des Paneels zeigt den König, der von der Göttin Ischtar die Insignien der Königswürde empfängt, flankiert von großen Bäumen, Göttergestalten und Fabeltieren. Die Südseite des Hofs nahmen zwei geräumige Hallen ein, jede etwa 25 Meter lang. In der äußeren stand die große Statue einer Göttin mit einer Vase, die durch eine Öffnung in der Basis der Statue mit Wasser versorgt wurde. An der westlichen Schmalseite des zweiten Saals könnte eine Plattform das Fundament für den Thron des Königs gebildet haben, an der gegenüberliegenden Seite führten Stufen zu einer kleinen *cella*. Am Fuß dieser Treppe wurde die umgestürzte Statue eines früheren Herrschers von Mari gefunden. Um diese repräsentativen Säle herum waren Küchen, Vorrats-, Arbeits- und Wohnräume angelegt.

In Mari wurden mehr als 20 000 beschriebene Tontäfelchen gefunden. Etwa ein Viertel davon wurde bisher publiziert. Sie vermitteln ein detailliertes Bild vom Leben der damaligen Zeit. Die Siedlungen fühlten sich ständig von nomadischen Stämmen bedroht. Einige dieser Verbände wurden zwangsweise in die Armee eingezogen, andere hielt man durch Tributzahlungen oder mit Gewalt in Schach. Die Jaminiten (manchmal Benjaminiten genannt, was wörtlich »Söhne des Südens« bedeutet) und die Sutäer galten als die größte Plage. Ebenso gefürchtet waren die Hapiru-Banden, die das Land durch Raubüberfälle verunsicherten. (Als man damit begann, die Texte zu entziffern, hielt man die Hapiru für Vorfahren der Hebräer, doch diese Vermutung konnte nicht bestätigt werden.)

Feindliche Armeen standen sich häufig in offener Auseinandersetzung gegenüber; dabei war die Belagerung ein beliebtes strategisches Mittel. In den Texten werden Armeen mit einer Stärke von zehn- oder zwanzigtausend Mann erwähnt. Der von Pferden gezogene Streitwagen, der in den nächsten 1000 Jahren die Kriegführung bestimmte, tauchte zum ersten Mal im frühen zweiten Jahrtausend v. Chr. auf. Das Pferd war mehr als 2000 Jahre zuvor in Rußland domestiziert worden; in Israel und in der Türkei entdeckte man Pferdeknochen in chalkolithischen und frühen Bronzezeit-Schichten. In Texten aus der Zeit vor 2000 v. Chr. gibt es gelegentlich Hinweise auf Pferde, allgemeine Verbreitung fanden sie jedoch erst in den folgenden Jahrhunderten, als man sie nicht nur im Nahen Osten, sondern auch in Ägypten und in Europa antraf. Ursprünglich wurden sie wie Esel geritten, wie Ochsen ins Joch gespannt und mit Nasenringen dirigiert. Doch die Entwicklung des Zaumzeugs (einige Zeit vor 1700 v. Chr.) und die Einführung von leichten, aber festen Speichenrädern machte den von Pferden gezogenen Kampfwagen zu einer gefürchteten Kriegswaffe.

Das Leben in Zimri-Lims Palast ist in allen Einzelheiten dokumentiert, da der König sich in langen Korrespondenzen mit seinen Beamten über alle möglichen Themen ausließ: ein Löwe wurde auf dem Dach eines Hauses gefangen und in einem hölzernen Käfig an Zimri-Lim geschickt; die Ufer eines Kanals bedurften dringend der Reparatur; ein Heuschreckenschwarm erreichte Terqa, der örtliche Statthalter fing ihn ein und schickte ihn dem König. In einem anderen Brief schrieb Zimri-Lim an seine Frau und warnte vor einer Krankheit in der Familie.

»Ich habe gehört, daß Nanna eine ansteckende Krankheit hat, und da sie sich oft im Palast aufhält, könnte sie die vielen Frauen um sie herum infizieren. Erteile darum strikte Anordnung, daß niemand aus der Tasse trinkt, die sie verwendet, niemand sich auf den Platz setzt, den sie einnimmt, niemand sich auf das Bett legt,

Links: Das Modell aus gebranntem Ton zeigt einen Wagen aus Nordsyrien (19. Jahrhundert v. Chr.). Er entspricht den Gefährten, die auf Rollsiegelabdrücken aus Kanesch erscheinen. Die Einführung des leichten, von zwei Pferden gezogenen Wagens veränderte die Kriegführung im Nahen Osten. Die Zeichen auf den Rädern des Modells deuten Speichen an. Frühere, von Eseln gezogene Wagen besaßen kompakte Holzräder.

Rechts: An dieser Silberstatuette einer Frau sind Kopf, Hals und Brüste aus Gold; goldene Bänder umschlingen ihren Oberkörper. Sie war einem Grab in Hasanoglan beigelegt, unweit von Ankara in der Türkei, und stammt aus dem Jahr 2000 v. Chr. Höhe 20,4 cm.

das sie benutzt, sonst werden sich alle Frauen in ihrem Umkreis infizieren. Es ist dies eine sehr ansteckende Krankheit.«

Der König besaß ein Eishaus. Dort ließ er vom Gebirge herbeigebrachtes Eis lagern, damit es im Sommer für kühlende Getränke zur Verfügung stand. Die Täfelchen verzeichnen auch die Speisen und Getränke, die am Tisch des Königs serviert wurden, sowie die Arbeiten, die die Palastdiener übernahmen, wie unter anderem Webe-, Zimmermanns- und Metallarbeiten. Von den von Frauen ausgeübten Berufen werden Spinnen, Weben, Kochen, Singen und das Spielen von Musikinstrumenten erwähnt, doch ist auch von Schreiberinnen und sogar von einer Ärztin die Rede.

Es überrascht nicht, daß die Religion eine bedeutende Rolle spielte. Kultische Rituale, wie die Speisung der Götter, Rezitationen und Beschwörungen anläßlich von Festen und zur Beruhigung der Totengeister wurden regelmäßig gefeiert. Vor jeder wichtigen Entscheidung befragte man Orakel. Die häufigste Vorgehensweise bestand darin, ein Schaf zu opfern und seine Leber zu untersuchen. Dies hatte sich zu einer ausgesprochenen Wissenschaft entwickelt, die Tausende unterschiedlicher Zeichen an der Leber kannte, die zu verschiedenen Prophezeiungen führten. Man fand in Mari Lebermodelle aus Ton, die mit solchen Vorhersagen beschriftet waren. Sie dienten wahrscheinlich der Ausbildung und der Information. Ein vielleicht unter Schamschi-Adad erbauter, gut erhaltener Tempel und eine Zikkurrat in Tell-al-Rimah geben eine Vorstellung von der bedeutenden Rolle, die die Religion in dieser Zeit spielte. Der Tempel und die Zikkurrat dominieren die Fundstätte, während der Palast weiter unterhalb an den kultischen Bereich angebaut ist.

Die Levante und Palästina

Die Schrifttäfelchen von Mari und auch die in Qatna und Alalach am Orontes gefundenen Zeugnisse haben einiges Licht auf die Ereignisse im Westen geworfen. Sie erwähnen die beiden bedeutenden Königreiche Jamchad mit seiner Hauptstadt Aleppo sowie Qatna, aber auch kleinere Städte wie Ugarit und Hazor. Das Ende des dritten Jahrtausends war in den Städten der Levante und Palästinas vom Niedergang gekennzeichnet, doch um 2000 v. Chr., dem Beginn der mittleren Bronzezeit, änderten sich die Verhältnisse. Nach ägyptischen Quellen dieser Zeit besuchte während der Regierungszeit von Amenemhet I. (1991 - 1962 v. Chr.) der ägyptische Reisende Sinuhe asiatisches Gebiet, das vorwiegend von Nomadenstämmen besiedelt war. Die sogenannten »Verächtungstexte« der Zwölften Dynastie überliefern jedoch anderes. Diese Tonfiguren oder Gefäße wurden mit den Namen von Rebellen oder Feinden der Ägypter beschriftet und dann rituell zerschlagen. In einer älteren Serie, die etwa aus der Zeit um 1900 v. Chr. stammt, finden sich die Namen von Jerusalem, Askalon, Beth-Schan und Byblos. Eine etwa 100 Jahre später einzuordnende Textgruppe zeigt, daß fast alle größeren kanaanitischen Städte blühten. (Überraschenderweise wird die Stadt Megiddo nicht erwähnt; vielleicht pflegte Megiddo eine loyale Beziehung zu Ägypten.) Die Herrscher dieser Städte hatten durchweg westsemitische Namen. Die ältere Serie führt mehr als einen Herrscher für jede Stadt auf, die spätere jedoch nur einen, was vielleicht den Wechsel von einer Stammesorganisation zu einer städtisch geprägten Gesellschaftsstruktur widerspiegelt.

Archäologische Zeugnisse trugen dazu bei, dieses Bild zu vervollständigen. Etwa nach 1800 v. Chr. waren fast alle Fundstätten aus der mittleren Bronzezeit in der Levante befestigt, nicht nur die größeren Städte, sondern auch Dörfer, die weniger als einen Hektar umfaßten. Den typischen Festungsstil verkörperten »zyklopische« Mauern aus riesigen, zwei mal drei Meter großen Steinen, von denen jeder einzelne mehr als eine Tonne wog. Außerhalb der Mauern lag eine steile Böschung, das sogenannte *glacis* aus Erde oder Steinen, das mit einer Schicht aus glattem, hartem Verputz überzogen war. Vermutlich sollte diese Konstruktion eine Unterminierung der Mauern verhindern, sie bot aber auch Schutz gegen Rammböcke und Sturmleitern. Die Wälle von Qatna umgaben einst ein Rechteck von einem Kilometer Durchmesser und sind noch heute zwischen zwölf und zwanzig Meter hoch. Kasematten und dreifache Tore verstärkten die Schutz-

Links: Die semitischen Herrscher von Byblos unterhielten enge Beziehungen zu den Pharaonen der 12. Dynastie Ägyptens. Sie empfingen wertvolle Geschenke und übernahmen die verfeinerte ägyptische Kultur. Die Königsgräber wurden in die Felsenklippen an der Küste von Byblos gehauen. Zwei Ruhestätten fand man unversehrt vor; sie enthielten eine Fülle kostbarer Gegenstände, andere hingegen waren ausgeraubt. Dieses goldene Pektorale (Brustschmuck) stammt aus einem der beiden geplünderten Gräber. Es ist mit den Bildern des ägyptischen Falkengottes Horus verziert; Details zeigen jedoch, daß es von einheimischen Handwerkern gefertigt wurde. Breite 20,5 cm.

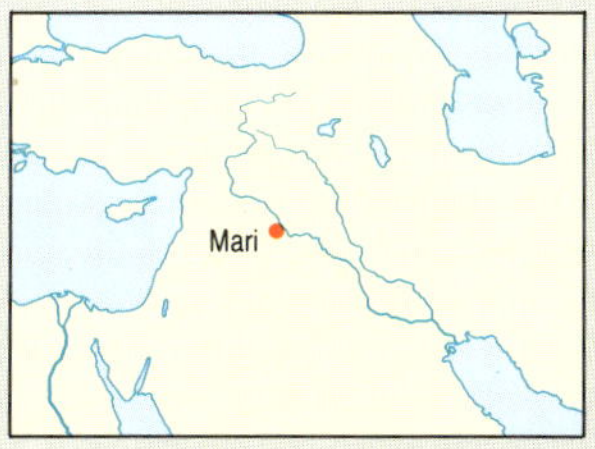

Mari

Die Ruinen von Mari (heute Tell Hariri) liegen am Westufer des Euphrat. Die Stadt wurde im frühen 3. Jahrtausend v. Chr. gegründet. In der frühdynastischen Zeit war Mari ein bedeutender Stadtstaat und wurde als eine der Herrscherdynastien in die sumerische Königsliste aufgenommen. Im Ischtar-Tempel fanden sich viele schöne Statuen in sumerischem Stil. Der Palast der semitischen Herrscher Maris aus dem 3. Jahrtausend v. Chr. liegt unter dem Palast des frühen 2. Jahrtausends v. Chr., der nach dem früheren Plan neugebaut und mehrere Jahrhunderte lang benutzt wurde. Die Herrscher von Mari profitierten vom Handel entlang des Euphrat und gelangten zu großem Reichtum. Im 19. Jahrhundert v. Chr. vertrieb Schamschi-Adad von Assyrien die amurritischen Herrscher der Stadt. Er setzte seinen jüngeren Sohn Jasmah-Addu als König ein. Nach Schamschi-Adads Tod um 1780 v. Chr. eroberte Zimri-Lim, der Sohn des letzten amurritischen Königs, die Stadt zurück. Bei Ausgrabungen von Zimri-Lims Palast entdeckte man unter den Ruinen ein umfangreiches und informatives Archiv der Herrscher. Etwa 20 Jahre später wurde Zimri-Lim von seinem früheren Verbündeten Hammurabi, dem König von Babylon, geschlagen, der den Palast und die Stadt im Jahre 1757 v. Chr. völlig zerstörte. Die Stätte blieb in der Folgezeit verlassen, nur in der mittelassyrischen Periode diente sie vorübergehend als Friedhof.

Der Bau des Palastes von Zimri-Lim währte 300 Jahre. Die wichtigsten Räume lagen an der Südseite des großen westlichen Hofes (106). Diese bestanden aus einem Vorraum (64) und dem Thronsaal (65). Im Erdgeschoß des Palastes gab es über 260 Räume, weitere befanden sich im oberen Stockwerk.

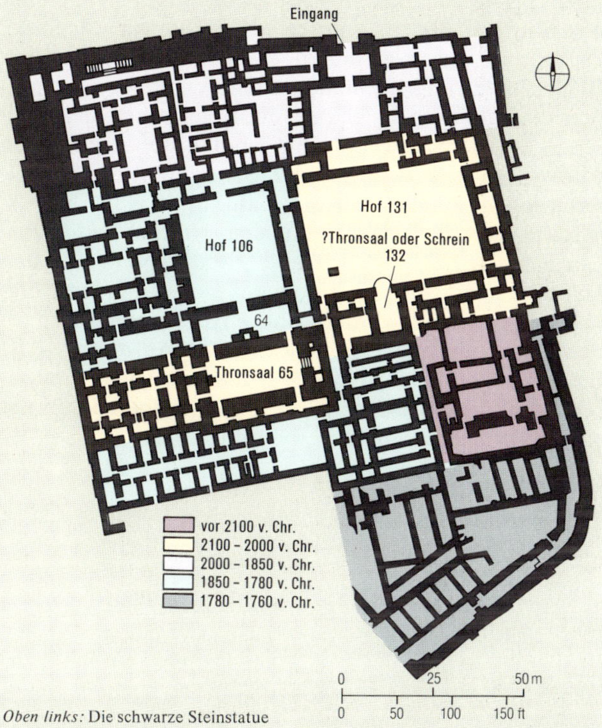

Oben links: Die schwarze Steinstatue von Ischtup-ilum, dem Gouverneur von Mari, schmückte den Thronsaal (65). Sie war die Treppe am östlichen Ende dieses Raumes heruntergefallen. Ischtup-ilum regierte Mari ungefähr um 2100 v. Chr. Höhe 1,52 m.

Links: Flußtal bei Mari.

Rechts: Der Körper dieser Göttin, die eine Vase hält, war im Vorraum (64) des Thronsaals angebracht; ihr Kopf wurde im Hof entdeckt. Vom Unterbau der Statue führt ein Kanal zur Vase, aus der dann Wasser gespendet wurde. Höhe 1,40 m.

Unten: An der südlichen Mauer des Westhofs (106) lagen bemalte Bruchstücke des abgefallenen Putzes. Sie zeigten den Herrscher, der über seine Untertanen hinausragt, die vermutlich Stiere für ein Opfer herbeiführen. Die Malereien entstanden zur Zeit Schamschi-Adads oder Zimri-Lims. Breite ca. 1,35 m.

funktion. Ausgrabungen in Ebla, Schechem und Hazor führten zur Entdeckung von Tempelfestungen mit Türmen (Migdal-Tempel), den Prototypen für die Tempel der späteren Bronzezeit.

In der Levante trafen ägyptische und mesopotamische Einflüsse aufeinander, wenn auch die Zeugnisse für Beziehungen einzelner Herrscher Ägyptens und Mesopotamiens bis heute fehlen. Inschriften ägyptischer Herrscher des Mittleren Reichs wurden auf Statuen in Megiddo, Qatna und Ugarit gefunden. Auch die Bewohner von Byblos hatten enge Kontakte zu den Ägyptern; sie schrieben die semitischen Namen ihrer Herrscher in ägyptischen Hieroglyphen und übernahmen den ägyptischen Titel »Gouverneur«. Mit dem Zusammenbruch des Mittleren Reichs zu Beginn des 18. Jahrhunderts v. Chr. verstärkten sich die Einflüsse aus dem Norden und Osten. Ein Jahrhundert später wurde Nordägypten von den Hyksos regiert, die als »Herrscher eines fremden Berglands« bezeichnet wurden, und enge Verbindungen zu den Einwohnern Palästinas der mittleren Bronzezeit III hatten. Die wohl dauerhafteste Errungenschaft der mittleren Bronzezeit in Palästina war das Alphabet, das in der späten Bronzezeit große Verbreitung fand.

Hammurabi, der König von Babylon

Die überragende Persönlichkeit des frühen zweiten Jahrtausends war Hammurabi, der König von Babylon. Er re-

Links: Dieser Dioritkopf, der in Susa freigelegt wurde, gelangte vermutlich im 12. Jahrhundert v. Chr. dorthin. Diese Art Kopfschmuck trugen die Herrscher der mesopotamischen Städte zwischen 2100 und 1700 v. Chr. Der König von Babylon, Hammurabi, wurde auf seiner Gesetzesstele mit einem derartigen Kopfschmuck dargestellt. Es könnte sich also bei diesem Kopf um den des großen babylonischen Herrschers handeln, doch wurden zahlreiche Statuen, die die Herrscher von Eschnunna repräsentierten, nach Susa überführt. Höhe 15 cm.

Rechts: Die Inschrift auf dieser Bronze-Gold-Statue enthält, daß Lu-Nanna für seinen Gott Martu und für das Leben von Hammurabi, den König von Babylon, eine Beterfigur aus Kupfer mit goldplattiertem Gesicht schuf und sie als Diener des Gottes stiftete. Diese Statue wurde in Larsa freigelegt und entstand im letzten Jahr von Hammurabis Regierung (1750 v. Chr.). Höhe 19,5 cm.

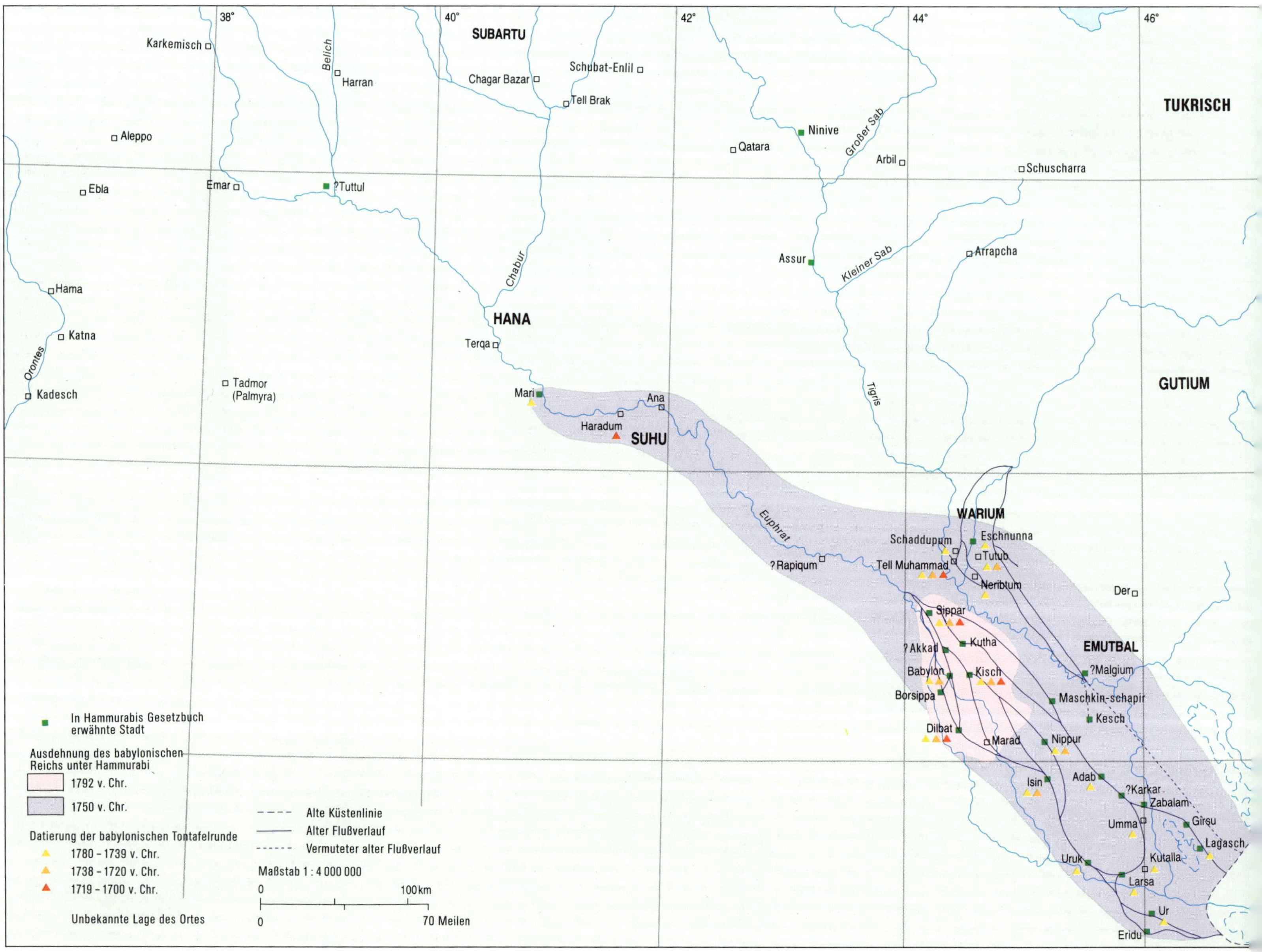

Hammurabis Königreich
Hammurabi (1792–1750 v. Chr.) festigte im Laufe der zweiten Hälfte seiner Regierungszeit die Herrschaft über den größten Teil Mesopotamiens und machte der Unabhängigkeit vieler Städte ein Ende. Im Prolog zu seiner Gesetzesstele behauptet er, die Tempel in vielen mesopotamischen Städten restauriert zu haben, unter anderem in Mari, Eschnunna, Tuttul, Ninive und Assur; allesamt Städte, die er zuvor zerstört hatte.
Hammurabis Sohn Samsu-iluna unterdrückte den aufständischen Rim-Sin II. von Larsa. Es scheint, daß die Besiedlung im Süden Babyloniens in den Jahrzehnten danach aufgegeben wurde. Für eine Besetzung von Ur, Larsa, Kutalla, Uruk, Umma, Adab oder Lagasch (die südlichste Stadt Babyloniens) nach 1739 gibt es kaum Hinweise. Im Jahr 1721 in Nippur geschriebene Täfelchen datieren in die Regierungszeit von Iluma-ilu, dem König des Meerlandes. Doch es wurden in Isin und Nippur keine Texte gefunden, die aus den folgenden 200 Jahren stammen. Die Ursache für das Fehlen von Zeugnissen im Süden wird in einer Naturkatastrophe, etwa durch die Änderung der Flußläufe, in Eroberungen durch die Herrscher des Meerlandes oder im Wechsel von Verwaltungspraktiken beziehungsweise einer Kombination dieser drei Gründe zu suchen sein.

gierte zwischen 1792 und 1750 v. Chr. Geduldig und doch ehrgeizig, vorsichtig, aber auch entschlossen errichtete er ein Reich, das, obwohl es nur von kurzer Dauer war, die historische Perspektive Mesopotamiens veränderte. Babylon wurde sein politisches, kulturelles und religiöses Zentrum. Aufgrund von Hammurabis Jahresbezeichnungen wissen wir, daß er 1787 Uruk und Isin einnahm und 1784 einen Feldzug gegen Rapiqum und Malgium führte. Ein Vertrag von 1783 läßt vermuten, daß er zu dieser Zeit ein Vasall von Schamschi-Adad war.

Die nächsten 20 Jahre widmete sich Hammurabi, nach den Angaben seiner Jahresnamen, dem Bau von Tempeln und Kanälen; im 29. Regierungsjahr besiegte er ein Bündnis der Städte Elam, Subartu, Gutium, Eschnunna und Malgium. Im folgenden Jahr, 1763, eroberte er mit der Unterstützung von Mari und Eschnunna Larsa und setzte der langen Herrschaft von Rim-Sin I. ein Ende. Zwei Jahre später schlug er Mari, den ehemaligen Bundesgenossen, und zerstörte es schließlich 1757. Im Jahr 1755 nahm er auch Eschnunna ein, indem er die Stadt von der Wasserversorgung abschnitt, und beseitigte somit den letzten seiner mesopotamischen Rivalen. Im Prolog zu seinem Gesetzbuch zählt Hammurabi die Götter und ihre Städte auf, die auf seiner Seite standen, von Mari und Tuttul im Westen bis Assur und Ninive am Tigris und bis hinunter nach Ur, Eridu und Girsu im Süden.

Die etwa 150 erhaltenen Briefe, die über Hammurabis Verwaltung von Larsa Auskunft geben, zeigen, daß er großen Anteil nahm am Alltag der eroberten Stadt und kaum Befugnisse, welcher Art auch immer, an andere delegierte. Am nachhaltigsten blieb Hammurabi der Nachwelt durch seinen Gesetzeskodex im Gedächtnis. Ältere Gesetzessammlungen, die eine sehr einfache Struktur hatten, wurden von Schulgi in Ur, von Lipit-Ischtar in Isin und von Daduscha in Eschnunna verkündet. Hammurabi definierte den Zweck seiner Rechtsvorschriften, sie sollten »bewirken, daß sich im Lande Gerechtigkeit durchsetze, daß das Schlechte und Böse zerstört werde und der Starke den Schwachen nicht unterdrücke«. Weiterhin riet er den Rechtsuchenden, den Gesetzeskodex zu Rate zu ziehen und mit dessen Hilfe die passende richterliche Entscheidung zu finden. Es gibt allerdings kaum einen Beleg dafür, daß der Kodex der Rechtsprechung diente, außer einer beiläufigen Erwähnung in Gesetzestexten auf einer Stele, die aus der Zeit Hammurabis stammen könnte. Die 282 Kapitel des Gesetzbuchs beschäftigen sich mit vielen Themenbereichen, darunter Handelsrecht, Familienrecht, Eigentumsrecht, die Sklaverei betreffende Vorschriften, Gebühren, Preise und Löhne. Es ist jedoch in keiner Weise vollständig.

Hammurabis Gesetze zeigen ein Idealbild der altbabylonischen Gesellschaft. An der Spitze stand der König, der sich in alle Angelegenheiten seines Reichs einmischen konnte und dies auch tat. Unter ihm formierten sich drei Gesellschaftsklassen: der *awilum* (Akkadisch: »Mann«) oder Freie, der *muschkenum*, dessen genauer Status unbekannt ist, der jedoch wohl in gewisser Weise vom Staat abhängig war, und der *wardum* oder Sklave. Sklaven konnten jedoch Eigentum besitzen und scheinen oftmals ein besseres Leben geführt zu haben als die Mitglieder der *awilum*-Klasse, die sich oder ihre Kinder als Sklaven verkaufen mußten, um ihre Schulden abzuzahlen. Der allgemeine Darlehenszins betrug 33 Prozent für Gerste und 20 Prozent für Silber. Der *awilum* hatte dem Staat gegenüber Verpflichtungen, mußte wahrscheinlich Steuern zahlen und in der königlichen Armee Kriegsdienst leisten. Bei seinem Tod wurde das Eigentum des *awilum* unter seinen Söhnen aufgeteilt, was dazu führte, daß der Landbesitz in immer kleinere Parzellen zersplitterte.

Die genauen wirtschaftlichen Beziehungen zwischen Tempel, Palast und den Privatleuten sind nach den bisher bekannten Quellen schwer abzuschätzen. Grundsätzlich wurden die Paläste jedoch immer mehr zu den Machtzentren der altbabylonischen Städte; die Autorität der Könige gegenüber den Tempeln leitete sich nicht nur aus der Stellung des Königs als Hohepriester des Stadtgotts ab, sondern auch aus der zunehmenden säkularen Macht, die er mit der Zeit gewann. Das zeigt sich auch darin, daß die Könige immer mehr weltliche Titel annahmen, wenn sie sich auch weiterhin rühmten, von den Göttern eingesetzt und unterstützt zu sein.

Im gleichen Maße, in dem der Einfluß des Palastes zunahm, steigerte sich auch der Privatbesitz in Landwirtschaft, Handwerk und Handel. Darauf weist eine wachsende Zahl von Verträgen, Darlehen und Grundstücksverkäufen zwischen Privatpersonen in der Isin-Larsa- und der altbabylonischen Zeit hin.

Hammurabis Nachfolger

Hammurabis Thron ging ohne alle Streitigkeiten an seinen Sohn Samsu-iluna über. Doch 1742, im neunten Jahr von Samsu-ilunas Herrschaft, besetzte ein Rivale aus dem Süden, nämlich Rim-Sin II. von Larsa, die Stadt Nippur. Dieser Erfolg war jedoch nur von kurzer Dauer, denn schon im nächsten Jahr gewann Samsu-iluna die Stadt zurück. Doch zwei Jahre später, 1739, brach eine Katastrophe über das südliche Mesopotamien herein. Zeitgenössische Täfelchen aus Nippur belegen, daß eine wirtschaftliche Krise das Land erfaßte. Die Bodenpreise fielen plötzlich und die Zahl der Landverkäufe sowie der Verkauf von geistlichen Ämtern eskalierte. Ein möglicher Grund ist, daß Samsu-iluna die Wasser des Euphrat südlich von Babylon umgeleitet haben könnte, um Rim-Sin auszuhungern und damit zur Übergabe zu bewegen. Samsu-ilunas elftes Regierungsjahr wurde nach der Zerstörung der Mauern von Uruk und Larsa benannt; Ausgrabungen in Ur ergaben, daß die Stadt um diese Zeit zerstört worden ist. Rim-Sin mußte sich 1737 endgültig geschlagen geben. Nippur überlebte diese Krise, doch schon 20 Jahre später wurde es verlassen und blieb, wie die Städte weiter im

Transportwesen

Unten: Der gleiche Bootstyp wie der im Königsfriedhof von Ur gefundene, wird noch heute von den Marsch-Arabern im Süden Iraks benutzt. Normalerweise zwar ein Fischerboot, kann es wie hier auch zum Transport von Gütern, wie etwa Schilfrohr, verwendet werden.

Auf dem Wasserweg ließen sich Güter am rationellsten befördern, da die meisten Orte Mesopotamiens über ein Netz von Flüssen und Kanälen erreichbar waren. Auch im Persischen Golf und im Mittelmeer fuhren Schiffe; die Phöniker haben vielleicht sogar Afrika umfahren. Wo der Transport auf dem Wasser nicht möglich war, dienten in der Regel Esel oder Maulesel als Lasttiere; manchmal wurden auch Menschen als Träger eingesetzt. Ab circa 2000 v. Chr. gab das Aufkommen des Pferdes den Boten die Möglichkeit, ihre Wege von Ort zu Ort schneller zurückzulegen. Kamele gewannen durch den Aufstieg der Wüstenstämme im 1. Jahrtausend v. Chr. mehr und mehr an Bedeutung.

Radfahrzeuge waren im Nahen Osten etwa seit 3500 v. Chr. bekannt. Jedoch erwiesen sich Schlitten auf dem schlammigen Untergrund der Schwemmlandebene oftmals als praktischer; in den Bergen waren Radfahrzeuge unbrauchbar, solange es keine richtigen Straßen gab (die ältesten legten wahrscheinlich die Urartäer um 800 v. Chr. an). Der Transport im Nahbereich erfolgte meist mit zweirädrigen Karren, wie sie noch heute im Nahen Osten gebräuchlich sind. Die Sumerer setzten zweiachsige Streitwagen ein, die von Eseln gezogen wurden.

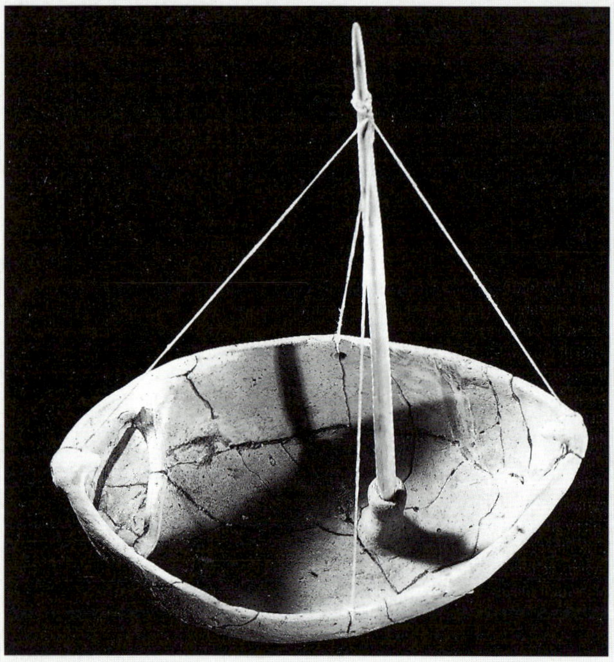

Links: Das älteste Zeugnis für den Transport zu Wasser ist dieses Modell eines Bootes aus gebranntem Ton. Es wurde in einem Ubaid-Grab in Eridu im Süden Iraks gefunden und ist vor 4000 v. Chr. zu datieren. Das Modell hat eine Fassung für einen Mast sowie Löcher zur Befestigung der Takelage und war demnach als Segelschiff konstruiert. Die Entdeckung von Ubaid-Keramik sogar in einer so entfernten Region wie den heutigen Vereinigten Arabischen Emiraten läßt vermuten, daß es zu jener Zeit recht gute Seeleute gab. Länge 26 cm.

Unten: Ein Silberboot aus dem Königsgrab im Königsfriedhof von Ur (2600 bis 2500 v. Chr.). Rollsiegel zeigen Götter, die in ähnlichen Booten reisen. Sie wurden entweder durch ein Paddel vorwärtsbewegt oder mit Hilfe einer Stange vorangestoßen.

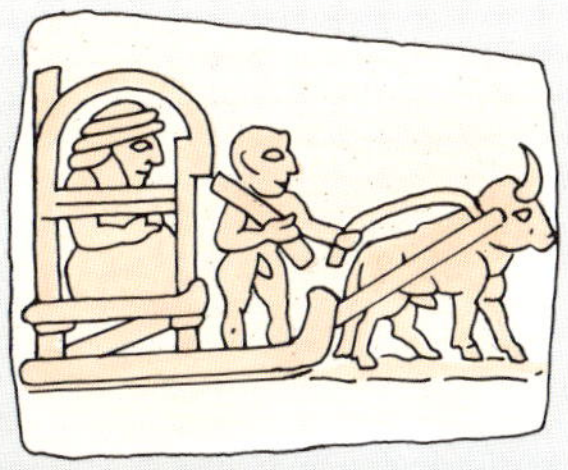

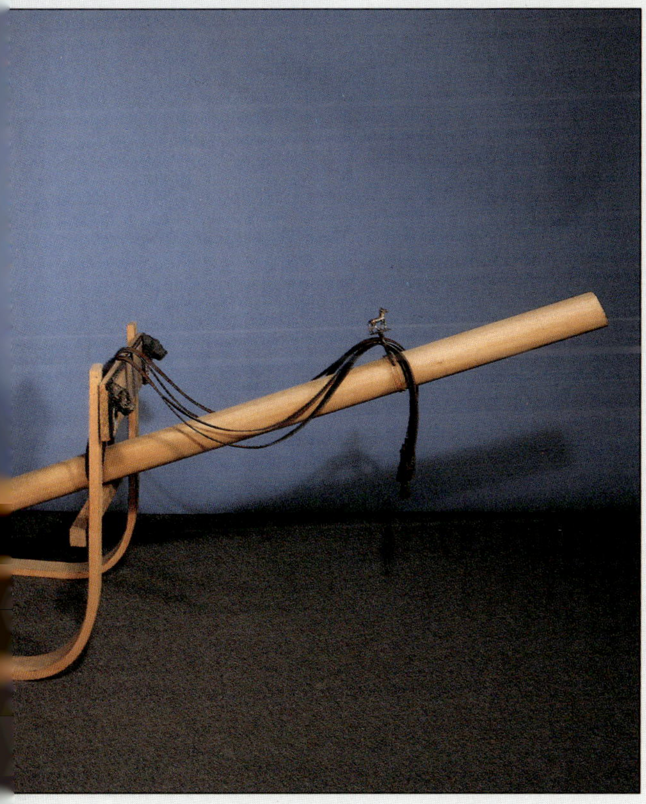

Ganz oben: Das Bildzeichen für einen Wagen auf den Täfelchen der Uruk-Zeit entsprach dem für einen Schlitten, hatte jedoch zwei Kreise für die Räder. Diese Steinplatte zeigt einen Herrscher, der in einem von einem Stier gezogenen Schlitten reist. Sie entstand vermutlich um 3000 v. Chr.

Darunter: Gebranntes Tonmodell eines gedeckten Wagens aus Nordsyrien aus der zweiten Hälfte des dritten Jahrtausends v. Chr. Gedeckte Wagen wurden auch von den nomadischen Skythen benutzt, die in der Mitte des ersten Jahrtausends v. Chr. in den Nahen Osten vordrangen.

Oben: Das Relief zeigt einen Streit- oder Triumphwagen, der dem König von Persien in Persepolis etwa 485 v. Chr. von den Lydiern überbracht wird. Wagen wurden in der Schlacht und bei Prozessionen, aber auch von Boten benutzt.

Links: Rekonstruktion des Schlittens aus dem Grab der Königin Puabi im Königsfriedhof von Ur. Er wurde von zwei Ochsen gezogen. Schlitten dienten auch zum Transport schwerer Güter, etwa der riesigen geflügelten Steinstiere in den assyrischen Palästen.

Süden, über einen Zeitraum von mehreren Jahrhunderten hinweg unbesiedelt.

Nach einer späteren Überlieferung beherrschte die erste Dynastie des »Meerlandes« den Süden, doch es fanden sich bisher weder Textbelege noch archäologische Zeugnisse für deren dortige Existenz um diese Zeit. Die Amurriter-Dynastie von Babylon blieb jedoch an der Macht und übte weiter ihre Herrschaft über die Städte entlang des Euphrat fast bis nach Mari hinauf aus. Noch weiter stromaufwärts stieg nach der Zerstörung von Mari das unabhängige Königreich Hana mit seiner Hauptstadt Terqa auf, die zuvor von Mari beherrscht worden war. Ein mit Gewürznelken gefüllter Keramikkrug, der bei der Ausgrabung eines einfachen Hauses in Terqa freigelegt wurde, läßt vermuten, daß die Handelsbeziehungen Mesopotamiens bis in den Fernen Osten reichten, denn damals war Ostindien das Herkunftsland der Gewürznelken.

Aus dem letzten Jahrhundert der altbabylonischen Herrschaft überliefern die Jahresbezeichnungen keine militärischen Feldzüge. Zwei bedeutende Dokumente – das Edikt des Ammisaduqa und die Venus-Täfelchen – wurden in diese spätere Zeit und speziell in die Regierungszeit Ammisaduqas (1646 – 1626 v. Chr.) datiert. Das Edikt ist ein konglicher Erlaß, der im ersten Jahr seiner Herrschaft ausgegeben wurde. Er verfügt die Streichung der Schulden der *awilum*-Klasse, die sich unter der vorhergehenden Regierung angesammelt hatten. Frühere Herrscher, darunter Hammurabi, hatten ähnliche Edikte erlassen, um die Wirtschaftskraft des Staates zu stärken.

Die Venus-Täfelchen, auf denen sich ein Hinweis auf einen Jahresnamen Ammisaduqas befindet und die demzufolge vermutlich aus seiner Regierungszeit stammen, sind eine Sammlung von Beobachtungen der Auf- und Untergänge des Planeten Venus. Die beschriebenen Messungen konnten nur zu bestimmten Zeiten angestellt worden sein, da sie in dieser Folge schätzungsweise nur alle 60 Jahre auftreten. Dies ermöglichte eine Chronologie von Ammisaduqas Regierung und der anderer Herrscher dieser Dynastie, wobei eine Abweichung von 60 beziehungsweise 120 Jahren einkalkuliert werden muß. Die mittlere Chronologie, auf die sich dieses Buch stützt, setzt Hammurabis Regierung in die Jahre 1792 – 1750 v. Chr.; die höhergreifende Chronologie, die derzeit an Anhängern gewinnt, datiert sie von 1848 – 1806, und die sogenannte niedrigere Chronologie, die einst viele Gelehrte, die in Anatolien und der Levante arbeiteten, unterstützten, von der man heute jedoch eher abrückt, verlegt Hammurabis Regierungszeit in die Jahre 1728 – 1686. Hoffentlich werden in Zukunft unter den Tausenden von Tontäfelchen dieser Zeit noch einige Hinweise gefunden, die historische Ereignisse mit genauer zu datierenden astronomischen Phänomenen wie einer Sonnenfinsternis verbinden. Hilfreich wäre es auch, wenn Funde in der Levante die mesopotamische Dynastienfolge mit der verläßlicher datierten ägyptischen Chronologie in Beziehung bringen könnten.

Die Bevölkerungsverschiebungen im Nahen Osten, die die Amurriter und Hurriter in Berührung mit Mesopotamien brachten, setzten sich mit dem Auftreten neuer Völker fort, von denen altbabylonische Texte berichten. Im neunten Jahr von Samsu-ilunas Regierungszeit wurden zum ersten Mal die Kassiten erwähnt, während zu Beginn des 16. Jahrhunderts v. Chr. die Hethiter in Mesopotamien auftraten. Im Jahr 1595 v. Chr. zog der hethitische König Murschili den Euphrat flußabwärts, eroberte und plünderte Babylon. Damit setzte er der ersten Dynastie von Babylon ein Ende und leitete eine dunkle Epoche von etwa 150 Jahren ein, über die bis jetzt keine Nachrichten vorhanden sind.

Wissenschaft

Die Entwicklung der Schrift im 4. Jahrtausend v. Chr. ermöglichte es den Bewohnern des alten Nahen Ostens, ihr Wissen für die Nachwelt aufzuzeichnen. Zu den ältesten Texten zählen Listen mit bestimmten Wortkategorien wie etwa Vogel- oder Städtenamen oder auch Berufe. Sie dienten in erster Linie dazu, angehende Schreiber auszubilden. Die darin erkennbare systematische Erfassung von Wissen allerdings beweist eine frühe Herausbildung wissenschaftlicher Methodik.

Die in den ältesten Texten verwendeten Rechensysteme enthalten Elemente des Sexagesimalsystems, Rechengrundlage ist also die Einheit 60. Weil 60 zahlreiche Divisoren hat, sind viele Rechnungen mit dem System recht einfach. Heute noch wird das Sexagesimalsystem bei der Zeit- und Winkelmessung gebraucht. Zwei Arten mathematischer Texte aus dem frühen 2. Jahrtausend v. Chr. haben sich erhalten: Rechentabellen und Aufgabentexte. Erstere umfassen Multiplikationstabellen sowie Tafeln für reziproke Werte, Quadratzahlen, Quadratwurzeln, dritte Potenzen und sogar einige Logarithmen zur Basis 2 und 16. Die Aufgabentexte behandeln Gleichungen und die Berechnung von Flächen und Volumen verschiedener geometrischer Figuren. Die babylonischen Mathematiker erreichten einen beachtlichen Wissensstand. Obwohl sie in der Regel mit π gleich 3 rechneten, kannten sie dessen genaueren Wert von $3^1/_8$ (3,125, das nahe dem tatsächlichen, auf drei Stellen errechneten Wert von 3,142 liegt). Sie berechneten das Ergebnis von $\sqrt{2}$ bis auf 0,000007 exakt. Eine weitere Tafel verzeichnete die pythagoreischen Zahlentripel, bei denen jeweils das Quadrat über der höchsten Zahl gleich der Summe der Quadrate der beiden anderen Zahlen ist. Sie reichen von der Folge 45, 60, 75 bis zu der Gruppe 12 709, 13 500, 18 541. Eine der erstaunlichsten Eigenschaften der babylonischen Mathematik besteht darin, daß sie, obwohl in praktischen Begriffen ausgedrückt, grundsätzlich theoretisch war.

Im zweiten Jahrtausend zeichnete man Himmelsphänomene auf und beobachtete von Zeit zu Zeit die Himmelskörper. Im 1. Jahrtausend spielte die Astrologie eine bedeutende Rolle. Um 700 v. Chr. hatte man einige Sternzeichen identifiziert, von denen manche noch heute dieselben Namen tragen. Die Babylonier arbeiteten mit systematischen Aufzeichnungen; um 500 v. Chr. konnten sie die Bewegungen des Mondes und das Auftreten von Eklipsen mit großer Genauigkeit vorhersagen. Das älteste erhaltene Horoskop, das die Zukunft eines Menschen aufgrund der Stellung der Himmelskörper zur Zeit seiner Geburt voraussagte, stammt aus Babylon und bezieht sich auf den 29. April 410 v. Chr. In den folgenden 50 Jahren wurden Almanache zusammengestellt, die Positionen der Sonne, des Mondes, der Planeten und Sterne vorhersagten. Darunter befindet sich ein Exemplar aus dem Jahr 75 n. Chr., das gleichzeitig die jüngste erhaltene Keilschrifttafel darstellt.

Ein weiterer Zweig mesopotamischer Wissenschaft, für den sich viele Belege gefunden haben, ist die Medizin. Zwei Arten von Spezialisten behandelten Krankheiten: Der *aschipu* führte magische Beschwörungen durch, während es sich beim *asu* um einen Arzt handelte, der zweckmäßige Heilmittel verordnete. Man kannte Hunderte verschiedener Krankheiten.

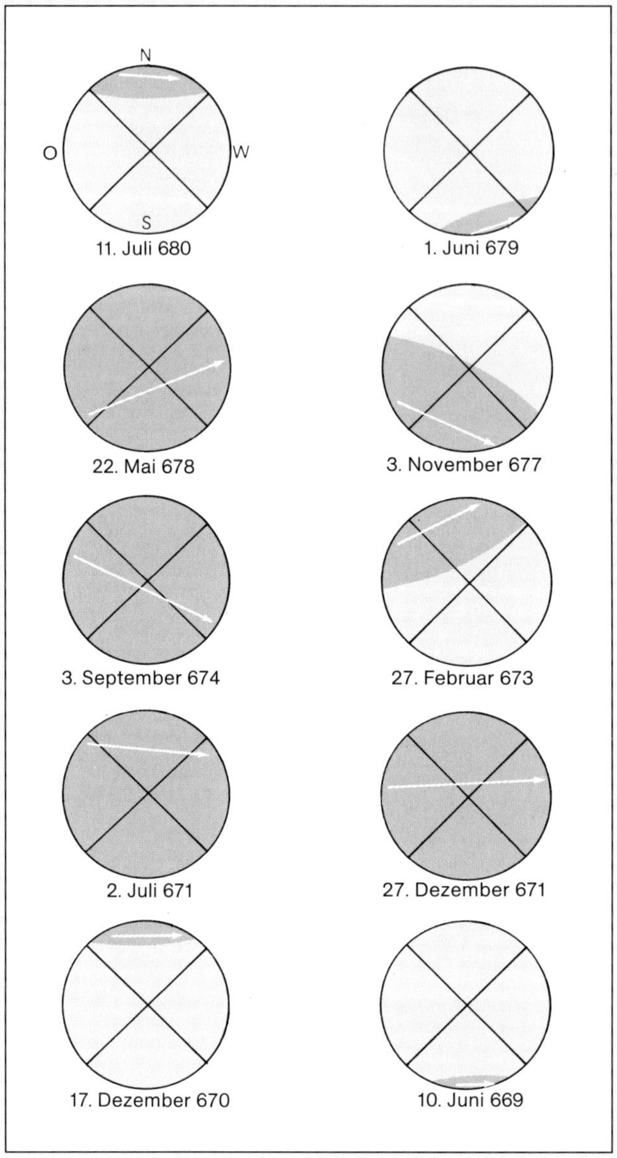

Links und unten: Unter den späteren assyrischen Königen entwickelte sich eine Wissenschaft zur Deutung von Himmelserscheinungen, insbesondere von Sonnen- und Mondfinsternissen. Die Vorhersage aufgrund einer Mondfinsternis stützte sich auf den genauen Zeitpunkt der Eklipse, den Tag, den Monat, den Teil des vom Schatten bedeckten Mondes und die Richtung, in die sich der Schatten bewegte. Die Sichtbarkeit der Planeten, besonders des Jupiters, beeinflußte ebenfalls die Auslegung der Himmelserscheinungen. Um dem bösen Geschick zu entrinnen, das eine Eklipse ankündigte, setzte ein Monarch zuweilen einen Ersatzkönig ein, der nach 100 Tagen getötet wurde, wenn der echte König den Thron wieder bestieg. Falls das Vorzeichen Assyrien und Babylonien betraf, wurde der Ersatzkönig zuerst in Ninive und 50 Tage später nochmals in Babylon gekrönt.
Anläßlich der totalen Mondfinsternis am Abend des 22. Mai 678 v. Chr. meldete der Hofastrologe, daß sich Monat und Tag auf Elam bezogen und die Richtung des Schattens Unglück für Elam und Amurru sowie Glück für Subartu (Assyrien) und Akkad (Babylonien) prophezeie. Die Eklipse vom 27. Februar 673 beeinflußte Assyrien nicht; die vom 10. Juni 669 bedeutete jedoch ein schlechtes Omen für dieses Land. Gewiß mußten die Astrologen ihre Urteilskraft bei der Auslegung der Eklipsen unter Beweis stellen, doch die Praxis, zuerst die Beobachtungen aufzuzeichnen und dann anerkannte Theorien anzuwenden, um die Folgen vorherzusagen, ist die Grundlage der modernen naturwissenschaftlichen Methode.

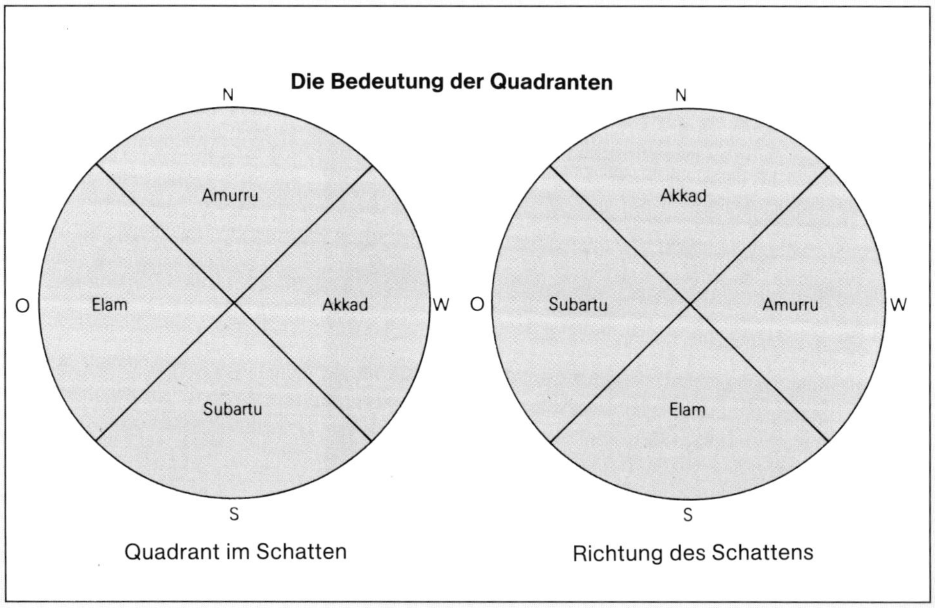

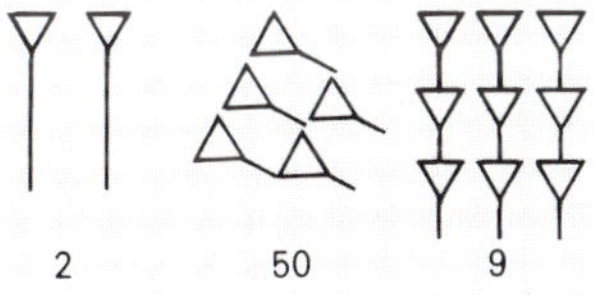

Oben: In der Keilschrift schrieb man die Zahlen von 1 bis 9 mit vertikalen Keilen, die Zehner bis 50 mit diagonalen. 60 wurde mit einem vertikalen Keil geschrieben, der auch die Zahl 1 bezeichnen konnte. Es handelt sich hier um das Positions- oder Stellenwertsystem, das 2000 v. Chr. erfunden wurde und noch heute in Gebrauch ist. In der heutigen Terminologie steht in der Zahl 111,1 das Zeichen 1 für 100, 10, 1 und $^1/_{10}$. Die Keilschrift benutzte dieselbe Methode, arbeitete aber mit der Basis 60 und nicht mit 10 (also mit dem Sexagesimal- und nicht mit dem Dezimalsystem). Das Komma wurde nicht geschrieben, bis um 300 v. Chr., auch nicht die Null. Die hier geschriebene Zahl konnte man lesen
$2 \times 60 + 5 \times 10 + 9 \times 1 = 179$ oder
$2 \times 1 + 59 \times {}^1/_{60} = 2{,}9833$ oder sogar
$2 \times 60^2 + 59 \times 60 = 10740$ oder
$2 \times 60^2 + 0 + 59 = 7259$.
In der Regel ließ sich die zutreffende Zahlengröße leicht aus dem Kontext erschließen.

Links: Diese Tontafel wird die Babylonische Weltkarte genannt. Sie zeigt einen Kreis, der den Ozean darstellen soll. Jenseits davon gibt es ein Paradies, das im Text vorgestellt wird. Das Zentrum bildet die bewohnte Welt; sie ist so ausgerichtet, daß der Westen oben liegt. Das Kästchen in der Mitte oben trägt den Namen Babylon, die Namen Urartu, Assyrien und Der stehen rechts. Susa ist unten verzeichnet. Die vertikalen Linien, die durch Babylon verlaufen, sollen den Euphrat darstellen. Die Karte wurde um 700 v. Chr. angelegt; doch diese Kopie stammt aus späterer Zeit.

Oben: Der Ausschnitt des Rassam-Obelisken in Kalchu zeigt, wie in Gegenwart von Assurnasirpal II. (883 - 859 v. Chr.) Tribute ausgewogen werden. Die moderne Naturwissenschaft stützt sich auf genaue Beobachtung und exakte Messung. Die mesopotamischen Gewichte basierten auf dem Sexagesimalsystem. 60 Schekel entsprachen einem *mina* und 60 *minas* einem Talent. Ein *mina* wog etwa 0,50 kg. Vermutlich galten in den Städten unterschiedliche Gewichtseinheiten. Ein Text von etwa 1900 v. Chr. bezieht sich auf den *mina* von Dilmun, der ebensoviel wog, wie das Standardgewicht, das in der Harappa-Kultur des Industales in Gebrauch war.

Unten: Fünf aus einem Satz von 17 Bronzegewichten, die in Kalchu gefunden wurden. Das größte wiegt fast 20 kg und hat eine Länge von etwa 30 cm; das kleinste wiegt etwa 50 g und ist nur 2 cm lang. Einige Löwen tragen ihre Gewichtsangabe sowie akkadische und assyrische Inschriften mit dem Namen des assyrischen Königs Sennacherib (704 - 681 v. Chr.). Die frühesten Gewichte gehören der frühdynastischen Periode in der Mitte des 3. Jahrtausends v. Chr. an. Gewichte fertigte man gewöhnlich in der Form von Enten oder Löwen bzw. kugel- oder zylinderförmig an.

Technik

Vor dem neolithischen Umbruch gibt es kaum Anzeichen technischer Sachkenntnis. Die Feuerstein- und Obsidianbearbeitung war sicherlich sehr nützlich, doch fortgeschrittenere Fertigkeiten bedurften einer beständigeren Lebensweise. Im Verlauf der nächsten 6000 Jahre entwickelten die Bewohner des Nahen Ostens nahezu alle Techniken, die Grundlage der Zivilisation vor der industriellen Revolution waren: Architektur, Transportwesen, Metall- und Holzverarbeitung, Töpferei, Glasherstellung, Textilerzeugung, Lederverarbeitung ebenso wie die zahlreichen unterschiedlichen Verfahren in der Landwirtschaft und bei der Nahrungszubereitung.

Von herausragender Bedeutung waren die Bewässerungstechnik und die Schutzmaßnahmen vor Überflutungen, die die Entwicklung Südmesopotamiens ermöglichten und eine Reihe von Spezialtechnologien der Wasserregulierung, wie Kanalbauten, Wasserspeicherung und Entwässerung hervorbrachten.

Bei manchen Handwerksarten, wie etwa der Töpferei oder der Metallverarbeitung, lassen sich die angewandten Verfahren aufgrund erhaltener Artefakte bestimmen. Einige Texte liefern ausführliche Informationen über die Methoden der Glasherstellung, der Parfümerzeugung, des Brauens und Gerbens, während andere schriftliche Quellen äußerst detailliert die wirtschaftliche Seite der Produktionsbetriebe schildern.

Unten: Diese Goldvase (um 1200 v. Chr.) aus dem Friedhof von Marlik im Südwesten des Kaspischen Meeres beweist die große Geschicklichkeit der damaligen Goldschmiedekünstler. Die Köpfe der geflügelten Stiere wurden mit dem Gefäß in einem Stück hergestellt; Ohren und Hörner fügte man aber gesondert an. Höhe 18 cm.

Oben: Glasierte Gefäße, ähnlich den Keramikfunden in Babylon und Assyrien, aus dem 1. Jahrtausend v. Chr. Seit 4000 v. Chr. wurde in Mesopotamien Fayence (ein künstlich glasiertes Material) verwendet; doch erst ab dem 2. Jahrtausend v. Chr. schmückte man Töpferwaren mit Glasuren. Es war eine Kunst, die Glasur so aufzutragen, daß es nicht zum Bruch der Tonware kam. Höhe etwa 8 cm.

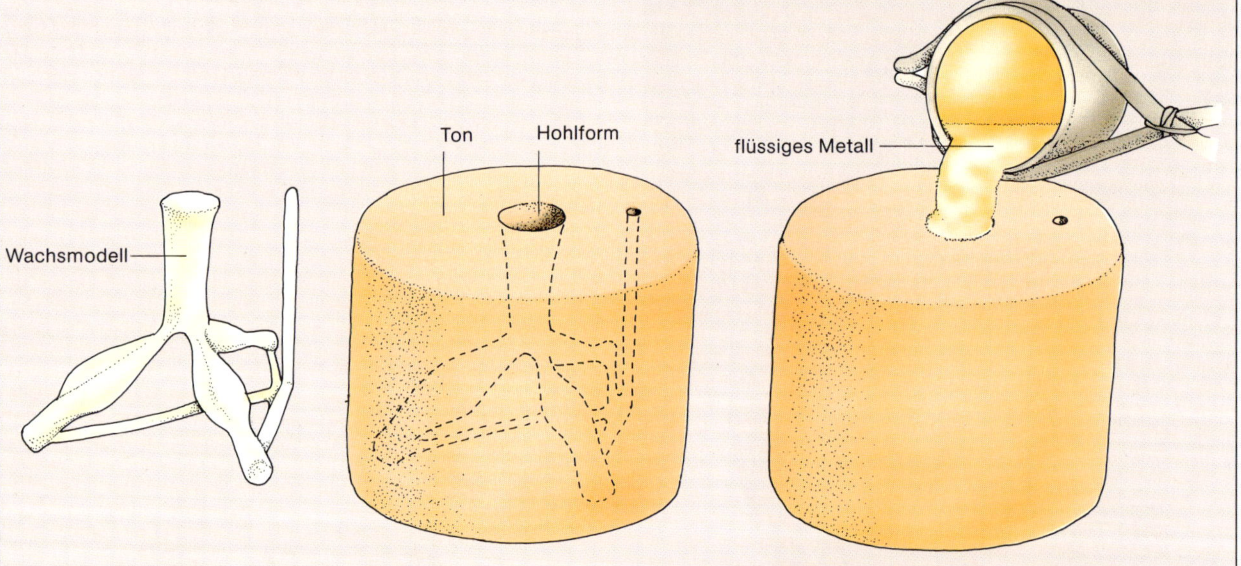

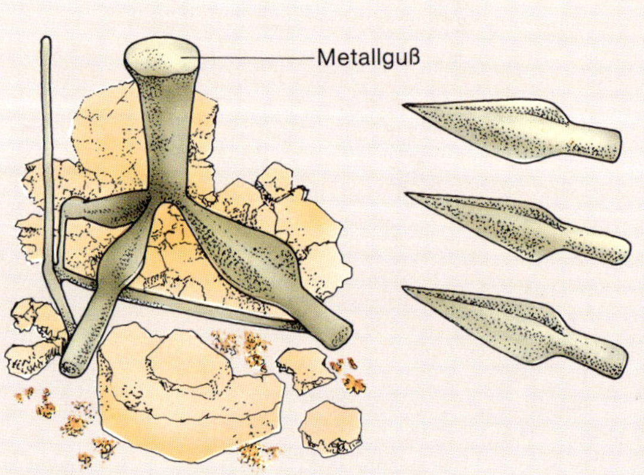

Oben links: Das Wachsausschmelzverfahren wurde im 4. Jahrtausend v. Chr. erfunden. Damit ließen sich komplizierte Formen in Bronze, Gold oder Silber gießen. Die ersten Stücke stammen aus dem Nahal-Mischmar-Schatz in Palästina. Zuerst wurde ein Modell aus Wachs über einem Tonkern angefertigt und mit einem Tonmantel bedeckt. Durch Erhitzen schmolz das Wachs und floß ab. Nun goß man geschmolzenes Metall in den Hohlraum. Nach dem Erkalten wurde der Ton zerschlagen und der Gegenstand herausgenommen.
Bereits im akeramischen Neolithikum fertigte man Gegenstände aus Kupfer an, zunächst nur aus natürlich vorkommendem Kupfermetall. Nicht viel später schmolz man Kupfer aus Erz. Im 4. Jahrtausend v. Chr. kamen auch Gold, Silber und Blei in Gebrauch. Die Eigenschaften des Kupfers wurden durch Legierungen mit anderen Metallen verbessert, zuerst mit Arsen, dann mit Zinn, Blei und Zink (etwa 700 v. Chr.). Im 2. Jahrtausend v. Chr. stellte man auch Eisen und Stahl her, sie gewannen jedoch erst im 1. Jahrtausend v. Chr. an Bedeutung. Anfänglich wurden die Gegenstände durch Hämmern geformt; seit dem 6. Jahrtausend goß man Kupferartefakte aus geschmolzenem Metall.

Unten: Diese Abbildung an den Wänden von Sennacheribs (704 – 681 v. Chr.) Palast in Ninive zeigt, wie Gefangene die massiven Steinskulpturen, die an den Toren der assyrischen Paläste angebracht wurden, transportierten. Die Statuen wurden im Steinbruch grob herausgeschlagen und auf einen riesigen Schlitten geladen, der auf hölzernen Rollen ruhte. Die Arbeiter zogen den Schlitten zum Fluß und trieben ihn flußabwärts bis zur Stadt.

Unten: Die Erfindung des Glases um 1600 v. Chr. war eine der größten Leistungen der mesopotamischen Handwerker. Es gibt vereinzelte Funde von Glasperlen aus früherer Zeit; dabei handelt es sich aber um Fayence-Perlen, die im Laufe der Jahrtausende zu Glas wurden. Das abgebildete Gefäß stammt aus Tell al-Rimah und gehört ins 15. Jahrhundert v. Chr. Über einen Kern modelliert, steckte man in die noch formbare Oberfläche des Gefäßes Stäbe aus farbigem Glas und zog sie dann auf und ab, um das Zickzackmuster hervorzubringen. Höhe 13,4 cm.

Oben: Kanäle und ihre aufgeschütteten Ufer durchziehen die Ebenen Südmesopotamiens. Manche sind heute noch in Gebrauch und führen den fruchtbaren Feldern wertvolles Wasser zu. Aber die meisten wurden vor langer Zeit aufgegeben. Eine sorgfältige Planung der Kanäle war nötig, um eine Versandung zu vermeiden.

Links: Dieser Reliefausschnitt aus dem Palast Sennacheribs in Ninive zeigt einen Arbeiter mit einem *schaduf*, einer ausbalancierten Hebevorrichtung, um Wasser in einen Kanal zu befördern. Dieses einfache Hilfsmittel war seit dem 3. Jahrtausend v. Chr. in Gebrauch ist aber selten auf Abbildungen zu sehen.

Oben: Dieses modellierte Relief in gebranntem Ton (um 1900 v. Chr.) zeigt einen Zimmermann, der mit einer Axt arbeitet, wie sie heute noch in dieser Gegend gebraucht wird. Nur in ungewöhnlich trockenen Gebieten blieben Zimmermannsarbeiten aus dem alten Nahen Osten erhalten.
Höhe 8 cm; Breite 7,6 cm.

Rechts: Relief aus Kalchu (9. Jahrhundert v. Chr.). Der Sturmbock einer assyrischen Belagerungsmaschine geriet in eine Kette der Verteidiger, die versuchten, die Angreifer der Stadt abzuwehren.

Alltagsleben

Bei archäologischen Ausgrabungen besteht der Großteil der Funde aus Stücken, die einst von den Zeitgenossen weggeworfen wurden – zerbrochene Töpferwaren, Tierknochen und ähnliches. Die meisten dieser Abfälle entstammen Tätigkeiten im Haushalt, doch viele Aspekte des täglichen Lebens der damaligen Menschen sind immer noch unbekannt. Häufig können die Überreste aus der Vergangenheit mit Hilfe von Vergleichen mit heutigen Praktiken identifiziert werden, mit der Einschränkung, daß sich der Alltagsablauf für die Bewohner des Nahen Ostens langsam, aber merklich über die Jahrtausende gewandelt hat, so daß sich Heutiges nicht ohne weiteres auf die Vergangenheit projizieren läßt.

Die Forschung hat sich auf die Eliten des Altertums konzentriert – die Könige, den Adel, die Priester und Feldherren –, die Helden der erhaltenen Quellen, während die Lebensumstände des gewöhnlichen Volkes keine Beachtung fanden. Man weiß ein Vielfaches mehr über Tempel und Paläste als über die Wohnbauten, in denen die Bevölkerung lebte. Die meisten Gesellschaften des Nahen Ostens waren von Männern dominiert, nur wenige Frauen wurden als individuelle Personen greifbar. Das Leben der meisten Frauen und Kinder wird durch archäologische Funde nur selten illustriert.

Rechts: Dieser Abdruck eines Rollsiegels der akkadischen Zeit (etwa 2200 v. Chr.) zeigt einen Ochsen, der eine Sähmaschine zieht. Die Saatkörner wurden durch einen Trichter direkt in die Furche gestreut. Höhe 3,2 cm.

Unten: Mehrere solcher Modeln aus Ton fand man in der Küche des Palastes in Mari (18. Jahrhundert v. Chr.). Einige waren rund und mit Tiermotiven versehen, andere wie Fische geformt. Anzunehmen ist, daß sie für die Zubereitung von Speisen der königlichen Tafel Verwendung fanden, vermutlich für Käse, Brot oder Leckereien.

Rechts: Siebtopf aus der Gegend südwestlich des Kaspischen Meeres (Ende des 2. Jahrtausends v. Chr.). Tongefäße wurden in vielen Formen für die verschiedensten Zwecke hergestellt und sind die häufigsten Fundgegenstände des täglichen Lebens. Höhe etwa 11 cm.

Oben: Metallgefäße erhielten durch das Hämmern von Metallplatten ihre Form. Da das Material und die Bearbeitung teuer waren, gehörten sie zu den Luxusartikeln; die Ärmeren mußten sich mit Tongefäßen oder Lederbehältern bescheiden. Dieses Bronzegefäß mit einer gegossenen Bronzetülle, die in einem Löwenkopf endet, gleicht einem modernen Kessel. Vermutlich entstand es im westlichen Iran im frühen 1. Jahrtausend. Höhe 20 cm.

Rechts: Die Sorge um die Toten war eine wichtige Pflicht der Lebenden. Dieses Paneel aus Knochen oder Elfenbein (um 1750 v. Chr.) lag im »Grab des Herrn der Ziegen« im Friedhof unter dem Westpalast von Ebla. Die Szene zeigt ein Festmahl, das ein Bestandteil der Bestattungsriten war. Die aus Knochen und Elfenbein geschnitzten Figuren befestigte man mit Bronzestiften auf der Stützleiste. Höhe 4 cm.

Links: Das Relief aus dem Palast des Assurnasirpal (883 – 859 v. Chr.) in Kalchu stellt Diener dar, die für den König Speisen in einem runden Lager zubereiten.

Ganz unten links: Dieses Modell eines Hauses aus gebranntem Ton wurde nahe Hama in Westsyrien gefunden und stammt aus dem 3. Jahrtausend v. Chr. Die Hausmauer zieren Vögel; vermutlich handelt es sich um eine Votivgabe, bei der die Details nicht berücksichtigt wurden. Höhe 42 cm.

Unten: Während der Ubaid-Zeit wurden in Südmesopotamien Sicheln aus gebranntem Ton angefertigt und nicht, wie üblicherweise im Nahen Osten, aus Feuerstein oder Obsidian. Als der Metallpreis zurückging, wurde zunächst Bronze und dann Eisen als Material für Werkzeuge und Waffen verwendet.

Ganz unten rechts: Siegelabdruck aus Susa von einem Mann, der mit einer Last auf dem Rücken eine Leiter emporsteigt. Vermutlich handelt es sich um einen Arbeiter, der einen Vorratsraum mit Getreide füllt. Im 4. und 3. Jahrtausend v. Chr. entstanden besondere Getreidelagerräume mit parallelen Trägerwänden. Später dienten große Erdgruben als Lager. Höhe 3,4 cm.

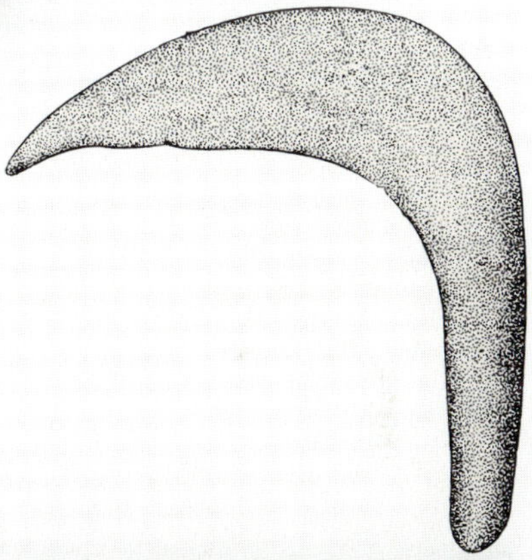

Unten: Die Frauen auf diesem Relief (etwa 630–612 v. Chr.) aus dem Südwestpalast in Ninive wurden nach einem Feldzug in Babylonien deportiert. Die Frau im Vordergrund gibt dem Kind aus einem Lederbeutel zu trinken.

Oben: Spinnen und Weben gehörte zu den Aufgaben der Frauen. Wie in vielen Teilen der Gebiete heute war die Herstellung von Textilien in Heimarbeit eine wichtige Einnahmequelle für die Familie. Hier arbeitet eine elamitische Dame, der eine Dienerin Luft zufächelt, mit der Spindel. Das Relief aus dem 8. oder 7. Jahrhundert entdeckte man auf der Akropolis in Susa. Höhe 9,3 cm; Breite 13 cm.

Unten: Dieses plastische Relief aus gebranntem Ton zeigt eine nackte Frau auf einem Bett. Solche Figuren gehörten zu kultischen Hochzeitszeremonien. Es entstand vermutlich in Elam, etwa 1750 v. Chr. Länge ca. 12 cm.

Oben: Gegenstände wie dieser dienten entweder als Spielzeuge oder als Votivgaben. Der Igel besteht aus Kalkstein und der Karren aus einem bitumenhaltigen Gestein. Ursprünglich befand sich ein zweites Tier hinter dem Igel. Länge des Karrens 6,7 cm.

Links: Männer wie Frauen benutzten Kosmetika. Dieses Fayencegefäß enthielt vermutlich Kajal (schwarze Augenfarbe). Ähnliche Gefäße des frühen 1. Jahrtausends v. Chr. fand man in Hasanlu im Nordwestiran. Höhe etwa 7 cm.

DRITTER TEIL
REICHE

VERBÜNDETE UND FEINDE
(1600 – 1000 v. CHR.)

Links: Statue des Herrschers von Alalach, König Idrimi, die im Tempel vergraben lag. Sie besteht aus weißem Stein, Augen und Augenbrauen heben sich durch schwarzes Gestein ab. Der König sitzt auf einem erhöhten Thron mit einem Basaltunterbau. Die Statue trägt eine lange Inschrift mit genauen Berichten über das Leben des Königs. Seine Familie stammte aus Aleppo; doch er floh aus dem Elternhaus, und nach vielen Wanderjahren wurde er König von Alalach und Vasall der Dynastie von Mitanni. Höhe 1,04 m.

Der Aufstieg Ägyptens

Zu Beginn des 16. Jahrhunderts zerstörte der Hethiterkönig Murschili I. Aleppo und stürzte Hammurabis Dynastie in Babylon. Auf dem Rückweg nach Anatolien wurde Murschili von seinem Schwager ermordet, der selbst den Thron bestieg. Sehr bald ließen innere Zwistigkeiten und das Vordringen der Hurriter das Reich der Hethiter auf die Umgebung ihrer Hauptstadt schrumpfen. Der Nahe Osten erlebte eine Zeit des Niedergangs, zumindest ist seine Geschichte in Dunkel gehüllt. Über das folgende Jahrhundert gibt es kaum Informationen; was bekannt ist, wurde von späteren Berichten abgeleitet. Fünf oder sechs Hegemonialmächte hatten das Territorium unter sich aufgeteilt. Im Südwesten lag Ägypten, der schlafende Riese, das hurritische Königreich Mitanni kontrollierte die Levante und Nordmesopotamien einschließlich Assyriens und der Länder östlich des Tigris. Anatoliens Mitte wurde von den Hethitern beherrscht, sein westlicher Bereich von den Arzawanen. Den Kassiten unterstand der Süden Mesopotamiens und im südwestlichen Iran regierten die Elamiten.

Die erste Macht, die wieder erstarkte, war Ägypten. Während das ägyptische Delta von der asiatischen Dynastie der Hyksos kontrolliert wurde, lag die Herrschaft Oberägyptens in den Händen der einheimischen 17. Dynastie. Etwa um 1555 griff Kamose, der letzte König der 17. Dynastie, die Hyksosmachthaber an. Sein Bruder und Nachfolger Ahmose (1550 – 1525 v. Chr.), der auf ihn folgte, setzte den Kampf fort, und konnte nach etwa 20 Jahren die Hyksos aus Ägypten vertreiben. Ahmose, der als der erste König der 18. Dynastie gilt, stellte die alten Grenzen des Landes im Süden und Norden wieder her und begründete das Neue Reich.

Unter Thutmosis I. (1504 – 1492 v. Chr.) überschritt Ägypten seine traditionellen Grenzen. Die Armeen des Thutmosis unternahmen von Theben aus Feldzüge. Sie stießen 800 Kilometer südwärts bis nach Nubien vor und 1200 Kilometer nach Norden bis an den Euphrat. Die Ägypter, daran gewöhnt, daß der Nil nordwärts floß, staunten über den Euphrat, den sie als Wasser beschrieben, das »stromab fließt, indem es stromauf verläuft«.

Auf seinem Rückmarsch nahm Thutmosis in der Sumpfregion von Nii, vielleicht am Orontes, an einer Elefantenjagd teil. Die Existenz von Elefanten in Syrien um diese Zeit mag überraschen, doch Elefantenknochen aus Alalach am Orontes und aus Kumidu im Libanon sind in die Zeit vor der Invasion des Thutmosis zu datieren. Der ägyptische Herrscher jagte den sogenannten syrischen Elefanten, der sich vom afrikanischen wie vom indischen unterschieden haben soll. Bilder im Grab des Wesirs Rechmire und ein Zahn aus einer späteren Schicht der Fundstätte Arslantepe (Malatya) wiesen diese Spezies jedoch als indische Elefanten aus. Ob diese Elefanten eingeführt wurden oder schon seit Urzeiten hier lebten, ist unbekannt. In den Mari-Texten werden sie nicht erwähnt.

Thutmosis gab die Namen seiner Feinde nicht preis. Doch er bezeichnete das von ihm erreichte Gebiet später als Naharina, was Flußland bedeutet. Eine fragmentarisch erhaltene Inschrift, die vermutlich aus Thutmosis' Regierungszeit stammt, überliefert den Namen Maitani, jenes Land also, das in jüngeren Quellen Mitanni genannt wurde und bis zur Mitte des 14. Jahrhunderts v. Chr. Ägyptens mächtigster Rivale im erbitterten Ringen um die Herrschaft über die Levante bleiben sollte.

Könige der ägyptischen 18. Dynastie

Ahmose	1550 – 1525
Amenophis I.	1525 – 1504
Tuthmosis I.	1504 – 1492
Tuthmosis II.	1492 – 1479
Tuthmosis III.	1479 – 1425
Hatschepsut	1473 – 1458
Amenophis II.	1427 – 1401
Tuthmosis IV.	1401 – 1391
Amenophis III.	1391 – 1353
Amenophis IV. (Echnaton)	1353 – 1335
Semenchkare	1335 – 1333
Tutanchamon	1333 – 1323
Eje	1323 – 1319
Haremhab	1319 – 1307

Mitanni und die hurritische Dynastie

Die Assyrer nannten das Land Mitanni Hanigalbat, während es für die Hethiter das »Land der Hurriter« war. Die Hurriter tauchten etwa 700 Jahre zuvor erstmals auf; im frühen zweiten Jahrtausend hatten sie zahlreiche kleinere Fürstentümer im Norden und Osten Mesopotamiens begründet. Ungefähr um 1480 v. Chr. waren diese unter Paratarna, dessen Untergebener König Idrimi war, vereinigt worden. Eine autobiographische Inschrift auf der Statue des Idrimi, die in Alalach gefunden wurde, berichtet, wie er und seine älteren Brüder aus Aleppo (Haleb),

Rechts: Durch das Jesreeltal, in der Bibel als Ebene von Esdraelon bezeichnet, führt der kürzeste Weg von der Küste ins Jordantal. Das Tal liegt an der Hauptroute von Nord nach Süd. Aus diesen Gründen bildete es das vorrangigste Ziel der ägyptischen Invasoren. Von der Stadt Megiddo aus verlief der wichtige Paßweg vom Jesreeltal über das Karmelmassiv in die Scharonebene an der Küste.

der Heimat ihrer Vorfahren, geflohen waren, um Zuflucht bei den Verwandten seiner Mutter in Emar zu suchen. Er dachte bei sich, wer nichts wagt, gewinnt nichts und nahm »sein Pferd, seinen Wagen und seinen Diener« mit, um sein Glück in Kanaan zu suchen. Sieben Jahre verbrachte er bei den Hapiru, bevor er sich in das Land Mukisch begab, wo er sich niederließ. Nach abermals sieben Jahren schickte er von dort aus einen Unterhändler mit Tributzahlungen zu Paratarna, dem König der Hurriter. Er schwor ihm einen Eid als loyaler Vasall, wurde König von Alalach und regierte dort 30 Jahre lang. Der Tod eines Königs Paratarna wird auch in einem Text aus Nuzi, östlich von Mesopotamien, erwähnt, doch dürfte dieser Paratarna ein späterer Herrscher gleichen Namens gewesen sein.

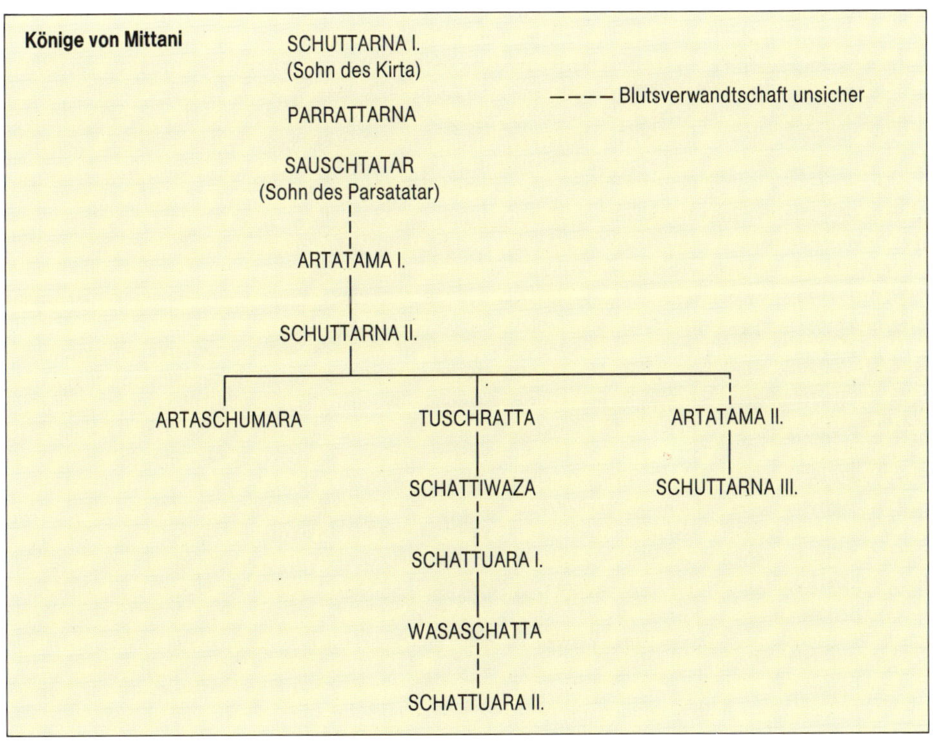

Warum Idrimi aus Aleppo geflohen war, ist unsicher; Anlaß war vermutlich ein Einfall der Hurriter nach der Invasion von Thutmosis I. Der Sohn dieses ägyptischen Königs, Thutmosis II. (1492 - 1470 v. Chr.), unternahm Feldzüge nach Nubien und Palästina, starb jedoch, als sein Sohn noch ein Kind war. Seine Witwe Hatschepsut übernahm die Herrschaft in Ägypten und erklärte sich zum Pharao. Bald nach ihrem Tod rüstete ihr Sohn Thutmosis III. (1474 - 1425) zu einer Reihe von Feldzügen in die Levante, die an den Mauern des Großen Amun-Tempels in Theben in allen Einzelheiten aufgezeichnet sind.

Im 22. Jahr seiner Regierungszeit drang Thutmosis in Palästina ein. Der günstigste Weg von Ägypten in die Levante führte, entsprechend dem Verlauf der späteren römischen *Via Maris*, die Küste entlang, über den Berg Karmel in das Jesreeltal (Esdraelon) und dann weiter entweder der Küste folgend über Tyros und Sidon nach Norden oder durch das schmale Tal des Jordan, das Bika-Tal und den Orontes flußabwärts. Vom Jordantal führte eine zweite Marschroute nordöstlich nach Damaskus, wo sie auf den Königsweg traf, der in nord-südlicher Richtung vom Golf von Akaba am Rand der Wüste entlang lief. Thutmosis folgte dem Vorläufer der *Via Maris*. Doch als er die Nachricht erhielt, daß der Herrscher von Kadesch und seine Verbündeten in die Stadt Megiddo im Jesreeltal eingezogen waren, wählte Thutmosis, wie wir von einer seiner Inschriften wissen, entgegen dem Rat seiner Generäle den direktesten, aber schwierigsten der drei Wege über das Gebirge, um hinter die feindlichen Linien zu gelangen. In der anschließenden Schlacht siegten die Ägypter. Der sofortigen Einnahme der Stadt Megiddo wäre nichts im Wege gestanden, wenn sich die Sieger nicht damit aufgehalten hätten, auf dem Schlachtfeld die Habe der geschlagenen Feinde zu erbeuten. So mußten sie die Stadt bis zur letztendlichen Eroberung sieben Monate lang belagern.

Thutmosis unternahm in den nächsten 20 Jahren seiner Regierung weitere Feldzüge nach Palästina und in die Levante. Er schlug Rebellen nieder und ernannte Regionalherrscher, die sich Ägypten gegenüber loyal verhielten.

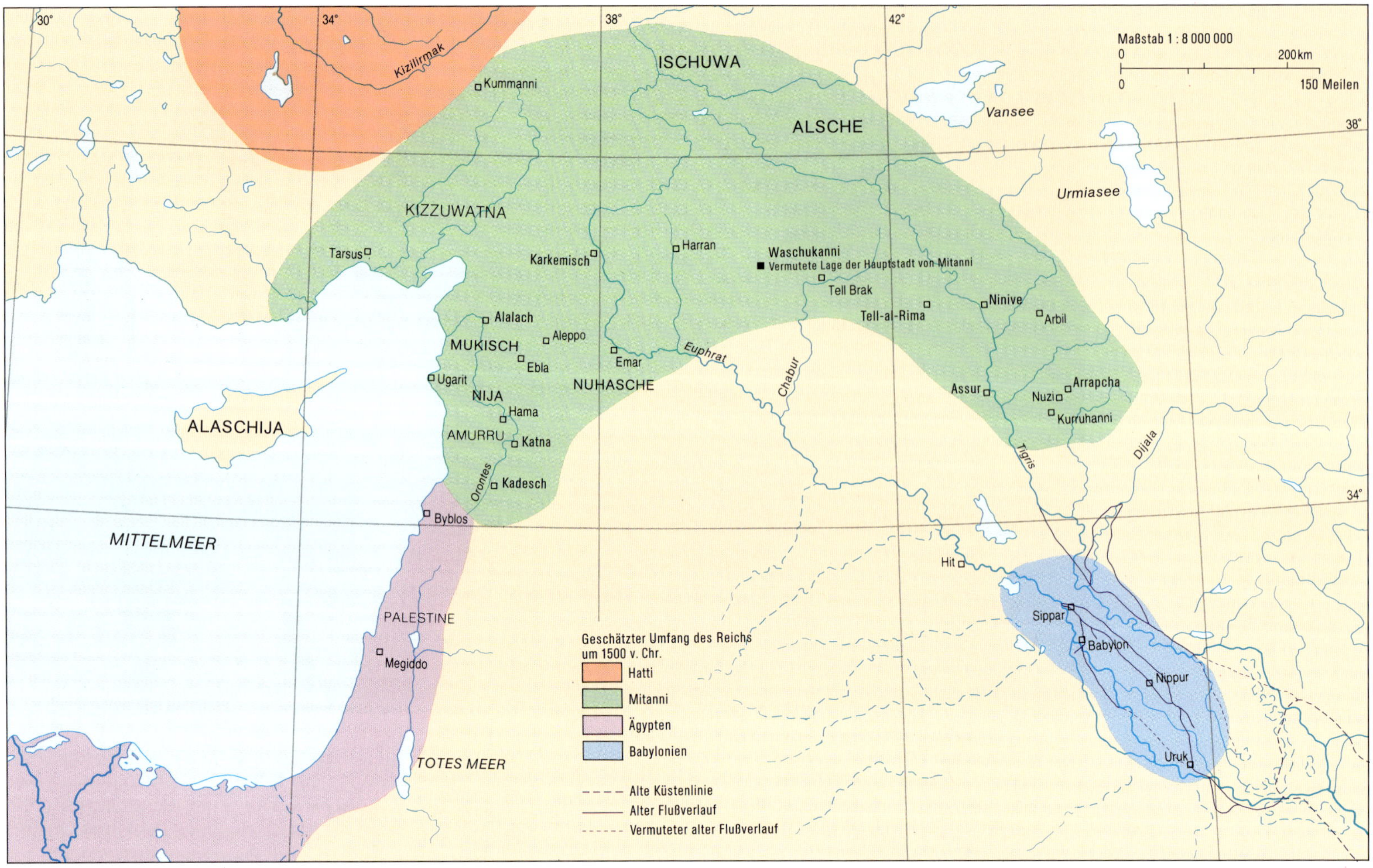

Seinen größten Erfolg erlebte er in seinem 33. Regierungsjahr als König, als er im Verlauf seines achten Feldzugs den Euphrat überschritt. Auf dem Rückweg jagte er, wie vor ihm sein Großvater, eine Herde Elefanten in Nii. Auf diesen Kriegszügen erhielt Thutmosis Geschenke (unter anderen von den assyrischen und hethitischen Herrschern), Tributzahlungen und Beutestücke. Alles wurde genau notiert. Thutmosis vermerkte auch sein Interesse am Erwerb seltener und exotischer Pflanzen und Tiere, darunter befand sich ein fremder Vogel, der jeden Tag Eier legte (vermutlich ein Haushuhn). Rotbraune Buschhühner wurden schon um 6000 v. Chr. im Fernen Osten domestiziert, erste zuverlässige Nachweise von Hühnerknochen im Nahen Osten datieren jedoch erst in die letzten Jahrhunderte des zweiten Jahrtausends. (Aus dieser Zeit stammt auch eine der ersten Darstellungen, eine auf einem Elfenbeinkamm eingravierte Zeichnung aus einem Grab in Assur.)

Thutmosis zählt mehr als 300 Fürsten auf, die an der Schlacht von Megiddo teilgenommen hatten, und mehr als 100 Orte, die er erobert habe. Die meisten lagen in Palästina, doch nur die Hälfte konnte lokalisiert werden. Fast alle Fundstätten der mittleren Bronzezeit III weisen für diese Zeit Spuren von Zerstörung auf, höchstwahrscheinlich das Resultat der ägyptischen Invasionen. Somit war Palästina gegen Ende von Thutmosis' Regierung in kleine Stadtstaaten aufgeteilt. Sie unterstanden ägyptischer Oberhoheit. Weiter nördlich, in der Levante, stieß die ägyptische Expansion auf den Einflußbereich der Herrscher von Mitanni.

Die Auseinandersetzungen dauerten unter der Regierung von Thutmosis' Sohn Amenophis II. (1427 - 1401 v. Chr.) an. Er überquerte 1421 den Orontes und nahm Nii und Kadesch ein. Auf dem Rückmarsch in der Küsten-

Das Reich Mitanni (*oben*)
Über die Geschichte von Mitanni ist nur wenig bekannt. Die überlieferten Texte stammen meist aus den Randgebieten des Reiches, aus Alalach im Westen und Nuzi im Osten. Das Kernland lag vermutlich am Oberlauf des Flusses Chabur. Der Standort der mitannischen Hauptstadt Waschukanni läßt sich nicht lokalisieren. Historiker vermuten, daß es Tell Facharije, westlich von Tell Brak, gewesen sein könnte. Aber Ausgrabungen lieferten bis heute noch keinen Nachweis dafür, daß die Gegend während der mitannischen Zeit dicht besiedelt gewesen wäre. Mitanni als mächtigster Gegner Ägyptens erstrebte die Macht über die Levante bis zum Aufstieg der Hethiter im 14. Jahrhundert v. Chr. Um diese Zeit besetzten die Hethiter die westliche Hälfte des früheren Mitanni-Reiches, während die östliche Hälfte von den unabhängigen Herrschern der Stadt Assur gehalten wurde. Nach einem Jahrhundert, von dem keine historischen Daten über Babylonien existieren, entstand es im 15. Jahrhundert v. Chr. unter den Königen der kassitischen Dynastie neu.

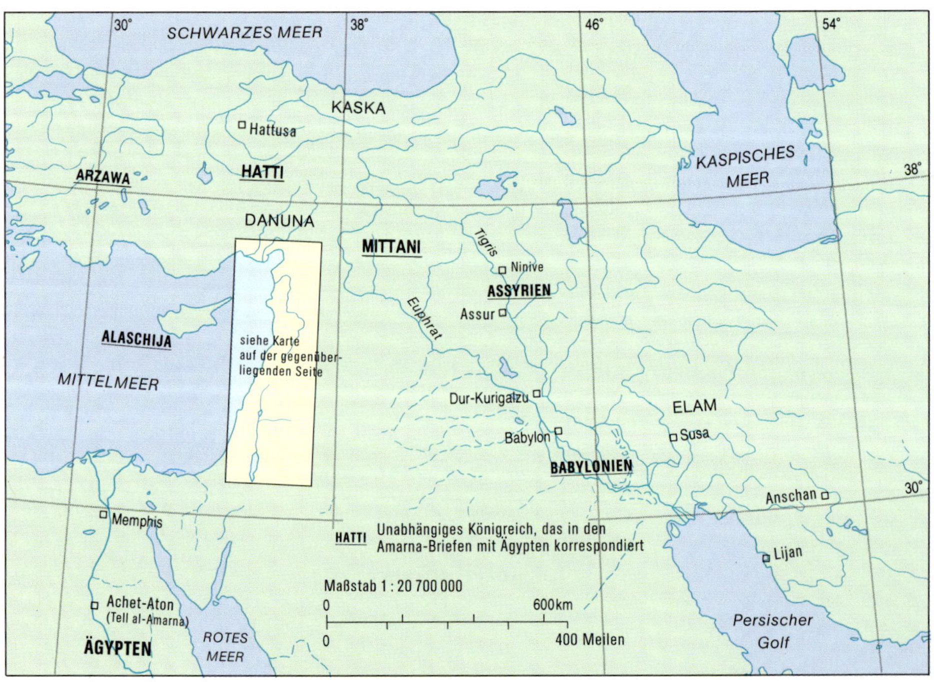

Der Nahe Osten zur Zeit der Amarna-Briefe
In den Regierungszeiten von Amenophis III. (1391 - 1353 v. Chr.) und seines Sohnes, des Glaubensreformers Echnaton (Amenophis IV., 1353 - 1335 v. Chr.) erstreckte sich der ägyptische Machtbereich nach Norden bis Ugarit. In babylonischer Keilschrift verfaßte Briefe, die in Echnatons Hauptstadt Achet-Aton (heutiges Tell-el-Amarna) gefunden wurden, geben Aufschluß über die Beziehungen des Pharao zu seinen Vasallen und den Herrschern von entfernteren, unabhängigen Königreichen (*Karte unten links*). Mehr als die Hälfte der in den Briefen erwähnten Städte konnten lokalisiert werden; die Standorte der übrigen sind nicht bekannt.

ebene südlich des Karmelgebirges »traf er auf einen Boten des Fürsten von Naharina, der eine Tontafel um den Hals trug und nahm ihn gefangen«. Amenophis listet die Beute aus seinen Feldzügen auf: »*marjannu* (Adlige) 550, ihre Frauen 240, Kanaaniter 640, Fürstensöhne 232, Fürstentöchter 323, Musikantinnen von Fürsten aus fremden Ländern 270, zusammen mit ... Silber und Gold ... Pferde 820, Wagen 730, mit all ihren Kriegswaffen.« Nach Amenophis' eigenem Bericht schickten die Fürsten von Naharina, Hatti und Sangar Tributzahlungen, als sie die Nachricht von seinem großen Sieg vernahmen. Naharina wird mit Mitanni gleichgesetzt, Hatti war von den Hethitern beherrschtes Gebiet und Sangar könnte Babylon gewesen sein.

Herrscher von Mitanni war zu dieser Zeit vermutlich Sauschsatar. Zwei in Alalach gefundene Täfelchen überliefern von Sauschsatar gefällte Gerichtsurteile. Sie waren mit einem Siegel versehen, das die Inschrift trug »Schuttarna, Sohn von Kirta, König von Maitani«. Dieser Schuttarna ist sonst unbekannt. Doch sowohl die späteren Mitanni-Herrscher wie Idrimis Sohn, der Herrscher von Alalach, als auch assyrische Könige pflegten ihren Regierungsanspruch zu legitimieren, indem sie das Siegel eines früheren Machthabers führten. Sauschsatar schlichtete einen Streit zwischen seinen Vasallen, Niqmepa von Alalach und Schunaschura, dem König von Kizzuwatna (Kilikien). Er übte aber wohl keine unmittelbare Kontrolle über Kizzuwatna aus, denn ein König von Kizzuwatna namens Schunaschura schloß einen Vertrag mit den Hethitern, der einen früheren Vertrag mit Mitanni außer Kraft setzte. Sauschsatars Siegel wurde auf Täfelchen in Nuzi und Tell Brak gefunden, wo es auf Dokumenten zweier späterer Könige von Mitanni, Artaschumara und Tuschratta, den Enkeln von Sauschsatars Nachfolger, erscheint. Der Vertrag zwischen Schattiwaza und dem Hethiterkönig Schuppiluliuma überliefert, wie Sauschsatar Assur plünderte und eine aus Gold und Silber angefertigte Tür in seine Hauptstadt Waschukanni verschleppte.

Wo Waschukanni lag, wissen wir nicht. In mittelassyrischen Texten wird die Stadt Uschukani genannt. Wegen der Namensähnlichkeit wurde sie mit der Stadt Sikanu gleichgesetzt. Sikanu, eine Stadt des 9. Jahrhunderts, ist inzwischen durch die Entdeckung einer Statue ihres Herrschers als Tell Facharije in der Nähe von Ras-al-Ain im Nordosten Syriens identifiziert worden. Ausgrabungen erbrachten allerdings bis heute noch keinen Nachweis, daß der Ort in der mitannischen Zeit dicht besiedelt gewesen wäre. Außerdem zeigte sich, daß der Ton der Täfelchen von Tuschratta, die vermutlich in Waschukanni angefertigt worden waren, ein anderer war als der, der für die mittelassyrischen Täfelchen von Tell Facharije verwendet wurde. Unser Wissen über die Mitannier stammt entweder aus fremden Archiven – ägyptischen, hethitischen oder assyrischen – oder aus der Umgebung des Staates Mitanni, aus Alalach und Nuzi. Jüngste Ausgrabungen in Tell Brak haben einen kleinen Tempel sowie Teile eines Palastes zutage gefördert. In ihm fanden sich Texte, darunter beeidete Aussagen, die in Gegenwart des mitannischen Herrschers gemacht worden waren. Da aber mitannische Archive fehlen, besitzen wir kaum zuverlässige Kenntnisse über dieses Königreich.

Die Amarna-Briefe

In der Regierungszeit von Thutmosis IV. (1401 - 1391 v. Chr.) änderten sich die Beziehungen zwischen Ägypten und Mitanni. Aus der ständigen Konfrontation wurde ein friedvolles Bündnis, das durch diplomatische Eheschließungen gefestigt werden sollte. Aus einem zwei Generationen später geschriebenen Brief wissen wir, daß der

Pharao den König von Mitanni, Artatama, siebenmal um die Hand seiner Tochter gebeten hatte, bevor Artatama reagierte. Diese Allianz, die vielleicht geschlossen worden war, um der erstarkenden hethitischen und assyrischen Macht entgegenzutreten, brachte den beiden Königreichen eine Friedenszeit von mindestens vierzigjähriger Dauer. Während dieser Zeit traten zwei weitere Prinzessinnen aus Mitanni in den Harem des Pharao ein. Diese Epoche wird durch die diplomatische Korrespondenz der ägyptischen Herrscher Amenophis III. (1391 - 1353 v. Chr.) und Amenophis IV. (1353 - 1335 v. Chr.) dokumentiert.

350 Briefe auf Keilschrifttäfelchen wurden in Tell-el-Amarna oder Achet-Aton gefunden, das zu Amenophis' IV. Hauptstadt wurde, nachdem er seinen Namen in Echnaton geändert und die Religionsreformen eingeleitet hatte, die seine bedeutende Stellung in der Geschichte der Pharaonen begründeten. Mehr als 300 der Briefe handelten von der Verwaltung Palästinas und der Levante. Die Region war in drei Provinzen aufgeteilt, in jeder regierte ein ägyptischer Statthalter: Kanaan im Süden mit der Verwaltung in Gaza, Amurru an der levantinischen Küste mit dem Zentrum in Simurru und Apu im Landesinneren, das von Kumidu aus regiert wurde. (Auch in Jaffa und Beth-Schan hat es wohl ägyptische Garnisonen gegeben.)

Diesen Statthaltern unterstanden weitere ägyptische Beamte sowie die Regionalfürsten von Askalon, Lachisch, Jerusalem, Gezer, Schechem, Pella, Megiddo, Akschaph, Schimron, Akko, Hazor, Tyros, Sidon, Beirut, Damaskus, Byblos, Kadesch, Qatna, Ugarit und anderen Städten. Alle waren sie dem Pharao untertan. Die meisten dieser Herrscher trugen semitische Namen, doch selbst in Kanaan führten einige, wie etwa das Stadtoberhaupt von Jerusalem, hurritische Namen - ein Zeichen, wie weit der hurritische Einfluß reichte. Tatsächlich erwähnen ägyptische Quellen einen Stamm, der sich Hurri nannte und in Palästina lebte.

Die Briefe dieser Herrscher und Statthalter waren voller Loyalitätsbekenntnisse, Ersuchen um Unterstützung oder auch Beschuldigungen gegen benachbarte Regenten. Eine ständige Bedrohung der seßhaften Bevölkerung stellten die Nomadenstämme dar. Von ihren beiden Hauptgruppen, den Sutäern und den Hapiru, war bereits in den älteren Mari-Briefen die Rede. Zweifelhaft ist, ob es zwischen den Hapiru und den hebräischen Stämmen Israels eine Verbindung gab; allerdings ist es sehr wahrscheinlich, daß auch die Israeliten ein umherziehendes heimatloses Volk waren.

Die Amarna-Briefe überliefern auch den diplomatischen Verkehr Ägyptens mit den Herrschern der unabhängigen Länder, unter ihnen Mitanni, Hatti, Arzawa im Westen Kleinasiens, Alaschija (Zypern), Assyrien und Babylon. Diese Herrscher verhandelten gleichberechtigt mit dem Pharao, sie titulierten ihn als »Bruder« (während ein Vasall einen anderen Ton anschlagen mußte, etwa »mein Herr, der König, mein Sonnengott, ich werfe mich zu Füßen meines Herrn, meines Sonnengottes nieder, siebenmal und weitere siebenmal«). Einige der Briefe riefen nach ägyptischem Beistand gegen Übergriffe benachbarter Staaten, andere dokumentieren die Eheschließungen der Pharaonen mit babylonischen oder mitannischen Prinzessinnen. Die Hochzeit von Amenophis III. mit Kilu-Hepa, der Tochter von Schuttarna II., dem Sohn Artatamas I., wurde in seinem zehnten Regierungsjahr (1381 v. Chr.) gefeiert. Er vermählte sich auch mit Tatu-Hepa, der Tochter von Tuschratta (Schuttarnas Sohn), die später in den Harem von Amenophis IV. (Echnaton) eintrat. Häufig wurde die detailgenaue Aufzählung der Mitgift mit einer Bitte um Gegengeschenke aus Ägypten verbunden. So ersuchte Tuschratta den Pharao, nachdem er diesem seine Tochter Tatu-Hepa zur Frau gegeben hatte, ihm eine Goldstatue seiner Tochter zu übersenden, damit er sie nicht allzusehr vermisse!

Zweimal schickte der mitannische König die Statue der Göttin Ischtar von Ninive nach Ägypten, als Amenophis III. krank war. Beim ersten Mal, unter der Regierung von Schuttarna, scheint sich die Göttin als Heilmittel bewährt zu haben, während ihr zweiter Einsatz, unter Tuschrattas Herrschaft, erfolglos blieb, denn Amenophis III. starb etwa um 1353 v. Chr. Einige Forscher haben dieses Ereignis schon um 1379, andere erst um 1340 v. Chr. angesetzt. Daß keine Übereinstimmung erzielt wurde, liegt an der unterschiedlichen Datierung von Himmelserscheinungen während der Herrschaft von Thutmosis III. und Ramses II.; darüber hinaus wurde die Regierungszeit der Mitregenten der Pharaonen unterschiedlich eingeschätzt. Die Daten der nichtägyptischen Herrscher sind ebenso unsicher. Für die assyrischen Könige wird eine Sonnenfinsternis aus dem Jahr 763 v. Chr. als Fixpunkt angesetzt, von dem aus die früheren Regierungszeiten in Verbindung mit den Herrscherdaten, die die Assyrische Königsliste verzeichnet, berechnet werden. Zwei Exemplare dieser Liste bieten jedoch unterschiedliche Angaben für die Dauer der Herrschaft eines Königs zu Beginn des 12. Jahrhunderts, und die hier erwähnten Zahlen können zehn Jahre zu früh angesetzt sein. Die Datierung der hethitischen, mitannischen, babylonischen und elamitischen Könige beruht auf den ägyptischen und assyrischen Chronologien und ist deshalb noch unzuverlässiger.

Die indo-arischen Elemente

Obgleich die meisten Namen der Bevölkerung von Alalach und Nuzi hurritisch waren, existieren einige Herr-

Oben: Dieser bemalte Keramikkopf eines Mannes wurde im Palast von Dur-Kurigalzu, der Hauptstadt der babylonischen Kassiten gefunden. Der Stil entspricht keinesfalls dem der mesopotamischen Arbeiten dieser Zeit, gleicht aber der ägyptischen Darstellungsform des 18. Jahrhunderts. Höhe 4 cm.

Links: Einer der Briefe, die in Amarna, dem antiken Achet-Aton, in Ägypten gefunden wurden. Diese in Keilschrift auf Tontäfelchen geschriebenen Briefe gehörten zur diplomatischen Korrespondenz des Pharao. Die meisten beschreiben die Lage in Palästina. In diesem Brief versucht der Herrscher von Amurru zu erklären, warum er nicht den Gesandten des Pharao, aber den des hethitischen Königs selbst empfangen habe. Er erwähnt auch ein Schiff, beladen mit Öl und Bauholz, als Geschenk für den König.

Rechts: Abdruck eines Stempelsiegels des hethitischen Königs Muwatallis II., der in der Schlacht von Kadesch 1285 v. Chr. gegen Ramses II. kämpfte. Dieses Tonsiegel wurde in der Festung von Hattusa, der hethitischen Hauptstadt gefunden. Dargestellt wird der Wettergott Hatti, der oberste Gott des hethitischen Pantheons, bei einer Umarmung des hethitischen Königs. Die hieroglyphische Inschrift nennt den Namen und die Titel des Königs; gleichen Inhalts ist der Text in hethitischer Keilschrift, die das Siegel umrandet. Durchmesser 5,6 cm.

schernamen, die sich nicht vom Hurritischen, sondern vom Indo-Arischen (Vedisches Sanskrit) herleiten lassen. Dazu gehören: Tuschratta (sein Name bedeutet: »dessen Wagen gewaltig heranbraust«), Artatama (»dessen Haus Gerechtigkeit ist«) und Schattiwaza (»Beutemacher«). Die Namen der im Vertrag zwischen Schattiwaza und dem Hethiterkönig Schuppiluliuma angerufenen Götter – Mitrasil, Arunasil, Indar, Nasattyana – sind denen der indo-arischen Götter Mitra (Mithras), Varuna, Indra und Nasatyas sehr ähnlich. Ein von Kikkuli aus Mitanni verfaßter Text, der sich mit der Ausbildung von Pferden befaßt, enthält sogar Zahlen, die dem Sanskrit verwandt sind. Auch der Ausdruck *maryannu*, mit dem die eigene Wagen besitzenden Adligen bezeichnet werden und der dem Sanskrit-Wort *marya* für einen jungen Mann oder Krieger sehr ähnlich ist, findet sich in dieser Quelle.

Die Indo-Arier sind vermutlich in der Mitte des zweiten Jahrtausends v. Chr. von Norden her in Indien eingewandert. Wie später die Saka (Skythen) und Mogulen kamen sie wahrscheinlich über den Ostiran und Afghanistan aus den Steppen Zentralasiens, wo wohl auch die indoiranischen Vorfahren der Meder und Perser herstammen. Einige Mitglieder des Herrscherhauses von Mitanni führten eindeutig hurritische Namen, so etwa der König Schattiwaza. Doch hat er sich offenbar vor seiner Thronbesteigung Kili-Teschup genannt. Die arischen Elemente haben sich wahrscheinlich durchgesetzt, bevor die Mitanner den Norden Mesopotamiens unter ihre Herrschaft brachten.

Die Macht der Hethiter

Einer der Amarna-Briefe wurde von dem Hethiterkönig Schuppiluliuma geschrieben, um die freundschaftlichen Beziehungen zwischen seinem Volk und den Ägyptern zu pflegen, die »unter der Regierung vom Vater des Pharao« begründet wurden. (Die Identität dieses Pharao ist nicht geklärt, vermutlich war es jedoch Amenophis IV.) Seit 1595 v. Chr. Babylon eingenommen und geplündert wurde, wissen wir über die Hethiter bis zur Mitte des 14. Jahrhunderts nicht viel. Sie werden in ägyptischen Aufzeichnungen erwähnt, wonach sie mit Mitanni um die Herrschaft über Kizzuwatna (Kilikien) und Ischuwa, die Region um den oberen Euphrat, stritten. Über ihre spätere Geschichte informieren uns die 10 000 Tontäfelchen, die im Palast und im Tempel ihrer Hauptstadt Hattusa gefunden wurden. Sie enthalten eine Vielzahl von Texten, die zumeist in Hethitisch und Akkadisch abgefaßt sind. Einige gehören zur mesopotamischen Schreibertradition und enthalten Wörterverzeichnisse und medizinische Texte sowie Listen guter und böser Omina und Tonmodelle von Lebern, die für Prophezeiungen gebraucht wurden. Es liegen auch hethitische (und einige hurritische) Übersetzungen von babylonischen Epen vor, etwa vom Gilgamesch-Epos und den Erzählungen über Sargon von Akkad und Naram-Sin. Andere Texte dokumentieren religiöse Zeremonien, Gebete, Hymnen und Begräbnisriten. Ausfertigungen von königlichen Erlässen und von Verträgen zwischen den Hethitern und ihren Nachbarn wurden ebenfalls gefunden. Aus der Zeit von Murschili II. (Schuppiluliumas Sohn) sind die Königslisten erhalten. Sie überliefern auch Einzelheiten aus der Regierungszeit Schuppiluliumas und dokumentieren damit den Aufstieg der Hethiter.

Schuppiluliuma I. folgte seinem Vater, Tuthalija II., auf den Thron. In den ersten Jahren seiner Regierung sicherte er seine Macht in Anatolien. Zu den Hauptfeinden der Hethiter gehörten das unabhängige Arzawa im Westen, die wilden Gebirgsstämme der Kaschkäer im Norden und Nordosten sowie Kizzuwatna im Süden und Ischuwa im Osten. Auf seine Siege in Anatolien ließ Schuppiluliuma Feldzüge in die Levante und nach Nordmesopotamien folgen, deren Ergebnis die Auflösung Mitannis war.

Während der Regierung von Amenophis III. war Artaschumara, der König von Mitanni (ein Sohn von Schuttarna II.), von seinem Bruder Tuschratta ermordet worden, der an seiner Stelle den Thron bestieg. Gegen dieses Vorgehen leistete jedoch Artatama II. Widerstand, der möglicherweise ein weiterer Bruder Artaschumaras war. Artatama II. verbündete sich offensichtlich sowohl mit den Hethitern als auch mit den Assyrern unter Aschuruballit I. (1363–1328 v. Chr.). Als der Hethiterkönig Schuppiluliuma I. seine Tochter mit dem König von Babylon verheiratete und Ägypten mit inneren Problemen beschäftigt war, die mit den Reformen Amenophis' IV. (Echnaton) und der Thronfolge des Knaben Tutanchamun (1333 bis 1323 v. Chr.) zusammenhingen, geriet Tuschratta in die Isolation. Sein Königreich brach in kurzer Zeit auseinander, er selbst wurde ermordet. Artatama II. blieb Herrscher eines sehr viel kleiner gewordenen Mitanni. Tuschrattas Sohn Schattiwaza floh zunächst nach Babylon, später an den Hof der Hethiter. Hier schloß er einen Vasallenvertrag mit Schuppiluliuma, der ihm nach dem Tod von Artatama II. den Thron von Mitanni zusprach. Dem wurde jedoch von Artatamas Sohn, Schuttarna III., widersprochen, der möglicherweise Unterstützung von assyrischer

Könige von Hatti

TUDHALIYAI III.
- SCHUPPILULIUMA I.
  - ARNUWANDA II.
  - Zannanza in Ägypten getötet
  - Telepinus König von Aleppo
  - Piyassilis König von Karkemisch
  - MURSCHILI II.
    - MUWATALLIS II.
      - MURSCHILI III. (Urhi-Teschup)
    - HATTUSCHILI III.
      - TUDHALIYA IV.
        - ARNUWANDA III.
        - SCHUPPILULIUMA II.

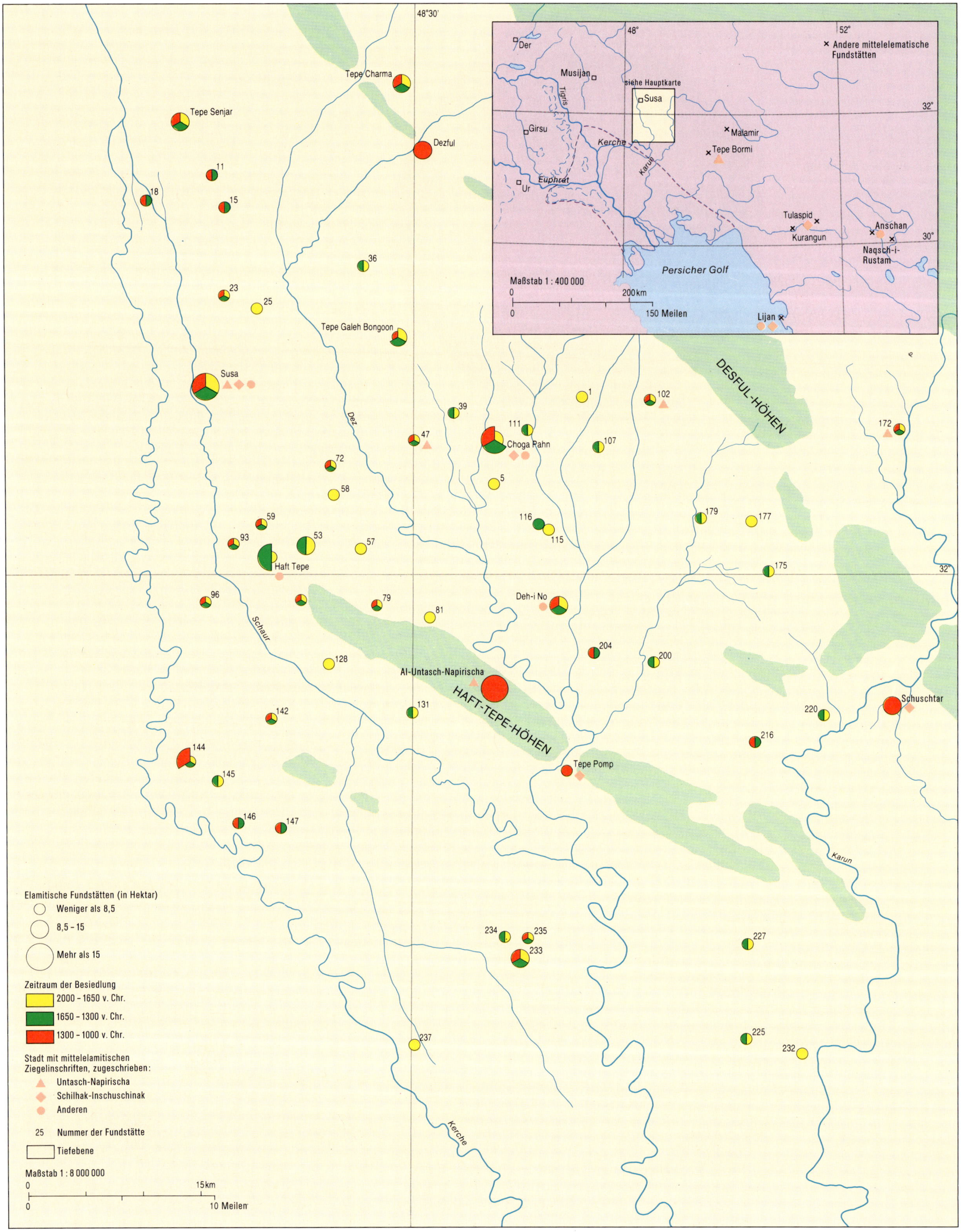
48°30'
Tepe Charma
Tepe Senjar
Dezful
Susa
Tepe Galeh Bongoon
Dez
Choga Pahn
Haft Tepe
Deh-i No
Schaur
Al-Untasch-Napirischa
HAFT-TEPE-HÖHEN
DESFUL-HÖHEN
Tepe Pomp
Schuschtar
Karun
Kerche
32°
Der
Musijan
Tigris
siehe Hauptkarte
Susa
Girsu
Kerche
Karun
Euphrat
Ur
Malamir
Tepe Bormi
Tulaspid
Kurangun
Anschan
Naqsch-i-Rustam
Persicher Golf
Lijan
48°
52°
32°
30°
× Andere mittelelematische Fundstätten
Maßstab 1 : 400 000
0
200 km
0
150 Meilen
Elamitische Fundstätten (in Hektar)
Weniger als 8,5
8,5 – 15
Mehr als 15
Zeitraum der Besiedlung
2000 – 1650 v. Chr.
1650 – 1300 v. Chr.
1300 – 1000 v. Chr.
Stadt mit mittelelamitischen Ziegelinschriften, zugeschrieben:
Untasch-Napirischa
Schilhak-Inschuschinak
Anderen
25 Nummer der Fundstätte
Tiefebene
Maßstab 1 : 8 000 000
0
15 km
0
10 Meilen

Das Hethiterreich *(oben)*
Die Hethiter unter Schuppiluliuma I. und seinen Nachfolgern beherrschten das anatolische Hochland und die nördliche Levante. Die historische Geographie Anatoliens ist kaum bekannt. Es existieren keine Fixpunkte außer der hethitischen Hauptstadt Hattusa; die Lage von Ländern wie Arzawa und Ahhijawa ist nicht auszumachen. Die Standorte der größeren Städte der Levante, zum Beispiel Karkemisch und Aleppo, konnten festgestellt werden.

Elam im 2. Jahrtausend *(links)*
Die wichtigsten Städte des Landes Elam bildeten Susa und Anschan. Dieses Doppel-Königreich bestand etwa 2000 Jahre trotz der 400 km, die zwischen den beiden Zentren lagen. Die Grenzen des elamitischen Königreiches markierten Ziegel, die die Namen der elamitischen Herrscher tragen. Gründliche archäologische Untersuchungen in den 60er und 70er Jahren der Ebene von Susa waren die aufschlußreichsten über den Nahen Osten, und ermöglichten es, die Veränderungen der Siedlungsstrukturen über Tausende von Jahren zu rekonstruieren.

Seite erhielt. Tatsächlich wurde das Königreich Mitanni zwischen Assyrern und Hethitern aufgeteilt, die nun die Levante bis hinunter nach Kadesch am Orontes beherrschten.

Nach einem hethitischen Bericht empfing Schuppiluliuma während der Belagerung von Karkemisch einen Boten der Witwe des ägyptischen Pharao, den diese sagen ließ: »Mein Gatte ist tot, und ich habe keinen Sohn. Man sagt, daß Sie viele Söhne haben. Sie könnten mir einen Ihrer Söhne geben, daß er mein Gemahl werde.« Die Identität dieser Königin (und des verstorbenen Pharao) ist unsicher. In Frage kommen unter anderen Echnatons Gemahlin Nofretete und ihre Töchter: Meritaton, die Frau von Semenchkare, und – die wahrscheinlichste Kandidatin – Anchesenpaamun, die Gattin Tutanchamuns. In diesem Falle hat die Einnahme Karkemischs 1323 stattgefunden. Der Hethiterkönig schickte einen Gesandten zu der Königin von Ägypten und nach Empfang eines weiteren Briefes schließlich einen seiner Söhne. Dieser wurde jedoch unterwegs ermordet, und auf Ägyptens Thron gelangte der schon ältere Eje, dessen Frau Nofretetes Amme gewesen war. Schuppiluliuma setzte zwei andere seiner Söhne als Könige von Karkemisch und Aleppo ein. Ihre Nachkommen regierten auch noch nach der Auflösung des Hethiterreichs in Anatolien um 1200 v. Chr. in der Levante weiter.

Schuppiluliuma selbst starb an einer Seuche, die seine Armee aus Syrien eingeschleppt hatte. Kurz danach fand auch sein ältester Sohn und Nachfolger Arnuwanda II. den Tod. Nach dem Ende Schuppiluliumas versuchten die benachbarten Reiche Arzawa, Kizzuwatna und Mitanni sowie die Kaschkäer, das hethitische Joch abzuschütteln. Murschili II., der auf seinen Bruder Arnuwanda folgte, unterwarf Arzawa und setzte eine ihm ergebene Regierung ein. Auch Syrien fiel an das Hethiterreich zurück; schwieriger war die Niederwerfung der Kaschkäer. In seinen Annalen, die einen Zeitraum von beinahe 25 Jahren abdecken, berichtet Murschili von zehn Feldzügen gegen die Kaschkäer.

Assyrer und Kassiten

Den größten Nutzen aus dem Zusammenbruch des Königreichs Mitanni zogen die Hethiter. Sie übernahmen die Herrschaft im westlichen Teil des Landes. Die Assyrer, die sich von der mitannischen Unterdrückung befreit hatten, sahen sich nun gleichberechtigt mit Ägypten, Hatti und Babylon. Unter Assur-uballit I. weitete Assyrien seine Einflußsphäre auch über das fruchtbare Bauernland im Norden und Osten von Assur aus. Diese Region, oft als assyrisches Herzland bezeichnet, reichte von Ninive bis Arbil. Sie gehörte bis zum Untergang des Reichs 612 v. Chr. zu Assyrien.

Zwei Sendschreiben des Assur-uballit unter den Amarna-Briefen berichten, wie er dem Pharao einen Streitwagen mit weißen Pferden und einen Lapislazulisiegelstempel übersandt hatte. Als Gegengabe empfing er Gold, das es, wie er sagt, »im Land Ägypten wie Staub« gab. Er schmückte einen neuen Palast damit aus. Späteren Chroniken zufolge verheiratete Assur-uballit seine Tochter mit dem Kassitenkönig von Babylon. Als die Babylonier gegen deren Sohn (oder Enkel) rebellierten und ihn töteten, intervenierte der assyrische König, setzte den

Das Mittelassyrische Reich
Ein Dokument aus Assur enthält eine Liste von Opfergaben für den Tempel des Gottes Assur von den Provinzen des assyrischen Reiches während der Regierungszeit von Tiglatpileser I. (1114 bis 1076 v. Chr.). Aus dieser Liste geht die Größe des Landes, das zu der Zeit unter direkter assyrischer Herrschaft stand, hervor. Etwas früher umfaßte das assyrische Königreich kaum mehr als ein Gebiet, das von Assur im Süden, Ninive im Norden und Arbil im Osten reichte. Um die Mitte des 13. Jahrhunderts v. Chr. herrschten Salmanassar I. (1273 - 1244 v. Chr.) und Tukulti-Ninurta I. (1243 - 1207 v. Chr.) über die Provinzen bis an den westlichen Euphrat; die assyrischen Eroberungen fanden sogar noch außerhalb dieser Grenzen statt. Die entferntesten Gebiete des Mittelassyrischen Reiches bildeten die Grundlage für die Territorialansprüche der assyrischen Könige im 9. Jahrhundert v. Chr.

Usurpator ab und brachte Kurigalzu II. (1332 - 1308) auf den kassitischen Thron.

36 kassitische Könige regierten 576 Jahre und neun Monate lang das babylonische Reich - so dokumentiert es die babylonische Königsliste. Vergleiche mit assyrischen Königen ergeben, daß die Dynastie etwa um 1155 v. Chr. ausstarb. Wenn dies zutrifft, dann war der erste Kassitenkönig ein Zeitgenosse von Samsu-iluna (1749 - 1712 v. Chr.). Unter dessen Regierung verbreiteten sich datierte Täfelchen bis in den Süden Babylons, wo die Dynastie des Meerlandes überliefert ist. Vielleicht waren die frühen Kassitenherrscher, die in der babylonischen Königsliste genannt werden, gar keine Könige oder regierten woanders. Die Herkunft der Kassiten ist in der Tat ungewiß. Zum ersten Mal wurden sie in der Regierungszeit des Samsu-iluna erwähnt. Früher hielt man sie für wilde unzivilisierte Barbaren, die aus den Bergen des Irans eindrangen. Die neuere Forschung denkt jedoch an eine eher friedliche Einwanderung aus einer bisher noch nicht identifizierten Region. Die Ereignisse nach dem Fall Babylons an die Hethiter 1595 v. Chr. liegen im dunkeln, vom Ende des 15. bis zum 12. Jahrhundert aber herrschten die Kassiten in Babylon.

Über ihre Sprache ist wenig bekannt, mit Ausnahme eines kassitisch-babylonischen Vokabulars von 48 Wörtern, einer Liste von 19 kassitischen Namen mit ihren babylonischen Entsprechungen, einigen Eigennamen und vereinzelten kassitischen Wörtern in akkadischen Texten (besonders technische Ausdrücke, die sich auf den Umgang mit Pferden beziehen).

Die Kultur der Kassiten

Die kassitischen Könige scheinen die babylonische Lebensweise und kulturelle Formen übernommen zu haben. Sie erbauten und restaurierten die Tempel der traditionellen mesopotamischen Götter, verehrten aber auch eigene Gottheiten. Schuqamuna und seine Gemahlin Schumalija waren die Schutzgötter der königlichen Familie; kassitische Könige wurden in deren Schrein in Babylon gekrönt. Diese Götter erscheinen auch in der ugaritischen Literatur. Andere Gottheiten sind Harbe, der Herr des Pantheons, den es auch bei den Hurritern gibt, Mizir, das Pendant der babylonischen Göttin Beltu, Sah, der Sonnengott, Schipak oder Schihu, der Mondgott, Schuriasch, eine weitere Sonnengottheit, Marutasch, der Kriegsgott, und Buriasch, ein Wettergott. Die letzten drei genannten werden mit den indo-arischen Göttern Surya und Maratas und der griechischen Gottheit Boreas, dem Gott des

Kassitische Könige

Kara-indasch	ca. 1415
Kadaschman-Harbe I.	
Kurigalzu I.	
Kadaschman-Enlil I.	1374 - 1360
Burna-Buriasch II.	1359 - 1333
Kara-hardasch	1333
Nazi-bugasch	1333
Kurigalzu II.	1332 - 1308
Nazi-maruttasch	1307 - 1282
Kadaschman-Turgu	1281 - 1264
Kadaschman-Enlil II.	1263 - 1255
Kudur-Enlil	1254 - 1246
Schagarakti-Schuriasch	1245 - 1233
Kaschtiliasch IV.	1232 - 1225
Tukulti-Ninurta	1224 - 1216
Enlil-nadin-schumi	1224
Kadaschman-Harbe II.	1223 - 1222
Adad-schuma-iddina	1221 - 1216
Adad-schuma-asur	1215 - 1186
Melischipak	1185 - 1171
Marduk-apla-iddina I.	1170 - 1158
Zababa-schuma-iddina	1157
Enlil-nadin-ahi	1156 - 1154

Oben: Die von den klimatischen Einflüssen der Jahrtausende geformten Überreste der Zikkurrat von Dur-Kurigalzu beherrschen noch immer die flache Landschaft am Stadtrand des modernen Bagdad. Die ersten Reisenden der Neuzeit glaubten sich vor den Ruinen des Turms von Babel. Es war der kassitische König Kurigalzu, der die Zikkurrat im 14. Jahrhundert v. Chr. errichten ließ. Ihre Anlage folgt dem typischen südlichen Stil mit einer dreiläufigen Treppe, die zum Tempel auf der Spitze der Zikkurrat führt. Die Riedlagen, die in jede siebte Ziegelreihe eingefügt wurden, sind am oberen Teil als horizontale Linien zu erkennen. Am Unterbau der Zikkurrat finden gerade Restaurationsarbeiten statt.

Nordwinds, gleichgesetzt, doch wie bei den Göttern aus Mitanni bestand nicht notwendigerweise eine enge Verwandtschaft mit den Indo-Ariern.

In Sippar und Tell Muhammad gefundene Texte aus der altbabylonischen Zeit überliefern, daß die Kassiten in erster Linie mit der Landwirtschaft beschäftigt waren. Während der kassitischen Herrschaft, der Dritten Dynastie Babylons, führte die Königsfamilie kassitische Namen; allerdings haben die Kassiten offensichtlich keine ausgesprochene Führungsschicht oder überhaupt einen bedeutenden Faktor innerhalb der Bevölkerung dargestellt. Babylon und die Region entlang der Dijala bis in den Westen des Irans waren die Siedlungszentren der Kassiten. Weiter im Norden bestand die Bevölkerung wohl nahezu ausnahmslos aus Hurritern. Die Kassiten waren eine Stammesgesellschaft; sie bestand aus »Häusern«, die sich manchmal nach einem Stammvater nannten, wie etwa das Haus des Karziabku. Die Häuser waren auf die männlichen Blutsverwandten ausgerichtet und wurden von einem »Oberhaupt des Hauses« (*bel biti*) geleitet. In dieser Hinsicht waren sie nicht völlig in die babylonische Gesellschaft integriert; ob Verwandtschaftsbeziehungen zwischen diesen Häusern und der kassitischen Herrscherfamilie bestanden haben, ist ungewiß.

Die kassitische Epoche ist als Fortsetzung der älteren babylonischen Zivilisation anzusehen. Es gibt Unterschiede zu früheren Perioden, doch sind sie wohl nicht den Veränderungen in der ethnischen Zusammensetzung der Bevölkerung zuzuschreiben. Die Inschriften der kassitischen Könige sind zumeist in Sumerisch, ihre Briefe und Verträge in Babylonisch abgefaßt. Einige der späteren Kassitenkönige trugen auch babylonische Namen.

Die kassitischen Könige

Der erste König der Kassiten, der aus zeitgenössischen Inschriften bekannt ist, war Kara-indasch (ca. 1415 v. Chr.). Er baute einen kleinen, Inanna geweihten Tempel im heiligen Bezirk von Uruk. Die äußere Mauer des Tempels war mit gebrannten und modellierten Ziegeln geschmückt, ähnlich denen in altbabylonischen und altassyrischen Tempeln; sie zeigten jedoch Darstellungen von Erd- und Wassergottheiten. Die Prototypen dieser Figuren gehören ebenfalls in frühere Zeiten. Fragmente von ihnen wurden an anderen kassitischen Fundstätten entdeckt (Ur, Nippur und Dur-Kurigalzu). Die Technik wurde von Elamiten, Assyrern, Babyloniern und Persern übernommen und weiterentwickelt.

Wie seine Nachfolger Kadaschman-Enlil I. (1374 - 1360 v. Chr.) und Burna-Buriasch II.(1359 - 1333) korespondierte auch Kara-indasch mit dem ägyptischen Pharao. Die Hauptanliegen scheinen das Arrangieren von Eheschließungen und der Austausch kostbarer Geschenke gewesen zu sein. Burna-Buriasch beschwerte sich, daß die Ägypter nur fünf Wagen bereitgestellt hatten, um seine Tochter aus Babylon zu ihrer Hochzeit nach Ägypten zu geleiten. Doch die Hochzeit fand statt, und eine lange Liste dokumentiert die zwischen den Kassiten und den Ägyptern ausgetauschten wertvollen Geschenke. Darüber hinaus erhob Burna-Buriasch den Anspruch, auch das Oberhaupt der Assyrer zu sein und protestierte dagegen, daß diese direkt mit Amenophis IV. verhandelten.

Nach dem Tod von Burna-Buriasch kam sein Sohn und Nachfolger bei einem Aufstand ums Leben, doch der assyrische König Assur-uballit I. griff ein, um Kurigalzu II. (1332 - 1308 v. Chr.) auf den Thron von Babylon zu setzen, wie die Chroniken berichten. Kurigalzu soll ein umfassendes Wiederaufbauprogramm durchgeführt und Tempel in Ur, Uruk und Isin restauriert haben. Allerdings ist unklar, ob dies das Werk von Kurigalzu I. oder II. war. Ähnliche Zweifel bestehen bei Tempel und Palast von Dur-Kurigalzu, 90 Kilometer nördlich von Babylon. Dort enthält eine 57 Meter hohe, gut erhaltene Zikkurrat noch die Schilflagen, die nach jeder siebten Ziegelschicht eingeschoben wurden, ebenso wie die gedrehten Seile, die durch den Bau liefen. Der Palast lag etwa 700 Meter von der Zikkurrat entfernt. Er nahm eine Fläche von etwa 300 Quadratmetern (neun Hektar) ein und bestand aus mehreren Hofblöcken. Der Hauptblock maß ungefähr 140 Quadratmeter und hatte einen Hof von etwa 65 Quadratmetern, den drei parallele Raumzeilen umgaben. Der Palast war mehrfach umgebaut worden und wurde über das Ende der kassitischen Zeit hinaus ständig bewohnt.

Auch als Feldherr war Kurigalzu II. erfolgreich. Einer späteren Chronik zufolge schlug er Elam, Assyrien und vermutlich die Dynastie des Meerlandes (die in der Mitte der altbabylonischen Zeit Südbabylon beherrschte). In seinen Inschriften rühmt er sich, Susa, Elam und Marhaschi erobert zu haben; Inschriften mit seinem Namen wurden in Susa gefunden.

Die kulturellen Leistungen der Kassiten

In dem Jahrhundert zwischen den Regierungen Kurigalzus II. und Kaschtiliaschs IV. (1232 - 1225 v. Chr.) erlebte die kassitische Herrschaft ihre höchste Blüte. Ausgrabungen in Nippur, dem antiken Kultzentrum von Sumer, förderten 12 000 Täfelchen zutage, die zum überwiegenden Teil aus dieser Zeit stammen. Die Texte tragen das Regierungsjahr des Königs, nicht wie in früheren Perioden den Jahresnamen. Die Kassiten sorgten für die Vereinheitlichung der akkadischen und sumerischen Texte. Die Formen der traditionellen Literatur, die in den Bibliotheken des ersten Jahrtausends gefunden wurden, sind in der kassitischen Zeit verfaßt oder zumindest kopiert worden; spätere babylonische Schreiber führten ihre Ahnenreihe auf Menschen zurück, die zu jener Zeit lebten.

Einen neuen Typ von Dokumenten führten die Kassiten mit der *kudurru* zur Markierung königlicher Landschenkungen ein. In der Regel handelt es sich dabei um ein kunstvoll bearbeitetes Steinmonument, das etwa einen Meter hoch und mit den Symbolen der Götter versehen war, die Zeugen der Transaktion gewesen waren. Die ältesten Exemplare sind ins 14. Jahrhundert zu datieren; im 13. und im 12. Jahrhundert waren sie jedoch weitaus häufiger anzutreffen.

Die Kultur der Elamiten

Nach dem Zusammenbruch der Dritten Dynastie von Ur gegen Ende des dritten Jahrtausends bezeichneten sich die Herrscher von Elam als *sukkalmahs* oder Großwesire. Dies war der Titel des in Lagasch regierenden Beamten, dem die Kontrolle der Länder im Osten oblag. Diese *sukkalmah*-Herrscher griffen in Mesopotamien ein, als das Reich von Schamschi-Adad I. (1813 - 1781) zusammengebrochen war. Danach ist über 400 Jahre lang nichts von ihnen, außer den Namen der Könige und einigen wenigen Widmungsinschriften, bekannt.

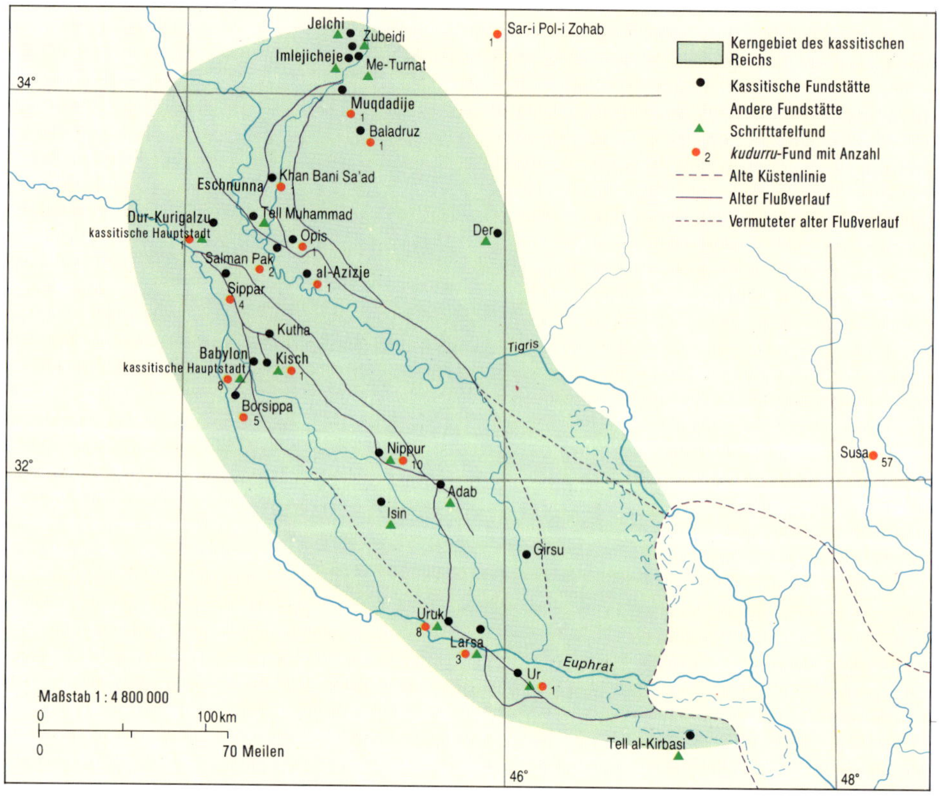

Das kassitische Königreich
In neueren Überlieferungen reicht die Macht der Kassiten bis in die Berge des Irans, aber die Ausbreitung ihrer Herrschaft nach Osten ist umstritten. Viele der alten Städte Babyloniens lebten unter den Kassiten wieder auf. Die Errichtung von *kudurrus*, auch als babylonische Grenzsteine bezeichnet, war eine typische Machtdemonstration der Kassiten; diese Grenzsteine wurden aber bis ins 1. Jahrtausend v. Chr. angefertigt. Viele entdeckte man in Susa, mitgeführt von den Elamiten, die in Babylonien einfielen.

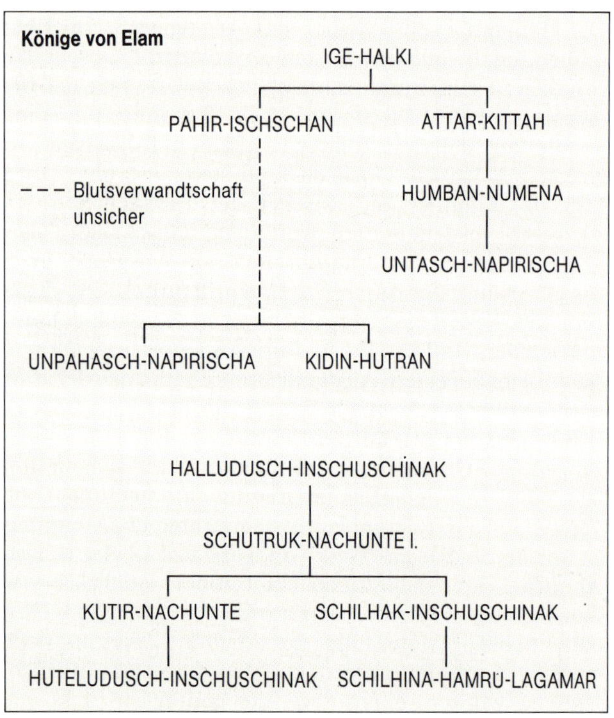

Ausgrabungen in Haft-Tepe, etwa 15 Kilometer südlich von Susa, stießen auf eine Stadt, die in der Mitte des 14. Jahrhunderts v. Chr. von Tepti-Ahar, dem König von Susa und Anschan, erbaut worden war. Es handelt sich um das antike Kabnak. Die bedeutendsten Bauwerke der Fundstätte, die etwa 30 Hektar umfaßt, sind zwei Terrassen sowie ein Tempel mit zwei Grabkammern, die als Ziegelgewölbe angelegt waren. Jede barg 23 Skelette; einige lagen nebeneinander, andere waren übereinander aufgeschichtet. Eine im Tempel entdeckte Stele verzeichnet die Pflichten der Priester und die Aufwendungen für Nahrungsmittel zu Opferzwecken und für Begräbnisriten. Eine 14 Meter hohe Terrasse von etwa 60 Quadratmetern enthielt Arbeitsräume, in denen kostbare Gegenstände für den Kult angefertigt wurden.

Die hier entdeckten, ungefähr 600 beschriebenen Täfelchen handeln zumeist von der Tempelverwaltung. Die Jahresbezeichnungen auf den Tafeln beziehen sich auf die Erbauung des Tempels und auf diplomatischen Verkehr zwischen Elam und Babylonien. Eine Inschrift, die vielleicht mit dem kassitischen König Kadaschman-Enlil I. in Verbindung steht, befindet sich auf einer Tafel, die das Siegel von Tepti-Ahar trägt.

Nach der Invasion des Kassitenkönigs Kurigalzu II. übernahm eine neue Dynastie die Macht in Elam. Ihr erster Herrscher war Ige-halki, von dem eine Inschrift in Deh-i-No (vielleicht dem antiken Hupschen oder Adamdun) gefunden wurde. Ige-halkis Enkel Humban-numena erbaute einen Tempel in Lijan an der iranischen Golfküste, 400 Kilometer südöstlich von Susa.

Die elamitische Götterwelt hatte mit der mesopotamischen kaum etwas gemeinsam. Im dritten Jahrtausend

Unten: In Susa freigelegter Kalkstein-*kudurru* von Melischipak II. (1186 - 1182 v. Chr.). In die *kudurrus* waren meist Symbole und Attribute der Götter eingemeißelt. Höhe 68 cm.

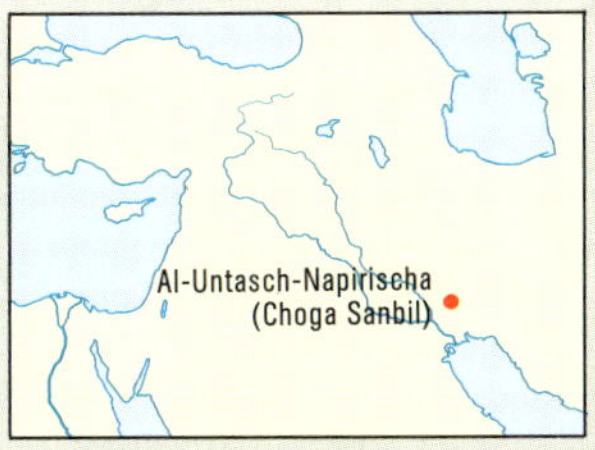

Al-Untasch-Napirischa

40 Kilometer südöstlich von Susa stehen die als Choga Zambil bezeichneten Ruinen. Der Name bedeutet »Korbhügel« und verweist auf die abgetragenen Überreste der Zikkurrat in der Mitte der Fundstätte, die vor der Ausgrabung einem umgedrehten Schilfkorb glichen. Hier befand sich Al-Untasch-Napirischa (auch Dur-Untasch-Napirischa oder Dur-Untasch-Gal genannt).

Es war die Hauptstadt des Elamitenkönigs Untasch-Napirischa (ca. 1260 bis 1235 v. Chr.). Wie die anderen Herrscher der späten Bronzezeit – etwa der ägyptische Pharao Echnaton, der Kassitenkönig Kurigalzu und der assyrische König Tukulti-Ninurta I. – verließ auch Untasch-Napirischa das alte religiöse Zentrum seines Königreichs, um eine neue Stadt zu gründen, die die Hauptstadt seiner Vorgänger ersetzen sollte. Doch keinem einzigen dieser Herrscher sollte ein derart ehrgeiziges Unternehmen gelingen.

Der von Untasch-Napirischa gewählte Standort liegt am Rande kleiner Hügel, etwa 1,5 km vom Fluß Dez entfernt. Um die Stadt mit Wasser zu versorgen, ließ der König einen 50 km langen Kanal vom Fluß Kercha nördlich von Susa graben. Der Bau der Stadt wurde bald nach seinem Tod eingestellt. Spätere elamitische Könige regierten von Susa aus das Reich. Al-Untasch-Napirischa wurde nicht aufgegeben; sie blieb weiterhin Königsstadt, bis sie um das Jahr 640 v. Chr. von dem assyrischen König Assurbanipal zerstört wurde.

Unten: Glasierte Wandplatte aus Ton mit einer Inschrift in elamitischer Keilschrift: »Ich bin Untasch-Napirischa«. Die Platte lagerte mit hunderten anderen in einem Raum der Zikkurrat und schmückte vermutlich die Fassade der Zikkurrat. Ähnliche Wandplatten wurden in Assyrien gefunden; ihre Geschichte reicht bis in die Uruk-Zeit.

Oben: Die Anlage der Zikkurrat von Al-Untasch-Napirischa ist außergewöhnlich. Als erste Baustufe errichtete man ein großes quadratisches Gebäude von etwa 100 m Seitenlänge mit einem zentralen Hof. Zu einem späteren Zeitpunkt wurde dieser Innenhof aufgefüllt und die Zikkurrat darübergebaut.

Oben: An allen vier Seiten wurden Treppen mit überwölbten Eingängen in die Zikkurrat gebaut.

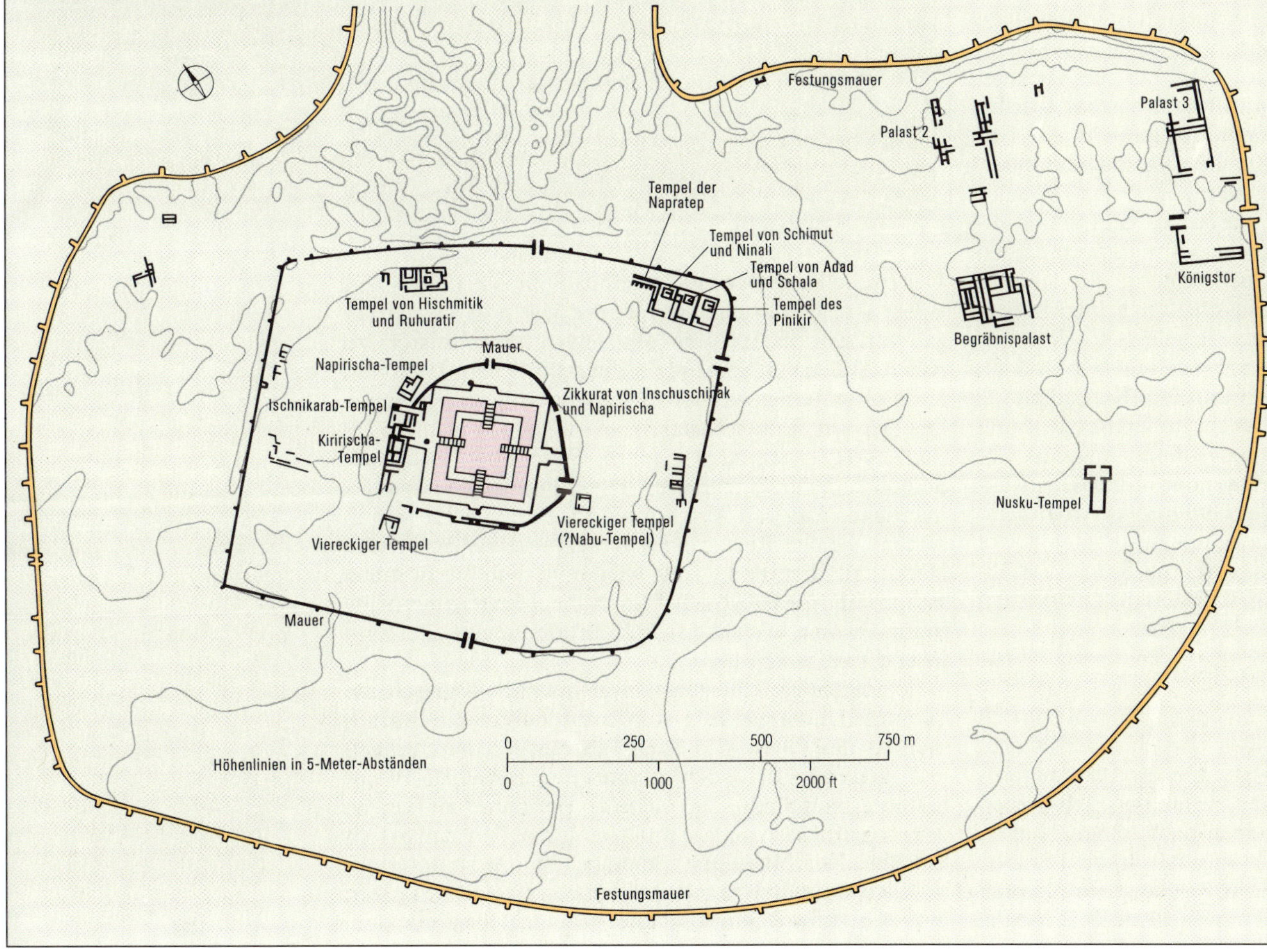

Links: Die große Stadt Al-Untasch-Napirischa umfaßte mehr als 100 ha. Dominierend war die Zikkurrat im Zentrum des Kultbereichs. An ihrer Basis befand sich eine bogenförmige Umfassungsmauer; zwischen der Zikkurrat und einer zweiten, rechteckigen Mauer lagen zahlreiche Tempel, in denen die elamitischen Götter verehrt wurden. Eine dritte Mauer umschloß das gesamte Stadtgebiet. Im östlichen Sektor führte ein großes Eingangstor zum Königspalast und dessen Hof. Im Begräbnispalast befanden sich fünf unterirdische Gewölbekammern, wo mehrere eingeäscherte Leichen und ein Skelett gefunden wurden. Hier handelte es sich wohl um die Grabstätten von Mitgliedern der elamitischen Königsfamilie. Weite Flächen innerhalb der Mauern waren niemals bebaut.

scheint die Göttin Pinikir die größte Verehrung genossen zu haben; im zweiten Jahrtausend wurde ihr Platz von dem Gott Humban (auch Napirischa, »großer Gott«, genannt) eingenommen, dem die Göttin Kiririscha (wörtlich: »große Göttin«), die Gottheit von Lijan, zur Seite stand. Ihnen folgten der Stadtgott von Susa, Inschuschinak (wörtlich: »Herr von Susa«), der gegen Ende des zweiten Jahrtausends zum Hauptgott wurde, und der Sonnengott Nachunte, der wie der babylonische Sonnengott Schamasch zugleich auch der Gott der Gerechtigkeit war. Die Zahl der elamitischen Götter ist groß, Hutran und Schimut etwa erscheinen auch in den Namen der elamitischen Könige. Die Elamiten verehrten aber auch babylonische Götter wie Adad und seine Gemahlin Schala sowie Sin und Nusku, die aller Wahrscheinlichkeit nach Regionalgottheiten waren.

Humban-numenas Sohn Untasch-Napirischa restaurierte viele Tempel in Elam, allein 20 in Susa. Doch seine größte Leistung war die Gründung einer neuen Stadt, Al-Untasch-Napirischa, etwa 40 Kilometer südöstlich von Susa, die heute Choga Zambil heißt. Die Mauern der großen Stadt umschlossen eine Fläche von 1200 mal 800 Metern. Im Osten der Fundstätte befinden sich die Überreste eines großen Torgebäudes und dreier Paläste. In einem entdeckte man steile Treppen, die zu Kammern mit Tonnengewölben führten. Diese Kammern enthielten Ascheneste von Leichenverbrennungen. Vielleicht waren dies die Gräber des elamitischen Königs und seiner Familie.

Im Zentrum der Stadt standen innerhalb eines großen, rechteckigen Bezirks Tempel und eine Zikkurrat. Ursprünglich war ein viereckiger, von Räumen umschlossener Hof angelegt worden. Man hatte ihn nach und nach aufgefüllt und darauf stufenweise den Tempel gebaut. Die Zikurrat hatte eine quadratische Basis von 67 Metern Seitenlänge und ist noch immer 28 Meter hoch, wenn sie auch früher mit fünf oder sechs Stockwerken wahrscheinlich mehr als doppelt so hoch war. Die mit Inschriften versehenen gebrannten Ziegel, die zum ältesten Gebäude gehörten, nennen nur den Gott Inschuschinak. Doch in der späteren Zeit war der obere Tempel zu dem im Inneren des Baues Treppen hinaufführten, sowohl Inschuschinak wie auch dem Gott Napirischa geweiht. Am Fuß der Zikkurrat standen Tempel zahlreicher anderer Götter. Es hat den Anschein, daß der gesamte Komplex Teil eines großen Begräbnistempels war, wie das ein Jahrhundert zuvor erbaute Haft-Tepe. Die Anlage erinnert auch an den Palast und die Zikkurrat von Dur-Kurigalzu, die vielleicht eine ähnliche Funktion für die kassitischen Könige hatten.

Das Fragment einer in Susa freigelegten steinernen Stele zeigt Untasch-Napirischa mit seiner Gemahlin Napirasu. Das Gewand der Königin und ihre Körperhaltung zeigt sich noch einmal in einer lebensgroßen Bronzestatue der Napirasu, die ebenfalls in Susa gefunden wurde. Obwohl der Kopf fehlt, wog die Figur noch immer 1750 Kilogramm. Vermutlich geschah der Guß in zwei Arbeitsgängen. Zuerst wurde eine etwa neun Zentimeter starke Außenform gegossen, die man später mit Bronze ausfüllte. Die Figur beweist, wie fortgeschritten die technischen Fähigkeiten der Metallhandwerker waren.

Die Schlacht von Kadesch

Während sich Elam und Babylon bekriegten, vollzog sich der letzte Akt jener langwierigen Auseinandersetzung, die Ägypten um den Machtanspruch in der Levante führte. Schuppiluliuma I. hatte die Levante der hethitischen Herrschaft unterworfen, und auch nach seinem Tod sicherten sich die Hethiter ihre Autorität in der Levante. Gegen Ende des 14. Jahrhunderts verdrängte in Ägypten eine neue Herrscherfamilie die schwächliche 18. Dynastie. Der zweite Pharao der 19. Dynastie, Sethos I. (1306 - 1290 v. Chr.), restaurierte die ägyptische Macht in Kanaan. Er gab vor, die Staaten Kadesch und Amurru zerstört zu haben. Stelen von Sethos I., die in Beth-Schan, Tyros und Kadesch gefunden wurden, bestätigen einige dieser Siege. Die Herrschaft über Kadesch währte jedoch nicht lange. Ramses II. (1290 - 1224 v. Chr.), Sohn und Nachfolger Sethos' I., der in seiner langen Regierungszeit den gigantomanischen Bau von Abu Simbel erstellte, machte sich in seinem vierten Regierungsjahr auf, um die ägyptische Herrschaft über die Levante wiederzuerrichten. Er drang weit in den Norden vor, bis zum Nahr el-Kelb in der Nähe Beiruts, wo er, wie viele spätere Eroberer, eine Stele mit Inschrift aufstellen ließ.

Im folgenden Jahr gelangte er bis nach Kadesch am Orontes. Dieser Feldzug wurde auf zahlreichen Monumenten des Pharaos in allen Einzelheiten beschrieben und illustriert. Er berichtet von einer Botschaft zweier Stammeshäuptlinge, daß sich die Hethiter weit weg in Aleppo aufhielten. Später mußte er feststellen, daß es sich um eine Falschmeldung handelte, die die Hethiter absichtlich verbreitet hatten. Außerhalb von Kadesch nahm er zwei hethitische Kundschafter gefangen. Sie gestanden,

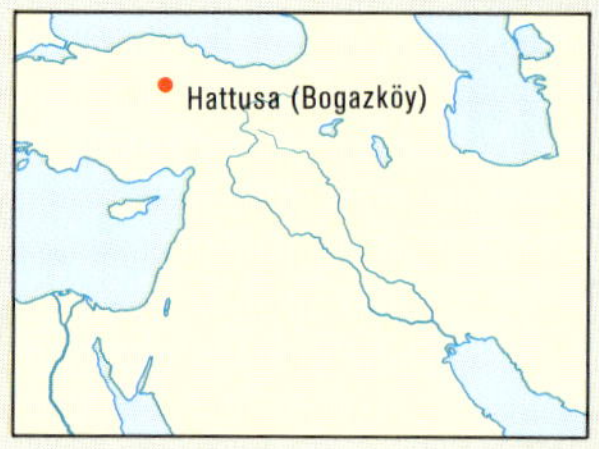

Hattusa

Hattusa, heute als Bogazköy oder Boghazkale bekannt, war die Hauptstadt des Hethiterreiches. Das Gebiet wurde gegen Ende des dritten Jahrtausends v. Chr. und im 19. Jahrhundert besiedelt. Assyrische Kaufleute errichteten hier eine Handelskolonie. Um 1650 v. Chr. ernannte sie der hethitische König Labarnas (auch Lubarna) zu seiner Hauptstadt und gab sich nach ihr den Namen Hattuschili. Die Stadt liegt auf einem Vorgebirge an der Stelle, wo die beiden Arme des Flusses Budakozu zusammentreffen. Der östliche Arm fließt durch eine Schlucht (türk.: *bhogaz*) zwischen zwei steilen Hügeln: Bujukkaja und Bujukkale. Die Hauptzitadelle der Stadt befand sich auf dem Bujukkale. Zwei Kilometer nordöstlich davon liegt die Grotte Yazilikaya, sie enthält geschnitzte Darstellungen hethitischer Götter. Die Stadt wurde kurz nach 1200 v. Chr. zerstört und verlassen, aber in phrygischer Zeit (ca. 7. Jahrhundert v. Chr.) wieder besiedelt. Sie erhielt den Namen Pteria.

Unten: Blick über den Tempel III, einen der zahlreichen Tempel der Oberstadt. Dahinter erhebt sich Bujukkale, die Festung von Hattusa; im Hintergrund erkennt man den Berg Bujukkaja. In der hethitischen Zeit bezog das Festungssystem den Berg mit ein, die Mauer führte auf einer Brücke über die Schlucht.

Der Große Tempel des Wettergottes Hatti (auch Wettergott des Himmels genannt) lag in der Unterstadt. Die Stadt ist vielleicht in der Regierungszeit von Schuppiluliuma I. befestigt und vergrößert worden. Etwa zwei Dutzend Tempel wurden nach Süden hin auf dem Hügel und abseits der Flüsse errichtet.

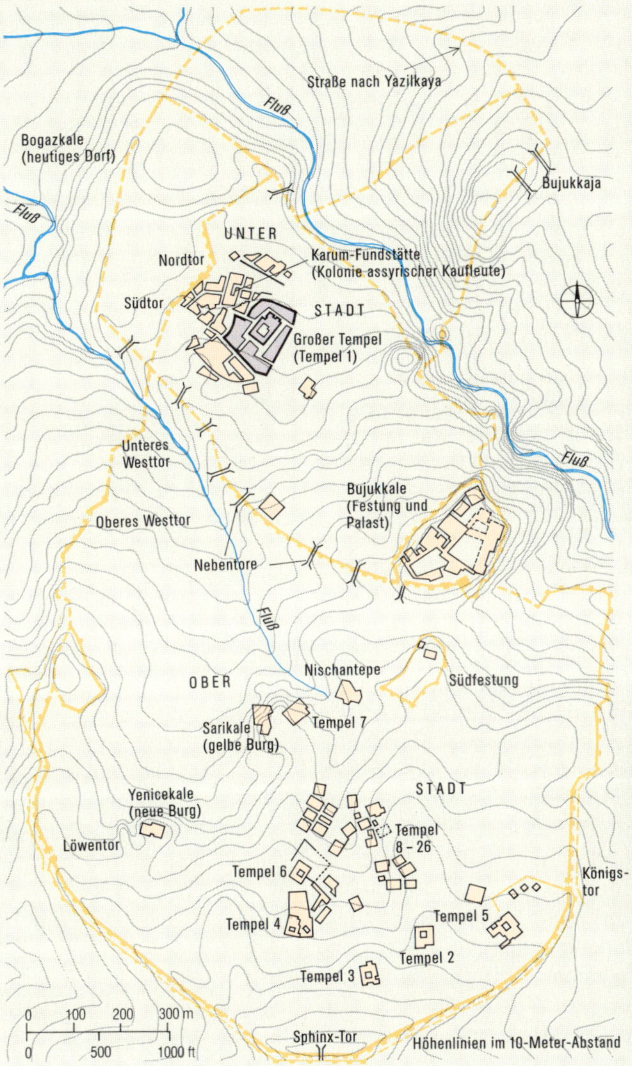

Links: Fragment vom Rand eines tönernen Vorratskruges, der in Hattusa gefunden wurde. Es gibt eine Vorstellung vom Aussehen eines befestigten hethitischen Gebäudes und zeigt, wie die Enden der doppelten Holzbalken unter der Brustwehr vorstehen.

Unten links: Der Große Tempel in Hattusa war nicht nur für den Götterkult von Bedeutung, er spielte auch eine wichtige wirtschaftliche Rolle, wie die umfangreichen Vorratsräume bezeugen.

Unten: Man hielt dieses Relief eines helmtragenden Kriegers ursprünglich für die Darstellung eines hethitischen Königs, so daß das Tor in der Stadtmauer, wo es seinen Platz hatte, Königstor genannt wurde. Heute nimmt man an, daß es einen Gott verkörpert.

daß die hethitische Armee unter Muwatallis II. östlich von Kadesch in Deckung gegangen sei. Doch zu diesem Zeitpunkt war es für einen sicheren Rückzug schon zu spät. Ramses behauptet, daß er, obwohl »allein, nicht einmal mit Unterstützung eines Anführers, eines Wagenlenkers, eines Soldaten der Armee oder eines Schildträgers«, erfolgreich die Massen der Hethiter und der mit ihnen verbündeten Länder schlug, darunter Arzawa und Lukka aus dem Westen Anatoliens, die Stämme der Kaschkäer aus dem Nordosten sowie Truppen aus Kizzuwatna, Aleppo, Ugarit und Kadesch selbst. Rechtzeitig von Westen her eintreffende ägyptische Verstärkung zwang dann angeblich die Hethiter, den Angriff abzubrechen und sich über den Fluß zurückzuziehen. Am nächsten Tag nahm Ramses II. erneut den Kampf auf, bis schließlich der Hethiterkönig um Frieden bat.

Ramses' Schilderung der Auseinandersetzungen ist höchst unglaubwürdig. Vielmehr steht fest, daß die Ägypter geschlagen wurden, wie es die hethitische Version der Ereignisse wiedergibt. Die Ägypter zogen sich zurück, und Amurru, Kadesch und Apu, die Region um Damaskus, gerieten in der Folgezeit unter den Einfluß des Hethiterreichs.

Diplomatische Erfolge und Versäumnisse
Während der ägyptischen Auseinandersetzungen konnten sich die Herrscher von Ugarit behaupten und erlebten sogar eine Blütezeit. Sie boten ihre Loyalität nacheinander Mitanni, Ägypten und Hatti an. Diplomatische Heiraten und Verträge sicherten die Stabilität trotz der Turbulenzen ringsum. Die Amarna-Briefe enthalten einen Bericht über die Zerstörung Ugarits durch Feuer; allerdings wird die Ursache der Katastrophe nicht erwähnt. Ugarit verdankte seinen Wohlstand dem Handel, vor allem dem Kupferhandel mit Zypern; doch auch Parfüme, Getreide, Holz, Salz und Wein wurden exportiert. Weitere Quellen seines Reichtums bildeten die Landwirtschaft, die einheimische Textil- und Metallverarbeitungsindustrie sowie die Herstellung der Purpurfarbe aus der Purpurschnecke.

Die Versuche der Mitanni-Könige, die Hethiter gegen die immer mächtigeren Assyrer auszuspielen, scheiterten im Gegensatz zu den geschickten diplomatischen Unternehmungen der Herrscher von Ugarit. Adad-nirari (1307 bis 1274 v. Chr.) erweiterte die Grenzen Assyriens im Südosten bis Lubdu und im Südwesten sogar bis an den Euphrat. Er eroberte die mitannische Hauptstadt Waschukanni und erklärte Schattuara I. zum assyrischen Vasallen. Als Schattuaras Sohn Wasaschatta rebellierte und die Hethiter vergeblich um Hilfe bat, wurde Mitanni erneut geplündert und sein König in Assur gefangengehalten. Unter Adad-niraris Sohn Salmanassar I. (1273 - 1244 v. Chr.) setzten die Assyrer ihre Expansionspolitik fort. Er schlug einen Aufstand des mitannischen Königs Schattuara II. nieder und besiegte ein vereinigtes Heer der Mitanner und Hethiter. Salmanassar I. machte 14 400 Gefangene und annektierte Hanigalbat (die assyrische Bezeichnung Mitannis).

Der ägyptisch-hethitische Friedenspakt

Um der assyrischen Übermacht widerstehen zu können, verbündete sich der hethitische Herrscher Hattuschili III. mit dem Kassitenkönig Kadaschman-Turgu und ersuchte Ägypten um Frieden, wo noch immer Ramses II. den Thron einnahm, den er nahezu ein weiteres halbes Jahrhundert innehaben sollte. Er und Hattuschili hatten sechzehn Jahre zuvor bei Kadesch gegeneinander gekämpft. Der Text der ägyptischen Version des Vertrages war in die Mauern des Tempels von Karnak und des Ramses-Tempels eingemeißelt, eine Kopie des hethitischen Textes wurde in den Archiven von Hattusa aufbewahrt. Das Original, das Ramses erhielt, bestand aus einer Silbertafel mit den Siegelabdrücken von Hattuschili und seiner Gemahlin. Dieser Friedensvertrag löste das Territorialproblem in der Levante. Etwa dreizehn Jahre später wurden die guten Beziehungen durch die Ehe von Hattuschilis Tochter und Ramses II. noch gestärkt.

Tuthalija IV., Hattuschilis Sohn, setzte die Verständigungspolitik in der Levante fort, besetzte aber Zypern als Entschädigung für Gebietsverluste im Südosten. In einem Vertrag, den er mit dem König von Amurru geschlossen hatte, zählt Tuthalija die Herrscher auf, die er anerkannte: die Könige von Ägypten, Babylonien, Assyrien und Achchijawa, dessen Name später wieder entfernt wurde. Achchijawa, ein Land im Westen von Hatti jenseits von Arzawa, erschien erstmals in hethitischen Aufzeichnungen aus der Zeit von Schuppiluliuma. Man hielt es früher für das Land der Achäer, das mykenische Griechenland; vermutlich ist es aber auf der asiatischen Seite der Ägäis zu suchen. Mykenische Keramik aus dieser Zeit wurde an zahllosen Fundstätten entlang der ägäischen Küste der Türkei, an der Mittelmeerküste der Levante und Palästinas entdeckt, ein Beweis für den großangelegten Seehandel im Mittelmeerraum zu jener Zeit.

Die meisten Zeugnisse der Hethiter wurden bei den Ausgrabungen in ihrer Hauptstadt Hattusa gefunden, wo sich hinter starken Festungsmauern mit einem Umfang von etwa sechs Kilometern der befestigte Palast und die Tempel der königlichen Familie befanden. Ungefähr 1,5 Kilometer außerhalb der Mauern lag die Felsenhöhle Yazilikaya. Sie enthält Bilder der hethitischen Gottheiten, die während der Regierungszeit von Tuthalija IV. entstanden. Als die ranghöchsten galten die Sonnengöttin Arinna und ihr Gemahl, der Wettergott des Himmels. Sie wurden mit den entsprechenden hurritischen Göttern Hepa und Teschup identifiziert. Die hethitischen Könige nahmen ihre religiösen Pflichten sehr ernst; einige von ihnen hatten das Amt eines Priesters inne, bevor sie den Thron bestiegen. Sie unterbrachen sogar einen Feldzug, wenn ein religiöses Fest die Anwesenheit des Königs erforderte.

Auf Tuthalijas Thron folgten seine beiden Söhne, Arnuwanda II. und Schuppiluliuma II. Während dessen Regierungszeit brach die Katastrophe über das Land herein, als um 1200 v. Chr. die hethitischen Städte in Anatolien niedergebrannt und aufgegeben wurden. Das Ende des Hethiterreichs war nur ein Teil eines viel weiter reichenden Phänomens, der Ankunft neuer Teilnehmer am Kampf - der »Seevölker«.

Bewegungen neuer Völker

In den ersten Jahrzehnten des 12. Jahrhunderts kam es zu starken Bewegungen der Völker im Mittelmeerraum. Die Ägypter sahen sich zu Land wie zur See durch eine Koalition von Stämmen bedroht, die sie die »Seevölker« nannten. Merneptah (1244 - 1214 v. Chr.) konnte sie abwehren, ebenso wie Ramses III. (1194 - 1163 v. Chr.). Einzelne Stämme wie die Maschwesch, die Schardan und die Denjen waren schon im Nahen Osten eingedrungen, während weitere hinzukamen. Ramses III. beschreibt ihren Angriff in seinem achten Jahr (1186 v. Chr.).

> »Die fremden Länder verschworen sich auf ihren Inseln. Plötzlich wurden alle Länder aufgelöst und durch Kampf zerstreut. Kein Land konnte vor ihren Waffen bestehen: Hatti, Kode [vermutlich das Orontes-Tal], Karkemisch, Arzawa und Alaschija [Zypern] waren mit einem Mal abgeschnitten. An einem Ort in Amurru wurde ein Lager eingerichtet. Sie brachten Elend über die Menschen, und das Land sah aus, als hätte es nie existiert. Sie drangen nach Ägypten vor, während das Feuer für sie bereitet wurde. Zu ihrem Bund gehörten Peleset [Palästina], Tjeker, Schekelesch, Denjen und Meschesch, verbündete Länder.«

Ägypten leistete Widerstand, doch Hatti und Ugarit fielen gleich zahlreichen Städten in der Levante und in Griechenland. Das hethitische Königreich wurde vermutlich von den Muschki oder den Phrygiern zerstört, die eindrangen und in der Folge das anatolische Hochland besetzten. In der Levante konnten sich die hethitischen Staaten Karkemisch und Malatya als unabhängige Fürstentümer behaupten. Ägypten verlor nach und nach die Macht über Palästina; das Volk, das die Ägypter Peleset nannten, siedelte sich längs der Mittelmeerküste nördlich von Ägypten an und gab dem Land seinen Namen: Land der Philister oder Palästina. Zu Ende des 12. Jahrhunderts hatten die Ägypter jeglichen Einfluß auf das Land verloren.

Die Philister waren nicht das einzige Volk, das neue Gebiete eroberte. Fast zur gleichen Zeit erscheinen die Israeliten in den Aufzeichnungen. Zum ersten Mal werden sie auf einer Siegesstele von Merneptah erwähnt:

> »Kanaan ist auf beklagenswerte Weise geplündert
> worden;
> Askalon wurde besiegt;
> Gezer eingenommen;
> Jenoam existiert nicht mehr;
> Israel liegt wüst und öde.«

In dieser Hieroglyphen-Inschrift wurde vor »Israel« das Zeichen für ein Volk gesetzt, nicht für eine Stadt oder ein Land. Einzelheiten der israelitischen Besetzung Kanaans wurden nicht überliefert. Die biblische Geschichte von Josuas Eroberungen im Anschluß an den Auszug aus Ägypten wurde von keinen historischen Quellen bestätigt. Vermutlich verlief die Besiedlung durch die israelitischen Stämme friedlich, bis sie stark genug waren, die kanaanitischen Fürsten zu stürzen.

Den Israeliten folgten weitere semitische Völker aus den Wüstensteppen. Die Sutäer (Sutu-Nomaden) und die Achlamu (Achlamäer) wurden in den Amarna-Briefen als barbarische Stämme bezeichnet, die am Rande der zivilisierten Welt lebten. Der assyrische König Salmanassar I. kämpfte gegen die Achlamu, die um 1100 v. Chr. von Zeitgenossen mit den Aramäern in Verbindung gebracht wurden, einer Gruppe semitischer Völker im Nordwesten. Wie tausend Jahre vorher die Amurriter, breiteten

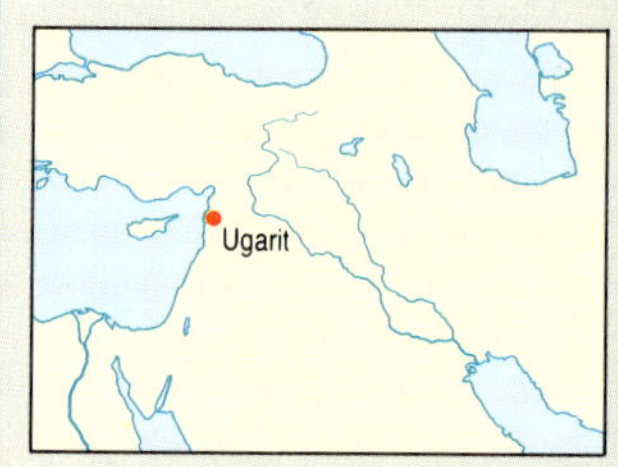

Rechts: 60 Jahre lang arbeiteten die Archäologen an der Fundstätte von Ugarit. In dieser Zeit wurde ein beträchtlicher Teil der Stadt erforscht. Die beiden zentralen Bereiche sind die Akropolis, wo die bedeutendsten Tempel standen, und westlich davon der Bezirk mit dem Königspalast. Baal und sein Vater Dagan waren die beiden Hauptgottheiten, die hier verehrt wurden. Betrachtet man die Mythen, dann hat es den Anschein, daß diese beiden Götter vom Osten her in das lokale Pantheon aufgenommen wurden.

Rechts außen: Der Königspalast wurde von einem kleinen Gebäude im 16. Jahrhundert v. Chr. zu einem weitläufigen und beeindruckenden Bauwerk mit ungefähr 90 Räumen ausgebaut, die um sechs große Höfe angeordnet waren. In einigen Höfen hatte man Zierteiche angelegt.

Ugarit

Die Ruinen der Stadt Ugarit umfassen den Ruinenhügel Tell, der heute als Ras Schamra bekannt ist, sowie den Hafen Minet al-Beidha. Der Ort war seit der akeramischen neolithischen Zeit besiedelt. Im frühen zweiten Jahrtausend beherrschte Ägypten dieses Gebiet, was Fundstücke mit den Namen von mittelägyptischen Pharaonen bezeugen. Am bedeutendsten war Ugarit in der zweiten Hälfte des zweiten Jahrtausends als Hauptstadt eines mächtigen Königreiches, das enge Handelsbeziehungen zum gesamten Mittelmeerraum unterhielt. Der Wohlstand der Stadt beruhte vor allem auf dem Handel mit Kupfer aus Zypern und Bauholz aus dem Hinterland; auch Getreide, Wein und Salz wurden exportiert. Eine wichtige Einnahmequelle bildete die Metallbearbeitung und die Herstellung der purpurnen Farbe aus der Murex-Schnecke, das sogenannte kaiserliche oder tyrische Purpur, das zum Färben von Leinen und Wolle benutzt wurde. Die Lager in der Umgebung des Hafens enthielten Vorräte verschiedenster Art; in einem befanden sich allein 1000 Flaschen mit Parfümöl aus Zypern.

Die vielleicht außerordentlichste Entdeckung an dieser Ausgrabungsstätte bilden die überaus reichhaltigen Sammlungen von Keilschrifttafeln in verschiedenen Sprachen, die zum Teil in einer alphabetischen Keilschrift verfaßt worden sind. Für Untersuchungen von ugaritischer Religion und Mythen haben diese Texte besonderen Wert. Sie schildern zeitgenössische Lebensformen, wie sie auch in der Bibel beschrieben werden.

Ugarit war den Ägyptern untergeben, erkannte aber auch die hethitische Macht an. Die Herrscher Ugarits verstanden sich auf eine geschickte diplomatische Politik. Etwa um 1200 v. Chr. wurde Ugarit vermutlich von den »Seevölkern« verwüstet und aufgegeben.

Oben: Dieser Bronzekopf wurde mit zwei Waagschalen und einem Satz Gewichte nordwestlich des Tempelbereichs von Ugarit gefunden. Das örtliche Gewichtssystem setzte ein *schekel* mit 9,5 g an, 50 schekel bildeten eine *mina.* Dieser Kopf wiegt 190 g und könnte somit als Gewichtseinheit für 20 schekel benutzt worden sein. Höhe 3,8 cm.

Rechts: Fayence-Vase mit dem Gesicht einer Frau aus dem 14. bis 13. Jahrhundert v. Chr. Sie wurde in Minet al-Beidha in einem Gemeinschaftsgrab gefunden, in dem mindestens 28 Menschen beigesetzt worden waren. Ähnliche Gefäße entdeckte man auf Zypern. Höhe 16 cm.

Links: Gesicht und Kopfputz dieser Bronze-Statuette des 13. Jahrhunderts von Minet al-Beidha sind mit Blattgold überzogen; Brust, Arme und Beine mit Silber verziert. Entweder handelt es sich um die Gottheit Reseph oder Baal. Höhe 17,9 cm.

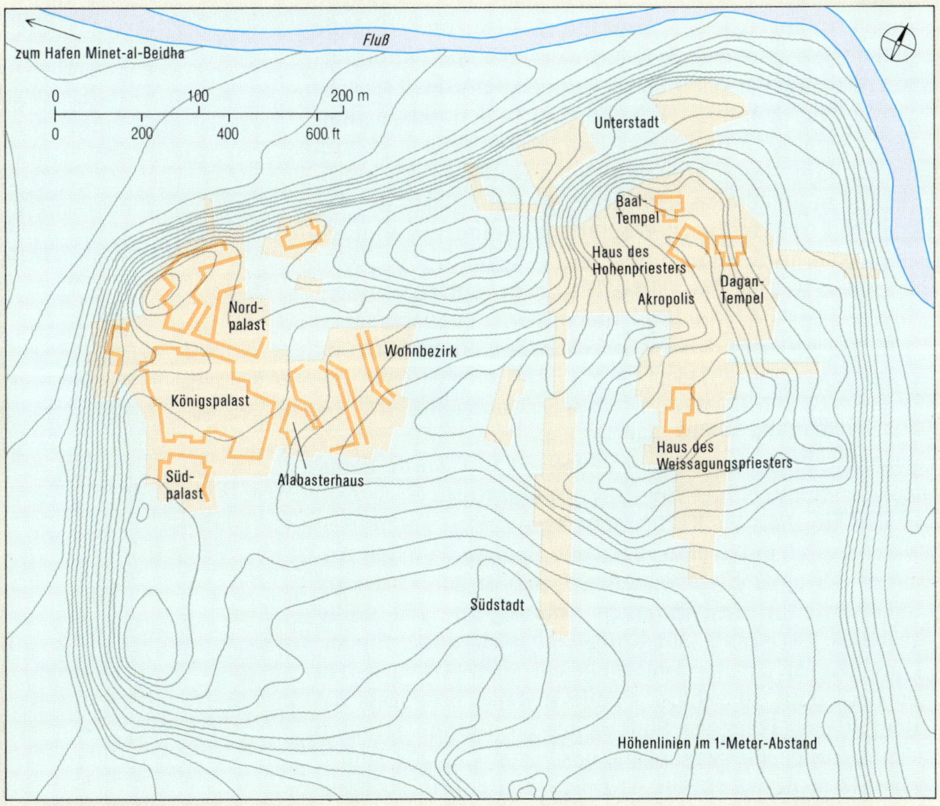

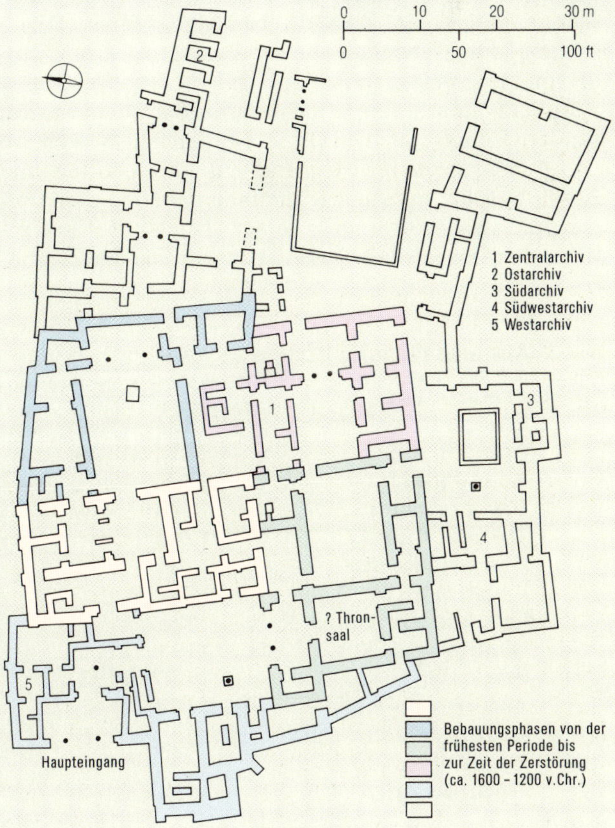

sich die Aramäer in den nächsten Jahrhunderten großflächig in der Levante und in Mesopotamien aus. Schließlich verdrängte ihre Sprache und Alphabetschrift die babylonische und assyrische Keilschrift.

Im Norden besiegte Salmanassar I. das Königreich Uruadri, das erstmals in Inschriften erwähnt wird. Uruadri, später Urartu, das der Name des Berges Ararat enthält, erwies sich als eine ständige Bedrohung Assyriens. Weiter im Osten, im iranischen Hochland, kennzeichnete die Einführung der Grauware das Ende der Godin-III-Kultur. Diese Keramik der Eisenzeit-I-Periode bezeugt den Einfall von iranischen Nomadenstämmen aus dem Norden und Osten. Sie waren die Vorfahren der Meder und Perser, die das assyrische und babylonische Reich zerstörten und etwa vom 6. Jahrhundert an ihre Herrschaft über den gesamten Nahen Osten ausdehnten.

Assyriens militärische Macht

Die Assyrer erwiesen sich unter ihren aufeinanderfolgenden Herrschern Adad-nirari I., Salmanassar I. und Tukulti-Ninurta I. (1243 - 1207) als unschlagbare Militärmacht. Tukulti-Ninurta berichtet von seinem Angriff, den er allein gegen den Kassitenkönig Kaschtiliasch IV. ausführte:

> »Ich führte die Niederlage seiner Armee herbei, seine Krieger riß ich nieder. Mitten in der Schlacht packte meine Hand Kaschtiliasch, den König der Kassiten. Ich trat mit meinen Füßen auf seinen königlichen Nacken wie auf einen Schemel. Gefangen und gebunden führte ich ihn vor Assur, meinen Herrn. Ganz Sumer und Akkad bis an seine entferntesten Grenzen brachte ich unter meine Gewalt. Am Unteren Meer, wo die Sonne aufgeht, setzte ich die Grenzen meines Staates.«

Tukulti-Ninurta ernannte Enlil-nadin-schumi zum König von Nippur. Doch eine spätere babylonische Chronik berichtet, daß der elamitische König Kidin-Hutran, Nachfolger von Untasch-Napirischa, innerhalb eines Jahres Der plünderte, Nippur einnahm und die assyrische Scheinregierung absetzte. Kidin-Hutran griff Babylon ein zweites Mal an, diesmal während der Regierungszeit von Adadschuma-iddina. Er zerstörte Isin und Marad. Adadschuma-iddina, ebenfalls von den Assyrern gekrönt, wurde von seinen eigenen Adligen 1217 v. Chr. abgesetzt.

Tukulti-Ninurta führte nicht nur in Babylonien Krieg, sondern kämpfte auch im Osten, Norden und Westen, wo er, so behauptete er, den Euphrat überschritten und 28 800 Hethiter gefangengenommen habe. Zu dem umfassenden Bauprogramm in seiner Hauptstadt Assur gehörte die Anlage eines Stadtgrabens. Er ließ den Ischtar-Tempel umbauen und legte den Grundstein für einen neuen Palast im Nordwesten der Stadt. Doch schon in seinen Anfängen ließ er dieses Projekt fallen und gründete statt dessen eine neue Stadt etwa drei Kilometer nördlich von Assur auf der gegenüberliegenden Seite des Tigris. Er gab ihr den Namen Kar-Tukulti-Ninurta, ließ 700 Quadratmeter befestigen und einen Tempel mit einer Zikkurrat für den Gott Assur errichten. Auch ein Palast mit herrlichen Wandmalereien schmückte die neue Stadt, die Tukulti-Ninurta das Ansehen einbringen sollte, das er durch Gebietsverluste gegen Ende seiner Regierung in Assur einbüßen mußte. Im Jahr 1207 v. Chr. entfesselte sein Sohn einen Aufstand. Mit Unterstützung des assyrischen Adels belagerte er den Palast in Kar-Tukulti-Ninurta und ermordete seinen Vater.

Der Niedergang Elams

Ungefähr 40 Jahre später (ca. 1165 v. Chr.) wurde Schutruk-Nachunte König von Elam und führte zu einer Zeit, in der die meisten Königreiche von Krisen geschüttelt waren, sein Land in eine glanzvolle Epoche. Von den Angaben auf einer Stele wissen wir, daß er den Ulai-Fluß überquerte, in Mesopotamien eindrang und 700 Städte eroberte. Er zwang Dur-Kurigalzu, Eschnunna, Sippar, Opis, Dur-Scharrukin und vielleicht auch Akkad, einen hohen Tribut zu zahlen. Funde in Susa bezeugen die Beute dieses Feldzugs. Statuen aus Eschnunna befinden sich darunter, die Siegessäule des Naram-Sin aus Sippar, eine Statue des kassitischen Königs Melischipak aus Kara-

Mittelassyrische Könige

Assur-uballit I.	1363 - 1328
Enlil-nirari	1327 - 1318
Arik-den-ili	1317 - 1306
Adad-nirari I.	1305 - 1274
Salmanassar I.	1273 - 1244
Tukulti-Ninurta I.	1243 - 1207
Assur-nadin-apli	1206 - 1203
Assur-nirari III.	1202 - 1197
Enlil-kudurri-usur	1196 - 1192
Ninurta-apil-Ekur	1191 - 1179
Assur-dan I.	1178 - 1133
Assur-resch-ischi	1132 - 1115
Ninurta-tukulti-Assur	1115
Mutakkil-Nusku	1115
Tiglatpileser I.	1114 - 1076

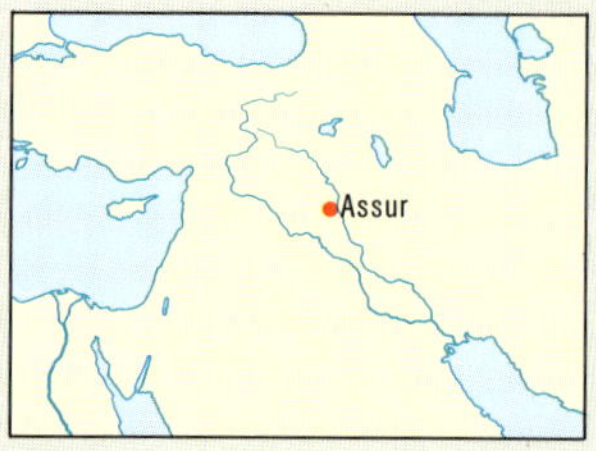

Assur

Die Stadt Assur lag auf einem Felsvorsprung über dem Tigris. An diesem Ort, heute als Qalat Scherqat bekannt, befanden sich seit mindestens 2400 v. Chr. Siedlungen. Im Ischtar-Tempel fand man Statuen im frühdynastischen Stil. Im frühen zweiten Jahrtausend gründeten die Kaufleute von Assur Handelskolonien in Anatolien. Assur bildete einen Teil des Reiches von Schamschi-Adad I. (ca. 1813 - 1781 v. Chr.) und geriet später unter die Herrschaft der Könige von Mitanni.

Unter Assur-uballit I. (1363 - 1328 v. Chr.) expandierte Assyrien nach dem Untergang von Mitanni. Assur wurde die Metropole eines Königreiches, das sich vom Euphrat bis zu den Bergen des Irans erstreckte. Assurnasirpal II. (883 - 859 v. Chr.) wählte Kalchu zu seiner Hauptstadt, doch ließen er und spätere assyrische Könige die Tempel und andere Bauten in Assur unterhalten, um die Stadt als religiösen Mittelpunkt des assyrischen Reiches zu bewahren. Die assyrischen Könige wurden nach alter Tradition im Palast von Assur begraben.

Der Stadtgott trug ebenfalls den Namen Assur; und seit das Ansehen des Gottes mit dem Wohlstand des assyrischen Staates wuchs, nahm Assur im assyrischen Pantheon den Platz von Enlil und Marduk ein. Der Assur-Tempel erhob sich über der Stadt an der Spitze des Felsvorsprungs. Der assyrische König legitimierte seinen Machtanspruch durch seine Rolle als Priester des Gottes Assur. Meder und Babylonier fielen 614 und 612 v. Chr. in Assyrien ein und eroberten und plünderten Assur. Später wurde Assur aufgegeben, doch im ersten und zweiten Jahrhundert n. Chr. wurde das Stadtgebiet unter dem Namen Labbana wieder besiedelt.

Unten: Kalksteinrelief aus einem Brunnen im Tempel des Assur. Es zeigt einen Gott mit Pflanzen, die von zwei Ziegen angeknabbert werden. Das Schuppenmuster auf seiner Kleidung und seiner Kopfbedeckung deutet auf eine Berggottheit hin, vielleicht auf Assur selbst. Unten stehen zwei Göttinnen mit überfließenden Vasen. Höhe 1,36 m.

Unten: Die archäologische Fundstätte von Assur wurde vor dem Ersten Weltkrieg von einer deutschen Expedition freigelegt. Man durchzog den Platz mit langen Gräben und entdeckte die Hauptgebäude im nördlichen Teil der Stadt. Dazu gehörten die Tempel von Assur, Ischtar und Nabu, die Doppeltempel von Sin und Schamasch, Anu und Adad, die Zikkurrat sowie die Paläste der assyrischen Könige. Nach Norden und Osten boten steile Felsen Schutz. Im frühen 2. Jahrtausend v. Chr. wurde die Stadt befestigt und in der mittelassyrischen Zeit nach Süden hin erweitert.

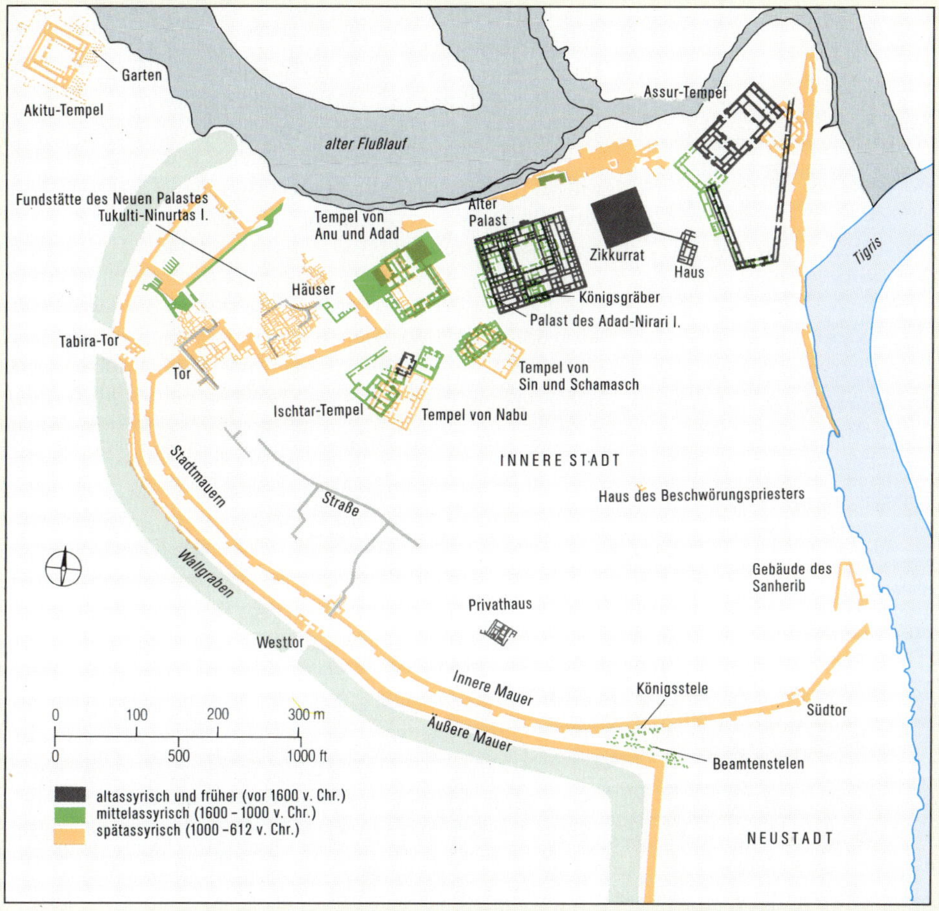

Unten: Blick auf Assur vom Nordwesten. Rechts erheben sich die Ruinen der Zikkurrat, die noch immer die Stadtsilhouette beherrscht. In der Mitte bezeichnet ein Polizeiposten des 19. Jahrhunderts den Platz des Assur-Tempels. Im Hintergrund fließt der Tigris.

Ganz unten: Unter dem Palast in Assur entdeckte man fünf Königsgräber, darunter das von Assur-bel-kals (1074 bis 1057 v. Chr.) in der Mitte des Bildes mit dem noch vorhandenen Steinsarkophag, sowie die von Assurnasirpal II. (883 - 859 v. Chr.) und Schamschi-Adad V. (823 - 811 v. Chr.).

Indasch (vielleicht handelt es sich bei dieser Stadt um das moderne Karind im Sagrosgebirge) sowie Statuen aus Akkad. In seinem großen Reich restaurierte Schutruk-Nachunte den Tempel von Lijan bei Buschir an der Golfküste und brachte Anschan in Fars unter seine Kontrolle.

Als sein Sohn Kutir-Nachunte König wurde, marschierte er in Babylonien ein und setzte die Dynastie der Kassiten ab. Aus Babylon entführte er die Statue des Gottes Marduk und aus Uruk das Standbild der Göttin Inanna nach Elam. Sein Bruder und Nachfolger Schilhak-Inschuschinak führte seine Kriegszüge entlang der Vorberge des Sagrosgebirges und kam im Nordwesten bis Arrapcha und Nuzi, außerdem nach Halman, Me-Turnat und Ebeh (heute Djebel Hamrin) - er drang damit auf Gebiete vor, die Teil Assyriens gewesen waren. Schilhak-Inschuschinak heiratete die Frau seines Bruders und vollendete den Wiederaufbau des Tempels von Inschuschinak in Susa. Er baute auch in Lijan und Tulaspid sowie an rund 20 anderen Orten. Zu den Funden aus seiner Regierungszeit gehört eine ungewöhnliche Bronzeskulptur. Sie stellt eine religiöse Szene dar, die Sonnenaufgang (*sit schamschi*) genannt wurde.

Auf Schilhak-Inschuschinak folgte sein Neffe Huteludusch-Inschuschinak, der elamitischen Tradition der Thronfolge entsprechend in der brüderlichen Linie. Huteludusch-Inschuschinak erneuerte die Tempel von Susa und baute in Anschan, wo in einem öffentlichen Gebäude 250 Verwaltungstexte in elamitischer Schrift gefunden wurden. Sie stammen vermutlich aus seiner Regierungszeit. Huteludusch-Inschuschinak geriet in Konflikt mit Nebukadnezar I. (1125 - 1104 v. Chr.), einem Mitglied der Zweiten Dynastie von Isin, die die Macht ergriffen hatte, als der letzte Kassitenkönig, Enlil-nadin-ahi (1157 - 1155 v. Chr.) in Gefangenschaft geraten war. Nebukadnezars erste Versuche, in Elam einzudringen, blieben erfolglos. Doch nach einem Gewaltmarsch mitten im Sommer erschien er unerwartet in der Nähe von Susa und schlug die elamitische Armee. Die Babylonier plünderten Susa und brachten die Statue des Gottes Marduk wieder zurück. Der Fortgang der elamitischen Geschichte ist unsicher, denn in den nächsten drei Jahrhunderten wird es in den Quellen nicht erwähnt.

Seine Erfolge im Osten konnte Nebukadnezar im Norden nicht wiederholen. Dort traf er auf die Assyrer, zuerst unter Aschur-resch-ischi I. (1132 - 1115 v. Chr.), dann unter Tiglat-Pileser I. (1114 - 1076). Tiglat-Pileser war ein erfolgreicher Feldherr. Am Oberlauf des Tigris schlug er ein Heer von 20 000 Muschki-Kriegern (dieselben Stämme, die das Hethiterreich zerstört haben sollen). Danach griff er die Nairi-Länder an, jene Region, die später Urartu genannt wurde. Nordwestlich des Vansees ließ er seine Taten in ein Felsrelief meißeln. Im Westen kämpfte er gegen die Achlamu-Aramäer, wobei er nicht weniger als 28mal den Euphrat überquerte. Auf einem dieser Feldzüge erreichte er bei Arwad das Mittelmeer. Nach assyrischen Überlieferungen bestieg er ein Boot und jagte ein wildes Tier, das als »Seepferd« bezeichnet wird; vermutlich handelte es sich um einen Narwal oder einen Delphin.

Tiglatpilesers Eroberungen gingen jedoch nach seinem Tod wieder verloren, und in den folgenden Jahrhunderten beschränkte sich der Einfluß seines Staates auf das assyrische Dreieck, das von Assur, Ninive und Arbil gebildet wurde. Doch hatten Tiglatpilesers Heerzüge Assyrien in die Lage versetzt, die heftigen Angriffe der Muschki und der Aramäer zu überstehen, so daß es zwei Jahrhunderte später erneut mächtig genug war, um den Nahen Osten zu beherrschen.

Wissenschaft und Technologie

Trotz der endlosen kriegerischen Auseinandersetzungen in der zweiten Hälfte des zweiten Jahrtausends waren diese Jahrhunderte eine Zeit großen Wohlstands und Fortschritts. Handel und Handwerk blühten und versorgten die Königshöfe, von denen einer den anderen übertreffen wollte, mit Luxusgütern.

Farbige Steine waren seit jeher als Schmuck geschätzt, und schon früh wurde versucht, sie künstlich herzustellen. Eines der als Ersatz verwendeten Materialien war Fayence, eine Mischung aus gemahlenen Quarzsteinen, Asche und Kupfererz. Sie wurde erhitzt, um Gegenstände mit einer leuchtendblau glasierten Oberfläche zu schaffen. Belege für diese Technik können bis in die Ubaid-Zeit zurückverfolgt werden; gegen Ende des Dritten Jahrtausends jedoch war sie sehr verbreitet, vor allem für die Bearbeitung von Perlen, Amuletten, Siegelstempeln sowie für Einlegearbeiten. Auch einige Gefäße aus Fayence stammen aus dieser Zeit; im zweiten Jahrtausend waren Fayence-Schalen häufig anzutreffen. In der mittelelamitischen Zeit wurde der Tempel des Inschuschinak in Susa mit glasierten, geformten Ziegeln verziert.

Ein technologischer Durchbruch war die Herstellung von Glas in der Mitte des zweiten Jahrtausends. Vereinzelt dürften Glasstücke schon frühzeitig bei der Herstellung von Fayence zufällig entstanden sein, doch es gibt keine Belege für eine planmäßige Glasproduktion und erst recht nicht für die Existenz von Glasgefäßen. Die ersten Exemplare, die aus Fundstätten in Nordmesopotamien stammen, reichen in das 15. Jahrhundert v. Chr. zurück. Sie wurden um einen Kern geformt oder aus kurzen Glasstäbchen gefertigt, um ein Mosaik zu schaffen. Auch Rollsiegelstempel, Anhänger und Plaketten stellte man aus Glas her. Aus dieser Zeit stammen auch glasierte, also mit einer dünnen Glasschicht überzogene Keramikgefäße; Glasurziegel schmückten die Paläste der mittelassyrischen Könige.

In das vierte Jahrtausend gehören einige Gegenstände aus Eisen, doch waren sie noch sehr selten. Im frühen zweiten Jahrtausend erwähnen Texte, die den altassyrischen Handel dokumentieren, Eisen; einige Jahrhunderte später fanden sich eiserne Gegenstände, unter ihnen ein Dolch, im Grab Tutanchamuns. Einige hethitische Zeugnisse erwähnen eiserne Waffen, Schreibtafeln sowie Eisenstatuen. Ein Brief des hethitischen Königs Hattuschili III. überliefert, daß dieser dem assyrischen König einen eisernen Dolch zum Geschenk gemacht habe. Zu dieser Zeit war Eisen kostbarer als Gold. Doch sein Wert lag hauptsächlich in seiner Seltenheit. Erst die Entdeckung, daß Eisen mit Hilfe von Kohle zu Stahl verarbeitet werden konnte, machte es zu einem Konkurrenten für die Bronze. Die großen Aufstände des 12. Jahrhunderts v. Chr. werden allgemein als das Ende der Bronzezeit und der Beginn der Eisenzeit interpretiert. Doch wenn um diese Zeit auch der Schmelzprozeß des Eisens bereits bekannt war, so beherrschte man noch kaum die Praxis. Erst seit dem 9. Jahrhundert war Stahl so allgemein bekannt, daß er für die Herstellung von Werkzeugen und Waffen gebraucht werden konnte.

Schrift

Die Keilschrift wurde im vierten Jahrtausend v. Chr. in Südmesopotamien erfunden. Da Hunderte unterschiedlicher Zeichen für Silben und Wörter existierten, benötigten die Schreiber viele Jahre, um die Schrift zu erlernen. Das phonetische Aphabet, das aus weniger als dreißig Buchstaben bestand, entwickelten die Kanaanäer vor 1600 v. Chr. und ersetzten damit im folgenden Jahrtausend die Keilschrift. Die Formen der Buchstaben des ersten Alphabets glichen den ägyptischen Hieroglyphen; doch lautlich gaben sie die Anfangsbuchstaben der entsprechenden kanaanäischen Wörter wieder. So stand das Bild eines Hauses für den Laut »b«, den ersten Buchstaben von *bet*, dem kanaanäischen Wort für Haus. Die frühen Alphabete umfaßten 27 oder 28 Buchstaben, doch im 13. Jahrhundert v. Chr. reduzierte sich die Zahl auf 22. Als die Griechen zu

Unten: Das proto-kanaanäische Alphabet, das man an archäologischen Stätten wie Serabit al-Chadim im Sinai fand, wurde adaptiert, um die Grundlage des Alphabets zu bilden, mit dem andere semitische Sprachen, darunter das Phönikische und Aramäische, später auch das Hebräische und Arabische geschrieben werden konnten. Es wurde auch von den Griechen übernommen und für europäische Sprachen benutzt. In der Tat leiten sich alle Alphabete der modernen Welt von dem ab, das im Nahen Osten entwickelt wurde.

Proto-kanaanäisch	*Frühe Namen und Bedeutungen der Buchstaben*		*Phönikisch*	*Früh-griechisch*	*Frühe lateinische Majuskelschrift*	*Moderne lateinische Buchstaben*
	alp	Ochsenkopf				A
	bêt	Haus			B	B
	gaml	Wurfstock				C
	digg	Fisch				D
	hô(?)	rufender Mann				E
	wô (waw)	Keule				F
	zê(n)	?	I	I		
	ḥê(t)	Zaun?			H	H
	ṭê(t)	Spindel?	⊗	⊗		
	yad	Arm				I
	kapp	Palme			K	K
	lamd	Ochsentreib-stock				L
	mêm	Wasser				M
	naḥš	Schlange				N
	cên	Auge	O	O	O	O
	pi't	Ecke?				P
	sa(d)	Pflanze				
	qu(p)	?				Q
	ra'š	Menschenkopf			R	R
	tann	Schriftbogen				S
	tô (taw)	Eigentümer-zeichen			T	T

Beginn des ersten Jahrtausends das Alphabet übernahmen, bedienten sie sich einiger der Buchstaben, um Vokale statt Konsonanten wiederzugeben.

Die Keilschrift ermöglichte es, in vielen Sprachen zu schreiben. Doch verwendete man im alten Nahen Osten auch andere Schriften, wie zum Beispiel die hethitischen Hieroglyphen oder die elamitische Linearschrift. In Ugarit und anderen Fundstätten der Levante wurde das kanaanäische Alphabet in Keilschriftzeichen umgewandelt und damit Texte in der lokalen semitischen Sprache, dem sogenannten Ugaritisch, aufgezeichnet. Die altpersische Schrift, in der beispielsweise die Königsinschriften der Achämenidenherrscher verfaßt wurden, bestand im wesentlichen auch aus einem in Keilschriftzeichen wiedergegebenen Alphabet.

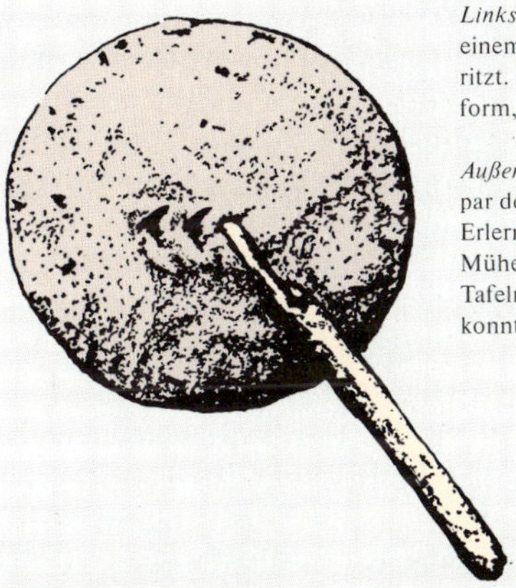

Links: Keilschriftzeichen wurden mit einem Schilfrohrgriffel in Ton eingeritzt. So entstanden Zeichen in Keilform, die der Schrift ihren Namen gab.

Außen links: Schulübungstafel aus Sippar des 18. Jahrhunderts v. Chr. Das Erlernen der Keilschrift machte große Mühe. Die Schreiber übten auf runden Tafeln, die wieder verwendet werden konnten.

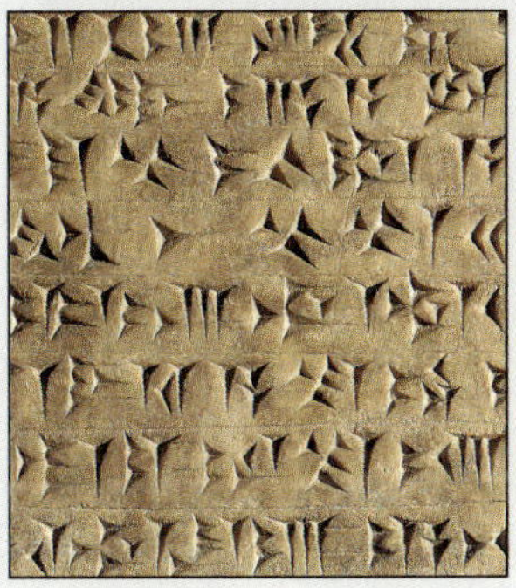

Oben: Auf einem Relief aus dem Südwestpalast von Ninive (ca. 630 – 620 v. Chr.) verzeichnen assyrische Schreiber die Beute eines siegreichen Feldzugs in Babylonien. Einer schrieb in der akkadischen Keilschrift auf eine zusammenklappbare Tafel, der andere Aramäisch auf eine Papyrus- oder Lederrolle. Im 7. Jahrhundert v. Chr. waren die aramäische Schrift und Sprache im assyrischen Reich gebräuchlich, doch sind nur wenige Dokumente überliefert, da Papyrus und Pergament im Gegensatz zu Tontäfelchen schnell verwittern.

Links: Um sicherzugehen, daß niemand heimlich an dem Text etwas änderte, bewahrte man die Täfelchen in Tonhüllen auf, die mit demselben Text wie die Täfelchen versehen wurden. Dieses Exemplar des 18. Jahrhunderts v. Chr. stammt aus Alalach.

Oben: Liste von Synonymen aus Assurbanipals Bibliothek in Ninive. Diese Listen bildeten die Grundlage der mesopotamischen Schreibtradition. Sie wurden meist zweisprachig verfaßt, gewöhnlich Sumerisch und Akkadisch.

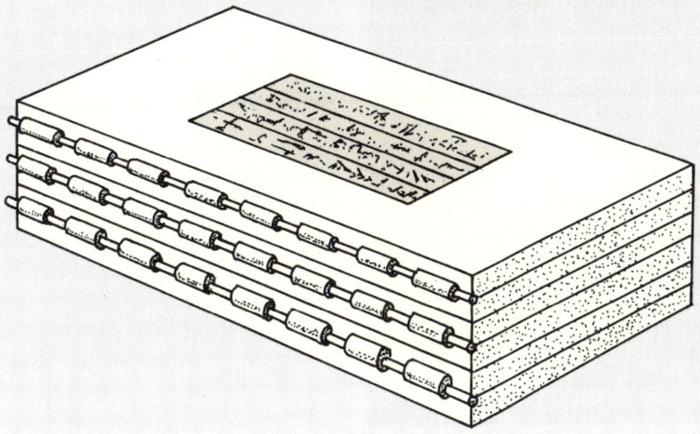

Unten: Zeichnung einer aufklappbaren Schreibtafel aus einem Brunnen im Nordwestpalast von Kalchu. Die Tafeln waren mit farbigem Wachs überzogen, auf das der Text geschrieben wurde. Eine Tafel aus dem 11. Jahrhundert entdeckte man im Wrack eines Schiffes vor der südtürkischen Küste.

Keilschrift, die am häufigsten überlieferte Schrift des alten Nahen Ostens, wurde in Ton eingedrückt, in Metall eingekratzt *(oben links)* oder in Stein eingeschnitten. Im ersten Jahrtausend v. Chr. bedienten sich alle Hochkulturen alphabetischer Schriften. Sie wurden mit Tinte und Pinsel auf Papyrus oder Pergament geschrieben, gelegentlich auch auf Keramikscherben *(oben rechts)*. Die Hieroglyphenschrift in Bildern wurde von den Hethitern und ihren Nachfolgern in der Levante und in Anatolien für ihre Königsinschriften auf Monumenten verwendet *(Mitte rechts)*.

Die Entdeckung Mesopotamiens

Die späteren Reiche Assyrien, Babylonien und Persien werden in der Bibel und von griechischen Autoren eingehend beschrieben; aber von der frühen Geschichte Mesopotamiens ist nichts überliefert. Im 17. und 18. Jahrhundert n. Chr. schilderten europäische Reisende die Ruinen von Persepolis, der von dem persischen König Darios I. (521–486 v. Chr.) erbauten Zitadelle, und fertigten Kopien von den Keilschriftinschriften an, die sie dort vorfanden. Der deutsche Gelehrte Georg Grotefend (1775 bis 1843) entzifferte 1802 einen Teil der altpersischen Schrift. Zwischen 1835 und 1837 kopierte Henry Rawlinson (1810 bis 1895) die lange altpersische Inschrift des Felsens von Bisutun und lieferte die vollständige Übersetzung. Zehn Jahre später zeichnete Rawlinson mit Hilfe eines kurdischen Jungen die babylonische Fassung ab und veröffentlichte 1850 seine Übersetzung der Keilschrift.

Währenddessen arbeiteten zahlreiche Archäologen emsig an den mesopotamischen Fundstellen. Claudius James Rich (1787–1820), der Vertreter der British East India Company in Bagdad, veröffentlichte im Jahre 1815 die erste wissenschaftliche Untersuchung der archäologischen Stätte Babylon.

In den 1840er Jahren entdeckte man die Hauptpaläste der assyrischen Könige; in den folgenden Jahrzehnten unternahm man im ganzen Nahen Osten viele Ausgrabungen, um nach Objekten zu suchen, die man in den Museen ausstellen und studieren konnte. Die Jagd nach Altertümern im 19. Jahrhundert erfuhr in den sorgfältigen Ausgrabungen Robert Koldeweys (1855–1925) in Babylon zwischen 1895 und 1917 ihren Höhepunkt.

Rechts: Wachsporträt des Generalmajors Sir Henry Creswicke Rawlinson. Es gelang ihm, die dreisprachige Inschrift von Darios in Bisutun zu kopieren, was ihm die Entzifferung der altpersischen und der babylonischen Keilschrift ermöglichte.

Außen rechts: Hormuzd Rassam (1826 bis 1910), Christ aus Mosul, war Layards Hauptassistent in Nimrud und Ninive (siehe Seite 153). Nach Layards Rückkehr nach England setzte er die Ausgrabungen fort. Im Jahr 1877 erhielt Rassam die Erlaubnis, sämtliche Fundstellen vom Golf bis zum anatolischen Hochland freizulegen. Zu seinen vielen Entdeckungen gehören der Nordwestpalast von Assurbanipal in Ninive und die Balawat-Tore.

Rechts: Sir Leonard Woolley (1880 bis 1960) war einer der bedeutendsten Ausgräber des 19. Jahrhunderts. Er dokumentierte seine Arbeiten gewissenhaft und verstand es, eine breite Öffentlichkeit für seine Entdeckungen zu interessieren. Seine Ausgrabungen in Ur zwischen 1922 und 1934 enthüllten die Stadtgeschichte von der Ubaid-Periode bis zur persischen Zeit und wurden mustergültig in allen Einzelheiten veröffentlicht. Bei der Ausgrabung des Königsfriedhofes bewies er seine beachtlichen technischen Fähigkeiten, als er Gips und geschmolzenes Paraffinwachs benutzte, um viele kostbare Gegenstände freizulegen und zu retten.

Unten und links: Zwei der Lyren, die Woolley im Grab der Königin Puabi entdeckte. Alle hölzernen Bauteile waren verfault, nur die Mosaikeinlegearbeiten blieben erhalten. Woolley gelang es, die Gegenstände zu bergen. Im Labor wurde ihr ursprünglicher Zustand wiederhergestellt.

Unten: Der anschauliche Bericht der Reisen und Entdeckungen von Sir Austen Henry Layard (1817–1894) fesselte das viktorianische England ebenso wie die heutigen Leser. Nachdem er fünf Jahre den Nahen Osten bereist hatte, begann der 28jährige Layard mit Ausgrabungen am Tell Nimrud, dem alten Kalchu, im November 1845. Er entdeckte den Palast von Assurnasirpal II. Im Jahr 1846 leitete er Ausgrabungen in Ninive und fand dort den Palast von Sennacherib. Er errechnete, daß er allein in diesem Gebäude etwa 3 km an Steinreliefs freigelegt hatte. 1851 verließ er Nimrud endgültig. Nachdem er einen ausführlichen Bericht über seine Ausgrabungen verfaßt hatte, wechselte er von der Archäologie zur Politik und wurde schließlich Botschafter in der Türkei. Dieses Gemälde zeigt Layard bei Bavian, in der Nähe des für Ninive gebauten Kanalsystems, bei der Untersuchung einer Kammer, die in ein Felsrelief Sennacheribs geschnitten wurde.

Oben: Layard in persischer Kleidung. Während seiner ersten Jahre im Osten bereiste Layard das ganze Land. Er besuchte auch Luristan, eine Gegend, in der damals gefährliche Zustände herrschten. Doch durch sein Verständnis und seine Sympathie für die Einheimischen gelang es Layard, viele schwierige Situationen zu meistern.

Oben: Paul Emile Botta (1802–1870) war Arzt und Entdecker Arabiens und Jemens. Im Jahr 1840 wurde er zum französischen Konsul in Mosul ernannt. Im Dezember 1842 begann Botta am Tell Kujundjik, dem Festungsberg des alten Ninive, ohne Erfolg zu graben. Im März darauf arbeitete er in Chorsabad weiter und entdeckte die großartigen Überreste von Dur-Scharrukin, der Hauptstadt von Sargon II. von Assyrien.

Ganz oben: Dieses frühe Foto von 1852/53 zeigt eines der Stadttore von Dur-Scharrukin, das von Victor Place (1818–1875) freigelegt wurde, nachdem Botta nach Frankreich zurückgekehrt war.

Die Jagd – eine königliche Kunst

Nach der neolithischen Revolution war die Jagd für den täglichen Nahrungserwerb nicht länger notwendig. Doch die Wildtiere lebten als inhaltsvolle Symbole weiter und spielten in der religiösen Ikonographie der prähistorischen Zeit eine wichtige Rolle. Mit der Entwicklung des Königtums wurde die kulturelle Bedeutung dieser Tiere von den Herrschern zur Legitimation ihrer Macht genutzt: Das Bild des siegreichen Jägers brachte den König sowohl mit göttlicher Gunst als auch mit diesseitigem Erfolg in Verbindung.

Die königliche Lust am häufig maßlosen Töten wilder Tiere spiegelt sich auch in den Texten wider; so behauptete der mittelassyrische König Tiglatpileser I., bei einer einzigen Jagd vier wilde Stiere, zehn Elefanten und 920 Löwen getötet zu haben, 800 von seinem Wagen aus und 120 zu Fuß. Diese Jagden wurden sorgfältig vorbereitet. Die Mari-Briefe (ca. 1800 v. Chr.) berichten über das Einfangen wilder Löwen, die später als Zielscheiben des Königs freigelassen wurden, ähnliche Szenen überliefern die assyrischen Reliefs. Diese Tradition setzten die Perser fort; das Wort »Paradies« stammt aus dem Persischen, wo es die Bedeutung eines Wildparks hat, in dem die Könige jagten.

Unten: Die Wandmalereien in einem Schrein der neolithischen Fundstätte Chatal Hüyük (ca. 6500 v. Chr.) zeigen Jagdszenen. Den Mittelpunkt dieser farbigen Rekonstruktion bildet ein wilder Stier (Länge etwa 2 m), der von Jägern umgeben ist. Sie sind mit einem Lendentuch bekleidet und mit Pfeil und Bogen ausgerüstet.

Oben: Auf dem Abdruck eines Rollsiegels, das den Namen des persischen Königs Darios I. (521 – 486 v. Chr.) trägt, jagt der König von seinem Wagen aus einen Löwen, ein Motiv, das von Künstlern früherer Dynastien übernommen wurde. Höhe 3,7 cm.

Rechts: Dieser Ausschnitt der Kopie eines Wandgemäldes aus dem spätassyrischen Provinzpalast von Til Barsip zeigt eine Löwenjagd.

Oben: Eine der frühesten Darstellungen eines antiken Herrschers trägt diese Basaltstele aus Uruk im Südirak (spätes 4. Jahrtausend v. Chr.). Der abgebildete Mann mit Kopfband und kurzem Rock erscheint zweimal; oben tötet er einen Löwen mit dem Speer, unten schießt er mit dem Pfeil ebenfalls auf einen Löwen. Zwei bereits getötete Löwen liegen daneben. Die Figur wurde als *en* oder Hohepriester der Stadt identifiziert. Höhe 78 cm.

Unten: Assurnasirpal II. (883 – 859 v. Chr.) schmückte die Wände des Thronsaals seines Palastes in Kalchu mit kultischen Ritualszenen, Kriegs- und Jagddarstellungen. Hier schießt er mit Pfeil und Bogen auf einen Löwen. Wie es die Tradition verlangte, liegt ein zweiter Löwe bereits zu Füßen der Pferde.

Links: Ein Goldteller aus dem 14. Jahrhundert v. Chr., der in Ugarit am Mittelmeer gefunden wurde, zeigt einen Wagenlenker, vermutlich den Herrscher der Stadt, mit seinem Hund bei der Verfolgung einer Ziege und einer Herde wilder Stiere. Durchmesser 18,5 cm.

Rechts und unten: Die lebendigsten Jagdszenen des alten Nahen Ostens wurden in die Wände des Nordpalastes von Assurbanipal (668 – 629 v. Chr.) in Ninive gemeißelt. Das Motiv des Königs, der einen aufrecht stehenden Löwen ersticht, wurde als Siegel der assyrischen Könige übernommen. Es ist auch in die Tore des persischen Palastes in Persepolis eingemeißelt. Obgleich die Tötung von Löwen, aber auch anderer Tiere eine königliche und kultische Pflicht war, zeigt die häufige Erwähnung in Texten und die vielfache Darstellung auf Reliefs, daß dem König dieser Sport auch Vergnügen bereitete.

Elfenbeinschnitzerei

Seit dem Paläolithikum wurde Elfenbein als luxuriöser Werkstoff geschätzt. Es verbindet Festigkeit mit Flexibilität und ist ebenso schön wie praktisch. Es läßt sich wie hartes Holz schnitzen, größere Gegenstände können aus mehreren Teilen zusammengesetzt werden. Im Altertum wurde es in der Regel koloriert, indem man es entweder mit Goldfolie überzog, einfärbte oder Halbedelsteine oder auch Glas einlegte. Im 2. und 1. Jahrtausend v. Chr. lebten zwar Elefanten in Syrien, das begehrte Elfenbein wurde allerdings hauptsächlich aus Ägypten oder aus Indien eingeführt.

Obwohl Elfenbein häufig in den berühmten Amarnabriefen erwähnt wird, existieren aus dem 2. Jahrtausend relativ wenige Funde. Für die spätassyrische Zeit hingegen liegen detaillierte Beschreibungen von Elfenbein vor, das die assyrischen Könige erwarben; der Fundhorizont erweiterte sich. Tausende von Elfenbeinartefakten wurden in der assyrischen Hauptstadt Kalchu, dem modernen Nimrud, ausgegraben.

Viele Städte in der Levante besaßen eigene Elfenbeinschnitzschulen, Beispiele der verschiedenen Stilarten zeigen die Funde aus Nimrud. Manche Stücke erinnern stark an die ägyptische Kunst, etwa das sogenannte phönikische Elfenbein, andere Kunstwerke ähneln den kraftvollen Bildern der steinernen Orthostaten in den nordsyrischen Königreichen; nicht zuletzt existieren auch beeindruckende Elfenbeinschnitzereien in einer unverwechselbar assyrischen Stilrichtung.

Unten: Die beiden Rücken an Rücken dargestellten Frauen sind bis auf ihre hohen Kronen, Halsbänder und langen Ringellocken nackt. Sie bildeten den Griff eines Fächers oder Fliegenwedels. Dieses in syrischem Stil geschnitzte Exemplar wurde in der Festung von Kalchu gefunden. Höhe 13,2 cm.

Ganz oben: Dieser einmalige und außerordentliche Gegenstand wurde im letzten Jahrzehnt in einem Brunnen im Nordwestpalast von Kalchu gefunden. Er ist aus einem einzigen massiven Stück Elfenbein geschnitzt und auf allen Seiten verziert. Oben in der Mitte befindet sich eine leichte Vertiefung, vermutlich für Kosmetika; zwei Schlitze daneben waren vielleicht für Pinsel gedacht. Länge 24,7 cm, Breite 12,2 cm, Höhe 9,4 cm.

Oben: Diese Sphinx in Durchbrucharbeit hat vieles mit der kunstvoll geschnitzten Kosmetikpalette gemein sam. Sie wurde auf dem Grund desselben Brunnens entdeckt. Es handelt sich um das einzige bekannte Exemplar einer von vorne dargestellten Sphinx. Das Gesicht ist ausdruckslos; die Klauen halten eine Ziege fest, die von Geiern angefressen wird. Höhe 9,9 cm, Breite 14,6 cm.

Links: Diese Schnitzerei in Durchbruchsarbeit ist auf beiden Seiten bearbeitet. Es war eines von vier Exemplaren, die wahrscheinlich einen Stuhl oder ein Bett schmückten, und gehört zu einer größeren Gruppe kleinerer Stücke, die in gleichem Stil und gleicher Technik hergestellt sind. Möglicherweise wurden sie in Guzana (Tell Halaf) am Fluß Chabur geschnitzt. Höhe ca. 14 cm.

Unten links: Eine Löwin tötet einen Nubier vor einem Hintergrund aus Lilien und blühendem Papyrus. Es handelt sich um eine von zwei identischen Platten in klassischem phönikischem Stil, die im Nordwestpalast von Kalchu gefunden wurden. Das Thema ist ursprünglich ägyptisch und symbolisiert den über seine Feinde siegenden Pharao. Lapislazuli und Karneol sind in Gold eingelegt, Gold verleiht auch dem Haar und dem Rock des Nubiers seinen Glanz. Höhe 10,3 cm, Breite 9,8 cm.

Unten: Eine von sechs rundum bearbeiteten Figuren. Sie wurden in der Festung Salmanassar in Kalchu entdeckt und stellen eine Prozession von Tributpflichtigen dar. Jeder führt ein Tier mit sich. Ihre Herkunft ist unsicher, vermutlich sind sie ägyptisch oder phönikisch. Höhe 14,4 cm, Breite 7,7 cm.

Ganz unten Mitte: Stilisierte weibliche Figur, die kunstvoll nach der Form des Stoßzahns ausgerichtet ist; sie wurde im Nordwestpalast gefunden. Eine Scheibe schließt die Basis ab. Höhe 30 cm.

Links: Eine der elfenbeinernen Stuhllehnen, die in einem Lagerraum der Festung Salmanassar aufgestapelt gefunden wurden. Die dekorativen Schnitzereien zeigen Männer, gelegentlich auch Frauen, die Stiele einer rankenden Pflanze ergreifen. Die Gegenstände wurden vermutlich in Nordsyrien angefertigt. Höhe 67 cm, Breite 76 cm.

Oben: Die »Dame am Fenster« war ein beliebtes Motiv der antiken Elfenbeinschnitzer, es wurde in vielen Stilarten angefertigt. Das hier gezeigte Exemplar gehört zu einer Gruppe ähnlicher Kunstwerke, die Austen Henry Layard im Nordwestpalast fand. Höhe 10,8 cm.

ASSYRIEN UND SEINE FEINDE
(1000 - 750 v. CHR.)

Das Ende des dunklen Zeitalters

Von 1200 bis 900 v. Chr. steckten der Nahe Osten, Ägypten und Griechenland in einer Krise. Die Gebiete waren zwar noch bevölkert, aber in den Randgebieten wandelten sich die seßhaften Bauern zu Hirtennomaden. Die größeren Städte blieben jedoch bewohnt. Spätere Quellen berichten, daß in Städten wie Karkemisch, Malatya, Assur, Babylon und Susa die wichtigsten Einrichtungen fortbestanden; obgleich aus jener Zeit nur wenige Aufzeichnungen überliefert wurden. Den Untergang des Nahen Ostens beschleunigten immer geringere Ernteerträge, die den aufwendigen Lebensstil der Königshäuser ermöglichten, wo die historisch wertvollen Dokumente verfaßt wurden. Vermutlich verursachte eine Klimaveränderung die katastrophale Situation der Landwirtschaft, der das Land den früheren Wohlstand verdankte. Die politischen Wirren der Zeit veranlaßten die Bauern, das Nomadenleben und die Weidewirtschaft aufzunehmen.

Die wichtigsten Quellen des frühen ersten Jahrtausends v. Chr. bilden die umfangreichen Inschriften der assyrischen Könige, die darin vor allem die militärischen Erfolge über ihre Nachbarländer vermelden. Nach dem Untergang des Hethiterreichs, der Krise in Assyrien nach der Ermordung von Tukulti-Ninurta I. 1207 v. Chr. und dem Zusammenbruch der 20. Dynastie in Ägypten 1070 v. Chr. existierte kein mächtiges Imperium mehr, das Palästina und die Levante beherrschen konnte. Nur die Berichte über den Feldzug von Tiglat-Pileser I. um 1100 v. Chr. bilden die einzigen Quellen über den Westen bis zur Regierung von Assurnasirpal II. (883 - 859 v. Chr.). Zu der Zeit war diese Region in Stadtstaaten aufgeteilt. Israel und Juda herrschten über Palästina mit Edom, Moab und Ammon als kleineren Staaten im Osten, während weiter nördlich an der Küste phönizische Städte lagen. Die von den Aramäern regierten Staaten im Landesinneren reichten von Damaskus bis Amid (Diyarbakir); am Taurusgebirge dagegen waren neuhethitische Königreiche entstanden.

Die neuhethitischen Herrscher, Nachfahren der Hethiterkönige, bedienten sich der Hieroglyphenschrift, die die Hethiter auch anstelle der Keilschrift für Monumentinschriften verwendet hatten. Mehr als hundert hethitische Hieroglypheninschriften aus der Zeit zwischen 1000 und 700 v. Chr. wurden gefunden. Aramäer und Phöniker benutzten das aramäische Alphabet. Die in Karatepe in Kilikien (dem alten Asitawaddija) ausgegrabene zweisprachige und besonders ausführliche Inschrift (phönikische und hethitische Hieroglyphen) ermöglichte die Entzifferung der Hieroglyphenschrift. Die meisten zweisprachigen Inschriften in Hieroglyphen und aramäischer Schrift enthielten in der Regel nur den Namen und die Titel der Person, die das Bauwerk errichtete. Erst die späteren assyrischen Eroberungen lieferten mehr Einzelheiten über diese Periode.

Israel und Judäa

Laut den Bibeltexten bildete von etwa 1000 bis 930 v. Chr. das vereinigte Reich von Israel und Judäa unter David und Salomo die dominierende Macht in Palästina. Vermutlich entspricht dieser Bericht den Tatsachen, wenn auch Ausgrabungen und die Überprüfung von abertausend Dokumenten aus Ägypten und dem Nahen Osten den Bibelinhalt nicht bestätigen konnten. Zur Zeit des Untergangs der Nachbarstaaten hätte ein geschickter Herrscher wie David ein kleines Reich errichten können.

Aus der Bibel geht hervor, daß nach Josuas Eroberungen die Juden in zwölf Stämme geteilt wurden, die mit den Philistern im Südwesten Palästinas Krieg führten. Von den Philistern angegriffen, vereinigten sich diese Stämme unter Saul. Saul zerstritt sich mit David, seinem Schwiegersohn, der nach seiner Flucht als Entrechteter lebte und sich mit den Philistern verbündete. Als Saul in einer Schlacht gegen die Philister fiel, wurde David König der Juden. Er festigte das Reich und machte Jerusalem zur Hauptstadt des jüdischen Reiches. König David errang Siege über die Aramäer von Damaskus, die Moabiter und die Edomiter.

Aus keinen Quellen ist ersichtlich, wie weit sich Davids Reich erstreckte. Von seinem Sohn Salomo heißt es, daß er über alle Könige westlich des Euphrat herrschte und eine Flotte besaß, die das Rote Meer bis zum Land der Königin von Saba beherrschte und Handel trieb, was allerdings unglaubwürdig erscheint. Salomo könnte aber durchaus ein Reich beherrscht haben, dessen Wohlstand auf regen Handel zurückging. Er gab größere Bauprojekte in Hazor, Megiddo und Gezer in Auftrag. In Jerusalem ließ er die Stadtmauern, seinen Palast und den Tempel von Jahwe errichten. Viele Überreste dieser Epoche sind Salomo zuzuschreiben, unter anderem die dreiräumigen Stadttore in Hazor, Meggido und Gezer. Ähnliche Tore fand man auch in Ashdod und Lachisch, die allerdings einer späteren Zeit angehören.

Nach dem Tod Salomos wurde der Staat in das nördliche Königreich Israel und das südliche Königreich Judäa geteilt. Fünf Jahre später drang der ägyptische Pharao Schoschenk I. (945 - 924 v. Chr.), Gründer der 22. Dynastie, in Palästina ein. Seine Inschrift in Karnak führt 150 Eroberungen an. Fragmente einer von ihm errichteten Stele fand man in Meggido. Laut Bibel überfiel derselbe Pharao, der hier Schischak genannt wird, Jerusalem und plünderte den Palast und Tempel.

Nach einem Bürgerkrieg im 9. Jahrhundert wurde Omri (ca. 882 - 871 v. Chr.) König von Israel. Er verlegte die Hauptstadt nach Samaria. Sein Sohn Ahab heiratete Isebel, die Tochter des Königs von Tyros, und trat einem Bündnis regionaler Herrscher unter Hadadeser (in der Bibel: Ben-Hadad), dem König von Damaskus, bei. Gemeinsam besiegten sie 853 v. Chr. die assyrischen Heere in der Schlacht von Qarqar am Orontes.

Der Wiederaufstieg Assyriens

Assyrien überdauerte trotz seiner Belastungen die gewaltigen Ereignisse gegen Ende des zweiten Jahrtausends. Während der mittelassyrischen Epoche folgten unfähige Könige auf starke Herrscher. Dieses Muster wiederholte sich in der spätassyrischen Periode. Es existieren zahlreiche Annalen von Feldzügen. Mit den genauen Titeln der Könige und Listen ihrer Bauwerke wurden sie in Gedenkinschriften auf Stelen oder Felsreliefs, manchmal auch auf Grundsteinen verewigt. Voreingenommen vermelden sie nur assyrische Siege, während ihre Niederlagen entweder verschwiegen oder als Siege deklariert werden. Andere

Israel und Judäa
Als Ergebnis von 200 Jahren archäologischer Forschung ist das biblische Land Palästina eine der bekanntesten Regionen des Nahen Ostens. Die Mehrzahl der in der Bibel erwähnten Städte ist mit ziemlicher Sicherheit zu identifizieren. Nicht alle Begebenheiten der Bibel wurden als historische Fakten anerkannt, es sei denn, sie lassen sich durch unabhängige Zeugnisse bestätigen. Das Reich der Juden wurde von Saul und David begründet, die sich für Jerusalem als Hauptstadt entschieden. Es erlebte seine Glanzzeit unter Salomo, der den Tempel in Jerusalem erbaute. Nach Salomos Tod etwa 928 v. Chr. wurde das Reich zweigeteilt: Israel im Norden und Judäa im Süden gingen aus der Teilung hervor. Jerusalem blieb die Hauptstadt von Judäa, die Metropole von Israel jedoch wechselte mehrfach, bevor man Samaria auswählte. Im Jahr 924 v. Chr. fiel der ägyptische Pharao Schoschenk I. in Israel und Judäa ein, doch trotz seiner Behauptung, viele Städte eingenommen zu haben, blieben Israel und Judäa bestehen, bis die Länder schließlich im 8. und 7. Jahrhundert v. Chr. von den Assyrern erobert wurden.

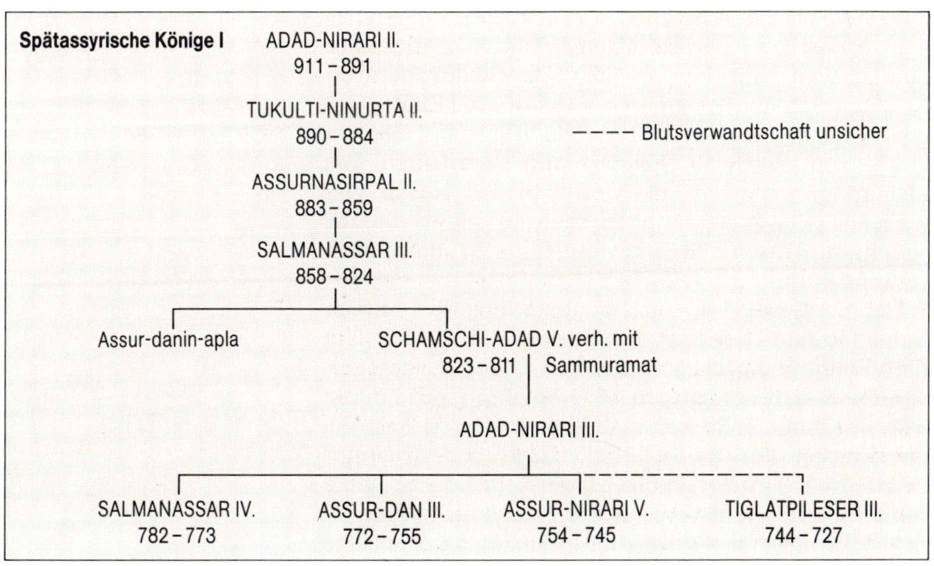

Quellen wie die Bibel und babylonische Chroniken liefern abweichende Darstellungen derselben Ereignisse; Briefe an assyrische Könige, die eher eine pragmatische Haltung verraten, gaben Aufschluß über den tatsächlichen Geschichtsverlauf.

Trotz der aramäischen Überfälle blieb das assyrische Kernland nahezu unversehrt. Gegen Ende des zehnten Jahrhunderts konnte Adad-nirari II. (911 - 891 v. Chr.) die wirtschaftliche Stabilität und die militärische Vormachtstellung wiederherstellen. In erster Linie war dem assyrischen König an der dauerhaften Sicherung der Grenzen seines Reichs gelegen. Diese Politik hatte durchaus expansiven Charakter und war mit alljährlichen Vorstößen vor allem gegen die aramäischen Staaten des Chaburtals verbunden. Er besiegte Babylonien im Süden und eroberte dann in einer Reihe von Feldzügen Kadmuh, Nisibis und Hanigalbat; schließlich gewann er die Herrschaft über die Chabur-Region. Seine Siege brachten ihm überreiche Tribute und Beute - Gold, Silber, Edelsteine, Wagen und Pferde, Gefangene, Rinder, Schafe und Getreide. Adad-nirari rühmte sich seiner Jagderfolge. Er soll sechs Elefanten erlegt und weitere vier lebendig gefangen haben, die er nach der Sitte der mittelassyrischen Könige in einem Tierpark unterbrachte, wo bereits Löwen, Wildrinder, Hirsche, Steinböcke, Wildesel und Strauße lebten. Adad-nirari gab an, mehr Land urbar gemacht und Ernten eingebracht zu haben als jeder vor ihm. Der landwirtschaftliche Aufschwung des assyrischen Kernlandes bildete die Grundlage seiner militärischen Erfolge.

Sein Sohn Tukulti-Ninurta II. (890 - 884 v. Chr.) sicherte die Erfolge seines Vaters und unternahm Feldzüge nach Osten und Nordwesten. Im Jahr 885 v. Chr. marschierte er mit seinem Heer nach Süden durch babylonisches Gebiet (wahrscheinlich mit Zustimmung des babylonischen Königs, da Assyrien von den dortigen Städten keinen Tribut erhielt) bis zum Euphrat und Chabur und wieder zurück nach Assyrien. Er hinterließ einen genauen Bericht dieses Unternehmens: Darin zählte er die Orte auf, wo er übernachtete und errechnete den Tribut, den er von den Fürsten erhielt.

Assurnasirpal II.

Assurnasirpal II. (883 - 859 v. Chr.) setzte die Politik seines Vaters, Tukulti-Ninurta II., und Großvaters fort. Während seiner frühen Regierungsjahre führte er Feldzüge nach Norden, Osten und Süden, vor allem aber nach Westen, nach Syrien und in die Levante, wo kleine Stadtstaaten Fürsten unterstanden, die den Assyrern keinen Widerstand leisten konnten. Im Jahr 877 v. Chr. erreichte Assurnasirpal II. das Libanongebirge und Mittelmeer. Er gab ihm den Namen das Große Meer von Amurru. Assurnasirpal II.:

> »Ich wusch meine Waffen im Großen Meer und opferte den Göttern. Ich erhielt Tribute von den Königen der Meeresküste, den Menschen von Tyros, Sidon, Byblos, Mahallata, Maiza, Kaiza, Amurru und Arwad, das im Meer liegt: Gold, Silber, Zinn, Bronze, einen Bronzekessel, leinene Gewänder mit vielfarbigem Besatz, eine große und eine kleine Äffin, Ebenholz, Buchsbaumholz, Elfenbein und Meeresgetier.«

Diese Schilderung soll die Macht Assyriens darstellen. Assyriens Eroberungen der Nachbarländer verliefen in den folgenden Jahrhunderten nach einem festen Schema. Zunächst nahmen die Assyrer Geschenke von unabhängigen Herrschern entgegen, die daraufhin zu Vasallen der Assyrer wurden. Später wurden unvollständige Tributzahlungen als Rebellion betrachtet, die zum erfolgreichen Eingreifen der assyrischen Streitmacht führte. Nach der

Das aramäische und neuhethitische Reich
Während der drei Jahrhunderte nach dem Zusammenbruch des hethitischen Großreichs bildeten die Städte der Levante unabhängige Stadtstaaten. Einige von ihnen wurden von Nachkommen der Hethiter regiert, andere von aramäischen Stämmen, die in diesen Raum eingedrungen waren. Einige Herrscherdynastien trugen sowohl hethitische wie aramäische Namen. Die neuhethitischen Könige hinterließen Inschriften in hethitischen Hieroglyphen, die im hethitischen Großreich bei Monumentalinschriften und Siegellegenden Verwendung gefunden hatten, die jedoch eher in luwischer als in hethitischer Sprache abgefaßt waren. Bis zur Regierung von Tiglatpileser III. (744 bis 722 v. Chr.) unternahmen die Assyrer keine Eroberungen jenseits des Euphrats, obwohl sie weiter im Westen Feldzüge führten.

Eroberung des Landes wurde entweder ein Regionalherrscher zum Vasallen Assyriens ernannt oder das Land annektiert und einem vom König eingesetzten Provinzstatthalter übergeben.

Als Assurnasirpal versuchte, Suhu, das Land entlang des Euphrat mit der Hauptstadt Ana, zu unterwerfen, erlitt er wohl eine Niederlage, obwohl er sich eines Sieges rühmte. Suhu blieb bis zur Mitte des 8. Jahrhunderts v. Chr. unabhängig, aber seine Herrscher pflegten dennoch den assyrischen Königen als Zeichen ihrer freundlichen Gesinnung Geschenke zu übersenden.

Die Feldzüge Assurnasirpals hatten in der Regel rein wirtschaftliche Motive. Die Länder, die unter militärischer Kontrolle standen, waren willkommene Lieferanten von Gold, Silber, Rohstoffen und Waren aller Art, aber auch von Rindern und Pferden. Der ständige Mangel an Arbeitskräften wurde durch den Einsatz von Kriegsgefangenen ausgeglichen, so daß die zahlreichen militärischen Vorstöße weniger den Charakter von politischen Handlungen als von Beutezügen hatten. Die Willfährigkeit der jeweils betroffenen Zivilbevölkerung war bei diesen Unternehmungen häufig entscheidend für ihr Schicksal. Sofern beim Durchmarsch des Heeres durch einen Landstrich die Versorgung der Soldaten sichergestellt war und die Tributzahlungen ohne hinhaltenden Widerstand aufgebracht wurden, spielten sich in der Regel keine Greueltaten gegenüber der Bevölkerung ab. Wurden die Forderungen der Assyrer jedoch nicht vollständig erfüllt, so war es üblich, Gefangene zu köpfen, einzumauern, zu hängen, zu pfählen oder auf andere Weise grausam hinzurichten.

Kalchu, Assurnasirpals neue Hauptstadt

Nicht lange nach seinem Regierungsantritt beschloß Assurnasirpal II., seine Hauptstadt von Assur nach Kalchu (dem heutigen Tell Nimrud) unweit des Zusammenflusses von Tigris und Großem Sab zu verlegen. Im Jahr 878 v. Chr. begannen die Arbeiten an den Stadtmauern, einem Kanal und dem Palast, doch erst nach 15 Jahren konnte die große Einweihungsfeier für den Palast stattfinden.

Assurnasirpal II. verwandelte Kalchu von einem kleinen Verwaltungszentrum in die Hauptstadt eines bedeutenden Reiches. Kalchu blieb etwa 150 Jahre lang Metropole, bis Sargon II. beschloß, eine neue Königsresidenz nördlich von Ninive zu erbauen. Die Stadtmauern erstreckten sich über eine Länge von fast acht Kilometern und bestanden aus rund 70 Millionen Ziegeln, die eine Größe von jeweils 40 Quadratzentimetern hatten. Die Mauern umschlossen ein Areal von 360 Hektar einschließlich der Reste der alten Stadt im Südwesten, die Assurnasirpal in eine Akropolis mit Tempeln und Palästen verwandelte.

Der Nordwestpalast, sein Hauptbauwerk, wies den üblichen Grundriß assyrischer Paläste auf. Ein äußerer Hof für öffentliche Angelegenheiten wurde durch einen großen Thronsaal von dem inneren Komplex abgetrennt, in dem um runde Höfe herum Räume angeordnet waren. Der Zugang zum großen Hof erfolgte wahrscheinlich durch ein Tor in der Ostmauer, doch finden sich heute keine Spuren mehr davon. Die Südmauer mit ihrer gemeißelten Steinfassade war von drei Toren durchbrochen, die

Rechts: Dieser Ausschnitt aus einem Relief zeigt einen Vasallen aus dem Westen, der einen Affen herbeiführt. Die vollständige Szene, die aus Assurnasirpals Palast in Kalchu stammt, porträtiert den König mit seinen Höflingen bei der Entgegennahme von Tributen aus allen Teilen seines Reichs – eine Darstellung der Machtfülle des assyrischen Königs. Zu der Tributleistung, die Assurnasirpal II. nach der Eroberung Phönikiens von den Mittelmeerstädten überreicht wurde, gehörten zwei Affen.

von riesigen steinernen Löwen mit Menschenköpfen flankiert waren und in den Hauptthronsaal führten. Hier stand in einer Nische an der linken Schmalseite ein rechteckiger Sandsteinblock, in den das Bild des Königs sowie eine lange Inschrift eingemeißelt ist. Sie verkündet die Vollendung des Nordwestpalastes, den Wiederaufbau von Kalchu und überliefert das große Fest, das Assurnasirpal zur Feier dieses Ereignisses veranstaltete.

Die Inschrift beginnt mit Assurnasirpals Titeln und seiner Ahnenreihe. Dann folgt die Aufzählung seiner Eroberungen und Bauwerke. Er errichtete eine Terrasse aus Ziegelsteinen, die 120 Schichten hoch war. Darauf baute er einen Palast mit acht Flügeltüren, von denen jede aus einer anderen Art Holz angefertigt war. Die Türen hatten Bronzeleisten und -riegel, die Wände waren mit Malereien und blauglasierten Ziegeln geschmückt. Assurnasirpal erbaute die Tempel seiner neuen Hauptstadt Kalchu und – wie wir aus seinen Inschriften wissen – restaurierte verfallene Städte und Paläste in ganz Assyrien. Er ließ einen Kanal ausheben, um Wasser in die neue Metropole zu leiten. Bäume und Pflanzen, die auf Assurnasirpals Feldzügen gesammelt wurden, brachte man nach Kalchu. Auch Gefangene aus dem Norden, Osten und Westen wurden hier angesiedelt.

Der König rühmt sich auch seiner Jagderfolge. Er behauptet, 450 Löwen und 390 Wildtiere von seinem Wagen aus erlegt und Elefanten, Löwen, Stiere und Strauße in Fallen gefangen zu haben. Schließlich beschreibt der Text ein zehntägiges Fest, zu dem 69 574 Männer und Frauen »aus allen Distrikten des Landes« eingeladen worden waren, um zusammen mit den 16 000 Bürgern von Kalchu die Eröffnung des Palastes zu feiern, wobei nach Angaben dieser Quelle 14 000 Schafe und 10 000 Schläuche Wein konsumiert worden sind.

Assurnasirpals Skulpturen

Die Wände des Palasthofs und des großen Thronsaals, der 47 mal 10 Meter maß, schmückten gemeißelte Steintafeln. Dieser Typ der Bauplastik geht auf die Hethiter im Westen zurück. Diese Kunstform setzte sich in den neuhethitischen Staaten fort: Gebäude in Karkemisch, Guzana und Ain Dara waren mit skulptierten Steintafeln verziert. Assurnasirpals Steinmetze übernahmen diese Technik, verwendeten den weichen Gips des Landes und schmückten die Wände aller Räume mit gemeißelten Figuren. Sie stellten teils kultische, teils Szenen mit dem König dar. Sie zeigten ihn in den traditionellen Rollen mesopotamischer Monarchen, als Hohenpriester, Krieger und Jäger.

Assyrische Künstler fertigten zu der Zeit selten vollplastische Statuen. Nahezu alle Steinmetzarbeiten glichen eher in Stein umgesetzten Malereien, zweidimensionalen Zeichnungen, die auf ein Flachrelief übertragen wurden. Freistehende Figuren wirken eher eckig als abgerundet. Die Reliefs waren ursprünglich schwarz, weiß, rot und blau bemalt; über den bemalten Steinpaneelen fanden sich Wandgemälde in leuchtenden Farben. Glasierte Ziegel hatten den Bauwerken einst mehr Farbe verliehen. Das heutige eintönige Erscheinungsbild assyrischer Bauwerke vermittelt einen falschen Eindruck von ihrem eigentlichen Aussehen.

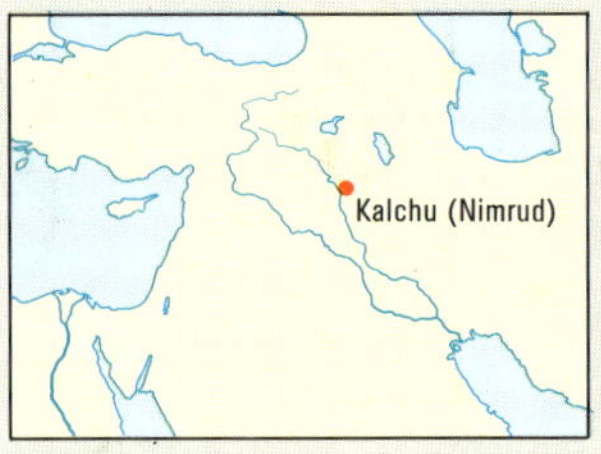

Kalchu

Rechts: Ein geflügeltes, adlerköpfiges Wesen aus dem Ninurta-Tempel hält einen kegelförmigen Gegenstand und einen Eimer, die wahrscheinlich für ein Reinigungsritual gebraucht wurden.

Unten: Das besterhaltene und bedeutendste Bauwerk, das Assurnasirpal auf der Zitadelle in Kalchu errichtete, war der Nordwestpalast. Der ursprüngliche Eingang, der wahrscheinlich im Nordosten lag, führte in einen größeren Außenhof, der von Verwaltungsräumen flankiert war. Der Thronsaal, verziert mit Steinreliefs, lag auf der Südseite dieses Hofs. Südlich des Thronsaals lagen weitere Räume. Sie dienten wahrscheinlich offiziellen Anlässen, da sie Reliefs meist religiösen Inhalts aufwiesen. Im südlichen Teil des Palasts befanden sich kleinere Räume, vermutlich Küchen und Unterkünfte für das Dienstpersonal. In diesem Bereich wurden die Königinnen von Assyrien beigesetzt. Zwei ihrer Gräber konnten kürzlich unversehrt freigelegt werden; sie enthielten eine großartige Sammlung von Juwelen und anderen Wertgegenständen.

Im November 1845 begann Austen Henry Layard mit Ausgrabungen an der Fundstätte Tell Nimrud. Layard glaubte, die Mauern von Ninive gefunden zu haben, die Entzifferung der babylonischen Schrift ergab jedoch, daß er die Stadt Kalchu, in der Bibel Kalach genannt, entdeckt hatte. Kalchu war in der mittelassyrischen Zeit eine Provinzhauptstadt, der assyrische König Assurnasirpal II. (883 bis 859 v. Chr.) machte es zu seiner Metropole. Mehr als 150 Jahre lang blieb es Assyriens Hauptstadt.

Assurnasirpal ließ vom Oberen Sab einen Kanal graben, um die Gegend zu bewässern und die Bewohner mit Wasser zu versorgen sowie eine etwa 8 Kilometer lange, massive Stadtmauer erbauen. Im südwestlichen Bereich der Stadt befand sich die Zitadelle mit den Tempeln und den Palästen des Königs auf dem alten Siedlungshügel der Stadt. Nach Nordwesten hin erhoben sich die Zikkurrat und die Tempel von Ninurta, Ischtar und Kidmuru.

Südlich der Zikkurrat lag der großartige Nordwest-Palast. Seine Eingänge bewachten riesige Steinlöwen oder -stiere, die Mauerflächen der Palastwände schmücken Reliefs mit Szenen der Militär- und Jagderfolge des Königs sowie Darstellungen göttlicher Wesen. Weiter im Süden hatten Salmanassar III. (858 – 824 v. Chr.), Tiglatpileser III. (744 – 727 v. Chr.) und Asarhaddon (699 bis 680 v. Chr.) ihre Paläste. Im Südosten der Zitadelle standen der Nabu-Tempel sowie verschiedene kleinere, von Hofbeamten bewohnte Bauwerke. Im südöstlichen Bereich der Stadt hatte Salmanassar III. ein großes Arsenal angelegt. Die britischen Ausgräber tauften es »Fort Salmanassar«. Es enthielt Beutestücke, die von den Assyrern gesammelt worden waren, darunter Elfenbeinschnitzereien aus den westlichen Provinzen des assyrischen Reichs. Kalchu wurde zerstört, als Assyrien 612 v. Chr. zum wiederholten Male angegriffen wurde. Bis zur Mitte des 2. Jahrhunderts v. Chr. existierte auf der verlassenen Zitadelle ein Dorf.

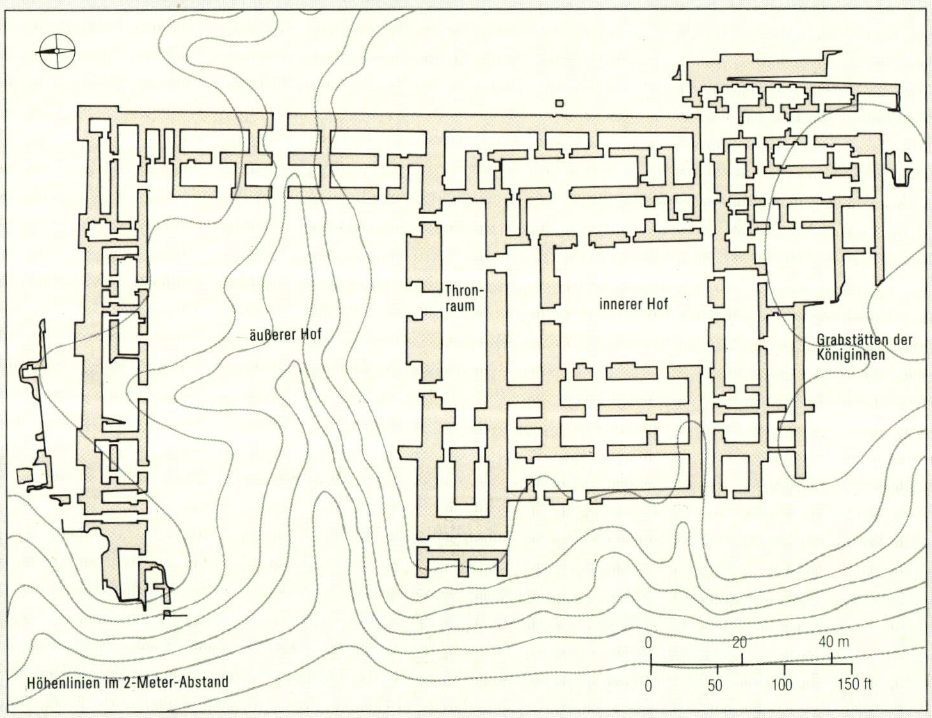

Links: Die Hauptszene im Thronsaal des Nordwestpalasts wurde mehrfach ausgeführt: einmal gegenüber dem Mittelgang vom äußeren Hof her und ein anderes Mal hinter dem Thron am Ostende des Saals.
Assurnasirpal ist zweimal zu sehen: zu beiden Seiten eines heiligen Baums. Der Gott in einer geflügelten Scheibe über dem Baum könnte Schamasch oder Assur sein. Höhe 1,78 m.

Rechts: Kalksteinstatue des Assurnasirpal aus dem Ninurta-Tempel. Trotz der zahlreichen Reliefarbeiten, die in Assyrien gefunden wurden, sind Vollplastiken selten. Der vom König getragene Schal signalisiert, daß er hier seine Aufgabe als Priester wahrnimmt. Höhe 1,06 m.

Unten: Ausschnitt einer Wandverzierung im Nordwestpalast. Auf diesem Relief ist die schwarze Farbe des Bartes und des Kopfhaars gut erhalten.

Ganz unten: Assurnasirpal II. sitzt auf dem Thron und hält eine Schale. Links und rechts stehen Eunuchen.

Rechts: Gewaltiger geflügelter Stier mit Menschenkopf von der Südseite des inneren Hofs im Nordwestpalast. Fünf Beine sind dargestellt, so daß er sowohl von vorne als auch von der Seite betrachtet werden kann. Höhe 3,28 m.

Unten: Zeichnung des Thronsaals im Nordwestpalast von A.H. Layard. Obwohl einige Details ungenau sind, vermittelt sie einen korrekten Eindruck vom ursprünglichen Aussehen des Raums.

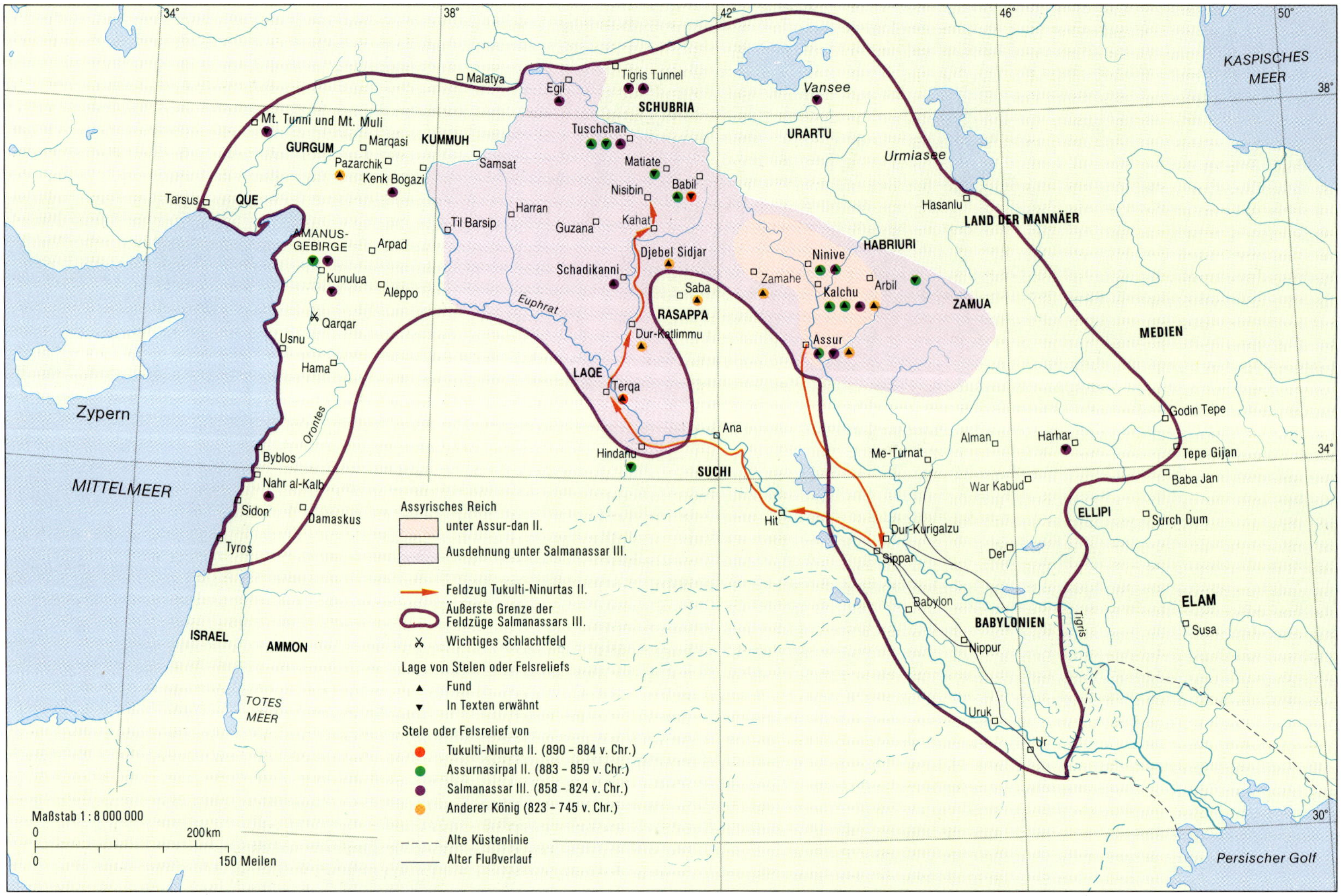

Der Wiederaufstieg Assyriens
Das assyrische Reich litt unter den Einfällen der Aramäer, so daß sein Umfang im 10. Jahrhundert v. Chr. kaum größer war als 400 Jahre zuvor. Unter Adad-nirari II. (911 – 891 v. Chr.) und seinen Nachfolgern expandierte Assyrien vor allem nach Westen, unter Salmanassar III. erreichte es den Euphrat. Der Bürgerkrieg nach dem Tod Salmanassars schwächte Assyrien, das die nominelle Kontrolle über die meisten der von den früheren Herrschern eroberten Gebiete behielt. Die Annalen der assyrischen Könige sind von besonderem Wert für das Verständnis der historischen Geographie. Gelegentlich enthalten sie genaue Wegbeschreibungen wie im Fall von Tukulti-Ninurta II. 885 v. Chr., dessen Annalen den Namen jedes Orts überliefern, an dem er während seiner Feldzüge übernachtete. Die Stelen und Felsreliefs, die der König in Auftrag gab, liefern auch Hinweise auf die Größe der assyrischen Militärmacht und markieren häufig die äußersten Grenzen der assyrischen Vorstöße.

Das mittlere der drei Tore in Assurnasirpals Palast bildete den Eingang zum Thronsaal. Zwischen den riesigen steinernen Löwen schreitend, erblickte der Besucher vor sich ein Steinrelief mit den Darstellungen des Königs zu beiden Seiten eines stilisierten Baums, von zwei Schutzgeistern bewacht. Zur Linken des Besuchers befand sich der Königsthron und dahinter ein Steinrelief mit der Abbildung des Königs, flankiert von zwei geflügelten Figuren, die die gehörnte Kappe der Götter trugen. Die langen Seitenwände schmückten in zwei Abschnitte gegliederte Szenen. Sie zeigten den König im Kampf und bei der Jagd. Die Kampfszene stellt den König vor, wie er Gefangene und Kriegsbeute entgegennimmt. Im unteren Teil der Jagdszene gießt der König ein Trankopfer über die Körper toter Tiere. Die Reliefs beschreiben die Rolle des Königs, wie sie die Inschriften enthalten, als Vertreter der Götter, großer Krieger und erfolgreicher Jäger.

Die Reliefs an der Außenwand des Thronsaals bekamen jene zu sehen, die sich auf dem Weg zu einer Audienz befanden. Sie zeigen ihn siegreich mit Pfeil und Bogen beim Empfang von Fremden. Ihre Fäuste sind zum Gruß erhoben, und sie überbringen Tribute wie Juwelen, Metallgefäße und Textilien. Eine Figur führt ein Paar Affen, vermutlich die gleichen, die in Assurnasirpals Beschreibung der phönikischen Beute erwähnt werden. Die Überbringer werden dem König von zwei assyrischen Beamten vorgestellt, bekleidet mit ihren typischen langen Gewändern und einem Wollschal, der über die linke Schulter und um die Taille gewunden wird. Der höhere Beamte trägt einen Bart als Angehöriger der *scha-ziqni*-Gruppe (»die des Bartes«) am assyrischen Hof. Der zweite Mann ist bartlos und gehört zur anderen Gruppe, den sogenannten *scha resche* (»die des Kopfes«). Die *scha resche* waren kinderlos, vermutlich handelte es sich um Eunuchen, da aus »scha resche« die aramäische und hebräische Bezeichnung für Eunuch abgeleitet wurde.

Die Reliefs im Inneren des Palastes zeigen zumeist den König mit geflügelten Göttern und stilisierten Bäumen. Hier handelte es sich nicht um Privatgemächer, in denen sich der König mit seinem Harem vergnügte, er nutzte sie vielmehr für Staatsgeschäfte.

Assurnasirpal und andere assyrische Könige fanden im Alten Palast in Assur die letzte Ruhe; bedauerlicherweise wurden ihre Gräber geplündert. Im südlichen Teil des Nordwestpalastes von Kalchu entdeckte man in jüngster Zeit drei unversehrte Gräber, eines mit dem Leichnam eines Mannes, die anderen enthielten die sterblichen Überreste zweier Königinnen. Sowohl die Menge wie der Wert der Grabbeigaben, darunter 57 Kilogramm Gold, zeigen den unermeßlichen Reichtum der Königshäuser. Aus Texten und Reliefs der Zeit geht bereits hervor, wieviele Edelmetalle und Juwelen nach Assyrien gelangten. Ebenso geben die Reliefs wertvolle Hinweise auf die Stilentwicklung der Kleidung, des Schmucks, der Werkzeuge und Waffen in Assyrien und den Provinzen zwischen dem 9. und dem 7. Jahrhundert.

Salmanassars Feldzüge nach Westen

Im Norden und Osten Assyriens bildeten steil aufragende, dünn besiedelte Gebirgszüge eine natürliche Barriere für die assyrischen Eroberungszüge in die Hochtäler des Irans und Ostanatoliens. Assyrische Heere zogen auf den wenigen beschwerlichen Wegen über diese Berge, um ihre Widersacher zu bekämpfen und auszuplündern. Hatten

rebellische Bergbewohner ihre Lektion erhalten und war ein proassyrischer Herrscher eingesetzt, kehrten die Soldaten zurück. Assyriens territorialer Ehrgeiz richtete sich vor allem auf die Beherrschung der fruchtbaren Ebenen im Westen und Süden.

Assurnasirpal unternahm jedes Jahr zahlreiche Feldzüge, wie seine Inschriften stolz berichten. Diesen Stil der Kriegführung setzte sein Sohn Salmanassar III. (858 – 824 v. Chr.) fort. Wie üblich rühmte sich der König stets seiner Siege; aber wiederholte Kämpfe in demselben Gebiet verraten auch Niederlagen. Als besondere Leistung werden Salmanassars militärische Erfolge, besonders im Westen, gewürdigt. Die ersten vier Jahre seiner Herrschaft führte Salamanassar Krieg gegen Achuni, den Herrscher des aramäischen Staates Bit Adini. Im dritten Kriegsjahr gab Achuni seine Hauptstadt Til Barsip am Ostufer des Euphrat auf, die die Assyrer sofort besetzten und in Kar-Salmanassar [auch Dur-Salmanassar] umbenannten. Im folgenden Jahr wurde Achuni mit seinen Söhnen, Töchtern und seiner übrigen Begleitung gefangengenommen und nach Assur deportiert.

Doch dieser Sieg brachte Salmanassar nur eine kurze Atempause, denn schon 853 v. Chr. führte er seine Armee gegen eine Koalition von Königen. An ihrer Spitze stand Hadadeser (Bibel: Ben-Hadad), der König von Damaskus. Ihm folgten Irhuleni, der König von Hamath, und Ahab, der König von Israel, sowie Kilikier, Ägypter, Araber und andere levantinische Fürstentümer. Die Heere trafen bei Qarqar am Orontes aufeinander. Die assyrischen Quellen überliefern die Stärke des Gegners, einer beeindruckenden Koalition von insgesamt zwölf Ländern: Danach handelte es sich um nahezu 4000 Streitwagen, 2000 Reiter und über 62 000 Fußsoldaten. Es wurden auch 1000 arabische Kamelreiter erwähnt. Salmanassar rühmte sich eines überwältigenden Sieges und gab an, 14 000 Feinde (in einem späteren Bericht gar 20 500) getötet zu haben, doch die Schlacht wird eher unentschieden ausgegangen sein. Aber sechs Jahre später führte Hadadeser immer noch eine Allianz gegen Salmanassar an, der auch 838 v. Chr. noch gegen Damaskus Krieg führte. Zu dieser Zeit aber zogen es die meisten Staaten vor, an die Assyrer Tribute zu zahlen, aus Angst vor assyrischen Überfällen. Insgesamt unternahm Salmanassar sechs sorgfältig vorbereitete

Oben: Ein Goldarmband mit eingelegten Steinen gehört zu den vielen Kostbarkeiten, die man in den kürzlich entdeckten Königinnengräbern in Kalchu fand. Ähnliche Armbänder sind auf den Reliefs dargestellt und wurden von Angehörigen des assyrischen Hofs sowie von Göttern getragen.

Rechts: Die Vorderseite des Thronsockels im Thronsaal der Festung Salmanassar in Kalchu. In der Mitte scheinen sich Salmanassar III. (rechts) und der babylonische König Marduk-zakir-schumi (links) die Hände zu schütteln. Doch mag diese Geste falsch interpretiert sein. Diese Darstellung eines fremden Monarchen auf gleicher Stufe mit dem assyrischen König ist einzigartig und läßt auf eine besondere Beziehung zwischen Assyrien und Babylonien zu dieser Zeit schließen. Höhe etwa 21 cm.

Die Balawat-Tore

Im Jahr 1876 wurden in London und Paris Fragmente von Bronzereliefs zum Kauf angeboten. Die waren Teil großflächiger Beschläge, mit denen auf Anweisung Salmanassars III. (858 - 824 v. Chr.) riesige Tore verziert wurden. Im folgenden Jahr entdeckte Hormuzd Rassam, der mit den Ausgrabungen des Britischen Museums im Nahen Osten beauftragt war, daß diese Tore von der Fundstätte Balawat (Imgur-Enlil), 16 Kilometer nordöstlich von Kalchu, stammten. Rassams dortige Ausgrabungen wurden durch die Existenz eines islamischen Friedhofs beeinträchtigt, doch er fand die übrigen Bronzebeschläge von Salmanassars Tor. Er stieß auch auf einen zweiten Satz von Beschlägen eines Tors, das Salmanassars Vater Assurnasirpal II. (883 - 859 v. Chr.) errichtet hatte. Ebenso entdeckte Hormuzd Rassam in Balawat die Überreste eines Tempels mit Bauinschriften Assurnasirpals II.

In der Folgezeit wurde Rassams Ausgrabungsbericht angezweifelt. Die Richtigkeit seiner Schlußfolgerungen aber stellte sich heraus, als man 1956 einen dritten Satz bronzener Torbeschläge, wiederum aus der Regierungszeit Assurnasirpals II., in Balawat fand.

Rechts: Detail der Bronzebeschläge von den Balawat-Toren: eine assyrische Belagerungsmaschine beim Sturm auf eine Stadt in Nordsyrien. Der Belagerungskrieg war ein sehr wichtiger Teil der assyrischen Militärstrategie. Die assyrischen Reliefs dokumentieren die Weiterentwicklung dieser Maschinen.

Unten links: Jedes Tor hatte acht Bronzebeschläge, die auf die Türflügel genagelt waren. Sie sind mit Reliefs verziert, die von der Rückseite her gehämmert wurden. Details fügte man von vorne hinzu. Die besterhaltene Serie ist diejenige Salmanassars III. Jeder Beschlag ist etwa 27 cm hoch und zeigt in zwei Reihen Ereignisse auf seinen Feldzügen. Die Türflügel hatten keine Angeln, sondern waren an starken senkrechten Pfosten befestigt, die sich auf Drehsteinen bewegten. Die Positionen der Bronzebeschläge ließen sich aus der Krümmung der Pfostenenden rekonstruieren, die sich nach oben verjüngten. Die Tore waren vermutlich 6 m hoch und 2,3 m breit.

Unten: Streitwagen auf einem Feldzug in Babylonien, den Palmen nach zu schließen. Gewöhnlich bestand die Besatzung aus drei Soldaten: dem Lenker, dem Krieger und einem Schildträger. Streitwagen im 9. Jahrhundert hatten Räder mit sechs Speichen, im 8. und 7. Jahrhundert waren sie größer und die Räder hatten acht Speichen.

Rechts: Lokale Fürsten vom Oberlauf des Tigris werden Salmanassar von einem bartlosen Höfling, vielleicht einem Eunuchen, vorgestellt. Der König ist als bogentragender Krieger porträtiert. Er wird von einem Diener und seinem Waffenträger begleitet.

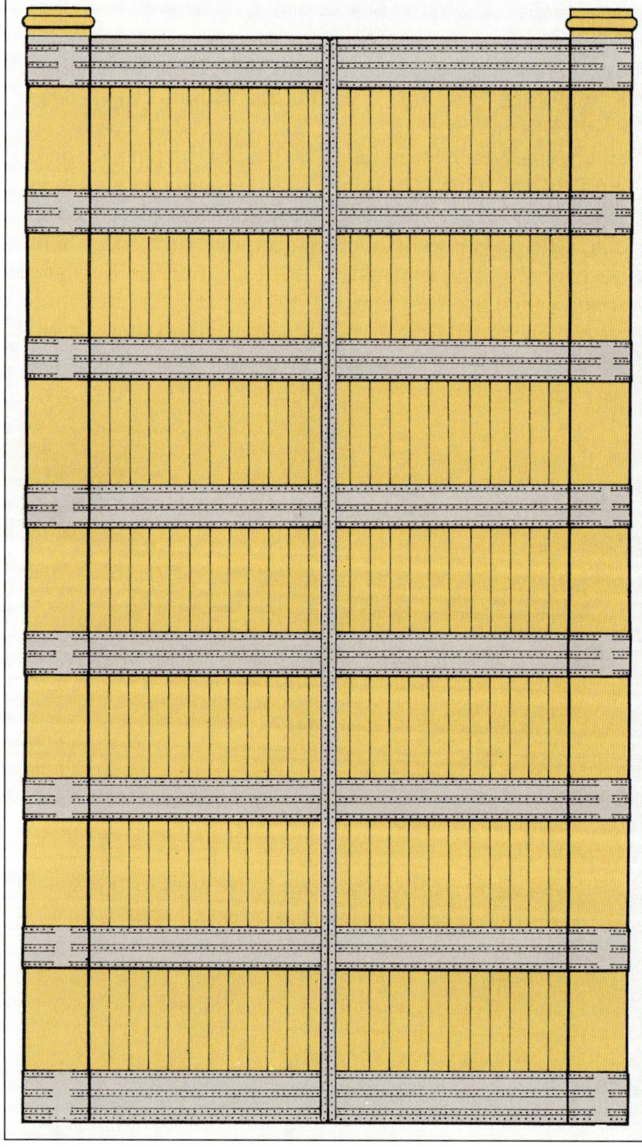

Unten: Opfer in den Bergen im Nordwesten Assyriens. Die assyrischen Könige galten als die irdischen Stellvertreter des Gottes Assur. Wichtige Entscheidungen traf man mit Hilfe der Orakelpriester, die das Heer begleiteten und die Eingeweide der Opfertiere auf Vorzeichen für die Zukunft untersuchten.

Oben: In seinem ersten ganzen Regierungsjahr (858 v. Chr.) unternahm Salmanassar Feldzüge im Westen und erhielt Tributzahlungen der Bewohner von Tyros und Sidon. Der Tribut von Tyros, das auf einer Insel lag, wurde auf Schiffen zum Festland gebracht. Die assyrischen und später die persischen Eroberer bedienten sich der phönikischen Flotte.

Links: Die Wagenkämpfer waren die Elite des assyrischen Heers zur Zeit Salmanassars. Streitwagen wurden auch bei der Jagd und bei Prozessionen eingesetzt. Im späten 8. Jahrhundert gewann die Reiterei an Bedeutung, besonders für Gefechte im Gebirge.

Vorstöße, um Syrien und besonders das Königreich von Damaskus, den damals mächtigsten Aramäerstaat, unter seine Kontrolle zu bringen. Die Syrienpolitik Salmanassars ist trotz erheblicher Anstrengungen über einen Zeitraum von 13 Jahren hinweg am zähen Widerstand des Reiches von Damaskus letztlich gescheitert. Allerdings beherrschte Salmanassar jederzeit die Straße zum Mittelmeer, die ihm Möglichkeiten zur Expansion nach Norden eröffnete. Nach 20 Regierungsjahren zeigte Salmanassar Interesse an dem Land Que (dem klassischen Kilikien) und den angrenzenden Staaten im Taurosgebirge, die er zehn Jahre lang in einen Krieg verwickelte.

Salmanassars Beweggrund für diese militärischen Abenteuer war es offenbar nicht, eine direkte assyrische Herrschaft jenseits des Euphrats durchzusetzen, und selbst Städte östlich des Euphrats wie Guzana behielten ihre Unabhängigkeit. Tributzahlungen oder auch die Kontrolle von Handelswegen und Rohstoffquellen könnten ihn dazu bewogen haben. Salmanassar berichtet, wie er bei mehreren Gelegenheiten im Amanusgebirge Zedern geschlagen hat. Er erwähnt auch einen Beutezug, den er an den Tunni, den Silberberg, und den Berg Muli, den Marmorberg, unternahm – beide im Taurusgebirge. Auch die Beschaffung von Arbeitskräften zur Bebauung des Landes und Errichtung von Palästen könnte ein Motiv gewesen sein. Laut assyrischen Annalen wurden von 881 bis 815 v. Chr. 193 000 Menschen nach Assyrien deportiert, davon waren 139 000 Aramäer.

Assyriens Beziehungen zu Babylon

Die Könige von Assyrien und Babylon waren Verbündete, seit Adad-nirari II. (911 – 891 v. Chr.) und Nabu-schuma-ukin I. nach einer Schlacht, die Adad-nirari laut seinen Angaben gewann, sich ihre Töchter gegenseitig zur Frau gaben. Sie verständigten sich über die Grenzen ihrer Länder; später schloß Salmanassar einen Vertrag mit Nabu-apla-iddina, dem Sohn von Nabu-schuma-ukin. Als Marduk-zakir-schumi, der Sohn von Nabu-apla-iddina 851 v. Chr. König von Babylon wurde, rebellierte sein jüngerer Bruder Marduk-bel-usate, woraufhin Marduk-zakir-schumi Salmanassar um Hilfe bat. Salmanassar eroberte Me-Turnat am Dijala, aber der babylonische Rebell entkam ihm. Marduk-bel-usate suchte Zuflucht in Alman (dem heutigen Sar-i Pol-i Zohab) in den östlichen Bergen. Als Salmanassar und Marduk-zakir-schumi gemeinsam die Stadt stürmten, töteten sie den aufständischen Marduk-bel-usate.

Anschließend suchte Salmanassar die bedeutenden Kultzentren Babyloniens auf: den Nergal-Tempel in Kutha, den Marduk-Tempel in Babylon und den Nabu-Tempel in Borsippa. Hier brachte er den Göttern Opfer dar, überreichte großzügige Geschenke und richtete für die Bürger von Babylon und Borsippa ein Festmahl aus. In seinem Bericht dieser Ereignisse erwähnt Salmanassar nicht den babylonischen König, und so bleibt ungeklärt, ob er im Auftrag des babylonischen Herrschers handelte oder ob Marduk-zakir-schumi alles selbst arrangierte. Auf einem Relief an einer Thronbasis in Kalchu, das wenige Jahre später entstanden sein muß, werden Salmanassar III. und Marduk-zakir-schumi als gleichrangig dargestellt; sie reichen sich die Hände oder klatschen. Alle übrigen Abbildungen zeigen den König allein an der Spitze über alle anderen erhaben.

Im Südosten bedrohten Salmanassars Reich drei mächtige chaldäische Stämme. Es gelang Salmanassar, einen, Bit-Dakuri, zu besiegen und den beiden anderen, Bit-Amukkani und Bit-Jakin, Tribute abzuzwingen. Die Chaldäer waren wie die Aramäer, die Teile Südmesopotamiens schon im 11. Jahrhundert v. Chr. besiedelten, Westsemi-

Urartäische Metallarbeiten

Unten: Massive Bronzestatuette eines geflügelten Stier-Kentauren. Das Gesicht sowie die göttlichen Hörner und Flügel waren ursprünglich als Einlegearbeiten gestaltet. Die Statue war mit Blattgold überzogen, wovon noch Spuren erhalten sind. Vielleicht gehörte sie zu dem prächtigen, vergoldeten Thron, der in den 70er Jahren des 19. Jahrhunderts in Rusahinili (Toprakkale) nahe Van gefunden wurde. Bei Ausgrabungen 20 Jahre später entdeckte man dort weitere dazu passende Bronzegegenstände. Dieses Stück kaufte der damalige britische Botschafter in Istanbul, A.H. Layard, für das British Museum. Höhe 20,3 cm, Breite 16,4 cm.

Zwischen dem 9. und 7. Jahrhundert v. Chr. umfaßte das alte Königreich Urartu Teile der heutigen Türkei, Irans, Iraks und der Sowjetunion. Untersuchungen der urartäischen Zitadellen und Gräber in dieser gebirgigen Region ergaben, daß die Urartäer bei der Bearbeitung von Metallen, besonders bei der Verzierung von Bronze, äußerst produktiv waren. Als der assyrische König Sargon II. (721 bis 705 v. Chr.) die urartäische Stadt Musasir einnahm, brachte er einen ungeheuren Schatz an Edelsteinen, Elfenbein, Bauholz, Gold, Silber und Bronze zurück. Aus dem Tempel von Haldi erbeutete er 3600 Talente (etwa 108 Tonnen) Rohkupfer, 25.212 Bronzeschilde, 1514 Bronzelanzen, 305 412 bronzene Dolche, 607 Bronzebecken, Bronzestatuen der Könige von Urartu sowie andere Gegenstände aus Bronze und weiteren kostbaren Materialien. Darüber hinaus legten die Ausgrabungen in Urartu persönlichen Schmuck, Möbelbeschläge, Waffen sowie Schmuck für Pferde und Wagen frei.

Obwohl die dekorativen urartäischen Bronzearbeiten von der assyrischen Kunst nicht unerheblich beeinflußt sind, entwickelte sich ein individueller Stil, wie die Details der Motive und der Ikonographie zeigen. Einige Stücke tragen die Namen urartäischer Könige, andere lassen sich aufgrund ihres Stils den Urartäern zuschreiben. Viele ihrer Fundstätten wurden geplündert, und zahlreiche Metallarbeiten in urartäischem Stil, die allerdings nicht alle echt sein dürften, gelangten schließlich auf den internationalen Antiquitätenmarkt.

Ganz oben: Bronzescheibe, verziert mit einem urartäischen Gott (vielleicht Teischeba), der auf einem Stier steht. Die beiden umlaufenden Bänder zeigen verschiedene mythologische Tiere. Einige sind aus der mesopotamischen Kunst bekannt, andere jedoch eindeutig urartäisch. Die Funktion des Gegenstands und sein Fundort sind nicht bekannt, doch die Löcher am Rand deuten darauf hin, daß er auf Stoff oder Leder genäht war. Durchmesser 25,5 cm.

Oben: Bronzemodell eines befestigten Bauwerks, angeblich aus Rusahinili (Toprakkale). Fassaden mit Strebepfeilern waren typisch für urartäische Militärbauten, ähnliche Gebäude finden sich auf assyrischen Reliefs. Die Enden der Balkenpaare, die die Brüstung tragen, sind sichtbar. Höhe 28 cm, Breite 36 cm.

Rechts: Diese Bronzestatuette mit einem Gesicht aus weißem Stein gehörte zu einem größeren Ensemble. Augen und Augenbrauen sind Einlegearbeit wie auch der Halsschmuck und das Ende des Bandes, das über die Schulter fällt und von der linken Hand gehalten wird. Es finden sich auch Spuren von Blattgold. Die Figur ist nach dem Wachsausschmelzverfahren hergestellt und wird als Priester interpretiert, könnte aber auch einen Diener darstellen. Sie wurde im 19. Jahrhundert von einem Händler verkauft, der behauptete, daß die Bronzestatuette und das Gesicht zusammen in Rusahinili gefunden worden seien. Höhe 36 cm.

Oben: In Teischebaini (Karmir Blur) fanden sowjetische Archäologen 20 spitze Bronzehelme, wie sie assyrische und urartäische Soldaten besaßen. Einige trugen die Namen der urartäischen Könige Argischti I. und Sardur II. und waren mit Reliefszenen sowie mit geschwungenen Bändern verziert, die in Tierköpfe ausliefen. Der hier abgebildete Helm ist unbekannter Herkunft. Er trägt als Schmuck die Szene einer von Streitwagen aus geführten Jagd. Spuren von Blattgold sind noch sichtbar. Höhe 27,5 cm, Durchmesser 18 – 23 cm.

Oben: Einen ähnlichen Dreifuß mit einem großen Kessel und Stierfüßen, verziert mit vier geflügelten Stierköpfen, fand man in einem urartäischen Grab in Altintepe nahe Erzincan in der Türkei. Der abgebildete Dreifuß mit Kessel und nur drei Stierköpfen wurde restauriert. Angeblich stammen die Gegenstände aus der Osttürkei, doch ihr ursprünglicher Fundort und selbst ihre Echtheit stehen nicht fest. Gesamthöhe 94 cm.

ten, deren Existenz schon im 9. Jahrhundert, etwa 30 Jahre vor Salmanassars Feldzug, belegt ist. Die Quellen ergeben keine exakten verwandtschaftlichen Verhältnisse der Chaldäer und Aramäer. Die antiken Überlieferungen unterscheiden zudem stets zwischen den beiden westsemitischen Stämmen.

Salmanassars Palast

Schon zu Beginn seiner Herrschaft gab Salmanassar III. den Bau eines Palastes in der Südostecke der äußeren Stadt Kalchu in Auftrag; 846 v. Chr., in seinem 13. Regierungsjahr, wurde das Bauwerk vollendet. Der von den Archäologen als »Festung Salmanassar« bezeichnete Palast war zugleich königliche Residenz, Schatzkammer und Schutzburg des Herrschers. Im 7. Jahrhundert beschreibt eine Quelle den Zweck des Palastes *ekal masharti*: » . . . für die Verwaltung des Militärlagers, die Unterhaltung der Hengste, Wagen, Waffen, Rüstungen und Kriegsbeute jeglicher Art.« Tatsächlich fand man dort Waffen und Rüstungen wie auch große Mengen an teilweise sehr wertvoller Kriegsbeute.

Die Festung Salmanassar wurde in einem befestigten Gelände von etwa 7,5 Hektar erbaut. Es maß 350 mal 250 Meter und war in zwei Areale eingeteilt: vier große Höfe im Norden, der Palast und die Wohngebäude im Süden. In den äußeren Höfen befanden sich Werkstätten zur Reparatur und Instandhaltung der Kriegsausrüstung, Beamtenwohnungen und Magazine zur Aufbewahrung der Kriegsbeute und anderer Dinge. Die Südseite des Südosthofs nahmen die stattlichen Räume der Königsresidenz ein, mit dem Thronsaal als größten und glanzvollsten. Den gewaltigen Thronsockel fand man noch an der ursprünglichen Stelle in einer Nische an der Ostwand. Er bestand aus zwei gelblichen Sandsteinplatten. Drei symmetrisch angeordnete ringförmige Einkerbungen zeigten den Standort von drei aufeinanderfolgenden Thronsesseln, jeder mit eigenem Fußschemel. Wurde ein Thron erneuert, füllte man die verbliebenen Löcher mit Bitumen aus. Den oberen Teil des Sockels zierte ein geometrisches Blumenmuster, das ursprünglich weiß abgesetzt war. Die Seiten und zwei Tafeln an der Rückseite tragen eine lange Inschrift von Salmanassar III. Sie beinhaltet wichtige Begebenheiten während seiner Herrschaft und geht zurück bis in sein 13. Regierungsjahr, als der Sockel vermutlich errichtet wurde. Eine Notiz auf dem Sockel vermeldet, daß ihn Schamasch-bel-usur, der Regierungsvertreter von Kalchu, für seinen Herrn aufstellen ließ. Die Seiten des Sockels schmückten Friese und Reliefs, in einer Höhe von 21 bis 29 Zentimetern eingemeißelt. Die Reliefs an der Nord- und Südseite des Sockels zeigen die Übergabe der Tribute von den syrischen und chaldäischen Königen, die bereits erwähnt wurden. Salmanassar verkündet seinen Sieg über den König von Damaskus und dessen Verbündete. Mit Genugtuung schildert er die Thronbesteigung von Marduk-zakir-schumi in Babylon. An der Vorderseite des Sockels ist eine Begrüßungsszene mit Salmanassar und Marduk-zakir-schumi abgebildet.

Die Balawat-Tore

Anders als sein Vater schmückte Salmanassar seinen Palast nicht mit Steinreliefs. Er gab zwei massive mit Bronze verkleidete Tore in Auftrag, die in Imgur-Enlil (dem heutigen Balawat), 16 Kilometer nördlich von Kalchu, aufgestellt wurden. Jeder Türflügel war etwa zwei Meter breit, vier Meter hoch und an einem vertikalen Baumstamm befestigt, der auf einer in den Boden eingelassenen Steinfassung ruhte. 16 bossierte Bronzeleisten der Türflügel zeigen Szenen von Salmanassars Feldzügen. Kurze Keilschrifthinweise erklären die Szenen und berichten von

Salmanassars Eroberungen und Tributen, die er dank seiner Siege im Westen erhielt, von der Niederlage der Chaldäer und verschiedenen Kriegszügen nach Norden, wo er die Quelle des Tigris aufsuchte und ein Felsrelief mit einer Inschrift hinterließ, nachdem er gegen die Urartäer gekämpft hatte. Er erreichte den See von Nairi (Vansee), in dessen Wasser er seine Waffen reinigte und den Göttern opferte. Insgesamt fünfmal zog Salmanassar in den Krieg gegen Urartu.

Das Königreich Urartu

Seit dem 13. Jahrhundert kämpften mittelassyrische Könige gegen Nairi, das frühere Urartu. Zu jener Zeit bestand das Land aus vielen Königreichen. Erst im 9. Jahrhundert bildete sich eine zentrale Regierung, vermutlich zum Schutz vor dem mächtigen Assyrien. Die Gegend um den Vansee bildete das Kernland Urartus. Weite Gebiete des Reiches lagen hoch oben in den steilen Bergen und waren im Winter monatelang unter meterhohem Schnee begraben. Die Berge zwischen dem Vansee und Assyrien hinderten die Assyrer an Eroberungszügen; so konnte Urartu überleben und aufblühen. Obwohl assyrische Heere bis zu den urartäischen Städten im Hochland vordrangen, konnten sie diese nicht okkupieren.

Die Geschichte der Urartäer wurde zum großen Teil assyrischen Quellen entnommen; erst seit dem 9. Jahrhundert existieren Inschriften urartäischer Könige, die zunächst in Assyrisch erschienen und auch die Titel der Könige Assyriens entlehnten. Sie entsprechen den Rangbezeichnungen Assurnasirpals II. Spätere urartäische Könige bedienten sich der assyrischen Schrift, aber ihrer eigenen Sprache, die mit dem Hurritischen verwandt ist. In der Landessprache hieß Urartu Biainili, wovon vermutlich der Name des Vansees abgeleitet wurde. Die Daten der ersten acht urartäischen Könige, die jeweils ihrem Vater auf den Thron folgten, konnten mit Hilfe von urartäischen Inschriften und assyrischen Texten rekonstruiert werden. Die Reihenfolge der letzten vier Vertreter der Dynastie ging aus den Quellen nicht hervor.

Die Verbreitung der Inschriften, d. h. die Fundstellen der Dokumente, lassen vermuten, über welches Gebiet die urartäischen Könige herrschten. Salmanassar III. verkündete, die königlich-urartäischen Städte Sugunia und Arzaschkum zerstört zu haben, die Aramu, der König von Urartu, regierte. Aber den Standort dieser Städte und Aramus Verwandtschaftsverhältnisse zu den späteren Königen von Urartu geben die Quellen nicht preis. Sardur I., der nach einer Inschrift Salmanassars III. 832 v. Chr. König von Urartu war, gab als erster urartäischer König Inschriften in Auftrag. Sie alle wurden in Tuschpa (Van Kale, nahe der heutigen Stadt Van) gefunden, das zur Hauptstadt erklärt wurde, nachdem die Assyrer die anderen Zentren zerstört hatten.

Könige von Urartu

Die Daten beruhen auf der Erwähnung der urartäischen Könige in assyrischen Aufzeichnungen.

Die Reihenfolge der letzten vier Herrscher ist unsicher.

SARDUR I.
832
|
ISCHPUINI
ca. 818
|
MENUA
|
ARGISCHTI I.
|
SARDUR II.
743
|
RUSA I.
719–713
|
ARGITSCHI II.
708
|
RUSA II.
673
|

SARDUR III.	oder	ERIMENA
SARDUR IV.		RUSA III.
ERIMENA		SARDUR III.
RUSA III.		SARDUR IV.

Sardurs Sohn Ischpuini hinterließ Inschriften nördlich und östlich des Vansees sowie gemeinsam mit seinem Sohn Menua verfaßte Dokumente 200 Kilometer nördlich von Tuschpa, 250 Kilometer südöstlich in Kelischin und in Qalatgah, südwestlich des Urmiasees im Iran. Menuas Inschriften entdeckte man sogar 300 Kilometer westlich von Tuschpa am Oberlauf des Euphrat, nördlich, am Araxes und südlich des Urmiasees. Mitte des 8. Jahrhunderts erweiterte Argischti I. den urartäischen Machtbereich bis zum Sevansee im Norden. Diese Zeit der Expansion fiel allerdings mit einer Schwächeperiode der Assyrer zusammen. Obgleich die von den Urartäern eroberten Gebiete niemals Teile des assyrischen Reiches waren, betrachtete man ihren Gewinn als großen Erfolg, da die Gefahr einer Invasion aus dem Süden behoben war.

Auch Argischti I. ließ, wie sein Vater Menua, seine Eroberungen auf Stelen aufzeichnen oder in Form von Felsinschriften verewigen. Der urartäische König gewann unter anderem die gesamte Ararat-Ebene und das Tal des Araxes, nachdem er die dortigen Stämme niedergeworfen hatte. Dies wirkte sich vor allem für die Metallindustrie Urartus positiv aus, weil nunmehr die Kupferminen des Kleinen Kaukasus ausgebeutet werden konnten. Auf einer außergewöhnlich langen Felsinschrift bei Van finden sich gewissermaßen die Annalen der Regierung Argischtis I. Die dort überlieferten Zahlen werfen ein bezeichnendes Licht auf das Ausmaß der urartäischen Expansion im 8. Jahrhundert. Glaubt man den Angaben, so wurden 106 Festungen und 453 Landstädte geplündert und niedergebrannt. Der Aufstieg Urartus konnte erst in der zweiten Hälfte des 8. Jahrhunderts durch das machtvolle Auftreten Tiglatpilesers III., des Begründers des assyrischen Großreichs, aufgehalten werden.

Die urartäische Kultur

Die Urartäer übernahmen viel von den Assyrern, doch ihre Kultur blieb ursprünglich. Die bedeutendsten urartäischen Fundstätten befinden sich auf steilen Felsgraten und sind durch Steinmauern mit Stützpfeilern und Türmen stark befestigt. Als den höchsten Gott verehrte man Haldi, vermutlich ein Kriegsgott, dessen Haupttempel sich in Musasir (urartäisch: Ardini) zwischen Assyrien und dem Urmiasee befand. Gott Teischeba war mit dem hurritischen Wettergott Teschup verwandt; sein Tempel befand sich in Qumenu, das bisher nicht lokalisiert werden konnte. Als Stadtgott von Tuschpa feierte und verehrte man den Sonnengott Schiwini. Urartäische Texte erwähnen eine Reihe kultischer, meist dem Gott Haldi geweihter Bauwerke. Man nannte sie *susi* (Tempel oder Tore) und sie wurden oft als »Tore des Haldi« bezeichnet. Die Standardform der Tempel, die in urartäischen Ausgrabungsorten freigelegt wurden, sah einen viereckigen Grundriß mit sehr dicken Mauern vor. Die innere Kammer war etwa fünf Meter lang und fünf Meter breit. Diese viereckigen Tempel besaßen ähnliche Grundrisse wie die hohen Turmbauten der persischen Könige gegen Ende des 6. Jahrhunderts und waren vermutlich ursprünglich ebenfalls hohe Türme.

Menua festigte das urartäische Königreich, was aus mehr als 70 seiner Inschriften hervorgeht. Sie beschreiben

Seite 168–169: Ausschnitt der Bronzereliefs an den Toren Salmanassars III., gefunden in Imgur-Enlil (Balawat). Im oberen Teil stürmen die assyrischen Streitwagen gegen eine Stadt in der Nähe von Hama am Orontes. Im unteren Teil empfängt Salmanassar auf seinem Thron die Kriegsbeute nach der Schlacht von Qarqar.

nahezu ebensoviele Bauvorhaben, darunter Paläste, Städte, Bewässerungskanäle, Lagerhäuser und Tempel. Urartus Wohlstand gründete sich vor allem auf die Landwirtschaft, auf den Anbau von Getreide, die Anlage von Obstgärten und Weinbergen sowie die Haltung von Vieh und Pferden. Die Urartäer galten auch als überaus kenntnisreiche Experten auf dem Gebiet der Bronze- und Eisenverarbeitung.

Die Zerstörung von Hasanlu

Als Menua sein Reich nach Südosten ausdehnte, gelangten die urartäischen Heere bis Hasanlu, das gegen Ende des 9. Jahrhunderts durch Brandschatzung zerstört wurde. Zwischen 1500 und 1000 v. Chr. lebten Menschen in Hasanlu, die eine besondere gebrannte graue oder schwarze Keramik herstellten. Im ersten Jahrtausend besaßen ihre Gebäude weite Säulenhallen. Durch das von Säulen umrahmte Tor gelangte man in den Vorraum einer rechteckigen Halle mit zwei Reihen hölzerner Säulen. Von diesem Vorraum ging eine Wendeltreppe oder spiralenförmige Rampe ab. Bei den vier Gebäuden dieser Art, die man im Südwestteil der Stadt freilegte, handelt es sich wahrscheinlich um Paläste, die verschiedene Herrscher errichten ließen. Zur Zeit von Hasanlus Zerstörung funktionierte man einige der Palastbauten zu Lagerhäusern um, einer diente sogar als Stall. Hasanlu wurde im Kampf eingenommen, und noch bevor es zu großen Plünderungen kam, stand die Stadt in Flammen. Die Überreste verbrannter Leichen entdeckte man noch an den Stellen, wo die Menschen umgekommen waren.

Den beachtlichsten Fund bildet eine verzierte Goldschale neben den Skeletten von drei Männern. Sie hielten sich vermutlich im oberen Stockwerk des Gebäudes auf, als der Fußboden einbrach, die Männer zu Tode stürzten und die Schale verschütteten. Ob sie das Gefäß bewachten oder Eindringlinge waren, die die Festung plünderten, ist nicht zu klären. Die Schale selbst war offensichtlich mehrere hundert Jahre alt, als Hasanlu zerstört wurde. Sie zieren nämlich Szenen mit Gottheiten, Tieren und Wagen, die den Mythen der Hurriter entstammen. Die Vielfalt der in Hasanlu entdeckten Gegenstände konkretisiert zahlreiche Aspekte des Lebens in der Stadt und im Palast zu jener Zeit. Waffen, Rüstungen, Pferdegeschirr, Schmuck, Bronze- und Silbergefäße fand man in den Ruinen zusammen mit den Toten, die bei der Eroberung der Stadt umgekommen waren.

Vermutlich handelte es sich um den Überfall der von Menua angeführten Urartäer, was aber von keinen Inschriften bestätigt wird. Einige Historiker sind der Ansicht, daß die Assyrer etwa ein Jahrhundert später diesen Angriff unternahmen. Eine Zeitlang blieb die Stadt unbewohnt; schließlich wurde eine massive Festungsmauer in urartäischem Stil auf den Ruinen errichtet, was nach Meinung einiger Fachleute beweisen könnte, daß die Urartäer die Stadt eroberten.

Alte Kulturen des westlichen Irans

Hasanlu lag in einer Region, die laut assyrischen Quellen von den Mannäern besiedelt war, einem der vielen Völker, auf die Salmanassar III. bei seinen Ostfeldzügen stieß. An das Gebiet grenzten die Reiche der Meder und Perser, die später den Nahen Osten beherrschten. Im Jahr 843 v. Chr. durchquerte Salmanassar mit seinem Heer das Land Parsua; 27 Könige des Landes überreichten ihm 835 v. Chr. Geschenke, bevor er ins Land der Meder weiterzog. Obgleich sich auch die Namen Parsua und Persien,

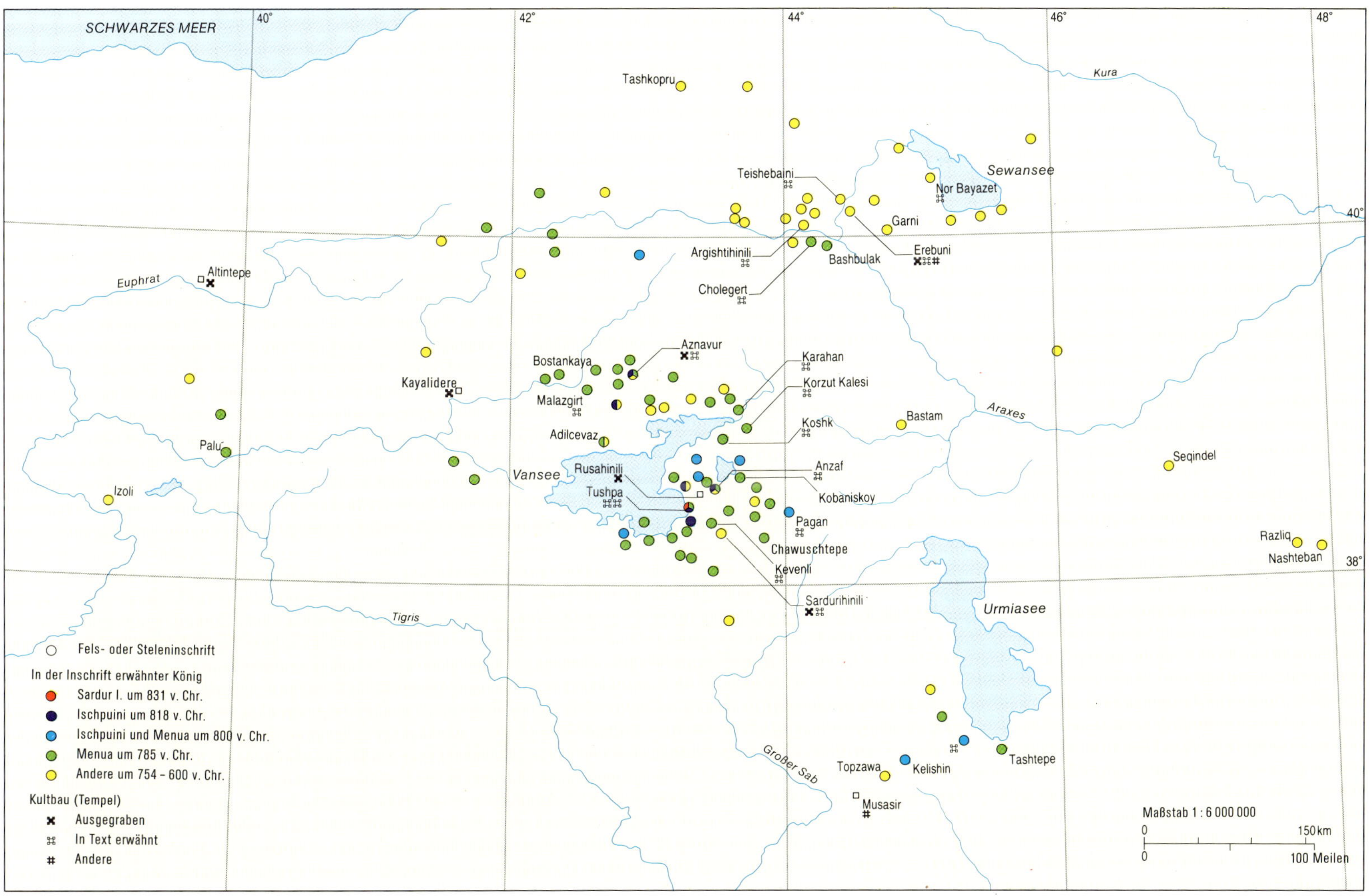

Das Königreich Urartu
Die Urartäer lebten in der wilden Gebirgsregion, in der heute die Türkei, Irak, Iran und die Sowjetunion aneinandergrenzen. Intensive Feldforschung hat zur Entdeckung vieler gutbefestigter urartäischer Siedlungen auf Felsterrassen geführt.
Urartu war der größte Rivale Assyriens, seine südlichen Grenzen lagen nahe dem assyrischen Kernland. Die Urartäer gebrauchten die Keilschrift, zunächst in assyrischer Sprache, später in ihrer eigenen, doch es fanden sich nur vereinzelte Belege. Die Kenntnisse über die Urartäer beruhen hauptsäch lich auf archäologischen Untersuchungen, auf den monumentalen Felsinschriften ihrer Könige und auf assyrischen Quellen. Im 9. Jahrhundert v. Chr. war die urartäische Herrschaft offenbar auf das Gebiet des Vansees und die Hauptstadt Tuschpa begrenzt, doch bis in die Mitte des folgenden Jahrhunderts hatte sie sich bis zum Sevansee, zum Urmiasee und bis an den Euphrat im Westen ausgeweitet. Die urartäische Zivilisation hat viel von den Assyrern übernommen, besaß jedoch auch eine eigenständige Kultur, was ihre Befestigungsanlagen, Tempel, Paläste, Gräber, Keramiken und Kunstwerke beweisen.

im 6. Jahrhundert Parsa genannt, ähnlich sind, war das von Salmanassar erwähnte Parsua weit entfernt vom späteren Reich der Perser im Südosten von Susa. Früher vermutete man eine Wanderung der Perser zwischen dem 9. und 6. Jahrhundert nach Süden, wahrscheinlicher ist jedoch, daß es sich um zwei verschiedene Reiche handelt. »Parsua« bedeutet übersetzt »im persischen Grenzland« und konnte so eine Bezeichnung für mehrere Gebiete sein. Drei Jahrhunderte später trägt das Reich der Parther im Nordosten des Irans den Namen Parsua.

Die genaue Lokalisierung von Parsua und Medien ermöglichen die Quellen nicht, aber die Reiche lagen sicher unweit der Hauptstraße, die durch das Gebirge von Babylonien in das iranische Hochland über Hamadan, die spätere Hauptstadt der Meder, führte. Da keine Funde aus der Zeit zwischen 1000 und 800 v. Chr. erforscht wurden, liefern die Keilschrifttexte die einzige Information. Sie lassen vermuten, daß es damals wohl keine Königreiche Medien oder Parsua gab, sondern daß beide in kleinere, unabhängige Staaten aufgeteilt wurden.

Weiter im Süden stießen die Assyrer auf das Königreich Ellipi, das wahrscheinlich in den Bergen des heutigen Luristan lag. In den ersten drei Jahrhunderten des ersten Jahrtausends v. Chr. war Luristan das Zentrum bedeutender Bronzebearbeitung. Unter den Bronzen befanden sich kunstvoll hergestellte symmetrische Gußwaren, die phantastische Tiere darstellten, und mit stilisierten Tieren und Dämonen verzierte Pferdegeschirre. Die meisten erhaltenen Luristanbronzen wurden von Grabräubern auf dem Antiquitätenmarkt verkauft; nur wenige Stücke aus dieser Zeit wurden unmittelbar im Zuge der archäologischen Ausgrabungen entdeckt.

Die Nachfolger Salmanassars

Unter Assurnasirpal II. und Salmanassar III. hatte Assyrien allmählich die Herrschaft über die Tiefebenen des Nahen Ostens erlangt. Die assyrischen Heere waren relativ leicht in die Hochländer des Nordens und Ostens vorgedrungen, stießen aber später auf größeren Widerstand. Nach den Annalen auf dem in Kalchu gefundenen Schwarzen Obelisken führte Salmanassars Feldherr Dajjan-Assur 832 v. Chr. die assyrischen Heere an. Der König selbst hielt sich während der folgenden vier Jahre in Kalchu auf. Nach 30 Regierungsjahren war Salmanassar möglicherweise von seinen jährlichen Feldzügen erschöpft und hatte Dajjan-Assur, der seit mehr als 20 Jahren sein Hauptwesir war, dazu ausersehen, diese für ihn durchzuführen. Vielleicht fühlte sich Salmanassars ältester Sohn Assur-dan-apli zurückgesetzt, als er bei der Vergabe dieser militärischen Aufgabe entgegen seinen Erwartungen übergangen wurde.

Nach der *limmu*-Liste (der Liste der Beamten, nach denen die Jahre benannt wurden) zettelte Assur-dan-apli einen Aufstand an, der bis nach Salmanassars Tod 824 andauerte. Außer Kalchu gingen alle größeren Städte einschließlich Imgur-Enlil, Ninive, Assur und Arbil zu den Rebellen über. Doch nicht Assur-dan-apli trat die assyrische Thronfolge an, sondern ein anderer Sohn Salmanassars: Schamschi-Adad V. (823 – 811 v. Chr.). Die Umstände seines Sieges sind unbekannt; vielleicht half ihm Marduk-zakir-schumi, dessen Anspruch auf den Thron von Babylon einst Salmanassar III. unterstützt hatte. In der Tat hatte Schamschi-Adad ein Abkommen mit Marduk-zakir-schumi getroffen, wonach der Assyrer eine untergeordnete Stellung akzeptieren mußte, vielleicht, weil er zu diesem Zeitpunkt mit dem Kampf gegen seinen Bruder beschäftigt war.

Einige Jahre später rächte sich Schamschi-Adad für die demütigenden Bedingungen des Vertrags. Er nahm

Links: Stele des Schamschi-Adad V. (823 – 811 v. Chr.). Sie wurde in Kalchu entdeckt und stand wahrscheinlich im Nabu-Tempel. Der König trägt sein Hofgewand mit dem typischen Kopfputz und dem Diadem der assyrischen Monarchie. Er hält ein Szepter und macht mit seinem rechten Zeigefinger eine Geste der Ehrerbietung. Vor seinem Gesicht sind Symbole der Hauptgötter zu erkennen: Der gehörnte Kopfputz deutet vermutlich auf Assur, die Sonnenscheibe auf Schamasch, Halbmond und Ring auf Sin, der doppelte Blitz auf Adad und der Stern auf Ischtar. Die Inschrift wurde nach seinem vierten Feldzug verfaßt und erwähnt Einzelheiten des Aufstands, der ganz Assyrien beim Tod seines Vaters, Salmanassar III., erschütterte. Höhe 1,98 m, Breite 0,94 m.

Rechts: Ein Ausschnitt des Schwarzen Obelisken Salmanassars III. (858 – 824 v. Chr.). Die obere Reihe trägt die Inschrift: »Tributzahlung des Yaua, Sohn des Humri«. Er wird vor Salmanassar auf dem Boden liegend dargestellt. Yaua wird mit dem israelitischen König Jehu identifiziert, der den Thron usurpierte und die Nachkommen Omris tötete. Die untere Reihe zeigt die Tributzahlung von Musri (vermutlich Ägypten), zu der auch zweihöckrige Kamele gehören, wie sie im Iran verbreitet sind.

Marduk-zamir-schumis Sohn, Marduk-balassu-iqbi, gefangen und verschleppte ihn nach Assyrien. Im anschließenden Feldzug deportierte Schamschi-Adad auch Marduk-balassu-iqbis Nachfolger und huldigte wie Salmanassar und die Könige von Babylon an den Schreinen von Babylon, Borsippa und Kutha, den Göttern. Nach Schamschi-Adads Tod übernahm seine Gemahlin Sammuramat für ihren minderjährigen Sohn Adad-nirari III. fünf Jahre lang die Regentschaft. Über ihre Handlungen ist wenig bekannt, doch ihre Persönlichkeit beeindruckte so, daß sie in die griechische Mythologie einging und als die schöne, aber grausame Königin Semiramis weiterlebte.

Der Niedergang Assyriens

In den folgenden 60 Jahren geriet Assyrien in eine Phase relativer Schwäche. Die Macht des Königs war beschnitten, da provisorisch ernannte Statthalter Kompetenzen an sich rissen, die ursprünglich dem König zustanden. Der Statthalter von Rasappa, Palil-irisch (dessen Name manchmal Nergal-eresch gelesen wird), errichtete in eigenem Namen Stelen und gründete Städte; ebenso verfuhr der Statthalter Bel-Harran-bel-usur, der statt des Bildes des Königs sein eigenes an sein Monument meißeln ließ. Der mächtigste dieser Statthalter war jedoch der Großwesir Schamschi-ilu. Er regierte den Westen des assyrischen Reichs von Kar-Salmanassar (früher Tell Barsip) am Euphrat aus und verzeichnete seine Kriegszüge unter seinen Namen, ohne den König in seinen Inschriften überhaupt zu erwähnen.

Suhu am Euphrat, nahe Ana, das Assurnasirpals Angriffen erfolgreich widerstanden hatte, wurde in der Mitte des 9. Jahrhunderts von Schamasch-resch-usur regiert. Er ließ seine Taten in eine Stele meißeln, die man in Babylon fand, wohin sie vermutlich von einem späteren König gebracht worden war. Eine der bedeutendsten kulturellen Leistungen dieses Herrschers war nicht zuletzt die Einführung von Bienen in das Land Suhu zur Gewinnung von Honig und Wachs.

Während dieser Epoche des Niedergangs Assyriens überlieferte die *limmu*-Liste Seuchen und Aufstände. Hinter dem Namen des *limmu*-Beamten Bur-sagale, des Statthalters von Guzana, stehen Berichte von einer Rebellion in der Stadt Assur und einer Sonnenfinsternis im Monat Simanu. Es muß sich dabei um die nahezu totale Sonnenfinsternis handeln, die am Vormittag des 15. Juni 763 v. Chr. von 9.33 Uhr bis 12.19 Uhr in Ninive beobachtet werden konnte. Dieses Ereignis ist der Fixpunkt, auf dem die Chronologie der assyrischen und babylonischen Könige beruht und von dem aus zur Datierung der Ereignisse bis in die Mitte des zweiten Jahrtausends v. Chr. zurückgerechnet wird.

DAS GLORREICHE ASSYRIEN

(750 – 626 v. CHR.)

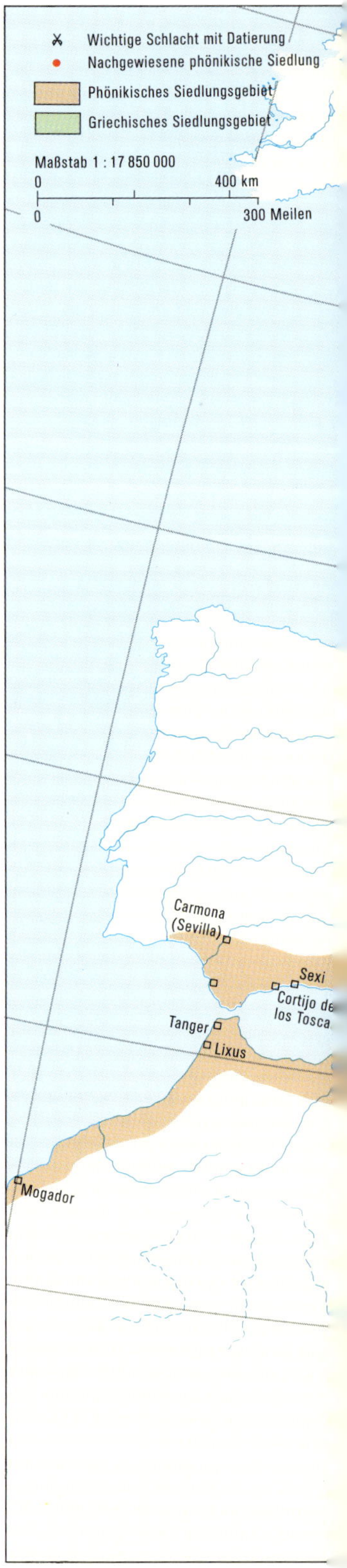

Der Wiederaufstieg Assyriens

Der raschen Expansion Assyriens im 9. Jahrhundert v. Chr. folgte in der ersten Hälfte des 8. Jahrhunderts eine Epoche der Stagnation. Die Grenzen des Reichs blieben zwar nahezu unverändert, doch die Statthalter der Provinzen regierten wie unabhängige Herrscher. Assyriens Nachbarn wie Urartu und Phönikien betrieben ihre Politik, ohne auf die Interessen der assyrischen Könige Rücksicht zu nehmen. Diese Schwächeperiode endete mit der Thronbesteigung von Tiglatpileser III. (744 – 727 v. Chr.). Die *limmu*-Liste überliefert für 746, kurz bevor Tiglatpileser König wurde, eine Revolte in der Stadt Kalchu. Ob diese beiden Ereignisse in Zusammenhang stehen, ist unklar, doch höchstwahrscheinlich gelangte der neue König durch Gewaltanwendung auf den Thron. Die assyrischen Könige legitimierten ihren Thronanspruch mit der Wahl durch die Götter und der Abstammung von einem früheren König. Tiglatpileser jedoch erwähnte in seinen Inschriften kaum jemals seine Abstammung, vielleicht wegen seiner Usurpation. Eine Ziegelinschrift im Tempel von Assur bezeichnet ihn als Sohn des Adad-nirari, der allerdings fast 40 Jahre vor der Machtübernahme Tiglatpilesers gestorben war.

Tiglatpileser verwandelte Assyrien innerhalb kürzester Zeit noch einmal in die beherrschende Macht des Nahen Ostens. Schon zu Beginn seiner Regierung führte er sein Heer nach Süden, um die aramäischen Stämme zu vernichten, die sich im Norden und Osten Babyloniens angesiedelt hatten. Er erreichte Dur-Kurigalzu und Sippar und empfing die Überreste der Opfergaben der Tempel von Babylon, Borsippa und Kutha, die man sonst den babylonischen Königen zu überreichen pflegte. Nach eigenen Angaben eroberte er das Land bis an den Fluß Uknu (heute vielleicht der Karkech) am unteren Meer (dem Persischen Golf). Tiglatpileser brach mit der Politik der früheren assyrischen Könige, indem er die Staaten jenseits des Euphrat, außerhalb der traditionellen Grenzen Assyriens annektierte. Er ernannte einen *scha resche* (einen Eunuchen) zum Statthalter der Städte Babyloniens und er legte sich den Titel eines Königs von Sumer und Akkad zu; der König von Babylon , Nabu-nasir (747 – 734 v. Chr.), durfte jedoch seinen Thron behalten. Im Jahr 743 v. Chr. stand Tiglatpileser eine Koalition der Herrscher von Urartu, Arpad, Malatya, Kummuhu und Gurgum gegenüber. Ihr Anführer war Sardur II., der König von Urartu. Tiglatpileser schlug seine Feinde in der Schlacht bei Kummuhu (Kommagene im Süden der Türkei). Sardur floh in die Berge, doch Tiglatpileser verfolgte ihn bis vor die Tore Tuschpas (Van), der Hauptstadt Urartus. Hier errichtete er eine Stele, nahm die Stadt aber nicht ein.

In den folgenden zwölf Jahren unternahm Tiglatpileser eine Reihe von Feldzügen im Westen, zuerst gegen Arpad, das 740 fiel, dann gegen Unqi (die Amuq-Ebene) und Aram (Damaskus). Einige der eroberten Staaten wurden bereits existierenden Provinzen zugeschlagen, andere in neue assyrische Provinzen verwandelt, wieder andere erhielten lediglich proassyrische Herrscher mit der Auflage, dem assyrischen König einen jährlichen Tribut zu zahlen. Gegen Ende von Tiglatpilesers Herrschaft umfaßte die Liste der tributpflichtigen Länder die aramäischen und neuhethitischen Staaten Syriens und des Taurusgebirges, die phönikischen Küstenstädte, Israel, Judäa und Gaza, im Binnenland die Staaten Ammon, Moab und Edom sowie die innerarabischen Stämme, unter ihnen die Taima und Sa'ba (Scheba). Abgesehen von diesen Eroberungen vermittelten die Assyrer häufig in Streitigkeiten kleinerer, abhängiger Nachbarstaaten. Kilamuwa von Sam'al überliefert, daß er den König von Assyrien (vielleicht Schamschi-Adad V., 823 – 811 v. Chr.) »mietete«, um gegen das nahegelegene Königreich Adana (Danuna) zu kämpfen. Ahaz von Judäa erbat die Hilfe Tiglatpilesers, und Barrakib, ein späterer Herrscher von Sam'al, berichtet, wie sein Vater »den Saum Tiglatpilesers ergriff« und wie er und sein Vater »neben dem Wagenrad des Königs von Assyrien liefen«, eine Politik, die sich auf sein Königreich sehr positiv auswirkte.

Die Phöniker

Die Phöniker, die im ersten Jahrtausend v. Chr. in den Städten der Mittelmeerküste lebten, waren vermutlich Nachkommen der kanaanäischen Bewohner der Levante in der Bronzezeit. Der Name Phönikien kommt aus dem Griechischen und bedeutet soviel wie »Purpurland«. Er bezieht sich auf die Farbe Purpur, die von der Schneckenart »Murex brandaris« gewonnen wurde und für die Phönikien berühmt war. Die Phöniker selbst nannten sich im allgemeinen nach der Stadt ihrer Herkunft. Sie waren gute Seefahrer; ihren Wohlstand verdankten sie dem Handel, darunter dem Verkauf von Holz aus den wertvollen Zedernwäldern der Berge oberhalb der Küstenstädte.

In den letzten Jahrhunderten des zweiten Jahrtausends geriet Zypern teilweise unter phönikischen Einfluß; später gründeten die Phöniker auf der Insel Siedlungen. Der Handel mit zypriotischem Kupfer, der in der Bronzezeit in der Hand von Ugarit war, wurde nun unter den phönikischen Städten Tyros, Sidon, Byblos und Arwad aufgeteilt. Von den antiken Schriftstellern wissen wir, daß die Phöniker im gesamten Mittelmeerraum Kolonien anlegten. Sie gründeten 1110 v. Chr. Cadiz, 1101 Utica, etwas früher Li-

Oben links: Überlebensgroßes Relief des assyrischen Königs Tiglatpileser III. aus dem Mittleren Palast in Kalchu. Höhe 1,08 m, Breite 1,07 m.

Links: Münze aus Byblos. Dieser Typ wurde zuerst im frühen 4. Jahrhundert v. Chr. geschlagen und zeigt eine phönikische Galeere über einem Seeungeheuer. Die phönikische Macht beruhte während des gesamten 1. Jahrtausends v. Chr. auf der Seeherrschaft.

Die Welt der Phöniker
Die Phöniker stammen von der Ostküste des Mittelmeers, ihre wichtigsten Städte waren Tyros, Sidon, Byblos und Arwad. Im frühen 1. Jahrtausend v. Chr. gründeten Phöniker und Griechen Kolonien im gesamten Mittelmeerraum, wobei sich die Phöniker eher im Süden und die Griechen mehr im Norden ansiedelten. Die wichtigste phönikische Kolonie war Karthago. Es beherrschte das westliche Mittelmeer, bis die Römer den karthagischen Einflußbereich schrittweise zurückdrängten.
Die Phöniker waren eine bedeutende Seemacht und Assyrer und Perser nutzten ihre Flotte. Phönikische Schiffe gelangten weit über das Mittelmeer hinaus. Nach Herodot umsegelte ein phönikisches Schiff im Auftrag des ägyptischen Pharaos Necho II. 600 v. Chr. Afrika. Es brauchte drei Jahre vom Roten Meer bis zur Meerenge von Gibraltar. Auch die Karthager waren große Entdecker und erreichten im 5. Jahrhundert v. Chr. die britische Küste.

xus, 814 Karthago, und besiedelten im 8. Jahrhundert, noch vor der griechischen Kolonisation, Sizilien. Diese Angaben konnten jedoch bisher noch nicht durch archäologische Zeugnisse bestätigt werden. Die älteste phönikische Inschrift auf Zypern datiert um 850 v. Chr., anderswo sind Belege phönikischer Niederlassungen wohl nach 800 anzusetzen. Die Gründe für die Anlage der Kolonien werden auch in dem wachsenden Einfluß Assyriens zu suchen sein, das die phönikischen Städte tributpflichtig machte. Im 7. Jahrhundert eroberten die Assyrer Sidon und Tyros; die westlichen Kolonien kamen unter den Einfluß Karthagos, das im Verlauf der folgenden Jahrhunderte zur Hegemonialmacht des gesamten westlichen Mittelmeerraums aufstieg.

Assyrisch-babylonische Beziehungen

Nabu-nasir, der König von Babylon, starb 734 v. Chr. Zwei Jahre später wurde sein Sohn gestürzt; kurz danach riß der Scheich der Bit-Amukkani, eines chaldäischen Stamms aus der Region südlich von Nippur, Babylons Thron an sich. Als Reaktion darauf marschierte Tiglatpileser gegen die Chaldäer. Nach siegreichem Feldzug unterwarfen sich die Führer der Aramäer und Chaldäer. Unter ihnen war Marduk-apla-iddina, der Stammesführer der Bit-Jakin, der sich später Tiglatpilesers Nachfolgern widersetzte. Im Jahr 729 beschloß Tiglatpileser, selbst den Thron von Babylon zu besteigen, anstatt einen Vasallen zu ernennen oder die ehrwürdige Stadt zur Provinz zu degradieren. Zum Zeitpunkt der Neujahrsfeste von 728 und 729 trat er die Nachfolge des babylonischen Königs an. Die Beziehungen zwischen Babylon und Assyrien waren zu dieser Zeit von eminenter Bedeutung. Babylon war ein großes religiöses und kulturelles Zentrum, das trotz seiner militärischen Schwäche die assyrische Politik beeinflußte. Die Assyrer gebrauchten in ihren literarischen Werken und selbst in ihren Königsinschriften den babylonischen Dialekt. Während des folgenden Jahrhunderts änderte sich ihre Politik gegenüber Babylonien grundlegend, als sie versuchten, eine dauerhafte Lösung für die Kontrolle des Südens zu finden.

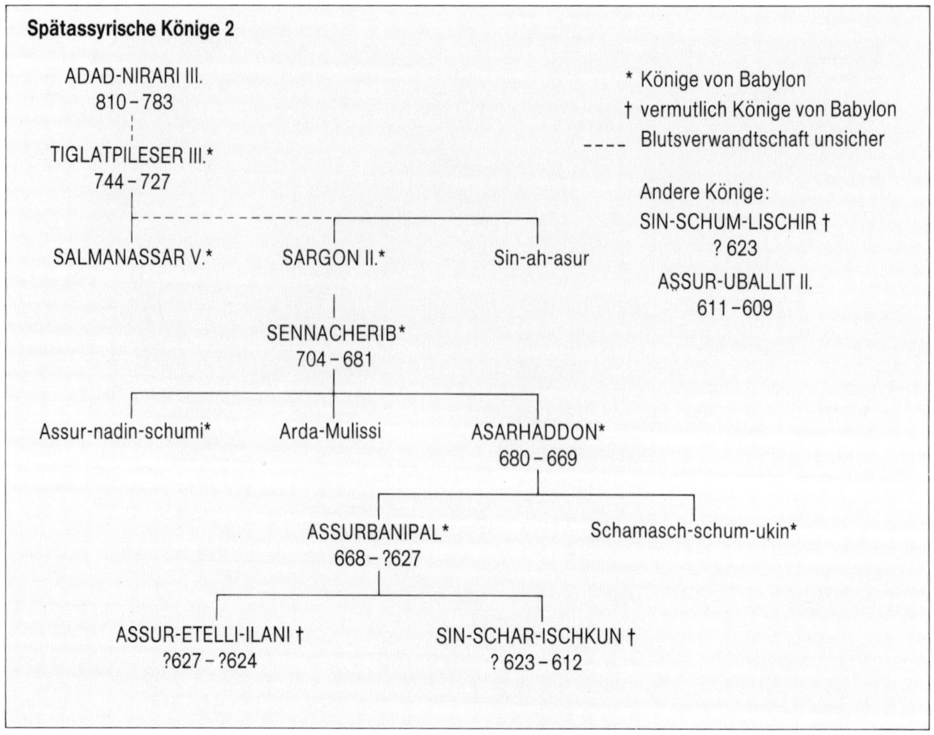

Links: Die in Sam'al gefundene Stele zeigt Bar-rakib, den Herrscher der Stadt Zinjirli, der mit den Assyrern sympathisierte. Er sitzt auf einem Thron, der dem des assyrischen Königs ähnelt. Vor ihm steht ein Schreiber mit Federkasten und Schreibtafel. Wahrscheinlich schrieb man wie auf der Steleninschrift aramäisch. Einige Herrscher von Sam'al hatten aramäische Namen, andere hethitische oder luwische. Bar-rakib bestieg um 732 v. Chr. den Thron, nachdem sein Vater als Verbündeter des assyrischen Königs Tiglatpileser III. im Kampf gefallen war. Obwohl seine Herrscher für Assyrien eintraten, wurde Sam'al innerhalb des assyrischen Reiches vor 681 v. Chr. zu einer Provinz degradiert.
Höhe 1,14 m.

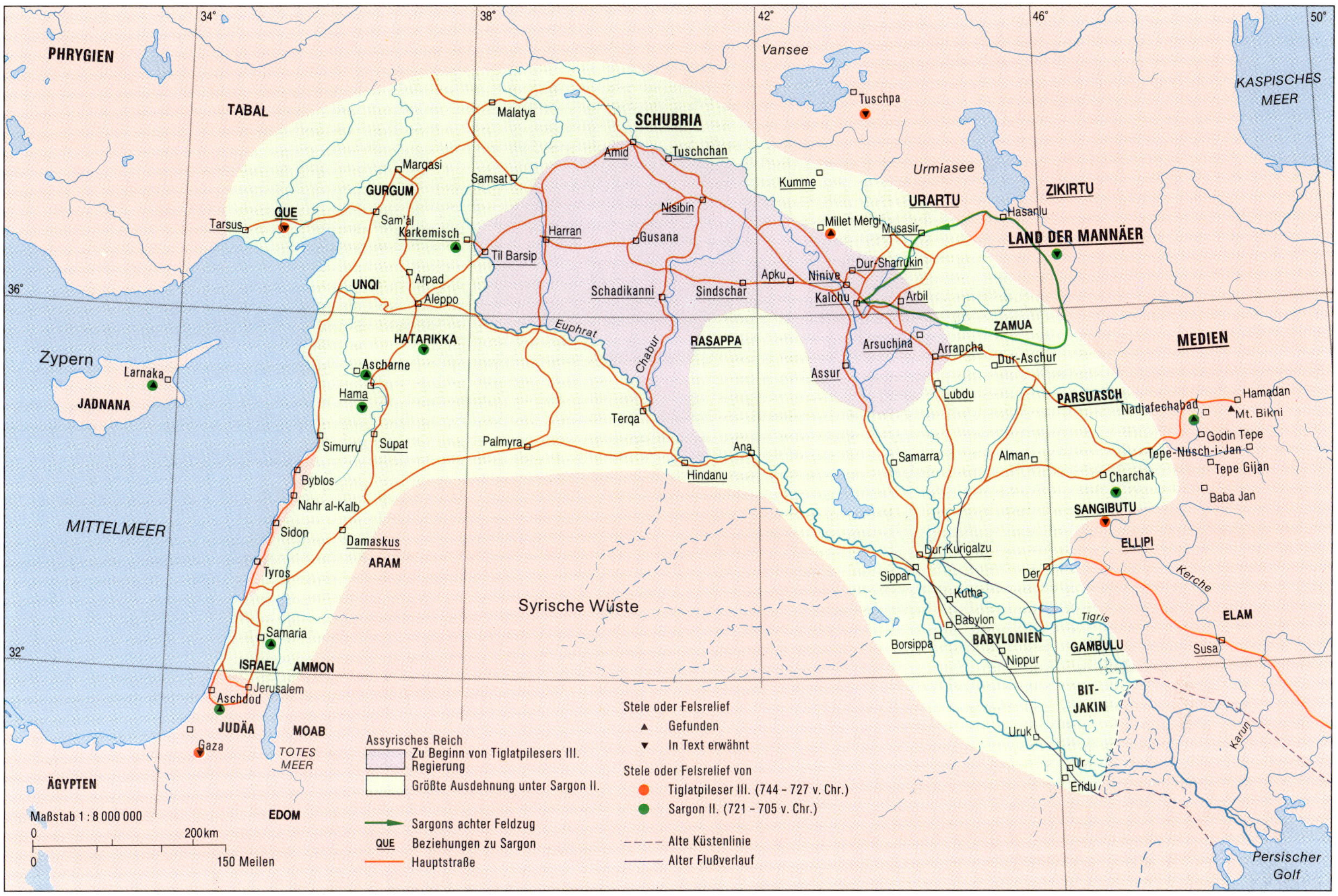

Das assyrische Reich im späten 8. Jahrhundert v. Chr.
Unter Tiglatpileser III. und Sargon II. änderte sich die assyrische Außenpolitik; weite Gebiete des Nahen Ostens jenseits der alten Grenzen Assyriens kamen unter assyrische Verwaltung. Die Verkehrsverbindungen in diesem riesigen Territorium verbesserten sich dadurch, daß auf den Hauptstraßen in regelmäßigen Abständen Poststationen eingerichtet wurden. Das von Tiglatpileser und Sargon geschaffene Reich überdauerte fast noch ein weiteres Jahrhundert. Andauernde Feldzüge brachten zusätzliche Expansion. Darüber geben die königlichen Annalen Auskunft, wie etwa in der ausführlichen Beschreibung von Sargons achtem Feldzug 714, in dessen Verlauf Urartu besiegt wurde. Jedoch ist die Marschroute des Heeres umstritten. Einige Fachleute nehmen an, daß die Assyrer den gesamten Urmiasee umrundeten.

Tiglatpilesers Reformen

Tiglatpilesers militärische und politische Erfolge beruhten auf einer radikalen Reorganisation des assyrischen Staatsapparats. Er reformierte die Armee, indem er ein stehendes Söldnerheer aufstellte. Die Fußtruppen bestanden hauptsächlich aus Aramäern. Die berittenen Streitkräfte – Kriegswagen und Kavallerie – stellten größtenteils die Assyrer, doch befanden sich auch ausländische Truppen unter ihnen. Die Streitwagen unterstanden dem Befehl des *rab scha resche*, des obersten Eunuchen. Tiglatpileser setzte die Eunuchen ein, um die Macht des assyrischen Adels zu beschneiden. Er ernannte sie zu Provinzstatthaltern, die sich, ohne eigene Nachkommen, dem König gegenüber loyal verhielten. Um seine Politik durchzusetzen, veranlaßte Tiglatpileser umfangreiche Deportationen und Zwangsumsiedlungen; so werden 155 000 Chaldäer und 65 000 Meder als Deportierte erwähnt. Viele von ihnen ließ er nach Assyrien bringen, wo sie im Dienst des Königs arbeiteten oder als Bauern angesiedelt wurden. Zeitweise wurden die Menschen von einer Region in eine andere verschoben, um nationalistische Bestrebungen zu unterbinden.

Nachfolger Tiglatpilesers III. wurde dessen Sohn Salmanassar V. Während seiner kurzen Regierungszeit (726 bis 722 v. Chr.) setzte er die Politik seines Vaters fort und wurde zum König von Babylon und von Assyrien gekrönt. In der babylonischen Königsliste sind Salmanassar und sein Vater als Ululaja beziehungsweise Pulu verzeichnet; dieselben Namen finden sich in biblischen und griechischen Quellen. Vermutlich waren dies ihre eigentlichen Namen, die sie bei der Thronbesteigung in traditionsreichere änderten. Salmanassars Annalen sind nicht erhalten, doch den Angaben im Alten Testament zufolge nahm er Samaria, die Hauptstadt Israels ein, und deportierte die Israeliten.

Die Thronbesteigung Sargons II.

Die Umstände, unter denen Salmanassar V. 722 v. Chr. als König von Assyrien durch Sargon abgelöst wurde, bleiben im dunkeln. Eine der Inschriften Sargons läßt vermuten, daß er bei den Einwohnern von Assur Unterstützung fand, die gegen die Zahlung von Steuern an Salmanassar protestierten. Sargon erwähnt in seinen Inschriften weder seine Vorfahren noch den Namen seines Vorgängers, sondern spricht von »dem Fürsten, der vor mir ging«. Der Name Sargon bedeutet »legitimierter König«; dies könnte ein Hinweis darauf sein, daß er nicht Salmanassars designierter Nachfolger war.

Über Sargons Feldzüge in den ersten zwei Jahren seiner Regierungszeit liegen keine Berichte vor. Vielleicht war er noch damit beschäftigt, seine Position zu sichern. Spätere Versionen von Sargons Annalen versetzen Salmanassars Eroberung von Samaria jedoch in die Frühzeit von Sargons Herrschaft, parallel zu Sargons späteren Kriegszügen. Im Frühjahr 720 marschierte er nach Süden. Sein Ziel war vielleicht die Rückeroberung Babyloniens, das während der Unruhen um Sargons Thronbesteigung unter die Herrschaft des Chaldäers Marduk-apla-iddina II. vom Stamm der Bit-Jakin (er erscheint in der Bibel als Merodach-Baladan) geraten war. Als sie in die Gegend von Der kamen, kämpften die Assyrer gegen die Elamiten unter ihrem König Humban-nikasch I. (743 – 717 v. Chr.), doch die Babylonier trafen erst ein, als die Schlacht vorüber war. Sargon behauptet, der Gesamtsieger gewesen zu sein, während eine babylonische Chronik berichtet, daß die Elamiten gewonnen hätten. Tatsächlich wird eine Pattsituation eingetreten sein: die Assyrer übernahmen die Herrschaft über Der, wichen jedoch während der nächsten zehn Jahre jeder weiteren militärischen Auseinandersetzung mit Elam oder Babylon aus.

Sargon wandte sich dem Westen zu, wo die Herrscher von Hama, Arpad, Simurru, Damaskus und Samaria die Gelegenheit ergriffen hatten, um von Assyrien abzufallen. Sargon besiegte die Abtrünnigen in der Schlacht bei Qarqar, wo 853 v. Chr. Salmanassar einer ähnlichen Koalition gegenübergestanden hatte. Als das von Ägypten unterstützte Gaza rebellierte, unterstellte Sargon das Land bis an die ägyptische Grenze wieder der assyrischen Kontrolle.

Die Assyrer versuchten auch, die Länder nördlich und westlich des Euphrat unter ihre Herrschaft zu bringen. Doch hier stießen sie auf den Einflußbereich zweier weiterer Großmächte des anatolischen Hochlandes: der Muschki im Nordwesten und der Urartäer im Nordosten. Fast 400 Jahre zuvor hatte Tiglatpileser I. (1114 - 1076 v. Chr.) gegen die Muschki gekämpft, doch archäologische Zeugnisse für die Eroberung von Siedlungen in Zentralanatolien zwischen dem 12. und dem 8. Jahrhundert v. Chr. sind nicht vorhanden. Im 8. Jahrhundert lebten die Muschki in der Landschaft, die bei den Griechen Phrygien genannt wurde. Nach griechischen Legenden kamen die Phrygier etwa zur Zeit des Trojanischen Krieges, gegen Ende der späten Bronzezeit, aus Europa nach Anatolien. Einige Gelehrte glauben, daß sie etwa um 1200 v. Chr. Hattusa und das Hethiterreich zerstörten, doch gibt es keine Belege für ihre Anwesenheit in Anatolien zu diesem frühen Zeitpunkt. Es ist denkbar, daß Phrygier und Muschki verschiedene Namen für ein Volk waren. Auf jeden Fall waren sie im 8. Jahrhundert wohl unter einem Herrscher vereinigt.

König Midas von Phrygien

Sargons Rivale in diesen Ländern war ein Herrscher, den er Mita von Muschki nannte. Es handelt sich zweifellos um König Midas von Phrygien, dem nach der griechischen Mythologie alles zu Gold wurde, was er berührte, und der als Strafe der Götter Eselsohren bekam. Midas' Hauptstadt Gordion war nach dessen Vater Gordias benannt, der die Stadt gegründet haben wird. Ausgrabungen zeigten, daß die Gebäude in Gordion durch einen Vorraum und eine rechteckige Halle (die sogenannte *megaron*-Anlage) gekennzeichnet sind. An jeder Seite der Halle befanden sich von hölzernen Säulen gestützte Galerien. Ein anderes *megaron* hatte einen Mosaikfußboden mit geometrischen Mustern aus farbigen Kieseln.

Rund 75 Grabhügel umgeben die Festung von Gordion, der größte ist noch immer über 50 Meter hoch; der Lokaltradition zufolge handelt es sich um das Grab des Midas. Aufgrund seiner Größe entging es den Verwüstungen durch Grabräuber. Mit Probebohrungen von oben lokalisierte man die Grabkammer und legte daraufhin von der Seite einen Stollen an. Die holzgetäfelte Kammer barg den Leichnam eines etwa sechzigjährigen, 1,59 Meter großen Mannes. Weiter befanden sich schöne hölzerne Tische mit Einlegearbeiten, drei große Bronzekessel, über 100 Bronzefibeln und mehr als 150 Metallgefäße und Kellen im Grabraum. Eines der Bronzegefäße war mit einem Widderkopf verziert, ein anderes mit dem Kopf eines Löwen, ähnlich denen, die auf den Reliefs im Palast Sargons II. dargestellt waren. Seltsamerweise enthielt das Grab weder Waffen noch irgendwelche Gegenstände aus kostbaren Materialien wie Gold, Elektrum oder Silber. Auch wurde nichts aus Elfenbein, Glas oder Edelsteinen gefunden und, außer den Fibeln, keine Schmuckstücke. Einige der Fibeln und Metallgefäße waren aus Messing (einer Verbindung von Kupfer und Zink) und gehören zu den ältesten Belegen für die Verwendung dieses Metalls. Der leuchtend gelbe Glanz führte zu der Vermutung, daß die Entstehung der Messingherstellung die Legende von Midas' Fähigkeit, alles, was er berührte, zu Gold zu machen, aufkommen ließ. Umstritten ist allerdings, ob es sich bei dem Toten um Midas selbst oder um seinen Vater handelte. Einer späteren Überlieferung zufolge beging König Midas Selbstmord, als sein Reich 695 v. Chr. durch den Einfall der Kimmerier, die wahrscheinlich aus Kleinasien kamen, verwüstet wurde. Die Ausgrabungen der Archäologen ergaben, daß die Zerstörung Gordions etwa in diese Zeit fällt.

Zu Beginn von Sargons Herrschaft gehörte Midas zu dessen Feinden. Der Verdacht der Vorbereitung antiassyrischer Koalitionen, in die der König von Muschki oder Urartu verwickelt sei, reichte aus, um Assyriens Zorn zu wecken und führte 717 v. Chr. zur Annexion von Karkemisch. Als Ambaris von Tabal Boten zu Rusa von Urartu und Midas von Phrygien schickte, setzten die Assyrer ihn ab und annektierten 713 sein Land. Angriffe des Statthalters von Que (Kilikien) brachten 709 Midas jedoch dazu, ein Bündnis mit Assyrien einzugehen. Die Kopie eines Briefes von Sargon an Assur-scharra-usur, den assyrischen Statthalter von Que, berichtet von der Verständigung zwischen Midas und Sargon und beschreibt die Konse-

Oben: Auf diesem Relief, das aus seiner neugegründeten Hauptstadt Dur-Scharrukin (Chorsabad) stammt, steht Sargon II. einem hohen Würdenträger seines Hofs gegenüber. Wahrscheinlich handelt es sich bei ihm um seinen Sohn und Nachfolger, den Kronprinzen Sennacherib. Der König trägt die assyrische Königskrone. Sein Gewand ist mit Rosetten verziert, die vielleicht aus Gold bestehen und auf den Stoff aufgenäht sind. Ein ähnlicher Stoff bedeckte zwei Skelette in einem Steinsarkophag in Kalchu, wo vermutlich Yaba, die Gemahlin von Tiglatpileser III., Baniti, die Ehefrau Salmanassars V., und Atalia, die Gattin Sargons II., beigesetzt sind. Höhe 2,90 m, Breite 2,30 m.

Rechts: Rekonstruierter Kopf des Mannes, der im Grab des Midas in Gordion begraben war. Dabei wurde ebenso wie bei der Rekonstruktion der Gesichtszüge unbekannter Mord- oder Brandopfer verfahren. Die Muskel- und Hautschichten wurden auf einen Abguß des Schädels aufgetragen, um so die Gesichtszüge des Königs nachzubilden.

Unten: Ein Felsrelief in der Nähe einer Quelle in Ivriz zeigt Warpalawas, den Herrscher von Tuwana (im Altertum Tyana), vor einem Gott. Warpalawas oder Urbala, wie er in assyrischen Texten heißt, zahlte Tribut an Tiglatpileser III. und könnte gleichzeitig mit König Midas von Phrygien verbündet gewesen sein. Als Midas mit Sargon II. von Assyrien Frieden schloß, begab sich Warpalawas wieder unter assyrischen Einfluß. Die halbrunde Fibel, die Warpalawas trägt, ähnelt den phrygischen Gewandspangen, von denen man im Grab des Midas in Gordion mehr als 100 Exemplare fand.
Größe des Gottes 4,20 m.

quenzen für die künftige assyrische Politik. Zwischen Assyrien und Phrygien gelegen, hätten die Herrscher dieser Region keine Wahl, so der Brief, als sich zu unterwerfen und »mit ihren Bärten die Sandalen des assyrischen Statthalters zu polieren«.

Die assyrische königliche Post

Es verwundert nicht, daß die Geschichtsdarstellung der assyrischen Annalen einseitig ist; manchmal aber bieten die Inschriften der Gegner und Nachbarn Assyriens einen Kontrast. Auch die königliche Korrespondenz des assyrischen Hofs vermittelt ein objektives Bild. Rund 1300 Briefe, die zwischen Sargon und seinen Beamten im gesamten Reich gewechselt wurden, sowie solche von Agenten, die außerhalb der assyrischen Grenzen lebten, sind erhalten geblieben. Viele Schriftstücke liegen bruchstückhaft vor, sind ungenau datiert und oft nicht leicht zu interpretieren, da die Hintergrundinformationen, die den Korrespondierenden vertraut waren, fehlen. Dennoch zeigen sie die Probleme, mit denen sich die assyrische Innen- und Außenpolitik beschäftigen mußte und die in der offiziellen Propaganda keine Erwähnung fanden. Die Königsinschriften vermitteln den Eindruck eines geradezu zwangsläufigen Erfolges, indem sie durchblicken lassen, daß es keinen Widerstand gegen den Willen des Königs gab, dem – mit den Göttern an seiner Seite – sich alle zu unterwerfen hatten. Im Gegensatz dazu zeigt die Korrespondenz des Königshofs, daß man über den Ausgang mancher politischer Entscheidung Zweifel hegte und Omen und Orakel konsultierte, bevor eine Aktion unternommen wurde. Die Briefe des assyrischen Hofs berichten über Fehlschläge ebenso wie über Erfolge.

Eines der Probleme, mit denen sich die Assyrer konfrontiert sahen, war die Verwaltung eines so ausgedehnten Reiches. Die lokale Amtsführung unterstand der Kontrolle des Provinzstatthalters, der die Befehle des Königs ausführte und diesem Berichte schickte. Längere Unterbrechungen der Kommunikation brachten die Gefahr mit sich, daß die Statthalter zuviel Unabhängigkeit erlangten, beziehungsweise wichtige Entscheidungen verspätet ausgeführt wurden. Um diese Probleme zu lösen, schufen die Assyrer ein effizientes Straßen- und Postsystem. Entlang der Hauptrouten wurden in den Abständen eines Tagesmarsches (30 Kilometer) Straßenposten angelegt, wo die Boten des Königs rasten konnten und frische Maultiergespanne für ihre Wagen erhielten. Auf diese Weise dauerte es nur wenige Tage, bis die Befehle des Königs die entlegensten Außenposten seines Imperiums erreichten. Dieses System bildete in späteren Jahrhunderten die Grundlage des bewundernswerten Kommunikationsnetzes des Persischen Reichs.

Krieg mit Urartu

Die assyrische Kriegsmaschine bedurfte des ständigen Nachschubs an Männern, Tieren und Ausrüstungen, den man durch Steuern, Tributzahlungen und Beute sicherstellte. Die jährlichen Feldzüge, die der König oder seine hohen Beamten unternahmen, sollten dafür sorgen, daß die Völker, die Assyrien untertan oder mit ihm verbündet waren, nicht etwa ihre Zahlungen unterließen. Der nördliche Nachbar Assyriens, das mächtige Königreich Urartu, widersetzte sich den assyrischen Absichten. Als Assyrien noch mächtiger wurde und seinen Einfluß auf die Nachbarregionen Urartus auszudehnen suchte, war der Konflikt zwischen beiden Reichen nur eine Frage der Zeit. Auf der Landkarte hatten Assyrien und Urartu eine gemeinsame Grenze, doch in der Realität waren sie durch nahezu unpassierbare Bergketten getrennt, die einen direkten militärischen Angriff unmöglich machten. Selbst wenn es den Assyrern gelungen wäre, die Berge zu überschreiten oder über einen der leichter zu überwindenden Pässe im Osten oder Westen in Urartu einzudringen, hätte sich die Bevölkerung in ihre Bergfestungen zurückziehen können. Ein strenger Winter hätte die Assyrer von allein zum Rückzug gezwungen. Assyriens Ziel war nicht die Annexion von Urartu; Sargon vermied die unmittelbare Konfrontation mit Urartu ebenso wie mit Ägypten und Muschki. Zur Auseinandersetzung kam es vielmehr durch ihre Vasallen oder Verbündeten.

Im Jahr 716 v. Chr. setzte Rusa I., der König von Urartu, den Herrscher der Mannäer, eines Volks im westlichen Iran, südlich des Urmiasees, ab und erhob Bagdatti zum König. Sargon betrachtete Mannäa als Teil seiner Einflußsphäre; das Land war für ihn wichtig, weil er von dort die Pferde für sein Heer bezog. Urartus Einmischung mußte er daher als Herausforderung ansehen. Sargon drang in Mannäa ein, ließ Bagdatti hinrichten und ernannte seinen Bruder Ullusunu zum König. Als Reaktion darauf besetzte Urartu 22 Festungen der Mannäer, doch im folgenden Jahr kam Sargon Ullusunu zu Hilfe und eroberte sie zurück. Im Jahr 714 marschierte Sargon nach Medien und machte die Herrscher des zentralen Sagros tributpflichtig, bevor er weiter nach Norden vordrang. In Mannäa überredete Ullusunu ihn, gegen Rusa I. vorzugehen. Als die Heere der Assyrer und Urartäer in der Nähe des Südwestufers des Urmiasees aufeinandertrafen, trug Sargon den Sieg davon. Nachdem er Rusa geschlagen hatte, fiel er in das Reich von Urartu ein. Auf dem Rückweg nach Assyrien plünderte er Musasir, die Stadt des Gottes Haldi, in der die Könige von Urartu gekrönt wurden. Mit gewaltiger Beute kehrte er zurück. Er berichtet ausführlich über diesen Feldzug in einem Brief an den Gott Assur, der wahrscheinlich bei einer Siegesfeier in der Stadt Assur öffentlich verlesen wurde. Sargon erwähnt jeden Schritt seines Heereszugs, listet alle Beutestücke und die empfangenen Tributzahlungen auf und schließt mit den Verlustzahlen, die genauso unglaubwürdig sind wie die heutigen offiziellen militärischen Verlautbarungen: Angeblich wurden nur ein einziger Wagenlenker, ein Kavallerist und drei Infanteristen auf dem gesamten Feldzug der Assyrer getötet.

Sargons Sieg über Urartu war jedoch nicht so vollständig beziehungsweise entscheidend, wie seine Inschriften glauben machen. Rusa gewann Musasir zurück und beging wohl nicht, wie Sargons Annalen behaupten, Selbstmord, »indem er sich seinen eisernen Dolch wie einem Schwein in den Leib stieß«. Zwischen Assyrien und Urartu wurde ein Waffenstillstand vereinbart, der nicht immer eingehalten wurde. Assyrische Spione berichteten über die Verhältnisse in Urartu und meldeten einmal, daß die Urartäer von den einfallenden Kimmeriern vernichtend geschlagen worden seien. Unter diesen Umständen war beiden Seiten, Urartu wie Assyrien, daran gelegen, miteinander in Frieden zu leben; in den folgenden 100 Jahren ist in den vorliegenden Quellen von keinen weiteren Kriegen zwischen ihnen die Rede.

Das Ende von Sargons Herrschaft

Im Süden von Urartu, abseits der Hauptstraßen Mesopotamiens, lebten die Meder, die in zahlreiche Stammesgruppen unterteilt waren. In Sargons Inschriften werden sie die »Mächtigen Meder« genannt, auch die »Entfernten Meder« vom Rand des Berges Bikni, der als Demawend unmittelbar südlich der späteren medischen Hauptstadt Hamadan identifiziert wurde. Der griechische Historiker Herodot berichtet, daß die Meder unter Deiokes vereinigt wurden, der die Hauptstadt Hamadan erbaute. Nach assyrischen Quellen schlossen sich die Meder nicht vor der zweiten Hälfte des 7. Jahrhunderts zusammen. Nur wenige medische Fundstellen wurden freigelegt, die wohl vom Ende des 8. Jahrhunderts stammen. Eine von ihnen, Tepe-Nusch-i-Jan, enthielt die Überreste einer großen Kultstätte. In Godin Tepe, einem anderen Ausgrabungsort, entdeckte man die Mauern eines befestigten Palastes mit Säulenhallen. Es dürfte sich um die Residenz eines lokalen Herrschers gehandelt haben. Eine von Sargon errichtete Stele wurde in Najafechabad gefunden. Sie kann aus Godin Tepe stammen und markiert wohl aller Wahrscheinlichkeit nach den äußersten Punkt des assyrischen Vorrückens in den Sagros.

Nachdem er seine Politik im Westen, Norden und Osten durchgesetzt hatte, wandte sich Sargon 710 v. Chr. nach Süden, wo Marduk-apla-iddina II. über Babylon herrschte. Im Verlauf zweier Feldzüge vertrieb ihn Sargon in die südlichen Marschen und ernannte sich selbst während des Neujahrsfests 709 zum König von Babylon. Im Jahr 707 eroberte Sargon Dur-Jakin, die Hauptstadt der Bit-Jakins, deren Stammesführer Marduk-apla-iddina II. war, doch es gelang ihm nicht, Marduk-apla-iddina selbst gefangenzunehmen. Sargon machte Babylonien zu einem Teil des assyrischen Reichs, indem er einen Statthalter in Babylon und einen zweiten in Gambulu an der Grenze zu Elam ernannte. Mehr als 108 000 Aramäer und Chaldäer wurden aus Babylonien zwangsumgesiedelt, um Aufständen vorzubeugen.

Wie viele Herrscher, die ihre Herkunft verleugneten, entschloß sich Sargon, eine neue Hauptstadt zu bauen. Er wählte einen völlig neuen Standort und nannte ihn Dur-Scharrukin oder Sargons Burg. Der Grundstein wurde bereits 717 gelegt; 707 zogen die Götter von Dur-Scharrukin in ihre Tempel ein, ein Jahr vor Einweihung der Stadt. Im Jahr 705 führte Sargon sein Heer gegen das Land Tabal im Taurusgebirge. Hier fand er den Tod im Kampf gegen einen Fürsten namens Gurdi (Gordias), ein unter den Herrschern Anatoliens weitverbreiteter Name. Sargon stand zu diesem Zeitpunkt auf der Höhe seiner Macht und schien unbesiegbar zu sein. Er regierte das Kernland des Nahen Ostens vom Golf bis zum Taurus, vom Sagros bis zum Sinai. Er hatte Urartu geschlagen und andere Herrscher tributpflichtig gemacht, darunter Midas, den König von Phrygien, den ägyptischen Pharao, den König von Dilmun, Uperi, sowie sieben Könige von Jadnana (Zypern). Nicht nur sein Tod in der Schlacht, sondern auch die Tatsache, daß sein Leichnam nicht aufgefunden wurde, so daß man ihn nicht in seinem Palast bestatten konnte, hatte eine verheerende Wirkung auf das Selbstbewußtsein der Assyrer.

Ninive, Assyriens natürliche Hauptstadt

Als Sargons Sohn und Nachfolger Sennacherib 704 König wurde, befragte er die Orakel nach den Sünden seines Vaters. Um dessen Schicksal zu entgehen, tilgte er Sargons Namen aus den Inschriften und verlegte die Hauptstadt von Dur-Scharrukin in die alte Stadt Ninive, das natürliche Zentrum Assyriens. Sie lag in einer fruchtbaren Landschaft, in der Getreide angebaut wurde, kontrollierte einen wichtigen Übergang über den Tigris und beherbergte den Haupttempel des assyrischen Ischtarkults. Sanherib baute Ninive wieder auf und legte eine Festung mit Palästen und Tempeln auf dem antiken Stadthügel (Tell Kujundjik) an. Seine Residenz war mit Reliefs verziert, die zumeist seine militärischen Siege darstellen; wie in Kalchu und Dur-Scharrukin wurde außerhalb der Zitadelle ein Arsenal errichtet (Tell-Nebi-Junus, wo nach moslemischer Überlieferung der Prophet Jonas begraben wurde). Eine dicke, über 12 Kilometer lange Mauer umgab die über 7 Quadratkilometer große Stadt.

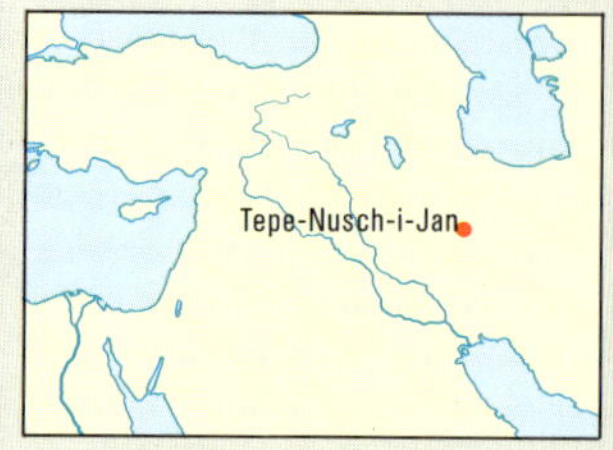

Unten: Die Lehmziegelgebäude in Tepe-Nusch-i-Jan standen auf gewachsenem Fels in der Mitte einer von Bergen gesäumten Ebene. Auf der Bergkuppe sind die Mauern der Festung zu erkennen.

Tepe-Nusch-i-Jan

Obwohl die Meder ein ausgedehntes Reich beherrschten, das sich von Zentralanatolien bis Afghanistan erstreckte, gibt es kaum archäologische Funde. In den sechziger und siebziger Jahren dieses Jahrhunderts grub man mit Godin Tepe und Tepe-Nusch-i-Jan zwei Fundstätten unweit der medischen Hauptstadt Hamadan aus. Godin Tepe war offensichtlich eine große befestigte Residenz, die vom 8. bis zum 6. Jahrhundert bewohnt war, Tepe-Nusch-i-Jan dagegen ein medisches Kultzentrum. Die Meder haben vielleicht wie die späteren Anhänger Zoroasters (Zarathustra) das Feuer verehrt. Der Haupttempel von Tepe-Nusch-i-Jan, der vermutlich im 8. Jahrhundert v. Chr. erbaut wurde, war nach einem ungewöhnlichen Stufenplan angelegt und enthielt einen Altar mit Feuerspuren. Etwa um 600 v. Chr. wurde das gesamte Gebäude sorgfältig mit Steinen ausgefüllt, so daß die Mauern bis zu einer Höhe von etwa acht Metern erhalten blieben. Wahrscheinlich handelt es sich um das begonnene, aber niemals beendete Projekt einer Restaurierung. Später existierte in den Ruinen der monumentalen Bauten ein Dorf.

Unten: Der mittlere Tempel und der Westtempel waren die wichtigsten Bauwerke in Tepe-Nusch-i-Jan. Später wurden die Festung, ein viereckiges, massives Lagerhaus und die Säulenhalle errichtet. Die achämenidischen Perser übernahmen die Architektur der Säulenhallen für ihre Paläste.

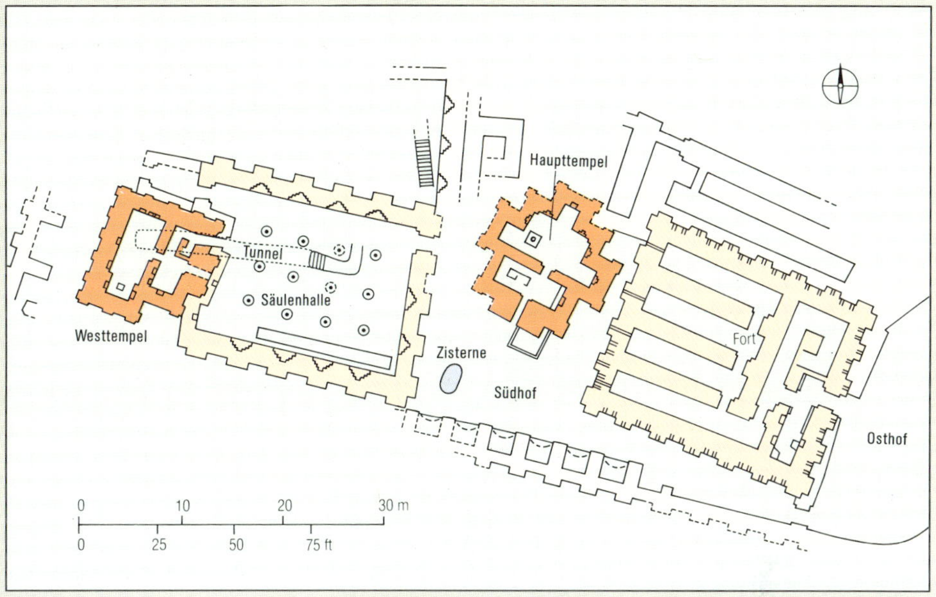

Oben: Die Gebäude in Tepe-Nusch-i-Jan sind ungewöhnlich gut erhalten und verfügen noch über Tore und Gewölbe. Diese Türöffnung im Westtempel war teilweise zugemauert, als das Gebäude verlassen wurde. Der alte hölzerne Türsturz wurde durch einen neuen Holzbalken ersetzt.

Oben Mitte: Um 600 v. Chr. wurden in einer Bronzeschale 321 Silbergegenstände in der Festung vergraben. Darunter befinden sich Ringe, Juwelen und Silberbarren, die vielleicht eine frühe Währung darstellten, sowie spiralenförmig gedrehter Schmuck aus der Zeit um 2000 v. Chr. Länge des obersten Barrens 5,35 cm.

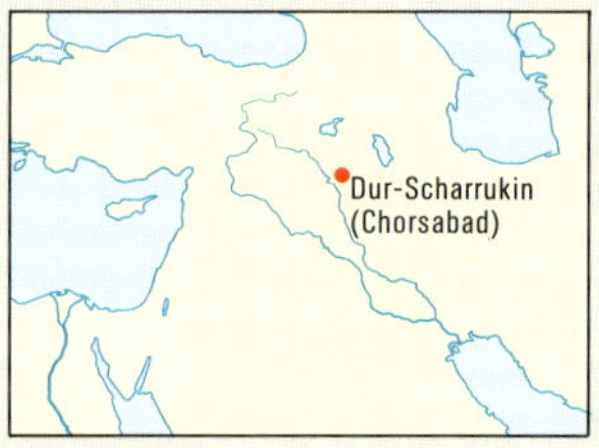

Dur-Scharrukin

Im Jahr 717 v. Chr. gründete der Usurpator Sargon, der sich selbst zum König von Assyrien und zum Herrn der Welt erklärte, eine neue Hauptstadt. Den von ihm gewählten Standort nördlich der alten Hauptstadt Ninive nannte er Dur-Scharukkin, das heißt »Sargonsburg«. Die Götter von Dur-Scharrukin wurden 707 in die Tempel der neuen Stadt gebracht, als Sargon mit »den Fürsten aller Länder, den Provinzstatthaltern, den Inspektoren und Aufsehern, den Adligen und Eunuchen und den Ältesten von Assyrien Wohnung in der Residenz nahm und ein Fest feierte«. Zwei Jahre später fiel Sargon jedoch in einer Schlacht, und der Hof wurde wieder nach Ninive verlegt.

Annähernd rechteckig in der Anlage umschlossen die Stadtmauern von Dur-Scharrukin eine Fläche von knapp 3 km². Sieben Tore gewährten Einlaß in die Stadt. Der große Palast Sargons und der Tempelbereich entstanden auf einer Terrasse am nordwestlichen Rand der Stadtmauer, während das Arsenal im südlichen Bereich lag.

Die Fundstätte trägt heute den Namen Chorsabad. Sie wurde Mitte des 19. Jahrhunderts von Paul Botta und Victor Place ausgegraben. Sie entdeckten zahlreiche Kalksteinreliefs an den Wänden. Viele von diesen Kunstwerken gingen unwiederbringlich verloren, als das Schiff, das sie nach Frankreich bringen sollte, vor der südirakischen Küste aufgebracht und versenkt wurde.

Links: Wandschmuck aus der Residenz K (siehe Grundriß). In dieser Halle, die mit einem prächtigen Gemälde geschmückt war, gab es keine Steinreliefs. Das erheblich restaurierte Bild zeigt den König, hinter ihm vielleicht den Kronprinzen, vor einem Gott, der Stab und Ring göttlicher Machtbefugnis in den Händen hält. Die Szene wird von göttlichen Wesen mit Kübeln und Zapfen umrahmt. Darunter befinden sich Reihen kniender geflügelter Götter und Stiere. Höhe etwa 13 m.

Rechts: Eine bemalte, sonnengetrocknete Tonfigur aus Dur-Scharrukin. Oftmals fälschlicherweise mit dem Helden Gilgamesch gleichgesetzt, stellt sie vielmehr den Gott Lahmu (den Behaarten) dar. Statuetten wie diese wurden in den Fundamenten von Gebäuden eingemauert, um gegen das Böse zu schützen.

Unten: Ein vierflügliger Gott mit Kübel und Zapfen, als Relief dargestellt auf einem der Tore in Dur-Scharrukin. Höhe etwa 3,65 m.

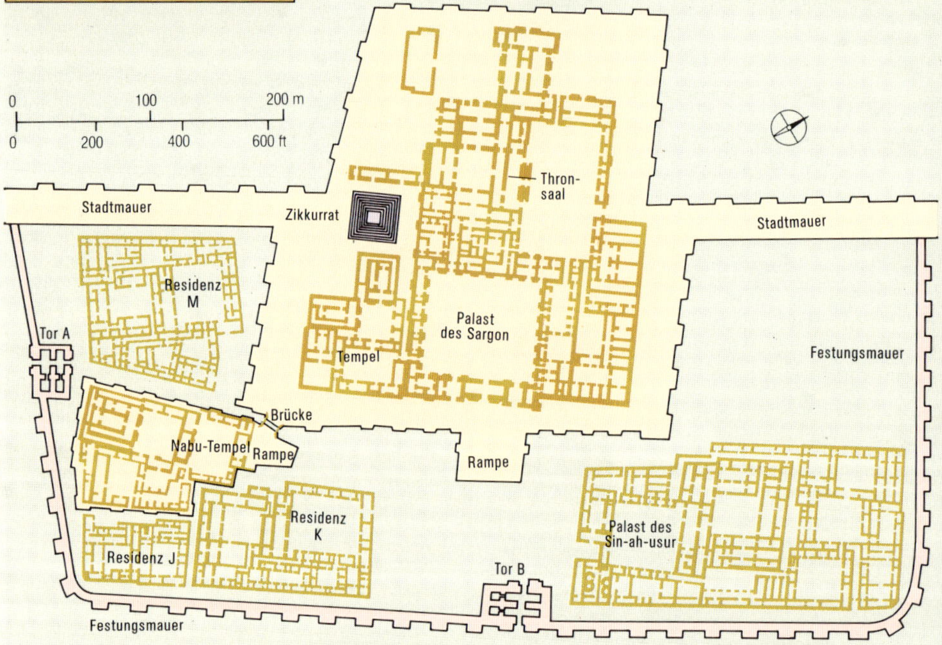

Oben: Der obere Teil der Zitadelle bestand aus dem Königspalast und einem Kultbereich mit der Zikkurrat. Darunter lagen der Tempel des Nabu, der über eine Brücke zu erreichen war, und die Residenzen der hohen Würdenträger, wie etwa Sargons Bruder Sin-ah-usur, der *turtanu* (Hauptwesir) war.

Rechts: Dieser neuneckige gebrannte Zylinder aus Dur-Scharrukin überliefert die Worte Sargons: »Tag und Nacht plante ich den Bau dieser Stadt.«

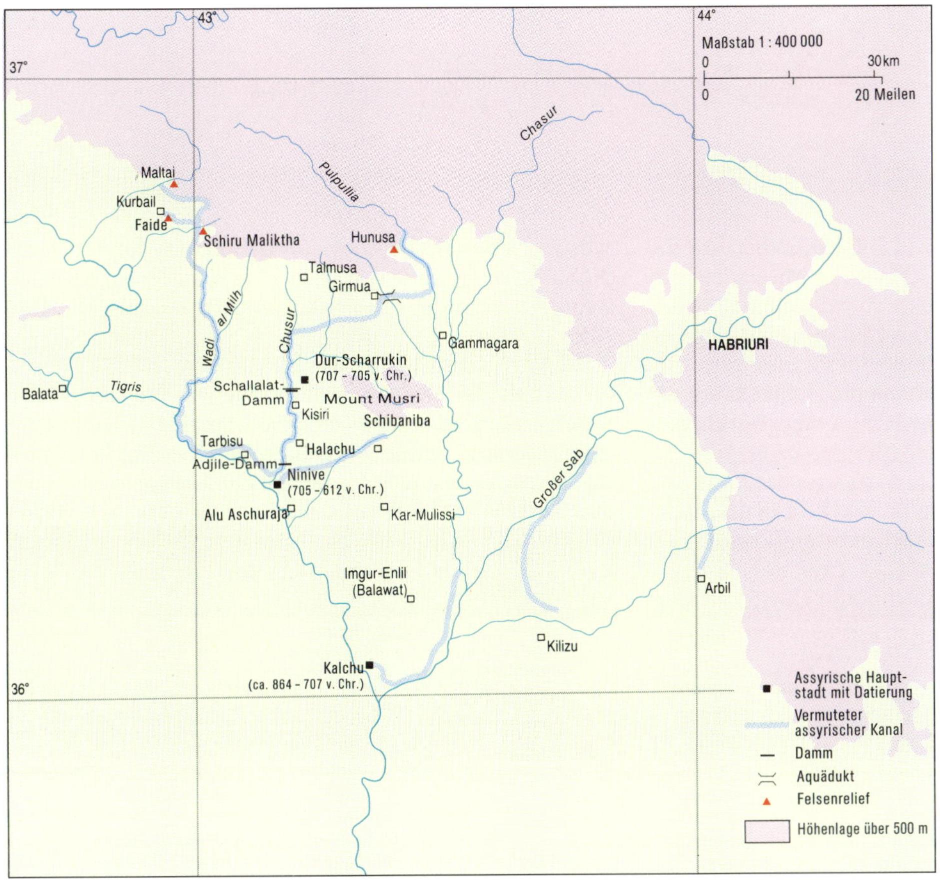

Assyrische Hauptstädte und Bewässerungssysteme
Assurnasirpal II. verlegte um 864 v. Chr. seine Hauptstadt von Assur nach Kalchu. Sargons II. neue Metropole Dur-Scharrukin war kaum fertiggestellt, als der Herrscher 705 v. Chr. in einer Schlacht fiel, und sein abergläubischer Sohn Sennacherib Ninive zur Hauptstadt machte. Die assyrischen Könige nutzten vorhandene Wasserläufe und bauten Kanäle, um ihre Städte mit Wasser zu versorgen. Sennacherib hatte die ehrgeizigsten Pläne. Der Kanal nach Arbil verlief zum Teil unterirdisch, der von Hunusa (Bavian) überquerte ein Tal bei Girmua (Jerwan) auf einem Aquädukt, der aus dem Nordwesten nach Ninive führende Kanal war von gemeißelten Götterbildern gesäumt.

Sennacherib ließ umfangreiche Bewässerungsarbeiten vornehmen. Nicht nur seine großzügig angelegte Stadt mußte mit Wasser versorgt werden, sondern auch die Obstgärten und Felder rund um Ninive sowie ein königlicher Park, in dem er Pflanzen aus Chaldäa und aus dem Amanusgebirge heimisch machte. Eine exotische Spezies war ein »Wolle tragender Baum«, womit die Baumwollpflanze bezeichnet wurde, die man seit dem dritten Jahrtausend in Indien anbaute.

Sennacheribs Erfolge und Fehler

In seinen Inschriften und auf Reliefs erweckt Sennacherib den Eindruck eines erfolgreichen, unüberwindlichen Königs. In Wirklichkeit war seine Regierung durch eine Folge von Aufständen und Niederlagen gekennzeichnet. Im Jahr 701 v. Chr. marschierte er in die Levante und nach Palästina, um eine Rebellion niederzuschlagen, und griff in der Nähe von Elteke in der Küstenebene des Philisterlandes das ägyptische Heer an, das den Aufständischen zu Hilfe gekommen war. Sennacheribs Annalen behaupten, daß die Assyrer die Schlacht gewonnen hätten. Sie zogen jedoch nicht weiter nach Süden, auf die Grenzen Ägyptens zu, sondern wandten sich ins Landesinnere, um Lachisch zu belagern. Auf Reliefs in Sennacheribs Palast ist der Feldzug lebendig dargestellt. Danach griffen die Assyrer Jerusalem an, die Hauptstadt Hiskias, des Königs von Judäa. Es gelang ihnen jedoch nicht, die Stadt einzunehmen. Die Bibel berichtet ebenso wie der griechische Historiker Herodot, daß die Ägypter die Assyrer geschlagen hätten. Manche Fachleute beziehen diese Niederlage jedoch auf einen späteren Feldzug, der in Sennacheribs Annalen nicht erwähnt wird.

Anders als sein Vater strebte Sennacherib in seiner 24jährigen Regierungszeit nicht nach territorialen Eroberungen, sondern begnügte sich damit, die Eroberungen Sargons zu behalten. Als ein schwieriges Problem erwies sich allerdings die Annexion Babyloniens; die Beziehungen zum Süden beschäftigten Sennacheribs Außenpolitik die meiste Zeit. 703 rebellierte der sehr hartnäckige Marduk-apla-iddina II. und bemächtigte sich wieder des Throns von Babylon. Sennacherib marschierte nach Süden und besiegte in der Nähe von Kutha die verbündeten Babylonier, Chaldäer, Aramäer, Elamiten und Araber. Er eroberte Babylon zurück und nahm Mitglieder von Marduk-apla-iddinas Familie und seines Hofs gefangen, während dem chaldäischen Fürsten selbst wiederum die Flucht in das Marschland gelang. Sennacherib ernannte einen Babylonier, Belibni, zum König von Babylon und verfolgte den Flüchtigen durch das Land der Chaldäer. Mit 208 000 Gefangenen kehrte er nach Assyrien zurück. Die Chaldäer sorgten weiter für Unruhe, so daß Sennacherib im Jahr 700 nach Babylonien zurückkehrte, Belibni absetzte und seinen ältesten Sohn Assur-nadin-schumi an dessen Stelle zum König von Babylon ernannte.

Die Zerstörung Babylons

694 rüstete Sennacherib zu einem neuen Feldzug gegen die Chaldäer und ihre elamitischen Verbündeten. Dieses Mal trug er seinen Angriff auf Schiffen vor, die ihm die Phöniker gebaut hatten. Er fuhr Tigris und Euphrat hinab und gelangte durch das Marschland auf elamitisches Territorium. Die Assyrer meldeten einen großen Sieg, doch kurze Zeit später erfolgte ein Gegenangriff der Elamiten in Nordbabylonien, wo sie Sippar eroberten und Assur-nadin-schumi gefangennahmen.

Die Ereignisse der nächsten drei Jahre sind undurchsichtig. Die Assyrer setzten den elamitischen Regenten auf dem babylonischen Thron ab, doch ein Chaldäer er-

Rechts: Gefangene aus Judäa werden außerhalb der Stadtmauern von Lachisch gepfählt. Die Belagerung von Lachisch wird zwar in Sennacheribs Annalen nicht erwähnt, ist jedoch auf den Reliefs in seinem Palast in Ninive dokumentiert. Ausgrabungen in Lachisch (Tell-al-Duweir) in Israel haben die assyrischen Abbildungen bestätigt. Die Stadt wurde mit Hilfe einer Belagerungsrampe eingenommen, die zusammen mit der Gegenrampe der Verteidiger bei den Ausgrabungen freigelegt wurde.

Ninive

Der Burghügel von Ninive, heute Tell Kujundjik, war seit der Hassuna-Kultur (7. Jahrtausend v. Chr.) besiedelt; drei Viertel der Anhöhe bestehen aus prähistorischen Relikten. In der Uruk-Zeit (ca. 4000 - 3000 v. Chr.) hing Ninives Entwicklung eng mit der Südmesopotamiens zusammen. Im 2. Jahrtausend war Ninive zwar nicht die Hauptstadt Assyriens, doch eine bedeutende Stadt mit einem berühmten Tempel der Göttin Ischtar.

Sennacherib (704-681 v. Chr.) wählte es Ende des 8. Jahrhunderts zur Hauptstadt. Im Südwesten des städtischen Areals ließ er den Palast errichten und nannte ihn: »Palast, der nicht seinesgleichen hat«. Zahlreiche Steinreliefs schmückten ihn. Wie in Kalchu und Dur-Scharrukin wurde auch hier ein Arsenal errichtet, das auf dem Tell-Nebi-Junus lag und von dem eine spätere Legende behauptete, es sei das Grab des alttestamentarischen Propheten Jonas.

Sennacheribs Enkel Assurbanipal (669-ca. 627 v. Chr.) erbaute auf dem Tell Kunjundjik einen zweiten Palast, den sogenannten Nordpalast, der die berühmten Reliefs mit der Löwenjagd enthielt. Im Sommer 612 v. Chr. fiel Ninive an die Meder und Babylonier. Sie plünderten und zerstörten die assyrischen Paläste und Tempel. Die Stadt Ninive jedoch überstand noch ein Jahrtausend, bevor Mossul, eine Stadt auf der anderen Seite des Tigris, ihr den Rang streitig machte.

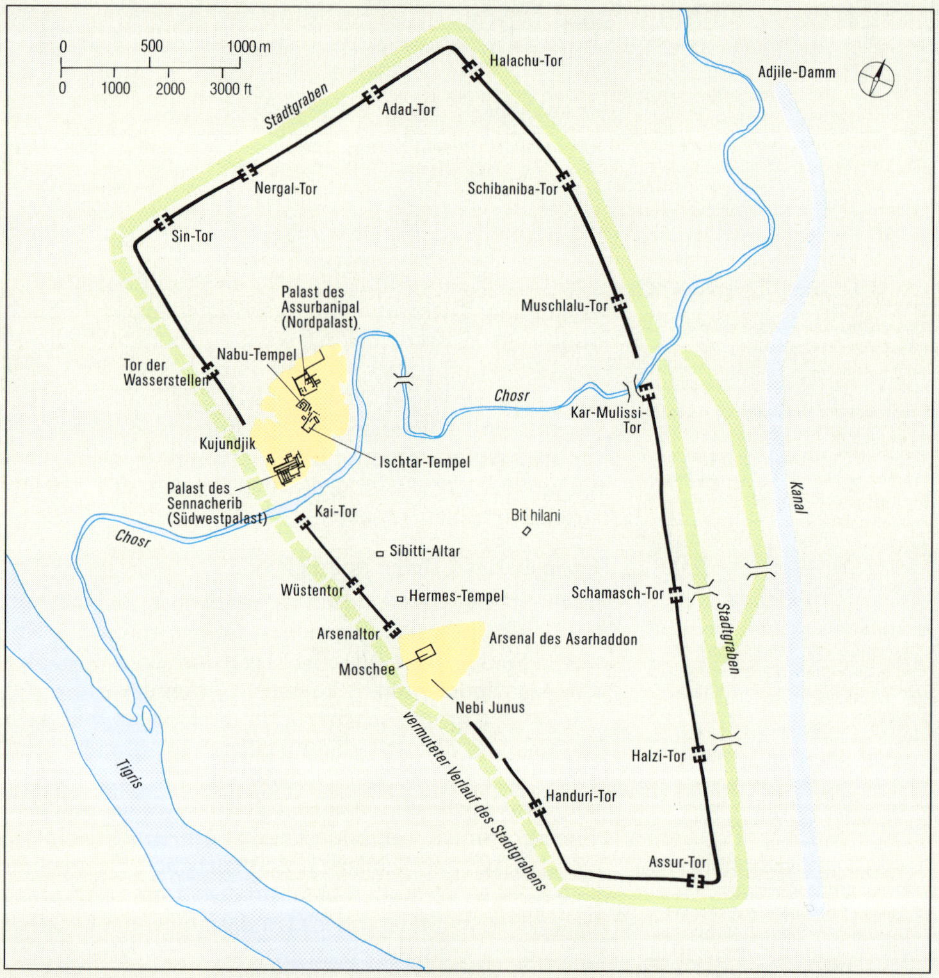

Oben: Teil eines Reliefs aus dem Südwestpalast von Ninive. Dargestellt ist ein assyrischer König unter einem Sonnenschirm in seinem Wagen zusammen mit einem Wagenlenker und einem Eunuchen mit Fliegenwedel. Das Relief zeigt einen Feldzug in Babylonien; der König ist vielleicht Sin-schar-ischkun, einer der letzten Herrscher Assyriens.

Unten rechts: Dieses Relief vom Nordpalast in Ninive wurde 645 v. Chr. geschaffen und zeigt vermutlich die Fassade des Südwestpalasts, der 50 Jahre zuvor erbaut worden war. In seinen Inschriften rühmt sich Sennacherib, daß er eine Vorhalle mit Bronzesäulen errichtet habe, die auf massiven Bronzelöwen und -stieren standen. Jede Säule hatte ein Gewicht von etwa 43 Tonnen.

Rechts: Sennacherib ließ die Stadtmauern von Ninive erbauen und benannte die 15 Stadttore, die als Erhebungen auf der Stadtmauer zu erkennen sind. Ein großer Teil der Fläche innerhalb der Mauern war bebaut, die wichtigsten Gebäude der Stadt befanden sich jedoch auf dem Tell Kujundjik und dem Tell-Nebi-Junus. Die Aufschüttungen im Osten sind Abraumhalden eines Kanals und nicht, wie man zunächst annahm, weitere Befestigungen oder ein Belagerungswall der Meder und Babylonier.

Oben: Reliefarbeiten an einem Kanal Sennacheribs. Ein leistungsfähiges Kanalsystem versorgte die Stadt Ninive und die Gärten des Königs mit Wasser. Es floß entweder in Kanälen oder in natürlichen Wasserläufen. Das System ging aus von den Bergen des Nordens; bei Jerwan wurde ein Aquädukt gebaut, das ein Tal überspannte. Längs des Djebel Faideh, 45 km nördlich von Ninive, ist die Trasse des Kanals am Berghang deutlich sichtbar. Sie ist etwas über 3 m breit und weist in Abständen Platten mit gemeißelten Götterfiguren auf. Sie sind stark erodiert und teilweise von Erde bedeckt, aber noch erkennbar.

Oben: Blick nach Westen entlang der restaurierten äußeren Nordmauer von Ninive. Im Hintergrund erkennt man das Nergal-Tor. Die äußere Mauer war aus Stein. Zum Schutz dienten eine mit Zinnen versehene Brustwehr und Türme. Dahinter befand sich eine zweite, erheblich höhere Mauer aus Lehmziegeln. Die Gesamtlänge der Stadtmauern beträgt etwa 12 km. Sennacherib nannte sie »die Mauer, die den Feind in Schrecken versetzt« und ließ in ihrem Vorfeld einen tiefen Graben ausheben, der heute aufgefüllt ist.

Rechts: Ein Damm am Fluß Chosr in Schallalat, etwa 13 km flußaufwärts von Ninive. Er gehörte wohl zu Sennacheribs Kanalsystem, wurde 1970 restauriert und dient noch heute als Wehr.

griff daraufhin die Macht in Babylonien. Der König von Elam wurde im Verlauf einer Revolte abgesetzt, das gleiche Schicksal traf seinen Nachfolger ein Jahr später. Trotz dieser Unruhen gelang es Assyrien nicht, die Herrschaft über Babylon wiederherzustellen; 691 marschierte eine Streitmacht aus dem Süden den Tigris flußaufwärts, um Assyrien anzugreifen. Die beiden Heere stießen bei Halule (vielleicht nahe bei Samarra) aufeinander. Zwar behaupteten die Assyrer, gesiegt zu haben, doch die wesentlich zuverlässigere babylonische Chronik berichtet, daß die Assyrer den Rückzug antreten mußten. Im nächsten Jahr gingen sie jedoch wieder zum Angriff über und belagerten Babylon 15 Monate lang, bevor es im November 689 schließlich kapitulierte.

Sennacheribs Rache war grausam, wenn auch nicht unerwartet. Er schleppte die Schätze der Stadt fort, zerstörte die Götterstatuen, die Häuser, die Tempel und Paläste der Stadt, und ließ Kanäle graben, um alles zu überfluten. Der Schutt wurde teilweise in den Euphrat gekippt, und andere Überreste wurden in die entferntesten Teile Assyriens oder in die Tempel von Assur gebracht, die Sennacherib in der Absicht wiederaufbauen ließ, Babylon als Kultzentrum durch Assur zu ersetzen.

Während der restlichen Regierungszeit Sennacheribs herrschte offensichtlich Friede, er selbst fand jedoch einen gewaltsamen Tod. Im Februar 680 wurde er von seinem Sohn Arda-Mulissi ermordet. Die Juden sahen darin die Vergeltung für seinen Angriff auf Jerusalem, für die Babylonier war Sennacheribs Tod die Strafe für die Schändung Babylons. Der Anschlag wird trotz aller Spekulationen vermutlich auf dynastische Streitigkeiten zurückzuführen sein.

Der Kampf um die Nachfolge

Sennacheribs ältester Sohn Assur-nadin-schumi war 694 im Verlauf der elamitischen Invasionen in Babylonien verschleppt worden und seither verschollen. Zweifellos hatte sein vermutlich zweiter Sohn, Arda-Mulissi, nun Hoffnungen auf die Thronfolge. Doch Sennacheribs Gemahlin Zakutu (im Aramäischen unter dem Namen Naqia bekannt) protegierte ihren Sohn Asarhaddon, der schließlich zum Kronprinzen ernannt wurde.

Seit der Zeit Sargons II. bestimmte der König einen seiner Söhne (nicht unbedingt den ältesten) zum Nachfolger. Daraufhin wurden die Götter Schamasch und Adad befragt, und wenn die Antwort günstig ausfiel, bezog der Kronprinz das *bit reduti* (das Haus des Nachfolgers der Regierung), um auf die Königswürde vorbereitet zu werden. In dieser Zeit konnte sich der Erbe für einen neuen Namen entscheiden. Asarhaddon wählte Assur-etelli-ilani-mukin-apla (jedoch benutzte er diesen Namen wohl nur selten). Dieses Auswahlsystem sollte sicherstellen, daß der geeignetste Königssohn das Erbe antrat, eine sachkundige Ausbildung erhielt und keine weiteren Diskussionen über die Nachfolge stattfänden. Im Fall Asarhaddons verlief allerdings nicht alles nach diesem Schema. Die Verleumdungen und Intrigen seiner Brüder entfremdeten ihn seinem Vater. Im Frühjahr 681 v. Chr. mußte er fliehen, vielleicht wurde er auch ins Exil geschickt. Nach der Ermordung seines Vaters kehrte Asarhaddon nach Ninive zurück und besiegte das Heer seiner Brüder. Viele Soldaten liefen zu ihm über. Arda-Mulissi und seine Verbündeten flohen.

Asarhaddons Aberglaube

Asarhaddon (680 – 669 v. Chr.) war von kränklicher Natur und konsultierte seine Ratgeber häufig wegen seiner regelmäßig auftretenden Krankheiten. Seiner Beschreibung nach gehörten zu den Symptomen: Fieber, Schwäche,

Oben: Diese schwarze Steintafel trägt eine Inschrift, die Asarhaddons Wiederaufbau von Babylon dokumentiert. Die Symbole auf dieser Tafel, darunter die kunstvolle Darstellung eines Pflugs mit einer Vorrichtung zum Säen, könnten Asarhaddons Namen wiedergeben, wobei jedes Symbol einem der im Namen vorkommenden Keilschriftzeichen entspricht.

Links: Eine von Asarhaddon 671 v. Chr. errichtete Stele. Sie wurde in der Torkammer eines Außenturms in Sam'al (Zinjirli) entdeckt. Der assyrische König, in Kultkleidung dargestellt, nimmt eine ehrfurchtsvolle Haltung ein. In Kopfhöhe sind die Symbole der Götter abgebildet. Der König hält Schnüre in der Hand, die an den Lippen von zwei besiegten Feinden befestigt sind. Einer von ihnen weist negroide Züge auf. Sie wurden als Taharka, König von Ägypten und Nubien, und als Abdimiqut, König von Sidon, identifiziert. Vielleicht ist jedoch der erstere Taharkas Sohn Uschanahuru, der als Gefangener nach Assyrien gebracht wurde, und der zweite Ba'lu, der König von Tyros. Auf beiden Seiten der Stele finden sich als kleinere Figuren die Erben Asarhaddons: Assurbanipal im Gewand des Kronprinzen von Assyrien und Schamasch-schum-ukin als König von Babylon. Höhe 3,18 m, Breite 1,35 m.

Rechts: Die Astrologen am assyrischen Hof befragten Tafeln aus der königlichen Bibliothek in Ninive wie diese, die astronomische Beobachtungen und Vorhersagen enthält.

Appetitlosigkeit, Steifheit der Gelenke, Augeninfektionen, Ohrenschmerzen, Erkältungen und Hautkrankheiten. Die unterschiedlichsten Heilmethoden – Lotionen, Salben, Ruhe, Änderungen seiner Kost sowie religiöse Rituale – hatten keinen Erfolg, was wiederum Depressionen bei ihm auslöste. Krankheiten, so glaubte man, waren auf das Wirken der Götter zurückzuführen. Asarhaddon suchte deshalb in Erfahrung zu bringen, was diese mit ihm vorhatten. Noch bevor er König wurde, hatten die Hofastrologen Berichte über Vorzeichen abgegeben, die sie aus den Sternen gedeutet hatten. Eine Konjunktion von Merkur (dem Stern des Kronprinzen) und Saturn (dem Stern des Königs) am 18. Mai 681 v. Chr. wurde als die bevorstehende Ermordung des Königs und die Restauration der Tempel der großen Götter durch seinen Nachfolger interpretiert. Aufgrund dieser und anderer astronomischer Vorzeichen betrieb der abergläubische Asarhaddon gegenüber dem geschlagenen Babylon eine gänzlich andere Politik als sein Vater und befahl den Wiederaufbau der Stadt und ihrer Tempel.

Sonnen- und Mondfinsternisse galten als besonders gefährlich für einen König und kündigten häufig seinen Tod an. Die Astrologie war eine hochentwickelte Wissenschaft, die Voraussagen beruhten auf exakten astronomischen Beobachtungen. War der Jupiter zu sehen, bedeutete dies Sicherheit für den König. Wenn sich der obere Teil des Mondes verfinsterte, so würde der König von Amurru, also des Westens, sterben. Falls ein tieferer Quadrant verdunkelt wurde, so war das Schicksal des assyrischen Königs besiegelt. Diesem konnte der König allerdings entgehen, indem er einen Stellvertreter auf den Thron setzte, der das böse Omen auf sich nahm und innerhalb von 100 Tagen nach dem Eintreten der Finsternis getötet und mit allen königlichen Ehren bestattet wurde. Das früheste Beispiel dafür war die Thronbesteigung des Enlil-bani als König von Isin 1861 v. Chr. Darüber wird jedoch in einer Chronik berichtet, die erst in der neubabylonischen Zeit kopiert wurde. Die Hethiter kannten ein ähnliches Ritual, das sie wohl von Mesopotamien übernommen hatten. Vor der Regierung Asarhaddons gab es nur einen gut dokumentierten Fall: In Texten aus Kalchu wird ein stellvertretender König erwähnt, dem 782 v. Chr. Rationen zugeteilt werden. Unter Asarhaddon gab es, schenkt man den vorliegenden Quellen Glauben, sechs Auftritte eines Ersatzkönigs, und mindestens zwei während der Regierungszeit seines Sohnes Assurbanipal.

Bald nach dem Tod seiner Gemahlin designierte Asarhaddon seine Söhne Assurbanipal und Schamasch-schum-ukin zu seinen Nachfolgern: Assurbanipal als König von Assyrien und Schamasch-schum-ukin als König von Babylon. Die Schwierigkeiten bei seiner eigenen Thronbesteigung und seine gefährdete Gesundheit beunruhigten Asarhaddon so sehr, daß er im Frühjahr 672 die Beamten und Vasallen Assyriens nach Kalchu beorderte. Dort ließ er sie einen Loyalitätseid auf diese Erbfolge ablegen.

Die ägyptischen Feldzüge

Während Asarhaddons Herrschaft hatten Invasionen der Skythen und Kimmerier die Macht von Assyriens Nachbarn im Osten und Norden geschmälert. Diese Völker bedrohten sogar Assyrien selbst und veranlaßten Asarhaddon, dem Orakel von Schamasch zu gehorchen und um des Friedens willen dem skythischen Anführer Bartatua (von Herodot wird er Protothyes genannt) seine Tochter zu geben. Ob diese Geste den gewünschten Erfolg brachte, ist unbekannt. Asarhaddon behauptete, die Kimmerier und Skythen im Norden und Osten Assyriens geschlagen zu haben, seinen größten Sieg errang Asarhaddon jedoch im Westen.

Im Jahr 679 nahm er Arza an der ägyptischen Grenze ein, erlitt aber 674 einen Rückschlag, als – der babylonischen Chronik zufolge – ein assyrisches Heer in Ägypten vernichtet wurde. 672 erkrankte Asarhaddon, erholte sich aber soweit, daß er im folgenden Jahr eine Invasionsarmee nach Ägypten führen konnte. Dieses Mal schlug er den ägyptischen Pharao Taharka (690 – 664 v. Chr.). Taharka gehörte zur 25. Dynastie, die aus Napata in Nubien kam (von den Ägyptern Kusch, von den Assyrern Melucha genannt). Eine totale Mondfinsternis am 2. Juli 671 prophezeite den Tod des assyrischen Königs (dem man durch die Inthronisierung eines Ersatzkönigs begegnen wollte) und die Niederlage des ägyptischen Herrschers. Nach drei Schlachten nahmen die Assyrer am 11. Juli Taharkas Hauptstadt Memphis ein. Taharka floh in den Süden, ließ jedoch seinen Sohn, seinen Harem und seinen Schatz zurück. Asarhaddon finanzierte mit der Beute den Wiederaufbau von Babylon. Die Assyrer ernannten neue Gaufürsten, Statthalter und Beamte und erlegten den Ägyptern Steuern auf.

Doch nun forderte Asarhaddons schlechte Gesundheit

ihren Tribut. Er sah sich innen- und außenpolitischen Schwierigkeiten gegenüber. Im Frühjahr 670 deckte er ein Komplott gegen sich auf und ließ die Verschwörer umbringen. Im nächsten Monat erkrankte Asarhaddon wiederum, erholte sich aber. Im folgenden Jahr machte er sich auf, um das rebellische Ägypten zurückzuerobern, das wieder von Taharka regiert wurde. Doch Asarhaddon starb am 1. November 669 und der Feldzug wurde abgebrochen.

Die Eroberung Ägyptens

Nach dem Tod Asarhaddons ließ dessen Mutter ihre Enkel einen Treueid auf Assurbanipal, den von Asarhaddon designierten Erben, schwören. Seine Thronbesteigung verlief ohne Zwischenfälle, noch vor Ende des Jahres 669 übernahm er die Herrschaft. Die Einsetzung seines Bruders Schamasch-schum-ukin als König von Babylon wurde jedoch über das babylonische Neujahrsfest (im Frühjahr 668) hinausgeschoben, so daß dessen Regierungsjahre in Babylon gegenüber denen seines Bruders in Assyrien um ein Jahr differieren.

Im Jahr 667 nahm Assurbanipal die Rückeroberung Ägyptens, die sein Vater begonnen hatte, wieder auf. Vor Memphis wurde der Pharao Taharka besiegt, der daraufhin in den Süden nach Theben floh. Assurbanipal selbst war in Ninive geblieben, doch über das vorzügliche Botensystem befahl er seinem Heer, Taharka zu verfolgen. Bevor sein Befehl ausgeführt werden konnte, rebellierten die von Asarhaddon eingesetzten Vasallenfürsten Ägyptens. Die assyrische Armee mußte zunächst den Aufstand niederschlagen. Die Rädelsführer der Verschwörung wurden gefangengenommen und nach Ninive überstellt. Einer von ihnen, Necho I. (der Gaufürst von Sais), konnte Assurbanipal von seiner Loyalität überzeugen. Man bestätigte den Vasallenfürsten in seinem Amt und schickte ihn nach Ägypten zurück.

Als Taharka 664 starb, wurde sein Neffe Tantamanu (664 - 657 v. Chr.) König und fiel in Ägypten ein. Er machte Theben zu seiner Hauptstadt und marschierte gegen die assyrische Garnison in Memphis. Hier schlug er die Heere der ägyptischen Gaufürsten des Deltas. In

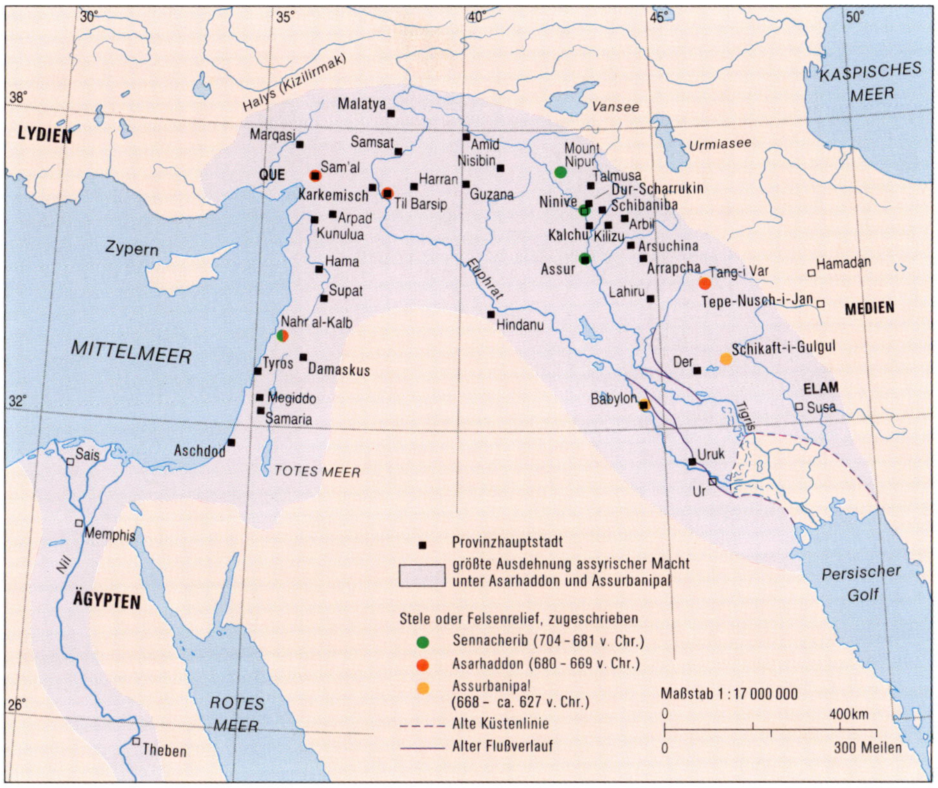

Das assyrische Reich im 7. Jahrhundert v. Chr.
Das von Tiglatpileser III. und Sargon II. geschaffene Staatswesen blieb das Fundament des assyrischen Reichs unter ihren Nachfolgern. Die kurzzeitigen Einfälle in Ägypten unter Asarhaddon und Assurbanipal sowie die Zerstörung Elams durch Assurbanipal führten zu den wichtigsten territorialen Zugewinnen. Zwei Probleme bedrohten das spätassyrische Reich: die Thronfolge und die Beziehungen zu Babylon. 652 v. Chr. stellten sich beide Probleme gleichzeitig, als es zwischen Assurbanipal und seinem Bruder Schamasch-schum-ukin, dem König von Babylon, zum Bürgerkrieg kam. Assurbanipal siegte nach verlustreichem Kampf, von dem sich Assyrien nie wirklich erholte. Das Reich wurde 621 v. Chr. von den Babyloniern und Medern zerstört.

Oben links: Relief im Nordpalast von Ninive. Gezeigt werden Assurbanipal und seine Gemahlin Assur-scharrat, die in einem Garten speisen. Der Kopf des Te-Umman, des Königs von Elam, der nach der Schlacht von Til-Tuba nach Assyrien geschickt worden war, hängt an der linksstehenden Kiefer.

Links: Assurbanipal besiegte die Elamiten 653 v. Chr. in der Schlacht von Til-Tuba am Ufer des Flusses Ulai. In der Bildmitte schlägt ein assyrischer Soldat dem elamitischen König Te-Umman den Kopf ab. Relief im Südwestpalast von Ninive.

dieser Schlacht ist Necho I. wahrscheinlich gefallen. Auf diese Nachricht hin schickte Assurbanipal ein neues Heer nach Ägypten, an dessen Spitze er vielleicht selbst stand, und trieb Tantamanu zum Rückzug. Assurbanipal eroberte Memphis zurück, plünderte Theben und kehrte mit reicher Beute im Triumph heim nach Ninive. Die assyrischen Quellen berichten nichts über die weiteren Beziehungen zu Ägypten. Offensichtlich entschloß sich Assurbanipal jedoch zum Rückzug, solange sich die Herrscher Ägyptens noch durch einen Eid an Assyrien gebunden fühlten.

Im Westen Anatoliens waren nach dem Zusammenbruch des Königreichs Phrygien zu Beginn des 7. Jahrhunderts die Lydier die dominierende Macht geworden. Nach den Angaben Herodots wurde Gyges (ca. 680 – ca. 650 v. Chr.) König von Lydien, nachdem er seinen Vorgänger ermordet und dessen Gemahlin geheiratet hatte. Eine Inschrift des Assurbanipal berichtet, daß der Gott Assur Gyges einen Traum sandte, demzufolge er seine Gegner besiegen würde, wenn er sich Assurbanipal unterwürfe. Daraufhin schickte Gyges aus seinem fernen Land, dessen Name Assurbanipals Vorfahren unbekannt war (was er jedenfalls behauptet), einen Botschafter, und schlug daraufhin die Kimmerier. Doch als Gyges einen Aufstand des ägyptischen Königs gegen Assyrien (vermutlich vor 665 v. Chr.) unterstützte, drangen die Kimmerier in sein Land ein. Unter der Führung von Lygdamis (oder Tuddamme, als der er in assyrischen Quellen erscheint) wurden sie ihrerseits von den Assyrern um das Jahr 640 in Kilikien besiegt.

Assurbanipals Bibliothek

Assurbanipal war nicht nur ein Heerführer, sondern nach seinem eigenen Bekunden auch ein Gelehrter. In seinen Inschriften berichtet er, wie er die Schriftkunst gelernt habe, und daß er komplizierte mathematische Probleme lösen und schwierige Texte in sumerischer und akkadischer Sprache lesen konnte. Er behauptet sogar, Texte aus der Zeit vor der Sintflut zu verstehen.

Während seiner Regierungszeit legte er eine große Bibliothek der verschiedensten Keilschrifttexte an und schickte geeignete Männer aus, die in den Archiven und Schulen der Tempel von Babylon nach Schrifttafeln suchen und Kopien davon nach Ninive bringen sollten. Assurbanipals Bibliothek enthielt Nachschlagewerke und standardisierte Listen, die mesopotamische Schreiber und Gelehrte benutzten, zweisprachige Vokabelverzeichnisse, Wörterlisten, Zusammenstellungen von Zeichen und Synonymen, Sammlungen medizinischer Diagnosen, Kompendien von Vorzeichen, Ritualen und Beschwörungen sowie literarische Werke wie das Schöpfungs- und das Gilgamesch-Epos. In der Tat bilden die Texte aus Assurbanipals Bibliothek eine einzigartige Grundlage der modernen Kenntnis von der schriftlichen Überlieferung Mesopotamiens.

Bürgerkrieg und die Zerstörung von Susa

16 Jahre lang hatte sich Asarhaddons Lösung für den Umgang mit Babylon bewährt. Schamasch-schum-ukin akzeptierte seine Rolle als untergeordneter Monarch trotz Assurbanipals ständiger Einmischung in die inneren Angelegenheiten Babyloniens. Im Jahr 652 v. Chr. brach zwischen den beiden Brüdern plötzlich ein Bürgerkrieg aus, dessen Ursachen unklar sind. Der Kampf dauerte vier Jahre, in dessen Verlauf die Babylonier von den Elamiten, Arabern und den südlichen Stammesvölkern unterstützt wurden. Die Assyrer hielten die Städte im Süden; im Sommer 650 v. Chr. wurde Babylon belagert. Schamasch-schum-ukin starb beim Brand, der in Babylon wütete. Ende 648 v. Chr. konnte Assurbanipal Babylon wieder einnehmen. Er ließ die übrigen Rebellen in demselben Tempel hinrichten, in dem Sennacherib ermordet worden war. Ihre verstümmelten Leichen wurden den Tieren vorgeworfen.

Schamasch-schum-ukins Nachfolge auf dem Thron Babylons trat Kandalanu an. Allerdings geht aus den vorliegenden Quellen nicht hervor, ob dies Assurbanipals Thronname oder der Name seines Thronkandidaten war. Über Kandalanus Taten ist nichts bekannt, doch im Verlauf seiner 21jährigen Regierungszeit herrschte allem Anschein nach Friede in Babylon.

Vor dem Bürgerkrieg war Elam das Ziel zweier assyrischer Feldzüge, einmal 667 und wiederum 653 v. Chr. Beim zweiten Konflikt fand der elamitische König Te-Umman (auf Elamitisch Tepti-Humban-Inschuschinak) in einer Schlacht an den Ufern des Ulai den Tod. Man schnitt ihm den Kopf ab und überbrachte ihn Assurbanipal, der ihn in Arbil und Ninive präsentierte. Gegen Ende des Bürgerkriegs wandte sich Assurbanipal wieder den Elamiten zu, denn sie hatten den Aufstand seines Bruders unterstützt. In den Jahren 648 und 647 führte er seine Heere gegen Ummanaldasch (Humban-Haltasch III.), der den elamitischen Thron bestiegen hatte, und besiegte ihn schließlich. Die Assyrer eroberten und plünderten Susa. Die Rache Assurbanipals an seinen elamitischen Widersachern war grausam und umfassend.

Die marodierenden Soldaten zerstörten die Tempel, verschleppten die Götter, entweihten die Gräber und verstümmelten die Statuen der elamitischen Könige. Sie streuten sogar Salz auf das Ackerland, um den Boden unfruchtbar zu machen. Unter der Beute aus Susa befand sich auch eine Statue der Göttin Inanna. Assurbanipal behauptete, sie sei vor 1635 Jahren aus Uruk geraubt worden.

Über die letzten Regierungsjahre Assurbanipals liegen kaum Informationen vor, selbst das Datum seines Todes ist unsicher; man nimmt 627 als Sterbejahr an. Im selben Jahr starb Kandalanu (der wohl mit Assurbanipal identisch gewesen sein wird). Es kam in Babylonien zu endlosen Aufständen, die schließlich zum Untergang Assyriens führten.

Babylon

Babylon, dessen Name »Tor des Gottes« bedeutet, war das Kultzentrum des Gottes Marduk. In der Dritten Dynastie von Ur noch eine Provinzhauptstadt, wurde es im 18. Jahrhundert v. Chr. unter dem amurritischen Herrscher Hammurabi (1792 - 1750 v. Chr.) zur räumlichen und geistigen Metropole Südmesopotamiens. Die erste Dynastie von Babylon stürzte, als die Stadt 1595 v. Chr. von den Hethitern verheert wurde. Die Kassitenherrscher der folgenden Dynastie ließen sich in Babylon krönen.

Im 1. Jahrtausend v. Chr. strebten die assyrischen Könige danach, die alte, heilige Stadt zu regieren, während in Babylonien die aramäischen und chaldäischen Stämme, die sich in der Region niedergelassen hatten, um ihre Unabhängigkeit kämpften. Sennacherib zerstörte die Stadt 689 v. Chr., doch sein Nachfolger Asarhaddon baute sie wieder auf. Schließlich schlug Nabopolassar (625-605 v. Chr.) die Assyrer und stellte zusammen mit seinem Sohn Nebukadnezar II. (604 - 562 v. Chr.) die Stadt in ihrem früheren Glanz wieder her.

Babylon wurde im 6. Jahrhundert v. Chr. dem Perserreich einverleibt und fiel später an Alexander den Großen und seine Nachfolger, bevor die Metropole schließlich ihre Sonderstellung an die griechische Stadt Seleukia am Tigris abtreten mußte.

Babylon verfügte über zwei der sieben antiken Weltwunder, die Hängenden Gärten und die Stadtmauern. Die Lage der Hängenden Gärten ist unbekannt, doch die Mauern wurden entdeckt. Die äußere Mauer erstreckte sich über mehr als acht Kilometer und war Herodot zufolge so breit, daß ein vierspänniger Wagen auf ihr wenden konnte.

Rechts: Stele des Assurbanipal mit einem Korb auf dem Kopf - ein Motiv, das in die frühdynastische Zeit zurückreicht. Der assyrische König brachte die von seinem Großvater Sennacherib verschleppte Statue des Marduk nach Babylon zurück und baute den Tempel des Marduk wieder auf. Assurbanipal beansprucht die Restaurierung für sich, obwohl sein Bruder Schamasch-schum-ukin König von Babylon war. Höhe 36,8 cm.

Ganz oben: Dioritstatue eines Gottes oder eines Gottkönigs (etwa 2040 v. Chr.). Die Inschrift ist eine Widmung von Puzur-Ischtar, dem Herrscher von Mari, und von seinem Bruder Milaga. Sie wurde in Babylon zusammen mit einer zweiten, fast identischen Statue (jedoch ohne Inschrift) in der nördlichen Zitadelle gefunden und gehörte wahrscheinlich zum sogenannten Museum. Dies enthielt eine Vielzahl fremdartiger Kunstgegenstände, darunter einen riesigen neuhethitischen Steinlöwen sowie die Stele von Schamasch-resch-usur von Suhu. Höhe 1,70 m.

Oben: Unter Nebukadnezar II. wurden die Mauern der Prozessionsstraße, die vom Tempel des Marduk durch das Ischtar-Tor zum *akitu*-Tempel verlief, mit glasierten Reliefiguren einherschreitender Löwen verziert. Höhe des Löwen 1,05 m.

Oben rechts: Die Stiere und Drachen auf den Fundamenten des Ischtar-Tors wurden aus gebrannten, unglasierten Ziegeln mit Bitumenmörtel geschaffen.

Rechts: Der Euphrat teilte die Stadt Babylon in zwei Teile, die über eine Brükke verbunden waren. Sie ruhte auf Steinpfeilern in Schiffsform. Die Ausgrabungen von Robert Koldewey zwischen 1899 und 1917 förderten den Grundriß des östlichen Stadtteils aus der spätbabylonischen Zeit zutage. Im Zentrum neben dem Strom befanden sich der Tempel des Marduk und die Zikkurrat. Der »Turm von Babel« (Etemenanki) wurde wegen seiner gebrannten Ziegel als Steinbruch genutzt. Heute ist an seiner Stelle nur noch ein Loch im Boden zu sehen.

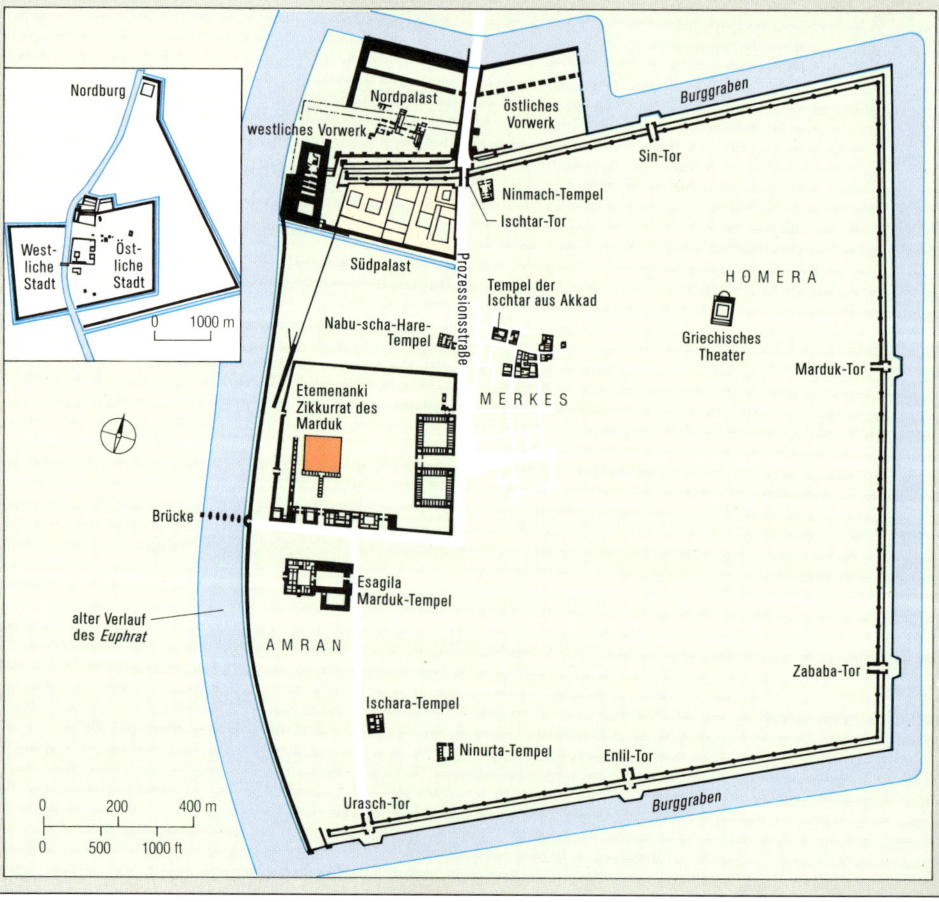

Links und unten: Die Prozessionsstraße, die den Namen: »Möge der Feind sie nicht überschreiten« trug, führte vom Marduk-Tempel durch das Ischtar-Tor, einem der acht Tore der Innenstadt, zum *akitu*-Tempel. Man fand lediglich die Fundamente des Tors, die 15 m in die Tiefe reichten, mit gegossenen, unglasierten Figuren. Oberhalb des Erdbodens entdeckte man glasierte Figuren, die nicht reliefartig herausgearbeitet waren und darüber andere, bei denen dies der Fall war. Das Tor wurde anhand der aufgefundenen glasierten Ziegel rekonstruiert, so daß seine ursprüngliche Höhe nur geschätzt werden kann. Höhe 14,3 m.

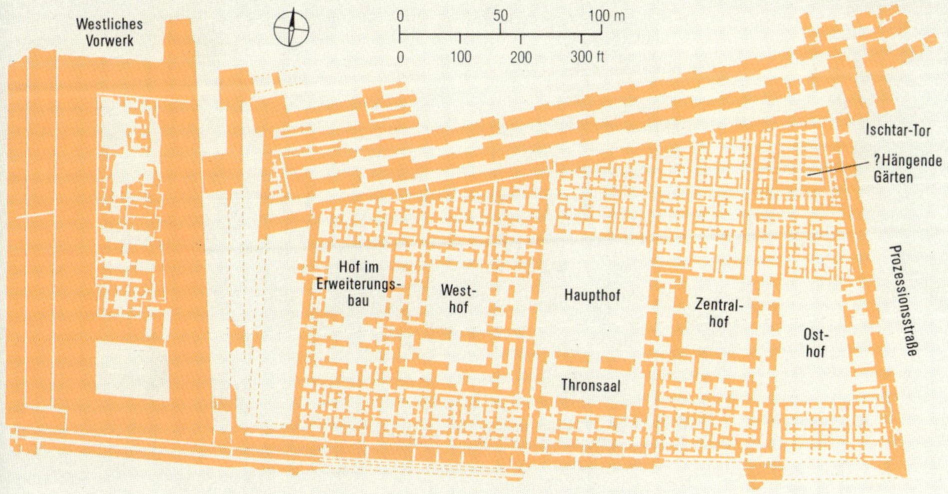

Links: Die Südburg war um fünf Höfe herumgebaut, mit Empfangsräumen in typisch babylonischem Stil an der Südseite. Sie war ein Werk Nebukadnezars II. Er nannte sie »das Wunder der Menschheit, die Mitte des Landes, die strahlende Residenz, die Wohnstätte der Majestät«. Später residierten die Könige von Persien darin. Hier fand wohl Belsazars Fest statt, bei dem das Menetekel »die Schrift an der Wand«, erschien. Alexander der Große starb in dieser Burg.

Oben: Das Ischtar-Tor zierten Darstellungen von Stieren und Drachen, die Merkmale von Schlangen, Löwen und Adlern in sich vereinten. Der Stier wurde dem Wettergott Adad zugeordnet, während der Drache das Tier des Gottes Marduk war. Der Löwe der Göttin Ischtar wurde nicht einbezogen, obwohl Löwen die Mauern der Prozessionsstraße schmückten. Die gegossenen und glasierten Ziegel waren auf der Oberseite gekennzeichnet, damit man sie in das Muster passend einfügen konnte. Höhe des Stiers etwa 1,30 m.

Mesopotamische Kriegführung

Das erste, die Kriegführung betreffende Zeugnis stammt aus dem späten 4. Jahrtausend v. Chr.; in Uruk und Susa gefundene Siegelabdrücke zeigen Kampfszenen und Gefangene. Freigelegte Überreste von Befestigungsanlagen früherer Epochen belegen, daß bewaffnete Auseinandersetzungen auch in prähistorischen Zeiten weit verbreitet waren.

Die Waffen, die für die Jagd benutzt wurden, dienten zunächst auch der Kriegführung, nämlich Speere, Keulen, Pfeil und Bogen sowie Schlingen. Im 3. Jahrtausend kamen neue Waffen auf – kupferne Dolche und Äxte sowie Schilde und Helme. Sumerische Heere verfügten über Streitwagen, die von Wildeseln gezogen wurden.

Im 2. Jahrtausend machte die Kriegführung große Fortschritte; die Rede ist von Armeen mit 10 000 Mann oder mehr. Um diese Zeit entwickelte sich der Belagerungskrieg, gleichzeitig wurden die Befestigungen verbessert. Die Soldaten trugen bronzene Schuppenpanzer, während die militärische und gesellschaftliche Elite im Streitwagen kämpfte.

Im folgenden Jahrtausend ersetzte das Eisen die Bronze bei der Waffenherstellung, und berittene Kavallerie ergänzte die Wagentruppen. Auch psychologische Kriegführung läßt sich erkennen: religiöse Sanktionen und Prophezeiungen sowie die Androhung von Deportation oder Folter waren weit verbreitet und spielten eine wichtige Rolle für den militärischen Erfolg der Assyrer.

Unten: Ausschnitt der Geierstele (etwa 2450 v. Chr.), gefunden in Girsu. Die dichtgedrängte Phalanx der helmtragenden Krieger von Lagasch unter der Führung ihres Herrschers Eannatum I. marschiert über die Leichen der Soldaten von Umma. Im unteren Teil greift der einen langen Speer führende Eannatum von seinem Streitwagen aus an. Seine Soldaten, bewaffnet mit Speeren und Streitäxten, folgen ihm.

Oben rechts: Auf diesem Abdruck eines Rollsiegels aus Uruk (etwa 3200 v. Chr.) steht der mit einem Speer bewaffnete Herrscher vor nackten und gefesselten Gefangenen.

Rechts: Detail der Standarte von Ur (et wa 2500 v. Chr.) mit dem Bild eines sumerischen Streitwagens. Der erschlagene Feind unter den Tieren ist ein gängiges Motiv, das später in Ägypten und Assyrien auftaucht.

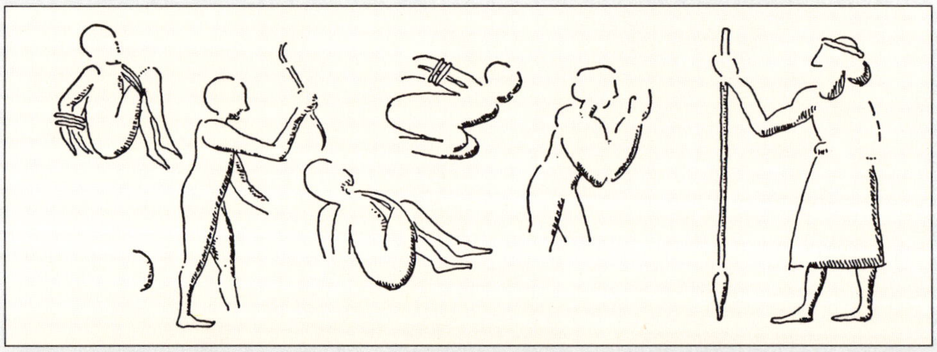

Links: Im 9. Jahrhundert ritten die Krieger paarweise, so daß einer die beiden Pferde lenken konnte, während der andere seine Pfeile abschoß. Sattel und Steigbügel waren noch nicht erfunden. Relief im Nordwestpalast von Kalchu.

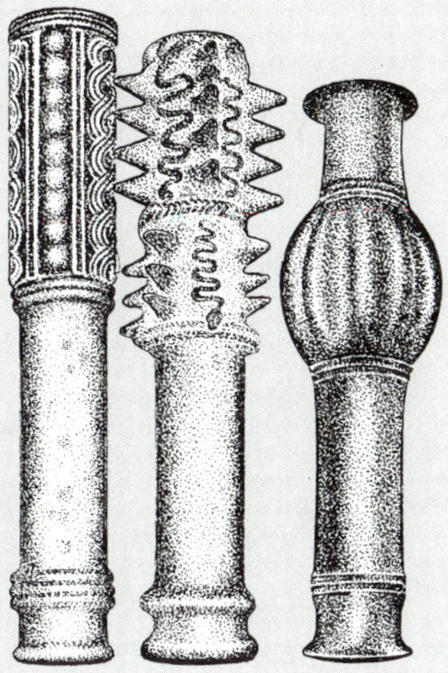

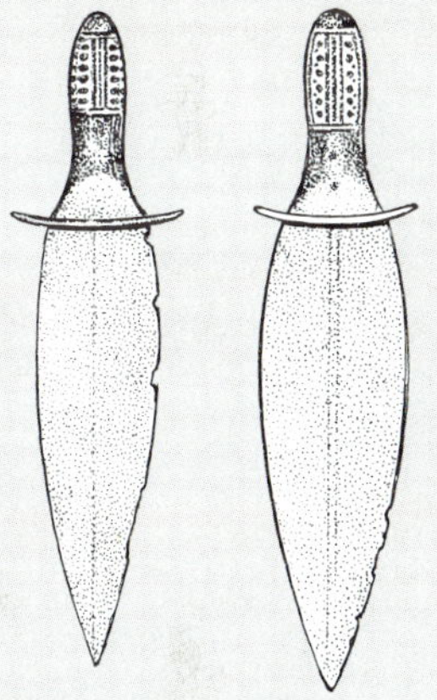

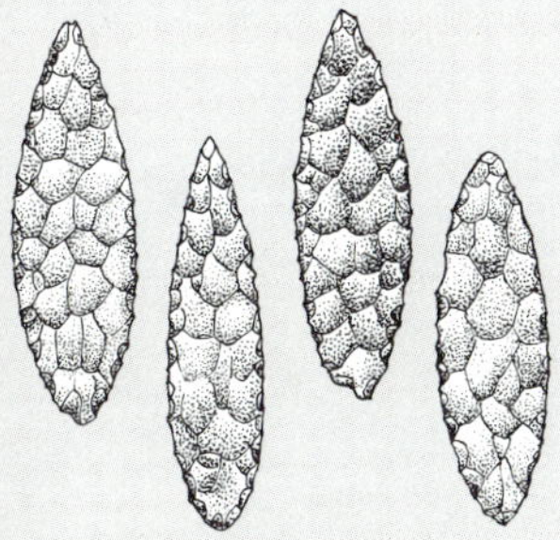

Oben: Nach der Einnahme von Hamanu in Elam (etwa 647 v. Chr.) wurde die Stadt geplündert, und Assurbanipals Soldaten setzten sie in Brand. Die Befestigungsanlagen zerstörten sie mit Spitzhacke und Brecheisen. Die Androhung von Vergeltung war eine der Hauptwaffen der Assyrer. Relief im Nordwestpalast von Ninive.

Links: Ein assyrischer Soldat bringt einen abgeschlagenen Kopf herbei, der mit der übrigen Beute nach einer Schlacht in Babylonien gezählt werden soll. Die königlichen Annalen verzeichneten die Anzahl der getöteten Feinde, doch die angegebenen Zahlen scheinen nicht immer zuverlässig zu sein. Vom Fries im Südwestpalast von Ninive (etwa 630 – 612 v. Chr.).

Oben rechts: Halbmondförmige Axtklinge aus Bronze (um 2400 v. Chr.). Axtklingen wurden an Holzstielen befestigt und in Schlitze eingefügt (manchmal vernietet, wie hier) oder mit einem Loch gegossen, in das der Stiel gesteckt wurde. Höhe 14 cm, Breite 7,3 cm.

Rechts: Relief im Südwestpalast von Ninive. Ein assyrischer Soldat zieht einen Gefangenen aus dem Sagrosgebirge am Bart und bedroht ihn mit einem Dolch. Das Los der Gefangenen war unterschiedlich. Manchmal wurden sie umgebracht, zuweilen zur Fronarbeit für den König verschleppt oder in entlegenen Gegenden des Reichs angesiedelt.

Ganz oben: Keulenköpfe aus dem späten 3. Jahrtausend v. Chr. Die Keule war zugleich Waffe und Machtsymbol. Die hier abgebildeten hatten wohl eine zeremonielle Funktion. Länge des größten Keulenkopfs 20 cm.

Oben Mitte: Dolche wie diese fanden sich im Königsfriedhof von Ur und stammen aus der Zeit um 2500 v. Chr. Die Klingen und die Hefte wurden getrennt gegossen und danach zusammengesetzt. Länge des größeren Dolchs 26,1 cm.

Oben: Fast 150 Speerspitzen aus Feuerstein entdeckte man in Tell Brak (spätes 3. Jahrtausend v. Chr.). Zwar benutzte man bereits Kupfer und Bronze für andere Waffen und Werkzeuge, doch Feuerstein war billiger.

DIE LETZTEN REICHE

(626 – 330 v. CHR.)

Der Wiederaufstieg Babylons

Zwischen 900 und 681 v. Chr., dem Todesjahr von König Sennacherib, saßen 24 Könige auf dem Thron Babylons. Davon traten nur sechs die Nachfolge ihres Vaters an. Es gab mindestens 15 (vermutlich sogar 21) Dynastiewechsel; zu den Herrschern zählten gleichermaßen assyrische und chaldäische Stammesführer, babylonische Adlige und Würdenträger. Babylonien litt sehr während dieser instabilen Phase, denn die Landwirtschaft und damit der Wohlstand des Landes hingen vom Kanalsystem ab, dessen Funktionsfähigkeit eine stabile und effiziente Verwaltung voraussetzte. Asarhaddons Neuerungen und die Beständigkeit von Schamasch-schum-ukins und Kandalanus Regierungen förderten den Wirtschaftsaufschwung des babylonischen Königreichs. Bald avancierte Babylon vor Assyrien zum wichtigsten Getreideanbaugebiet des Nahen Ostens.

Als Kandalanu, König von Babylon, und Assurbanipal, König von Assyrien, im gleichen Jahr, 627 v. Chr., starben, bestieg Nabopolassar schon am 23. November 626 v. Chr. den Thron und gründete die neubabylonische oder chaldäische Dynastie. Es existieren keine Quellen, die die Herkunft und den Lebensweg dieses ungewöhnlichen Königs von Babylon verraten. Spätere Überlieferungen geben an, er sei Chaldäer gewesen, der für die Assyrer als Gouverneur des Meerlandes tätig war. In seinen Inschriften bezeichnete sich Nabopolassar als ein Mann des Volkes, »der Sohn eines Niemand«.

Zehn Jahre lang herrschte Krieg in Babylonien. In einer Zeit höchster Not wurden Städte belagert und wechselten häufig den Herrscher. Während einer Belagerung verkauften die Bürger von Nippur ihre Kinder in die Sklaverei, um sie vor dem Hungertod zu bewahren. Um 616 v. Chr. hatte Nabopolassar seine Herrschaft über Babylonien gesichert und plante einen Angriff auf das Kernland Assyriens. Die Babylonier marschierten den Euphrat stromaufwärts und besiegten eine assyrische Armee, die von ägyptischen Verbündeten unterstützt wurde. Auch in der Nähe von Arrapcha erlitt die assyrische Armee eine Niederlage.

Im Jahr 615 v. Chr. scheiterte ein Angriff der Babylonier auf Assur. Im Jahr darauf bedrohten die Meder unter Kyaxares die assyrische Stadt Ninive und eroberten Tarbisu, etwa vier Kilometer nördlich von Ninive. Danach zogen sie nach Assur weiter und plünderten die Stadt. Nabopolassar traf nach dem Fall Assurs ein und schloß einen Freundschaftsvertrag mit den Medern. Im Jahr 612 v. Chr. marschierten die Meder gemeinsam mit den Babyloniern gegen Ninive. Es fiel nach dreimonatiger Belagerung, die der assyrische König Sin-schar-ischkun nicht überlebte. Die Eroberer zerstörten die Stadt und plünderten die Tempel. Sie verstümmelten die Abbilder der assyrischen Könige in den Palästen, darunter den Kupferkopf, der vielleicht den akkadischen König Naram-Sin (2254 bis 2218 v. Chr.) darstellte. Im Tempel des Nabu in Kalchu vernichteten sie Kopien des Lehnseides, den die westiranischen Vasallen Asarhaddon geleistet hatten, und verstreuten die Bruchstücke auf dem Boden.

Eine Gruppe Assyrer floh nach Harran, wo sie sich mit Hilfe der Ägypter einige Jahre halten konnten, doch seit 609 v. Chr. war der assyrische Widerstand anscheinend gebrochen. Über die Ereignisse in Assyrien nach 612 v. Chr. wissen wir tatsächlich nichts. Vielleicht liegt es daran, daß die Verwaltungsberichte auf Pergament oder Papyrus aufgezeichnet wurden und nicht auf Tontäfelchen. Ein Grund könnte auch sein, daß das Verwaltungssystem völlig zusammengebrochen war. Es ist nicht einmal gesichert, ob die Babylonier oder die Meder zu jener Zeit Assyrien beherrschten.

In der folgenden Inschrift beschreibt Nabopolassar sehr anschaulich seinen Sieg über den verhaßten assyrischen Feind:

> »Ich metzelte das Land Subartu (Assyrien) nieder, ich verwandelte das feindliche Land in Schuttberge und Ruinen. Der Assyrer, der seit fernen Tagen über alle Völker herrschte und mit seinem schweren Joch dem Volk des Landes Schaden zufügte, seine Füße kehrte ich von Akkad weg, sein Joch schüttelte ich ab.«

Im Westen versuchten die Ägypter, die mit den Assyrern verbündet gewesen waren, die Herrschaft zu übernehmen. Sie waren im Jahr 610 den Assyrern zu Hilfe gekommen und setzten sich in Karkemisch fest, nachdem sie Josia, den König von Judäa, in Megiddo (um 609) besiegten und töteten, als er sich ihnen in den Weg stellen wollte. Auf einem Feldzug unter Führung von Nabopolassars ältestem Sohn, dem Kronprinzen Nebukadnezar, gelang es den Babyloniern 605 v. Chr., die Ägypter zu vertreiben und ihr Heer in der Landschaft Hama zu vernichten.

Der Zerstörer Jerusalems

Als Nabopolassar am 16. August 605 v. Chr. starb, kehrte Nebukadnezar (Nabu-kudurri-usur, auch Nebukadrezzar genannt) sofort nach Babylon zurück, wo er am 7. September gekrönt wurde. Er und der Bote, der ihm die Nachricht überbracht hatte, müssen im Durchschnitt beachtliche 50 Kilometer pro Tag zurückgelegt haben. Nach seiner Krönung setzte Nebukadnezar seinen Feldzug im Westen fort, fand sich jedoch wieder in Babylon ein, um an dem bedeutenden Neujahrsfest teilzunehmen, das nach dem babylonischen Kalender im Frühling stattfand. In den folgenden Jahren unternahm er weitere Feldzüge in Syrien und Palästina; 601 griff er schließlich Ägypten an, wo er auf erbitterten Widerstand stieß. Er schrieb selbst darüber: »In offener Feldschlacht schlugen sie aufeinander ein und fügten sich gegenseitig schweren Schaden zu.«

Im Dezember 598 v. Chr. verließ Nebukadnezar erneut Babylon, um im Westen Krieg zu führen. Er belagerte Jerusalem, das drei Jahre zuvor revoltiert hatte, und nahm es am 16. März 597 v. Chr. ein. König Jojakin und viele seiner Untertanen wurden nach Babylon deportiert und Zedekia an seiner Stelle als König von Judäa eingesetzt. Nach einigen Jahren rebellierte auch Zedekia. Die Babylonier belagerten Jerusalem abermals länger als ein Jahr. Die Mauern fielen schließlich im Sommer 587 v. Chr., und einen Monat später ergab sich die Stadt. Ein großer Teil Jerusalems wurde zerstört und zahlreiche Juden verbannt. Nebukadnezar ernannte Gouverneure, aber die Aufstände nahmen kein Ende, was zu neuen Repressalien der Babylonier und 582 bis 581 v. Chr. zu weiteren Deportationen führte. Zu jener Zeit wurde Judäa vermutlich der Provinz Samaria angegliedert.

Babylonien
Im frühen 1. Jahrtausend v. Chr. wurde Babylonien von aramäischen Stämmen besiedelt. Zu ihnen stießen später chaldäische Stämme, die einen großen Teil des flachen Landes außerhalb der Städte in Besitz nahmen. Der Wohlstand Babyloniens mehrte sich im 7. und 6. Jahrhundert v. Chr. unter assyrischen, neubabylonischen und persischen Herrschern, wahrscheinlich infolge ausgedehnter Kanalanlagen. Die Flußläufe sind nicht genau zu bestimmen, es existierten viele kleinere Wasserläufe, die nicht auf der Karte zu sehen sind.
Die neubabylonischen Könige verwandten einen großen Teil ihres Reichtums zur Verschönerung der Hauptstadt Babylon und anderer alter und heiliger Städte Babyloniens wie Borsippa und Kutha. Eine beachtliche Initiative Nebukadnezars II. war der Bau von zwei Mauern aus gebrannten Ziegeln und Bitumen, die zwischen Euphrat und Tigris verliefen. Die eine befand sich genau nördlich von Sippar, die andere erstreckte sich von Babylon bis Kisch. Sie hatten die Funktion, künstliche Seen zu schaffen, um dadurch die Verteidigungsanlagen Babylons zu verstärken.

Vorhergehende Seiten: Relief aus glasierten Ziegeln aus dem Palast des Darios in Susa. Dargestellt ist ein gehörnter Löwe mit Flügeln und Adlerkrallen.

Neubabylonische Könige 1

NABOPOLASSAR
625 – 605

NEBUKADNEZAR II.
604 – 562

AMEL-MARDUK 561 – 560 | Kaschaya verh. m. NERGAL-SCHAR-USUR 559 – 556

LABASCHI-MARDUK
556

In der Bibel wird beschrieben, wie Nebukadnezar mit den Juden verfuhr. Seine Beziehungen zu allen benachbarten Ländern besaßen eher feindlichen Charakter. Elam wurde 596 v. Chr. besiegt, und ein Jahr später schlug Nebukadnezar einen Aufstand in Babylonien nieder. Seine späteren Regierungsjahre verliefen friedlicher, doch führte er noch einen Feldzug gegen Ägypten. Nach Herodot handelte der König von Babylon 585 v. Chr. einen Waffenstillstand zwischen Kyaxares, dem König von Medien, und Alyattes von Lydien aus. Da der babylonische König als Vermittler eingesetzt wurde, bestanden friedliche Beziehungen zu Lydien und Medien.

Nebukadnezar hatte ein Reich erworben, das Assyrien vergleichbar war, und wie die assyrischen Könige verwandte er einen großen Teil der Staatseinkünfte für den prachtvollen Ausbau der Hauptstadt. Laut Robert Koldewey (1855 - 1925), der die Ausgrabungen von Babylon vor dem Ersten Weltkrieg leitete, wurden mehr als 15 Millionen gebrannte Ziegel von je 33 cm^2 und 7 cm Dicke bei diesem Unternehmen verbraucht. Nebukadnezar ließ Esagila (den Tempel des Marduk) und Etemenanki (die Zikkurrat) wie auch viele kleinere Tempel wieder aufbauen und die königlichen Paläste vergrößern und verschönern. Die berühmten Hängenden Gärten wurden angelegt, damit Nebukadnezars Gemahlin, die Tochter des medischen Königs Kyaxares, die Gebirgslandschaft ihrer Heimat nicht vermißte. Die Befestigungsanlagen von Babylon wurden verstärkt und die innere und äußere Stadt mit Mauern befestigt, die ein Areal von mehr als acht Quadratkilometern einschlossen. Zwei lange Mauern aus gebrannten Ziegeln mit Bitumenmörtel erstreckten sich zwischen Euphrat und Tigris. Die Flüsse umgaben die Stadt als äußere Verteidigungslinie. Die nördliche Mauer, später medische Mauer genannt, verlief nördlich von Sippar.

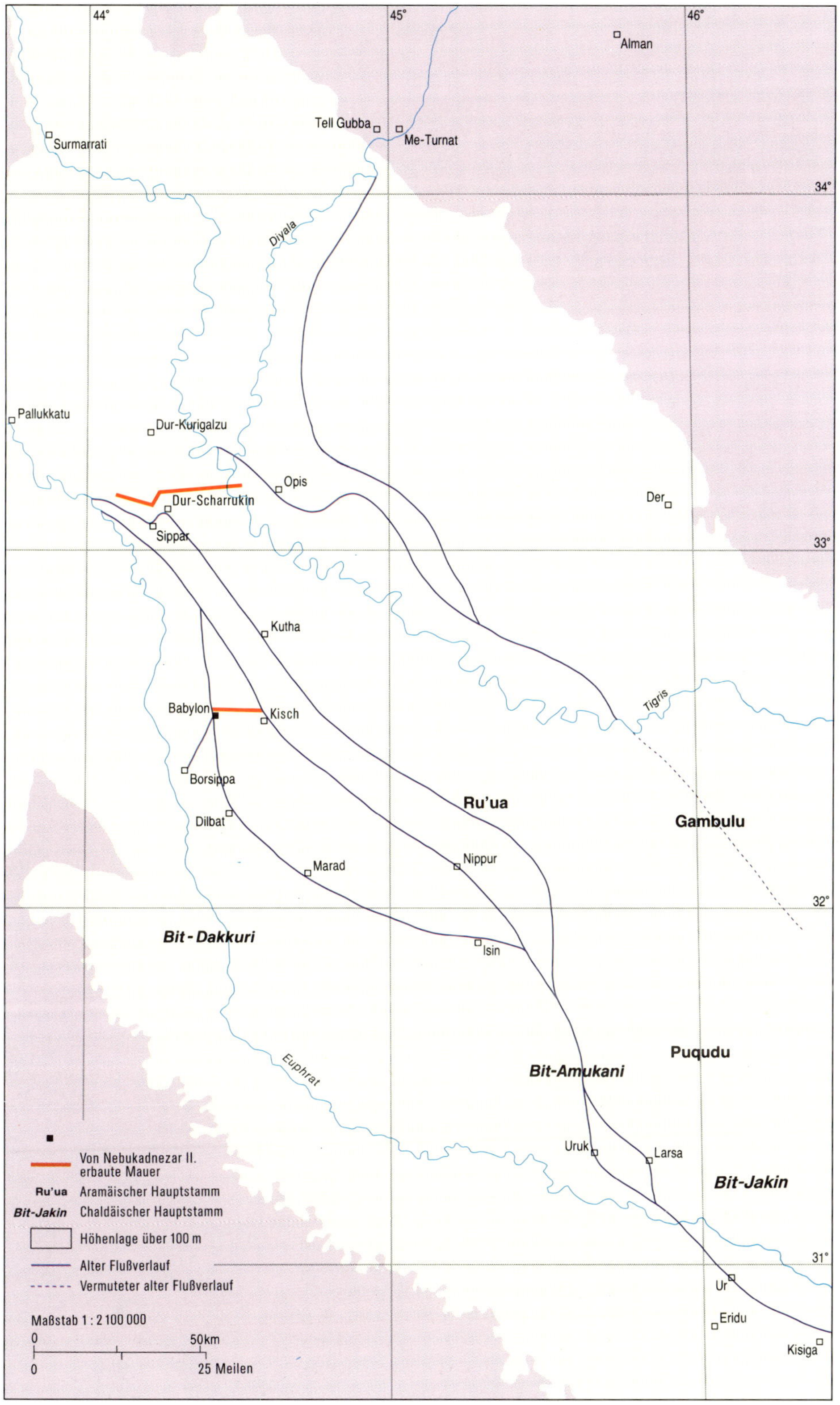

Nebukadnezars Nachfolger

Die Thronfolge nach Nebukadnezars Tod 562 nahm einen unerwarteten Verlauf. Sein Sohn, Amel-Marduk (Bibel: Evil-Merodach) herrschte nur zwei Jahre, von 561 bis 560 v. Chr. Auf ihn folgte 559 sein Schwager Nergal-schar-usur (Neriglissar). Er war mit einer Tochter Nebukadnezars verheiratet und hatte die Zerstörung Jerusalems miterlebt. Nergal-schar-usur regierte drei Jahre (559 - 556 v. Chr.). Nach ihm kam sein junger Sohn Labaschi-Marduk auf den Thron, der bereits zwei Monate später, im Juni 556 v. Chr., ermordet wurde. Die Verschwörer wählten daraufhin einen Bürgerlichen namens Nabonid zum König von Babylon.

Nabonid (555 - 539 v. Chr.) gilt als eine der herausragendsten Herrschergestalten Mesopotamiens. Er war der Sohn von Nabubalassu, des Gouverneurs von Harran, und Adad-guppi, einer Priesterin des Mondgottes Sin in dieser Stadt. Er liebte seine Mutter innig, und als sie 547 v. Chr. im Alter von 104 Jahren starb, ließ er sie mit allen königlichen Ehren bestatten. Nabonid hatte vermutlich schon das 60. Lebensjahr überschritten, als er nach seinem langen Dienst unter Nebukadnezar auf den Thron kam.

Als religiöser und sehr traditonsbewußter Mensch ernannte er seine Tochter En-nigaldi-Nanna (auch Belschalti-Nannar) zur *entu*-Priesterin des Gottes Sin in Ur, gleich Sargon von Akkad, der fast 2000 Jahre zuvor seine Tochter schon diesem Tempel geweiht hatte. Wie seine Mutter verehrte Nabonid den Gott Sin, förderte dessen Kult und ließ die Tempel des Sin in Ur und Harran restaurieren. Sein Interesse an der Überlieferung veranlaßte ihn, die alten heiligen Stätten in Sumer und Akkad wiederherstellen zu lassen; bei der Untersuchung ihrer Fundamente entdeckte man Inschriften und andere Relikte früherer

Links: Rekonstruiertes Paneel aus glasierten Ziegeln von der Fassade des Thronsaals der Südburg in Babylon, erbaut von Nebukadnezar II. (604 - 562 v. Chr.). Höhe 12,4 m.

Rechts: Stele mit dem Relief eines babylonischen Königs. Die Inschrift verspricht bessere Zeiten, die einer Dürreperiode folgen werden. Der Name des Königs wird nicht erwähnt, aber es handelt sich vermutlich um Nabonid, da die Figur den Abbildungen der Nabonid-Stelen in Harran ähnelt und die gleichen Symbole eingearbeitet wurden, nämlich Mond, Sonne und der Planet Venus als Repräsentanten der Gottheiten Sin, Schamasch beziehungsweise Ischtar.
Höhe 58 cm, Breite 46 cm.

Könige. Nabonid bewahrte einige Altertümer in einem »Museum« im *giparu*, der Residenz der *entu*-Priesterin in Ur auf, darunter Bruchstücke einer Statue von Schulgi (2094 - 2047 v. Chr.), einen Tonkegel von einem der Könige von Larsa und ein kassitisches *kudurru* (ein Stein, der an eine königliche Landschenkung erinnert).

Zu Anfang seiner Regierung erschien Nabonid in einem Traum Marduk oder Sin (die Inschriften, die er für Babylonien und Harran anfertigen ließ, nennen verschiedene Götter); er wurde aufgefordert, den Tempel des Sin in Harran, der 54 Jahre ungenutzt war, wiederherstellen zu lassen. Zu jener Zeit wurde Harran von den Medern beherrscht, aber - so teilt Nabonid mit - Marduk veranlaßte drei Jahre später Kyros, den König von Anschan (Persien), die Meder zu unterwerfen, damit Nabonid den Auftrag des Gottes ausführen konnte. Vermutlich wegen der Vorliebe des Königs für Sin von Harran wandten sich die Priester der heiligen babylonischen Städte Babylon, Borsippa, Nippur, Uruk, Larsa und Ur gegen seine Herrschaft; angeblich wurde aufgrund dieses Verrats Babylonien von Seuchen und Hungersnot heimgesucht. Daraufhin verließ Nabonid Babylon und ging nach Taima in Nordwestarabien. Die genaueren Daten seines selbstauferlegten Exils sind nicht bekannt. In seinen Inschriften gibt Nabonid an, zehn Jahre bei den Arabern zugebracht zu haben. Laut der babylonischen Chronik währte sein Exil vom siebten bis elften Regierungsjahr (549 - 545 v. Chr.).

Die Gründe für Nabonids Aufenthalt in Taima gaben immer Anlaß zu Spekulationen. Spätere persische Dokumente führten an, daß Nabonid ein Häretiker war, der die Verehrung des Marduk ablehnte. Im Buch Daniel der Bibel wurde Nabonid Nebukadnezar genannt, vermutlich, weil man dem Zerstörer Jerusalems ein furchtbares Ende wünschte. Nach dieser Quelle wurde er wahnsinnig und aß während seiner sieben Exiljahre Gras. Das Gebet des Nabonid, das man mit den Schriftrollen vom Toten Meer fand, enthält, daß er mit bösartigen Geschwüren behaftet sei. Historiker haben versucht, seine Handlung aus militärischen, politischen, kommerziellen, religiösen oder persönlichen Gründen zu erklären. Obgleich er seinen Sohn Bel-schar-usur, den Belsazar der Bibel, als Regenten in Babylon zurückgelassen hatte, bedeutete die Abwesenheit des Königs, daß das wichtige Neujahrsfest während seiner Exiljahre nicht gefeiert werden konnte.

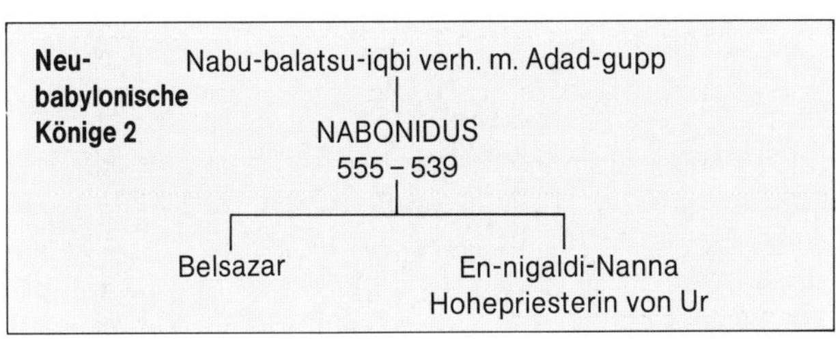

Das babylonische Neujahrsfest

Das *akitu*-Fest, das den Anfang des babylonischen Jahres verkündete, währte elf Tage. Die ersten fünf Tage dienten der Vorbereitung mit Gebeten, Gesängen, Tieropfern und dem Schnitzen von zwei kleinen Holzstatuen, die mit Gold und Edelsteinen verziert wurden. Am Nachmittag des vierten Tages wurde eine Lesung des babylonischen Schöpfungsepos vor der Statue des Gottes Marduk abgehalten. Es erzählt die Geschichte der Götter Lahmu und Lahamu, die hervorgingen aus der Vereinigung von Apsu, dem Geist des Süßwassers (männlich) und Tiamat, dem Geist des Salzwassers (weiblich). Lahmu und Lahamu, die Ahnen der Götter des sumerisch-babylonischen Pantheons, die von Apsu und Tiamat getötet werden sollten, verhinderten die Ausführung dieses Plans. Gott Ea versetzte Apsu in Schlaf und tötete ihn. Tiamat griff, von Ungeheuern unterstützt, die Götter an, die sie nicht zurückschlagen konnten, bis Marduk eingriff und erklärte, nur unter der Bedingung gegen Tiamat zu kämpfen, daß er zum Oberhaupt der Götter gemacht würde. Die Götter stimmten zu, Marduk tötete Tiamat im Einzelkampf und besiegte ihr Heer. Er spaltete Tiamats Körper in zwei Teile, um Himmel und Erde zu formen, dann erschuf er die Menschheit, damit sie die Arbeit leiste, die sonst den Göttern zufiele. Aus Dankbarkeit bauten die Götter Babylon und den Tempel des Marduk. Auf der Grundlage eines früheren Mythos, in dem Enlil die Hauptrolle spielte, sollte das Epos Marduks und Babylons Vorrangstellung verdeutlichen. Man bedeckte während der Rezitation Anus Krone und Enlils Sitz, als ob man diese Götter, deren Stelle Marduk eingenommen hatte, nicht beleidigen wollte.

Am fünften Tag wurde der Tempel des Marduk einer Reinigungszeremonie unterzogen. Die Statue des Gottes Nabu traf, aus Borsippa kommend, in Babylon ein; der König betrat Ensagila, den Tempel des Marduk. Hier legte er Schwert, Zepter und andere königliche Insignien nieder. Der *urigallu*-Priester schlug ihn auf die Wange, zog an seinen Ohren und forderte ihn auf, sich vor Marduk zu Boden zu werfen. Der König mußte schwören, daß er weder gesündigt, noch die Verehrung des Marduk oder das Wohl Babylons vernachlässigt habe, und daß seine Regierung gerecht gewesen sei. Danach sprach der Priester in ruhigerem Ton mit dem König, bevor er ihm seine Insignien zurückgab und ihn noch einmal schlug. Wenn der König bei diesem Vorgang Tränen vergoß, galt dies als gutes Omen für das Land.

Über den Verlauf der letzten fünf Tage liefern die Quellen weniger Details. Am sechsten Tag wurden die vorher angefertigten kleinen Holzstatuen vor Nabu enthauptet und verbrannt, wonach die Götter aus anderen Städten Babyloniens in Babylon eintrafen. Am neunten Tag betrat der König Marduks Heiligtum und »nahm seine Hand«. Vermutlich handelt es sich hier um eine heilige Eheschließung zwischen dem König, der die Rolle des Gottes übernimmt, und einer Priesterin. Daraufhin fuhren die Götter auf Wagen die Prozessionsstraße entlang zum *akitu*-

Tempel im Norden der Stadt, wo sie am zehnten Tag vom König Geschenke entgegennahmen. Nabonid soll mehr als fünf Talente (150 kg) Gold und hundert Talente Silber (3 Tonnen) überreicht haben. Am elften Tag brachte man die Götter noch einmal nach Esagila zu einem Festmahl, bevor sie in ihre Städte zurückkehrten.

Nabonid kehrte zwischen 544 und 540 v. Chr. von Taima nach Babylon zurück. Während seiner Exiljahre hatte sich das Kräfteverhältnis im Nahen Osten radikal verschoben. Seit dem Zusammenbruch Assyriens hatten vier Mächte das Land unter sich aufgeteilt: die Ägypter, Lydier, Babylonier und Meder. Dies war noch zu Beginn seiner Regierungszeit so. Doch als er zurückkehrte, waren Meder und Lydier bereits im Persischen Reich vereinigt. Innerhalb von fünf Jahren sollte Babylon selbst an die Perser fallen und 15 Jahre später auch Ägypten.

Aufstieg und Untergang Lydiens

Nach dem Sieg von Kyaxares über die Assyrer 614 drangen die Meder in Anatolien ein. Urartu muß wohl 590 v. Chr. an die Meder gefallen sein, da Kyaxares seitdem gegen den König von Lydien, Alyattes, kämpfte. Alyattes war der Urenkel von Gyges; Herodot erzählt von ihm, daß er die kimmerischen Stämme besiegte, die sein Land seit vielen Jahrzehnten verwüsteten. Der Krieg zwischen Medern und Lydiern setzte sich etwa fünf Jahre fort. Nach Herodots Schilderung verstörte am Nachmittag des 28. Mai 585 eine totale Sonnenfinsternis beide Heere so sehr, daß sie den Kampf wegen dieses Himmelszeichens abbrachen. Es kam zu einem Friedensschluß, den Syennesis von Kilikien und Labynetos von Babylon, die als Vermittler auftraten, zwischen ihnen aushandelten. Herodot erwähnt sowohl Nabonid wie auch Labynetos als früheren König von Babylon, meinte aber in diesem Fall wahrscheinlich Nebukadnezar. Alyattes gab seine Tochter Astyages, dem Sohn des Kyaxares, zur Frau. Als Grenze zwischen Lydiern und Medern wurde der Fluß Halys (Kizilirmak) bestimmt. Der Grabhügel des Alyattes im Königsfriedhof, sechs Kilometer nördlich der lydischen Hauptstadt Sardes, gilt als größter seiner Art in der Alten Welt.

Der Wohlstand der Lydier beruhte zu einem großen Teil auf den Goldfunden in diesem Land. Sie machten den Reichtum von Alyattes' Sohn Kroesus sprichwörtlich. Den Lydiern wird auch die Erfindung der Münzen zugeschrieben. Überall im Nahen Osten hatten Edel- und gewöhnliche Metalle, besonders Silber und Kupfer, als Währung gedient, um den Warenhandel zu erleichtern. Mitunter wurden Metallbarren oder -ringe zum Standardgewicht gemacht wie die Silberbarren aus einem Schatzfund des 7. Jahrhunderts v. Chr. in Tepe-Nusch-i-Jan in Medien oder wie der runde Silberbarren, der als Inschrift den Namen Bar-rakib, eines Herrschers des 8. Jahrhunderts aus Sam'al in der Levante, trägt. Er wiegt fast genau eine *mina* (497 Gramm).

Die ältesten Münzen, die mit einem Stempel ihrer Qualität und ihres Gewichts versehen waren, wurden in den Fundamenten des Artemis-Tempels in Ephesos gefunden. Sie waren aus Elektrum (der natürlichen Verbindung von Gold und Silber), das im Kies des Flusses Paktolos vorkommt, der durch Sardes fließt. Manche dieser Münzen haben geriefte Oberflächen, andere tragen Embleme, wie etwa einen Löwenkopf. Auf einer findet sich eine Inschrift in lydischer Sprache. Über die Datierung dieser Münzen und über die Frage, ob die Münzprägung in der Mitte des 7. Jahrhunderts von Alyattes oder im 6. Jahrhundert von Kroesus erfunden wurde, gehen die Meinungen auseinander.

Unter Kroesus dehnte Lydien seine Herrschaft über die griechischen Städte der ägäischen Küste aus. Als er vom Sieg der Perser über die Meder erfuhr, sah er die Gelegenheit gekommen, sein Reich nach Osten in das bisher von den Medern beherrschte Gebiet zu erweitern. Bevor er in den Krieg zog, befragte er das Orakel von Delphi. Es prophezeite ihm, daß er ein großes Reich zerstören würde, wenn er den Fluß Halys überschreite. Kroesus glaubte verständlicherweise, damit sei das persische Reich gemeint. Er überquerte also den Fluß Halys, um den Kampf zu eröffnen. Sein Heer traf auf die von Kyros angeführten Perser bei Pteria (Hattusa), doch die Schlacht hatte keinen Sieger. Kroesus zog sich nach Sardes zurück und plante für das nächste Jahr einen neuen Feldzug mit seinen Verbündeten. Doch Kyros verfolgte ihn und eroberte Sardes (vielleicht im Herbst 547 v. Chr.) nach kurzer Belagerung.

Links: Vase mit einer Darstellung von Kroesus (frühes 5. Jahrhundert v. Chr.). Wie hier kunstvoll in roter Farbe auf dem Gefäß abgebildet, endet Kroesus auf einem Scheiterhaufen. Doch Herodot berichtet, daß ein Wolkenbruch die Flammen löschte und Kyros sein Leben schonte. Dieses Bild, gefunden in Vulci, Etrurien, ist ein Werk des Malers Myson. Höhe der Vase 58,5 cm.

Unten, oberes Bild: Silbermünze mit den Köpfen eines Löwen und Stieres. Entweder entstand die Prägung während Kroesus' Zeiten, oder sie stammt aus den frühen Regierungsjahren von Darios I. (521–486 v. Chr.).

Ganz unten: Goldener Dareikos, benannt nach Darios I., der diese Münzen erstmals prägen ließ. Diese »Bogenschützen« (Bezeichnung der Münzen), als Bestechungsgeld gezahlt, erwiesen sich oft wirksamer als die persische Armee, wenn es galt, den Frieden und die Stabilität des Reiches aufrechtzuerhalten. Dareikos-Münzen wurden noch unter Alexander und seinen Nachfolgern geprägt. Dieses Exemplar stammt vermutlich aus dem 4. Jahrhundert v. Chr.

Meder und Perser

Die Welt der Bibel und die Griechen sahen die Meder eng mit den Persern verbunden. Beide waren indo-iranische, sprachverwandte Stämme. Zu Zeiten des assyrischen Reichs hatten sich die Meder in den fruchtbaren Tälern angesiedelt, durch die wichtige Wege zum iranischen Hochland führten. Perser im mittleren Sagros waren Nachbarn der Meder, ein anderer persischer Stamm lebte im Raum des alten Anschan in der heutigen Provinz Fars. Tatsächlich führte ein König von Parsua (Persien), der sich Assurbanipal (668–ca. 627 v. Chr.) nach dessen Siegen über Elam ergab, denselben Namen wie Kyros (Kurasch), der spätere König von Persien und Anschan.

Die Eroberung von Ninive 612 v. Chr. brachte Kyaxares, dem König der Meder, Landgewinn wie auch enorme Beute. Da jedoch der medische Königspalast in Hamadan nicht ausgegraben wurde und die Archive des medischen Hofs noch auf ihre Entdeckung warten, bestehen die Beweise für die medische Herrschaft über den größten Teil Irans und Anatoliens aus gelegentlichen Hinweisen ausländischer Quellen und späterer Berichte. Eine Festung in

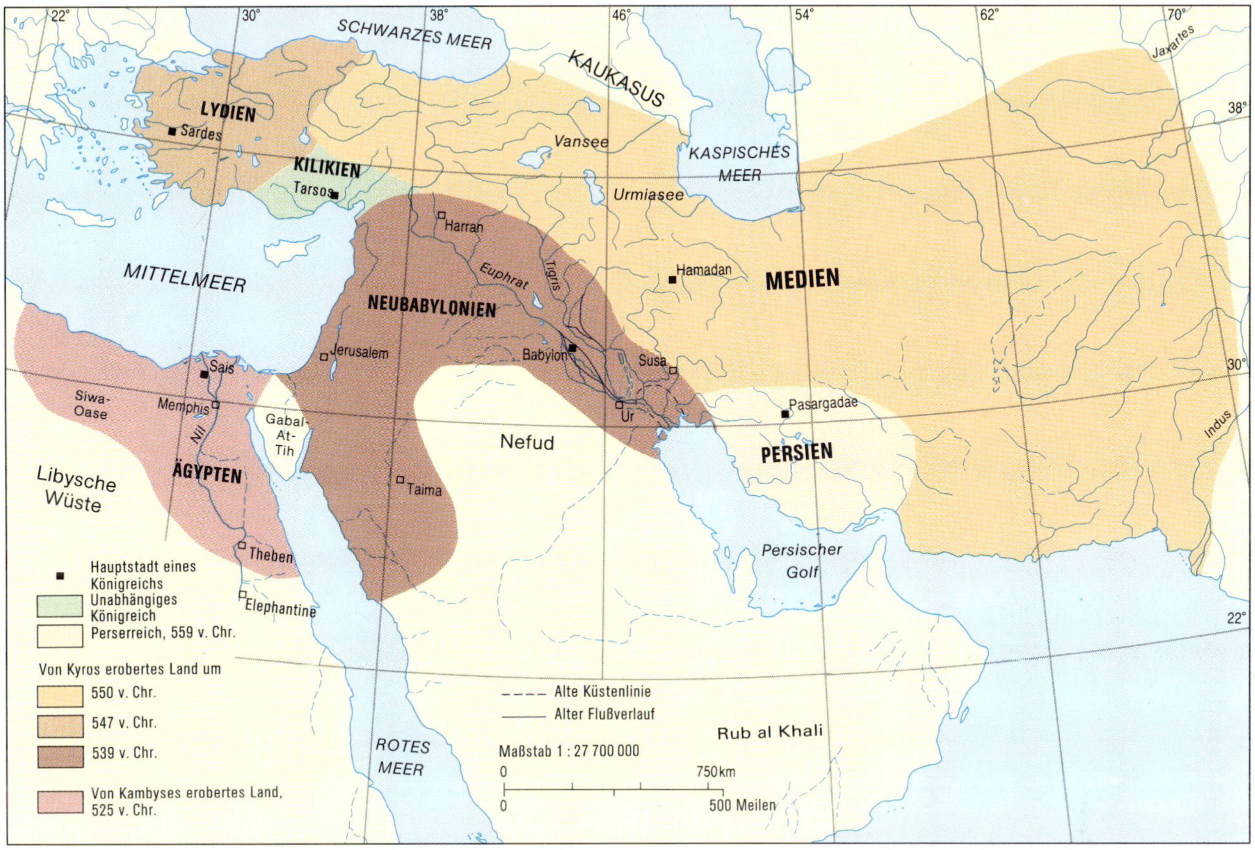

Die Eroberungen des Kyros
Als Kyros um 559 v. Chr. König wurde, waren die Perser Vasallen der Meder; die alte Welt war aufgeteilt zwischen Medern, Babyloniern, Lydiern und Ägyptern. Wenige Jahre nach seinem Tod waren alle diese Völker in das Perserreich eingegliedert und wurden in den folgenden 200 Jahren von persischen Königen regiert. Kyros fiel im Kampf an der Nordost-Grenze seines Reiches in der Nähe des Jaxartes. Ob er die Gebiete im Osten selbst erobert hatte oder ob sie einst zum medischen Königreich gehörten, das er durch Annexion gewann, ist ungewiß. Kyros' Sohn Kambyses eroberte 525 v. Chr. Ägypten.

Tell Gubba im Hamrin-Gebiet und ein Bauwerk mit säulengetragenen Hallen in Tille Hüyük am Euphrat in der Südtürkei werden den Medern zugeschrieben, doch ihre genaue Datierung ist ungewiß. Bald nach dem Friedensvertrag mit Lydien wurde Astyages, der Sohn des Kyaxares, König und herrschte etwa 35 Jahre. Vielleicht erwähnten westliche Quellen den Meder deshalb kaum, weil Astyages mit ausgedehnten Eroberungszügen im iranischen Hochland beschäftigt war.

Der Sieg über Babylon

Um 559 v. Chr. wurde Kyros, später der Große genannt, Herrscher der Perser. Viele Legenden aus späterer Zeit handeln von seiner Geburt, doch in seinen Inschriften behauptet er, ein Sohn des Kambyses zu sein, ein Enkel des Kyros und ein Abkömmling des Teispes, die allesamt Könige von Anschan gewesen seien. Ein Siegel, das die Genealogie des Kyros bestätigt, wurde in Persepolis gefunden und trug in elamitischer Sprache den Namen Kyros von Anschan, Sohn des Teispes. Herodot zufolge waren die Perser Vasallen der Meder, bis Kyros sie zur Rebellion aufstachelte. Nach Nabonids Bericht besiegte Kyros die Meder in seinem (Nabonids) dritten Regierungsjahr (553 v. Chr.); die sonst verläßliche babylonische Chronik besagt allerdings, Kyros sei von dem medischen König Astyages im sechsten Jahr der Regierungszeit Nabonids (ca. 550 v. Chr.) angegriffen worden. Anscheinend verweigerte das medische Heer den Gehorsam und lieferte Astyages an Kyros aus, der daraufhin nach Hamadan marschierte, wo er die Schatzkammer plünderte und mit ihrem Inhalt nach Anschan zurückkehrte. So fiel Kyros das medische Reich in den Schoß, das sich von den Grenzen Lydiens bis zum iranischen Hochland erstreckte.

In den Jahren nach der Niederlage des Kroesus von Lydien 547 v. Chr. führten von Kyros ernannte medische Feldherrn persische Streitkräfte gegen die ionischen Küstenstädte und die Inseln Karia und Lykia. Im Jahr 539 zog Kyros mit seinem Heer gegen Babylon und besiegte Ende September oder Anfang Oktober das babylonische Heer bei Opis. Sippar wurde am 10. Oktober kampflos eingenommen; zwei Tage später zog das persische Heer unter Ugbaru, dem Statthalter von Gutium östlich des Tigris, in Babylon ein, ohne auf Widerstand zu stoßen. Seine Soldaten umstellten den Tempel des Marduk, sorgten jedoch dafür, daß die gerade stattfindenden Kulthandlungen nicht unterbrochen wurden. Nabonid wurde gefangengenommen, nach einer späteren Quelle ernannte ihn Kyros zum Statthalter von Karmanien im südlichen Iran. Belsazars Schicksal ist ungewiß. Kyros betrat Babylon am 29. Oktober, eine Woche später starb Ugbaru. In den folgenden Monaten brachte man die Götter, die Nabonid zuvor aus anderen babylonischen Städten nach Babylon geholt hatte, in ihre Heiligtümer zurück.

Der großmütige Eroberer

Kyros erwarb sich den Ruf eines gütigen Herrschers. Nabonid äußerte zu Anfang seiner Regierung, daß Kyros ein Anhänger des Marduk sei. In seinen eigenen Inschrif-

Rechts: Diese Tafel aus Persepolis aus dem Jahr 503 v. Chr. berichtet in elamitischer Sprache von der Übergabe eines Ochsen. Sie weist zwei Abdrücke desselben Siegels auf: ein berittener Krieger über einem Gefallenen und eine aufrechte Figur. Die dazugehörige Inschrift verkündet, daß das Siegel dem Kyros aus Anschan, dem Sohn des Teispes, gehörte. Er wird als der Großvater Kyros' des Großen (559 – 530 v. Chr.) angesehen. Breite 4,7 cm, Höhe 4,2 cm.

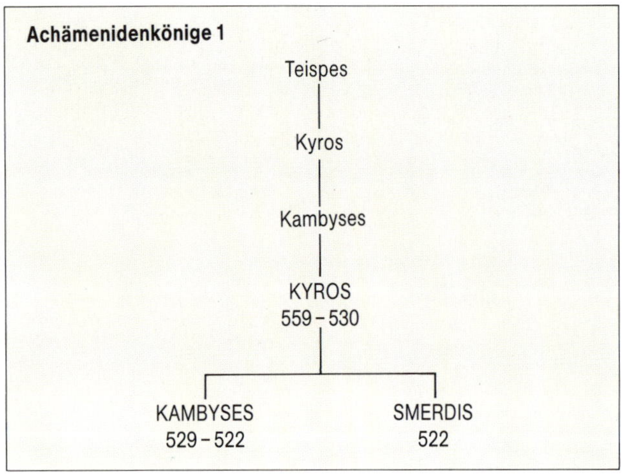

ten behauptet Kyros, daß Marduk nach der Häresie Nabonids ihn zum Herrscher der ganzen Welt auserwählt habe, und daß bei seinem Einzug in Babylon

> »alle Bewohner von Babylon wie des ganzen Landes von Sumer und Akkad, Fürsten und Statthalter, sich vor ihm [Kyros] verbeugten und seine Füße küßten, jubelnd, daß er die Königswürde erlangte, und ihn mit leuchtenden Gesichtern glücklich als Herrn begrüßten, durch dessen Hilfe sie vom Tod zum Leben kamen und alle verschont blieben von Schaden und Unheil, und sie seinen Namen verehrten«.

Die Juden betrachteten Kyros als Retter, gesandt von Jehova, der sie aus der Gefangenschaft befreite und ihnen erlaubte, den Tempel in Jerusalem wieder aufzubauen. Selbst bei den Griechen galt er als idealer Herrscher.

Kyros' Siege und sein Ruf wurden häufig propagandistisch überhöht. Die Geschichten von den Schandtaten des Astyages, der zuerst die Tötung des kleinen Kyros befohlen und danach dessen Erzieher Harpagos gezwungen haben soll, den eigenen Sohn zu essen, von der Torheit des Kroesus, das Delphische Orakel mißzuverstehen, und von der Gotteslästerung Nabonids sind vielleicht nicht wahr, doch sie nutzten mit Sicherheit der Sache des Kyros und seiner Anhänger. Auch die Genealogie, die Mutter des Kyros als Tochter des Astyages und Nichte des Kroesus zu erklären, trug zur Legitimation seiner Herrschaft über Medien und Lydien bei. Kyros verstand es sogar, Anhänger in den Reihen seiner Gegner zu finden, und seine Siege wurden ebensooft durch Diplomatie wie durch militärische Leistungen errungen. Überdies gewährte er seinen Untertanen ein hohes Maß an Religionsfreiheit und bürdete ihnen keine allzu hohen Steuern und Tributzahlungen auf (vielleicht genügten die in Hamadan, Sardes und Babylon angehäuften riesigen Schätze einem Herrscher, der bei einem Bergstamm aufgewachsen war). Seine Hauptstadt, die mit Hilfe lydischer Handwerker in Pasargadae erbaut wurde, war bescheiden, verglichen mit den luxuriösen Anlagen der babylonischen und assyrischen Könige. Kyros starb im Sommer 530 v. Chr., vermutlich als er gegen nomadische Stämme in Zentralasien kämpfte. Er wurde in einem Steingrab mit einem Giebeldach in Pasargadae bestattet. Das große Perserreich ging friedlich in die Hände seines Sohnes Kambyses über.

Die Eroberung Ägyptens

Kambyses hatte seinen Vater bei der Eroberung von Babylon begleitet und am babylonischen Neujahrsfest 538 v. Chr. teilgenommen. Während der ersten zehn Monate jenes Jahres trug er den Titel König von Babylon, von dem er aber später nie Gebrauch machte, obwohl er in Babylon residierte.

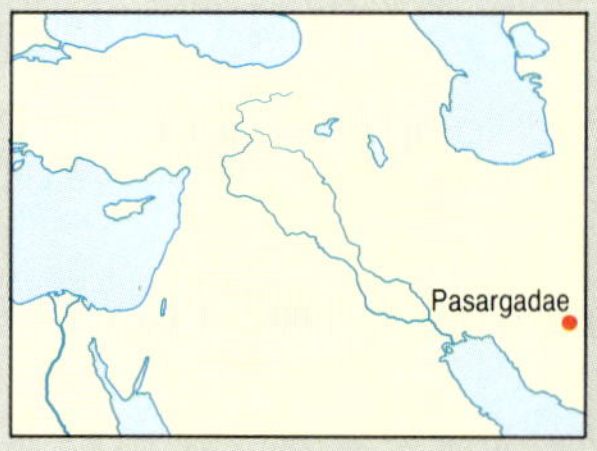

Pasargadae

Nachdem Kyros der Große (559 – 530 v. Chr.) Medien und Lydien erobert hatte, gründete er Pasargadae als neue Stadt in der Gegend, in der er den Medern die entscheidende Schlacht geliefert haben soll. Erfahrungen mit Monumentalarchitektur oder Steinskulpturen hatten die Perser nicht, so daß sich Kyros auf die Fähigkeiten der eroberten Völker stützte. Die hochentwickelte Technik der lydischen Steinmetzen spielte bei der Anlage von Pasargadae eine wichtige Rolle.

Oberhalb der Morghab-Ebene errichtete Kyros eine befestigte Zitadelle, einen Kultbereich mit einem Feueraltar, einen Turm in Form eines Doppelkubus, der heute Zendan-i-Suleiman (das Gefängnis des Salomo) genannt wird, einen Garten mit Palästen und Pavillons, ein Torhaus sowie sein eigenes Grabmal. Als Darios sich des Throns bemächtigte und die Kyros-Linie der Achämenidendynastie verdrängte, baute er seine Paläste in Persepolis, 40 km südwestlich von Pasargadae. Darios wählte Susa zur Hauptstadt seines Weltreichs, so daß Pasargadae weitgehend seine Bedeutung verlor.

Unten: Im Unterschied zur älteren Architektur des Nahen Ostens waren die von Kyros in Pasargadae errichteten Paläste und Häuser nach außen offene Bauwerke. Säulenvorhallen ermöglichten von allen Seiten den Zutritt ins Innere der Gebäude und nutzten ihre Lage in einem Garten optimal. Heute sind von diesen Gartenanlagen nur die steinernen Kanäle übrig, die Wasser von einem kleinen Steinbecken zum anderen leiteten. Wasser und Bäume sind noch heute die wichtigsten Charakteristika persischer Gärten.

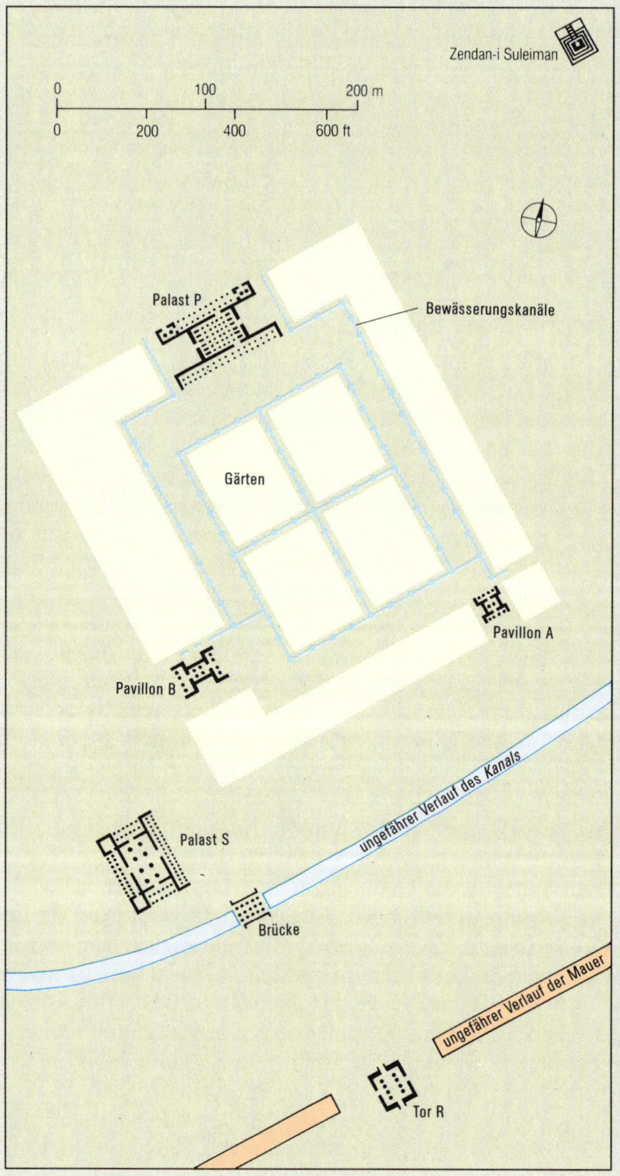

Rechts: Der Palast P verfügte über einen rechteckigen Portikus mit schön gearbeiteten, waagrecht kannelierten Säulenbasen. Der obere Teil der äußerlich glatten Säulen war vielleicht aus Holz, das mit bemaltem Gips verkleidet war. Die Steinmetzarbeit orientierte sich an ostgriechischen Vorbildern und hat Parallelen in Ephesos. Ein langgestreckter Portikus verläuft quer zur Gartenanlage. Die Säulenhallen von Pasargadae sind von der medischen Architektur geprägt, die Herkunft dieser Vorhallen aber ist unsicher: Sie können aus der griechischen Welt stammen, allerdings ebensogut aus einheimischer iranischer Tradition. Der Grundriß der Anlage von Pasargadae diente als Vorbild für den Bau der Paläste in Persepolis.

Links: Das Grabmal des Kyros ist ein einfacher Giebelbau auf einem abgestuften Fundament. Es war einst rund 10 m hoch. Nach dem Zeugnis einer Quelle befand sich folgende Inschrift an dem Grabmal: »O Mensch, ich bin Kyros, der das Reich der Perser begründet hat und König von Asien war. Mißgönne mir deshalb nicht dieses Monument.«

Oben: Figur auf einer Seitentür des Tors R, das in die Anlage von Pasargadae führte. Darüber war der Satz »Ich, Kyros, ein Achämenide« in drei Sprachen eingemeißelt. Die Verbindung von Flügeln im assyrischen Stil mit einem elamitischen Gewand und ägyptischem Kopfputz ist charakteristisch für die spätere achämenidische Kunst, die Motive aus dem ganzen Reich übernahm.

Als König von Persien (529 – 522 v. Chr.) war die Eroberung Ägyptens 525 v. Chr. seine größte militärische Leistung. Als der Pharao Amasis 526 v. Chr. nach mehr als vierzigjähriger Regierungszeit starb, wurde sein Sohn und Nachfolger in der Schlacht bei Pelusium besiegt. Udjahorresne von Sais, einer seiner höchsten Würdenträger, hatte ihn verraten. Kambyses ließ sich zum Pharao krönen und regierte wie ein angestammter ägyptischer Herrscher. Selbst die religiösen Pflichten des Pharao übernahm er. Er galt als verrückter tyrannischer Despot, was wohl den Schmähungen ägyptischer Priester zuzuschreiben ist, die sich seinen Versuchen, Macht und Reichtum der Tempel einzuschränken, widersetzten. Ebenso verunglimpften ihn seine Nachfolger, die sich des Throns mit Gewalt bemächtigt hatten.

Die Thronbesteigung des Darios

Kambyses verließ Ägypten 522 v. Chr., starb aber, bevor er in Persien eintraf. Sein Nachfolger Darios (521 – 486 v. Chr.) erläuterte die Umstände dieses Todes sowie seine eigene Thronbesteigung in einer langen Inschrift, die er in den Felsen von Bisutun über der Hauptstraße von Babylon nach Hamadan in altpersischer, babylonischer und elamitischer Keilschrift einmeißeln ließ. Der Bericht wurde übersetzt in alle Teile des Reiches versandt. Abschriften fand man in Babylon und in Elephantine in Südägypten; eine Ausgabe verarbeitete Herodot in seinen »Historien«.

Laut Darios hatte Kambyses, bevor er nach Ägypten ging, seinen eigenen Bruder Smerdis (Bardiya) heimlich ermordet. Ein *magus* (medischer Priester) namens Gaumate gab sich als Smerdis aus und bemächtigte sich während Kambyses' Abwesenheit des Throns. Er wurde von den Völkern Persiens, Mediens und der anderen Provinzen als König anerkannt. Kambyses, so verkündete Darios, beging Selbstmord. Keiner wagte, gegen Gaumate anzutreten, bis ihn Darios mit sechs Mitverschwörern am 29. September 522 v. Chr. tötete. Allerdings erscheint diese Darstellung unglaubwürdig. Vermutlich rebellierte Smerdis, während sein Bruder in Ägypten war, und Kambyses starb bei seiner Rückkehr oder wurde getötet. Mit seiner Erklärung versuchte Darios, den Mord an Smerdis zu vertuschen.

Darios, dessen Vater Hystaspes, der Statthalter von Parthien, und Großvater noch lebten, als er König wurde, stand nicht in der direkten Linie der Thronfolge. Seine Inschrift von Bisutun verfolgt seine Ahnenreihe über fünf Generationen zurück bis zu seinem Urgroßvater Teispes und seinem Ururgroßvater Achaimenes und behauptet, daß seine Familie seit langer Zeit Könige hervorgebracht hätte. Laut Herodot entstammten die persischen Herrscher der Achämenidenfamilie des Pasargadae-Stammes. Kyros' Inschriften in Pasargadae bestätigen, daß er ein Achämenide war. Einige Historiker vermuten, diese Inschriften wurden von Darios verfaßt, da er als Erfinder der altpersischen Keilschrift galt.

Nach dem Tod von Smerdis kam es zu Aufständen in

Achämenidenkönige 2

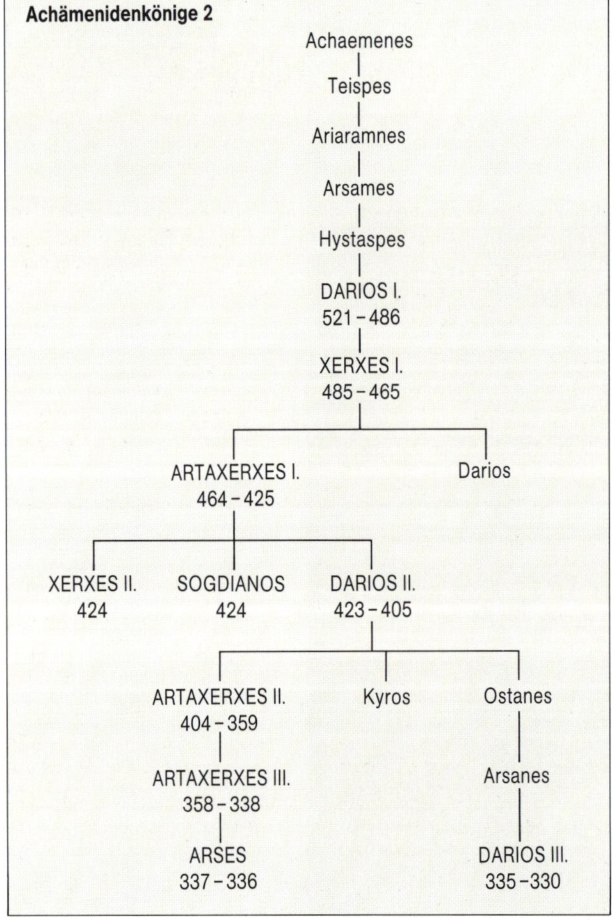

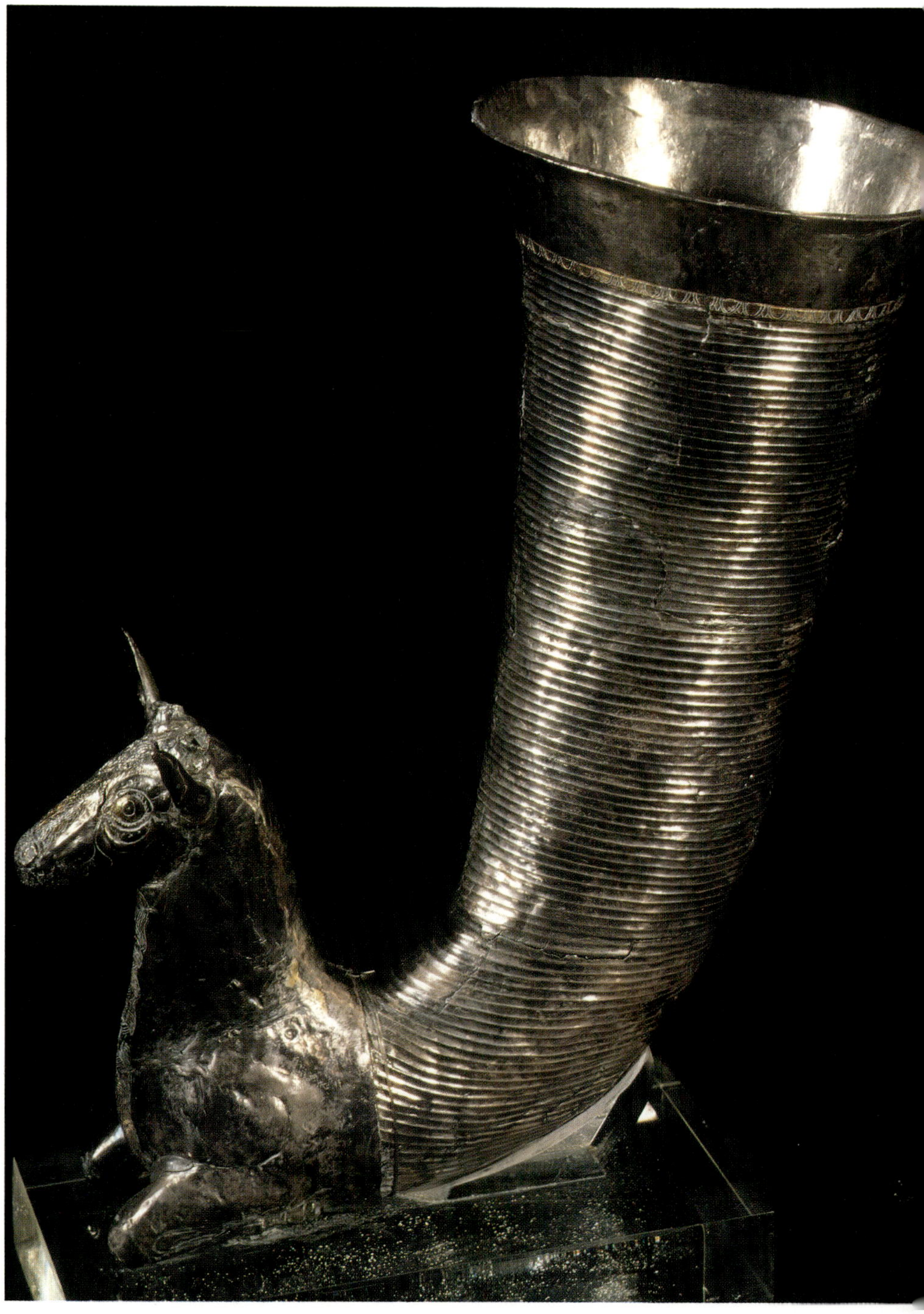

Oben: Der obere Abschnitt der in Susa gefundenen Säulenkapitelle besteht aus den Vorderpartien zweier Stiere. Der Hauptbalken ruhte auf den Rücken der Tiere. Unter den Stieren ist eine doppelte Volute (Schnecke) auf den ionischen Säulen zu erkennen; darunter befindet sich ein Blütenornament, das an ägyptische Säulenkapitelle erinnert.

Links: Silbernes Trinkgefäß mit Blattgoldspuren, dessen Basis aus der Vorderpartie eines Tieres, vielleicht eines Rehs, besteht. Obwohl derartige Gefäße (sogenannte Rhytons) auf den Reliefs von Persepolis nicht abgebildet sind, findet man sie auf griechischen Vasen des späten 5. Jahrhunderts v. Chr. Auch nach dem Ende der Achämenidenzeit waren sie noch in Gebrauch. Höhe 20 cm.

Persien, Elam, Medien, Assyrien, Ägypten, Parthien, Margiana, Sattagydien und Skythien. Aber Darios genügten zwölf Monate, um wieder Ruhe herzustellen. Das Relief der Inschriftsstele von Bisutun zeigt seinen Triumph über den Betrüger Gaumate und neun andere Rebellen, die sich als Könige ausgaben. Danach versuchte Darios, seine Gegner auszuschalten. Mit der Tochter des Gobryas, einem der Verschwörer, war er bereits verheiratet, was ihn nicht hinderte, auch die Tochter des Otanes, der wie er ein Achämenide und der älteste der Aufrührer war, zur Frau zu nehmen. Darios übernahm die Harems von Kambyses und Smerdis, denen die Tochter Otanes angehört hatte. Schließlich heiratete er noch die überlebenden weiblichen Nachkommen des Kyros, zwei Töchter und eine Enkelin, um seinen Thronanspruch zu festigen.

Die europäischen Feldzüge des Darios

Darios' Expansionsdrang machte nicht halt vor Europa. Er besetzte Teile Thrakiens und kämpfte gegen die Skythen jenseits der Donau. Auch die Indusprovinz schloß er seinem Reich an. Während Kyros die bestehende Verwaltungsstruktur der eroberten Gebiete übernahm, teilte Darios das Reich in Provinzen ein, die sogenannten Satrapien. Jede war einem Statthalter oder Satrapen untergeben, der meist mit dem König verwandt war oder ihm nahestand. Darios schaffte ein straffes System der Besteuerung und führte juristische und ökonomische Reformen, vor allem in Ägypten, durch.

Eine effiziente Verwaltung des Reiches bedurfte guter Verkehrsverbindungen. Herodots Beschreibung der Königsstraße von Sardes nach Susa mit zahlreichen Versorgungsstationen gleicht dem assyrischen Verkehrssystem, das sich schon zweihundert Jahre bewährte. Tontäfelchen aus der Zeit des Darios, in Persepolis freigelegt, bildeten Vollmachten für Reisende, die in Angelegenheiten des Königs unterwegs waren.

Im Jahr 499 v. Chr. erhoben sich die griechischen Untertanen des persischen Königs in Zypern und entlang der ägäischen Küste. Sie plünderten und brandschatzten die Satrapenhauptstadt Sardes. Zypern, das zur Zeit der Eroberung Ägyptens an Persien gefallen war, konnte sich mit Unterstützung der Phöniker rasch befreien. Aber der ägäische Krieg sollte noch lange währen. Die Entscheidungsschlacht fand unweit der Insel Lade nahe Milet im Herbst 494 v. Chr. statt. Die persische Flotte war mit 600 Schiffen, die sie von den Phönikern, Ägyptern, Kilikiern und Zyprioten requiriert hatte, der griechischen Streitmacht weit überlegen; diese war nur mit 353 Schiffen ausgerüstet und wurde lediglich von neun Städten ver-

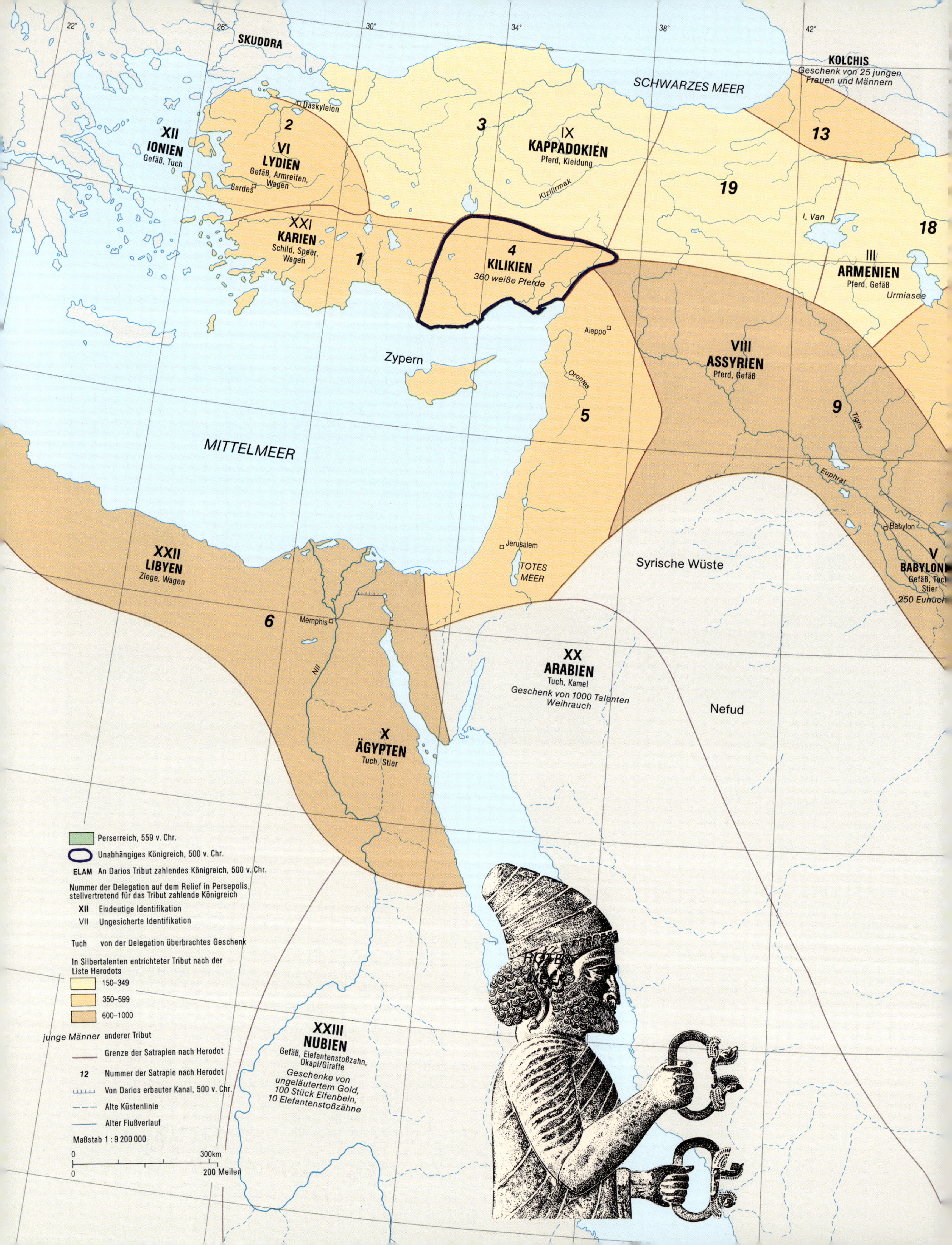
SKUDDRA
SCHWARZES MEER
KOLCHIS
Geschenk von 25 jungen Frauen und Männern
13
XII
IONIEN
Gefäß, Tuch
Daskyleion
2
VI
LYDIEN
Gefäß, Armreifen, Wagen
Sardes
3
IX
KAPPADOKIEN
Pferd, Kleidung
Kizilirmak
19
18
L. Van
III
ARMENIEN
Pferd, Gefäß
Urmiasee
XXI
KARIEN
Schild, Speer, Wagen
1
4
KILIKIEN
360 weiße Pferde
Aleppo
Zypern
VIII
ASSYRIEN
Pferd, Gefäß
Orontes
5
9
Tigris
Euphrat
MITTELMEER
Babylon
V
BABYLON
Gefäß, Tuch
Stier
250 Eunuch
Jerusalem
TOTES MEER
Syrische Wüste
XXII
LIBYEN
Ziege, Wagen
6
Memphis
Nil
XX
ARABIEN
Tuch, Kamel
Geschenk von 1000 Talenten Weihrauch
Nefud
X
ÄGYPTEN
Tuch, Stier
Perserreich, 559 v. Chr.
Unabhängiges Königreich, 500 v. Chr.
ELAM An Darios Tribut zahlendes Königreich, 500 v. Chr.
Nummer der Delegation auf dem Relief in Persepolis, stellvertretend für das Tribut zahlende Königreich
XII Eindeutige Identifikation
VII Ungesicherte Identifikation
Tuch von der Delegation überbrachtes Geschenk
In Silbertalenten entrichteter Tribut nach der Liste Herodots
150–349
350–599
600–1000
junge Männer anderer Tribut
Grenze der Satrapien nach Herodot
12 Nummer der Satrapie nach Herodot
Von Darios erbauter Kanal, 500 v. Chr.
Alte Küstenlinie
Alter Flußverlauf
Maßstab 1 : 9 200 000
0 300km
0 200 Meilen
XXIII
NUBIEN
Gefäß, Elefantenstoßzahn, Okapi/Giraffe
Geschenke von ungeläutertem Gold, 100 Stück Elfenbein, 10 Elefantenstoßzähne
22°
26°
30°
34°
38°
42°

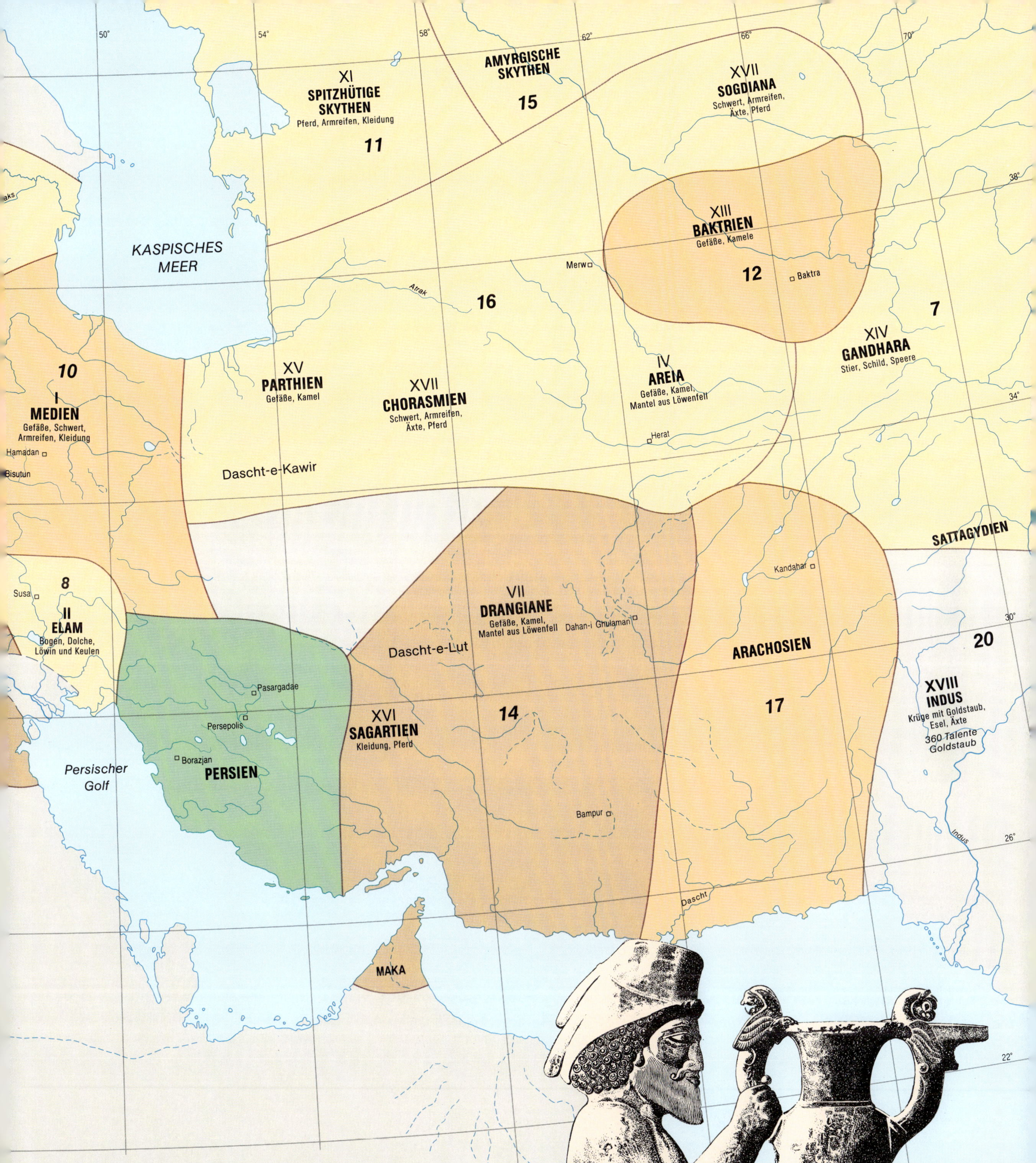

Das Reich des Darios und die von ihm unterworfenen Völker
In seinen Inschriften zählt Darios stolz die Länder und Völker auf, über die er herrschte. Sie sind auf vielen seiner Bauwerke aufgezeichnet und dargestellt. So erkennt man etwa auf den Reliefs an der Apadana in Persepolis (wie hier abgebildet) Abordnungen unterworfener Völker, die dem König Geschenke überbringen. Die Völkerschaften wurden nach der Bedeutung des jeweiligen Landes und seiner Bewohner klassifiziert. Herodot zählt zur Zeit des Darios 20 persische Provinzen und den von jeder Provinz entrichteten Tribut auf. Die Liste Herodots stimmt jedoch nicht mit den Aufzählungen in den persischen Inschriften überein; die Identifizierung sowie die Grenzen der einzelnen Provinzen (Satrapien) sind nach wie vor unklar.

Susa

Die Stadt Susa wurde um 4000 v. Chr. als Kultzentrum gegründet und war spätestens seit dem 3. Jahrtausend v. Chr. die Hauptstadt von Elam. Zum Territorium dieses Reichs gehörten die Schwemmlandebenen von Chusistan im Südwesten des Iran; zeitweilig erstreckte es sich bis in die Berge östlich der Stadt Anschan und darüber hinaus. Susa unterstand den Königen von Akkad (ca. 2250) und den Herrschern der Dritten Dynastie von Ur (ca. 2050). Im folgenden Jahrtausend drangen elamitische Heere in Mesopotamien ein, zerstörten die Städte Babyloniens und Assyriens und verschleppten einige der schönsten mesopotamischen Kunstwerke als Kriegsbeute nach Susa.

Der elamitische Einfall in Babylonien im 1. Jahrtausend v. Chr. ließ die assyrischen Könige nicht ruhen. Nach vielen Feldzügen eroberte Assurbanipal (668 – ca. 627 v. Chr.) etwa 647 v. Chr. Susa. Er brannte die Stadt nieder, zerstörte die Tempel und heiligen Grotten und ließ auf den Feldern Salz unterpflügen. Im späten 6. Jahrhundert wählte Darios I. Susa zu seiner Verwaltungshauptstadt. Auf dem Apadana-Hügel baute er einen mächtigen Palast, der den babylonischen Grundriß der Gruppierung um Innenhöfe mit einem weitläufigen Säulensaal mit mehreren Vorhallen verband.

Im Jahr 331 eroberte Alexander der Große Susa. Während dieses Feldzugs fand hier eine Massenhochzeit zwischen griechischen und makedonischen Soldaten und persischen Frauen statt; ein Versuch, die hellenistischen und asiatischen Kulturen zu vermischen. Noch lange nach dem Untergang des Perserreichs blieb Susa eine wichtige Stadt; das Grab Daniels, westlich der Akropolis, ist noch immer ein vielbesuchtes Pilgerziel.

Oben: Statue von Darios I. ohne Kopf, die im Torhaus des Apadana-Palastes stand. Sie wurde in Ägypten geschaffen und vermutlich per Schiff auf dem von Darios vollendeten Kanal vom Nil zum Roten Meer nach Susa gebracht. Die Statue verkörpert den achämenidischen Hofstil und weist Inschriften in vier Sprachen auf – nämlich Altpersisch, Babylonisch, Elamitisch und Ägyptisch. Höhe des Rumpfes 1,95 m.

Oben rechts: Fassadenabschnitt aus gebrannten Ziegeln. Er gehörte zu einem Tempel des Inschuschinak, der Schutzgottheit von Susa. Der Sakralbau war von Kutir-Nachunte und dessen Sohn Schilhak-Inschuschinak in der Mitte des 12. Jahrhunderts v. Chr. erbaut worden. Zur Achämenidenzeit wurden die Ziegel bei einem Kanalbau in der Nähe des Palastes des Darios wiederverwendet. Paneele aus in Formen hergestellten Ziegeln dienten in altbabylonischer Zeit als architektonischer Schmuck und zur Zeit der Kassiten als Reliefverzierung. Rekonstruierte Höhe 1,37 m.

Unten: 1851 erforschte der britische Geologe W. K. Loftus Susa und identifizierte es mit Schuschan, dem in den alttestamentarischen Büchern Daniel und Esther erwähnten Palast. Später arbeiteten französische Archäologen in Susa, trugen alle späteren Schichten des Akropolishügels ab und schickten ihre Funde zunächst nach Paris und später nach Teheran. Die Achämenidenstadt lag auf drei großen Hügeln: der Apadana, der Akropolis und der Königsstadt. Nach dem Ende der Achämenidenherrschaft verlagerte sich das Zentrum der Stadt Susa in Richtung Osten.

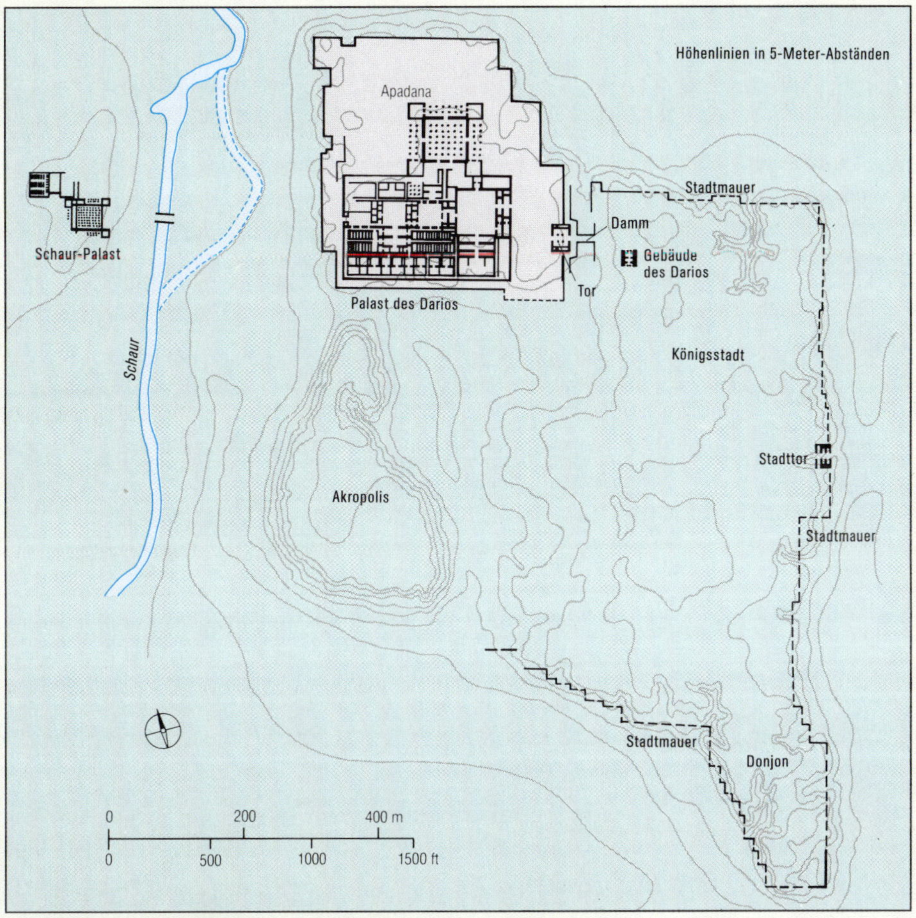

Links außen und links: Glasierte Ziegelreliefs vom Palast des Darios. Nach einer der Inschriften am Fundament stammen die gebrannten Ziegel aus Babylonien. Glasierte Ziegelreliefs waren in Babylon, aber auch in Elam sehr häufig anzutreffen. Die Bogenschützen gehörten wahrscheinlich zur persischen Leibgarde des Königs. Da Elamiten und Perser ähnliche Kleidung trugen, wurden die Männer auch für Elamiten gehalten. Höhe der Bogenschützen 1,46 m.

Rechts: Diese Goldfigur eines Mannes, der ein Zicklein trägt, ist das Pendant einer entsprechenden Silberstatue. Sie wurde in einer Tempelruine nahe dem Inschuschinak-Tempel auf dem Akropolishügel gefunden und war wohl Teil einer Votivgabe. Die Figur stammt aus der Endzeit des 2. Jahrtausends v. Chr., vielleicht aus dem 12. Jahrhundert. Höhe 7,5 cm.

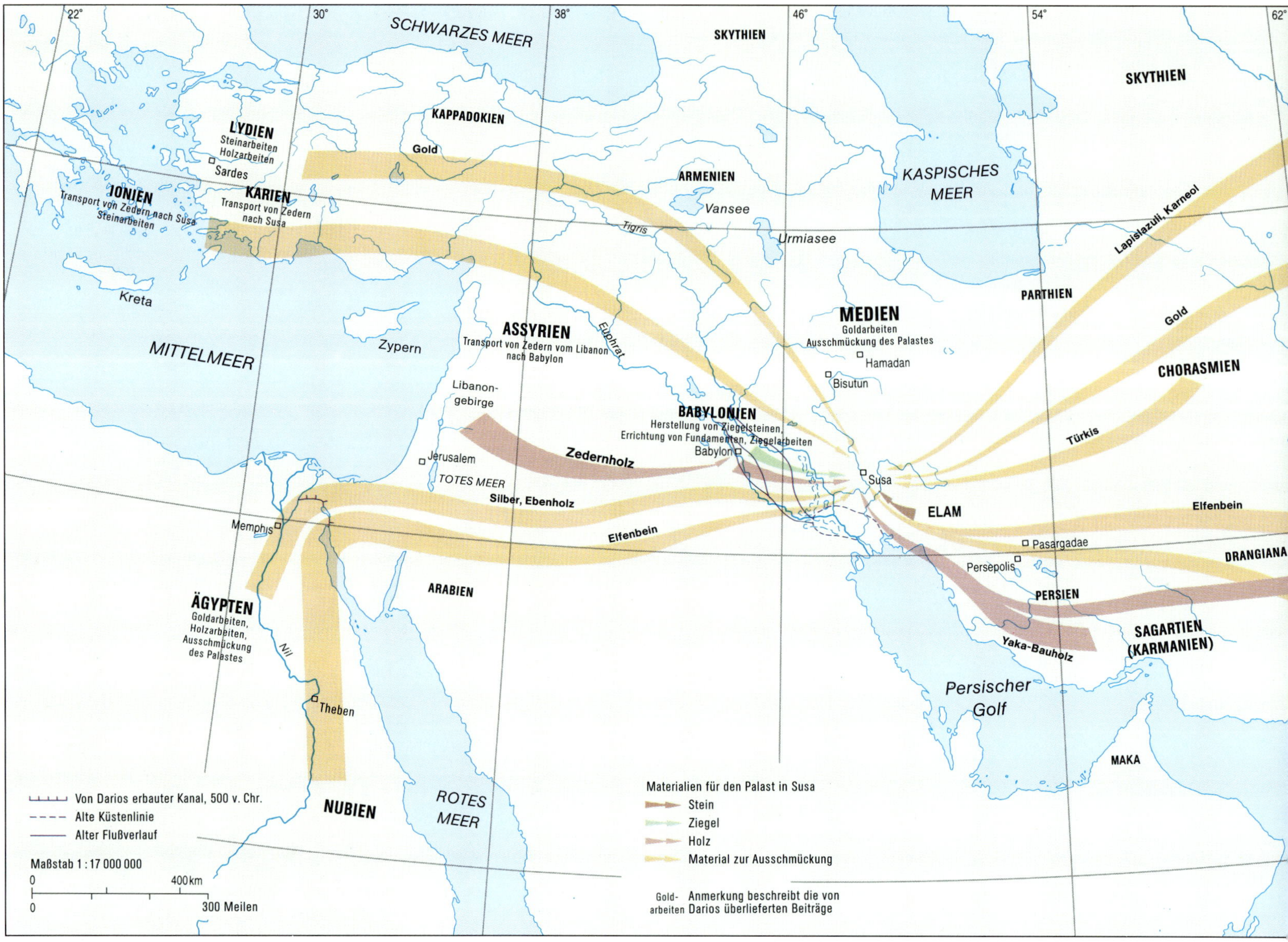

sorgt. Zusagen der Perser veranlaßten einige der griechischen Schiffe zur Rückkehr. So waren die verbliebenen der feindlichen Übermacht ausgeliefert und erlitten eine schwere Niederlage.

Nach diesem Sieg wandten sich die Perser der anderen Seite des Ägäischen Meeres zu. Sie beherrschten bereits die Küste Thrakiens und sicherten ihre Stellung durch einen Feldzug im Jahr 492 v. Chr. unter Mardonios, dem Sohn des Gobryas. Aber schon nach ihrer Ankunft wurden sie bei Marathon von den Athenern geschlagen. Es gelang ihnen nicht, Athen von der See her einzunehmen, da die Athener schnell zur Verteidigung der Küste zurückkehrten. Damit war die Invasion beendet.

Die Bauprojekte des Darios

Darios wollte die alte elamitische Stadt Susa zur Hauptstadt ernennen, obgleich sich seine Paläste in Babylon, Hamadan und im persischen Umland befanden. Schon bei seinem Regierungsantritt gab er Susas Restaurierung in Auftrag und ließ einen Palast erbauen. Das viereckige Gebäude besaß mehrere Innenhöfe, ähnlich den Prachtbauten von Babylon, mit Säulenhallen, wie sie in Pasargadae und in Medien anzutreffen waren. Dieser Palast wurde zur bedeutendsten Residenz der persischen Könige. Vierzig Kilometer südwestlich von Pasargadae gründete Darios eine neue Königsstadt (altpersisch: Parsa), die heute den Namen Persepolis trägt. Die hohe Zitadelle, die etwa 450 mal 300 Meter maß, war Teil eines ausgedehnten Komplexes, den Darios in Auftrag gab. Zu der riesigen Anlage zählten viele kleine Paläste, die über die Ebene verstreut lagen. Der Bau von Persepolis wurde zu Darios' Lebzeiten nicht vollendet, aber von seinem Sohn und Enkel fortgesetzt.

Darios und seine Nachfolger wurden in Naqsch-i-Rustam, etwa sechs Kilometer nördlich des Palastes in Felsgräbern beigesetzt. Darios' Grabmal trägt eine Inschrift, die seine Herrlichkeit verkündet: von Ahuramazda, dem Schöpfer der Welt, zum König gekrönt, war er ein Freund des Guten und ein Feind des Bösen; er schützte die Schwachen vor den Starken und auch die Starken vor den Schwachen; er wollte das Rechte; er war ein guter Reiter, Bogenschütze und Speerwerfer. Darios forderte den Leser weiter auf, die Gebote Ahuramazdas zu befolgen, dieser Inschrift Glauben zu schenken und sich nicht aufrührerisch zu verhalten.

Für den Bau von Persepolis und Susa forderte Darios Baumaterial und Arbeiter aus dem ganzen Reich an. Für die Errichtung von Palästen mangelte es den Persern an Erfahrung. So bediente man sich der Motive und Baupläne verschiedener Länder. Einflüsse Ägyptens, Griechenlands und Mesopotamiens sind in der Architektur und ihrem Dekor offenkundig. Auch die von Darios in Ägypten errichteten Bauten zeigen eine ähnliche Stilmischung. In Susa wurde eine überlebensgroße Statue des Königs freigelegt, die der Inschrift nach in Ägypten entstand. Man transportierte sie auf dem Wasserweg durch

Der Palastbau in Susa
Auf Inschriften am Fundament verzeichnet Darios die Menschen und Materialien, die für den Bau seines Palastes in Susa erforderlich waren. Die Liste sollte keinen genauen Baubericht überliefern, sondern den Beitrag des ganzen Reiches festhalten und die gewaltigen Ressourcen aufzeigen, die dem Perserkönig zur Verfügung standen. Die Durchführung der Bauarbeiten ist durch die Tafeln aus Persepolis dokumentiert. Sie enthalten die Anzahl der Menschen, die unter persischen Aufsehern arbeiteten und Zuwendungen aus dem königlichen Schatz erhielten. Viele der Arbeiter waren Sklaven, Kriegsgefangene oder Verbannte. Im Baustil und den Ausschmückungen persischer Paläste waren die Kunstrichtungen von unterschiedlichen Reichsteilen vertreten.

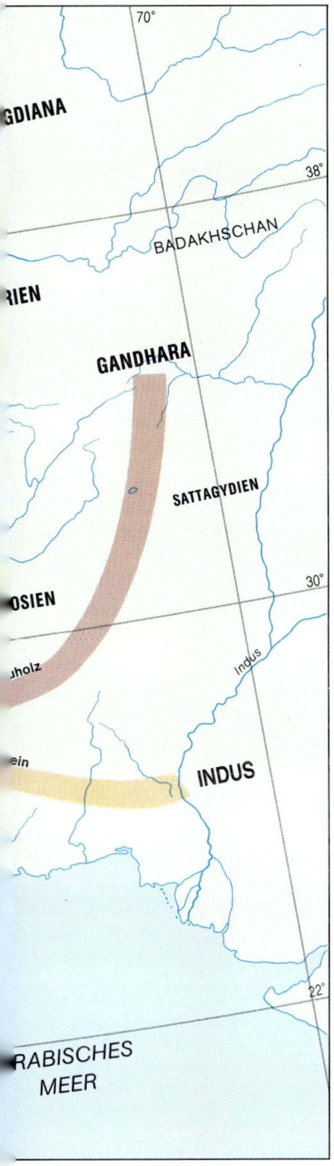

den Kanal, der den Nil mit dem Roten Meer verband und den Darios fertigstellen ließ.

Persische Niederlagen

Im Jahr 486 v. Chr. brach in Ägypten ein Aufstand aus. Darios starb, bevor die Rebellen niedergeschlagen werden konnten. Neuer König wurde der Kronprinz Xerxes. Er war nicht Darios' ältester Sohn, sondern der erste Sohn, der nach dessen Thronbesteigung geboren worden war. Seine Mutter Atossa, die Tochter des Kyros, war vor ihrer Ehe mit Darios mit Kambyses und Smerdis verheiratet. Herodot zufolge übte Atossa großen Einfluß auf Darios aus. Mit ihr begannen die Haremsintrigen, die später einigen Einfluß auf die Thronfolge der Achämenidenherrscher haben sollten. Doch Xerxes' Thronanspruch blieb unbestritten.

Zu Beginn seiner Regierung (485 - 465 v. Chr.) schlug Xerxes zwei Aufstände in Babylonien und einen weiteren in Ägypten nieder. Die meisten Nachrichten über Xerxes stammen von seinen Feinden, den Griechen, und betreffen seinen erfolglosen Angriff auf Griechenland. Herodot berichtet, wie Xerxes nach jahrelangen Vorbereitungen eine Armee von fast zwei Millionen Mann auf einer Schiffsbrücke über die Dardanellen führte. Zwölf Jahre zuvor war eine persische Flotte im Sturm vor dem Berg Athos gesunken. Damit sich eine solche Katastrophe nicht wiederhole, hatte Xerxes einen Kanal durch das Vorgebirge graben lassen. Die Perser marschierten unaufhaltsam nach Süden und brachen leicht den tapferen Widerstand der Spartaner am Thermopylenpaß. Xerxes eroberte Athen, doch während er »unter einem goldenen Baldachin zusah«, besiegte die griechische Flotte die persische in der Seeschlacht bei Salamis. Bei Eintritt des Winters verließ das persische Heer Athen und bezog im nördlichen Griechenland Quartier. Xerxes kehrte nach Osten zurück und überließ seinem erfahrenen General Mardonios die Fortführung des Krieges. Im folgenden Jahr marschierte Mardonios wieder nach Süden, nahm erneut Athen ein, fiel jedoch kurz darauf in der Schlacht von Plataä, wo sein Heer eine schwere Niederlage erlitt. Im August 479 schlugen die Griechen die Perser abermals in der Schlacht bei Mykale und auf dem kleinasiatischen Festland gegenüber der Insel Samos. Danach gaben die Perser ihre Pläne zur Eroberung Griechenlands vorläufig auf, da im Inneren ihres riesigen Reiches, in Babylonien und Baktrien, Aufstände ausbrachen. Doch erst im Jahre 449 v. Chr. schloß die griechische Hegemonialmacht Athen auf Betreiben ihres berühmten Staatsmannes Perikles einen Kompromißfrieden mit Persien. Die wesentlichen Bestimmungen sahen die Aufteilung und gegenseitige Respektierung der jeweiligen Interessensphären vor. Die Perser verpflichteten sich, nicht mehr in die Ägäis einzudringen, während die Athener darauf verzichteten, mit ihrer schlagkräftigen Seestreitmacht auf Zypern oder in Ägypten einzugreifen.

Die griechischen Siege waren eine große Leistung, auch wenn auf persischer Seite schwere Fehler der Heerführer und Mangel an Entschlußkraft dazu beigetragen hatten. Griechenland war für Persien jedoch nur von peripherer Bedeutung, das übrige Reich blieb unter der Herrschaft des persischen Königs unbeschadet und friedlich. Die Schlachten von Salamis, Plataä und Mykale waren ein Wendepunkt in den Beziehungen zwischen Griechen und Persern. Das persische Heer hatte den Nimbus der Unbesiegbarkeit verloren, die persische Flotte beherrschte nicht länger die Meere. Während der nächsten Jahrzehnte verlor Persien seine Eroberungen in Europa, während die griechischen Städte in Kleinasien ihre Unabhängigkeit gewannen.

Palast- und Haremsintrigen

Xerxes starb 465 v. Chr. Nach Angaben des griechischen Arztes Ktesias, der etwa 60 Jahre später am persischen Hof lebte, wurde er von drei Hofbeamten ermordet, darunter dem Großwesir (*hazarapat*) und seinem Kämmerer, einem Eunuchen. Die Verschwörer bezichtigten Xerxes' ältesten Sohn, Darios, des Mordes. Danach überredeten sie einen seiner Brüder, Artaxerxes, Darios zu töten und den Königstitel anzunehmen. Als Artaxerxes 40 Jahre später, 425 v. Chr., starb, bestiegen drei seiner Söhne in rascher Folge den Thron. Die beiden ersten fielen jeweils nach nur wenigen Regierungsmonaten Mordanschlägen zum Opfer. Ochos, der dritte Sohn, dessen Mutter eine babylonische Konkubine war, legte sich den Königsnamen Darios II. (423 - 405 v. Chr.) zu. Zusammen mit seiner Gattin Parysatis, der Tochter von Artaxerxes und einer anderen Konkubine, schaltete er jeden Widerstand am Hof aus. Arsakes war der älteste Sohn, bevorzugt aber wurde Kyros, der zum Satrapen in Sardes ernannt wurde. Nach dem Tod von Darios II. bestieg Arsakes den Thron und nahm den Namen Artaxerxes II. (404 - 359 v. Chr.) an. Um diese Zeit rebellierte Ägypten und errang die Unabhängigkeit. Im Jahr 401 v. Chr. marschierte Kyros an der Spitze eines Heeres, das durch 10 000 griechische Söldner verstärkt wurde, durch Kleinasien den Euphrat hinab, um Artaxerxes II. zu stürzen. Doch die Sache war verloren, als Kyros in der Schlacht von Kunaxa in Nordbabylonien fiel. Kyros' griechische Söldner standen nun auf sich allein gestellt inmitten des persischen Reichs. Die abenteuerliche Geschichte ihres Marsches nach Norden durch Assyrien und Armenien bis hinauf zum Schwarzen Meer und von dort nach Griechenland, die sogenannte *Anabasis*, wurde von Xenophon überliefert, der einer der Führer der Zehntausend war.

Artaxerxes II. hatte angeblich 360 Konkubinen und war Vater von 115 Söhnen. Sein ältester Sohn plante eine Verschwörung gegen ihn und wurde getötet, nachdem ihn ein Eunuch verraten hatte. Dem zweiten Sohn redete sein Bruder Ochos ein, daß sein Vater mit ihm unzufrieden sei, worauf er sich mit Gift das Leben nahm.

Artaxerxes II. starb 359. Ochos wurde sein Nachfolger und legte sich den Namen Artaxerxes III. (358 - 338 v. Chr.) zu. Unverzüglich brachte er alle Verwandten um, die Anspruch auf den Thron erheben konnten. Er sah sich mit schweren Aufständen im Westen konfrontiert, konnte jedoch alle niederschlagen und 343 v. Chr. sogar Ägypten zurückerobern. Nur fünf Jahre später ermordete Bagoas, der oberste Eunuch und Befehlshaber der persischen Streitkräfte in Ägypten, den König und setzte dessen Sohn Arses als Nachfolger ein. Arses (337 - 336 v. Chr.) versuchte, Bagoas auszuschalten, wurde jedoch nach nicht einmal zwei Regierungsjahren vergiftet. Bagoas machte daraufhin Darios, einen Vetter zweiten Grades des Arses, zum König, denn alle Verwandten mit größerem Thronanspruch waren bereits umgebracht worden. Der neue König Darios III. (335 - 330 v. Chr.) zwang Bagoas, Gift zu trinken, und ging dann daran, das Reich zu restaurieren.

Das Ende des alten Nahen Ostens

In seinem ersten Regierungsjahr besetzte Darios III. Ägypten, wo nach dem Tod des Artaxerxes III. wieder ein Aufstand ausgebrochen war, doch zur Rettung des persischen Reichs war es zu spät. 60 Jahre zuvor hatte Xenophon bemerkt: »Während das Reich des Königs stark war, weil es ein ausgedehntes Territorium mit vielen Menschen umfaßte, war es zugleich schwach, wegen der Notwendigkeit, große Entfernungen zurückzulegen, und wegen der weitverstreuten Stationierung seiner Truppen, die es bei einem schnellen Angriff verwundbar machte.«

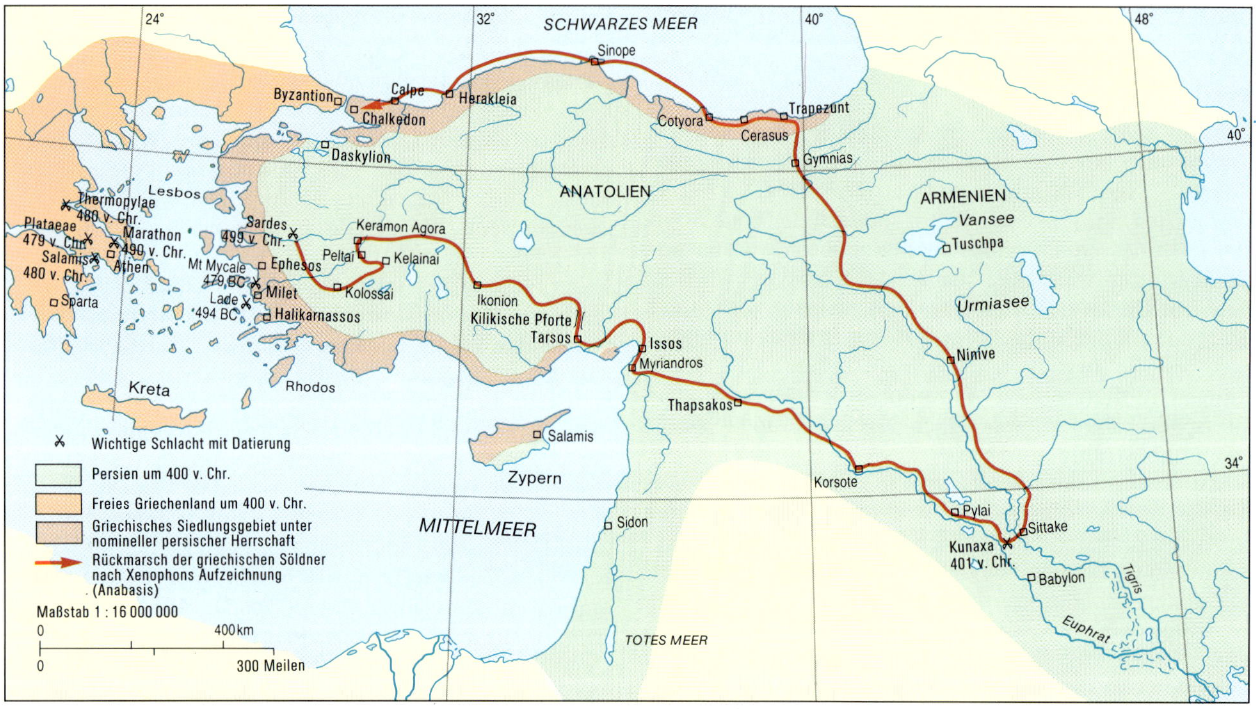

Persien und die Griechen
Unter Darios I. und Xerxes I. versuchten die Perser, die freien griechischen Stadtstaaten unter ihre Herrschaft zu bringen. Doch trotz der vielfachen Überlegenheit ihrer Streitkräfte scheiterte das Vorhaben. Zuerst bei Marathon und später bei Salamis und Platää wurden die Perser von den verbündeten griechischen Städten unter der Führung Athens geschlagen.
401 erhob sich Kyros der Jüngere gegen seinen Bruder, den Perserkönig Artaxerxes II. Zu Kyros' Truppen gehörte ein Kontingent von 10 000 griechischen Fußsoldaten. Kyros marschierte durch Anatolien und Kilikien und folgte dem Euphrat flußabwärts. Kurz vor dem Erreichen von Babylon unterlag er in der Schlacht von Kunaxa und fiel. Die griechischen Söldner jedoch kapitulierten nicht, sondern schlugen sich in Richtung ihrer Heimat durch, indem sie auf kürzestem Weg nach Norden ans Schwarze Meer marschierten. Die Einzelheiten dieses gefahrvollen Rückzugs wurden von Xenophon, einem ihrer Führer, in seiner *Anabasis* überliefert.

Dies sollte sich bewahrheiten. Im Jahr 334 v. Chr. führte der 22jährige Alexander, der zwei Jahre zuvor den makedonischen Thron bestiegen hatte, sein Heer gegen Darios III. Alexander beabsichtigte ursprünglich nicht, das ganze Reich des Darios zu erobern, doch als ein Sieg dem anderen folgte, steigerten sich seine Ambitionen. Die Heere des Darios erlitten in drei großen Schlachten Niederlagen: 334 am Granikos, im folgenden Jahr bei Issos und nach der Eroberung Ägyptens durch Alexander 331 bei Gaugamela in der Nähe des alten Ninive. Darios gelang abermals die Flucht. Nun stand dem Makedonenkönig der Weg nach Mesopotamien offen. Ohne auf ernsthaften Widerstand zu stoßen, konnte Alexander das Land zwischen Euphrat und Tigris besetzen und in der alten Metropole Babylon einziehen. Dort opferte er demonstrativ dem babylonischen Gott Marduk und setzte eine Verwaltungsschicht ein, die sowohl aus Makedonen als auch aus Persern bestand. Mit der kampflosen Einnahme der alten persischen Königsstädte Susa, Persepolis, Pasargadae und Ekbatana hatte der Feldzug sein offiziell propagiertes Ziel erreicht. Alexanders Vater, der Makedonenherrscher Philipp II., hatte den ursprünglich von ihm vorbereiteten Angriff auf das Achämenidenreich vor den griechischen Stadtstaaten als Vergeltung für die Invasion der Perser in Griechenland etwa 150 Jahre zuvor gerechtfertigt. Der Brand von Persepolis, ob zufällig entstanden oder mit politischer Absicht herbeigeführt, markiert das Ende des alten Nahen Ostens. Die Überreste des zerstörten Persepolis sind noch immer einzigartige Zeugnisse der Kulturgeschichte des alten Nahen Ostens. Die unermeßlichen Gold- und Silberschätze, die Alexander mit dem persischen Königsschatz erbeutete, ließ der Makedone zu Münzgeld prägen und mit seinem Bildnis versehen. Darios III. wurde von einem seiner Hofleute ermordet; Alexander dehnte seinen Feldzug bis in die Ostprovinzen des persischen Reichs aus, bevor er auf dem Rückmarsch 323 v. Chr. in Babylon starb.

Das Imperium von Kyros und Darios I. hatte 150 Jahre

Alexanders Eroberungen
Im Jahr 343 v. Chr. gewann Artaxerxes III. nach einer 60jährigen Unabhängigkeit Ägypten zurück. Die Ausdehnung des Perserreichs unterschied sich nunmehr kaum noch von der unter Darios I. 150 Jahre zuvor. Alexander und Darios III. kamen 336 v. Chr. auf den Thron, nachdem ihre Vorgänger ein gewaltsames Ende gefunden hatten. Alexander betrat 334 den Boden Kleinasiens und besiegte Darios III., der 330 ermordet wurde. Alexander unternahm während der folgenden sieben Jahre einen Eroberungszug durch das Perserreich und schuf damit ein Herrschaftsgebiet, das 323, nach seinem Tod in Babylon, unter seinen Generälen aufgeteilt wurde. Während seines Vormarsches gründete er Städte, denen er seinen Namen gab, oder benannte bereits existierende städtische Siedlungen in Alexandria um.

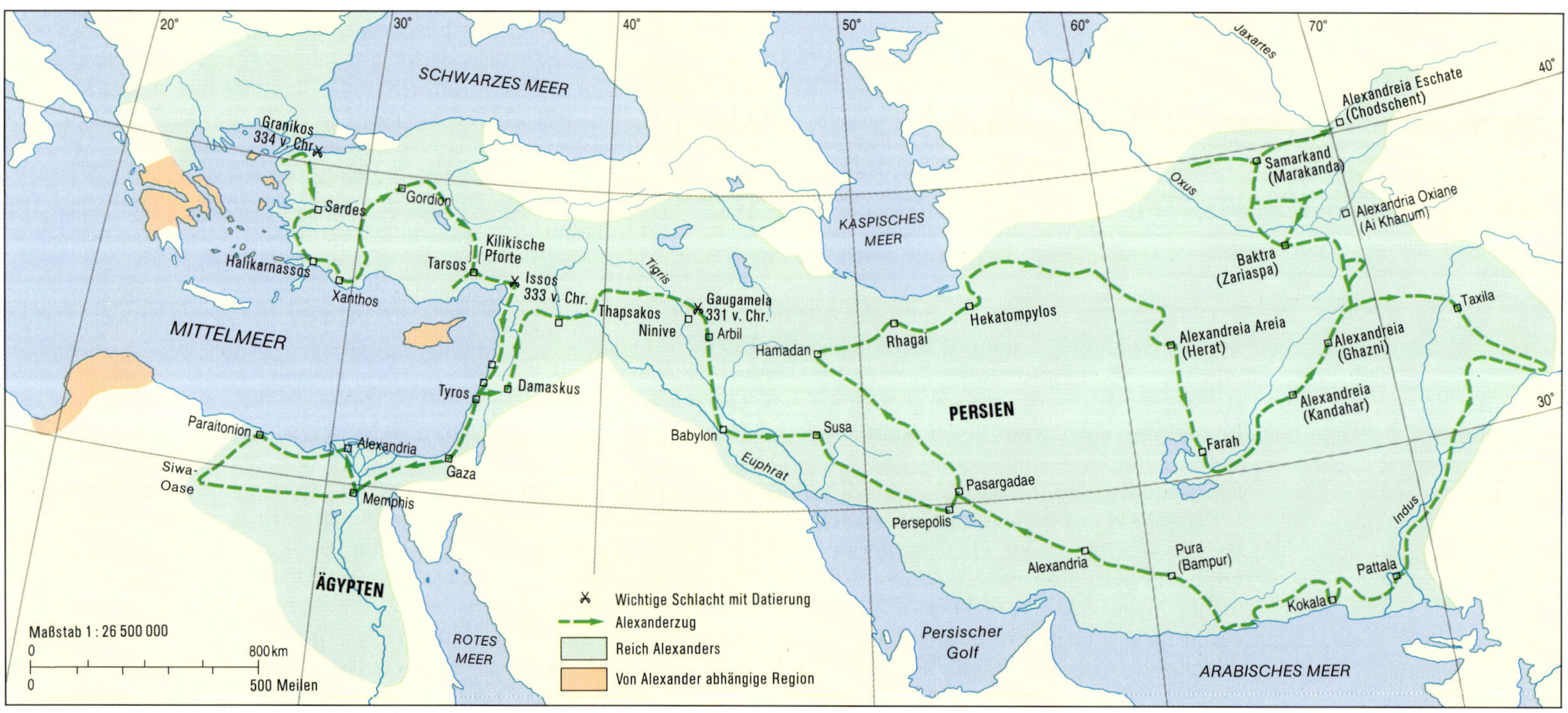

Oben: Das Grabmal des Xerxes. Vier Perserkönige – Darios I., Xerxes, Artaxerxes I. und Darios II. – wurden in fast gleichaussehenden Grabstätten in Naqsch-i-Rustam 6 km nördlich von Persepolis beigesetzt. Das Relief an der Außenmauer zeigt den König, der dem Gott Ahuramazda vor einem Feueraltar seine Ehrfurcht bezeugt. Er steht dabei auf einem Podium, das 30 Untertanen seines Reichs stützen.

Folgende Doppelseite: Das Alexandermosaik stellt die Schlacht von Gaugamela 331 v. Chr. dar. Es wurde im »Haus des Fauns« in Pompeji entdeckt und soll die Kopie eines Gemäldes von Philoxenos von Eretria (4. Jahrhundert v. Chr.) sein. Vollständige Höhe 3,42 m.

bestanden, und war eigentlich fast noch intakt, als es an Alexander fiel. Doch innerhalb weniger Jahre nach Alexanders Tod war das Reich zerfallen. Die Eroberungen Alexanders bedeuteten eine Zäsur für die mesopotamische Kultur und für drei Jahrtausende schriftlicher Tradition. Von nun an sollte Europa eine ebenso wichtige Rolle in der Weltgeschichte spielen wie der Nahe Osten. Der Hellenismus, die Ausdehnung vor allem der griechischen Kultur nach Osten, ist gleichbedeutend mit der Entstehung einer Weltkultur. Die Länder von der Ägäis bis zum Indus wuchsen zu einer kulturellen Einheit zusammen, was sich am deutlichsten in der Entwicklung des Griechischen zur beherrschenden Weltsprache, zur Koine, der »gemeinsamen« Sprache, erkennen läßt. Während der folgenden 1000 Jahre blieb der Nahe Osten zwischen Ost und West geteilt, bis er unter dem Zeichen des Islam wiedervereinigt wurde. Seine spezifische Kultur verblaßte unter den Fremdherrschern; obwohl man weiterhin mesopotamische Götter verehrte, wurden sie mehr und mehr mit griechischen und iranischen Gottheiten gleichgesetzt. Die Keilschrift hielt sich in den Tempeln Babyloniens noch bis ins erste Jahrhundert n. Chr., als anderswo Papyrus und Pergament schon längst die Tontäfelchen ersetzt hatten. Während des babylonischen Exils der Juden und der griechischen Herrschaft über Asien wurde das gesammelte Wissen des Nahen Ostens Teil des geistigen Erbes der Juden und der Griechen, In ihnen überdauerte es und trug zur Entfaltung der europäischen Kultur bei.

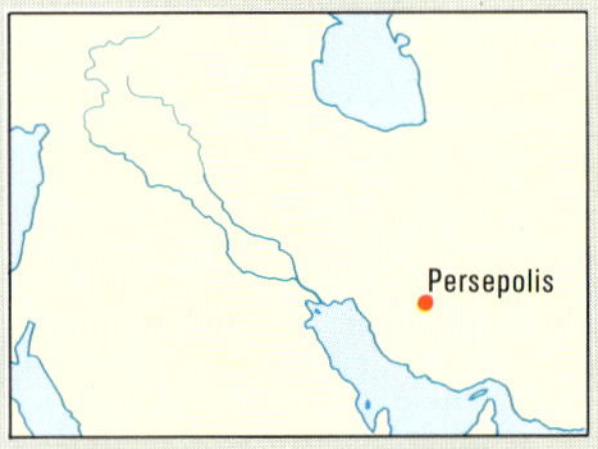

Persepolis

Die Zitadelle von Persepolis ist eine der besterhaltenen aller antiken Fundstätten im Nahen Osten. Der Bau wurde um 500 v. Chr. von Darios I. (521 - 486 v. Chr.) begonnen, unter seinem Sohn Xerxes I. (485 - 465 v. Chr.) fortgesetzt und von seinem Enkel Artaxerxes I. (485 - 465 v. Chr.) abgeschlossen. Die Paläste machten vielfältige Stilanleihen - sie übernahmen medische, mesopotamische, griechische und ägyptische Elemente. Die Zitadelle war Teil eines Komplexes mit dem Festungshügel im Osten, den Bauten am Fuß der Terrasse und den Königsgräbern in der Felswand von Naqsch-i-Rustam, wo Darios und drei seiner Nachfolger begraben sind. Die dazugehörige große Stadt, in der die Bevölkerung lebte, konnte bis jetzt noch nicht lokalisiert werden.

Rechts: Persepolis war eine der ersten Fundstätten im Nahen Osten, die von europäischen Reisenden entdeckt wurde, doch die frühen Berichte sind so gut wie unbrauchbar. Seit dem 18. Jahrhundert wurden genauere Beschreibungen der sichtbaren Ruinen veröffentlicht. Dazu gehört auch diese Zeichnung von Carsten Niebuhr.

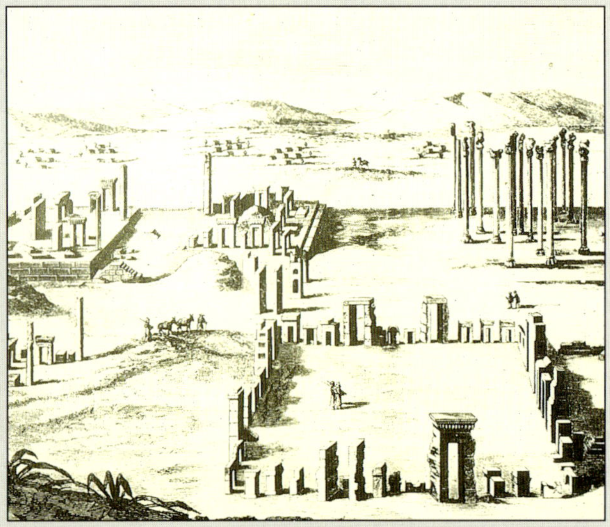

Rechts außen: Der größte Teil der Zitadelle wurde vom Oriental Institute, Chicago, in den dreißiger Jahren des 20. Jahrhunderts ausgegraben; dieser Plan stützt sich auf dessen Arbeit und ihre Fortführung durch den Iranian Archeological Service. Die Grundrisse von Palast D, von Palast G sowie der Befestigungsmauer sind größtenteils rekonstruiert, denn diese Bauwerke fielen fast vollständig der Erosion zum Opfer.

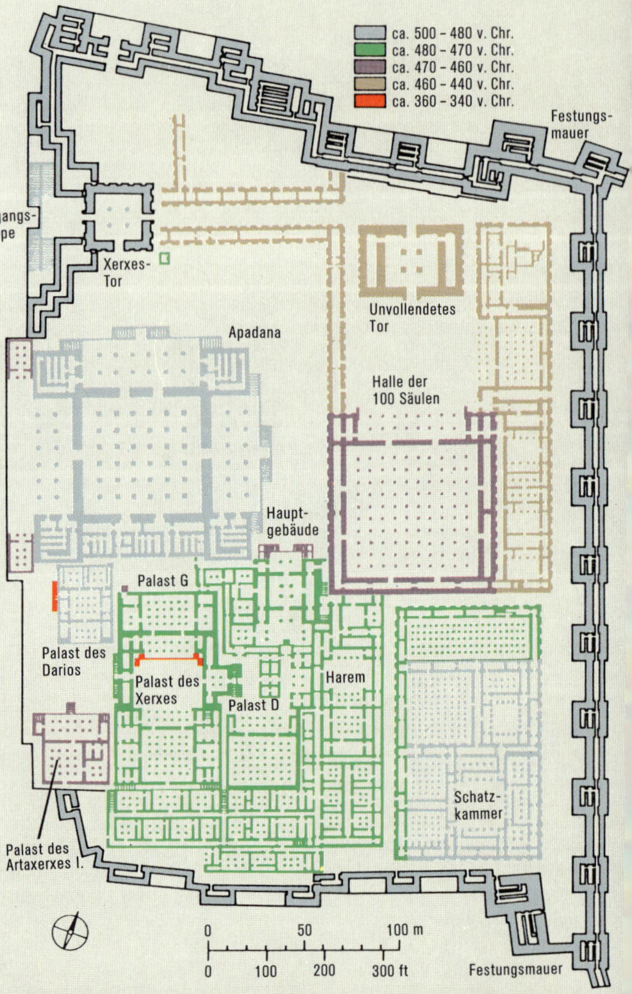

Unten: Einige der interessantesten Reliefs der Paläste zeigen Vertreter der von den Persern unterworfenen Volksgruppen in ihrer Landestracht, die dem König Geschenke überreichen. Hier bringt ein Armenier mit seinem charakteristischen Hut einen Krug, vermutlich aus Gold, herbei. Griff und Tülle des Gefäßes sind mit geflügelten Greifen verziert.

Links: Oberhalb des Königs findet sich häufig eine Figur in einer geflügelten Scheibe. Sie verkörpert wohl Ahuramazda, den Hauptgott der Perser. Die Farben dieser Zeichnung einer solchen Figur aus der Halle der 100 Säulen basieren auf den Farbresten, die sich auf dem Stein erhalten hatten.

Unten: Das größte Gebäude auf der Terrasse war die Apadana, wahrscheinlich die Empfangshalle des Königs. Sie wies knapp 20 m hohe Säulen auf, die von kunstvollen Kapitellen in Gestalt von Stieren oder Löwen gekrönt waren. Von der westlichen Vorhalle aus beherrschte der Thron des Königs die Marv-Dascht-Ebene.

Unten rechts: Dieses Kapitell mit den beiden Greifen wurde nordöstlich des Xerxes-Tors gefunden. Es ist nicht bekannt, zu welchem Gebäude es ursprünglich gehörte. Säulenhallen waren charakteristisch für die persische Architektur, und Kapitelle mit Löwen, Stieren oder menschenköpfigen Stieren fanden sehr häufig Verwendung.

Links: Der König steht im Mittelpunkt des Palastschmucks in Persepolis. Diese Steinmetzarbeit, die sich zwischen den Treppen auf der Plattform der Apadana befand, zeigt den König auf seinem Thron beim Empfang von Geschenken seiner Untertanen. Er hält einen Stab und eine Blume in den Händen; vor ihm steht ein Gefäß zum Verbrennen von Weihrauch. Dieses Relief ist wahrscheinlich assyrisch beeinflußt. Eine ähnliche Szene wurde 200 Jahre zuvor auf die Wände des assyrischen Palasts von Til Barsip gemalt.

Rechts: Hinter der Darstellung des Königs sind Soldaten und Mitglieder des Hofs zu sehen. Diese Wachen gehörten vermutlich zum persischen Eliteregiment der »Zehntausend Unsterblichen«.

Der Oxus-Schatz

Im Mai 1880 wurden drei Kaufleute in Afghanistan von Räubern überfallen. Ihr Diener entkam und alarmierte den dortigen Offizier der britischen Kolonialmacht, Captain F.C. Burton, der sich an die Verfolgung machte. Um Mitternacht holte er die Räuber ein und brachte sie dazu, mehr als die Hälfte des gestohlenen Guts zurückzugeben. Eine der Taschen war aufgeschnitten worden; sie enthielt eine goldene Armspange, die Burton später kaufte. Die Kaufleute erzählten ihm, daß sie Gold- und Silberschmuck, Goldbecher, ein silbernes und ein goldenes Idol und ein großes Schmuckstück, das einem Fußring ähnelte, mit sich führten. Alle diese Dinge seien bei Tacht-i-Kuwad am Nordufer des Oxus (heute Amu-Darja) gefunden worden. Die Kaufleute veräußerten den Schatz schließlich in Rawalpindi (heute im Nordosten Pakistans) an Sir Alexander Cunningham, den Direktor des »Archaeological Survey of India«, der ihn seinerseits an Sir Augustus Franks verkaufte. Bei dessen Tod ging der Schatz in die Sammlungen des Britischen Museums über.

Mehr als 150 Objekte und 1500 Münzen sollen aus dem Oxus-Schatz stammen. Die meisten Gegenstände gehören in die Achämenidenzeit. Die Münzen allerdings datieren zwischen dem frühen 5. Jahrhundert bis etwa 200 v. Chr. Während listige Händler in Rawalpindi dem Schatz einige fremde Stücke hinzufügten, stammen die meisten Pretiosen jedoch höchstwahrscheinlich aus derselben Quelle, die aller Wahrscheinlichkeit nach die Schatzkammer eines Tempels gewesen ist.

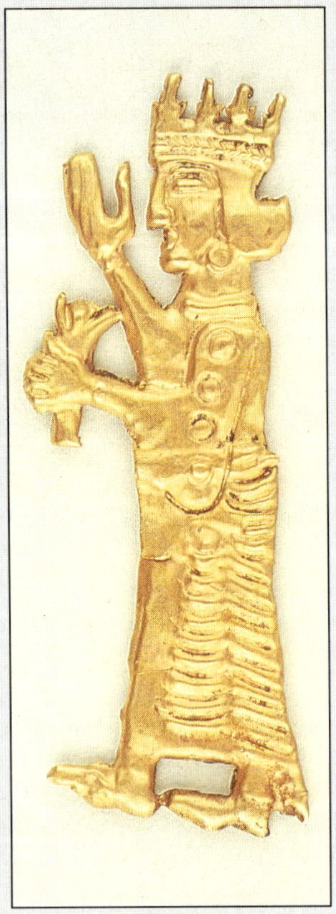

Links: Getriebene Goldfigur eines persischen Königs, der mit einer langen Robe bekleidet ist, wie sie von Elamiten und Persern bei Hofe getragen wurde. Höhe 6,15 cm.

Links unten: Goldmedaillon eines geflügelten Mischwesens aus Löwe und Greif mit vier Ösen auf der Rückseite. Kleider mit aufgenähter Goldverzierung trugen die persischen und assyrischen Könige sowie die Götterstatuen. Durchmesser 4,75 cm.

Unten: Diese Goldplatte zeigt einen Mann, bekleidet mit engen Hosen und einer Tunika, wie es nach den Reliefs von Persepolis für die Meder, Armenier und Kappadokier charakteristisch ist. Auch die Perser trugen diese Kleidung, vor allem bei der Jagd oder im Krieg. Diese Figur wurde als ein Priester identifiziert. Höhe 15 cm.

Oben: Ein Dutzend goldener Siegelringe gehören zum Oxus-Schatz. Einige, wie der abgebildete, sind im Stil des Achämenidenhofs gearbeitet, andere sind griechisch beeinflußt. Das Motiv kann eine Königin oder eine adlige Dame darstellen. Durchmesser des Rings 2,25 cm, der Siegeloberfläche 1,9 cm.

Links: Goldenes Modell eines von vier Pferden gezogenen Wagens. An der Vorderseite des Wagens befindet sich ein Kopf, der dem ägyptischen Gott Bes ähnelt. Einen zweiten, nur unvollständig erhaltenen Wagen aus Gold erwarb der Earl of Lytton, Vizekönig von Indien, zur gleichen Zeit, als der Oxus-Schatz entdeckt wurde; aus dieser Quelle kann der Wagen stammen. Länge 18,8 cm.

Unten links: Dieser hohle Kopf aus getriebenem Gold ist eines der Objekte, die nicht dem achämenidischen Stil entsprechen. Es kann die Arbeit einer einzelnen Werkstatt sein und aus nachachämenidischer Zeit stammen. Vielleicht wurde der Kopf von den Händlern in Rawalpindi dem Oxus-Schatz auch einfach hinzugefügt. Höhe 11,3 cm.

Unten: Diese goldene Armspange ist das Pendant zu dem von Captain Burton gekauften Exemplar, das sich heute im Victoria and Albert Museum in London befindet. Die Hohlräume enthielten wohl Einlagen aus Glas oder Halbedelsteinen. Die Armspangen sind für den achämenidischen Hofstil charakteristisch und ähneln den Objekten, die auf den Persepolis-Reliefs als Teil des Tributs der Lydier zu sehen sind. Weniger kunstvolle Armspangen mit einfacheren Verschlüssen in Tiergestalt fand man in Pasargadae und Susa. Breite 11,5 cm.

Babylon in der westlichen Kunst

In den 150 Jahren seit der Auffindung der assyrischen Königspaläste durch Botta und Layard wurde die mesopotamische Kultur wiederentdeckt und ihre Geschichte erforscht, wobei die alten mesopotamischen Baudenkmäler und Texte als Zeugnisse dienten. Doch trotz reicher Informationen, die archäologische Ausgrabungen zugänglich machten, blieben Kunst und Literatur der westlichen Welt bei den stereotypen Ansichten über den alten Nahen Osten stehen, die in den Schriften der Juden und Griechen erscheinen. Alle diese Vorstellungen beruhen auf Legenden, die durch die Bibel und die klassischen Autoren bekannt wurden – der Turmbau zu Babel, das Gastmahl des Belsazar, der Tod des Sardanapal, der Brand von Babylon. Keine von ihnen wurde durch zeitgleiche mesopotamische Quellen bestätigt; alle verraten sie eine überaus feindselige Einstellung gegenüber der alten mesopotamischen Kultur.

Wegen des Exils der Juden wurde Babylon in der Bibel verflucht. »So wird es Babel, der Zier der Königreiche ... ergehen wie Sodom und Gomorrha«, schrieb der Prophet Jesaja (Jes. 13,19), und in der Offenbarung des Johannes im Neuen Testament wurde Babylon geschmäht als »die Mutter der Buhlerinnen und der Greuel der Erde« (Off. 17,5). Babylon wurde in der westlichen Kunst und Literatur als Zerrbild dargestellt, um den Erwartungen und Vorurteilen der Menschen im Westen zu entsprechen. Auch wenn westliche Gemälde den Anspruch erheben, mesopotamische Sujets darzustellen, bringen sie häufig lediglich die aktuellen Anliegen der Künstler zum Ausdruck oder nehmen allegorisch auf die Ereignisse der fernen Vergangenheit Bezug.

Die einfühlsamste Behandlung Mesopotamiens und des alten Nahen Ostens in der zeitgenössischen Kunst findet sich heute in der arabischen Welt, wo zahlreiche moderne Herrscher die künstlerische Umsetzung traditioneller Themen fördern und unterstützen.

Oben: Die Ankunft des Messias und die Zerstörung von Babylon des britischen Künstlers Samuel Colman (1780–1845). Dieses allegorische Bild illustriert Schilderungen des Buchs Jesaja. Im Hintergrund brennt Babylon.

Rechts: Eine Szene aus *Intolerance* (1916), einem Stummfilm-Epos des Amerikaners D.W. Griffiths. Kyros wurde fälschlicherweise als zügelloser Despot dargestellt. Griffiths nutzte die neuesten Erkenntnisse über die Kultur Babylons und Persiens: die Soldaten auf dem Relief neben der Treppe kommen geradewegs aus Persepolis. Gezeigt wird ein Teil des großen Bankettsaals in Babylon, dessen Filmkulisse sich über 1,6 km erstreckte.

Rechts oben: Belsazars Festmahl von Rembrandt (1606–1669). Das Menetekel, die »Schrift an der Wand«, die bedeuten soll, daß das Königreich Babylon gewogen und zu leicht befunden wurde, wird dramatisch dargestellt.

Rechts: Dieser deutsche Holzschnitt aus dem 16. Jahrhundert zeigt den Brand von Babylon, der ein populäres Motiv für Bibelillustrationen war. In der Vision, die in der Offenbarung des Johannes zu finden ist, wurde Babylon im Verlauf einer Stunde zerstört; die Zeugen der Vernichtung »schrien, da sie den Rauch von ihrem Brande sahen, und sprachen: Wer ist gleich der großen Stadt?« (Offenbarung 18,18). Diese Anspielung zielt jedoch auf die Zerstörung Roms. Die hier abgebildete Stadt könnte Mainz oder Worms sein. Später gebrauchte man den Namen Babylons als Metapher für jede große Stadt mit tatsächlich oder vermeintlich verkommenen Wertvorstellungen.

Oben: Der Turmbau zu Babel von Pieter Bruegel dem Älteren (etwa 1525/30 bis 1569). Der prachtvolle Turm ist mehr vom Kolosseum in Rom als von den Zikkurrats Mesopotamiens beeinflußt.

Links: Der Turm zu Babel von dem zeitgenössischen polnischen Künstler Josef Szubert. Wie Bruegel hat sich Szubert nicht um historische Genauigkeit bemüht, wenn er auch die Szenerie mit Palmen und Kamelen ausstattete. Hier geht es jedoch nicht um die biblische Geschichte vom Turmbau zu Babel, sondern der Turm fungiert als ein Symbol der Tyrannei, vor der Maria und Josef fliehen.

BIBLIOGRAPHIE

Über den alten Nahen Osten existiert eine umfangreiche Literatur; allerdings sind viele grundlegende Arbeitsmittel wie Bibliographien, geographische Lexika, Enzyklopädien und Wörterbücher noch in Vorbereitung, und es wird noch viele Jahre dauern, bis diese Unternehmen abgeschlossen sind. Unsere Bibliographie enthält eine kleine Auswahl an Werken, die für den Nichtfachmann von Interesse sein können. Bedeutende Forschungsergebnisse erschienen häufig in anderer Form - in wissenschaftlichen Zeitschriften, Symposions- und Kongreßakten oder Festschriften, und in anderen Sprachen wie Deutsch, Französisch, Italienisch, Russisch sowie in den Landessprachen des Nahen Ostens Arabisch, Hebräisch, Türkisch und Persisch.

Nachschlagewerke

Der Tübinger Atlas des Vorderen Orients enthält ausgezeichnete Karten und andere Bände über den alten Nahen Osten, darunter das *Répertoire Géographique des Textes Cunéiformes*, Bd. 1-8, Tübingen 1974ff.

Ellis, R.S., *A Bibliography of Mesopotamian Archaelogical Sites*, Wiesbaden 1972.

Atlas of the Archaeological Sites in Iraq, Bagdad 1979.

Reallexikon für Assyriologie und Vorderasiatische Archäologie, Berlin und New York 1928ff.

The Assyrian Dictionary of the Oriental Institute of the University of Chicago, Chicago 1956ff.

Vanden Berghe, L., *Bibliographie analytique de l'archéologie de l'Iran ancien*, Leiden 1979 (mit Supplementbänden).

Avi-Yonah, M. (Hg.), *Encyclopaedia of Archaeological Excavations in the Holy Land,* 4 Bde., Oxford 1975-1978.

Kleiss, W., und Hauptmann, H. *Topographische Karte von Urartu,* Berlin 1976.

Kosho, Francis K.: *Twin rivers bibliography. Assyrians, Chaldians and Syrians.* Springfield/Illinois 1987.

Allgemeine Werke und Bildbände

Akurgal, E., *Orient und Okzident,* Baden-Baden 1967.

Amiet, P. *Die Kunst des alten Orient*, Freiburg 1977.

Baines, J., und Málek, J., *Weltatlas der Alten Kulturen: Ägypten*, München 1980.

Beek, M.A., *Bildatlas der assyrisch-babylonischen Kultur,* Gütersloh 1961.

Burney, C.A., *The Ancient Near East*, Ithaca 1977.

Curtis, J.E. (Hg.), *Fifty Years of Mesopotamian Discovery*, London 1982.

Frankfort, H., *The Art and Architecture of the Ancient Orient*, Harmondsworth/Baltimore ^{4}1970.

Girshman, R., *Iran. Parther and Sassaniden,* München 1962 (Universum der Kunst, Bd. III).

–, Iran. *Protoiranier, Meder, Achämeniden*, München 1964 (Universum der Kunst, Bd. V).

Hrouda, B., *Vorderasien I. Mesopotamien, Babylonien, Iran und Anatolien*, München 1971 (Handbuch der Archäologie).

Laroche, L., *Mesopotamien*, Wiesbaden 1971.

Lloyd, S., *Die Kunst des Alten Orients*, München 1961.

Moortgat, A., *Die Kunst des Alten Mesopotamien*, Köln 1967.

Moscati, S., *Die Kulturen des Alten Orients*, München 1962.

–, *Die Phöniker*, München/Zürich 1966.

Nissen, H.J., *Grundzüge einer Geschichte der Frühzeit des Vorderen Orients*, Darmstadt 1983.

Oates, D. und J., *The Rise of Civilization*, Oxford 1976.

Oates, J., *Babylon: Stadt und Reich im Brennpunkt des Alten Orient*, Bergisch-Gladbach 1983.

Parrot, A., *Sumer. Die mesopotamische Kunst von den Anfängen bis zum XII. vorchristlichen Jahrhundert*, München 1970.

–, *Die mesopotamische Kunst vom 13. vorchristlichen Jahrhundert bis zum Tode Alexanders des Großen*, München 1972.

–, *Sumer und Akkad*, München 1983.

Porada, E., *Alt-Iran. Die Kunst in vorislamischer Zeit,* Baden-Baden 1962.

Pritchard, J.B. (Hg.), *Herders Großer Bibelatlas*, Freiburg 1989.

Rogerson, J., *Weltatlas der Alten Kulturen: Land der Bibel,* München 1985.

Roux, G., *Ancient Iraq*, Harmondsworth ^{2}1980.

Saggs, H.W.F., *Mesopotamien*, München 1966.

Strommenger E., und Hirmer M., *Fünf Jahrtausende Mesopotamien. Die Kunst von den Anfängen um 5000 v. Chr. bis zu Alexander dem Großen*, München 1962.

Weiss, H. (Hg.), *From Ebla to Damascus: Art and Archaeology of Ancient Syria*, Washington 1985.

Woolley, L., *Mesopotamien und Vorderasien. Die Kunst des mittleren Ostens*, Baden-Baden ^{3}1979.

Vorgeschichte

Bittel, K., *Boğazköy-Hattusa*, Berlin 1975.

Brice , W.C. (Hg.), *The Environmental History of the Near East since the Last Ice Age*, London 1978.

Davis, S. *The Archaeology of Animals*, London 1987.

Frankel, D., *Archaeologists at Work: Studies on Halaf Pottery*, London 1979.

Garrard, A.N., und Gebel, H.G. (Hgg.), *The Prehistory of Jordan: the State of Research in 1986*, Oxford 1988.

Mellaart, J., *Catal Hüyük. Stadt aus der Steinzeit,* Bergisch-Gladbach 1967.

–, *The Neolithic of the Near East*, London/New York 1975.

Moorey, P.R.S. (Hg.), *Origins of Civilization*, Wolfson College Lectures, Oxford 1979.

Perkins, A.L., *The Comparative Archaeology of Early Mesopotamia*, Chicago 1949.

Postgate, J.N., und Powell, M.A. (Hgg.), *Bulletin on Sumerian Agriculture*, Cambridge 1984ff.

Redman, C.L., *The Rise of Civilization*, San Francisco 1978.

Singh, P. *Neolothic Cultures of Western Asia*, London 1975.

Ucko, P.J., und Dimbleby (Hgg.), *Domestication and Exploitation of Plants and Animals*, London 1969.

Ucko, P.J., Tringham, R., und Dimbleby, G.W. (Hgg.), *Man, Settlement and Urbanism*, London 1972.

Wright, G.A., *Obsidian Analysis and Prehistoric Near Eastern Trade: 7500 to 3500 BC*, Ann Arbor 1969.

Young, T.C., Smith, P.E.L., und Mortensen, P. (Hgg.), *The Hilly Flanks and Beyond*, Chicago 1983.

Geschichte

Alimen, M.-H., und Steve, M.-J. (Hgg.), *Vorgeschichte*, Frankfurt a.M. 1966 u.ö. (Fischer Weltgeschichte 1).

Bengtson, H. (Hg.), *Griechen und Perser. Die Mittelmeerwelt im Altertum I.* Frankfurt a.M. 1965 u.ö. (Fischer Weltgeschichte 5).

Brentjes, Buchard: *Völker an Euphrat und Tigris,* Wien/München 1981.

Brinkman, J.A., *Prelude to Empire: Babylonian Society and Politics 747-626 BC*, Philadelphia 1984.

–, *Materials and Studies for Kassite History I,* Chicago 1976.

–, *A Politcal History of Post-Kassite Babylonia*, Rom 1968.

Cambridge Ancient History, Neue Ausgabe, Cambridge 1970-1984.

Carter, E., und Stolper, M., *Elam: Surveys of Political History and Archaeology*, University of California Publication in Near Eastern Studies 25, Berkeley 1984.

Cassin, E., Bottéro. J., und Vercoutter, J. (Hgg.), *Die Altorientalischen Reiche*, 3 Bde., Frankfurt a.M. 1965 u.ö. (Fischer Weltgeschichte 2,3,4).

Contenau, G., *So lebten die Babylonier und Assyrer*, Stuttgart 1959.

Edzard, D.O. (Hg.), *Gesellschaftsklassen im alten Zweistromland und in angrenzenden Gebieten*, München 1972.

Fischer., *H. Die Geburt der Hochkultur in Ägypten und Mesopotamien*, Stuttgart 1959.

Gardiner, A.H., *Geschichte des Alten Ägypten*, Stuttgart 1965.

Gurney, O.R., *Die Hethiter*, Dresden 1980.

Hallo, W.W. und Simpson, W.K., *The Ancient Near East: A History*, New York 1971.

Herodot, *Historien*, hg. v. H.W. Haussig, Stuttgart 1955 (Kröner Taschenbuch 224).

Huot, J.L., *Persien I. Von seinen Ursprüngen bis zu den Achämeniden*, München 1965 (Archaeologia mundi).

Jaritz, K., *Babylon und seine Welt*, Bern/München 1964.

Klengel, E. und H., *Die Hethiter. Geschichte und Umwelt*, Wien 1970.

Klengel, H., *Geschichte und Kunst Altassyriens*, Heidelberg 1965-1966.

Meissner, B., *Babylonien und Assyrien*, 2 Bde. Heidelberg 1920-1925.

Moortgat, A. *Geschichte Vorderasiens bis zum Hellenismus*, München 1950; Hildesheim 1984.

Nissen, Hans-Jörg (Hg.): *Mesopotamien und seine Nachbarn. Politische und kulturelle Wechselbeziehungen im alten Vorderasien vom 4. bis 1. Jahrtausend v. Chr.*, Berlin 1987.

Olmstead, A.T., *History of the Persian Empire*, Chicago 1948.

Oates, D., *Studies in the Ancient History of Northern Iraq*, London 1968.

Oppenheim, A.L., *Ancient Mesopotamia*, Chicago 1964.

Sandars, N.K., *The Sea Peoples: Warriors of the Ancient Mediterranean*, rev. Ausgabe, London 1985.

Schmökel, H., *Geschichte des Alten Vorderasien*, Leiden 1957.

–, *Das Land Sumer*, Stuttgart ^{3}1962.

–, *Kulturgeschichte des Alten Orient*, Stuttgart 1961 (Kröner Taschenbuch 298).

Soden, W. von, *Herrscher im Alten Orient*, Berlin 1954.

Uhlig, H., *Die Sumerer*, München 1976.

Wendt, H., *Es begann in Babel*, Hamburg 1966.

Texte in Übersetzung und Literatur

Bauer, Th., *Das Inschriftenwerk Assurbanipals*, Leipzig 1933.

Borger, R., *Die Inschriften Asarhaddons, König von Assyrien*, Graz 1956.

Brockhoff, Victoria: *Götter, Dämonen, Menschen. Mythen und Geschichten aus dem Zweistromland*, Stuttgart 1987.

Cooper, J.S., *Sumerian and Akkadian Royal Inscriptions*, Bd. 1, New Haven, Connecticut 1986.

Dalley, S. *Myths from Mesopotamia: the Flood, Gilgamesh and Others*, Oxford 1989.

Falkenstein, A., *Die altorientalische Literatur*, in: Kindlers Literatur Lexikon, Bd. VII, Essays, München 1972.

Falkenstein A., und von Soden, W., *Sumerische und akkadische Hymnen und Gebete*, Zürich 1953.

Grayson, A.K., *Assyrian and Babylonian Chronicles*, New York 1975.

–, *Assyrian Royal Inscriptions*, Band 1 und 2, Wiesbaden 1972, 1976.

Grayson, A.K., u.a., *Royal Inscriptions of Mesopotamia*, Toronto 1987ff.

Jeremias, A., *Babylonische Dichtungen, Epen und Legenden*, Leipzig 1925.

Krecher, J., *Sumerische Kultlyrik*, Wiesbaden 1966.

Luckenbill, *Ancient Records of Assyria and Babylonia*, Chicago 1926-1927.

Meissner, B., *Die babylonisch-assyrische Literatur*, Potsdam-Wildpark 1927-1928.

Oberhuber, K. *Das Gilgamesch-Epos.* Anthologie, Darmstadt 1977.

Oppenheim, A.L., *Letters from Mesopotamia*, Chicago 1968.

Parpola, S. (Hg.), *State Archives of Assyria*, Helsinki 1987ff.

Pritchard, J.B. (Hg.), *The Ancient Near East: an Anthology of Texts and Pictures*, Princeton University Press, Princeton 1958.

–, *Ancient Near Eastern Texts Relating to the Old Testament*, Princeton ^{3}1969.

Schmökel, H. (Hg.), *Das Gilgamesch-Epos*, Stuttgart 1966.

Schott, A., und von Soden, W. (Hgg.), *Das Gilgamesch-Epos*, Stuttgart 1958 (Reclam Nr. 7235).

Sollberger, E., und Kupper, J.R., *Inscriptions Royales sumeriennes et akkadiennes*, Paris 1971.

Weidner, E., *Die Inschriften Tukulti-Ninurtas I. und seiner Nachfolger*, Graz 1959.

Orte und Perioden

Adams, R.M., *Heartland of Cities: Surveys of Ancient Settlement and Land Use on the Central Floodplain of the Euphrates*, Chicago 1981.

Adams, R.M., und Nissen, H. J., *The Uruk Countryside: The Natural Setting of Urban Societies*, Chicago 1972.

Aharoni, Y., *The Archaeology of the Land of Israel*, London 1982.

Amiet, P., *L'Art d'Agade au Musée du Louvre*, Paris 1976.

–, *Elam*, Auvers-sur-Oise 1966.

Andrae, W., *Das wiedererstandene Assur*, hg. v. B. Hrouda, München 1977.

Bibby, G., *Dilmun. Die Entdeckung der ältesten Hochkultur*, Reinbek 1973.
Bittel, K. *Hattusha: the Capital of the Hittites*, Oxford 1970.
Burney, C.A., und Lang, D., *Peoples of the Hills, Ancient Ararat and Caucasus*, London 1971.
Curtis, A., *Ugarit (Ras Shamra)*, Cambridge 1985.
Curtis, J.E., *Ancient Persia*, London 1989.
Dalley, S., *Mari and Karan: Two Old Babylonian Cities*, London/New York 1984.
Deuel, L., *Das Abenteuer Archäologie. Berühmte Ausgrabungsberichte aus dem Nahen Osten*, München 1964.
Edzard, D.O., *Die »zweite Zwischenzeit« Babyloniens*, Wiesbaden 1957.
Frankel, D., *The Ancient Kingdom of Urartu*, London 1979.
Frye, R.N., *Persien. Bis zum Einbruch des Islam*, München 1962.
Harden, D.B. *The Phoenicians*, London 1962.
Heinrich, E., *Die Paläste im alten Mesopotamien*, Berlin 1984.
–, *Die Tempel und Heiligtümer im alten Mesopotamien*, Berlin 1982.
Helms, S.W., *Jawa: Lost City of the Black Desert*, London 1981.
Hinz, W., *Das Reich Elam*, Stuttgart 1964.
Hole, F. (Hg.) *The Archaeology of Western Iran*, Washington 1987.
Kenyon, K.M., *Archäologie im Heiligen Land*, Neukirchen 1967.
–, *Die Bibel und das Zeugnis der Archäologie*, Düsseldorf 1980.
Shaikha Haya Ali Al Khalifa, und Rice, Michael (Hgg.), *Bahrain through the Ages: the Archaeology*, London 1986.
Kramer, S.N., *The Sumerians: their History, Culture and Character*, University of Chicago Press 1963.
–, *Geschichte beginnt mit Sumer*, München 1959.
Larsen, M.T., *The Old Assyrian City State and its Colonies*, Kopenhagen 1976.
Lloyd, S., *Early Highland Peoples Anatolia*, London 1967.
–, *Die Archäologie Mesopotamiens. Von der Altsteinzeit bis zur persischen Eroberung*, München 1981.
Matheson, S., *Persien – ein archäologischer Führer*, Stuttgart 1980.
Matthiae, P., *Ebla: an Empire Rediscovered*, London 1977.
Mellaart, J., *Archaeology of Ancient Turkey*, London 1978.
Moortgat, A., *Die Entstehung der sumerischen Hochkultur*, Bonn 1982.
–, *Sumer und Akkad. Die Kunst des alten Mesopotamien*, Köln 1982.
–, *Babylon und Assur. Die Kunst des alten Mesopotamien*, Köln 1982.
Pjotrovskij, B.B., *Urartu*, München/Genf 1969; München 1980.
Roaf, M.D., *Sculptures and Sculptors at Persepolis*, London 1983.
Strommenger E., und Hirmer, M., *Ur*, München 1964.
Stronach, D.B., *Pasargadae*, Oxford 1978.
Wilhelm, G., *Grundzüge der Geschichte und Kultur der Hurriter*, Darmstadt 1982.
Woolley, C.L., *Excavations at Ur*, überarbeitet von P.R.S. Moorey, London 1982.
Yakar, J., *The Later Prehistory of Anatolia: the Late Chalcolithic and Early Bronze Age*, Oxford 1985.
Young, T.C., and Levine, L. (Hgg.), *Mountains and Lowlands: Essays in the Archaeology of Greater Mesopotamia*, Undena 1977.

Spezialstudien

Ayoub, Sa'ad: *Die Keramik in Mesopotamien und in den Nachbargebieten von der Ur-III-Zeit bis zum Ende der kassitischen Periode*, Mittenwald 1983.
Barnett, R.D., *Ancient Ivories in the Middle East*, Jerusalem 1982.
Bergerhof, Kurt: *Mesopotamien und das Volk Gottes*, Neukirchen-Vluyn 1983.
Black, J.A., und Green, A.R., *Gods, Demons and Symbols of Ancient Mesopotamia*, London 1990.
Braun-Holzinger, Eva-Andrea: *Figürliche Bronzen aus Mesopotamien*, München 1984.
Collon, D. *First Impressions: Cylinder Seals in the Ancient Near East*, London 1987.
Crouwel J.H., und Littauer, M.A., *Wheeled Vehicles and Ridden Animals in the Ancient Near East*, Leiden 1979.
Curtis, J.E. (Hg.), *Bronze Working Centres of Western Asia c. 1000 - 539 BC*, London 1988.
Edzard, D.O., *Mesopotamien. Die Mythologie der Sumerer und Akkader*, in: Wörterbuch der Mythologie, Stuttgart 1961.
Ehrich, R.W. (Hg.), *Chronologies of Old World Archaeology*, Chicago 1965.
Frankfort H., und Frankfort, H.A.G. (Hgg.), *Frühlicht des Geistes*, Stuttgart 1954.
Gadd, C.J., *The Stones of Assyria*, London 1936.
Gelb, I.J., *Von der Keilschrift zum Alphabet*, Stuttgart 1958.
Gibson, A.M. und Biggs, R.D. (Hgg.), *Seals and Sealing in the Ancient Near East*, Malibu 1977.
–, *The Organization of Power: Aspects of Bureaucracy in the Ancient Near East*, Chicago 1987.
Golzio, Karl-Heinz: *Der Tempel im alten Mesopotamien und seine Parallelen in Indien. Eine religionshistorische Studie*. Leiden 1983.
Helck, W., *Die Beziehungen Ägyptens zu Vorderasien im 3. und 2. Jahrtausend v. Chr.*, Wiesbaden 1962.
Herrmann, G., *Ivories from Room SW 37 Fort Shalmaneser, Ivories from Nimrud (1949 - 1963)*, Bd. 4, London 1986.
Jacobsen, T., *The Treasures of Darkness*, New Haven 1976.
Kubba, Shamil A.: *Messopotamian architecture and town planning. From the Mesolithic to the end of the protohistoric period, c. 10000–3500 BC*. Oxford 1987.
Lambert, W.G., *Babylonian Wisdom Literature*, Oxford 1960.
Langer, Birgit: *Gott als »Licht« in Israel und Mesopotamien*, Klosterneuburg 1989.
Larsen, M.T. (Hg.), *Power and Propaganda: a Symposium on Ancient Empires*, Kopenhagen 1979.
Layard, A.H., *Auf der Suche nach Ninive*, hg. v. H. Schmökel, München 1965.
Lloyd, S., *Foundations in the Dust*, überarbeitete Ausgabe, London 1980.
Lutz-Ruoff, Elfried: *Die Schlangendrachen am Ischtar-Tor zu Babylon. Eine motivgeschichtliche Untersuchung*. Tübingen 1986.
Malul, Meir: *Studies in Mesopotamian legal symbolism*, Kevelaer 1988.
Margueron, Jean: *Recherches sur les palais mésopotamiens de l'Age du Bronze*, Paris 1982.
Maxwell-Hyslop, K.R., *Western Asiatic Jewellery c. 3000 - 612 BC*, London 1971.
Meadow, R.H. und Uerpmann, H.-P. (Hgg.), *Equids in the Ancient World*, Wiesbaden 1986.
Moorey, P.R.S., *Materials and Manufacture in Ancient Mesopotamia: the Evidence of Archaeology and Art: Metals, Metalwork, Glazed Materials and Glass*, Oxford 1985.
Muhly, J.D., *Copper and Tin: the Distribution of Metal Resources and the Nature of Metals Trade in the Bronze Age*, New Haven 1973 - 1976.
Neugebauer, O., *The Exact Sciences in Antiquity*, Princeton 1952.
Neugebauer, O., und Sachs, A., *Mathematische Keilschrift*, Berlin 1935.
Neumann, Hans: *Handwerk in Mesopotamien. Untersuchungen zu seiner Organisation in der Zeit der III. Dynastie von Ur*. Berlin 1987.
Pallis, S.A., *The Antiquity of Iraq*, Kopenhagen 1956.
Pope, M.V., Die Rätsel alter Schriften, Bergisch-Gladbach 1978.
Rashid, Subhi Anwar: *Gründungsfiguren im Iraq*, München 1983.
Reade, J.E., *Assyrian Sculpture*, London 1983.
Salonen, Armas: *Agricultura mesopotamica. Nach sumerisch-akkadischen Quellen. Eine lexikalische und kulturgeschichtliche Untersuchung*. Helsinki 1968.
Selz, Gudrun: *Die Bankettszene. Entwicklung eines »überzeitlichen« Bildmotivs in Mesopotamien von der frühdynastischen bis zur Akkad-Zeit*. Wiesbaden 1983.
Teissier, B., *Ancient Near Eastern Cylinder Seals from the Marcopoli Collection*, University of California, Berkeley 1984.
Thomson, Marie-Louise: *Zauberdiagnose und Schwarze Magie in Mesopotamien*, Kopenhagen 1987.
Tsukimoto, Akio: *Untersuchungen zur Totenpflege im alten Mesopotamien*, Kevelaer 1987.
Waterfield, G., *Layard of Niniveh*, London 1963.
Wertime T.A., und Muhly, J.D. (Hgg.), *The Coming of the Age of Iron*, Yale University Press 1980.
Wiseman, D.J., und Forman, W. und B., *Götter und Menschen im Rollsiegel Westasiens*, Prag 1958.
Yadin, Y., *The Art of Warfare in Biblical Lands*, London 1963.

FACHBEGRIFFE

Fachbegriffe und fremdsprachige Bezeichnungen werden zum größten Teil im Text erklärt. Erläuterungen sind auch in diesem Glossar enthalten, mitunter ausführlicher und mit ergänzenden Informationen. Stichwörter und Querverweise sind fett gedruckt. Zu diesem Verzeichnis gehören auch Erklärungen zu Eigennamen und zu den vom Autor verwendeten Datierungssystemen.

Die Wiedergabe der Wörter und Namen in alten Sprachen stützt sich zwar auf die schriftsprachliche Form, zum Teil wird aber die seit langem übliche Schreibung verwendet. Rückschlüsse auf die Aussprache gestattet der Vergleich mit neuen Sprachen wie Persisch, Arabisch oder Aramäisch. Auch Namen, die in anderen Schriften, wie zum Beispiel der griechischen, geschrieben wurden, geben hierzu wertvolle Hinweise. Wie in allen Sprachen variierte die Aussprache je nach Dialekt und Epoche. In späterer Zeit fiel das Schluß-m bei Substantiven weg, aber hier wird die gebräuchlichere Form verwendet: also *akitu*, nicht *akitum*, und *awilum*, nicht *awilu*.

Achämenidendynastie Die Dynastie der Perserkönige (etwa 559–330 v. Chr.) im Nahen Osten von Kyros bis Darios III.

Ächtungstexte Auf Tonfiguren oder Tongefäße geschriebene Verwünschungen mit den Namen von Feinden Ägyptens. Sie wurden während Ritualen zerbrochen, was den Feinden des Mittelägyptischen Reiches Unglück bringen sollte.

Akeramisches Neolithikum Der frühe Abschnitt des Neolithikums vor dem verbreiteten Gebrauch von Töpferware (etwa 8500–7000 v. Chr.) einschließlich der vorkeramischen Periode des Neolithikums B in der Levante.

akitu Ein jahreszeitliches Fest, das im *akitu*-Tempel außerhalb der Stadtmauern stattfand. Das berühmteste war das Neujahrsfest in Babylon, aber es gab auch *akitu*-Tempel in Harran, Terqa, Ninive, Arbil, Assur, Sippar, Dilbat und Uruk.

Akkad, auch Akkade Stadt in Südmesopotamien, von Sargon (2334–2279 v. Chr.) als Hauptstadt gegründet. Ihre genaue Lage geht aus den Quellen nicht hervor.

Akkad(e) Der nördliche Teil der südmesopotamischen Ebene, benannt nach der gleichnamigen Stadt, siehe auch Sumer.

Akkadische Sprache Die in Mesopotamien vom 3. bis zum 1. Jahrtausend v. Chr. gesprochene semitische Sprache. Die zwei häufigsten Dialekte waren Assyrisch und Babylonisch.

Akropolis Der höhergelegene Teil einer Stadt, die Zitadelle mit Palästen und Tempeln.

Anatolien Der asiatische Teil der Türkei, insbesondere das Hochland.

annakum Metall, das die altassyrischen Kaufleute aus Assur nach Anatolien brachten, vermutlich Zinn.

apkallu Einer der sieben Weisen aus der Zeit vor der Sintflut. Tonfiguren von *apkallus* wurden unter den Böden und Türen von Gebäuden angebracht, um böse Geister abzuwehren.

ashipu Priester, der sich mit der Austreibung böser Geister befaßt.

Assyrien Der Teil Nordmesopotamiens, der den heutigen Irak umfaßt.

Assyriologie Die Wissenschaft von Sprache und Kultur des alten Mesopotamien. Sie gründet sich vor allem auf Keilschriftuntersuchungen.

awilum Die Schicht der sogenannten Freien im Kodex Hammurabi. *Awilum* bedeutet im Akkadischen »Mann«, siehe auch *mushkenum, wardum.*

Babylonien Südmesopotamien.

bala Ein Besteuerungs- und Wiederverteilungssystem in den Städten Südmesopotamiens zur Zeit der Dritten Dynastie von Ur.

bel Akkadisch *bêlu*, das heißt Herr, Gebieter, Besitzer und ein Titel des Gottes Marduk. *Bel biti* war ein Stammesführer.

bit reduti Haus des Nachfolgers, der Palast des assyrischen Kronprinzen.

Bronzezeit Periode, in der man Schneidewerkzeuge aus Kupferverbindungen herstellte. Die Bronzezeit wird in drei Abschnitte eingeteilt: die frühe Bronzezeit (etwa 4000–2000 v. Chr.), die mittlere Bronzezeit (etwa 2000–1600 v. Chr.) und die späte Bronzezeit (etwa 1600–1200 v. Chr.), aber Zeitdauer und Terminologie sind von Region zu Region verschieden.

bulla Tonstück mit Siegelabdrücken.

cella Raum eines Tempels, wo die Statue oder das Symbol des Gottes verehrt wurde.

Chalkolithikum (Kupferzeit) Periode zwischen dem Neolithikum und der Bronzezeit, als Stein- und Kupferwerkzeuge in Gebrauch waren. Die Datierung dieser Epoche wird lokal unterschiedlich vorgenommen.

Chlorit Ein weicher, grauer oder schwarzer Stein, der für Siegel und Gefäße verwendet wurde, auch Steatit oder Speckstein genannt.

Chronologie Datierungssystem. Die relative Chronologie stützt sich auf die Anwendung der Prinzipien der **Stratigraphie** und **Typologie**, um eine Abfolge von Geschehnissen zeitlich zu fixieren. Für die frühen Perioden gründet sich die absolute Chronologie auf naturwissenschaftliche Methoden, wie die **Radiokarbondatierung**, und für die späteren Perioden auf historische Zeugnisse. Für die Zeit von 2600 bis 1500 v. Chr. werden drei verschiedene Schemata vorgeschlagen: die sogenannte lange, mittlere und kurze Chronologie. Sie basieren auf den verschiedenen Möglichkeiten für die Beobachtung des Planeten Venus, wie sie die **Venustafeln von Ammisaduqa** enthalten. Die mittlere Chronologie, die Hammurabis Regierungsdaten mit 1792–1750 angibt, wird immer noch weithin vertreten. Daten nach der langen Chronologie sind 56 Jahre früher und Daten nach der kurzen Chronologie 64 Jahre später anzusetzen. Für Daten nach 1500 v. Chr. ändert sich die absolute Chronologie um kaum mehr als zehn Jahre.

Dareikos Goldmünze, die den König als Bogenschützen zeigt, ausgegeben von Darios I. (521–486 v. Chr.) und späteren Achämenidenherrschern.

Dendrochronologie Methode, Holz nach der Anzahl der Jahresringe zu datieren.

Dilmun Gebiete am Persischen Golf (Bahrain, Westküste des Golfs und Insel Failaka in Kuwait).

dreiteilig Der für Ubaid-Häuser und frühe mesopotamische Tempel übliche Grundriß: Ein langer zentraler Raum ist von Reihen kleinerer Räume flankiert.

Dynastie Herrscherlinie einer Familie, aber auch gebraucht für Herrscher einer bestimmten Stadt oder ethnischen Gruppe.

Eisenzeit Periode, in der man Eisen für Werkzeuge und Waffen verwendete. Sie beginnt etwa 1400–1200 v. Chr. Bis zum 9. Jahrhundert v. Chr. wurde Eisen etwa im gleichen Maße wie Bronze verwendet.

Eiszeit Periode extremer Kälte auf der gesamten Erde, die zu einer Senkung des Meeresspiegels führte. Es gab mehrere Eiszeiten; die letzte endete etwa 15000 v. Chr.

en Sumerisch für »Hohepriester, Herrscher, Herr«, ein Titel, den die Herrscher der frühen sumerischen Städte, besonders von Uruk, trugen.

ensi Sumerischer Titel für die Herrscher einiger Stadtstaaten, Statthalter.

***entu*-Priesterin** Akkadische Form des sumerischen Wortes für Hohepriesterin.

Epigraphik Erforschung alter Inschriften

Epipaläolithikum Fortsetzung der paläolithischen Kulturen (Altsteinzeit) nach dem Ende der letzten Eiszeit. Es folgte das **Neolithikum.**

Fayence Künstliches Material aus Quarzkörnern, durch Glasur verbunden.

Flotationsverfahren (Schwimmaufbereitungsverfahren) Technik zur Wiedergewinnung pflanzlicher Bestandteile wie karbonisierter Samen, indem die Erde eines archäologischen Fundes in Wasser getaucht wird und die organischen Stoffe, die nach oben steigen, entnommen werden.

Geflügelte Scheibe Sonnenscheibe mit Flügeln. Sie stammt ursprünglich aus Ägypten und erfreute sich in der Levante und bei den Hethitern großer Beliebtheit. In Assyrien stellte sie den Sonnengott Schamasch und vermutlich Assur dar. Den Achämeniden diente sie zur Darstellung ihres großen Gottes Ahuramazda.

Gesetzbücher Für mesopotamische und hethitische Herrscher verfaßte Texte, die die Richtersprüche und die entsprechenden Strafen für verschiedene Vergehen kodifizieren. Am berühmtesten ist der Codex Hammurabi.

Gilgamesch-Epos Eine akkadische Dichtung auf zwölf Tafeln, beschreibt die Taten des legendären Herrschers Gilgamesch von Uruk und sein Streben nach Unsterblichkeit. Es enthält auch die Sage von der Sintflut.

giparu Sumerisches Wort für die Residenz der ***entu*-Priesterin**, besonders in Ur, wo zuweilen auch der Tempel der Göttin Ningal der Residenz angehörte.

Glacis Ein glatter, oft gepflasterter Hang an der Basis eines Verteidigungswalls, besonders typisch für die mittlere Bronzezeit in der Levante.

Glasur Dünne Schicht aus feinem, flüssigen Ton, mit dem die Oberfläche von Tongefäßen verziert und geglättet wurde.

Gottkönige In Ägypten galt der Pharao als Gott, während die meisten Herrscher im Nahen Osten nur beanspruchten, Priester oder Beauftragte der Götter zu sein. Einige frühe Könige wie Gilgamesch wurden nach ihrem Tod zu Göttern erhoben, andere, besonders im 3. und frühen 2. Jahrtausend v. Chr., erklärten sich bei Lebzeiten zu Göttern.

Granulation Eine Technik der Goldschmiedekunst, bei der Goldkörnchen zu Dekorationszwecken auf Metall aufgeschmolzen werden. Im Königsfriedhof von Ur wurden viele Beispiele dieser Technik gefunden, die noch heute im Nahen Osten angewandt wird.

Großes Meer (oder Großes Meer von Amurru) Das Mittelmeer.

Grundsteinbeigaben Eine Reihe von Gegenständen, die in den Mauern oder unter dem Fußboden eines Gebäudes eingeschlossen wurden, um den Segen der Götter zu erwirken und den Ruhm des Bauherren zu verewigen.

gun mada Eine jährliche, in Form von Tieren entrichtete Steuer, zu deren Zahlung das Militärpersonal in den Regionen nördlich und östlich des Kernreichs der Dritten Dynastie von Ur verpflichtet war.

Hammurabis Codex siehe **Gesetzbücher**

Hamrin-Damm-Rettungsprojekt siehe **Rettungsprojekte**

hazarapat Anführer von tausend Mann, von den Griechen *chiliarch* genannt, der höchste Beamte am persischen Hof.

Heilige Hochzeit Religiöse Zeremonie der Sumerer und Babylonier, die die Fruchtbarkeit des Landes sichern sollte. Bräutigam und Braut waren der Herrscher und eine Priesterin; sie repräsentierten den Stadtgott und seine Gemahlin.

Heiliger Baum Das Motiv des stilisierten Baumes in Ritualszenen findet sich in der mittleren und späten assyrischen Kunst sowie in der Levante. Es geht vermutlich zurück auf ägyptischen Einfluß im 15. Jahrhundert v. Chr. Die Bedeutung des Motivs konnte nicht geklärt werden.

Hieroglyphenschrift Schriftsystem, dessen Zeichen für Wörter und Silben zumeist identifizierbare Bilder darstellten. Am bekanntesten sind die ägyptischen und hethitischen Hieroglyphen.

Interkultureller Stil Stil zur Verzierung von Steingefäßen (meist aus Chlorit) im Iran, Mesopotamien und im Golf in der 2. Hälfte des 3. Jahrtausends v. Chr.

Jahresname In Mesopotamien bezogen sich Datierungen mitunter auf ein Ereignis, das im vorangehenden Jahr geschehen war. Listen von Jahresnamen gestatten die Chronologie der zu bestimmenden Periode. Siehe auch **Regierungsjahr** und *limmu*.

Kalender Die Kalender im Alten Orient waren von Stadt zu Stadt und von Periode zu Periode verschieden. In den meisten Städten begann das Jahr im Frühling und wurde in 12 oder 13 Monate unterteilt. An einigen Orten hatten die Monate eine feste Länge, anderswo gab es Mondmonate, die mit dem ersten zunehmenden Neumond begannen. Da es mehr als zwölf Mondmonate in einem Sonnenjahr gibt, wurden zusätzlich Schaltmonate eingefügt, so daß jedes dritte Jahr dreizehn Monate enthielt.

Kartusche Oval, das einen Namen enthält; in Ägypten zur Wiedergabe von Königsnamen verwendet.

Kasemattenmauer Verteidigungsmauer mit Kammern, die als Räume genutzt wurden, mit Trümmern ausgefüllt waren oder auch leer blieben.

karum Akkadisches Wort für Ufermauer, auch für Markt, besonders für die Handelsstationen, die die altassyrischen Kaufleute u.a. in Anatolien errichteten.

Kegelmosaik Typ von Wandverzierung in der Uruk- und Djemdet-Nasr-Periode, wobei kegelförmige Zapfen aus Stein oder gebranntem Ton in den Lehm der Mauern eingedrückt wurden, um ein farbiges Muster zu erzielen.

Keilschrift Schrift, die in Mesopotamien und dessen Nachbarländern zum Schreiben auf Tontäfelchen verwendet wurde. Die Zeichen entstanden, indem ein Instrument mit rechteckigem Ende in den weichen Ton eingedrückt wurde und einen keilförmigen Abdruck hinterließ.

Khirbet-Kerak-Ware Schwarz oder rot polierte Keramik der Levante, mit frühen transkaukasischen Waren verwandt.

Königsliste Dokument, das die Namen und Regierungszeiten von Königen aufzeichnet. Am bedeutendsten erscheinen die Sumerische Königsliste, die die herrschenden Dynastien des südlichen Mesopotamiens von der mythischen Zeit vor der Sintflut bis zur Isin-Larsa-Periode festhält, und die Assyrische Königsliste, die die Herrscher Assyriens von vor 2000 v. Chr. bis in die spätassyrische Periode aufführt.

kudurru Akkadisches Wort für ein Dokument, das eine königliche Landschenkung bezeugt. Es handelt sich gewöhnlich um eine gemeißelte Steinstele, die die Einzelheiten der Schenkung und die Bilder der Götter aufweist, die dafür die Garantie übernehmen. *Kudurrus* wurden babylonische Grenzsteine genannt, weil einige in Tempel gestellt wurden und andere wohl zur Markierung der Grenze dienten. Das Wort bedeutet auch Sohn, wie in den Personennamen, zum Beispiel Nabu-kudurri-usur (bekannter: Nebukadnezar).

lamassu Schutzfigur. Diese riesigen Skulpturen, die Mischwesen aus Mensch und Tier darstellten, befanden sich an den Toren assyrischer und achämenidischer Gebäude.

Levante Küstenländer des östlichen Mittelmeeres.

limmu (auch *limu*) Titel eines Beamten in Assyrien, dessen Amtszeit ein Jahr dauerte. Den Namen des *limmu*-Beamten verwendete man, um auf das Jahr zu verweisen, in dem er das Amt innehatte.

Lineare elamitische Schrift Silbenschrift, die in Elam für die Inschriften des Kutik-Inschuschinak (ca. 2200 v. Chr.) verwendet wurde.

Logogramm Zeichen, das für ein Wort steht.

lugal Sumerisches Wort für König (wörtlich »großer Mann«). Der *lugal* war wohl ursprünglich ein Kriegsherr.

Luwisch Anatolische Sprache, die im zweiten und ersten Jahrtausend v. Chr. in Gebrauch war. Niedergeschrieben wurde sie meist in der hethitischen Hieroglyphenschrift.

magus Priester der Meder und Perser. Das deutsche Wort »Magie« geht darauf zurück.

malikum Akkadisches Wort für Ratgeber; in Ebla der Titel eines Herrschers.

Melucha Land östlich von Sumer im dritten und zweiten Jahrtausend v. Chr., das über den Golf zu erreichen war, vermutlich das Industal. Im ersten Jahrtausend v. Chr. bezeichnet Melucha Nubien im Süden von Ägypten.

Migdal-Tempel Tempelbefestigungen mit Türmen, wie sie für die mittlere Bronzezeit in der Levante typisch sind.

mina Gewicht von etwa 500 Gramm. 60 Schekel ergaben 1 Mina und 60 Minas ein Talent.

muschkenum Eine der drei Bevölkerungsgruppen im Codex Hammurabi, vermutlich ein Staatsdiener. Siehe auch ***awilum*** und ***wardum***.

Natufian Abschnitt des Epipaläolithikums in der Levante, als sich die Getreidezüchtung entwickelte, etwa 11000 bis 9300 v. Chr.

Neolithikum Jungsteinzeit. Periode, in der Steinwerkzeuge verwendet wurden und der Ackerbau die wichtigste Lebensgrundlage bildete.

Neujahrsfest siehe ***akitu***.

Ninive 5 Periode von ca. 3000 – 2500 v. Chr. in Nordmesopotamien, charakterisiert durch eine ungewöhnlich bemalte, eingeritzte und ausgeschnittene Keramik. Der Name stammt vom Fundort Ninive, wo sie zuerst ausgegraben wurde.

Obelisk Stele oder Steinmonument, das sich zur Spitze hin verjüngt.

Oberes Meer Mittelmeer.

Obsidian Vulkanisches Gesteinsglas, das natürlich vorkommt und weithin für Schneidewerkzeuge, aber auch für Gefäße, Spiegel und Schmuck verwendet wurde.

Onager Wildesel *(Equus hemionus)*, der die Steppen des Vorderen Orients bewohnt.

Orakel Voraussagung. Zu den wichtigsten Orakelmitteln im Nahen Osten gehörten die Untersuchung der inneren Organe (Eingeweideschau) – besonders der Leber (Hepatoskopie) – von Tieren, von Mustern, die das Öl im Wasser (Lekanomantik) oder der Rauch (Libanomantik) bilden, wie auch das Verhalten von Tieren, Mißgeburten, Träume und der Lauf der Gestirne.

Papyrus Schreibmaterial aus dem Mark der Papyruspflanze. Zuerst in Ägypten verwendet, ersetzte es später die Tontäfelchen im Nahen Osten, als das aramäische Alphabet an die Stelle der Keilschrift trat. Unser Wort »Papier« wurde von Papyrus abgeleitet.

Piktogramm Zeichen einer Schrift, dessen Bild auf die Bedeutung hinweist.

Plankonvexe Ziegel Von der Sonne getrockneter oder im Ofen gebrannter rechteckiger Ziegel mit einer glatten Unterseite und einer konvexen Oberseite. Solche Ziegel wurden in großer Zahl in Südmesopotamien während der frühdynastischen Zeit verwendet.

Polieren Abreiben einer Tonware vor dem Brennen. So entsteht eine glatte und glänzende Oberfläche; das Gefäß wird weniger porös und erhält ein besseres Aussehen.

Pollenkern Boden- oder Ablagerungsprobe, die zur Gewinnung von Pflanzenpollen einer bestimmten Schicht entnommen wurde, um daraus Veränderungen der örtlichen Vegetation zu erkennen.

Proto-elamisch Unentzifferte Schrift und Kultur von Elam im späten vierten und frühen dritten Jahrtausend v. Chr.

Proto-neolithisch Übergangszeit vom Epipaläolithikum mit seinen Kulturen von Jägern und Sammlern zum akeramischen Neolithikum mit seinen Agrarkulturen (etwa 9300 – 8500 v. Chr.). Der Begriff wird unterschiedlich angewandt; aber hier ist das vorkeramische Neolithikum A der Levante eingeschlossen.

Prozessionsstraße Straße, durch die man Götterstatuen trug, wie etwa die Straße vom Marduk-Tempel bis zum *akitu*-Tempel in Babylon.

Radiokarbondatierung Altersbestimmung des zu datierenden Materials mit Hilfe des noch erhaltenen Anteils der Isotope Karbon 14. Sie kann kalibriert werden, um einen genaueren Wert zu erhalten.

Regierungsjahr Gesamte Regierungszeit eines Königs. In einigen Perioden wurden Dokumente nach dem Regierungsjahr des Königs datiert. Vor der Zeit Alexanders des Großen begann das erste Regierungsjahr mit dem Neujahr, das auf die Thronbesteigung des Königs folgte. Siehe auch **Thronbesteigungsjahr**.

Relief Skulptur, deren dargestellte Figuren aus der Bildfläche hervortreten. Man unterscheidet Flach-, Halb- und Hochreliefs.

Rettungsprojekte In den letzten 30 Jahren standen zahlreiche archäologische Untersuchungen in Zusammenhang mit Rettungsprojekten in Gebieten, die durch Entwicklungsmaßnahmen bedroht waren, oft durch die Flutung von Staudämmen oder durch großräumige Entwicklungsvorhaben in der Landwirtschaft oder im Städtebau. Die wichtigsten Projekte im Irak waren der Dokan-Damm, der Derbend-i-Khan-Damm und der Eski-Mossul-(oder Saddam-) Damm, in Syrien der Tabqa-Damm und der Untere Chabur-Damm und in der Türkei der Keban-Damm und der Erbaba-Damm. Leider sind fast alle übrigen Fundstätten durch das zunehmende Interesse an verfügbarem Grund und Boden gefährdet.

Rhyton Trinkgefäß in Form eines Tierkopfes mit einem kleinen Loch am unteren Ende, das die Flüssigkeit freigab.

Riemchen Rechteckiger Ziegel mit viereckiger Querseite der Uruk-Periode.

Ritzzeichnung Ziertechnik. In die Oberfläche von Tongefäßen oder Metallgegenständen wurden Muster eingeritzt.

Satrapie Provinz des Perserreiches, regiert von einem Satrapen (Gouverneur), den der König ernannte.

Schachtgrab Grabanlage, in der ein senkrechter Schacht zur Grabkammer führte.

scha resche Akkadisches Wort für »Einer an der Spitze«, bezeichnet eine Beamtenschicht am assyrischen Hof, vermutlich Eunuchen.

Scharlachware Rot und schwarz bemalte Töpferware, im dritten Jahrtausend v. Chr. in den Ebenen Ostmesopotamiens verwendet.

Schekel Gewicht; 50 bzw. 60 Schekel ergaben 1 Mina.

Scherbe Bruchstück, meist von einer Tonware.

Schicht Bei archäologischen Ausgrabungen werden die Überreste in Schichten unterteilt, die die Bauten und Fundobjekte einer bestimmten Architekturphase enthalten.

Schöpfungsepos Religiöse Dichtung zur Lobpreisung des Gottes Marduk, die beim babylonischen Neujahrsfest rezitiert wurde. Sie schildert den Ursprung der Welt und Marduks Aufstieg zur Macht.

Schrägrandschale Schale mit abgeschrägtem Rand. Dieses grobe konische Tongefäß, in einer Form modelliert, war typisch für die späte Uruk-Periode.

Schwemmsand Von den Flüssen mitgebrachter Schlamm, der als Sediment in der Flußniederung abgelagert wurde.

Schwimmaufbereitungsverfahren siehe **Flotationsverfahren.**

Seeland Gebiet der Sümpfe und Lagunen am Persischen Golf. In der Mitte des zweiten Jahrtausends v. Chr. beherrschte die Dynastie des Seelandes einen großen Teil Südmesopotamiens. Aber von dieser Zeit existieren kaum Überlieferungen.

Seevölker Invasoren in Ägypten im 13. und 12. Jahrhundert v. Chr. Sie waren Teil einer umfassenden Völkerwanderung, die auch für die weitgehende Zerstörung der Siedlungen in der Ägäis, in Anatolien und in der Levante verantwortlich war.

Semitisch Eine Sprachgruppe, zu der unter anderem das Akkadische, Eblaitische, Kanaanäische, Amoritische, Ugaritische, Phönikische, Aramäische, Hebräische und Arabische gehören. Im gesamten Nahen Osten weithin verbreitet.

Sintflut In der Bibel sowie in sumerischen und babylonischen Mythen überlieferte Überschwemmungskatastrophe, die die Götter schickten, um die Menschheit zu vernichten. Mit Hilfe der Götter überlebte ein Mann (unterschiedlich Noah, Ziusudra oder Ut-napischtim genannt) mit seiner Familie, indem er ein Schiff baute. Versuche der Archäologen, die Sintflut durch historische Überlieferungen oder archäologische Zeugnisse zu beweisen, blieben erfolglos.

sit schamschi Akkadisch für Sonnenaufgang. Name einer bedeutenden Bronzeskulptur aus Elam.

Stempelsiegel Graviertes Siegel, das aufgepreßt wird und einen Abdruck hinterläßt.

Stele Steinmonument, das meist ein Herrscher errichten ließ. Die Stelen enthielten Inschriften und gemeißelte Figuren.

Stratigraphie Beschreibung der Schichtenfolge einer Ausgrabungsstätte; jeweils die höherliegende gilt als die jüngere Schicht.

sukkal-mah Hoher Hofbeamter in Südmesopotamien und Titel des Herrschers von Elam im frühen zweiten Jahrtausend v. Chr.

Sumer Teil der südmesopotamischen Ebene, südlich von Nippur, siehe auch **Akkad**.

***susi*-Tempel** Tempelform in Urartu. Vermutlich handelt es sich um die viereckigen, turmartigen Bauwerke mit einer Kammer, die man bei Ausgrabungen freilegte.

Täfelchen Flacher, kissenförmiger Gegenstand, mit Keilschrift-Texten. Die Täfelchen bestanden im allgemeinen aus Ton, aber auch aus Stein und Metall. Form und Größe unterschieden sich je nach Art der Inschrift und der Zeit.

Talent Gewichtseinheit, die 60 Minas, das heißt etwa 30 Kilogramm entspricht.

tauf Arabisches Wort für ein Gebäude aus Lehm. Der mit Stroh vermischte Lehm wird aufeinandergelegt. Man läßt ihn trocknen, bevor eine neue Schicht hinzugefügt wird. Im Französischen *pisé*, im Persischen *chineh* genannt.

tell Arabisches Wort für einen Hügel, der aus den Trümmern einer alten Siedlung besteht. Auch *tel* (hebräisch), *choga* oder *tepe* (persisch) und *hüyük* (türkisch) genannt.

tholos Rundbau mit kegelförmigem oder gewölbtem Dach. Dieser Baustil war typisch für die Halaf-Periode.

Thronbesteigungsjahr Jahr, in dem ein Herrscher König wurde. Siehe auch **Regierungsjahr**.

tumulus Hügel aus Erde oder Stein, der eine Grabstätte bedeckt.

turtanu Wichtigster Beamter des spätassyrischen Hofs, oft als Großwesir oder Feldmarschall bezeichnet.

Typologie Untersuchung und Klassifizierung der Artefakte; chronologische Zuordnung einer Reihe von Fundobjekten aufgrund der Annahme, daß ähnliche Gegenstände ungefähr gleich zu datieren sind.

Unteres Meer Persischer Golf.

urigallu Standarte. Dieses Wort bezeichnet auch einen Hohenpriester, ist aber vermutlich *scheschgallu* zu lesen.

Venustafeln von Ammisaduqa Aufzeichnungen von Beobachtungen des Planeten Venus, die die Regierungszeit des babylonischen Königs Ammisaduqa festlegen könnten. Siehe **Chronologie**.

Via maris Lateinisch für Seeweg. Der römische Name für die wichtigste Route von Ägypten nach Syrien, die dem Flachland an der Küste folgte, bevor sie in die Ebene von Jesreel und das Jordantal einbog.

Wachsausschmelzverfahren (*Cire perdue*) Verfahren, bei dem das Kunstwerk über einen Tonkern in Wachs geformt wird. Darüber wird ein Tonmantel gelegt. Das Wachs wird herausgeschmolzen und der Hohlraum mit flüssigem Metall gefüllt.

wardum Sklave, Diener oder Bediensteter des Königs.

Zikkurrat (akkadisch: ziqqurratu) Hochtempel auf Stufenbasis.

Zylindersiegel Siegel in Zylinderform mit eingeritztem Muster, das sich in weichem Ton abdrückte, wenn es über ein Tontäfelchen gerollt wurde.

Bemerkungen zu den Eigennamen

Die meisten Namen von Personen und geographischen Orten im alten Nahen Osten sind nur den Fachleuten vertraut. Außerdem werden von den Wissenschaftlern unterschiedliche Schreibweisen verwendet. So lautet der Name des assyrischen Königs, der in der Bibel Sargon heißt, manchmal Scharrukin oder Scharken. Einer der Gründe für diese Uneinheitlichkeit liegt darin, daß im alten Nahen Osten viele Sprachen gesprochen wurden, von denen jede die Namen anders wiedergab, so daß die moderne Namensvariante von der verwendeten Sprache abhängt. Vor allem können die meisten in Keilschrift vorliegenden Namen Sumerisch oder Akkadisch gelesen werden. Hinzu kommt, daß im Hebräischen, Deutschen, Englischen, Arabischen, Türkischen, Persischen, Französischen und so weiter verschiedene Namensformen existieren. Meist wird in diesem Buch die gebräuchlichste Version verwendet, selbst wenn diese weniger präzise ist: So schreiben wir lieber Hammurabi statt Hammurapi und lieber Ninive statt Ninua. Im gesamten Text werden die alten Ortsnamen statt der modernen verwendet, auch wenn die alten nicht so bekannt sind wie die neuen. So wird die assyrische Hauptstadt Kalchu und nicht Nimrud genannt. Wenn ein Ort im Altertum den Namen wechselte, wie die Stadt Gasur, die im 2. Jahrtausend den Namen Nuzi erhielt, entschieden wir uns für den bekannteren dieser Namen, in diesem Fall für Nuzi, auch wenn von der früheren Zeit die Rede ist. Ist der alte Ortsname nicht bekannt, dann wird der heutige Name verwendet. Sicherlich wird es in Zukunft viele neue Lokalisierungen geben und viele, die heute als gesichert gelten, werden sich als Irrtum erweisen, wie es etwa im Fall von Tello war, das man lange Zeit für Lagasch hielt, während es sich in Wirklichkeit um das alte Girsu handelte.

Bemerkungen zu den Daten

Die Chronologie des alten Mesopotamien ist noch immer sehr problematisch. Für die frühen Epochen basieren die Daten auf der Kalibrierung der Radiokarbonbestimmungen (C^{14}-Methode). Jedoch zeigte die jüngste Forschung, daß die daraus abgeleiteten Datierungen ungenau sind und erheblichen Irrtümern unterliegen. Archäologen ziehen es vor, Radiokarbonbestimmungen als Zeiträume zu verstehen. Um den Leser nicht zu verwirren, werden in diesem Buch die Daten mit dem mittleren Wert des Zeitraums angegeben, den die Kalibrierung ergibt.

Für die geschichtlichen Zeiten wurde am gebräuchlichen Datierungssystem festgehalten, selbst wenn die neueste Forschung vermutet, wenn auch noch nicht beweisen kann, daß die zeitlich früheren Datierungsansätze dem Quellenmaterial besser gerecht werden. Daher können im Zeitraum von 2600 - 1500 v. Chr., für den die sogenannte Mittlere Chronologie Geltung hatte, Abweichungen von bis zu 100 Jahren vorkommen. Danach ist es unwahrscheinlich, daß die historischen Daten um mehr als zehn Jahre differieren.

Im Nahen Osten begann das Jahr normalerweise im Frühling; unser Buch richtet sich im allgemeinen nach diesem System. So bedeutet 1792 v. Chr., daß das Jahr im Frühling 1792 begann und im Frühling 1791 endete. Wo jedoch die Monate nach dem Julianischen Kalender angegeben sind, verlief das Jahr von Januar bis Dezember. Somit gehörte der Januar 1792 v. Chr. zum Jahr 1793 des alten nahöstlichen Kalenders. In Mesopotamien war der Abschnitt des Jahres nach dem Tod eines Herrschers bis zum folgenden Neujahr (im Frühling) das Thronbesteigungsjahr des neuen Herrschers; das erste Jahr der Regierungszeit eines Königs wurde als das Neue Jahr bezeichnet. Die Assyriologen datieren die Regierungszeit der Könige vom Jahr nach dem Thronbesteigungsjahr an; wir schließen uns dieser Übereinkunft an. So werden die Daten für Assurbanipal mit 669 - ?627 v. Chr. angegeben, obwohl sein Vater am 1. November 670 starb, und er den Thron schon vor Ende Dezember 670 bestieg. Wenn der König weniger als ein Jahr regierte und vor dem nächsten Neuen Jahr starb, wird sein Thronbesteigungsjahr als seine Regierungszeit angegeben. Die Daten der Könige beziehen sich, wenn nicht anders vermerkt, auf die Regierungs- und nicht auf die Lebenszeit.

Bemerkungen zu den Karten

Einige Angaben, die regelmäßig auf Landkarten vorhanden sind, wurden in den Legenden nicht vermerkt. Dazu gehören Gewässer (Küstenlinien, Flüsse, Wadis und Seen), Grenzen, Farben für das Meer und den Hintergrund sowie Symbole für Städte und Fundorte. Häufig findet sich mehr als ein Symbol an einem Fundort. Wo es möglich war, wurden die Symbole kombiniert, doch die verschiedenen Kombinationen wurden nicht in die Legenden aufgenommen. Ließen sich die Symbole nicht verbinden, so wurden sie unter dem Namen des Fundorts aufgeführt. Ein besonderes Symbol - gewöhnlich ein offenes, schwarzes Viereck - bezeichnet die Lage des Fundorts. Auch werden verschiedene Schriftarten verwendet, um Gewässer, Berge, Wüsten und ähnliches sowie Verwaltungsräume zu kennzeichnen.

BILDQUELLENVERZEICHNIS

Abkürzungen: o = oben, ol = oben links, or = oben rechts, M = Mitte, u = unten usw.

AAA = Ancient Art and Architecture, Harrow, Middlesex; Ash = Ashmolean Museum, Oxford; BL = British Library; BM = British Museum, London; DB = Dick Barnard, London; JB = John Brennan, Oxford; JF = John Fuller, Cambridge; HV = Hirmer Verlag, München; MH = Michael Holford, Loughton, Essex; MR = Michael Roaf, Oxford; RMN = Service Photographique de la Réunion des Musées Nationaux, Paris; RHPL = Robert Harding Picture Library, London; VA = Staatliche Museen Berlin (Vorderasiatisches Museum).

Die Karten wurden gezeichnet von Euromap, Pangbourne; Lovell Johns, Oxford; Alan Mais, Hornchurch und Thames Cartographic Services, Maidenhead.

Innenspiegel: Ausgrabung von Ninive von A.H. Layard: Mary Evans Picture Library, London.

Seite
1-7 Delegationen aus unterworfenen Staaten vor Xerxes, Apadana-Treppe, Persepolis: JF.
8 Vogelkopf aus Kalkstein, Höhe 10,4 cm (Irak Museum, Bagdad): JF.
8 Bemalte Schale aus Susa, Durchmesser ca. 20 cm (Ashmolean Museum, Leihgabe des Louvre): JF.
8 Steinstatue aus dem Nintu-Tempel, Höhe 23 cm (University Museum, Philadelphia): JF.
8 Bronzener Hirsch, mit Silber eingelegt und überzogen, aus einem Grab, Höhe 52 cm (Ankara Museum): JF.
9 Fayence-Maske, Höhe 11,9 cm (Irak Museum, Bagdad): JF.
9 Pferdekopf aus Dur-Scharrukin (Louvre): JF.
9 Assyrisches Zelt aus dem Nordpalast von Ninive (Staatliche Museen Berlin): JF.
9 Basaltstele des Priesters Sinzirban, Höhe 93 cm (Louvre): JF.
9 Kopf eines Eunuchen, Prinzen oder einer Prinzessin mit Krone, Höhe 6,5 cm (Iran Bastan Museum, Teheran): JF.
11 Keilinschrift aus dem Nordwestpalast von Kalchu (British Museum): MH.
14ul. Festlegung einer Ausgrabungsfläche, Syrien: AAA (Foto G. Tortoli).
14r. Ausgrabung in Ebla: AAA.
15oM. Auswaschen des Sediments zur Gewinnung karbonisierter Pflanzenüberreste: British Institute at Amman for Archaeology and History.
15or. Aussiebung von Artefakten und Knochen: British Institute at Amman for Archaeology and History.
15l. Ausgrabung in Ebla: AAA.
15ur. Rekonstruktion von Ain-Ghasal-Figuren in der Werkstatt: Institute of Archaeology, University of London.
15Mr. Suche nach Artefakten: British Institute at Amman for Archaeology and History.
16o. Diagramm der Dendrochronologie: Colin Salmon.
16M. Radiokarbonkurve: Colin Salmon.
16ur. Grafik der Ausgrabung eines *tell* im Nahen Osten: DB.
16ul. Grafik der Ausgrabungswerkzeuge: DB.
17. Prähistorische weibliche Figur, Chatal Hüyük (Ankara Museum): MH.
19 Taurosgebirge: Sonia Halliday und Laura Lushington, Weston Turville, Bucks.
21u. Lartal, Nordiran: RHPL (Foto: Gascoigne).
21o. Ufer des Euphrat: RHPL (Foto: Michael Jenner).
24ol. Wüste und Oase, Syrien: RHPL (Foto: Michael Jenner).
24or. Schlange, Topfscherbe, Arpachije (British Museum): JF.
25ol. Leopard, Topfscherbe von Chia Pahan, Luristan, Iran (British Museum): Gezeichnet von JF.
26-27 Pflugszene: Sonia Halliday und Laura Lushington, Weston Turville, Bucks.
27or. Getreideworfeln, Iran: Zefa, London.
28u. Nahal-Hemar-Sichel (Israel Museum): JF.
28ur. Verschiedene Werkzeuge aus Nahal Hemar (Israel Museum): JF.
28or. Textiltechniken: JF.
28o. Textiltechniken: JF.
28o. Rekonstruierte Steinmaske, Nahal Hemar (Israel Museum); JF.
28ul. Mörser und Stößel, Jericho (Ashmolean Museum): JF.
28M. Rekonstruktion eines tiefgelegten Hauses, Qermez Dere, Irak (nach Trevor Watkins): DB.
29 Diagramm der Pflanzendomestizierung: Kevin Maddison.
30or. Skelett, Berg Karmel: Mit freundlicher Genehmigung des Israel Department of Antiquities and Museums.
31Ml. Lehmziegel (Ashmolean Museum): JF.
31ol. Ziegelherstellung: David Stronach, Berkeley.
31ul. In Formen hergestellte Ziegel: Sonia Halliday und Laura Lushington, Weston Turville, Bucks.
31or. Dorf im Nordwestiran: Picturepoint, New Malden, Surrey.
32or. Schädel: Dame Kathleen Kenyon, Jericho Excavation Fund (Equinox Archive).
32l. Lageplan von Jericho: JB.
32Mr. Der runde Turm, Jericho, ca. 8000 v. Chr.: AAA.
32ur. Grafik des Turms: DB.
34or. Figurinen, Ain Ghasal: Institute of Archaeology, University of London.
35. Weiße Ware (Ashmolean Museum): JF.
36o. Mastiff (British Museum): MH.
36u. Gazellen (British Museum): MH.
36-37o. Pferd wird gestriegelt (British Museum): MH.
37or. Kopf eines Mutterschafs, Terracotta: BM.
37Mr. Kosmetikdose in Form einer Ente: Ash.
37ul. Araber reiten Kamele (British Museum): MH.
37ur. Exotische Tiere (British Museum): MH.
38u. Ubaid-Vase, Arpachije, Irak: BM (Equinox Archive).
38o. Ubaid-Schale, Ur: BM (Equinox Archive).
39ol. Tonwaren, Zeichnung: DB.
39or. Hassuna-Ware aus Tell Hassuna (Irak Museum, Bagdad): HV.
39ul. Samarran-Schale, 6. Jahrtausend v. Chr.: Equinox Archive.
39ur. Halafan-Schale aus Arpachije (Irak Museum, Bagdad): HV.
40-41 Irakische Marschen: Jamie Simpson, DAS Photos, Cherrywood.
44ol. Göttin mit Panthern, Chatal Hüyük (Ankara Museum): Arlette Mellaart, London.
44or. Schrein, Chatal Hüyük: *From Village to Empire* von Charles Burney. Phaidon Press.
44Mr. Siedlungsplan von Chatal Hüyük: *From Village to Empire* von Charles Burney, Phaidon Press.
44u. Lageplan von Chatal Hüyük: JB.
45ol. Ansicht von Chatal Hüyük: James Mellaart, London.
45or. Stempelsiegel von Chatal Hüyük (Ankara Museum): James Mellaart, London.
45M. Geierfresko-Raum mit Plattformen, Chatal Hüyük: DB.
45u. Gemalte Leoparden im Relief, Chatal Hüyük: James Mellaart, London.
46u. Gefäß in menschlicher Gestalt, Hacilar (Ashmolean Museum): JF.
46o. Dorfsiedlung, Kurdistan: Hutchinson Library, London.
47. Wandmalerei aus Umm Dabaghije, Zeichnung nach Diana Kirkbride, 1975.
48o. Weibliche Alabasterfigur, Tell-es-Sawwan, 6. Jahrtausend (Irak Museum, Bagdad): Picturepoint, New Malden, Surrey.
48u. Alabastergefäße, Tell-es-Sawwan (Irak Museum, Bagdad): David und Joan Oates, Cambridge.
49or. Terracottakopf, Choga Mami (Irak Museum, Bagdad): JF.
49. Tholos: JB.
50-51 Arabisches Boot in den Marschen, Irak: Zefa, London.
51 Riedhäuser in den Schobaisch-Marschen, Irak: RHPL (Foto: V. Southwell).
52. Eridu-Tempel: DB.
54-55 Häusliche Gegenstände, Tell Madchur (Irak Museum, Bagdad): JF.
54. Lageplan von Tell Madchur: JB.
56. Eidechsenköpfige Figurine: BM.
57. Akkadisches Relief mit Gefangenen, ca. 2300 v. Chr., aus Susa (Louvre): RMN.
60or. Lageplan von Uruk: Zefa, London (Foto: K. Goebel).
60Ml. Weibliche Maske aus Uruk (Irak Museum, Bagdad): RHPL.
60o. Lageplan von Uruk: JB.
61o. Rekonstruktion der Warka-Vase: JF.
61Mr. Warka-Vase (Irak Museum, Bagdad): Scala, Florenz.
61ul. Steinfigur eines bärtigen Mannes, Uruk (Irak Museum, Bagdad): Scala, Florenz.
62ol. Stiftmosaik, Rekonstruktion von W. Andrae: aus *Warka Report* (Equinox Archive).
62or. Stift: JF.
63r. Tell-Uqair-Fresko eines Leoparden vom Altar: Professor Seton Lloyd, Oxon.
63. Plan von Uruk: JB.
66 Susa-A-Vase (Louvre): Giraudon, Paris
66-67 Augenidole aus Tell Brak: AAA.
68 Steinkopf aus Tell Brak (British Museum): Equinox Archive.
69or. Rollsiegel mit silbernem Bock: Ash.
69o. Abdruck desselben (Ashmolean Museum): Equinox Archive.
70Ml. Hohle Tonkugel mit Tonmarken (Louvre): RMN.
70r. Giebelförmiges Stempelsiegel (Yale University); Pyramidenförmiges Stempelsiegel (Yale University); Abdruck eines Spät-Uruk-Rollsiegels (Louvre): JF.
70M. Piktogramm (Louvre): RMN.
71o. Gegenstände aus dem Schatzfund von Nahal Mischmar (Israel Museum): David Harris, Jerusalem.
72-73 Zeichnungen aus *Cylinder Seals* von Dominique Collon (British Museum Publications): JF.
72ul. Siegel (Irak Museum, Bagdad): Il Quadrante Edizione, Mailand.
74Mo. Darstellungen von Tempeln auf Rollsiegelabdrücken: aus *Cylinder Seals* von Dominique Collon (British Museum Publications).
74or. Altar von Tukulti-Ninurta I., Assur: VA.
74Ml. Votivstein des Puzur-Inschuschinak (Louvre): RMN.
74Mr. Bronzemodell der Zeremonie zu Sonnenaufgang (Louvre): Magnum (Foto: Erich Lessing).
74u. Transport von göttlichen Symbolen mit dem Boot, Siegelabdruck: VA.
75o. Betende Figuren: Oriental Institute, Chicago.
75Ml. Opferszene (Damaskus Museum): Picturepoint.
75Mr. Trankopfer für den Mondgott, Stele, Ur: Explorer/Fiore, Paris.
75u. Abtransport der Götter: MR.
76Mr. Ischtar, Elfenbein: Metropolitan Museum, New York.
76Mr. Grenzstein von Nebukadnezar I.: BM.
76Ml. Gesicht des Dämons Humbaba (British Museum): JF.
76ul. Schutzgeist, Nimrud, 865-860 v. Chr. (British Museum): MH.
76ur. Beschwörung gegen Lamaschtu (Louvre): RMN.
77or. Vierköpfiger Gott: Oriental Museum, Chicago.
77l. Dämon Pazuzu (Louvre): RMN.
77Mr. Rollsiegel (British Museum): MH.
77ur. Gott, der ein Sonnenwesen tötet (Irak Museum, Bagdad): Scala, Florenz.
79Ml. Scharlach-Ware (Irak Museum, Bagdad): HV.
79u. Uruk-Tempelplan: JB.
81ol. Steinschale, Nippur (Irak Museum): Scala, Florenz.
81or. Ansicht von Nippur: Joan und David Oates, Cambridge.
81ul. Plan der Ausgrabungsstätte Nippur: JB.
81ur. Grundsteinfigur (Irak Museum, Bagdad): Scala, Florenz.
82ur. Weld-Blundell-Prisma: Ash.
84-85o. Rollsiegel der Königin Puabi (British Museum): HV.
85or. Löwenköpfiger Adler aus Mari (Damaskus Museum): Quadrante Edizione, Turin.
85l. Muscheleinlegearbeit aus Mari (Louvre): Giraudon.
86u. Relief eines löwenköpfigen Adlers und zweier Hirsche aus Tell-al-Ubaid: BM.
86-87M. Goldhalsband (Aleppo Museum): AAA (Foto: G. Tortoli).

87or. Lageplan von Ebla: JB.
87M. Täfelchen *in situ* in Ebla (Universität Rom, Italian Archaeological Mission in Syrien, mit freundlicher Genehmigung von Paolo Matthiae): Equinox Archive.
87Mr. Stier mit Menschenkopf (Aleppo Museum): Claus Hansmann, München.
87ul. Tontäfelchen aus Ebla: AAA (Foto: G. Tortoli).
87uM. Archiv von Ebla: DB.
88o. Plakette des Ur-Nansche (Louvre): Giraudon.
88r. Geierstele (Louvre): RMN.
89u. Gravierte Silbervase (Louvre): HV.
90ur. Steinernes Paar (Irak Museum, Bagdad): Phaidon Press.
90o. Menschenköpfiger Stier (Louvre): RMN.
90ul. Statue des Ebi-il (Louvre): AAA.
91or. Frauenkopf (Louvre): RMN.
91ur. Statuette des Ur-Nansche (Damaskus Museum): HV.
91M. Mann mit Kiste: Metropolitan Museum, New York.
91ul. Statuette einer Frau: BM.
92-93o. Standarte von Ur (British Museum): MH.
92M. Spielbrett (British Museum): AAA.
92ul. Lyra mit Kuhkopf (British Museum): MH.
92ur. Goldgefäß: BM.
93ol. Kopfschmuck der Königin Puabi: University of Pennsylvania.
93or. »Bock im Dickicht«: BM.
93ul. Golddolch (Irak Museum, Bagdad): Scala.
93ur. Goldhelm in Form einer Perücke (Irak Museum, Bagdad): Scala, Florenz.
94-95 Standarte von Ur (British Museum): MH.
99ol. Kupferkopf aus Ninive (Irak Museum, Bagdad): Claus Hansmann, München.
100 Gudea (Louvre): Scala, Florenz.
101or. Ansicht der Zikkurrat von Ur: AAA (Foto: Bruce Norman).
101ul. Plan von Ur: JB.
101ur. Steinschale aus Ur (Irak Museum, Bagdad): Scala, Florenz.
103o. Gewicht in Form einer Ente (Irak Museum, Bagdad): Scala, Florenz.
103u. Silberfigur eines mit Gold eingelegten Stiers (British Museum): MH.
104-105 Zikkurrats: DB.
106-107 Zikkurrat von Ur: Georg Gerster (John Hillelson Agency, London).
110u. Vase aus Larsa (Louvre): JF.
111. Affe (Irak Museum, Bagdad): JF.
111r. Halskette aus Kisch: Ash.
112o. Vase in Form eines Löwen, Kanesch (Louvre): RMN.
112u. Warad-Sin als Grundsteinfigur: BM.
115. Ansicht von Kanesch: MR.
116 Wagenmodell: Ash.
117 Silberstatuette: Bruno Babey, Basel.
118 Goldbrustschild (Louvre): RMN.
119ol. Statue des Ischtup-Ilum (Aleppo Museum): Picturepoint.
119or. Plan von Mari: JB.
119Mr. Göttin mit Vase (Aleppo Museum): Picturepoint.
119ul. Ansicht von Mari: RHPL. (Photo: Michael Jenner).
119ur. Wandmalerei aus Mari (Louvre): HV.
120 Kopf eines Herrschers (Louvre): RMN.
121 Statuette des Lu-Nanna (Louvre): AAA.
122u. Silbernes Boot (Irak Museum, Bagdad): Kodansha, Tokio.
122-123o. Boot eines Marsch-Arabers: RHPL (Foto: V. Southwell).
122Ml. Tonmodell eines Bootes (Irak Museum, Bagdad): JF.
122-123u. Rekonstruktion eines Schlittens (British Museum): Kodansha, Tokio.
123o. Plakette mit Schlitten (British Museum): JF.
123or. Modell eines Wagens: Ash.
123Mr. Wagen aus Persepolis: RHPL.
124o. Eklipsen: Kevin Maddison.
124u. Mondviertel: Kevin Maddison.
125o. Wiegen von Tributen (British Museum): AAA.
125l. Keilschriftzahlen: David Smith.
125M. Weltkarte, Keilschrifttäfelchen (British Museum): MH.
125u. Satz Löwengewichte (British Museum): JF.
126Mo. Goldbecher aus Marlik Tepe (Iran Bastan Museum, Teheran): Bruno Babey, Basel.
126or. Mehrfarbiges, glasiertes Gefäß: Ash.
126u. Wachsausschmelverfahren: JF.
126-127u. Transport einer Statue: BM.
127ol. Glaskelch (Irak Museum, Bagdad): Joan und David Oates, Cambridge.
127or. Bewässerungskanäle: Explorer (Boutin).
127M. Schaduf (British Museum): MH.
127uM. Zimmermann (Louvre): RMN.
127ur. Assyrischer Belagerungskrieg (British Museum): MH.
128or. Pflugszene, Siegelabdruck: Ash.
128M. Tonform für Speisen aus Mari: JF.
128Ml. Kessel: Ash.
128Mr. Siebgefäß: Ash.
128ur. Begräbnisbankett (Aleppo Museum, Syrien): AAA (Foto: G. Tortoli).
129o. Zubereitung von Speisen in einem Lager (British Museum): MH.
129ur. Mann besteigt eine Leiter, Rollsiegelabdruck (Louvre): Erich Lessing/Magnum.
129Mr. Gebrannte Tonsichel aus Eridu (British Museum): JF.
129ul. Modell eines Hauses (Aleppo Museum): Ingrid Struben.
130ol. Frau mit Spindel (Louvre): Erich Lessing/Magnum.
130ur. Fayencekrug: Ash.
130M. Spielzeugigel (Louvre): AAA.
130ul. Nackte Frau auf Bett: Ash.
130or. Frau füttert Kind aus einer aus Häuten hergestellten Flasche. Südwestpalast von Ninive, Relief (British Museum): MH.
131 Wandgemälde eines assyrischen Soldaten aus dem Palast des Salmanassar, Till Barsip, 8. Jahrhundert v. Chr. (National Museum Aleppo): Claus Hansmann, München.
132o. Statue des Idrimi (British Museum): MH.
133o. Jesreel-Tal: Rolf Kneller, Jerusalem.
136or. Kopf eines Mannes, Dur-Kurigalzu (Irak Museum, Bagdad): JF.
136ol. Amarna-Brief (British Museum): MH.
137o. Heth. Rollsiegelabdruck: HV/Phaidon Archive.
141o. Zikkurrat von Dur-Kurigalzu: MR.
142ur. *Kudurru* von Melischipak II. (Louvre): RMN.
143ol. Wandplakette: BM.
143or. Ansicht von Al-Untasch-Napirischa: MR.
143Mr. Zikkurrat von Al-Untasch-Napirischa: RHPL.
143u. Plan von Al-Untasch-Napirischa: JB.
144. Ansicht von Hattusa: MR.
144M. Großer Tempel von Hattusa: MR.
145l. Plan von Hattusa: JB.
145Mo. Rand einer hethitischen Vase aus Hattusa mit Mauer und Turm: HV/Phaidon Archive.
145r. Relief des Kriegsgottes: Phaidon Archive.
147or. Kopf, Ugarit (Louvre): JF.
147M. Statue eines Gottes, Ugarit (Louvre): MH.
147Mr. Gesichtsvase, Ugarit (Louvre): RMN.
147u. Plan von Ugarit: JB
148 Tempelrelief (Institut für Vorderasiatische Altertumskunde, Freie Universität Berlin): Staatliche Museen, Berlin.
149ol. Plan von Assur: JB.
149or. Ansicht von Assur: MR.
149Mr. Königliches Grab, Assur: MR.
151Mo. Übungen im Schreiben der Keilschrift (British Museum): John Ridgeway.
151or. Griffel und Keile (British Museum): JF.
151Mr. Hethitische Hieroglypheninschrift aus Karkemisch: AAA.
151M. Wörterbuch der Synonyme aus Ninive (British Museum): John Ridgeway.
151Ml. Schreiber (British Museum): MH.
151ur. Alphabetische Schrift auf Tonwaren aus Lachisch (British Museum): MH.
151Mu. Keilschriftinschrift von einem Relief von Kalchu (British Museum): MH.
151ul. Brief und Behälter (British Museum): John Ridgeway.
151Mu. Schreibtafel (British Museum): JF.
152Mo. Wachsprotrait von Henry Rawlinson: Ash.
152Mr. Hormuzd Rassam: BM.
152M. Woolley und Mallowan: BM.
152ul. Silberne Lyra, Ur: BM.
152ur. Lyra *in situ*, Ur (British Museum): Phaidon Archive.
153or. Bogen in Chorsabad aus: M. Pillet, *Un Pionnier de l'assyriologie*, 1962.
153Ml. Austen Henry Layard in persischer Kleidung: BM.
153Mr. P.E. Botta (Louvre): RMN.
153l. Layard auf einer Felsenskulptur: BL.
154o. Fresko, Chatal Hüyük: Roger Gorringe.
154M. Siegelabdruck einer Löwenjagd (British Museum): BM.
154Mr. Kopie eines Gemäldes aus Til Barsip mit Löwenjagd aus: A. Parrot, *Niniveh and Babylon.*
154ul. Löwenjagdstele aus Warka: Irak Museum, Bagdad.
154ur. Assurnasirpal II. bei der Jagd (British Museum): MH.
155ol. Goldteller (Aleppo Museum): Giraudon, Paris.
155or. Assurbanipal ersticht einen Löwen (British Museum): MH.
155u. Assurbanipal jagt vom Pferd aus (British Museum): MH.
156or. Weibliches Figurenpaar: BM.
156M. Behälter für Kosmetika (Irak Museum, Bagdad): Il Quadrante Edizione, Turin.
156ul. Frontansicht einer Sphinx (Irak Museum, Bagdad): Il Quadrante Edizione, Turin.
156ur. Stuhllehne (Irak Museum, Bagdad): Scala, Florenz.
157or. Löwin verschlingt einen Nubier (British Museum): MH.
157ol. Sitzender Löwe in Durchbruchsarbeit: BM.
157ul. Frau am Fenster (British Museum): MH.
157Mu. Stoßzahn in Gestalt einer Frau (Irak Museum, Bagdad): Il Quadrante Edizione, Turin.
161o. Affe als Tribut (British Museum): MH.
162or. Schutzgeist: BM.
162ul. Plan des Nordwestpalastes, Kalchu: JB.
162-163Mu. Zeichnung des Thronsaals, aus: A. H. Layard, *Monuments of Niniveh* I, pl. 2 (Ashmolean): Equinox Archive.
163ol. Heiliger Baum und der König (British Museum); MH.
163or. Statue des Königs Assurnasirpal II. (British Museum): AAA.
163M. Bärtiger Höfling im Nordwestpalast von Kalchu: MR.
163Mu. Menschenköpfiger, geflügelter Stier: BM.
163ur. Assurnasirpal und Diener (British Museum): Michael Holford.
165 Goldschmuck aus Kalchu (Irak Museum, Bagdad): Barry Iverson/Time Magazine.
165. Salmanassar und Marduk-zakir-schumi auf dem Thronfundament, gefunden in Kalchu (Irak Museum, Bagdad): David und Joan Oates, Cambridge.
166-167 Balawat-Tore und Darstellungen (British Museum): JF.
168-169 Reliefszene von den Balawat-Toren (British Museum): MH.
170or. Bronzescheibe, Urartu: Coll. Verzameling Ebnöther, Les Arcs.
170Mr. Modell einer Festung: BM
170ul. Geflügelter Zentaur: BM.
171or. Helm: Prähistorische Staatssammlung, München.
171Mr. Kessel und Dreifuß: Badisches Landesmuseum, Karlsruhe.
171l. Bronzefigurine: VA.
174 Stele des Schamschi-Adad V.: BM.
175 Szene auf dem Schwarzen Obelisken (British Museum): MH.
176o. König Tiglatpileser III. (British Museum): MH.
176u. Phönizische Münze (National Museum, Libanon): JF.
178 König Bar-rakib: Foto Marburg.
180o. König Sargon II.: BM.
181o. Rekonstruierter Kopf des König Midas: J. Prag, The Manchester Museum.
181u. Relief von Iwris: RHPL.
183 Plan von Tepe-Nusch-i-Jan: JB.
182-183u. Ansicht von Tepe-Nusch-i-Jan: MR.
183Mr. Medischer Silberschatz: BM.
183u. Ausgegrabener Toreingang, Tepe-Nusch-i-Jan: MR.
184ol. Wandmalerei, aus: A. Parrot, *Niniveh and Babylon.*
184or. Tonfigurine (Louvre): RMN.
184 Plan von Chorsabad: JB.
184ur. Vierflügeliger Genius (Louvre): RMN.
184u. Sargons Prisma: BM.
185ur. Gepfählte Gefangene (British Museum): MH.
186ol. Assyrischer König (British Museum): MH.
186r. Plan von Ninive: JB.
186u. Relief vom Palast in Ninive, Ausschnitt: BM.
187ol. Blick auf die Mauern von Ninivie: AAA.
187or. Relief am Faide-Kanal: MR.
187u. Damm bei Schallalat: Julian Reade, British Museum.
188 Stele des Asarhaddon: VA.
189o. Steintafel des Asarhaddon: BM.

189M. Astronomische Abhandlung (British Museum): MH.
190o. Assurbanipal beim Festmahl (British Museum): MH.
190ur. Elamitische Schlacht (British Museum): MH.
192ol. Statue eines Gottkönigs (Kopf: Staatliche Museen, Berlin; Körper: Museum of Oriental Antiquities, Archaeological Museum, Istanbul): VA.
192or. Assurbanipal, der Baumeister: BM.
192r. Reliefziegel vom Ischtar-Tor, Babylon: Zefa (Foto: C. Skrein/M.Epp).
192Ml. Glasiertes Relief eines Löwen: RHPL.
192ur. Plan von Babylon: JB.
193l. Ischtar-Tor (Staatliche Museen, Berlin): HV.
193or. Zeichnung des Ischtar-Tors: DB.
193Mr. Glasierte Ziegel vom Ischtar-Tor (Irak Museum, Bagdad): Claus Hansmann, München.
193ul. Plan von Babylon: JB.
194o. Siegelabdruck aus Uruk (Staatliche Museen, Berlin): JF.
194M. Kampfwagen auf der Standarte von Ur (British Museum): MH.
194l. Geierstele (Louvre): RMN.
194r. Zählen der Köpfe (British Museum): MH.
195o. Assurnasirpals Reiterei (British Museum): MH.
195or. Keulenköpfe (Ashmolean Museum): JF.
195M. Axt: Ash.
195Ml. Zerstörung von Hamanu. Relief aus Ninive (British Museum): MH.
195Mr. Dolche (Ashmolean Museum): JF.
195u. Assyrischer Soldat tötet einen Gefangenen (British Museum): MH.
195ur. Pfeilspitzen (Ashmolean Museum): JF.
196–197 Glasierte Ziegel, Greif (Louvre): Erich Lessing/Magnum.
200 Fassade des Thronsaals im Palast des Nebukadnezar II. (Staatliche Museen, Berlin): Erich Lessing/Magnum.
201 Stele eines babylonischen Königs: BM
202ol. Verbrennung des Krösus (Louvre): RMN.
202or. Münzen (Ashmolean Museum): Equinox Archive.
203. Kyros' Siegel (Oriental Institute, Chicago): JF.
204. Plan von Pasargadae: JB.
205or. Palast P in Pasargadae: RHPL.
204–205 Grabmal des Kyros: RHPL.
205Mr. Geflügelte Figur: MR.
206 Silbernes Trinkgefäß (Louvre): Erich Lessing/Magnum.
207 Säulenkapitelle aus Susa (Louvre): Erich Lessing/Magnum.
210or. Götterreliefs (Louvre): AAA.
210Ml. Statue des Darios (Iran Bastan Museum, Teheran): MR.
210u. Bogenschützen, Glasierte Ziegel (Louvre): Erich Lessing/Magnum.
211ol. Plan von Susa: JB.
211r. Elamitische Götterstatue (Louvre): RMN.
211ul. Bogenschütze, glasierte Ziegel (British Museum): MH.
215Grab des Xerxes: RHPL.
216–217 Alexandermosaik (Museum Neapel): Scala, Florenz.
218M Zeichnung von Persepolis: MR.
218ul. Relief eines Armeniers: MR.
218ur. König Darios: MR.
219o. Ahuramazda (Rekonstruktion von G. Tilia): aus A.B. Tilia, *Studies and restorations at Persepolis and other sites of Fars II.*
219M Blick auf Persepolis: Zefa, London.
219Mu. Apadana-Treppe, Persepolis: MR.
219ur. Greifenkapitell, Persepolis: MR.
220Mo. Figur eines Königs: BM.
220or. Ring: BM.
220ur. Goldplatte mit getriebener Figur eines Meders: BM.
220ul. Medaillon eines geflügelten Löwen: BM.
221o. Wagenmodell: BM
221ul. Hohler Kopf: BM.
221ur. Goldarmreif: BM.
222–223or. Bruegel: *Turm von Babel* (Kunsthist. Museum, Wien): Bridgeman Art Library, London.
222Ml. Samuel Colman: *Die Ankunft des Messias und die Zerstörung von Babylon* (City of Bristol Museum and Art Gallery): Bridgeman Art Library, London.
222Mr. Rembrandt: *Festmahl des Belsazar* (National Gallery, London): Phaidon Archive, Oxford.
222u. Szene aus *»Intolerance«* von D.W. Griffith: Kobal Collection, London.
223ul. *Das brennende Babylon*, Holzschnitt des 16. Jahrhunderts (Bible Society, Cambridge): Bridgeman Art Library, London.
223ur. Jozef Szubert, *Der Turm von Babel* (Private Collection): Bridgeman Art Library, London.

Trotz aller Bemühungen, die Besitzer des Copyrights für die in diesem Buch abgedruckten Illustrationen ausfindig zu machen, war dies nicht in jedem Fall möglich. Die Betroffenen werden gebeten, sich an Equinox Ltd., Oxford, zu wenden.

REGISTER GEOGRAPHISCHER NAMEN

Ein Eintrag kann eine physikalische Erklärung beinhalten und die moderne Länderbezeichnung, z. B. Rhodos (Insel), (Griechenland). Ein Sternchen dahinter weist auf eine Gebietseinheit hin (z. B. Provinz, Region, Königreich). Von modernen Ortsnamen, einschließlich solchen, die nicht auf den Karten aufscheinen, wird auf die alten Bezeichnungen verwiesen, unter denen sich die vollständige Eintragung findet, z. B. Abu Hatab *siehe* Kisurra. Wenn ein Ort nicht gefunden werden kann, ist er möglicherweise in seiner vollständigen Namensform mit einer der folgenden Vorsilben angegeben: Abu, al-, el-, Takht-i, Tall-i, Tell, Telul oder Tepe. Die häufigsten sind Tell und Tepe.

REGISTER

Kursiv gesetzte Seitenangaben weisen auf Bilder beziehungsweise Bildlegenden hin.

A

B

C

D

E